LE GUIDE VERT

Auvergne

Bourbonnais

Covid-19

Attention, les horaires et les modalités d'accueil des sites touristiques sont susceptibles de changer en fonction de l'évolution de la crise sanitaire. De nombreux musées et monuments imposent désormais la réservation en ligne. Vérifiez les conditions de visite afin d'éviter toute déconvenue.

DÉCOUPAGE GÉOGRAPHIQUE DU GUIDE SUR LA CARTE CI-CONTRE

L'équipe du Guide Vert Michelin, de gauche à droite : Camille Bouvet, Denis Rasse, Natacha Brumard, Amaury de Valroger, Lucie Fontaine, Philippe Orain, Florence Dyan, Catherine Guégan, Hervé Dubois, Fiona Lale, Hélène Payelle, Marie-Pierre Renier, Éric Boucher, Véronique Aissani, Marie Simonet, Carole Diascorn, Jérôme Lévêque, Marion Capéra, Pascal Grougon, Dominique Auclair.

Édito

Redonner du sens au voyage en prenant son temps et dans un plus grand respect de l'environnement, voilà ce à quoi devraient ressembler nos déplacements de demain.

Alors, profitons de cette tendance pour ralentir le pas et nous imprégner en profondeur de la richesse des lieux que nous traversons et des gens que nous rencontrons. Laissons-nous surprendre et réapprenons à nous étonner de tout ce qui se trouve sous nos yeux, en ville ou à la campagne, sur un chemin de traverse, loin de chez nous ou juste au bout de la rue.

La France est une destination magnifique, riche de milliers de sites naturels, villages, églises, châteaux, moulins... sans oublier les femmes et les hommes qui font vivre ces patrimoines et leurs terroirs d'exception. Autant de lieux incontournables ou insolites, connus ou plus confidentiels, que l'équipe du Guide Vert Michelin a cherchés et dénichés pour vous au cours de ses innombrables tournées sur le terrain.

Dans cette nouvelle formule du Guide Vert Michelin, en complément des sites étoilés ★★★, nos auteurs ont également souhaité partager avec vous leurs itinéraires, leurs infos pratiques, leurs plus belles expériences de slow tourisme.
Pour la première fois, ils vous font part de leurs coups de cœur pour des adresses qui s'engagent dans une démarche écoresponsable, signalées au fil des pages par le symbole.

J'espère que chaque jour vous rendra plus riche et heureux de tout ce que vous découvrirez avec le Guide Vert Michelin !

À votre tour de faire le plein de beau, de bon et de rencontres.

Bon voyage !

Philippe Orain,
Directeur du Guide Vert Michelin

Sommaire

Retrouvez nos carnets d'adresses à la fin de chaque chapitre

8 Bourbonnais

COMPRENDRE L'AUVERGNE

Ch. Guy/hemis.fr

tilo/Getty Images Plus

ORGANISER SON VOYAGE

Nos incontournables

★★★

Notre-Dame-du-Port, Clermont-Ferrand

Église des 11e-12e s. à l'unité de style incomparable et au chevet représentatif de l'art roman auvergnat. Chapiteaux du chœur parmi les plus célèbres de la région. **Voir p. 46**.

Max Labeille/Getty Images Plus

Ch. Guy/hemis.fr

★★

Gorges de la Truyère

Taillées dans les plateaux granitiques de la haute Auvergne, sauvages et étroites, elles constituent l'une des plus belles curiosités naturelles de l'Hexagone. **Voir p. 307**.

Lucien Mollard/Getty Images Plus

★★★

Parc naturel régional des Volcans d'Auvergne

Un patrimoine d'exception formé de cinq régions naturelles : Artense, Cézallier, monts du Cantal, monts Dômes et monts Dore. **Voir p. 30**.

★★

Vichy

Le centre thermal, de style mauresque (1903), signe l'apogée de Vichy, proclamée alors « reine des villes d'eaux ». **Voir p. 520**.

RossHelen/Getty Images Plus

JackF/Getty Images Plus

★★

Viaduc de Garabit, Cantal

Construit par Gustave Eiffel en 1884, cet ouvrage spectaculaire enjambe les gorges de la Truyère avec audace et légèreté. **Voir p. 307**.

★★★

Basilique St-Julien, Brioude

Admirez les fresques des 12e et 13e s., étonnantes par leur inventivité et leur diversité. Un réel chef-d'œuvre.

Voir p. 377.

B. Rieger/hemis.fr

★★

Lac Pavin

Un beau jour, un volcan entra en éruption, qui creusa un cratère de 92 m de profondeur. Un sentier permet de faire le tour de cette superbe étendue d'eaux sombres.

Voir p. 182.

Ch. Guy/hemis.fr

et B. Morandi/hemis.fr

Ch. Guy/hemis.fr

★★★

Le Puy-en-Velay

Le rocher St-Michel d'Aiguilhe, d'un côté, le rocher Corneille de l'autre, et au centre l'extraordinaire cathédrale Notre-Dame, inscrite au Patrimoine mondial de l'Unesco. **Voir p. 328**.

★★★

Forêt de Tronçais

Avec ses futaies de chênes tricentenaires, avec lesquels on fabrique les meilleurs fûts pour le vieillissement du cognac, la forêt de Tronçais est la merveille du Bourbonnais. **Voir p. 478**.

Ch. Guy/hemis.fr

★★★

Mont Mézenc

On se croirait dans le Grand Nord, à faire du ski nordique ou à se balader en traîneau à chiens au cœur de l'hiver, mais on est sur le mont Mézenc, où le vent souffle sur de vastes étendues ! **Voir p. 351**.

Nos coups de cœur

Le Puy-en-Velay, cathédrale Notre-Dame-de-l'Annonciation.

TOP 5
Les volcans

1. **Puy Mary** (p. 249)
2. **Puy de Vichatel** (p. 153)
3. **Puy Violent** (p. 252)
4. **Puy de la Vache** (p. 154)
5. **Puy Griou** (p. 288)

Le puy Mary.
kodachrome25/Getty Images Plus

❤ **Se sentir tout petit** sur la route poétique menant de Massiac à Allanche, dans le Cantal, en passant par Le Bru. Le long de ce ruban qui serpente sur le plateau, on aperçoit le volcan Cantal au loin, et on croise parfois un tracteur. Face à l'immensité, on se sent gagné par un sentiment de plénitude... **Voir p. 395 et p. 217**.

❤ **Se perdre dans les ruelles** du Puy-en-Velay, derrière la cathédrale, en admirant les hôtels particuliers qui se dressent tout le long du parcours. Prendre le temps de détailler l'architecture des bâtiments Un voyage dans l'Histoire où les siècles défilent à vive allure. **Voir p. 328**.

❤ **Respirer un grand coup** en haut du mont Mézenc, en jouissant d'un panorama à 360° qui porte jusqu'aux Alpes par temps clair. Si l'on est très courageux, tenter l'aventure au petit matin... Prolonger la découverte par le tour du lac d'Issarlès : les eaux bleues y sont entourées d'une parure volcanique où domine la verdure. **Voir p. 351**.

❤ **Rendre hommage à l'industrie coutelière** à Thiers en gagnant la vallée des Rouets. Puis déambuler dans la vieille ville, visiter le musée de la Coutellerie et descendre à pied dans la vallée des usines pour s'abreuver d'art contemporain. **Voir p. 414.**

Massif du Mézenc, lac d'Issarlès.
Ch. Guy/hemis.fr

Nos coups de cœur

Rosières, le ravin de Corbœuf.
louis bertrand/Getty Images Plus

❤ **Déambuler** dans le jardin de l'écomusée de la Margeride en s'extasiant devant la variété des plantes et des sites naturels reconstitués, puis découvrir dans la belle ferme de Pierre Allègre la vie d'une famille rurale du 19e s. **Voir p. 315**.

Le château de Val, propriété de la commune de Bort-les-Orgues.
Ch. Guy/hemis.fr

❤ **Se baigner au pied du château de Val**, surmonté de tours élégantes, dans un décor enchanteur, avant de poursuivre par une balade en vedette pour découvrir les abords du barrage de Bort-les-Orgues. Prendre un café au bar situé au-dessus du plan d'eau : vue inoubliable ! **Voir p. 212**.

❤ **Se croire transporté dans le Colorado**, en faisant une randonnée jusqu'au ravin de Corbœuf, à Rosières, à l'ouest d'Yssingeaux. Les plis et les crêtes d'un jaune sable, résultant d'une étonnante formation géologique, ont comme un petit air des canyons du Far West. **Voir p. 371**.

Le Chambon-sur-Lignon, Mémorial.
Ch. Guy/hemis.fr

Le château de Polignac.
B. Jaubert/imageBROKER/age fotostock

TOP 5
Les châteaux

1. Château d'Anjony (p. 261)
2. Château de Polignac (p. 344)
3. Château d'Aulteribe (p. 428)
4. Château de La Trémolière (p. 259)
5. Château de La Vigne (p. 270)

❤ **Rendre hommage** à ceux qui ont sauvé tant de vies et se sont dressés contre toutes les injustices, au Lieu de Mémoire du Chambon-sur-Lignon, à la muséographie éclairante. **Voir p. 365**.

❤ **Se ressourcer** à Fontanges, adorable village aux toits des maisons couverts de lauze et entouré de verdure. Aller voir la petite chapelle monolithe St-Michel, creusée dans une masse volcanique. Décider de s'arrêter pour la nuit à l'Auberge de l'Aspre afin de prolonger le plaisir. **Voir p. 260**.

❤ **Pique-niquer** au bord de la Sénouire à Lavaudieu, en pleine campagne. Grimper ensuite au village pour en goûter la sérénité. L'été, assister à un concert de musique sous les voûtes de l'ancienne abbaye. **Voir p. 402**.

Nos coups de cœur

La plaine de la Limagne.
B. Jaubert/imageBROKER/age fotostock

❤ **Découvrir l'Aventure industrielle** des frères Michelin à Clermont-Ferrand. Voir le premier pneu automobile et *L'Éclair*, la première voiture sur pneus, une Micheline, la carte routière n° 1, et une foule d'innovations. **Voir p. 56**.

❤ **Se promener dans Issoire la nuit** lorsque l'éclairage met en valeur la richesse de l'architecture. Faire une halte face au chevet de l'abbatiale St-Austremoine en s'amusant à reconnaître les signes du zodiaque sculptés dans l'arkose. **Voir p. 160**.

La vie en Bib.
Michelin

Brioude, la basilique Saint-Julien de Brioude, la nef vue depuis la tribune.
Ch. Guy/hemis.fr

TOP 5
Les églises

1. Abbatiale de La Chaise-Dieu (p. 441)
2. Abbatiale St-Austremoine à Issoire (p. 161)
3. Basilique St-Julien à Brioude (p. 377)
4. Basilique Notre-Dame-du-Port à Clermont-Ferrand (p. 46)
5. Église de St-Nectaire (p. 171)

❤ **Prendre un verre** au Bistrot d'ici, à St-Saturnin, sur la jolie place du village, en attendant d'assister à l'un des nombreux concerts proposés. Ne pas hésiter à grimper jusqu'à la superbe église romane et le quartier ancien tout autour, où l'on jouit d'un calme absolu; redescendre par le circuit des lavoirs. **Voir p. 151**.

❤ **Admirer un coucher de soleil** sur la plaine de la Limagne un soir d'automne, quand elle se pare de roux, de brun et d'or. La beauté du paysage fait parfois penser à la Toscane. **Voir p. 105**.

❤ **Randonner dans les tourbières** de la réserve de Chastreix-Sancy en famille, où un guide fait découvrir la richesse de la flore – plus de 2700 espèces ont été recensées ! Essayer, avec les enfants, de mémoriser toutes les plantes rencontrées. **Voir p. 193**.

❤ **Se croire revenu au Moyen Âge** au château de Polignac, en écoutant des explications lumineuses sur la fabrication des armes de l'époque. Imaginer à quoi pouvait bien ressembler la forteresse pourvue de ses six portes successives. **Voir p. 344**.

Abbatiale St-Austremoine à Issoire.
R. Mattes/hemis.fr

Nos coups de cœur

Bleu d'Auvergne et Fourme d'Ambert.
harmalini/Getty Images Plus

❤ **Goûter la fourme d'Ambert** dans la ville du même nom, puis découvrir les œuvres de l'artiste sud-coréen Kim En Joong avant d'aller admirer la mairie toute ronde et de faire un tour devant les incroyables machines à vapeur à Mus'Énergies. **Voir p. 431.**

❤ **Gagner le belvédère** du méandre de Queuille, dans les gorges de la Sioule, qui se creuse un passage dans le plateau granitique de Combrailles. Vue impressionnante et émotion garantie ! **Voir p. 497**.

❤ **Monter les marches** qui mènent à l'abbaye bénédictine de La Chaise-Dieu pour en saisir toute la majesté. À l'intérieur, s'abîmer en pensées devant la peinture murale, *La Danse macabre*, saisissante méditation sur la vie et la mort. Poursuivre la visite par la chapelle pour découvrir les quatorze tapisseries spectaculaires qui ont regagné l'abbaye en 2019, après trois ans de restauration. **Voir p. 442**.

❤ **Longer les rives** de l'Allier à Vichy sur 1,5 km, bordées d'un côté par les parcs napoléoniens et, de l'autre, par les pontons, le chemin de planches, les plages et les aménagements sportifs. Déambuler sous les arbres centenaires puis aller prendre un pot dans l'une des guinguettes installées au bord de l'eau. **Voir p. 520**.

Le lac d'Aydat.
F. Guiziou/hemis.fr

TOP 5
Les lacs

Méandre de Queuille.
Gael Fontaine/Getty Images Plus

Nos itinéraires

8 jours

Clermont et les monts Dômes

En bref : circuit de 160 km pour découvrir les richesses de la région.

fontaineg974/Fotosearch LBRF/age fotostock

Clermont-Ferrand J-1 & 2

Centre historique, basilique Notre-Dame-du-Port et musées (**p. 40**).

Puy de Dôme J-3

Ascension du Puy de Dôme à pied ou par le train à crémaillère (**p. 130**). Pique-nique et randonnée au sommet.

Vulcania J-4

Mystères du centre de la Terre (**p. 139**).

Vulcania.
H. Lenain/hemis.fr

Montfermy J-5

Découverte des gorges de Montfermy (**p. 143**) et des œuvres du chemin Fais'Art (**p. 143**).

Orcival et le Mont-Dore J-6

Visite de la basilique d'Orcival (**p. 145**) ; après-midi au Mont-Dore (**p. 196**), montée au puy de Sancy (**p. 188**).

Randonnées autour de Montlosier et d'Aydat J-7

Visite de la Maison du Parc des Volcans au château de Montlosier et randonnée au puy de Vichatel ou au puy de la Vache (**p. 153 et p. 154**). Balade autour du lac d'Aydat (**p. 152**).

Gergovie J-8

Plateau et musée de Gergovie (**p. 80**) et retour à Clermont pour une demi-journée.

Conseils : en saison, une navette relie Clermont à Vulcania et au Puy de Dôme. Évitez les périodes de forte affluence touristique.

9 jours

De Moulins à Vichy

En bref : itinéraire de 210 km dans l'Allier.

F. Guiziou/hemis.fr

Moulins J-1 & 2

Visite de la vieille ville et de ses musées, dont le Centre national du costume de scène (**p. 452**).

Autour de Moulins J-3

Arboretum de Balaine (**p. 461**) ; sur la route, arrêt au château d'Avrilly et du Riau (**p. 461**). Visite de l'église de St-Menoux (**p. 467**). Ou journée au PAL si vous êtes en famille (**p. 460**).

Bourbon-l'Archambault, Souvigny J-4

Découverte de l'ancienne capitale des ducs de Bourbon (**p. 464**), puis de Souvigny (**p. 469**).

Limagne bourbonnaise J-5

St-Pourçain-sur-Sioule (**p. 509**) et une partie du circuit de la Limagne bourbonnaise (**p. 511**), puis visite du château de Billy (**p. 512**) ou celui de La Palice (**p. 516**).

Montagne bourbonnaise J-6 & 7

Circuit des monts de la Madeleine (**p. 537**), puis direction Vichy par la vallée de la Credogne (**p. 538**).

Vichy J-8 & 9

Découverte de la ville (musées, opéra, centre thermal), promenade au bord de l'Allier (**p. 520**).

Conseil : le lundi, les musées sont fermés à Moulins, St-Pourçain-sur-Sioule, et Vichy.

Souvigny.
L. Montico/hemis.fr

8 jours

Les monts du Cantal

En bref : itinéraire de 200 km dans le Cantal.

tilo/Getty Images Plus

Autour du puy Mary — J-1

Découverte du pas de Peyrol et du puy Mary, suivie d'une randonnée (**p. 249**), puis cap sur Salers en passant par les gorges du Falgoux et le col de Néronne (**p. 250**).

Salers — J-2

Visite de Salers (**p. 256**) et de la Cave de Salers, maître-affineur (**p. 265**).

Autour de Salers — J-3

Suivre la route des crêtes (**p. 260**) avec visite de Fontanges, de Tournemire et du château d'Anjony en passant par le col de Legal. Puis découverte de la vallée de la Jordanne. Nuit à Lavigerie (**p. 286**).

Murat — J-4

Visite de la vieille ville de Murat (**p. 280**), de ses musées et de l'église de Bredons (**p. 283**).

Alagon et Lioran — J-5

Découverte des gorges de l'Alagnon (**p. 400**), puis du Lioran (**p. 287**). Randonnée sur place.

Vic-sur-Cère — J-6

Visite de la ville historique (**p. 290**) et randonnée au pas de Cère (**p. 292**) ou visite du château de Pesteils (**p. 294**).

Aurillac — J-7

Visite de la vieille ville d'Aurillac et de ses musées (**p. 232**). Flânerie au gré des boutiques de produits locaux et de parapluies...

Châtaigneraie cantalienne — J-8

Escapade en Châtaigneraie cantalienne (**p. 241**), notamment vers le lac et le barrage de St-Étienne-Cantalès, et le joli village de Laroquebrou.

Conseil : profitez de ce séjour pour goûter aux fromages spécifiques de la région, salers et cantal.

4 jours

Margeride cantalienne et gorges de la Truyère

En bref : itinéraire de 120 km entre panoramas et gorges encaissées.

JackF/Getty Images Plus

Saint-Flour J-1

Visite de St-Flour (**p. 300**), la cathédrale St-Pierre et ses musées, et promenade dans les ruelles de la ville haute, bordées de jolies boutiques. Si vous avez le temps, ne manquez pas une visite au château du Sailhant, à la restauration réussie.

Margeride cantalienne J-2

Découverte des sites de l'Écomusée de la Margeride, Ruynes-en-Margeride, ferme de Pierre Allègre et école de Clémence Fontille (**p. 315**), incursion dans Un Monde en peluche, visite de Chaliers (**p. 317**), puis du mont Mouchet (**p. 317**) avec le musée de la Résistance.

Alleuze et Garabit J-3

Par la vallée de l'Ander, visite du château d'Alleuze (**p. 311**) et du viaduc de Garabit (**p. 309**). Détente sur l'eau au lac de Garabit-Granval.

Chaudes-Aigues et vallée de Brezons J-4

Visite de Chaudes-Aigues (**p. 319**) le matin ; balade dans la vallée de Brezons (**p. 311**) et montée aux rochers de Turlande l'après-midi.

Conseils : pique-niquez au sommet du village de Chaliers (p. 317) pour profiter de la vue, magnifique.

Vallée de Brezons.
S. Grandadam/agefotostock

Nos itinéraires

5 jours

À la découverte du Livradois-Forez

En bref : itinéraire de 140 km de Thiers à La Chaise-Dieu.

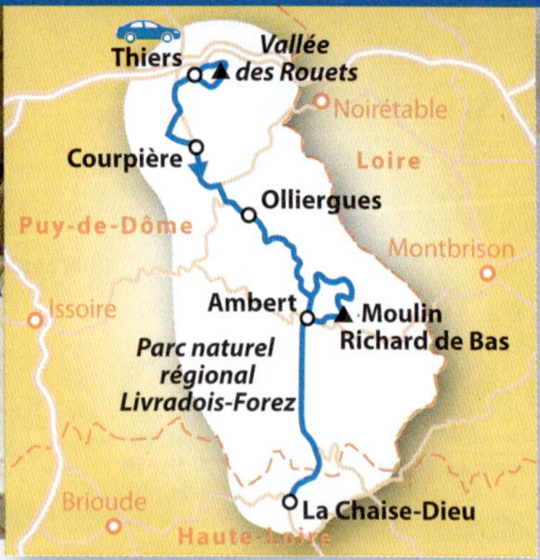

B. Jaubert/imageBROKER/age fotostock

Thiers J-1

Visite de la ville haute de Thiers, notamment le musée de la Coutellerie (**p. 414**), puis de la vallée des usines (**p. 418**) avec les centres d'art contemporain.

De la Dore au Forez J-2

Découverte de la vallée des Rouets (**p. 420**). Suivre le circuit « De la Dore au Forez » (**p. 421**) en passant par Courpière (**p. 428**) et Olliergues (**p. 421**).

Jasseries au toit de chaume col des Supeyres.
Ch. Guy/hemis.fr

Ambert J-3

Visite d'Ambert et de la Maison de la fourme d'Ambert et des fromages d'Auvergne (**p. 431**). Après-midi, moulin Richard de Bas (**p. 434**) et randonnée au rocher de la Volpie (**p. 423**).

Parc naturel régional Livradois-Forez J-4

Randonnée pédestre (ou à VTT) dans le Livradois-Forez, nuit en chambre d'hôte (**p. 412**).

La Chaise-Dieu J-5

Visite de l'abbaye de La Chaise-Dieu, découverte de la spectaculaire Aile de l'Écho et randonnée autour de La Chaise-Dieu (**p. 441**). En été, assister à un concert de musique classique (à réserver des mois à l'avance).

Conseil : empruntez le train touristique et panoramique (de La Chaise-Dieu à Ambert, 3h AR, p. 588).

8 jours

De Brioude au Mézenc par Le Puy

En bref : itinéraire de 225 km en Haute-Loire.

louis bertrand/Getty Images Plus

Brioude J-1

La vieille ville et la basilique (**p. 377**), puis visite de Lavaudieu (**p. 402**).

Haut Allier J-2

Circuit « Églises du haut Allier et vallée de la Sénouire » (**p. 383**) par Lavoûte-Chilhac et Langeac. Visite du château de Lafayette (**p. 387**).

Le Puy-en-Velay J-3 & 4

Visite de la vieille ville du Puy et de tous ses trésors (**p. 328**).

Polignac et Bouzols J-5

Château de Polignac (**p. 344**), château de Bouzols (**p. 341**) et début de visite au Monastier-sur-Gazeille (**p. 353**).

Le Monastier-sur-Gazeille J-6

Visite des trois musées de Monastier puis du village de Moudeyres (**p. 357**).

Mont Mézenc J-7

Randonnée au mont Mézenc (**p. 351**). Nuit au Chambon-sur-Lignon (**p. 372**).

Le Chambon-sur-Lignon J-8

Visite du Chambon (**p. 364**). Déjeuner et Spa à St-Bonnet-le-Froid (**p. 367**).

Conseils : faites provision de Fin Gras et de miel du Mézenc.

Brioude, la basilique Saint-Julien de Brioude.
B. Breytman/ZOONAR GMBH LBRF/age fotostock

Nos itinéraires

En 2 promenades

Autour de Vichy

En bref : 2 promenades de 22 km et 33 km.

L. Olivier/Photononstop

Autour du bassin de Vichy, de St-Yorre au sud à Billy au nord, se déroule, le long de lAllier, une superbe voie verte exclusivement réservée réservée aux cyclistes et aux piétons. Vous pédalerez en pleine nature à la découverte de la dernière rivière sauvage d'Europe.

Boucle au départ de Vichy par St-Yorre 22 km

Du centre de Vichy (**p. 520**), enjambez l'Allier par l'espace cyclable du **pont de Bellerive** (**p. 526**), puis tournez à gauche vers la rivière et prenez la direction du sud. Suivez la piste (partagée avec les piétons) très bien aménagée (aires de pique-nique). Plusieurs bars et guinguettes installées au bord de l'eau animent le début du tracé. Au niveau d'**Abrest**, le pont du chemin de fer sur l'Allier permet d'avoir une belle perspective sur la rivière. Revenez sur la même rive et poursuivez dans une nature verdoyante jusqu'à St-Yorre, autre ville célèbre pour son eau minérale (**p. 528**).

Au retour, pour varier les plaisirs et les points de vue, empruntez, cette fois, la voie verte qui longe la rive droite de l'Allier, un peu plus étroite mais aussi bien aménagée dans un cadre magnifique. On longe au début l'usine d'embouteillage (ne se visite pas). Juste avant d'arriver à Vichy, vous pourrez vous arrêter **plage des Célestins** pour piquer une tête dans le lac d'Allier ou troquer votre vélo contre un autre vélo, sur l'eau celui-ci ! (**p. 533**).

Conseils : à Abrest, prendre de la hauteur. À environ 2,5 km de la voie verte, un petit effort sera nécessaire pour gravir la colline (432 m) et rejoindre ***le site des Hurlevents (p. 528)****. Vous serez récompensé par la belle vue sur la vallée de l'Allier, les monts Dôme et les Bois Noirs (table d'orientation).*

Aller-retour à Billy au départ de Vichy 33 km

De Vichy, prenez le pont de Bellerive pour franchir l'Allier. Vous pouvez faire un tout petit détour par le parc de la Source intermittente à Bellerive-sur-Allier, où une source jaillit à intervalles réguliers. Rejoignez

Pour télécharger les tracés GPX des 2 promenades, flashez ces QR codes.

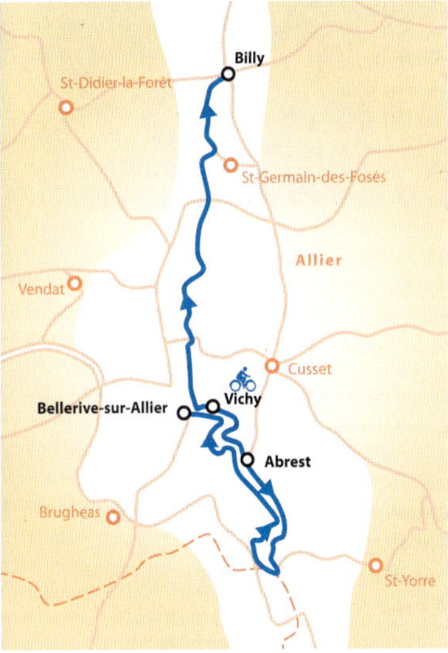

les quais de l'Allier et suivez la piste en direction du nord. Vous longez l'immense ensemble sportif installé dans un bel espace verdoyant. Franchissez de nouveau l'Allier par le pont de l'Europe (ou Pont-barrage qui a permis l'aménagement du lac d'Allier) où vous poserez votre vélo pour observer **les poissons migrateurs** (**p. 527**). Vous voilà sur la rive droite que vous longerez jusqu'à la jolie petite cité fortifiée de **Billy** blottie autour de sa forteresse (**p. 512**). Prenez le temps de visiter le **château** et d'admirer la vue sur la vallée de l'Allier depuis les remparts. Le retour se fait par le même chemin. Vous pourrez faire une halte à la base de loisirs de St-Germain-des-Fossés (plan d'eau Jalicot). Arrivé près de Vichy, au niveau du pont de l'Europe, restez sur la même rive, où vous longerez l'esplanade du lac, jalonnée d'équipements ludiques et sportifs, de bars et de guinguettes. Vous passerez devant la Rotonde et le superbe **parc à l'anglaise, Napoléon III**.

Infos pratiques

Il faut être un cycliste aguerri pour s'attaquer au relief de l'Auvergne, c'est pourquoi nous vous proposons ici deux circuits, faciles à faire en famille, qui suivent la voie verte. C'est plat, sécurisé et très bien balisé. Soyez toutefois attentif et ne pédalez pas trop vite car vous partagez la piste avec les piétons, joggeurs et rollers.

LOCATION DE VÉLO

Fun Loisirs - pont de Bellerive - Vichy - ✆ 06 88 49 23 90 - fermé sept.-mars. Loc. de VTC (6 €/2h, 8 €/4h, tarif dégressif à la journée). Également des rosalies (jusqu'à 3 adultes, 2 jeunes enf. : 13 €/1/2h, 18 €/h).

Vivélo libre-servic Mobivie - Kiosque gare SNCF - 1 pl. de la Gare - Vichy - ✆ 04 70 97 81 29 - www.mobivie.fr/se-deplacer/vivelo - lun.-vend. (sf j. fériés) 8h-12h30, 13h30-18h30, sam. 9h-12h, 13h30-18h30. Location de vélo classique et électrique proposée par Vichy communauté (4 € et 7 €/1/2 j., 6 € et 10 €/j). Quatre autres bornes en ville via application smartphone.

*Conseil : tables et bancs jalonnent le parcours, vous pourrez prévoir un pique-nique ou vous régaler à l'**Auberge du Pont** à BIlly face à l'Allier (p. 517).*

Nos spots en famille

Le Gentiane Express.

Ch. Guy/hemis.fr

Tout au long du guide, ce symbole vous aidera à repérer les sites ou activités qui intéresseront les enfants.

▸ **Se déguiser en sans-culotte** ou en noble au manoir de Veygoux, où grandit le général Desaix, officier sous les ordres de Bonaparte. Ici, l'enfant est roi : confection de cocardes tricolores, jeu de piste du petit révolutionnaire, chasse au trésor... Grâce aux visites guidées animées, le reste de la famille n'est pas oublié. **Voir p. 97**.

▸ **Monter à bord du Gentiane Express à Riom-ès-Montagne** pour une virée inoubliable au cœur du plateau de Cézallier, à plus de 1000 m d'altitude. Entretenu par des passionnés, ce train entraîne ses voyageurs à des hauteurs inattendues. Le long du trajet, on croise de belles vaches salers et on photographie le viaduc de Barajol, émotions garanties... En voiture ! **Voir p. 274**.

Plateau de Gergovie.

Ch. Guy/hemis.fr

▸ **Dévaler la piste du Lugik Parc** à bord d'une luge qui peut circuler jusqu'à 40 km/h. Direction Les Estables, sur le mont Mézenc, en Haute-Loire, été comme hiver. À près de 1400 m, on rejoint le Lugik Parc, on attache sa ceinture, et c'est parti pour un circuit où adultes et enfants s'en donnent à cœur joie. Tout schuss ! **Voir p. 359**.

▸ **Se faire des frissons au musée des Croyances populaires** au Monastier-sur-Gazeille, où toutes les superstitions locales sont passées en revue grâce à des saynètes et des figurines étonnantes. Le bossu malavisé, le loup-garou, l'enclouage des poupées n'auront bientôt plus de secrets pour personne ! **Voir p. 353**.

▸ **Croiser le fer au château de Murol.** Voyager dans le temps, qui n'en a jamais rêvé ? Le château de Murol le propose à ses visiteurs, pour leur plus grand bonheur. Joutes à cheval, animations destinées à faire revivre le site comme au 15e s. sur les traces du seigneur Guillaume de Murol, combleront les amateurs d'histoire médiévale. **Voir p. 176**.

▸ **Les joies du ballon ovale.** S'initier aux mystères du rugby à l'ASM Clermont Auvergne. Dans ce musée interactif, on prend la place des joueurs, on rencontre les supporters, on pénètre même dans les vestiaires, comme si on faisait partie du club du monde de rugby. Un grand moment à vivre en famille ! **Voir p. 56**.

▸ **Revivre la bataille de Gergovie** au musée de Gergovie, où un spectacle audiovisuel aussi ludique qu'instructif met en scène les affrontements entre Gaulois et Romains, les mouvements de troupe et la victoire de Vercingétorix. On y découvre également des objets exhumés sur le site et on plonge dans la géologie pour apprendre comment les paysages se sont formés. **Voir p. 80**.

▸ **Prendre place dans un canoë-kayak** pour descendre les gorges de la Sioule. Dans un paysage grandiose encaissé entre des pentes escarpées et boisées, on embarque pour la journée en famille. On se laisse aller au gré de l'eau en pensant tout de même à pagayer pour avancer ! Et si l'on préfère la pêche, pas de problème : la rivière regorge de truites. **Voir p. 500**.

▸ **Parcourir la grotte de la pierre de Volvic,** au cœur de la coulée de lave, sur les traces d'un carrier de 1900. On revit l'extraction et la taille de la pierre, la découverte magique des sources des eaux de Volvic, la vie quotidienne de l'époque. Une immersion qui se clôt par des témoignages d'artistes et d'artisans contemporains. **Voir p. 86**.

▸ **Rouler tranquillement.** À parcourir à vélo, en rollers, à trottinette, la piste verte de Sumène Artense, à Ydes, attend la famille au grand complet. La promenade sur cette ancienne voie ferrée, qui s'étend sur 14 km, se termine par la galerie du tunnel de Parensol, le clou de la balade : on peut la franchir en toute sécurité grâce à son éclairage. **Voir p. 216**.

▸ **À vos plumes !** Assis à l'un des bureaux de la classe à l'école de Clémence Fontille, en Margeride, les écoliers entament une dictée comme en 1930. Les encriers sont de retour, l'encre violette aussi. Petits et grands sont invités à participer : qui fera zéro faute ? **Voir p. 316**.

Spectacle au château de Murol.
no_limit_pictures/Getty Images Plus

Allègre, paysage du Parc naturel régional Livradois-Forez.
Ch. Guy/hemis.fr

DÉCOUVRIR L'AUVERGNE

Parc naturel régional des Volcans d'Auvergne ★★★

À cheval sur les départements du Cantal et du Puy-de-Dôme, le Parc naturel régional des Volcans d'Auvergne forme une mosaïque de paysages composée de cinq régions naturelles, entités singulières et complémentaires : l'Artense, le Cézallier, les monts du Cantal, les monts Dômes et les monts Dore. Préservé, façonné et habité par l'Homme, ce territoire possède de multiples richesses : volcans, crêtes, estives, lacs, forêts... mais aussi une faune et une flore exceptionnelles, une culture et des savoir-faire vivants. Un patrimoine naturel et humain d'exception, à découvrir, respecter et préserver. La chaîne des Puys a obtenu le label du Patrimoine mondial de l'Unesco en juillet 2018.

Parc des volcans d'Auvergne.
kodachrome25/Getty Images Plus

La formation des volcans

Lorsque l'on arrive en Auvergne, le regard se porte d'emblée sur ses volcans. Plantés là, puissants et immuables, érodés ou acérés, ils veillent, comme de vieux sages, depuis des millions d'années pour les plus anciens. Volcans de la chaîne des Puys, emboîtés, arrondis ou égueulés – au bord échancré –, chauves ou boisés, montagnes escarpées du Cantal et des monts Dore, hauts plateaux herbeux du Cézallier et de l'Aubrac, sucs du Velay, ce sont tous les témoins de la lutte

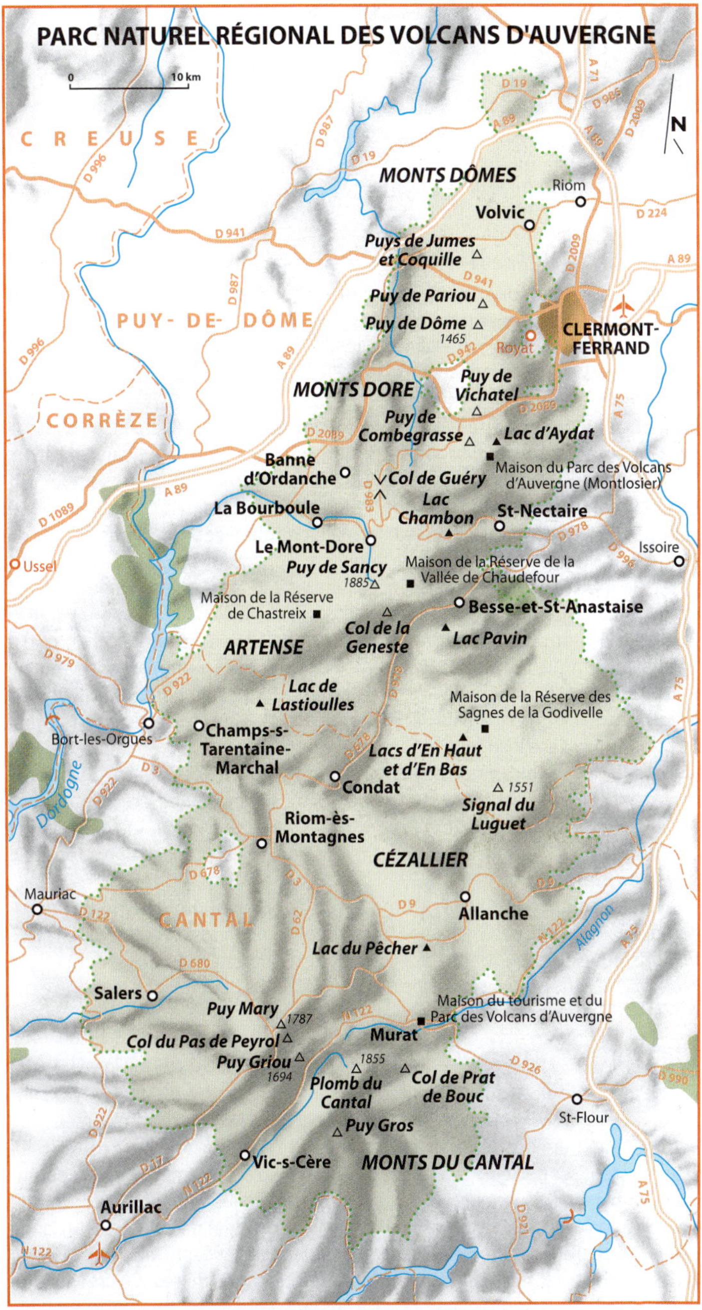
PARC NATUREL RÉGIONAL DES VOLCANS D'AUVERGNE
0 10 km
N
CREUSE
PUY-DE-DÔME
CORRÈZE
CANTAL
MONTS DÔMES
Riom
Volvic
Puys de Jumes et Coquille
Puy de Pariou
Puy de Dôme
1465
Royat
CLERMONT-FERRAND
MONTS DORE
Puy de Vichatel
Puy de Combegrasse
Lac d'Aydat
Maison du Parc des Volcans d'Auvergne (Montlosier)
Banne d'Ordanche
Col de Guéry
Lac Chambon
St-Nectaire
La Bourboule
Le Mont-Dore
Puy de Sancy
1885
Maison de la Réserve de la Vallée de Chaudefour
Issoire
Ussel
Maison de la Réserve de Chastreix
Besse-et-St-Anastaise
Col de la Geneste
Lac Pavin
ARTENSE
Lac de Lastioulles
Maison de la Réserve des Sagnes de la Godivelle
Bort-les-Orgues
Champs-s-Tarentaine-Marchal
Lacs d'En Haut et d'En Bas
Condat
1551
Signal du Luguet
Dordogne
Riom-ès-Montagnes
CÉZALLIER
Mauriac
Allanche
Alagnon
Lac du Pêcher
Salers
Puy Mary
1787
Maison du tourisme et du Parc des Volcans d'Auvergne
Col du Pas de Peyrol
Murat
Puy Griou
1694
1855
Plomb du Cantal
Col de Prat de Bouc
St-Flour
Puy Gros
Vic-s-Cère
MONTS DU CANTAL
Aurillac
D 19
A 89
A 71
D 985
D 2009
D 987
D 996
D 941
D 224
A 75
D 942
D 2089
D 983
D 978
D 1089
D 979
D 922
D 978
D 3
D 678
D 62
D 9
N 122
D 680
D 926
D 990
D 921
D 17

titanesque que la pierre et le feu se sont livré ici. La très grande majorité des volcans du Massif Central se déployant du nord-ouest du Puy-de-Dôme au sud-ouest du Cantal, cette histoire géologique est fondatrice du classement des volcans d'Auvergne en Parc naturel régional.
La nature volcanique des montagnes d'Auvergne n'a été reconnue qu'en 1752 avec les travaux scientifiques de **Jean-Étienne Guettard** (1715-1786). S'en sont suivies de nombreuses études qui ont largement contribué à donner naissance à la volcanologie. Aujourd'hui, si les recherches ont encore bien des choses à révéler, on connaît mieux l'histoire des manifestations volcaniques qui donnent ce caractère si singulier au Parc des Volcans d'Auvergne.

Il y a environ 65 millions d'années...

Les chaînes des Pyrénées et des Alpes surgissent, ébranlant fortement le Massif Central dont le centre se bombe, se lézarde et se disloque. À la faveur des fissures, le magma en fusion jaillit et les volcans s'édifient. Les premiers **volcans d'Auvergne** surgissent il y a environ 22 millions d'années, dans la **Comté** et dans le **Livradois**, au sud de la Limagne.
C'est plus récemment, il y a 13 millions d'années, qu'a débuté l'activité volcanique du Parc des Volcans d'Auvergne avec, au commencement, le **volcan cantalien**, plus grand **stratovolcan** *(☞ p. 33)* d'Europe. Les monts du Cantal sont le fruit de multiples éruptions issues d'une même zone d'émission principale, d'où se sont échappées des coulées de lave formant des **planèzes**. Outre des phases de repos, leur activité volcanique aura duré 10 millions d'années pour se terminer il y a 3 millions d'années. Apparaissent ensuite les activités volcaniques des autres régions naturelles du Parc.
Édifié sur un soubassement granitique très ancien, le **Cézallier** correspond à une vaste étendue basaltique de plus de 500 km². Les éruptions y ont débuté il y a environ 8 millions d'années, pour se terminer il y a seulement 110 000 ans. Le retrait des glaciers du Cézallier, 12 000 ans plus tôt, a laissé une série de dépressions humides dans lesquelles se sont développées des tourbières.
Quant à l'histoire volcanique du massif des **monts Dore**, commencée il y a 3 millions d'années, elle s'est achevée il y a 230 000 ans, livrant les différents paysages actuels : la caldeira (vallée de la Dordogne) et les massifs du Sancy, de la Banne d'Ordanche, de l'Aiguiller et Adventif. Ce stratovolcan couvre une superficie d'environ 500 km².
Apparaissent enfin les **monts Dômes** avec l'emblématique **chaîne des Puys**, composée de plus de 80 volcans aux formes harmonieuses. Nés de la dernière manifestation de la longue histoire volcanique du Massif Central, ils se sont érigés il y a -95 000 ans pour les plus anciens et - 8 400 ans pour les plus jeunes, ce qui confère à la chaîne des Puys une relative jeunesse.

L'action des glaciers et des hommes sur le paysage

L'atmosphère du globe subit un refroidissement général entre 75 000 et 10 000 ans avant notre ère. Les régions d'Auvergne les plus élevées et les plus exposées aux vents d'ouest humides, les **monts Dore**, l'**Artense** et le **Cantal**, sont recouvertes à plusieurs reprises par les glaciers. Leur masse se déplaçant lentement, ils rabotent les plateaux, élargissent les vallées et en redressent les versants, modelant de façon originale les cirques de montagne, comme celui de Mandailles dans le Cantal ou de Chaudefour dans le massif du Sancy. Ils laissent leur empreinte sur le pays : **buttes** rocheuses, surfaces moutonnées et striées, **tourbières**. En creusant de larges cuvettes, ils donnent naissance à des **lacs**, comme celui de la Crégut dans l'Artense, très différents des lacs de volcan.

Dès le Moyen Âge, sans comprendre qu'il s'agissait de volcans, l'homme utilise la **lave** extraite des carrières de la Nugère, près de Volvic, pour la transporter jusqu'au chantier de la cathédrale de Clermont. Il capte les eaux de sources cachées sous les anciennes coulées. C'est ainsi que naissent les **stations thermales** dont l'Auvergne est si prodigue.

L'eau pure des lacs

C'est l'une des grandes originalités de l'Auvergne : la plupart des lacs sont nés de l'action des volcans. Ils occupent souvent d'anciens cratères d'effondrement, de type **maar**, qui ont été créés par des explosions d'une rare violence, et présentent des similitudes : formant un ovale régulier, ils sont entourés de versants aux pentes accentuées et remplis d'eaux d'un bleu profond, très froides. Par la fascination qu'ils exercent, ils ont donné lieu à des légendes de villes englouties et de forces obscures.
D'autres lacs d'Auvergne sont nés du barrage d'une vallée par une coulée de lave. Moins profonds que les lacs de cratère, ils sont peu à peu comblés par des algues, des sables et des galets et se transforment en tourbières. C'est le cas du lac d'En-Bas (à La Godivelle), inexorablement envahi par les herbes qui l'environnent.

Les principaux types de volcans

Les principaux types d'éruptions volcaniques monogéniques (c'est-à-dire issues d'une seule et même éruption relativement brève à l'échelle géologique) :
- **éruption de type effusif** donnant naissance aux cônes de **scories** : engendrés par un magma fluide, ces cônes sont caractérisés par des coulées de lave et des cônes de projections. Le cône peut être à cratère simple, égueulé, double ou emboîté. Les volcans du puy des Goules, des puys de la Vache et de Lassolas sont parmi les plus caractéristiques.
- **éruption de type explosif** donnant naissance aux **dômes** : peu nombreux, les dômes sont engendrés par un magma acide et visqueux qui s'accumule et finit par obstruer la cheminée. Les gaz ne parvenant à s'échapper que par de terribles explosions provoquent les redoutables nuées ardentes. Le Puy de Dôme, Grand Sarcoui, Clierzou en sont les plus beaux exemples.
- **éruption de type phréatomagmatique** donnant naissance aux cratères d'explosion ou **maars** : ces cratères résultent de la rencontre d'une nappe d'eau avec un magma ascendant. Le cratère peut être occupé par un lac, un marécage ou parfois simplement comblé. À voir, le gour de Tazenat ou la narse d'Espinasse.

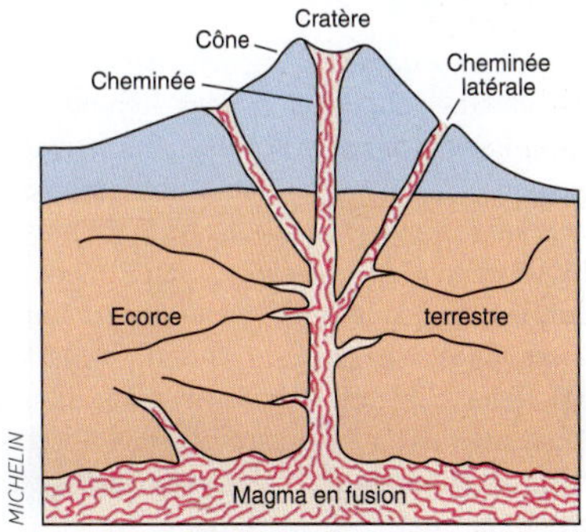

Eléments d'un volcan

Les stratovolcans

Édifices volcaniques complexes, les stratovolcans se sont formés grâce à une multitude d'éruptions présentant une grande variété de laves et de formes éruptives pouvant s'étendre sur plusieurs millions d'années. Cette construction implique l'existence d'un réservoir de grand volume, cycliquement réalimenté à partir d'un réservoir plus profond.

Un espace protégé

Comme les autres Parcs naturels régionaux français, le Parc des Volcans d'Auvergne contribue au développement économique, social et culturel de son territoire, par la valorisation et la préservation du patrimoine. De l'agriculture à la gestion des paysages, du patrimoine naturel aux ressources en eau, de la culture au tourisme durable, le Syndicat mixte du Parc accompagne au quotidien ce territoire composé de 150 communes et d'environ 90 000 habitants dans des programmes d'actions majeurs. Il constitue ainsi un lieu d'expérimentation essentiel pour le développement durable.
La flore, extrêmement variée, comprend environ 2 000 espèces végétales : la gentiane, l'aconit, la digitale... ou encore le lis martagon et la jasione d'Auvergne qui sont protégés, sans oublier le peuplement végétal si particulier des tourbières. La faune est tout aussi riche. Dans les forêts, les grands mammifères cohabitent avec d'autres plus rares et plus discrets : les genettes (rares), la salamandre tachetée, la rosalie des Alpes. L'activité volcanique a donné naissance à des milieux spécifiques composés de falaises, éboulis et escarpements rocheux. Ces milieux rupestres constituent des habitats privilégiés pour des espèces emblématiques comme le monticole de roche, le milan royal et le chamois. Une rencontre avec un animal sauvage est un moment privilégié. Pour augmenter vos chances, soyez discret et privilégiez l'aube et le crépuscule.
La diversité géologique, les reliefs et le climat du Parc expliquent l'exceptionnelle variété de faune, flore et milieux naturels : prairies, landes d'altitude, tourbières, lacs naturels, forêts, falaises, etc. Cette biodiversité et la qualité de sa conservation font de ce territoire un immense cœur de nature à l'échelle du Massif Central. Certains sites, au sein du Parc, ont fait l'objet d'un classement en réserves naturelles nationales : les Sagnes de La Godivelle et le rocher de la Jaquette (Cézallier), Chastreix-Sancy et la vallée de Chaudefour (massif du Sancy). L'accès à ces zones

Pour préserver la nature

Si la nature est un patrimoine commun, la majorité des espaces traversés par les chemins balisés sont des propriétés privées. Remporter ses déchets, rester sur les chemins balisés, ne pas déranger la faune sauvage... autant de gestes simples pour respecter la nature, les habitants et les autres visiteurs.
Nature en poche – Peut-on se baigner dans tous les lacs du Parc naturel régional des Volcans d'Auvergne ? Ai-je le droit de cueillir ces fleurs ? Puis-je faire du feu dans le Parc ou me balader avec mon chien ? etc. Autant de questions auxquelles ce petit guide répond, non sans humour. Disponible dans les offices de tourisme, il présente, grâce à des illustrations naturalistes, les milieux naturels du Parc, leur diversité floristique et faunistique ou encore les activités traditionnelles qui les façonnent - *www.parcdesvolcans.fr/natureenpoche*

est réglementé, mais il est possible de les découvrir, le temps d'une promenade, en respectant le code de bonne conduite en vigueur.

Un territoire attractif mais fragile

Le Parc attire de plus en plus de visiteurs. Certains puys, plus confidentiels, méritent d'être découverts : le **puy de Vichatel** (*p. 153*), le **Capucin** (*p. 199*) ou encore **Prat-de-Bouc** (*p. 283*). Classé « Parc naturel régional » pour son équilibre fragile et son patrimoine naturel et culturel remarquable, ce territoire requiert une attention particulière, notamment dans le cadre d'activités de pleine nature. Elles doivent être pratiquées dans le respect de la diversité des usages des espaces naturels (l'agriculture, le pastoralisme, l'exploitation forestière, etc.).

Carnet pratique

S'informer

Maison du Parc des Volcans d'Auvergne – Château de *Montlosier - Aydat - 04 73 65 64 26 - www.parcdesvolcans.fr - ♿ - horaires, se rens. Le site de Montlosier est en travaux jusqu'en 2025 mais l'accueil du public est maintenu.*

Hautes Terres Tourisme - *Pl. de l'Hôtel-de-Ville - Murat - 04 71 20 09 47 - www.hautesterrestourisme.fr.*

Maison de la Réserve naturelle nationale de la Vallée de Chaudefour – *Parc naturel régional des Volcans d'Auvergne - Chambon-sur-Lac - 04 73 88 68 80 - https://decouvrir.parcdesvolcans.fr/reserve-valle-de-chaudefour - fermé sept.-avr. - visite guidée sur demande.*

Maison de la Réserve naturelle des Sagnes de La Godivelle – *Pl. de l'Église - La Godivelle - 04 73 71 78 12 - https://decouvrir.parcdesvolcans.fr/reserve-la-godivelle - juil.-août.*

Maison de la Réserve naturelle nationale de Chastreix-Sancy – *Maison de la Réserve - Chastreix-Sancy - 04 73 21 41 74 - https://decouvrir.parcdesvolcans.fr/reserve-chastreix-sancy - ♿.*

www.parcdesvolcans.fr – Mine d'informations sur le territoire, les balades ou les hébergements.

www.auvergne-destination.com – Regroupe des informations touristiques sur les 4 départements d'Auvergne, Allier, Cantal, Haute-Loire et Puy-de-Dôme.

Nos adresses

Aux quatre coins du Parc des Volcans d'Auvergne, des **producteurs**, des **artisans,** des **restaurateurs** et des sites de visite proposent des produits et des prestations prenant en compte l'origine locale, les filières artisanales et le respect de l'environnement. Retrouvez-les sur *https://decouvertes.parcdesvolcans.fr.* Ce portail vous propose également une sélection de **parcours**. Dans un cadre exceptionnel, profitez de votre promenade pour mêler plaisir de la découverte et compréhension des paysages et des milieux que vous traversez. Vous pourrez télécharger les informations dans votre smartphone et ainsi naviguer hors connexion.

Clermont-Ferrand, place de la Victoire et cathédrale Notre-Dame-de-l'Assomption.
Ch. Guy/hemis.fr

1

Clermont-Ferrand et ses alentours

CARTE MICHELIN DÉPARTEMENTS 326 - PUY-DE-DÔME (63)

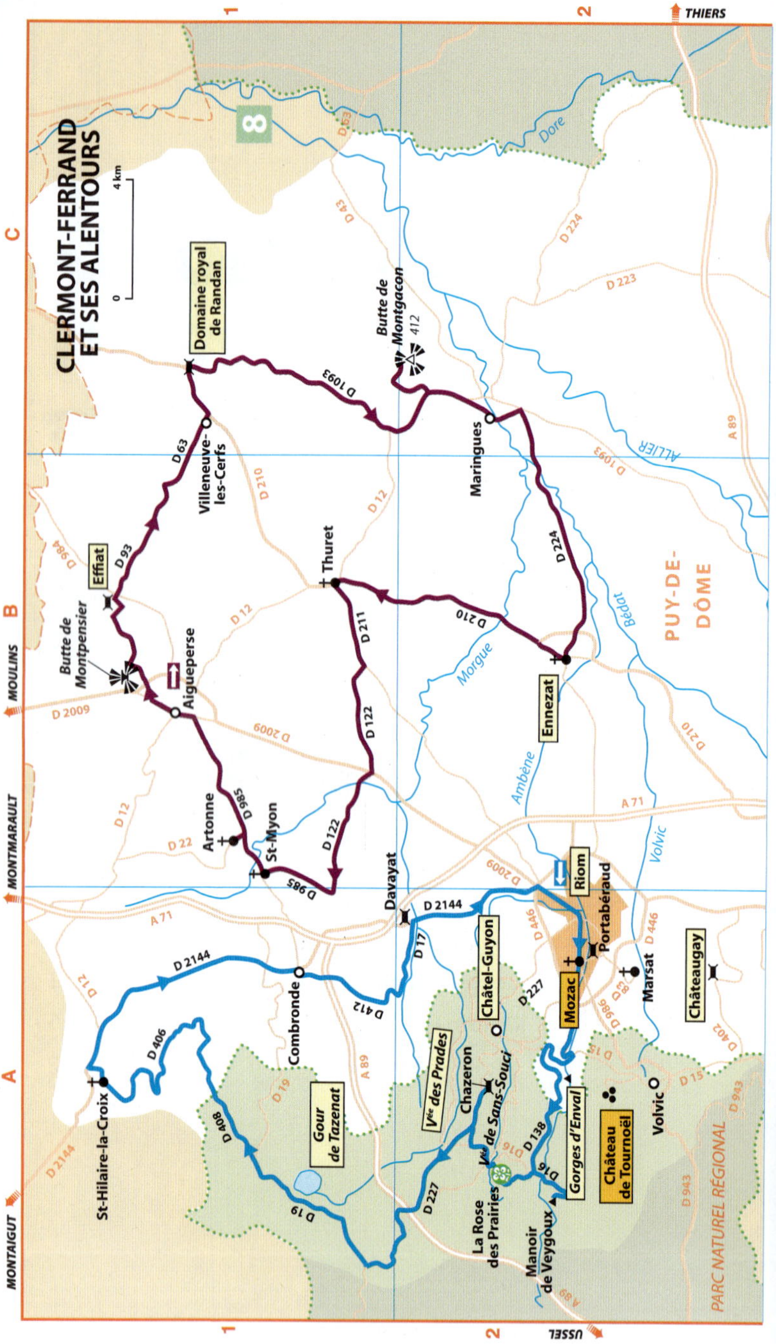
CLERMONT-FERRAND ET SES ALENTOURS
0
4 km
THIERS
MOULINS
MONTMARAULT
MONTAIGUT
USSEL
Domaine royal de Randan
Butte de Montgacon
412
Villeneuve-les-Cerfs
Maringues
Thuret
Effiat
Butte de Montpensier
Aigueperse
Artonne
St-Myon
Ennezat
Davayat
Riom
Portabéraud
Mozac
Marsat
Châteaugay
Châtel-Guyon
Combronde
St-Hilaire-la-Croix
Gour de Tazenat
Vée des Prades
Chazeron
Vée de Sans-Souci
La Rose des Prairies
Manoir de Veygoux
Gorges d'Enval
Château de Tournoël
Volvic
PUY-DE-DÔME
PARC NATUREL RÉGIONAL
Dore
Allier
Morgue
Bédat
Ambène
Volvic
D 1093
D 63
D 93
D 224
D 210
D 211
D 122
D 985
D 2009
D 12
D 22
D 2144
D 406
D 408
D 19
D 412
D 17
D 446
D 227
D 138
D 16
D 43
D 223
D 984
D 986
D 15
D 402
D 943
A 71
A 89
8

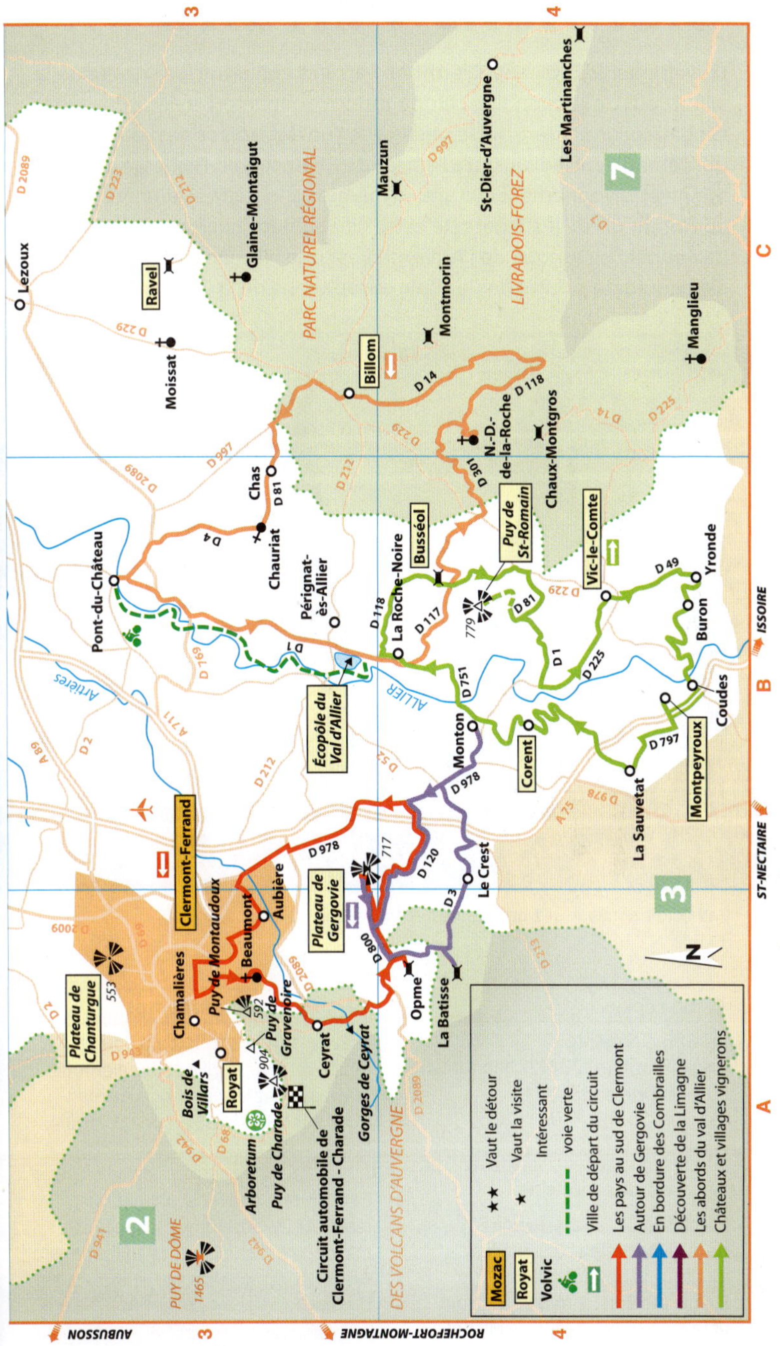
Mozac
Royat
Volvic
★★ Vaut le détour
★ Vaut la visite
Intéressant
voie verte
Ville de départ du circuit
Les pays au sud de Clermont
Autour de Gergovie
En bordure des Combrailles
Découverte de la Limagne
Les abords du val d'Allier
Châteaux et villages vignerons
Clermont-Ferrand
Plateau de Chanturgue
Chamalières
Puy de Montaudoux
Beaumont
Aubière
Royat
Bois de Villars
Arboretum
Puy de Charade
Puy de Gravenoire
Circuit automobile de Clermont-Ferrand - Charade
Ceyrat
Gorges de Ceyrat
Plateau de Gergovie
Opme
La Batisse
Le Crest
Monton
Corent
La Sauvetat
Montpeyroux
Coudes
Buron
Yronde
Vic-le-Comte
Puy de St-Romain
Busséol
La Roche-Noire
Pérignat-ès-Allier
Écopôle du Val d'Allier
Pont-du-Château
Chauriat
Chas
Moissat
Ravel
Lezoux
Glaine-Montaigut
Billom
Montmorin
Mauzun
N.-D.-de-la-Roche
Chaux-Montgros
St-Dier-d'Auvergne
Les Martinanches
Manglieu
PARC NATUREL RÉGIONAL
LIVRADOIS-FOREZ
DES VOLCANS D'AUVERGNE
PUY DE DÔME
ALLIER
Artières
AUBUSSON
ROCHEFORT-MONTAGNE
ST-NECTAIRE
ISSOIRE
A
B
C
2
3
4
7

Clermont-Ferrand ★★

Ouverte sur les volcans, Clermont-Ferrand conjugue les attraits de la ville à ceux de la splendide campagne environnante. Le vieux Clermont est bâti sur une légère butte, vestige de l'un des trois cônes volcaniques qui s'étendaient jadis jusqu'à l'entrée de Chamalières. Richesse du patrimoine et rayonnement culturel, dynamisme industriel et universitaire comptent parmi les atouts de cette cité aujourd'hui métamorphosée. La capitale historique de l'Auvergne est une ville incontournable. Elle est candidate au titre de Capitale européenne de la Culture 2028.

Cathédrale gothique de Notre-Dame de l'Assomption.
Nikola Spasic Photography/Getty Images Plus

Se repérer

143 886 Clermontois – Agglomération : 294 127 habitants Puy-de-Dôme (63)

CARTE AB3 (P. 39),
PLANS (P. 45, P. 52-53 ET P. 61).

À ne pas manquer

L'architecture en pierre noire de la cathédrale et des ruelles alentour, la basilique Notre-Dame-du-Port, le musée Bargoin et le musée de L'Aventure Michelin à Montferrand.

Organiser son temps

Prévoyez deux à trois jours pour la découverte de la ville et des alentours. Si vous aimez la scène rock, ne manquez pas le festival Europavox en juin.

En famille

Expositions, concerts, animations, festival Puy-de-Mômes, le musée de L'Aventure Michelin et ses animations.

Carnet pratique p. 66

Nos adresses p. 67

Se promener

★★ Le vieux Clermont PLAN I AB2-3 P. 52 ET PLAN II P. 45

Itinéraire dans le vieux Clermont tracé en vert sur le plan II (p. 45).

Flâner dans le vieux Clermont en levant le nez permet de découvrir de vrais trésors : splendides hôtels particuliers, pittoresques courettes intérieures, fontaines baroques, façades ouvragées, balustrades, tourelles d'escalier...

Une signalisation touristique, jalonnant les sites et monuments importants, accompagne la visite libre de la ville.

★ Place de Jaude E2

Ancien marché à la volaille ou nom d'un faubourg de Clermont au Moyen Âge, les interprétations concernant l'origine du mot « Jaude » divergent. Composée d'un grand parvis de basalte au nord prolongé par une vaste esplanade de granit, cette place est traversée par une ligne d'eau de 26 **fontaines** résurgentes. Avec ses **terrasses de cafés** et ses deux centres commerciaux, elle constitue le cœur de la métropole clermontoise. De nombreux événements musicaux, culturels et associatifs y rythment la vie tout au long de l'année. En décembre, l'immense sapin de Noël y est érigé. Deux statues s'élèvent de part et d'autre de la place. Celle du **général Desaix** (Louis Desaix de Veygoux, *voir p. 97*), édifiée en 1848, le représente pointant le champ de bataille du doigt. Ce soldat de Napoléon, né en 1768 à Ayat-sur-Sioule, s'illustra au cours de la campagne d'Égypte où il fut surnommé le « sultan juste ». Lors de la campagne d'Italie en 1800, il joua un rôle décisif dans la victoire de Marengo, mais il y perdit la vie. Installée face au Puy de Dôme, la statue équestre de **Vercingétorix** est l'un des emblèmes de Clermont. Son auteur, **Auguste Bartholdi** (1834-1904), réalisa notamment *La liberté éclairant le monde,* plus connue sous le nom de *Statue de la Liberté*, mais aussi le fameux *Lion de Belfort*. Vercingétorix trouva son emplacement définitif en 1903.

À la nuit tombée, vous profiterez de la mise en lumière de la place, sur les fontaines, les statues, les façades des anciennes galeries de Jaude et de l'**Opéra-Théâtre**. Inauguré en 1894, ce dernier renferme une belle salle à l'italienne. Des restaurations lui ont rendu ses décors d'origine *(☎ 04 73 98 65 00, office de tourisme pour les visites guidées).*

Église St-Pierre-les-Minimes E2

L'ancienne chapelle des Minimes prit sa forme actuelle au 19e s., grâce à l'architecte Teillard. Il créa un vaste chœur, agrandit la croisée du transept et la surmonta d'un dôme. Cet édifice classique possède de belles boiseries (1736) dans le chœur, ainsi qu'une **Vierge à l'Enfant** en pierre polychrome du 14e s. *(3e chapelle à gauche).*

Prenez l'avenue des États-Unis, puis tournez à droite dans la rue des Gras.

★ Rue des Gras E1-2

Artère essentielle du centre historique, elle monte dans l'axe de la façade occidentale de la cathédrale, offrant une vue superbe sur le monument de lave anthracite.

La naissance d'une ville

Imaginez deux monts fortifiés, les places fortes de deux seigneurs rivaux, l'évêque et le comte. Entre **Clarus Mons**, le mont Clair, et le **mont Ferrand**, ce fut la guerre durant des siècles. Jusqu'en 1630, où un édit royal les réunit en une ville unique : **Clermont-Ferrand**.

1

Le Festival international du court-métrage

Après la Première Guerre mondiale, la standardisation de la durée des œuvres cinématographiques (env. 100mn) porte une vive atteinte aux courts-métrages. En 1979, Clermont-Ferrand réhabilite cette discipline en accueillant un festival du court-métrage, avec une sélection internationale. Ce rassemblement est peu à peu devenu une référence et un rendez-vous incontournable des cinéphiles. Cinq ou six films de 5 à 59mn sont diffusés plusieurs fois au cours de la semaine, dans plusieurs sites de la ville. La Maison de la culture est le poumon du festival, bien secondée par les salles de cinéma et les « amphis » des facultés voisines. Ambiance assurée ! *✆ 04 73 91 65 73 - www.clermont-filmfest.org.*

Son nom rappelle d'ailleurs l'escalier (degrés) qui menait autrefois au sanctuaire. En vous retournant, vous aurez une vue magnifique et imprenable sur le sommet du Puy de Dôme. Animée de commerces, de bars et de restaurants, la rue compte quelques belles demeures, notamment l'**hôtel Fontfreyde** au n° 34 *(voir plus loin)*. Remarquez aussi les nombreuses arcades en anse de panier des rez-de-chaussée, caractéristiques des anciennes échoppes.

Prenez la deuxième rue à gauche.

Halle gourmande St-Pierre E1

Lun.-sam. 7h-19h.

Vers la place St-Pierre convergent de pittoresques rues commerçantes, comme la **rue de la Boucherie**. Au cœur de ce quartier ancien, le marché couvert, moderne et particulièrement animé le samedi matin, est l'occasion d'une agréable pause, dans une ambiance conviviale : boire un café au comptoir ou en terrasse, découvrir les étals de produits locaux, et déguster une assiette chez l'un des meilleurs fromagers de la ville. À côté, construit en 1780 pour abriter le « poids communal », le bâtiment néoclassique de la **salle Gilbert-Gaillard**, maire de la ville (1880-1894) et industriel de la confiserie, fut successivement halle aux fromages, conservatoire de musique et salle des fêtes avant de devenir un espace d'expositions.

Rejoignez la place Gaillard.

Fontgiève PLAN I A2

Les petites rues bordées de bars et de restaurants, au nord-ouest de la Halle gourmande, vous conduiront à l'un des plus anciens quartiers de la ville. Délimité au nord par la **rue Fontgiève**, ce qui fut, au haut Moyen Âge, un faubourg juif, a laissé place ensuite à l'hôpital général, destiné à l'enfermement des indigents. La **chapelle** de cet hôpital *(r. Ste-Rose)*, ouverte à l'occasion d'expositions, en est le seul témoin. Le quartier est aujourd'hui occupé par la cité judiciaire, projet urbanistique des années 1980.

St-Eutrope PLAN I A2

En bas de la **place Gaillard**, le quartier **St-Eutrope** tient son nom de l'église néogothique, inaugurée en 1862. Appréciez le travail élégant de l'architecte Hugues Imbert (1802-1876) et les vitraux historiés.

Revenez vers le marché St-Pierre et la rue des Gras.

★ Hôtel Fontfreyde - Centre photographique E1

34 r. des Gras - ✆ 04 73 42 31 80 - www.clermont-ferrand.fr - 13h30-19h - fermé dim.-lun. - gratuit.

Ce bel hôtel particulier Renaissance est également appelé « maison des Architectes ». Il conserve dans la cour, visible depuis la petite rue St-Pierre, les

La cité du pneu

Par quel caprice du destin, Clermont, située au cœur de l'Auvergne, loin des ports qui reçoivent le caoutchouc et le coton, et à l'écart des grandes tréfileries, est-elle devenue la capitale du pneu en France et l'un des plus grands centres mondiaux de cette industrie ? Un fait particulièrement ténu en est la cause…

Aux origines

Au beau temps du romantisme, vers 1830, un ancien notaire, **Aristide Barbier**, aux trois quarts ruiné, s'associe avec son cousin **Édouard Daubrée**, ancien capitaine aux chevau-légers du roi, pour fonder à Clermont, sur les bords de la Tiretaine, une petite usine de machines agricoles. Peu à peu, l'usine est amenée à produire des articles en caoutchouc : tuyaux, courroies, etc. Pour amuser ses enfants, Mme Daubrée, nièce du savant écossais Mackintosh, qui avait découvert la solubilité du caoutchouc dans la benzine, confectionne quelques balles ainsi qu'elle l'avait vu faire par son oncle. Ces balles ont tant de succès que Barbier et Daubrée en entreprennent la fabrication en grande série. Après avoir connu un bel essor, l'usine décline.

L'épopée Michelin

En 1886, les frères **André** et **Édouard Michelin**, petits-fils d'Aristide Barbier, la reprennent en main. En 1889, l'entreprise prend la dénomination de Michelin et Cie. Ces deux génies créateurs créent le pneu vélo démontable en 1891, le pneu pour auto en 1895, le pneu « Confort » à basse pression en 1923. Suivent en 1937 le « Métalic » à carcasse en acier qui fait du poids lourd un véritable outil de transport, en 1946 le « Radial » (commercialisé sous l'appellation X en 1949) qui associe une carcasse radiale réglant le problème de l'échauffement et une ceinture triangulée en acier assurant la tenue de route… inlassablement perfectionné depuis.

Les frères Michelin, des visionnaires

Visionnaires et précurseurs, les frères Michelin l'ont été dans tous les domaines. En 1895, *L'Éclair* est la première voiture à rouler sur l'air, équipée de pneus Michelin, et *La Jamais Contente* franchit le mur des 100 km/h en 1899. Même si la France ne compte en 1907 que 40 000 automobiles, les deux frères parient sur leur développement. Entre 1910 et 1913, Michelin cartographie la France en 47 cartes et développe ensuite la signalisation des routes au moyen des bornes Michelin, formidable publicité pour l'entreprise. Après l'automobile, André et Édouard s'attaquent à l'aviation, avec le Breguet XIV, l'avion de la victoire de la Première Guerre mondiale, puis au train, avec la Micheline qui parcourt la France et même l'étranger, et dont la type 23 est présentée à l'Exposition universelle de New York en 1939.

Un site d'exposition

Dans le quartier de Montferrand, l'Aventure Michelin (*p. 56*) retrace sur un espace de 2 000 m² l'histoire de Michelin. Des reconstitutions, des films, des véhicules, des pièces uniques dont certaines jamais présentées vous plongent au cœur d'un univers spectaculaire.

motifs sculptés de la tourelle d'escalier et les croisées à pilastres. La façade sur la rue des Gras a été modifiée au 18e s. lors d'une opération d'alignement.
L'hôtel Fontfreyde abrite un centre photographique dont la programmation (quatre expositions par an) privilégie la photographie contemporaine. Il accueille également des artistes en résidence et soutient la promotion de leurs œuvres. Son espace de documentation est en accès libre.
L'hôtel a gardé quelques éléments de décors intérieurs, dont une impressionnante cheminée en bois sculpté. Dans la galerie du 1er étage, les vitraux (fin 19e s.) sont ornés de blasons peints, dont celui de Catherine de Médicis, comtesse d'Auvergne.
Poursuivez la rue des Gras en direction de la cathédrale.
À l'angle de la place des Gras, à gauche, un linteau orné d'un **bas-relief** encastré dans la façade de la maison représente la scène du Lavement de pieds. Il s'agit d'un remploi provenant de l'ancienne église romane St-Pierre, détruite.
Continuez et prenez à gauche la rue Verdier Latour, qui se poursuit par la rue Boirot.
Des travaux ont permis de mettre au jour un **pan de l'enceinte de Clermont** (3e-5e s.). Cette enceinte était l'une des plus petites de la Gaule : la ville enserrée entre ses remparts pour faire face aux attaques des barbares ne couvrait en effet que 3,6 ha.
Revenez sur vos pas, gagnez la place de la Bourse et prenez, à gauche de la cathédrale, la rue Philippe-Marcombes, bordée de quelques boutiques d'antiquités.

Hôtel de ville F1

C'est ici que se trouvait le château médiéval des comtes d'Auvergne. Au 19e s., l'ensemble fut entièrement reconstruit en style néoclassique pour accueillir l'hôtel de ville, inauguré en 1840. L'aspect monumental de sa façade à colonnes est accentué par sa position encaissée dans une rue étroite. Remarquez de part et d'autre du corps central les deux fontaines publiques. À l'intérieur, un escalier donne accès à un patio.
Poursuivez jusqu'au square Olympe de Gouges.

★ Fontaine d'Amboise E1

Érigée initialement place de la Victoire en 1515 grâce au mécénat de Jacques d'Amboise, évêque de Clermont, elle fut ensuite déplacée place Delille en 1808, puis cours Sablon en 1855 et dans l'actuel square Olympe de Gouges en 1962. C'est

Un véritable gruyère !

Le sous-sol de la butte centrale de Clermont-Ferrand a connu, au cours des siècles, maintes utilisations. Les Gallo-Romains avaient déjà profité de cette roche de faible densité et très poreuse qu'est le tuf pour construire des aqueducs, des puits et des caves. Au Moyen Âge, les sous-sols servaient de commerces ou de garde-manger. Plus tard, pour faciliter la circulation, les rues furent comblées, abaissant ainsi les rez-de-chaussée des belles demeures en sous-sol. C'est pourquoi, aujourd'hui encore, certaines caves laissent apparaître de très beaux détails d'architecture. Jusqu'à la crise du phylloxéra (fin du 19e s.), le vin était gardé dans ces galeries. Il laissa sa place au fromage, qui y est affiné sur de la paille de seigle. Pendant la Seconde Guerre mondiale, les Clermontois se réfugiaient dans ces sous-sols pour se protéger des bombardements ; en 1943, 527 caves, dans 77 rues, pouvaient ainsi accueillir plus de 17 000 personnes ! Certaines ont aujourd'hui retrouvé leur usage de caves à vin.

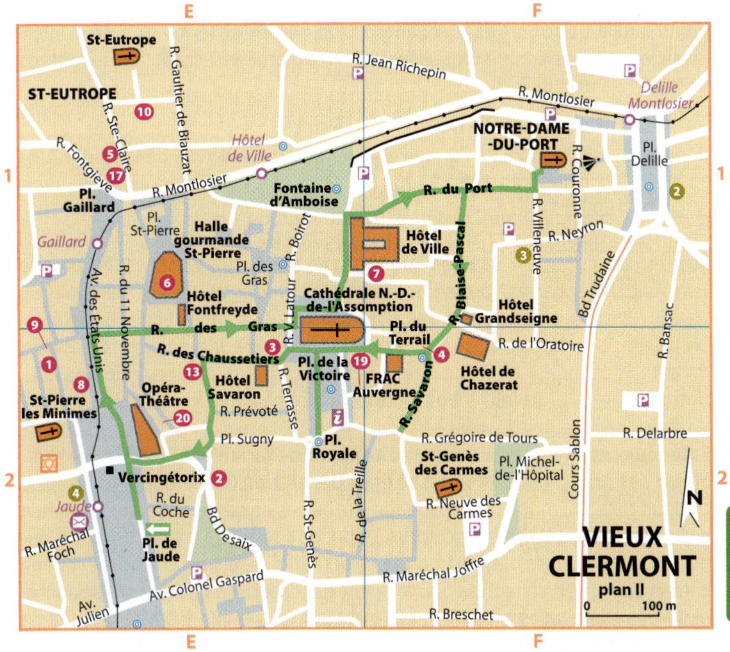

SE RESTAURER

- Gourmandine 1
- Terres Latines.............. 2
- Kim Oanh 3
- Il Visconti.................. 4
- Le Comptoir des Saveurs.... 5
- Apicius..................... 6
- Le Chardonnay 7
- Le Bistrot d'à côté 8
- Le Pile-Poêle 9
- Le St-Eutrope............... 10
- AOC....................... 13
- Le Sushi café 17
- Brasserie Derrière........... 19
- La Régalade 20

SE LOGER

- Best Western Plus - Hôtel littéraire A. Vialatte 2
- 5 Chambres en ville.................... 3
- Le Lion...................... 4

une œuvre très rare de la Renaissance, voire exceptionnelle en France, taillée dans la lave de Volvic et comportant des réminiscences gothiques dans sa structure. La grande vasque est décorée de rinceaux (ornements en forme de branchages enroulés) dans le goût italien. Au sommet, un « homme sauvage » porte les armes de la maison d'Amboise. La fontaine a bénéficié d'une très belle restauration en 2019. Remarquez une statue de **Blaise Pascal** (1880) dans le square éponyme situé en contrebas, et profitez de la vue sur le parc Montjuzet, et en contrebas sur le quartier de St-Eutrope, reconnaissable à son église et à la cité Vaudoit (maison avec une tour d'angle ornée de vitraux et coiffée en poivrière). Ne manquez pas également le **panorama** spectaculaire sur le Puy de Dôme.

Rue du Port F1

Autrefois l'une des principales artères commerçantes de la ville, elle tire son nom étonnant de *Portus*, lieu de marché et d'entrepôt des marchandises. Quelques cafés associatifs, boutiques et galeries d'art y ont élu domicile. Certaines portes ouvragées cachent parfois la superbe façade d'un bel hôtel particulier. Au n° 21, étroite **maison ancienne à mâchicoulis**. Remarquez à l'angle de la rue Barnier une **maison du 16ᵉ s.**, avec bretèche (petit avant-corps plaqué sur un édifice défensif, en réalité ici simplement décoratif) ; en descendant la rue, à droite, au n° 38, **belle porte cochère** et cour de l'hôtel élevé au début du 18ᵉ s. par le financier Montrosier de la Vilatelle. Cette rue très attachante devrait accueillir à terme le Centre d'Interprétation de la basilique, intégré dans un projet global de valorisation des abords de Notre-Dame-du-Port.

★★★ Basilique Notre-Dame-du-Port F1

R. du Port - ✆ 04 73 29 29 70 - www.basiliquenotredamedu port.fr - ♿ - juil.-août : 8h-19h ; reste de l'année : 9h-18h ; visites guidées gratuites sur réserv., rens. ✆ 04 79 11 59 78.

Cette remarquable église romane fut longtemps appelée Ste-Marie-Principale, de *princeps*, « premier », titre que portait le comte. Fondée au 6e s. par l'évêque saint Avit, brûlée par les Normands, elle fut bâtie avec une exceptionnelle unité de style au 12e s. Les clochers sont des ajouts du 19e s. Basilique depuis 1881, Notre-Dame-du-Port est inscrite au Patrimoine mondial de l'Unesco au titre des chemins de St-Jacques-de-Compostelle *(voir ABC d'architecture, p. 566 et 568)*. Notre-Dame-du-Port fait, chaque année, l'objet d'un pèlerinage qui se déroule le dimanche suivant le 15 mai.

Extérieur – Le chevet est un exemple accompli de l'art roman. Remarquez l'harmonie des proportions, la diversité de la **décoration** (mosaïque de pierres de couleur, rosaces, modillons à copeaux, corniches en damier). Le portail roman de la façade sud est orné de sculptures dont on a retrouvé la polychromie d'origine. Sur le **linteau en bâtière** (monolithe et triangulaire, il est considéré comme une particularité architecturale auvergnate dans l'art roman) figurent : à gauche, l'Adoration des Mages ; au centre, la Présentation au Temple ; à droite, le Baptême du Christ. Dans le tympan, qu'entoure un arc outrepassé (influence orientale), le Christ trône entre deux séraphins, anges à six ailes. Les autres sculptures ont été rapportées : à gauche de la porte, Isaïe et, à droite, saint Jean Baptiste ; au-dessous de l'arc, à gauche, l'Annonciation et, à droite, la Nativité.

Intérieur – La dernière restauration a restitué le badigeon jonquille, particulièrement chaleureux, qui met en valeur les volumes et rend la basilique très lumineuse. Le **chœur★★★**, surélevé, retient particulièrement l'attention : c'est la plus belle partie de l'édifice. Il est entouré d'un déambulatoire sur lequel s'ouvrent quatre chapelles rayonnantes. Les vitraux, réalisés par l'atelier de Thévenot, maître verrier clermontois du 19e s., illustre des épisodes de la vie du Christ. Un éclairage met en valeur les détails des **chapiteaux★**, qui comptent parmi les plus célèbres de l'art roman auvergnat. L'un d'eux illustre le combat entre les Vertus et les Vices, la **Psychomachie**, tirée du poème allégorique de Prudence (5e s.). Les autres évoquent des épisodes de la vie d'Ève et de celle de Marie, issus de l'Ancien et du Nouveau Testament. Dans le bras droit du transept, très belle statue de **Vierge allaitant**, du 14e.

Crypte – Sous le chœur, la « Souterraine », chère au cœur des Clermontois, a le même plan que le chevet. Devant l'autel, la margelle sculptée (16e s.) d'un puits devait exister bien avant la fondation de l'église. Sur l'autel trône une **Vierge noire**, reproduite au 18e s., portée dans une procession attestée dès 1614. La crypte et la sacristie ont fait l'objet d'un chantier de restauration et de fouilles en 2020.

La **façade ouest**, nue et archaïque, contraste avec le reste de l'édifice. Un porche du 16e s. la précède. Le malencontreux clocher qui la surmonte fut édifié au 19e s.

Remontez la rue du Port et tournez à gauche.

Rue Blaise-Pascal F1

À partir du 16e s., des hôtels particuliers pour la noblesse clermontoise furent édifiés dans cette rue. Au no 22, remarquez une ancienne demeure dotée d'un rez-de-chaussée à bossages et à balcon de fer forgé. Au no 12, la chambre d'apparat de l'**hôtel Grandseigne** est visible dans le cadre des visites guidées de l'office de tourisme. Au n° 4, l'**hôtel de Chazerat** (F2), dernier intendant d'Auvergne (agent du roi), et alors premier président de la cour des aides, est un bel édifice de la fin du 18e s. Un portail en demi-lune et un passage couvert donnent accès à une **cour ovale★**, scandée de pilastres ioniques, qui dégage une impression de majesté. La petite **place du Terrail** (F2) est ornée d'une **fontaine**, une des plus anciennes de Clermont-Ferrand (1684). Observez sur le bassin circulaire le blason de la ville. Donnant sur la place, deux immeubles montrent des **façades** particulièrement remarquables : l'une avec des loggias et balustrades, l'autre, au-dessus du salon de thé, couronnée par un fronton portant une inscription latine, ancienne demeure du juriste Jean Savaron (début du 17e s.).

Rue Savaron F2

Dans la continuité de la rue Blaise-Pascal, cette pittoresque ruelle, qui était traditionnellement occupée par les antiquaires et les galeries d'art, a été investie ces dernières années par du *street art*, des galeries d'art alternatif, des boutiques d'encadrement et de sérigraphie, etc. Remarquez, côté impair, les très belles devantures en bois mouluré qui contribuent à son cachet. Plusieurs hôtels particuliers méritent un coup d'œil : au n° 8, l'**hôtel Luillier d'Orcières** montre une belle porte fin 18e s. ; l'**hôtel Reboul-Sadourny** *(n° 9, au fond d'une courte impasse)*, qui porte le nom d'un avocat du 18e s., conserve une porte cochère ornée d'une allégorie de la Justice et une belle cour intérieure où se dresse une fontaine. La rue Savaron est située dans le quartier de *las crottas*, des **caves** qui étaient utilisées autrefois pour conserver les vins, puis les fromages.

Revenez sur vos pas et tournez à gauche rue du Terrail.

Frac Auvergne F2

6r. du Terrail - ✆ 04 73 90 50 00 - www.frac-auvergne.fr - ♿ - mar.-sam. : 14h-18h, dim. 15h-18h - entrée libre.

Fort de plus de 400 œuvres, le fonds du Frac Auvergne (Fonds régional d'art contemporain), principalement consacré à la peinture, s'inscrit au premier rang des collections d'art contemporain en Auvergne. Les grands noms de la création artistique sont montrés au public à l'occasion d'expositions temporaires, thématiques ou monographiques.

En sortant, prenez la rue Fléchier à droite puis gagnez la rue des Grands-Jours qui contourne le chevet de la cathédrale.

★★ Cathédrale Notre-Dame-de-l'Assomption E1-2

Pl. de la Victoire - ✆ 04 73 98 65 00 - www.clermontauvergnetourisme.com - 7h30-12h, 14h-18h, dim. 9h-12h, 15h-19h (en dehors des offices) - entrée libre.

Ce sanctuaire, dans le style du gothique rayonnant d'Île-de-France, doit son impressionnante couleur noire à l'**andésite**, une pierre issue de la coulée volcanique provenant du puy de la Nugère à côté de Volvic. Il s'agit de la seule grande cathédrale au monde bâtie en pierre de Volvic. L'édifice actuel fut construit à l'emplacement d'une église romane dont ne subsiste que la crypte. Les travaux, lancés en 1248, furent confiés à Jean Deschamps, qui travailla sur ce projet jusqu'à sa mort, vers 1295 ; on lui doit le chœur, qui vit s'unir en 1262 le futur Philippe III dit le Hardi (fils de Saint Louis, présent à la cérémonie) et Isabelle d'Aragon. Son fils poursuivit la construction et éleva le transept, les deux portails nord et sud, la première travée de la nef, puis les tours, dont celle de la Bayette.

La construction de la cathédrale continua au cours de la première moitié du 14e s., sous la direction de **Pierre de Cébazat**, l'un des maîtres d'œuvre de La Chaise-Dieu

1

(voir p. 441), qui ajouta trois nouvelles travées à la nef. Le chantier fut interrompu par des difficultés financières et par la guerre de Cent Ans, et c'est au début du 16e s. qu'une toiture en plomb remplaça celle d'origine : elle est surmontée d'un arbre de Jessé (19e s.), supportant une statue de la Vierge. La cathédrale fut largement épargnée par la Révolution, à l'exception du mobilier liturgique, des stalles et statues, et des tours (celle de la Bayette ne subit aucun dommage). Il fallut attendre 1866 pour que **Viollet-le-Duc** reprenne les plans d'achèvement des travaux, qu'un de ses élèves put mener à bien. En 1884, la dernière travée de la nef, la façade ouest et ses belles flèches élevées à 108 m de hauteur étaient terminées. La réalisation des marches, en façade principale, date du début du 20e s. Vous repérerez l'emplacement de la maison natale de Blaise Pascal *(détruite)* par une inscription et un traçage au sol, place Lemaigre.
L'entrée s'effectue soit par le portail sud, sur la place des Victoires, soit par le **portail nord** du transept que domine la tour de la Bayette. À cette tour s'accroche la tourelle de la Guette, qui était surmontée de la loge du guetteur. L'impression de grande légèreté que donnent le vaisseau central et, surtout, le pourtour du chœur, traduit la virtuosité technique propre au gothique rayonnant. L'emploi de la lave, qui possède des qualités de résistance exceptionnelle, a permis d'amincir les piliers, les arcs des voûtes et les divers éléments des baies.
Votre regard sera très vite attiré par les superbes **vitraux★★** (12e-20e s.), aux dominantes de bleus et de rouges. Le semis de lys de France et de tours de Castille qui en décore certains tendrait à prouver qu'ils datent de l'époque de Saint Louis (hypothèse plausible, puisque le roi aurait pu en faire don à l'occasion du mariage de son fils en 1262). Le transept est éclairé par deux magnifiques rosaces, à l'intense coloration rouge *(sud)* ou bleue *(nord)*, dont les lancettes s'inscrivent dans un carré. Les chapelles du chœur abritent un des plus riches ensembles de **fresques★** du 12e au 15e s. conservé dans une cathédrale française.
En suivant le plan ci-contre, vous remarquerez particulièrement les éléments suivants :
1) Tribune du croisillon nord – Belle **horloge à jacquemarts** du 16e s., dotée d'un mécanisme des 17e et 18e s. Elle fut enlevée à Issoire lors des guerres de Religion. Son ensemble en bois doré comprend trois statues de 1,70 m. Au milieu, le temps est représenté par un vieillard à longue barbe. À ses côtés, deux automates (Mars et Faunus) frappent les heures de leur marteau. Les aiguilles, en forme de flèche, évoquent les regrets du temps qui passe…
2) Sacristie – Au-dessus de la porte, encadrée de feuillages, trois peintures votives des 13e et 15e s. en partie superposées.
3) Chapelle St-Georges – Vitrail, aux couleurs chatoyantes, et **peinture murale** du 13e s. sur la vie et le martyre du saint.

La pierre de Volvic

La trachyandésite, andésite, « pierre éternelle », appelée aussi « lave » ou « pierre de Volvic », a façonné et teinté la ville de Clermont-Ferrand et ses environs. Son utilisation remonte à l'époque gallo-romaine, mais la période la plus représentative correspond à celle des constructions gothiques. Cette pierre provient de la coulée d'un des plus vieux volcans de la chaîne des Puys, le **puy de la Nugère**. Vous la rencontrerez un peu partout : églises, fontaines, bancs publics, mais aussi au cimetière des Carmes, où de nombreuses stèles sont de véritables œuvres d'art.

4) Chapelle St-Austremoine – À droite, arrivée d'Austremoine en Auvergne, dont il sera le premier évêque ; au centre, son martyre ; à gauche, les miracles accomplis après sa mort. Remarquez aussi l'autel baroque.
5) Vitraux de sainte Marie Madeleine – Évoquant la fin de sa vie. Autel et pietà des 17e et 18e s. Peinture représentant le martyre de saint Sébastien ainsi qu'une touchante Vierge à l'Enfant.
6) Chapelle du Saint-Sacrement (chapelle axiale) – À gauche, la vie de saint Jean Baptiste ; au centre, l'enfance du Christ ; à droite, le miracle de Théophile. La pièce maîtresse est une superbe **Vierge en majesté** romane, contemporaine de celles de Marsat et d'Orcival, et l'héritière probable de la Vierge d'or d'Étienne II, leur prototype, qui fut détruite à la Révolution. Statue polychrome à l'origine, la peinture ébène qui en recouvre le visage et les mains depuis 1833 la range à tort parmi les Vierges noires. Le mobilier moderne, **devant d'autel**, et tabernacle, ont été réalisés par un artiste du Puy-en-Velay, Philippe Kaeppelin.
7) Vitraux de saint Bonnet – Évêque de Clermont au 7e s.
8) Chapelle Ste-Anne – Au centre, les vitraux du 12e s., provenant de l'ancienne cathédrale, retracent la vie du Christ.

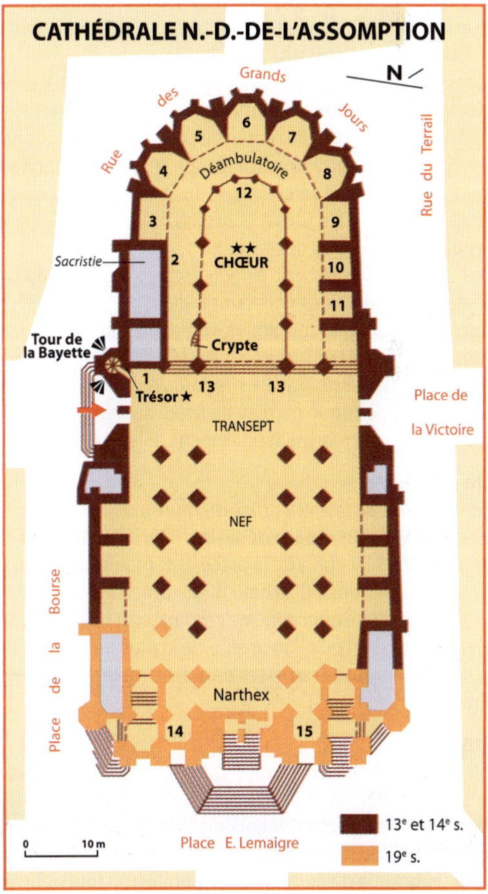

Quand le laïc et le religieux cohabitent

Apposée au fronton du **portail nord**, une inscription proclame : « Le peuple français reconnaît l'Être suprême et l'immortalité de l'âme. » Étonnant pour une église... Mise au jour il y a une dizaine d'années lors de travaux de réfection, cette phrase d'un discours de Robespierre, qu'il prononça devant la Convention en 1794, rappelle que celui-ci, loin de vouloir détruire la cathédrale, voulut en faire un lieu de rassemblement des citoyens...

9) Chapelle Ste-Marguerite – Retable et Adoration des bergers du 17e s.
10) Vitraux de sainte Agathe et **statue du Christ** du Jugement dernier, du 14e s., dont le drapé est superbe.
11) Chapelle St-Arthème – Le **chœur★★** est fermé par de grandes arcades très légères. Au-dessus du triforium, les hautes **verrières (12)** des 13e et 14e s. sont traitées sur fond de grisaille et représentent une seule grande figure par lancette ; on reconnaît l'Assomption. Dans le chœur, remarquez le **maître-autel** en cuivre doré dessiné par Viollet-le-Duc. Accrochées aux piliers du transept, deux **statues (13)** de la Vierge et de saint Jean, du 15e s., proviennent de l'ancien jubé démoli en 1793. Au fond des bas-côtés **(14, 15)**, deux **vitraux** contemporains illustrent l'Apocalypse et la Genèse. La chapelle sous le clocher gauche abrite également des statues provenant du jubé détruit.
Crypte – *Inaccessible à la visite, jusqu'à nouvel ordre.* Bâtie au 10e s. avec déambulatoire et chapelles rayonnantes, la crypte fut altérée au moment de la construction de la cathédrale gothique. Elle renferme un très beau **sarcophage★** du 4e s. en marbre blanc ; sur la façade principale, une frise de personnages sculptés encadre la défunte. Un second sarcophage, du 5e ou 6e s., trouvé sous le dallage de la cathédrale, représente le Christ et les apôtres. Dans le déambulatoire se trouvent des **peintures murales** des 12e et 13e s.
Trésor★ – *Inaccessible à la visite jusqu'à nouvel ordre.* Situé au-dessus de la sacristie des chanoines, il présente des collections allant du 12e au 19e s. : orfèvrerie et émaux, reliquaires, instruments liturgiques, vêtements sacerdotaux et liturgiques. **Sculptures romanes** (Vierges en majesté, grand Christ et tête de Christ) et du 16e s.
Tour de la Bayette – *Inaccessible à la visite jusqu'à nouvel ordre.* Située au portail nord, l'unique tour d'époque médiévale ayant survécu est surmontée d'une terrasse et d'une tourelle renfermant une cloche. Elle a servi de tour de guet.

Place de la Victoire E2

Sur cette place piétonne se trouve l'office de tourisme.
Vous pourrez y découvrir un espace dédié au riche patrimoine de la ville et une boutique de souvenirs. Au centre de la place, la fontaine érigée en 1895 est surmontée de la statue en bronze d'**Urbain II,** qui prêcha à Clermont la première croisade, en présence d'une quinzaine de cardinaux et de plus de 300 évêques. C'est sans aucun doute d'ici que l'on profite de la plus belle **vue** d'ensemble sur la cathédrale. Les nombreuses terrasses déployées sous les tilleuls de Hollande en témoignent.

Place Royale E2

Derrière la place de la Victoire, levez les yeux sur la très belle **façade Art nouveau** d'une ancienne pharmacie. Cette étonnante devanture ornée de ferronneries, protégée au titre des Monuments historiques, a été conçue en 1901 par Louis Jarrier. Admirez aussi la **fontaine** du 19e s., dont les vasques adossées sont surmontées par un groupe de deux Amours potelés, en fonte dorée. De là, vous

pouvez profiter d'une belle perspective sur une partie de la ville, en contrebas, et sur le sommet du Puy de Dôme.
Revenir sur la place de la Victoire, qui donne accès à la rue des Chaussetiers.

Rue des Chaussetiers E2

Les marchands de meubles et de tapis ont cédé la place à un bar à vin et des boutiques vintage dans les rez-de-chaussée voûtés des maisons anciennes, qui se caractérisent par des arcades et d'imposantes portes. Au n° 3, remarquez l'**hôtel Savaron** (1513) : dans la **cour★**, la tourelle d'escalier, reliée au bâtiment principal par trois étages de paliers suspendus, s'ouvre par une belle porte sculptée dite « des Hommes sauvages ». Au n° 10, notez un portail gothique et des fenêtres à meneaux. Et, à l'angle de la rue des Petits-Gras, admirez des arcades romanes du 12e s., les plus anciens témoignages de ce style dans l'architecture civile à Clermont.

Au sud de la place de Jaude PLAN I P. 52-53

Au sud de la butte centrale et de la place de Jaude se développe un quartier aéré qui témoigne de l'expansion de la cité à partir du 18e s. Ses artères, plus larges et régulières que dans la vieille ville, sont bordées d'immeubles élégants. Espace de transition entre le centre historique et le secteur des universités, on y rencontre beaucoup d'étudiants. Remarquez devant le musée Bargoin et le vaste jardin Lecoq **l'Obélisque** dédié à Desaix, érigée en 1801. Une grande mutation urbanistique est en cours sur le site de **l'hôtel-Dieu** désaffecté, avec la construction de la Grande Bibliothèque *(ouverture prévue en 2023)*, qui prendra place dans l'ancien pavillon Dijon. Logements, bureaux et commerces sont également au programme.

1

Église St-Genès-des-Carmes PLAN II F2 P. 45

R. Neuve-des-Carmes. Construite par les pères Carmes au début du 14e s., et placée sous le vocable de sainte Anne, cette église conventuelle devint paroissiale vers 1800, et fut alors rebaptisée. La flèche néogothique date de 1849. Remarquez les stalles en bois autour du chœur. L'église possède un bel orgue de 1845, et bénéficie d'une acoustique remarquable qui lui vaut d'être le cadre régulier de concerts.

Rue Ballainvilliers B3

Cette belle artère a été tracée en 1761 par Simon Charles de Ballainvilliers, intendant d'Auvergne. Promenade à la mode sous le Directoire et l'Empire, elle montre encore de **beaux immeubles**. Arrêtez-vous devant le n° 27. Il a été construit par l'architecte Tachet à la fin du 19e s. pour le pharmacien Bargoin qui en fit don aux

Un certain Blaise Pascal...

C'est à Clermont que naît le grand Pascal (1623-1662), écrivain et penseur de génie, dont les ouvrages capitaux, *Les Provinciales* et les *Pensées,* comptent parmi les chefs-d'œuvre de la littérature française. Prodigieusement doué pour les lettres, Pascal l'était aussi pour les sciences. Dès l'âge de 12 ans, il manifesta d'exceptionnelles dispositions pour la géométrie, et à 16 ans il étonna Descartes par son *Traité des sections coniques.* Deux ans plus tard, il mettait au point une machine à calculer. La brouette ou vinaigrette, chaise à porteurs à deux roues, est aussi l'une de ses inventions. On lui doit également les carrosses à cinq sous, à parcours fixe et à départs réguliers, qui connurent, dès leur apparition, un merveilleux succès et furent à l'origine des omnibus parisiens. C'est lui enfin qui, avec l'aide de son beau-frère Périer, prouva la pesanteur de l'air.

SE RESTAURER

L'Écureuil 11	Alfred 15	Polypode 23
L'En-But 12	Pavillon Lecoq 16	
Bougnat Burger 14	L'Odevie 18	

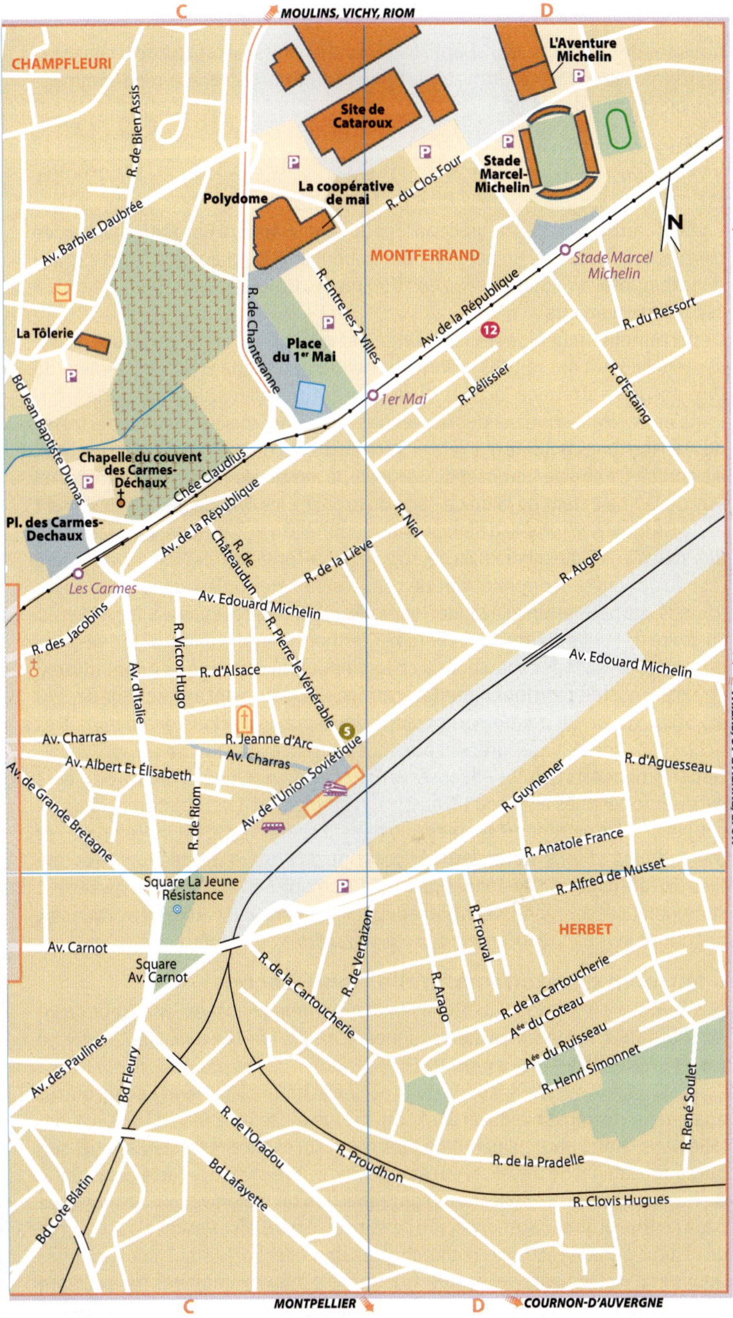

SE LOGER

Hôtel Oceania 1
Ibis Style Clermont-Ferrand Gare 5
Chambres d'hôte Le Petit Siam 6
Hôtel Mercure Centre Jaude 7

hospices de Clermont. Jean-Baptiste Bargoin est aussi à l'origine de la construction du musée éponyme. Un buste, au tympan de la porte cochère, rend hommage à ce bienfaiteur de la ville.

★ Musée Bargoin B3

45 r. Ballainvilliers - ✆ 04 43 76 25 50 - www.clermontmetropole.eu - 10h-12h, 13h-17h, dim. 14h-19h - fermé lun. - 5 € (-18 ans gratuit).

Édifié au début du 20e s. grâce au legs de **Jean-Baptiste Bargoin**, pharmacien clermontois, il associe un parcours permanent lié à l'archéologie à des expositions temporaires consacrées aux arts textiles extra-européens. Dans le hall, bel escalier monumental.

Département archéologie – Il présente des collections archéologiques issues essentiellement des fouilles pratiquées depuis le 19e s. dans le département du Puy-de-Dôme. Il retrace l'histoire du territoire du paléolithique à la période gallo-romaine, mettant en valeur des sites et des collections majeures comme le **trésor de Manson** (une centaine d'objets en bronze datant de la fin de l'âge du bronze), les *oppida* gaulois de Corent et de Gergovie, le temple de Mercure au sommet du Puy de Dôme datant de la fin de l'âge du bronze), les oppida gaulois de Corent et de Gergovie, le temple de Mercure au sommet du Puy de Dôme (notamment des stèles à l'effigie du dieu), la nécropole gallo-romaine des Martres-de-Veyre (connue pour l'exceptionnel état de conservation des objets déposés dans les tombes, qui permettent d'évoquer les pratiques funéraires locales). Il révèle aussi l'histoire de la ville d'*Augustonemetum* (Clermont-Ferrand antique) qui ne cesse de se dévoiler au fil des opérations archéologiques : **mosaïque à tête de Méduse★**, en excellent état ; **pied monumental en bronze**, appartenant à une statue de 2,70 à 3,50 m, qui ornait peut-être un grand édifice public d'*Augustonemetum*. Très riche collection de vases grecs et étrusques, en excellent état de conservation.

Département Arts textiles – Il conserve une collection unique en France de pièces extra-européennes allant du 18e au 21e s. : vêtements, tapis, objets mobiliers ou cultuels... Elles ne sont présentées que dans le cadre d'expositions temporaires thématiques, et tous les deux ans à l'occasion du Festival international des textiles extraordinaires (les années paires à Clermont-Ferrand) dont le musée est cofondateur et coorganisateur. Entre deux expositions, ces textiles remarquables ne sont pas visibles (*Renseignez-vous avant de vous déplacer).*

★ Muséum d'histoire naturelle Henri-Lecoq B3

15 r. Bardoux - ✆ 04 43 76 25 60 - www.clermontmetropole.eu - mai-sept. : 10h-12h, 14h-18h, dim. 14h-18h ; reste de l'année : 10h-12h, 14h-17h, dim. 14h-17h - fermé lun. et j. fériés - 5 € (-18 ans gratuit).

Ainsi nommé en l'honneur du pharmacien et naturaliste **Henri Lecoq**, qui fut également responsable du jardin éponyme, ce muséum, créé en 1873, est installé dans l'hôtel particulier même du savant. Un espace restitue d'ailleurs son bureau et cabinet de travail, avec ses meubles et une immense carte géologique du Puy-de-Dôme. Les collections sont réparties sur trois niveaux. Ne manquez pas à l'entresol un espace consacré à l'enfant du pays **Blaise Pascal**. Vous y verrez un résumé de sa vie et de ses recherches, et une collection de machines arithmétiques et d'instruments de mesure, notamment deux exemplaires de la célèbre « **pascaline** », ancêtre de nos machines à calculer. Au même niveau, sont exposées la collection minéralogique de Lavoisier, ainsi que des pièces de verrerie provenant du laboratoire d'Émile Duclaux.

Une petite section est dédiée à **Louis Pasteur**. La **collection botanique**, au 1er étage, est particulièrement riche, avec notamment un catalogue des orchidées

d'Auvergne. Le département zoologie comporte une série d'**animaux naturalisés**, remarquablement mis en scène, et des collections d'insectes. Huit dioramas illustrent les milieux naturels auvergnats. Une riche **collection minéralogique** liée à l'Auvergne est également présentée.
Au 2e étage, vous pourrez suivre les complexes liens de parenté unissant les espèces, sur un passionnant « **arbre du vivant** ». Grâce aux progrès de la biologie et de la paléontologie, les scientifiques ont mis en évidence les caractères propres à certaines espèces issues d'un « ancêtre » commun, et établi une nouvelle classification que la scénographie du musée rend visible. Vous trouverez aussi une salle consacrée aux enfants, une seconde salle préfigurant le futur espace paléontologique, ainsi que la reconstitution d'un atelier issu de la taillerie de pierres fines de Royat. Le musée accueille de belles expositions temporaires.

Jardin Lecoq B3

Bd Lafayette - ✆ 04 73 42 63 63 - www.clermont-ferrand.fr - en été : 6h45-21h ; en hiver : 7h15-18h - gratuit.
Ne vous laissez pas piéger : la sonnerie indique la proche fermeture du jardin.
L'aménagement de ce superbe espace vert très aéré de 3 ha fut commencé à l'initiative de l'abbé Delarbre en 1781, puis relayé par **Henri Lecoq** en 1865. Il comprend des variétés rares de plantes et d'arbres sur de grandes pelouses aux parterres fleuris, et de charmantes compositions, très en vogue au 19e s., où se mêlent fontaines et statues ainsi qu'un kiosque à musique. Au printemps, la **roseraie** est éclatante. Une **porte** avec tourelle en encorbellement du 14e s., provenant de l'ancien château de Bien-Assis (ancienne propriété du beau-frère de Blaise Pascal, démolie lors des agrandissements des usines Michelin en 1912), a été remontée à proximité du **bassin**. Au bord de ce plan d'eau, le **pavillon Lecoq** dispose d'une terrasse et d'une salle lumineuse pour se restaurer. Un pur moment de bonheur *(voir p. 69)*.

De Clermont à Montferrand PLAN I P. 52-53

Au nord-est du vieux Clermont, à partir du quartier des Carmes, se développe un secteur en mutation. À côté des installations industrielles Michelin, on trouve des lieux emblématiques et incontournables de la vie clermontoise : la Coopérative de Mai consacrée aux musiques actuelles et le stade Marcel-Michelin qui accueille les matchs de rugby de la fameuse équipe ASM.

Place des Carmes-Déchaux C2

Le secteur des Carmes abrite le **siège de la manufacture Michelin**, véritable symbole pour la ville. En 2021, des travaux ont modifié la façade du siège, qui fait la part belle à la transparence. La place a été végétalisée, rythmée par le miroir d'eau et le mur aquatique, et le viaduc devrait devenir un belvédère.
La **Serre Michelin** *(billetterie.laventure.michelin.com - visite guidée 1h30 sur réserv. - 11 €, 7-18 ans 7 €)* propose un étonnant voyage pour découvrir les secrets de l'hévéa : cet arbre à caoutchouc est en effet à l'origine du développement industriel de la ville. Après un film immersif dévoilant leurs propriétés, le visiteur chemine à travers les **hévéas** et autres plantes exotiques (ananas, café, manioc, cacao, etc.), dans une ambiance tropicale, chaude et humide. Il peut ensuite, au **Café Equateur,** déguster des spécialités à base de produits tropicaux provenant du Brésil et d'Indonésie, avant d'aller explorer la boutique *(lun.-vend. 9h30-17h)*. Un espace d'exposition *(hall central de la Canopée, lun.-vend. 7h-20h)* complète l'offre.

1

Un naturaliste d'exception

Passionné de sciences naturelles, **Henri Lecoq** (1802-1871) s'établit à Clermont-Ferrand en 1826. Assumant la direction de la chaire municipale d'histoire naturelle, ainsi que du jardin Lecoq, il va inlassablement prospecter l'Auvergne, rassemblant les spécimens de ses futures collections. Professeur d'université dès la création de la Faculté des sciences de Clermont-Ferrand en 1854, il met au point avec Jean-Baptiste Bargoin une célèbre boisson appelée **café de glands doux**, préparée à base de glands méditerranéens torréfiés et dépourvus de caféine. Grand philanthrope, il finança certains travaux publics dans la ville..

Sur la place se dresse la **chapelle du couvent des Carmes-Déchaux** (C1), construite entre 1720 et 1770 suivant un curieux plan centré avec dôme sur tambour. Amateur d'art contemporain, faites un arrêt à **La Tôlerie** C1 *(10 r. de Bien-Assis - ✆ 06 75 00 76 74 - latolerie.fr - durant les expositions : 14h-18h - fermé dim.-mar. - gratuit.).* Cet espace municipal, installé dans un garage réhabilité, présente des expositions consacrées à des artistes contemporains reconnus.

Place du 1er-Mai C1

Cette esplanade en partie arborée est un espace important de la vie clermontoise. C'est là que se déroulent certaines grandes manifestations, comme le festival de musique Europavox, là aussi que se dressent le Centre de congrès et d'expositions **Polydome** ainsi que la **Coopérative de Mai** *(voir « Nos adresses », p. 73),* scène de musiques actuelles très appréciée. Inaugurée en 2000 par les Rita Mitsouko, la Coopé a aussi facilité l'émergence sur la scène rock internationale de groupes clermontois. Créée en 1989 par le célèbre Étienne-Martin, la **sculpture monumentale** appartient à une série d'œuvres sur sa demeure natale de Loriol.

Stade Marcel-Michelin D1

Av. de la République - billetterie - ✆ 04 73 14 63 68 - www.asm-rugby.com - visite guidée (1h15) 12 € (7-14 ans 9 €), 18 € avec la visite de l'ASM Experience, horaires, se rens. Sur place un restaurant et l'une des deux boutiques officielles du club.
Incontournable dans la vie clermontoise, ce stade d'une capacité de 19 000 spectateurs trouve ses origines dans un terrain de sport construit en 1911 par Michelin. Il était déjà destiné à accueillir les matchs du **club de rugby à XV** de l'**Association Sportive Michelin**, devenue **ASM Clermont Auvergne**. Il sert toujours d'écrin aux matchs de la célèbre équipe, et abrite un nouveau centre d'entraînement ainsi qu'un espace dédié à l'histoire de l'ASM, **ASM Experience** *(✆ 04 73 14 60 23 - www.asm-rugby.com/asm-experience - ♿ - juil.-août : 14h-18h ; vac. scol. zone A 14h-18h ; reste de l'année : tlj sf lun. 10h-18h - 10 € (-14 ans 7 €) - 18 € billet combiné avec la visite guidée du stade).* Sur plus de 600 m², le parcours de visite est divisé en plusieurs espaces, de la fondation du Club à l'explication du jeu de rugby, des supporters à l'univers sportif... Deux façons d'approfondir votre connaissance du ballon rond s'offrent à vous : l'espace ASM Experience, parc à thèmes unique en France dédié exclusivement au rugby et à la vie du Club ; et un tour du stade, en compagnie d'un guide. Vous découvrirez l'histoire et les évolutions du célèbre stade de la ville. Vous pourrez même visiter les vestiaires et faire un tour sur le terrain.

★★ L'Aventure Michelin D1

32 r. du Clos-Four - ✆ 04 73 98 60 60 - laventure.michelin.com - ♿ - juil.-août : 10h-19h ; avr.-juin : 10h-18h ; reste de l'année : tlj sf lun. 10h-18h - nocturnes à dates fixes en juil.-août - fermé 3 sem. en janv. -11 € (7-18 ans 7 €).

Sur son site de Cataroux, Michelin a ouvert une exposition présentant l'histoire, l'actualité et les innovations du groupe. La mise en scène, originale, interactive et riche en anecdotes passionnantes, réserve de nombreuses surprises.
Du premier pneu démontable au concept futuriste Vision, en passant par 130 cartes, les guides et le légendaire Bibendum, c'est un univers bien vivant qui vous attend ! L'ensemble de 2000 m² répartis sur 2 niveaux présente plus de 125 ans d'histoire, avec des documents et près de 1000 objets de collection : la mobilité à la fin du 19e s., l'invention de la Micheline, dont un spectaculaire exemplaire est présenté dans le hall, Michelin pionnier de l'aviation, constructeur des avions Breguet durant la Première Guerre mondiale. L'aide au voyageur, avec la naissance du célèbre guide Michelin en 1900, suivie des cartes et guides de voyage, puis des applications numériques ViaMichelin et Le Guide Michelin, n'est pas oubliée. Des innovations aux grands enjeux de la recherche, l'Aventure Michelin se raconte pas à pas, sollicitant à chaque étape vue, ouïe, odorat et toucher. Vous serez ébahi par le « mille-pattes », sorte d'immense DS destinée à tester l'endurance des pneus poids lourds. Un parcours sensoriel, intitulé « Un autre regard » a été développé pour les personnes malvoyantes.

Site de Cataroux D1

Le site industriel Michelin s'est développé, à partir de la fin du 19e s., dans le secteur peu urbanisé de l'avenue de la République, permettant l'implantation des usines, et des cités ouvrières à côté. L'usine historique de **Cataroux**, qui se déploie derrière l'Aventure Michelin, marque profondément le paysage avec ses hautes cheminées en brique.
À l'est de l'usine, en allant vers Montferrand, vous pourrez longer des rues témoins des cités ouvrières : l'**allée des Saules** (D1) notamment.
Au nord du site, vous ne pourrez manquer ce que l'on surnomme affectueusement « les sphinx de Clermont-Ferrand » : les pistes Michelin occupent trois bâtiments à l'allure de toboggans. Longues de 383 à 437 m, ces 12 pistes d'essais ont été utilisées de 1928 à 2000 pour tester les pneumatiques. Mais le cœur de la recherche et du développement de Michelin se trouve quelques kilomètres plus au nord, à Ladoux, où un immense complexe ultramoderne (Urbalad) est en cours de construction.

★ Le vieux Montferrand PLAN DU VIEUX MONTFERRAND P. 61

Itinéraire tracé en vert sur le plan p. 61. Départ de la place de la Rodade.
Le **quartier historique de Montferrand** est l'un des plus anciens secteurs sauvegardés de France, avec quelque 80 maisons anciennes. De nombreux édifices ont retrouvé leurs façades d'antan, ornées de têtes sculptées, leurs balustrades, leurs

La Coopé, tremplin des musiques actuelles

Inaugurée en mars 2000 par les Rita Mitsouko, la **Coopérative de Mai** (CD1) est plus qu'une scène de concert. Elle est devenue un lieu emblématique de la vie culturelle clermontoise. Cette salle d'une capacité de 800 à 1500 places est située à un endroit stratégique : place du 1er-Mai. La Coopé, comme on l'appelle familièrement, a facilité l'émergence sur la scène rock internationale de nombreux groupes clermontois, comme Cocoon ou Karoline, mais a aussi accueilli des artistes de renom comme Indochine ou Alain Bashung. Elle organise aussi chaque mois des *afterwork*. *(Voir « Nos adresses », p. 74).*

tourelles d'escalier, leurs pierres d'angle et leurs arcades de lave qui contrastent avec les enduits colorés. La mise au jour des **remparts médiévaux** est venue parachever la réhabilitation de la cité, où l'on peut regretter l'absence quasi-totale de boutiques et de cafés-restaurants...

En vous promenant, vous observerez différents types de constructions, de la modeste **demeure paysanne** des anciens vignerons et maraîchers *(place Poly)* aux **maisons à pans de bois** des commerçants *(rue de la Rodade)*, en passant par les élégants **hôtels particuliers** des riches négociants, magistrats et officiers de justice, bâtis en pierre de Volvic et décorés de sculptures *(rue J.-Guesde)*.

Place de la Rodade G1 – L'une des portes d'entrée de la ville se trouvait jadis sur cette place, qui s'appelait « place de Belregard » en raison de la jolie vue qu'elle offrait sur la chaîne des Puys. Au centre, une **fontaine des quatre saisons**, en lave de Volvic.

Pénétrez dans le vieux Montferrand par la rue de la Rodade.

Hôtel Regin (maison de l'Annonciation) G1 – *Au n° 36.* Cet hôtel Renaissance est caractéristique des demeures montferrandaises. Dans sa **cour**, notez une belle statue de saint Christophe ; sur la droite, au-dessus, la galerie est sculptée d'une Annonciation.

Hôtel Doyac G1-2 – *Au n° 29.* Cet hôtel de la fin du 15e s. appartenait à Jean de Doyac, bailli royal de Montferrand et ministre de Louis XI. Il est orné d'une porte gothique monumentale.

Hôtel du Bailliage G1 – *Au n° 20.* Cette ancienne maison des baillis se distingue par ses gargouilles et ses salles voûtées. Sur le trottoir d'en face se tient une **borne de justice** du 15e s. provenant de la route de Clermont à Montferrand.

Après l'élargissement de la **rue de la Rodade**, on observe des deux côtés de la rue un bel ensemble de maisons à colombages et à encorbellements. Leurs ouvertures cintrées et les façades de leurs boutiques sont disposées sur de hauts paliers marquant le niveau ancien de la rue. Au n° 8, maison des Capucins. Au n° 6, belle cour intérieure et escalier à balustrade.

Revenez sur vos pas. À l'angle marqué par la maison de l'Échauguette, prenez à droite la rue de Marmillat.

Hôtel de la Porte (maison de l'Architecte) G1 – *Au n° 5.* Dans la cour, tourelle d'escalier ornée d'une intéressante sculpture Renaissance datant de 1577.

Tournez à gauche rue Poly.

Ce secteur de la vieille ville était traditionnellement occupé par les vignerons et maraîchers, ce qui explique le caractère plus modeste de l'habitat. La **place Poly** (G1), avec sa halle en bois, accueille encore chaque vendredi matin un **marché**.

Revenez rue de Marmillat et prenez à droite la rue de la Cerisière.

Hôtel de la Faye des Forges G1 – Au n° 2, une porte vitrée protège une ravissante porte intérieure dont le **tympan** est sculpté de lions soutenant un phylactère. En face, une maison présente une double galerie de bois.

Par la rue des Cordeliers, gagnez la rue Waldeck-Rousseau à droite.

Elle domine la rue tracée sur les fossés, et longe intérieurement l'**ancien rempart** aménagé en **promenade piétonne**.

La rue Waldeck-Rousseau tourne en angle. Prenez à droite la rue du Temple puis à gauche la rue des Cordeliers.

Au n° 11 **rue des Cordeliers**, rez-de-chaussée Renaissance cantonné de pilastres, jolie cour intérieure ; au n° 5, arcs Renaissance en façade.

Maison de l'Apothicaire G1 – *1 r. des Cordeliers.* Cet édifice du 15e s. présente deux étages à pans de bois. En haut, de chaque côté du pignon, on peut voir accrochés aux consoles un apothicaire, son clystère à la main, et le patient prêt pour l'opération.

ASM Clermont Auvergne

L'ASM, l'équipe de rugby de Clermont-Ferrand au stade Marcel-Michelin.

Ch. Guy/hemis.fr

L'Aventure Michelin, parcours scénographique de 2000 m².

1

Ch. Guy/hemis.fr

Rue des Gras, à droite bas-relief représentant Le Lavement des pieds des Apôtres par le Christ.

★ **Carrefour des Taules** G1 – Le nom de ce carrefour central rappelle l'emplacement des étals traditionnels des marchands. Ici la rue, jadis en forte pente, fut écrêtée au 18e s. afin de faciliter le passage des charrois ; si bien que, de nos jours, ce sont les anciennes caves qui se trouvent au rez-de- chaussée, alors qu'un peu plus bas, rue des Cordeliers et rue Jules-Guesde, les anciens rez-de-chaussée se présentent en contrebas de la rue rehaussée par les déblais.
Prenez à gauche la rue du Séminaire.
Halle aux toiles H1 – *Au no 3.* Un long balcon supporte une belle enfilade de quatre arcades en anse de panier et leurs portes latérales.
Hôtel d'Étienne Pradal H1 – *Au no 22.* Cet hôtel présente, au niveau des échoppes, de beaux arcs en plein cintre ou en anse de panier et, aux étages, des fenêtres Renaissance à meneaux. Ses pierres d'angle en lave sont très caractéristiques.
Rejoignez la place Louis-Deteix, en passant par la place Marcel-Sembat, en forme de fer à cheval.

★ Musée d'art Roger-Quilliot, MARQ H1

Pl. Louis-Deteix - ✆ 04 43 76 25 25 - www.clermontmetropole.eu/accueil - ♿ - 10h-18h, w.-end, j. fériés et ponts 10h-12h, 13h-18h - fermé lun. - 5 € (-18 ans gratuit).
Ce musée a été aménagé dans les années 1980, dans les bâtiments d'un ancien couvent d'Ursulines des 17e et 18e s. L'idée de promenade autour d'un atrium central, moderne et lumineux, a inspiré les architectes Adrien Fainsilber et Claude Gaillard. Le musée regroupe des collections de peintures, sculptures et objets d'art du Moyen Âge à nos jours. Le rez-de-chaussée est consacré aux arts médiévaux et de la Renaissance. Remarquez la **Frise des abbés**★ provenant de l'église d'Ennezat (très rare exemple en France de peinture sur bois de la fin du 13e s.), et le **coffret de Guillaume Savaron**, qui représente des scènes de vie dans des costumes élégants du 15e s. La Renaissance est très bien mise en valeur avec une série de sculptures de Léonard Sarson en pierre de Volvic, notamment la belle **Pallas Athénée** provenant de l'ancien hôtel de ville de Clermont. Voyez également la très mouvementée **Passion du Christ**, attribuée à Cornelis Engelbrechtsz (vers 1510), et le portrait de Jean d'Albion de Saint-André, de Corneille de Lyon. Au niveau 1, se trouve le spectaculaire **décor peint**★★ provenant du château d'Effiat : 12 grandes et puissantes compositions exécutées vers 1625 d'après le poème de l'Arioste, *Roland furieux*. Remarquez aussi la fourmillante *Foire d'Impruneta*,

Une ancienne bastide

Montferrand doit son origine aux comtes d'Auvergne, qui élevèrent un château fort sur une éminence, dont l'actuelle **place Marcel-Sembat** marque le site, afin de concurrencer l'autorité de l'évêque, seigneur de Clermont. Au début du 13e s., la ville est reconstruite en bastide, à l'initiative de la **comtesse Brayère**, qui demeure une figure attachante de l'histoire de cette ville. Deux grands axes de circulation se croisent alors à angle droit pour aboutir aux quatre portes ouvertes dans l'enceinte. Ville de commerce favorisée par sa situation de carrefour, Montferrand voit s'élever au 15e s. les demeures de la bourgeoisie, en lave pour la plupart. Au 16e s., le roi y installe la cour des aides, une Cour de Justice fiscale et criminelle ; c'est probablement l'apogée de Montferrand. La rivalité avec Clermont se poursuit jusqu'à l'édit d'Union de 1630 imposant la fusion des deux cités, effective un siècle plus tard, par le second édit d'Union de 1731.

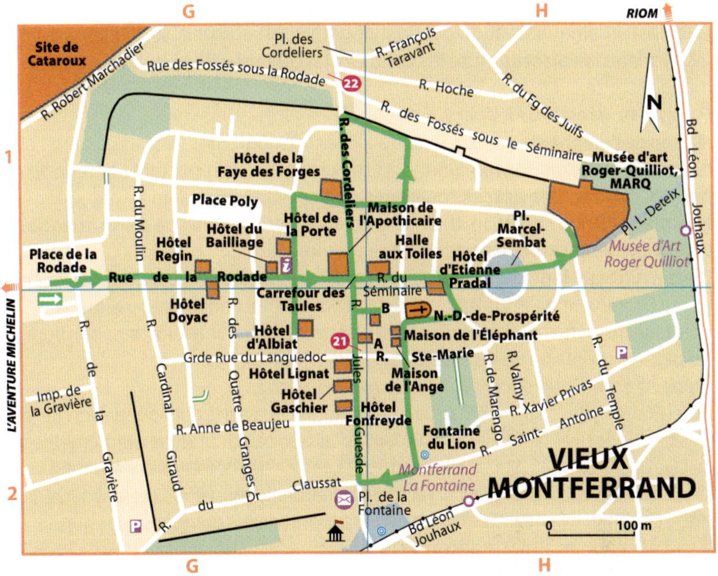

SE RESTAURER

La Grande Botte............................ 21

Le Duguesclin.............................. 22

Hôtel de Fontenilhes.......................A

Hôtel Mallet de Vandègre..................B

par Claude Callot (1638) et un portrait expressif de Vincent Voiture par Philippe de Champaigne. Le 18e s. s'ouvre sur l'art du portrait : portrait d'apparat de la duchesse d'Orléans; portrait intime et sensuel d'après J.-M. Nattier; autoportrait de Hyacinthe Rigaud. Ne manquez pas une *Marine* de Joseph Vernet, au soleil noyé dans la brume.

La **galerie du 19e s.** ★ *(niv. 2)* reflète l'éclectisme de cette période d'affranchissement des artistes et restitue le foisonnement de cette époque post-Révolution et Empire. Notez la toile saisissante de **Gustave Doré**, *Les Saltimbanques*. Voyez aussi la belle *Vue du puy de Dôme* par Théodore Rousseau. Le dernier étage est consacré en partie à Vercingétorix et aux Gaules : maquette en plâtre du *Monument à Vercingétorix*, par Bartholdi, *La Défense des Gaules*, par Chassériau. Une salle « musée à croquer » est dédiée aux dessins que chaque visiteur peut réaliser, à partir d'une sélection de statues du 19e s. Au sous-sol, la **collection Combe** offre, avec ses toiles de Bernard Buffet, Marcel Gromaire, Jean Fautrier, Othon Friesz, un regard unique d'amateurs et marchands d'art clermontois sur la peinture figurative française des années 1930-1980.

Revenez sur vos pas. Retrouvez la rue du Séminaire, après la place Marcel-Sembat, et prenez à gauche la rue Kléber.

Église Notre-Dame-de-Prospérité H2

Cette ancienne chapelle du château, aux dimensions importantes (47,50 m de long pour une hauteur de 18 m), a conservé sa tour nord en façade. Celle du sud fut détruite en 1793. Servant de tour de guet, elle est surmontée d'une lanterne du 16e s., l'« Olivière ». En contournant l'église, observez les **gargouilles**, dont les silhouettes étirées contrastent avec le strict parement de lave. L'une d'elles représente un lévrier, sujet rare dans la sculpture religieuse.

La **nef** est un large vaisseau unique de style gothique méridional, sur lequel ouvrent les 15 chapelles placées entre les contreforts. Une rose flamboyante éclaire le mur de façade.

Poursuivez dans la rue Kléber.

Maison de l'Éléphant H2 – *Au n° 12.* Elle tiendrait son nom d'une fresque aujourd'hui peu lisible. Cette maison romane montre de grands arcs **supportant à l'étage** des baies géminées. Des visages couronnés ornent les culs-de-lampe.

Maison de l'Ange H2 – *Au n° 14.* Dans la cour, un petit tympan de porte, triangulaire, représente un ange porteur d'un écusson armorié.

Dans la **rue Ste-Marie** *(à gauche)*, au pied du passage qui enjambe la rue, ancienne porte du couvent de la Visitation (écusson entouré de coquilles St-Jacques).

Fontaine du Lion H2 – Elle provient de la place à laquelle elle avait donné son nom. Au pignon, un lion porte le blason martelé de Montferrand.

Prenez à droite, puis encore à droite la rue J.-Guesde.

Hôtel Fontfreyde G2 *Au n° 28.* Dans la cour, on admire, à la porte gothique de la tourelle d'escalier, une ravissante Vierge à l'Enfant Renaissance, sculptée dans le même bloc de lave que le tympan. Sur la balustrade de la galerie de l'hôtel, trois beaux médaillons à l'italienne représentent Lucrèce se poignardant entre l'époux et le séducteur.

Hôtel Gaschier G2 - *Au n° 20.* Trois galeries superposées s'ouvrent sur la cour (15ᵉ-16ᵉ s.). Un tympan armorié décore la tourelle d'escalier polygonale.

Hôtel Lignat G2 – *Au n° 18.* Cet édifice du 16ᵉ s. prend le jour sur la rue par de gracieuses fenêtres à meneaux. Sur la Grande-Rue-du-Languedoc, il présente une élégante porte décorée d'une guirlande de roses inspirée par la Renaissance italienne. Dans la cour, une belle **tourelle d'escalier** dessert trois étages de galeries. L'une d'elles est ornée de fleurs de lys avec les restes, très effacés, d'une Annonciation.

Hôtel de Fontenilhes GH2 – *Au n° 13.* Belle demeure datant de la fin du 16ᵉ s., en pierre de Volvic. Entrez dans la **cour★** pour observer les rampes sculptées de la tourelle d'escalier à vis.

Faites quelques pas dans la rue Notre-Dame.

Au n° 2 se dresse l'**Hôtel Mallet de Vandègre** (H2). Descendez tout en bas de la rue Jules-Guesde pour admirer l'architecture Art déco de la **pharmacie de l'Horloge**, flanquée de son beffroi.

Par le carrefour des Taules et la rue de la Rodade, prenez à gauche la rue du Dr-Balme.

Au n° 5, façade d'une maison romane avec colonnettes et chapiteaux. Au n° 11, **hôtel d'Albiat** (G2), du 16ᵉ s. ; dans la cour, on voit un tympan de porte abîmé (légende de la licorne) et, sur la galerie, une scène d'Apparition aux saintes femmes ; corbeaux sculptés en forme de têtes, puits et four.

À proximité

CARTE P. 65

★ Plateau de Chanturgue

6 km au nord de Clermont par le bd J.-B.-Dumas (dir. Limoges), puis à droite la rue de Blanzat. Accès possible en bus par la ligne 4 (stations Côtes-Fleuries et Les Lierres), ligne 7 (station Les Côtes), ligne 3 (Les Vignes) et tramway ligne A (Les Vignes).

La route s'élève dans le ravin séparant les côtes de Clermont *(à gauche)* et le plateau de Chanturgue *(à droite)*.

1,2 km après le croisement du bd Charcot, prenez à droite et poursuivez sur 300 m jusqu'à une patte-d'oie. Continuez à pied. *Environ 1h AR.* Un chemin caillouteux, mais bien tracé, monte vers le site en longeant le rebord sur la gauche.

Le petit camp de César ?

Dans les bases de murs de pierres sèches, recouvertes de chaume ou enfouies dans les broussailles, observées sur le **plateau de Chanturgue**, certains archéologues ont cru voir les vestiges du petit camp de César lors du siège de Gergovie : vestiges de remparts avec leur berme (chemin le long d'un rempart), base d'une tour, redans, nasse de sortie pour une troupe d'attaque, guérite, grand axe de circulation, cantonnements standardisés et orientés... Si bien que Chanturgue serait peut-être l'un des camps romains de la fameuse **guerre des Gaules.**

Des hauteurs qui séparent les vallées de la Tiretaine et du Bédat, le plateau de Chanturgue est la plus jolie avancée sur Clermont. Ses versants portent quelques arpents du vignoble, un des quatre terroirs qui constituent les **côtes d'Auvergne**, mais qui rétrécit peu à peu comme une peau de chagrin ; on peut encore voir, par endroits, quelques cabanes de vignes ou « tonnes ». Sur le plateau, au-delà de deux anciennes carrières, à gauche du chemin, le **panorama★** se développe sur la plaine de la Limagne, l'agglomération clermontoise et, à l'ouest, la chaîne des Puys, que domine le Puy de Dôme. Remarquez, sur le flanc sud-est du plateau *(r. du Dr-Bousquet)*, l'imposante silhouette Art déco de l'**ancien hôpital-sanatorium** Sabourin, édifié par l'architecte Albéric Aubert et réhabilité en école d'architecture. 1

Oppidum des côtes de Clermont

Poursuivez la route d'accès sur 500 m, laissez votre voiture dans une amorce de chemin à gauche, sous bois, à hauteur d'un virage à droite, et gagnez (1h AR) l'arête du plateau des côtes de Clermont. En bus, accès par la ligne 4 (stations Côtes-Fleuries et Puyou), et par la ligne 7 (station Les Côtes)

Cartes des itinéraires balisés disponibles à l'office de tourisme.

Des fouilles effectuées au 20e s. ont mis en évidence la présence de cet **oppidum gaulois**, assez étendu. Une partie du matériel découvert (céramiques, fibules, monnaies) est conservée au musée Bargoin. Les vestiges de fortifications et ceux d'un habitat ancien, les amas de pierres, les bases de constructions que recouvrent des bosselures ou des tertres de terre gazonnée intéresseront les amateurs d'archéologie. Le site du **Cordon des côtes** *(panneau informatif)* a révélé l'existence d'une trame urbaine faite d'échoppes et d'habitats, vraisemblablement un quartier satellite d'Augustonemetum (l'antique Clermont). Sur le site même de l'oppidum, remarquez les traces de l'ancien **sanctuaire gallo-romain**, édifice de 26 m de côté, autrefois doté de colonnes en arkose. Les fouilles ont permis la découverte de fragments de chapiteaux à décor d'oursons. Le temple était accompagné de deux autres bâtiments : un caravansérail et une dépendance.
Plus haut, vous pourrez observer les vestiges des **remparts**, qui atteignent à certains endroits plus de 3 m de haut.

Chamalières

1 km à l'ouest de Clermont-Ferrand par la rue Blatin et l'av. de Royat.

Chamalières est une destination touristique grâce aux équipements thermaux qu'elle partage avec Royat. Ses opulentes villas, l'église Notre-Dame plus que millénaire et les vestiges des thermes antiques y composent un patrimoine varié. La ville est également connue pour la rare série d'ex-voto gallo-romains en bois qui y a été découverte (conservés au musée Bargoin à Clermont-Ferrand).
Église Notre-Dame – Des cinq églises qui s'élevaient autrefois, une seule subsiste. Sa nef est considérée comme l'une des plus anciennes de la région. Elle a intégré

dans sa construction des éléments d'un édifice primitif, antérieur à l'an mil. Au 12e s., le chœur de l'église fut agrandi et refait. Au 17e s., la voûte en berceau fut en partie transformée en ogive. Le clocher est du 19e s. Le chevet présente des chapiteaux sculptés.

Moulin de la Saigne – *Dans le prolongement de l'église, empruntez la rue de la Coifferie et celle du Languedoc.* Le courant rapide de la Tiretaine a favorisé l'installation de roues hydrauliques : moulins à farine dès le 10e s., puis papetiers à partir du 15e s. Ancienne propriété des Jésuites, le moulin de la Saigne était encore en activité en 1939. Les murs donnant sur la place ont été peints en trompe-l'œil par l'artiste chamaliérois Slobo pour évoquer ces anciens moulins.

Musée de la Résistance, de l'Internement et de la Déportation – *7 pl. Beaulieu - ✆ 04 73 31 28 42 - www.clermontmetropole.eu - ♿ - 9h-12h, 14h-17h30 - fermé dim. et j. fériés - 6 € (-18 ans gratuit)*. De nombreux documents, reproductions, photographies, objets, témoignages illustrent cette terrible période de l'histoire que fut la Seconde Guerre mondiale. Bibliothèque à la disposition des visiteurs.

Galerie municipale d'art contemporain – *3 av. de Fontmaure - ✆ 04 73 30 97 22 - www.amac-chamalieres.com - ♿ - 14h-17h - fermé w.-end - gratuit.* L'espace est relativement restreint, mais les expositions accueillent les grands noms de la peinture et de la sculpture contemporaines. Vous y découvrirez une collection d'estampes, dont les œuvres proviennent des **Triennales mondiales d'estampes petit format**, organisées depuis 1988 à Chamalières.

Les pays au sud de Clermont

Circuit de 45 km tracé en rouge sur la carte p. ci-contre.
Quittez Clermont par le sud, vers Beaumont. Prenez le bd Duclaux qui longe l'imprimerie de la Banque de France, puis le bd Aristide-Briand. Rejoignez la N 89 par l'av. de la Libération, poursuivez jusqu'à Beaumont.

Église de Beaumont

Traversé par la rivière Artière, le village de **Beaumont**, au sud de Clermont, était jadis un gros bourg vigneron, regroupé autour de son **église St-Pierre**. Celle-ci, fondée au 7e s., appartenait à une abbaye bénédictine jusqu'à l'expulsion des religieuses en 1792. Le portail ouest montre une frise du 12e s. À l'intérieur (10e-11e s.), les chapiteaux à entrelacs et feuillages sont d'inspiration carolingienne. Dès l'entrée, étonnant ensemble de **statues★** en bois doré ou polychrome. Contre le pilier droit, **saint Verny**, patron des vignerons auvergnats, est représenté avec ses attributs. Dans le bas-côté droit, Vierge romane ; dans le transept gauche, pietà du 16e s., et dans le chœur, Vierge de l'Annonciation (fin 14e s.). À voir aussi, des pierres tombales, dont celle de **Béatrice d'Auvergne** (13e s.), située dans le chœur.

Ceyrat

À l'embranchement de la route de Boisséjour, à gauche, remarquez les curieux restes d'un volcan, au bord du neck (vieil édifice volcanique, culminant à 699 m d'altitude) de **Montrognon**. À son sommet se dresse une **tour en ruine**, seul vestige d'un château construit au 12e s. En faisant quelques pas, vous pénétrerez à l'intérieur du cratère démantelé.
Poursuivez vers le sud.

Gorges de Ceyrat

De hautes falaises granitiques ont été profondément entaillées par une rivière qui a donné naissance aux gorges.

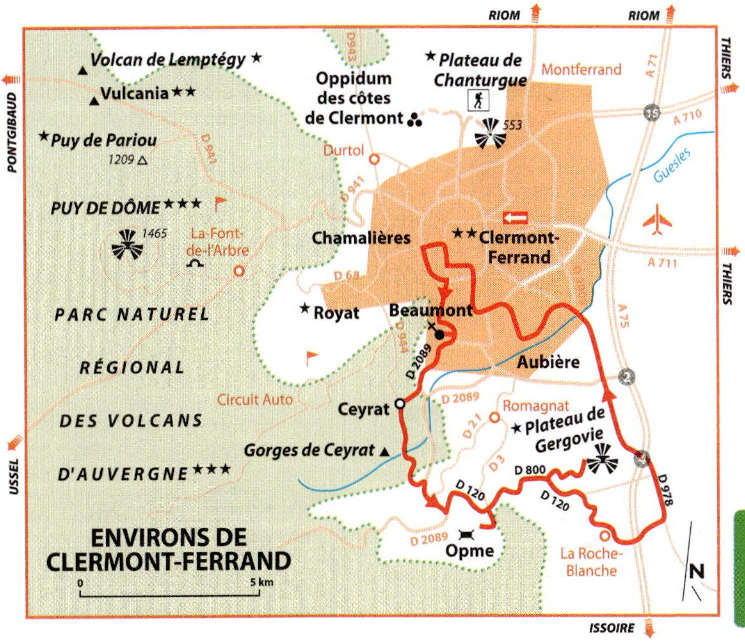

Rejoignez la D 2089 et, à Saulzet-le-Chaud, prenez à gauche la D 120. Suivez les panneaux « Château d'Opme ».

Château d'Opme

✆ 04 73 87 59 35 - www.clermontauvergnetourisme.com - de mi-juil. à mi-sept. : tlj sf mar. 14h-19h ; du w.-end de Pâques à mi-juil. et de mi-sept. à la Toussaint : dim. et j. fériés 14h30-18h - 6 € (-15 ans 3 €).

Ancienne forteresse (11e s.) des comtes d'Auvergne, commandant le col où passait la voie romaine de Clermont au Puy-en-Velay, le château d'Opme fut modernisé dans le goût de la Renaissance par Antoine de Ribeyre, trésorier de France sous Louis XIII. Le donjon est la partie la plus ancienne ; dans la salle basse (seule partie intérieure du château accessible au public), un petit **musée** retrace l'épopée auvergnate du général de Lattre de Tassigny, futur maréchal, qui séjourna au château en 1940-1941. La terrasse supérieure accueille un **jardin à la française★** encadré par deux allées de tilleuls centenaires. Un deuxième jardin est agrémenté d'une très belle fontaine Renaissance attribuée à Androuet du Cerceau. La terrasse inférieure contient un potager aménagé à la façon du 17e s.

Revenez au carrefour de la D 3 et de la D 120, et tournez à droite.

Au cours de la montée, une **vue★** embrasse sur la gauche Clermont, les côtes de Clermont, la chaîne des Puys, tandis que se profilent la chaîne des monts Dore et les pointements volcaniques de la Comté.

★ Plateau de Gergovie *(voir p. 80)*

Rejoignez La Roche-Blanche par la D 120, puis remontez vers Clermont par la D 978. Empruntez la D 2009 sur 2 km et prenez, sur la gauche, l'avenue R.-Maerte (D 777). 1,5 km plus loin, prenez à droite l'avenue J.-Noellet (D 69).

Aubière

Une rue bordée de curieuses caves à vin rappelle que cette cité fut la capitale du vignoble auvergnat au 19e s., avec près de 500 ha de vignes. Peu après, ces vignes ont été anéanties par les ravages du phylloxéra (1892) et du mildiou (1910). Les **caves d'Aubière**, une curiosité dans le secteur, se sont développées entre les 17e s. et 1900. On en compte 900, regroupées sur trois sites. Ce sont des constructions voûtées et recouvertes de terre, avec un conduit d'aération débouchant sur une cheminée maçonnée. Cette forme de cave isolée est vraisemblablement due à la faible profondeur des nappes phréatiques, empêchant de creuser sous les maisons du village. Vous les découvrirez entre les **rues des Grandes Caves et du Paradis.** Certaines sont toujours en activité.

Poursuivez sur la D 69, puis prenez à gauche le bd Louis-Loucheur. Plus loin, le bd Claude-Bernard ramène vers la place de Jaude.

Carnet pratique

S'informer

Office de tourisme – *Pl. de la Victoire - Clermont-Ferrand - ✆ 04 73 98 65 00 - www.clermontauvergnetourisme.com.* Visites guidées organisées *(juil.-sept.).*

Pass touristiques

Pass – Valable un mois, il donne droit à une entrée dans chacun des trois musées (musée d'art Roger-Quilliot, musée Bargoin, muséum Henri-Lecoq) - 10 €.

Clermont Pass – *www.clermontauvergnetourisme.com - 48h (23 €) ou 72h (39 €).* Ce pass très avantageux donne accès gratuitement à l'Aventure Michelin, à un musée métropolitain au choix (musée d'art Roger-Quilliot, musée Bargoin, muséum Henri-Lecoq), à une visite guidée animée par l'office de tourisme, au train Panoramique des Dômes et aux transports en commun (bus, tramway) sur tout le réseau. Il inclut aussi des réductions sur des activités (Royatonic notamment), et dans certains magasins et restaurants clermontois.

Arriver/partir

Se garer – La circulation dans le centre-ville est limitée. L'idéal est de se garer dans l'un des parcs-relais aux entrées de l'agglomération et de prendre le tramway ou de louer un vélo.

Se déplacer

Tramway/Bus – *www.t2c.fr - ✆ 04 73 28 70 00 - ticket à l'unité : 1,60 €, carnet 10 tickets : 14,40 €, ticket 24h : 5,10 € - bus et trams gratuits le w.-end.* Le tram circule de 5h à 1h du matin. Il relie Clermont nord, Montferrand, le centre-ville et la place de Jaude, le CHU, le campus universitaire des Cézeaux et la gare de La Pardieu.

Vélo – C.Vélo - *Parvis de la Gare, 28 av. de l'Union Soviétique - ✆ 04 73 92 65 08 - www.c-velo.fr.*

Location classique à la journée ou au week-end

Vélo classique : 5 €/j, 12 €/sem. - caution 200 €; vélo à assistance électrique : 10 €/j, 24 €/sem. - caution 350 €.

Compte tenu du relief marqué dans le centre historique, un vélo à assistance électrique n'est pas superflu, sauf si vous êtes sportif !

Vélos en libre-service

52 stations à Clermont-Ferrand et Chamalières. Pour obtenir un code d'accès occasionnel, sans abonnement, rendez-vous dans les stations C.Vélo et Parvis de la Gare, avec carte bancaire, ou sur le serveur vocal par téléphone *(✆ 04 73 44 80 08). Ticket 1 jour : 2 €, première 1/2h gratuite, 2 € la 1/2h suppl. ; ticket 7 j. : 7 €, première 1/2h gratuite, 2 € la 1/2h suppl.*

Agenda

Festival international du court-métrage - Sauve qui peut le court-métrage – *04 73 91 65 73 - www.clermont-filmfest.com - fin janv.-déb. fév.* *p. 42.*

Puy-de-Mômes – Cournon-d'Auvergne - *04 73 69 90 00 - www.cournon-auvergne.fr - 2 sem. en avr.* Théâtre, marionnettes, cirque, danses, contes, concerts, ateliers et jeux pour le jeune public (dès 1 an).

Vidéoformes - Festival d'art vidéo et cultures numériques – *04 73 17 02 17 - www.videoformes.com - 5 j. mi-mars.* Le meilleur de la création numérique contemporaine : installations multimédias, vidéo, performances, conférences et Nuit des arts électroniques.

Contre-Plongées de l'été – *04 73 42 63 63 - www.clermont-ferrand.fr/contreplongees - juil.-août.* Programmation variée autour de plusieurs sites : théâtre au Centre Blaise-Pascal, projections de films en plein air sur la place de la Victoire, spectacles de rue place de Jaude.

Festival Europavox – *www.europavoxfestivals.com - 4 j. fin juin.* Programmation musicale mettant en avant des groupes européens.

Foire internationale de Clermont-Cournon – *2e sem. de sept. - 04 73 69 36 00 - www.foire-de-clermont.com.*

Jazz en tête – *09 82 47 01 97 - www.jazzentete.com - oct.* Festival international de jazz.

Les Rendez vous du Carnet de Voyages – *3 j. en nov. - www.rendezvous-carnetdevoyage.com.*

Traces de vie – *04 73 20 04 64 - tracesdevies.org - nov.-déc.* Festival du film documentaire.

1

Nos adresses

Restauration

Vieux Clermont

PLAN II DU VIEUX CLERMONT P. 45

Premier prix

2 Terres Latines – E2 - *12 bd Desaix - 04 73 34 36 87 - www.terres-latines.fr - fermé dim., lun. - menu 15,90/23 €.* Sous les arcades du boulevard, dans le cadre chaleureux d'une épicerie fine, choisissez entre les versions ibérique et italienne de la cuisine latine. Une formule originale avec six « portions » au choix, desserts inclus.

5 Le Comptoir des Saveurs – E1 - *5 r. Ste-Claire - 04 73 37 10 31 - www.le-comptoir-des-saveurs.fr - fermé 1er-21 août, 1 sem. en janv. - menu 22/45 €.* On peut jouer à la dînette en picorant parmi les propositions du chef – plats servis en mini-portions – qui changent chaque jour. Un concept à découvrir dans un cadre contemporain.

17 Le Sushi café – E1 - *12 pl. Gaillard - 04 73 36 09 71 - www.le-sushi-cafe.fr - tlj sf sam. et dim. midi - menus 14,30/39 €, plateau 2 à 4 pers. 31,50/64,90 €.* Un petit restaurant japonais, sushi, maki, sashimi et tataki à volonté.

19 Brasserie Derrière – E2 - *12 pl. de la Victoire - 04 73 91 57 14 - ♿ - 8,50/14,50 € carte midi seult, planches apéritives le soir.* Tout près de la cathédrale, cette brasserie propose des plats du jour au déjeuner des salades et des pizzas. Le soir, l'endroit devient plutôt bar tendance avec une clientèle jeune et branchée.

Budget moyen

1 Gourmandine – E2 - *8 r. des Minimes - ✆ 04 73 28 27 82 - www.gourmandine-restaurant.com - ouv. le midi lun.-merc., midi et soir jeu.-sam. - réserv. conseillée - menu 29 €.* Baignant dans une atmosphère tamisée, l'endroit ne désemplit pas et le patron veille à tout. Cuisine pleine d'imagination. Belle carte des vins, excellent rapport qualité-prix.

13 L'AOC – E2 - *4 r. des Petits-Gras - ✆ 04 73 19 12 12 - www.aoc-restaurant.com - réserv. conseillée - ouv. lun.-mar., jeu.-sam. - plat du j. 10 €, plats 17/24 €.* Une carte courte mais prometteuse, proposée à l'ardoise, un service agréable et rapide, les Clermontois sont nombreux à venir déguster ici le poisson du marché, une andouillette ou un risotto…

3 Kim Oanh – E2 - *6 r. des Chaussetiers - ✆ 04 73 90 73 20 - www.kim-oanh.com - 7 j./7 midi et soir - formule déj. sem. sf j. fériés/menu 15/42 €.* Ce restaurant aux couleurs douces à la musique apaisante met la cuisine vietnamienne à l'honneur. Mélange de sucré-salé, agrémenté d'herbes aromatiques, c'est une délicieuse invitation à un voyage exotique.

4 Il Visconti – F2 - *9 r. du Terrail - ✆ 04 73 74 35 26 - www.ilvisconti.com - fermé dim.-mar. midi. - plats 22/27 €, formule déj. sem. 16,50/18,50 €.* La cuisine est ouverte sur la salle et l'accueil est charmant. En outre, on peut s'installer dans la cour intérieure. Au menu, charcuteries, pâtes, risotto et des spécialités de plusieurs régions d'Italie. Tentez les spaghetti à l'encre de seiche.

7 Le Chardonnay – F1 - *1 pl. Philippe-Marcombes - ✆ 04 73 26 79 95 - www.lechardonnay.fr - ouv. mar.-sam., midi et soir - plats 24/26 €, menu diner 34 €.* Derrière les fourneaux de cet élégant bistrot, un jeune chef propose une courte carte de saison et un menu du marché alléchant. Tout ici est savoureux et plaisant.

8 Le Bistrot d'à Côté – E2 - *16 r. des Minimes - ✆ 04 73 29 16 16 - www.restaurant-bistrotdacote.fr - fermé w.-end midi - plats 19/23 €, menus 29,50/38 €.* Cuisine actuelle et savoureuse, faite de bons produits et aux présentations soignées. Carte plus ambitieuse au dîner. Service convivial et belle carte de cocktails et d'alcools.

9 Le Pile-Poêle – E2 - *9 r. St-Dominique - ✆ 04 73 36 08 88 - lepilepoele.eatbu.com- ♿ - fermé dim. - plats 17/20 €, menus 15/30 €.* Restaurant traditionnel de style contemporain possédant une belle salle voûtée en sous-sol. Il offre un large éventail de plats copieux. Un repas de qualité, préparé avec des produits frais.

10 Le St-Eutrope – E1 - *4 r. St-Eutrope - ✆ 04 73 34 30 41 - www.sainteutrope.com - fermé sam. soir et dim.-merc.- menus 35/60 €.* Vous souhaitez vous régaler avec une cuisine simple et inventive, dans un cadre un brin rétro ? Le St-Eutrope est fait pour vous. Allez-y, vous pourrez même parler anglais, les propriétaires sont britanniques et… bistronomiques (ce sont eux qui le disent).

20 La Régalade – E2 - *9 r. Nestor-Perret - ✆ 04 73 37 57 15 - www.restaurant-laregalade.fr - fermé dim.-lun. - plats 18/25 € menus 27/37 €.* Derrière l'Opéra, un restaurant à vins aussi chaleureux que délicieux. Produits de saison et impressionnante carte des vins, avec plus de 200 références bien choisies.

Une folie

6 Apicius – E1 - *Pl. St-Pierre - ✆ 04 73 91 13 61 - www.apicius-clermont.com - fermé dim. - plats 48/49 €, menus 39 € (déj.)/147 €.* La maison, dont la réputation gastronomique n'est plus à faire, est installée au 1er étage de la Halle gourmande. Sans doute pour être au plus près des produits, qui sont ici magnifiés dans les assiettes par une cuisine très actuelle. Une étoile au Guide Michelin 2022.

Hors centre

PLAN I P. 52-53

Premier prix

14 **Bougnat Burger** – B3 - *10 bd Léon-Malfreyt - ✆ 07 60 12 00 63 - www.bougnatburger.fr - fermé dim. - plats 13,90/19,90 €.* Une adresse originale et très prisée, pour savourer des burgers maison confectionnés avec un maximum de produits régionaux : cantal, st-nectaire, jambon de pays, steak haché bio... le tout accompagné de savoureuses frites maison.

Budget moyen

11 **L'Écureuil** – A2 - *18 r. St-Adjutor - ✆ 04 73 37 83 86 - ♿ - fermé merc., dim., congés août et 23 déc.-4 janv. - menus 16/32 €.* Lui est auvergnat, elle est italienne. Benoît et Monika proposent dans cet Écureuil chaleureux et gourmand une bien jolie cuisine du marché. Carte à l'ardoise et bons vins italiens. Mention spéciale au risotto !

12 **L'En-But** – D1 - *107 av. de la République - ✆ 04 73 90 68 15 - www.lenbut.com - fermé w.-end et jour de match sf sur réserv. - plats 24/32 € - menus 28/60 €.* Le restaurant panoramique du stade Marcel-Michelin offre une très belle vue sur le stade et sur la chaîne des Puys. La cuisine est raffinée.

15 **Alfred** – A3 - *5 r. du Puits-Artésien - ✆ 04 73 35 32 06 - restaurant-alfred.fr - fermé dim.-lun. et matin, 1 sem. en mai et 3 sem. en août - plats 18/25 €, formule/menu (déj.) 15/19 €, menus 29/39 €.* Une bistrocuisine de saison, à orientation méditerranéenne, c'est ce que propose Alain Roussingue, « toque d'Auvergne ». Le cadre bistrot, chic et tendance, accueille aussi des expositions d'artistes locaux. Mention spéciale à la carte des vins, orchestrée par Rémi Paupert, de la célèbre famille des gastronomes Marcon.

16 **Pavillon Lecoq** – B3 - *2 bd Lafayette - (dans le jardin Lecoq) - ✆ 04 73 93 06 00 - fermé dim. - 13/25 €.* Une cuisine de brasserie plutôt originale. Mais l'établissement vaut surtout pour sa situation bucolique, au cœur du joli jardin Lecoq, avec une agréable terrasse et une salle lumineuse dominant le petit plan d'eau.

18 **L'Odevie** – A3 - *1 r. Eugène-Gilbert - ✆ 04 73 93 90 00 - www.restaurantodevie.com - ♿ - 1er-21 août - plats 19/26 €, menus 28/35 €.* À deux pas de la place de Jaude, ce restaurant offre un cadre résolument moderne : portes automatiques à l'entrée, pont de bois franchissant une petite rivière artificielle, grandes baies vitrées, décor design... Cuisine de style brasserie. Terrasse aux beaux jours.

Pour se faire plaisir

23 **Polypode** – A2 - *6 pl. du Champgil - ✆ 04 73 19 37 82 - www.polypode.eatbu.com - ♿ - fermé dim.-lun., mar. soir et merc. soir - menus 38/58 €.* Dans une salle aux couleurs acidulées, sous une voûte en pierre, vous dégusterez une cuisine inventive, évoluant au rythme des saisons.

Vieux Montferrand

PLAN DU VIEUX MONTFERRAND P. 61

Premier prix

21 **La Grande Botte** – G2 - *15 r. Jules-Guesde - ✆ 09 82 25 26 94 - www.lagrandebotte.fr - fermé dim. et lun. - plats 13/20 €, menu 13,50 €, pizza 9/14 €.* Dans une des deux rues principales de Montferrand, bordée d'hôtels particuliers, ce petit restaurant tenu par un couple d'Italiens fait honneur à la cuisine traditionnelle transalpine. Risotto, gnocchi, pizzas, accompagnés de vins italiens.

Pour se faire plaisir

22 Le Duguesclin – G1 - *3 pl. des Cordeliers - ✆ 04 73 25 76 69 - www.le-duguesclin.fr - fermé dim. et le soir lun.-merc. - plats 30/34 €, menus 40/64 €.* Il ne faut pas hésiter à pousser la porte de ce restaurant au cadre rustique pour profiter d'une cuisine raffinée et généreuse. Les produits du terroir et les fruits de mer, sont ici à l'honneur, déclinés avec subtilité. Petite terrasse aux beaux jours.

Petite pause

Le Manoir de Pélishka – *17 pl. du Terrail - mar.-sam. 13h-19h.* Impossible de manquer la vitrine sur la jolie place : ce salon de thé est aussi une galerie d'art et une brocante proposant des objets choisis avec de goût. Pâtisseries maison accompagnent thés, cafés ou tisanes, dans une atmosphère délicieusement surannée !

Les Goûters de Justine – *11 bis r. Pascal - ✆ 04 73 92 26 53 - les-gouters-de-justine.business. site - ♿ - 13h30-19h.* Ce salon de thé insolite est un charmant capharnaüm qui ressemble à une échoppe d'antiquaire... On s'y installe pour prendre une tasse de café ou de thé, au calme de ce quartier du vieux Clermont.

Australian Coffe House – *35 r. St-Esprit - ✆ 04 63 22 63 49 - ♿ - 10h-19h - fermé dim.-lun.* Tout près de la place de Jaude, vous pourrez déguster milk-shakes, smoothies et autres gourmandises - cookies, cheesecakes, cupcakes, muffins... Ambiance très agréable.

Les Augustes - café-lecture – *5 r. Sous-les-Augustins - ✆ 04 73 37 07 94 - www.cafelesaugustes.fr - ♿ - 17h-23h, jeu.-sam. 14h-23h - fermé dim.* Un café charmant avec des milliers de livres ; animations, débats, lectures.

L'Armoire à cuillères – *11 r. des Chaussetiers - www.larmoireacuilleres.com - mar.- 14h-19h, merc.-dim. 11h30-19h.* Un bar à chocolat en plein centre-ville, agrémenté de douceurs, qui dit mieux ? Petite restauration.

La Ruche Trianon – *26 r. du 11-Novembre - ✆ 04 73 37 38 26 - www.laruchetrianon.fr - ♿ - 9h30-19h, lun. 10h30-13h30, 14h-18h30 - fermé dim. et j. fériés - autre boutique : 39 av. Lavoisier, ZAC Les Varennes-Est 63170 Aubière.* Belle maison centenaire courtisée par les amateurs de plaisirs sucrés. À déguster, le Volcania, la Pascaline (hommage à Blaise Pascal), le Péché du Diable et un grand choix de pâtes de fruits.

La Chaumière - Martial Ray – *4 r. St-Dominique - ✆ 04 73 37 55 90 - www.martial-ray.com - ♿ - 9h-19h - fermé dim.-lun.* C'est d'abord une pâtisserie-confiserie où chaque gâteau donne envie. Quelques tables invitent les gourmands à s'installer pour déguster les spécialités de la maison comme ce séduisant Léopard, biscuit chocolat noir, praliné, mangue et bavaroise passion, ou cette Joséphine, riz à l'impératrice, macaronade et fraise mara des bois.

Café Ballainvilliers – *20-24 r. Ballainvilliers - ✆ 04 73 91 57 88 - cafe-le-ballainvilliers.business. site - ♿ - lun. 7h-20h, mar.-vend. 7h-23h (merc. 21h30), sam. 8h30-20h30 - fermé dim. - restauration uniquement le midi (12h-14h30).* Ce pourrait être un café-brasserie ordinaire, mais son statut de plus vieux bar de Clermont, sa situation et l'ambiance qui y règne en font un lieu incontournable de la ville. Pour un café après la visite des musées, un plat de brasserie au déjeuner ou un pot en fin de journée, « le Ballain » s'impose !

Shopping

Halle gourmande St-Pierre – *Pl. du Marché-St-Pierre - ✆ 04 73 31 27 88 - www.marche-saint-pierre.*

com - 7h-19h - fermé dim. Ce marché abrite des stands de produits régionaux (fromages, charcuteries), de poissons, viandes, fruits et légumes, etc. Brasserie et restaurant gastronomique en sus.

Marché St-Joseph – *R. de Courpière - ✆ 04 73 65 53 19 - 7h-12h.* Sous une halle métallique du 19e s. se tient tous les vendredis un marché de producteurs locaux.

Marché de producteurs de Montferrand – *Entre la pl. de la Fontaine et la r. Jules-Guesde - 1er et 3e sam. du mois 7h-13h.* Ce marché en circuit court, ne propose que des produits locaux, du terroir : fruits et légumes, fromages, charcuterie, boucherie, volaille, vin, spécialités sucrées et épicerie.

Marché aux puces – *Pl. Gambetta - parking de la gare routière - dim. 7h-13h.* Jusqu'à 150 exposants, dont la moitié sont des professionnels.

Fromager

La Maison du bon fromage – *Pl. St-Pierre - ✆ 04 73 36 16 13 - 8h-19h, merc. 8h-14h, sam.8h-18h - fermé dim.-lun.* Goûtez donc le saint-nectaire fermier, le bleu d'Auvergne ou le salers dont la maturation s'est achevée dans les caves naturelles de la maison. En vente également, des fromages régionaux moins connus, comme le lavort ou le gaperon, ainsi que de belles mottes de beurre frais.

Pâtissier-chocolatier

Maison Vieillard – *3 r. Blatin - deuxième boutique av. Ernest - Cristal - ✆ 04 73 28 64 30 - www.vieillard.fr - 9h-19h, vend.-sam. 10h-18h - fermé dim.-lun. et août.* Cette vénérable maison fondée en 1781 est devenue une institution locale. Son savoir-faire et son désir de perfection perdurent : il n'y a qu'à goûter ses ganaches, ses briquettes au café, ses chocolats à la liqueur, ses fondants à la menthe... Le décor chic de la boutique, années 1940, mérite également la visite.

La Chaumière – *4 r. St-Dominique - ✆ 04 73 37 55 90 - www.martial-ray.com - 8h-19h - fermé dim.-lun.* Cet établissement de tradition a pesque un siècle ! Martial Ray, pâtissier-chocolatier, y élabore des délices : le nuage du Puy de Dôme, une meringue au miel, ou les andésites (noisettes torréfiées enrobées de chocolat noir)... Côté pâtisserie, les incontournables : éclairs, babas, côtoient les créations. À déguster au salon de thé ou à emporter.

Boulangerie-pâtisserie

Alexis Thauvin – *20 r. des Gras - ✆ 04 73 16 77 51 - mar.-sam. 9h-18h30, dim. 9h-12h30.* Installé en centre-ville en 2021, ce jeune pâtissier-chocolatier qui a fait ses armes chez les grands chefs étoilés fait preuve d'une créativité remarquable ! Salon de thé.

La fournée d'Antoine – *26 av. Voltaire - Chamalières - ✆ 04 73 36 36 00 - 6h30-20h (sam. 16h) - fermé dim.* On y va les yeux fermés, pour les gâteaux mais aussi et surtout pour les pains – la « fanette » est délicieuse – un peu cher, soit, mais c'est réellement bon.

Confiserie

Aux Délices des Puys – *4 r. Jules-Guesde (Montferrand) - ✆ 06 63 36 42 49 - www.auxdelicesdespuys.com - juil.-août et déc. : mar.-sam. 10h-18h30 ; reste de l'année : merc. 13h30-18h, vend. 9h-18h, sam. 10h-18h.* La boutique est aussi petite que sa gamme de confiseries d'Auvergne est large. Confitures, pâtes de fruits et autres confiseries. Mention spéciale pour l'angélique, spécialité de Montferrand.

Thés

Le Rendez-Vous des thés – *4 r. du Cheval-Blanc - ✆ 04 73 31 48 57 - www.lerendezvousdes thes.fr - ♿ - 14h-18h, sam. 10h-12h, 14h-19h - fermé dim.-lun. et j. fériés.* Achat et

1

dégustation de 300 variétés de thé. Trois petits salons de thé : japonais, chinois et traditionnel français.

Caviste

Caves de Grandseigne – *12 r. Pascal - ✆ 04 73 90 89 83 - 10h-12h15, 15h-20h - fermé lun. matin, dim. et j. fériés.* Cet établissement, un superbe hôtel particulier du 17e s., est né de l'association de six passionnés du vin qui décidèrent de créer leur propre cave. Séances de dégustation, vin du mois, réalisation d'un petit musée viticole, visite des caves voûtées et aménagement d'un rayon arts de la table.

La Cave du théâtre – *7 r. Nestor-Perret - ✆ 04 73 39 09 65 - mar. 14h30-19h, merc.-vend. 10h-12h30, 14h30-19h, sam. 10h-19h - fermé j. fériés.* Dans cette boutique tenu par Cyril et Tomy, vous trouverez un large choix de vins de Bourgogne et du Rhône mais aussi de Loire et d'Alsace. Soirées œnologie, rencontres avec des vignerons.

Coutellerie

Grande Coutellerie Claude Dozorme – *30 r. des Gras - ✆ 04 63 22 35 52 - www.lagrandecoutellerie.fr - 10h-19h, lun. 14h-19h - fermé dim. sf déc.* Vous trouverez là les créations de cette célèbre maison installée à Thiers depuis 1902.

Bibendum et dérivés

Boutique de l'Aventure Michelin – *32 r. du Clos-Four - ✆ 04 73 98 60 60 - laventure.michelin.com - 10h-18h (juil.-août 19h) - fermé lun. de sept. à mars.* Pour parfaire votre découverte de l'univers Michelin et repartir avec un souvenir, la boutique propose de nombreux articles à l'effigie de Bibendum : guides, textile, cartes, porte-clés et autres stylos.

Libraire

Librairie de Clermont – *5 bis r. des Gras - ✆ 09 60 52 11 50* - Ne manquez pas cette librairie dans une des rues les plus commerçantes de la ville. Avec son fonds de 8 000 références, c'est une institution.

Librairie Les Volcans – *80 bd François-Mitterrand - ✆ 04 73 43 66 75 - www.librairielesvolcans.com - tlj sf dim. 10h-19h.* Librairie réputée, vaste choix de livres y compris pour la jeunesse.

Boutique ASM Rugby – *Pl. de Jaude - centre commercial Carré Jaude 2 - ✆ 04 73 35 56 03 - www.asm-boutique.com - tlj sf dim. 10h-19h.* Autre boutique au stade Marcel-Michelin. C'est l'une des deux boutiques officielles des « jaune et bleu ». Amateur ou fervent supporter, vous y trouverez les accessoires obligatoires (écharpes, fanions), ainsi qu'une belle collection aux couleurs du club fétiche de Clermont.

Artcaroline – *2 r. Grégoire-de-Tours - ✆ 07 67 35 83 85 - artcaroline.fr- 11h-18h30, lun. et sam. 14h-18h30, fermé dim.* Dans une ruelle piétonne du centre historique, ce petit magasin propose une jolie sélection d'accessoires de mode fait main (sacs, pochettes, trousses en tissus, etc.) ainsi que des bijoux et quelques articles pour enfants.

Auvergnat Shop – *12 r. Massillon - ✆ 04 73 26 94 04 - www.mefiate.fr - mar.-sam. 10h30-12h30, 13h30-19h.* Un magasin original regroupant produits régionaux, idées cadeaux, et une collection pleine d'humour de vêtements et d'accessoires Mefia Te, « la marque du peuple auvergnat ».

En soirée

Bars, pubs

Bars, brasseries, cinémas, crêperies, pubs, restaurants et salons de thé tiennent une large place le centre-ville : ils se concentrent principalement place de Jaude, dans le quartier de la cathédrale, place Sugny, rue Fontgiève et place Gaillard.

Chez mon oncle – *8 bd Desaix - ✆ 04 73 16 02 98 - www.chezmononcle-baravin.fr - 18h-1h - fermé dim.-lun.* Sous les arcades, derrière les Galeries Lafayette, 70 références en vin et champagne pour ce nouveau bar à vins, déjà à la mode. Assiettes et tartines de charcuterie, fromages pour accompagner la dégustation.

Au fût et à mesure – *2 r. Boirot - ✆ 04 73 25 45 50 - www.aufutetamesure.fr - 17h-1h (2h jeu.-sam.).* Bar à bière à la clientèle jeune et branchée. Musique rock, bonnes bières belges. On se sert soi-même car chaque table est équipée d'une pompe à bière !

Un Singe en hiver – *13 pl. du Mar.-Fayolle - ✆ 04 73 36 94 36 - merc.-sam. 18h15-0h.* Un bar à vin reconnu pour la qualité de ses crus et la chaleur de son accueil. Plus de cinquante références de vin à la carte, et pas de mauvaise surprise puisque vous pouvez goûter avant. Une tartine, des charcuteries ou des fromages régionaux peuvent accompagner votre verre.

Café Pascal – *4 pl. de la Victoire - ✆ 04 73 91 86 08 - cafepascal.com - 8h30-1h30.* Sur une place de la Victoire toujours très passante, ce pub propose une douzaine de bières à la pression. Le lieu est très prisé pour une pause en fin d'après-midi, et on le comprend d'autant mieux que la vue sur la cathédrale est unique.

Salles de spectacles

Les concerts de musique classique sont généralement donnés à la **Maison de la culture** *(bd François-Mitterrand).* Églises, auditorium (conservatoire) et amphithéâtre (faculté de droit) accueillent les récitals de musique de chambre.

La Baie des Singes – *6 av. de la République - Cournon-d'Auvergne - au sud-est de Clermont-Ferrand - ✆ 04 73 77 12 12 - www.baiedessinges.com.* Cette salle de concert incontournable participe toute l'année à de nombreuses manifestations : Jazz Auvergne Festival, festival On connaît la chanson, Les Automnales...

La Coopérative de Mai – *R. Serge-Gainsbourg - Polydôme - ✆ 04 73 14 48 08 - www.lacoopwwe.org - ♿ - tram : ligne A arrêt pl. du 1er-Mai.* Lieu emblématique de la vie culturelle clermontoise, il accueille des artistes de renom.

La Comédie de Clermont-Ferrand, Scène nationale – *69 bd François-Mitterrand - ✆ 04 43 55 43 43 - lacomediedeclermont.com.* Installée dans l'ancienne gare routière, elle propose des spectacles de théâtre, musique, danse et cirque. La Comédie comprend 2 salles, un espace d'exposition et une brasserie.

Le **Zénith d'Auvergne** accueille les grands spectacles en tournée.

Les cinéphiles se donnent rendez-vous au cinéma **Le Rio** *(r. Sous-les-Vignes),* **Aux Ambiances** *(7 r. St-Dominique)* et au Pathé **Capitole**.

Activités

Stade nautique Pierre-de-Coubertin – *R. Pierre-de-Coubertin - ✆ 04 63 66 96 40 - www.clermont communaute.net - 10h-20h, sam. 9h-18h, dim. et j. fériés 9h-17h - entrée 3,60 €.* Bassin olympique découvert par beau temps, bassin ludique, toboggan, fosse de plongée, parc, sauna.

Parc Montjuzet, au nord-ouest du vieux Clermont – *R. du Parc-Monjuzet - ✆ 04 73 42 63 63 - clermont-ferrand.fr- mai-sept. : 7h15-21h; reste de l'année : 7h15-17h30 - entrée libre. - bus ligne C, station Limousin.* Installée sur une butte au nord de Clermont, à 486 m d'altitude, cette oasis de verdure (26 ha) ménage un beau **point de vue** sur l'agglomération. Espaces de loisirs.

Hébergement

Les tarifs des chambres de certains hôtels peuvent considérablement varier entre la semaine et le w.-end, selon le remplissage, la saison, les congrès ou événements. Consultez les sites Internet des établissements.

Vieux Clermont

PLAN II DU VIEUX CLERMONT P. 45

Budget moyen

3 **5 Chambres en ville** – F1 - *8 r. Neyron - 07 81 16 60 95 - www.5-chambresenville.com - P garage 12 €/j. - 5 ch. 89/115 €.* Dans un immeuble entièrement refait, ces chambres d'hôte sont modernes et décorées avec goût. Un petit espace salon, où vous prendrez votre petit-déjeuner, invite à la détente au rez-de-chaussée. Les propriétaires logent à proximité. Une agréable manière de découvrir le vieux Clermont.

4 **Le Lion** – E2 - *16 pl. de Jaude - 04 73 17 60 80 - www.hotel-le-lion-clermont.fr - 29 ch. 104/144 €. - formule déj. 20,90 €.* Idéalement situé, et très demandé, cet hôtel entièrement refait vous accueille dans des chambres lumineuses au décor contemporain et mobilier design. Possibilité de départ tardif le week-end.

Pour se faire plaisir

2 **Best Western Plus - Hôtel littéraire Alexandre Vialatte** – F1 - *16 pl. Delille - 04 73 91 92 06 - www.hotelvialatte.com - P 14 €/j. - ♿ - 62 ch. 124/159 €* . Au pied du centre historique, tout près de la rue du Port et des petites rues piétonnes, c'est une bonne adresse pour découvrir la ville. Petit-déjeuner servi au dernier étage, avec une belle vue sur Clermont-Ferrand.

Hors centre

PLAN I P. 52-53

Premier prix

5 **Ibis Styles Clermont-Ferrand Gare** – D2 - *53 av. de l'Union-Soviétique - 04 73 91 82 27 - all.accor.com - 48 ch. 95/125 € .* Cet hôtel voisin de la gare affiche un hall contemporain et des chambres aux tons vifs dotées de meubles modernes en bois clair. Bonne insonorisation.

6 **Chambres d'hôte Le Petit Siam** – A2 - *23 r. des Vieillards - 06 76 24 59 02 - chambre-gite-lepetitsiam.com - 75/98 €.* Au nord du quartier de Jaude, vous serez reçu dans une maison atypique à la décoration inspirée par l'Orient. Meubles anciens et panneaux en teck, tissus thaïlandais et perruches créent une ambiance exotique, autour d'une charmante cour arborée. Certaines chambres ont leur salle de bains sur le palier, précisez votre souhait au moment de réserver.

Pour se faire plaisir

1 **Hôtel Oceania** – A3 - *82 bd F.-Mitterrand - 04 73 29 59 59 - www.oceaniahotels.com - P 15 €/nuit - ♿ - 129 ch. et suites 114/186 € - .* L'Oceania est tout proche de la place de Jaude et du tram. Entièrement refait, ses chambres sont fonctionnelles et certaines vraiment spacieuses. Literie de qualité. Espace bien-être avec Spa et hammam en accès libre.

7 **Hôtel Mercure Centre Jaude** – A3 - *1 av. Julien - 04 63 66 21 00 - www.accorhotels.com - ♿ - 125 ch. 115/180 € - 17,90 €.* Un Mercure récent, construit face à la place de Jaude, donc vraiment très central. Les chambres sont d'un bon standing et confortables. Accueil attentionné et petit-déjeuner buffet très copieux.

Royat ★

Voisine de Clermont-Ferrand, Royat s'étend sur des pentes escarpées, au fil de la Tiretaine. Entre le village médiéval perché sur les hauteurs et le quartier thermal déployant ses anciens hôtels de luxe transformés en appartements, le contraste est saisissant. Royat possède le charme et les atouts d'une ville d'eau, reposante et élégante. Elle est aussi un point de départ agréable pour des randonnées en forêt, avant un moment de délassement dans les eaux chaudes du centre thermoludique Royatonic.

Se repérer

4 651 Royadères ou Royatais – Puy-de-Dôme (63)

CARTE A3 (P. 39), PLAN P. 76.

À 3 km à l'ouest de Clermont-Ferrand, Royat est accessible en bus (B).

À ne pas manquer

La vieille ville autour de l'église St-Léger.

En famille

Nombreux circuits pédestres balisés au départ de Royat.

Carnet pratique p. 78

Nos adresses p. 78

Se promener

L'office de tourisme propose des visites guidées dont une théâtralisée.

L'**avenue Thermale**, tracée en corniche au nord de Royat, révèle de jolies **vues**★ sur le site de Clermont. Et pour qui vient de Pontgibaud par la D 941^{A}, le belvédère de la **Pierre carrée**, aménagé dans un virage, offre une superbe **vue**★★ sur l'agglomération clermontoise : *(de gauche à droite)* les côtes de Clermont ; la ville et sa cathédrale ; au loin, les monts du Livradois ; sur la droite, les volcans de la Comté, le plateau de Gergovie et le piton de Montrognon.

★ Royatonic A2

5 av. Auguste-Rouzaud - ✆ 04 73 29 58 90 - www.royatonic.com - ♿ - 10h-20h30, vend. 10h-21h30, dim. 10h-18h30, fermé mar.-jeu. matin hors vac. scolaires - 20 €/ pass 2h30, 45 € 5h. Accès enf. 6 ans mini - Spa tlj sf dim. 10h-19h45.

Lagune d'eau bleue, *frigidarium*, *tepidarium*, *caldarium*, bassin d'eau parfumée, village norvégien avec sauna... Déclinées sous de multiples formes, les eaux thermales de ce **centre thermoludique** sont accessibles, à l'intérieur sous une coupole de bois, et en plein air, avec vue sur la ville. On y trouve également un Spa d'exception.

★ Parc thermal B1

Construite en 1913 et nommée en l'honneur de l'impératrice Eugénie venue avec Napoléon III en 1862, la **buvette Eugénie**, au cœur du parc thermal, associe élégamment la mosaïque, le verre et le cuivre dans un style typique des villes d'eau de l'époque. Attention, l'eau ne peut être bue que sur ordonnance. En face, les **thermes** sont érigés en 1836 sur le modèle de la basilique de l'empereur romain Constantin. La façade présente quatre colonnes ioniques surmontées de statues. À l'intérieur, remarquez les voûtes peintes, le sol ainsi que les vitraux. Seul le hall est accessible aux visiteurs.

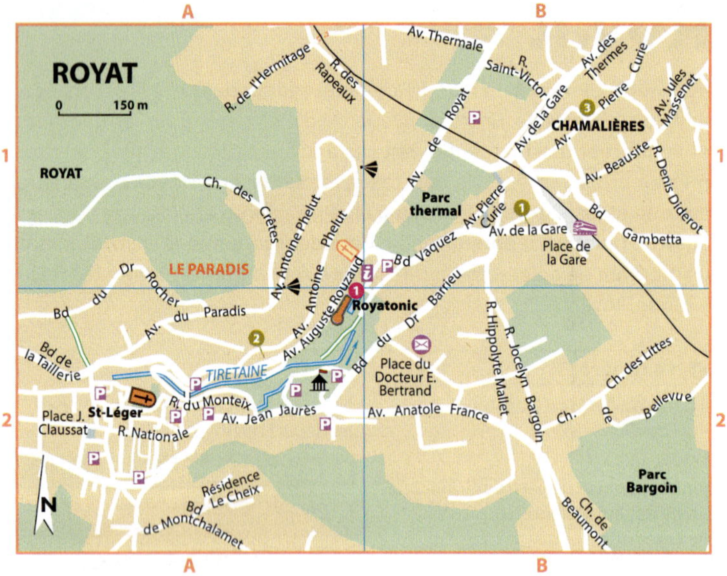

SE RESTAURER	SE LOGER	
La Flèche d'Argent 1	Royal St-Mart 1	Hôtel Radio 3
	Hôtel Le Châtel 2	

Descendez le chemin jusqu'au casino puis tournez à gauche.

La **Tiretaine**, qui franchit de nombreux seuils en cascades ruisselantes, apporte charme et fraîcheur à la station. Vous pourrez voir les vestiges des **thermes gallo-romains** qui comportaient plusieurs piscines. L'une d'elles, mise au jour et restaurée, était autrefois recouverte de voûtes ornées de mosaïques ; ses murs étaient revêtus de marbre. Des canalisations en terre cuite amenaient les eaux qui se déversaient en cascatelles dans la piscine. Ce parc à l'anglaise est ponctué de plaques émaillées reproduisant des dessins d'enfants. Le **géoscope** propose un parcours pédestre parsemé de blocs de roches, qui explique la géologie locale.

Remontez par les rues ou l'ascenseur.

★ Église St-Léger A2

Pl. Cohendy. Bâti à la fin du 11e s., cet édifice dépendait de l'abbaye de Mozac, qui l'agrandit en reconstruisant le chœur et le fortifia au début du 13e s. Il s'écarte sensiblement du type classique de l'église romane auvergnate, et s'apparente aux églises du Midi. Son clocher est du 19e s.

L'**ancien prieuré**, accolé au bras gauche du transept, était également fortifié. Deux belles roses gothiques sont percées, l'une dans le mur du transept droit, l'autre dans celui du chevet. Vous pouvez descendre visiter la crypte où ont été réutilisés des chapiteaux du 10e s.

Sur la place Cohendy se dresse un **calvaire**, sculpté dans la lave, datant de 1486. Ancien établissement thermal, le **pavillon St-Mart** a été conçu par l'architecte Louis Jarrier. La mosaïque autour de la porte d'entrée représente le blason de St-Mart associé à des motifs emblématiques de l'eau.

Royat thermal

Connues des Arvernes, dont la capitale, Gergovie, était toute proche, les eaux de Royat furent ensuite exploitées par les Romains qui y construisirent des thermes magnifiques (quelques vestiges dans le parc thermal).
L'utilisation de ces eaux connut, jusqu'au milieu du 19e s., des fortunes diverses mais la vogue et la célébrité dont elles jouissent depuis cette date ne se sont pas démenties. Un établissement thermal fut élevé, et **l'impératrice Eugénie**, venue à Royat en 1862, lança la station. Durant son séjour forcé à Clermont en 1887, le **général Boulanger** cachait ses amours à l'hôtel de la Belle-Meunière. Jusqu'en 1914, des rois et des princes le fréquentèrent. La source St-Mart serait la plus ancienne : de captage celtique, elle porte le nom du saint qui, au 6e s., fonda un monastère sur l'emplacement actuel du parc thermal.
Dans l'actuelle station, plusieurs sources sont utilisées. La plus abondante est la source Eugénie qui était déjà captée par les Romains, comme les sources St-Victor (actuellement hors service) et César. Elle débite 1 000 litres à la minute (température 31,5 °C) et dégage en même temps une grande quantité de gaz thermaux radioactifs. La température des autres sources décroît jusqu'à 14 °C. Ces eaux sont employées sous forme de boisson, de bain carbogazeux et d'injections de gaz thermaux, pour le traitement des affections du cœur et des artères, et de l'arthrose. Existent également la source Velleda et la source Auraline, captée et mise en service en 1989, qui permet de couvrir la quasi-totalité des besoins en eau thermale.

1

★ Parc Bargoin B2

Sur la commune de Chamalières (voir p. 63). On l'atteint, depuis l'église St-Léger, par l'avenue Jean-Jaurès, puis l'avenue Anatole-France.
J.-B. Bargoin fit don de sa propriété au conseil général du Puy-de-Dôme ; ainsi, ce jardin d'agrément du 19e s., ordonné autour d'un château, fut ouvert au public selon son vœu. Aménagé dans un terrain accidenté (8 ha), ce parc possède des arbres magnifiques (dont un érable de 250 ans et de plus de 7,50 m de circonférence !) ainsi qu'un jardin botanique. Du haut d'une petite tour, belle **vue** sur Clermont-Ferrand.

Randonnées autour de Royat

Rens. à l'office de tourisme de Royat. Depuis Royat, de nombreuses randonnées sont possibles. Au départ du Paradis, on accède au **bois de Villars** *(1h)* – sous-bois, échappées sur la Limagne et les monts du Livradois, et vestiges bien conservés de la voie romaine reliant Clermont-Ferrand à Limoges – ; par le sud, au **puy de Montaudoux** *(1h)* – du sommet (592 m), belle vue sur la Limagne – ; par l'ouest, à l'**arboretum de Royat** *(1h)*, mais aussi à la **vallée de la Tiretaine** et au **chemin des Crêtes** *(2h)*. Depuis la rue de la Pauze, les randonneurs accèdent au **puy de Charade** (3h).

À proximité

CARTE P. 39 A3

Puy de Gravenoire

Env. 7 km au sud de Royat par la D 944, puis à droite la D 5.
Cet ancien volcan couvert de sapins a poussé sur la grande faille de la Limagne. Par la cassure, ses laves se sont épanchées vers Royat et Beaumont. On y exploite des carrières de pouzzolane.

Circuit automobile de Clermont-Ferrand - Charade

18 km au sud-ouest de Royat.

Le circuit de Charade, construit en 1958, bénéficie d'un beau cadre montagneux. Il a vu, au cours de son histoire, se dérouler des courses majeures comme les Grands Prix de l'Automobile Club de France de Formule 1 ou les Grands Prix de France de moto, et des pilotes aux noms légendaires comme Jackie Stewart, Patrick Depailler (Clermontois) ou encore Alain Prost y ont démontré leurs talents. Lieu de tournage du film *Grand Prix*, joué par Yves Montand et Françoise Hardy en 1965, le circuit servit à nouveau en 2003 pour le film *Michel Vaillant,* réalisé par Louis-Pascal Couvelaire.

Le circuit (3 975 m et 18 virages), homologué pour tous types de courses, y compris la F1, est ouvert aux constructeurs et aux écoles de pilotage. Il accueille quelques compétitions nationale

Carnet pratique

S'informer

Office de tourisme - *1 av. Auguste-Rouzaud - ✆ 04 73 98 65 00 - www.clermontauvergnetourisme.com.*

Agenda

Pyromélodie - *✆ 04 73 29 50 80 - dern. sam. de juin.* Spectacle pyrotechnique très couru et nombreuses animations sur le thème de la lumière.

Art'Air Festival - *✆ 07 82 41 09 81 - www.art-air.org - 3 j. en juil.* Randonnées itinérantes, gastronomie, rencontres, spectacles et concerts pour mettre en valeur le patrimoine auvergnat. Se déroule à Royat, dans la chaîne des Puys et le Sancy.

Nos adresses

Restauration

PLAN P. 76

Pour se faire plaisir

1 La Flèche d'Argent - A1 - *Hôtel Princesse Flore, 5 pl. Allard - ✆ 04 73 35 63 63 - www.princesse-flore-hotel.com - fermé 2 sem. déb. janv. - plats 35/39 €, menus 25/75 €.* La Flèche d'argent, surnom des Mercedes-Benz en Formule 1, évoque le circuit automobile de Charade. Aymeric Barbary signe ici une cuisine fusion, riche de ses expériences anglaises comme de ses origines auvergnates, avec un penchant pour le végétal. Au final : de belles assiettes colorées et pleines de saveurs.

Shopping

Aux Pierres Fines - *6 bd Vaquez - ✆ 04 73 35 80 48 - www.auxpierresfines.fr - mar.-sam. 10h-19h - fermé mars et nov.* Héritière d'une longue tradition familiale, Éliette Ballot-Fleury tient une taillerie-joaillerie qui a pignon sur rue depuis 1837. Création de bijoux traditionnels ou contemporains.

En soirée

Casino de Royat - *Allée du Pariou - ✆ 04 73 29 52 52 - www.casinoroyat.com - 10h-2h,* *vend.-sam. 10h-3h.* Un paradis pour les amateurs de jeux : 120 machines à sous et les jeux traditionnels tels que boule, roulette (16 roulettes anglaises), black-jack... dorénavant gratuit d'accès. Défilés, dîners-spectacles, concerts... Un bar et un restaurant complètent l'offre.

Le Cintra – *2 av. Abbé-Védrine - ✆ 04 73 35 95 50 - 10h-22h, dim. 10h-19h - fermé lun.* À deux pas du parc thermal, pub-brasserie à l'atmosphère feutrée proposant une sélection de cocktails, portos et whiskys. Restauration de type brasserie (salades, grillades, plats traditionnels, etc.) à déguster aux beaux jours sur l'agréable terrasse, très prisée.

Activités

Thermes de Royat – *Pl. Allard - ✆ 04 73 29 51 51 - www.thermes-de-royat.com - ♿ - ouvert de avr. à nov., 7h-12h, 15h-18h (sf sam. apr.-m.), fermé dim. en avr.-oct.* Sports et activités de détente. L'établissement thermal s'est spécialisé dans la rhumatologie et le traitement des maladies cardio-artérielles.

Hébergement

PLAN P. 76

L'office de tourisme offre l'accès à un large choix d'hébergements : hôtels, meublés, résidences hôtelières et campings en saison. Le **camping** Huttopia *(rte de Gravenoire, quartier l'Oclède - ✆ 04 73 35 97 05 - europe.huttopia.com - avr.-oct.)* propose des hébergements en chalets et mobile homes avec un forfait curiste.

Premier prix

② **Hôtel Le Châtel** – A2 - *20 av. de la Vallée - ✆ 04 73 29 53 00 - www.hotel-lechatel.com - P - 30 ch. 114 € ☕ - ✕ menus 19,50/26,50 €.* Face à un parc où ruisselle la Tiretaine, bâtisse ancienne abritant des chambres bien tenues. Suites rénovées. Plaisante salle à manger. Cuisine traditionnelle et régionale escortée de formules diététiques.

Budget moyen

① **Royal St-Mart** – B1 - *6 av. de la Gare - Chamalières - ✆ 04 73 35 80 01 - www.hotel-auvergne.com - 54 ch. - 100/155 € - ☕ 12 € - ✕ menus 34/44 €.* Depuis 1853, la même famille gère cette demeure bourgeoise ombragée de cèdres. Chambres de style composite ; préférez celles côté jardin. La cuisine est classique et la terrasse donne sur le jardin.

Pour se faire plaisir

③ **Hôtel Radio** – B1 - *43 av. P.-et-M.-Curie - Chamalières - ✆ 04 73 30 87 83 - www.hotel-radio.fr - P - garage fermé 8 €/j. - fermé 28 oct.-8 nov. et 2-15 janv. - 24 ch. 150/195 € ☕ - ✕ - menus 35 € (déj.)/80/120 €.* Élégant établissement des années 1930 au style Art déco. Les chambres, amples et feutrées, optent pour une ambiance plus contemporaine. Côté restaurant, vous apprécierez une cuisine originale dans un cadre chic.

1

icono on peut reprendre
la même photo

Plateau de Gergovie

★

Un vaste plateau, dont la silhouette légèrement trapézoïdale se découpe en avant de la Limagne et du val d'Allier, se détache dans le paysage clermontois. Érigé sur l'un de ses bords, un curieux monument commémoratif, surmonté d'un casque ailé, permet de l'identifier à coup sûr. Des milliers de visiteurs aiment venir, tout au long de l'année, remonter aux sources d'un passé prestigieux et admirer la vue sur la région.

Plateau de Gergovie, monument à Vercingétorix.
Ch. Guy/hemis.fr

Se repérer

Puy-de-Dôme (63)

CARTE AB3 (P. 39).

La desserte la plus proche est l'A 75 (sortie 4). Vous pouvez également accéder par Romagnat si vous venez de l'agglomération clermontoise.

À ne pas manquer

Les Arverniales ou « archéofête gauloise » *(arverniales.org)*, fin juillet, spectacle d'histoire vivante projetant les visiteurs 2000 ans en arrière à l'époque de la guerre des Gaules.

En famille

Le musée de Gergovie.

Nos adresses p. 83

La bataille de Gergovie

C'est un Florentin dénommé **Gabriel Simeoni** qui identifia, au 16ᵉ s., cet emplacement comme lieu de la fameuse bataille de Gergovie.

Les fouilles

Dirigée en 1862 par le **commandant Stoffel**, aide de camp de Napoléon III (qui attribua au site son nom actuel), une première campagne de fouilles permit d'identifier les deux camps de César et le double fossé de liaison. De nouvelles fouilles, entreprises de 1936 à 1939, confirmèrent ces conclusions. Des sondages effectués en 1995 ont précisé l'emplacement des fossés, qui sont bien localisés comme l'indiquait Stoffel.
Depuis 2001, le plateau lui-même est l'objet de recherches annuelles : les fouilles réalisées sur les fortifications ont conforté l'existence sur le site d'un oppidum arverne occupé à l'époque de la guerre des Gaules. Les dernières campagnes ont mis au jour la porte principale de la cité, ainsi qu'un vaste espace dallé de plusieurs milliers de m2 au centre du plateau. Gergovie est encore loin d'avoir livré tous ses secrets.

Le récit de la bataille

Le siège de Gergovie (*Gergobia* ou *Gergovia*) et la bataille qui s'ensuivit durèrent à peine deux à trois semaines. Il n'est donc pas surprenant que les vestiges archéologiques de cette intervention militaire soient plus modestes que les aménagements romains construits autour d'Alésia. Du haut du plateau de Gergovie, les Gaulois bénéficient d'une vue dominante sur le camp de César, installé sur la serre d'Orcet, en surveillent les manœuvres et conservent l'avantage du terrain lors d'escarmouches. Pour reprendre l'avantage, César s'empare de la colline de La Roche-Blanche, lors d'un assaut nocturne. Il la fortifie et y installe un petit camp que ses soldats relient au premier par deux tranchées parallèles. Après s'être assuré du concours des Éduens, peuple gaulois allié des Romains, et voyant certaines hauteurs dégarnies de défenseurs, César ordonne un mouvement de diversion nocturne vers le col des Goules, exécuté par des fausses troupes (des muletiers) et soutenu par une légion. Les Gaulois se portent en masse vers ce point faible pour en compléter les défenses.
Dès le lendemain, peu après midi, le gros des troupes romaines du grand et du petit camp se lance à l'assaut de l'oppidum par le sud-est. Une première enceinte est franchie et les soldats de César montent à l'assaut du second rempart. À leur vue, les femmes poussent des cris de terreur et jettent des étoffes et de l'argent aux assaillants pour les arrêter. Attirés par les cris et comprenant l'attaque de diversion imaginée par César, les Gaulois reviennent en hâte sur le vrai lieu de la bataille.
Fatigués par l'effort fourni au cours de leur escalade et contrariés dans leur manœuvre par l'obstacle des remparts, les Romains, bousculés, se désunissent et bientôt se débandent. Pour leur malheur, ils prennent les Éduens, leurs alliés, qui arrivent sur le champ de bataille, pour une aide gauloise et se retirent en désordre. César donne alors l'ordre du repli.

Se promener

Plateau de Gergovie - La Roche-Blanche - 04 73 60 16 93 - www.mondarverne.com.

Les avis sont partagés quant à l'origine de la **table de basalte** (745 m) qui recouvre le plateau de Gergovie : coulée de lave issue du puy Giroux, à l'ouest, ou d'un volcan dont on aperçoit les débris, sur la pente est du plateau...

Composé de trois colonnes monumentales à bossages, couronnées de chapiteaux corinthiens et surmontées d'un casque ailé gaulois de forme assez fantaisiste, le **monument commémoratif** de 26 m de hauteur a été élevé en 1900 par l'architecte Teillard à l'extrémité orientale du plateau. Prenez le temps de vous promener : l'air est vivifiant et le paysage magnifique.

★★ Panorama

La vue s'étend sur la Limagne de Clermont, que ferment à l'horizon les monts du Forez et ceux du Livradois, et sur la vallée de l'Allier au-delà de laquelle pointent les puys de la Comté. À droite, derrière La Roche-Blanche et la petite vallée de l'Auzon, se découpe la tour médiévale du Crest, qui se distingue bien dans le paysage. La partie ouest du plateau demeure donc la plus accessible ; c'était déjà le problème le plus épineux pour Vercingétorix.

★ Musée archéologique de la bataille de Gergovie

Plateau de Gergovie - La Roche-Blanche - 04 73 60 16 93 - musee-gergovie.fr - fermé de déb. janv. à mi-fév. - vac. scol. : 13-18h ; reste de l'année : merc. et w.-end 13h-18h - 8 € (6-25 ans 5 €).

Une visite à faire en famille : vidéos, visite guidée *(été)* et jeux sont au programme. Le centre d'interprétation du plateau a fait l'objet d'importants travaux d'agrandissement et de modernisation en 2019. Il présente dans un espace de 600 m^2 une exposition permanente dédiée à la guerre des Gaules, à l'histoire du peuple arverne ainsi qu'à la formation géologique du plateau. La **bataille de Gergovie** donne notamment lieu à une animation audiovisuelle réussie (12mn) inspirée par le récit de **Jules César**. Les armements gaulois et romains sont largement détaillés, et la vie quotidienne des **Arvernes**, documentée de manière didactique : travail du textile et des métaux, ustensiles, poteries, bijoux, commerce et importation... La mort n'est pas oubliée : tombe du guerrier de Gandaillat, une sépulture aristocratique. Enfin, l'accent est mis sur l'énigme des trois oppida de la région **(Gergovie, Corent, Gondole)**, cités majeures de l'époque gauloise dont la fonction précise échappe encore aux historiens.

Pour les amateurs d'archéologie gauloise, voir également le sanctuaire de Corent *(voir l'encadré vert p. 124 et p. 125)*.

Autour de Gergovie

CARTE P. 39 AB3-4

Circuit de 12 km, tracé en violet sur la carte p. 39.

Descendez du plateau de Gergovie jusqu'à Opme, puis en direction de Chanonat. À l'entrée du village, prenez à droite jusqu'à La Batisse.

Château de La Batisse A4

Route de Varennes - Chanonat - 04 73 26 02 00 - www.chateaudelabatisse.com - ouv. de mi-avr. à déb. nov. - visite thématique (1h30) : 10,50 € (11,50 € juil.-août), 4-14 ans 7,50 € (8,50 € juil.-août), ou visite animée (2h mini.) : 14 € (15 € juil.-août), 4-14 ans 11 € (12 € juil.-août) - juil.-août : visite en continu, horaires sur le site ; visite libre des jardins.

Ses toits plats, ses terrasses, ses ailes du 18e s., ouvertes sur l'extérieur, confèrent à cette demeure de pierre blonde une grâce avenante. Sa quiétude contraste avec les sévères forteresses féodales de la région. Une tour en poivrière et deux tours d'angle, coiffées de calottes à lanternon de tuiles rouges, sont les vestiges du château primitif du 15e s. À l'intérieur, on visite notamment la salle des gardes, la cuisine médiévale et le salon du 18e s. Les **jardins**, conçus par l'école Le Nôtre, furent reconstitués d'après un plan aquarellé du 18e s. (classé, il mesure 7,75 m sur 1,80 m). Réalisé par Jean-Baptiste Girard de Chasteauneuf, il est exposé dans la salle du Plan. Longeant le labyrinthe de buis, une allée mène aux **cascades de l'Auzon**, au fond du parc. Depuis 2022, les visiteurs peuvent découvrir un **village gaulois**, avec démonstrations du savoir-faire des artisans de l'époque, une piste de tournoi médiévale, où s'affrontent des combattants en armes, ou se voir proposer une évocation du siècle des Lumières. L'été, un spectacle nocturne raconte les secrets du château de La Batisse.
Retournez à Chanonat, et prenez à droite la D 3 jusqu'au Crest.

Le Crest B4

Ce village de vignerons bâti à l'extrémité de la montagne de la Serre *(voir p. 155)* est dominé par une tour, seul vestige d'un château autrefois important. De la tour, on bénéficie d'un **panorama★** remarquable, au nord sur le plateau de Gergovie et la Limagne de Clermont, à l'est sur la vallée de l'Allier et le Livradois, au sud et sud-ouest sur le massif du Sancy, à l'ouest et nord-ouest sur la chaîne des Puys.
Redescendez vers la D 213 et l'A 75, passez dessous et prenez la toute petite route qui monte en s'enroulant autour de la butte de Monton.

1

Monton B4

D'origine castrale lui aussi, ce village étage ses maisons sur le flanc sud de la butte dont le sommet est couronné d'une monumentale statue de pierre blanche de la Vierge, Notre-Dame de Monton, réalisée sur le modèle de Notre-Dame du Puy. Cette statue colossale de 14 m de haut, inaugurée en 1869, fait l'objet d'un pèlerinage le dimanche qui suit le 22 août. Anciens habitats troglodytiques près du site.
Revenez à Gergovie par La Roche-Blanche.

Nos adresses

Restauration

Budget moyen

La Hutte Gauloise – *La Roche-Blanche - plateau de Gergovie - ☏ 04 73 79 40 11 - www.lahutte gauloise.com - ouvert tlj - plats 22/34 €, menus 29/34 €.* Après une belle promenade sur le plateau, cette « hutte » offre un havre sympathique avec vue panoramique, au coin du feu ou sur la grande terrasse. Au menu : spécialités locales.

Hébergement

Budget moyen

Chambres d'hôte Le Couvent – *15 r. du Couvent - Veyre-Monton - suivre « Puy de la Vierge » et tourner r. Suaudeau - ☏ 06 74 72 04 34 - www.rue-du-couvent.fr - P - 5 ch. 75/90 €.* Ancien couvent isolé au pied du puy de la Vierge. Magnifique séjour dans la chapelle, où l'on peut admirer des vitraux ; au-dessus, salon en mezzanine avec vue plongeante sur les alentours.

Volvic

La cité de la pierre et de l'eau est bâtie sur la coulée de lave descendue du volcan de la Nugère. C'est à l'extraction et à l'industrie de la lave que Volvic, le « village sur la montagne », dans les monts Dômes, doit son activité. On y exploite aussi une source dont l'eau, filtrée par d'épaisses couches de roches volcaniques, est d'une grande pureté. Placé sous la protection de Notre-Dame de la Garde, Volvic constitue la porte nord de l'entrée du Parc naturel régional des Volcans d'Auvergne et offre de multiples activités de pleine nature.

Grotte de la Pierre de Volvic, ancienne carrière aménagée pour le public.
Ch. Guy/hemis.fr

Se repérer

4 487 Volvicois – Puy-de-Dôme (63)

CARTE A2 (P. 38).

Volvic, à 14 km au nord de Clermont-Ferrand et à 7 km de Riom, est véritablement la porte des volcans.

À ne pas manquer

La collection de Daumier au musée Marcel-Sahut; la Vierge noire de Marsat; le cimetière de Volvic.

En famille

La Grotte de la pierre qui révèle tous les secrets du volcanisme et les sentiers depuis le parc de la source Volvic.

Carnet pratique p. 90

Nos adresses p. 90

Se promener

La pierre de Volvic, dure et résistante, fut exploitée dès le 13e s. Dans la Grand-Rue et les ruelles étroites alentour, la **vieille ville** a conservé des maisons en pierre (16e-19e s.) et d'anciennes fontaines qui témoignent de cette activité artisanale multiséculaire.

Église St-Priest

Cet ancien prieuré clunisien de Mozac (la nef et la façade ont été reconstruites au 19e s.) est surtout remarquable par son vaste chœur du 12e s., entouré d'un déambulatoire, sur lequel s'ouvrent trois chapelles rayonnantes. Une belle grille forgée, d'époque romane, ferme la chapelle axiale. Intéressants chapiteaux historiés, dont le chapiteau du donateur, Guillaume de Bezac, immortalisé sur une corbeille du chœur. À l'entrée du chœur, à gauche, remarquez une Vierge à l'oiseau du 14e s.

Musée Sahut

R. des Écoles - ✆ 04 73 33 57 33 - www.terravolcana.com - juin-août : 10h-12h30, 14h-18h ; mai et sept.-nov. : 14h-18h, w.-end 10h-12h30, 14h-18h - fermé lun.-mar. - 6 € (tarif réduit 3 €).

De nombreuses œuvres de **Marcel Sahut** (1901-1990), fusains, aquarelles, peintures, permettent de découvrir ce peintre originaire de Volvic. Les premières salles sont consacrées à l'art de l'Extrême-Orient et de l'Afrique, mais le musée est surtout riche d'une belle collection de dessins, lithographies et peintures des 19e et 20e s. Les **dessins de Daumier★**, extraits de la série « Actualités », et ceux de Grévin illustrent l'art de la caricature sous le Second Empire. Dans la dernière salle, une vitrine expose une collection originale de **demi-noix de coco★** ornées de scènes gravées par les prisonniers des bagnes de Cayenne et de Nouvelle-Calédonie aux 18e et 19e s.

1

La trachyandésite ou lave de Volvic

La trachyandésite, que l'on extrait aujourd'hui en carrières à ciel ouvert, est une roche volcanique remarquable : elle fut utilisée comme pierre à bâtir dès le 13e s., et de nombreux édifices auvergnats, mais aussi répartis sur l'ensemble du territoire français, lui doivent leur longévité. La couleur noire de ces monuments est due à une altération par la pollution atmosphérique, car la pierre extraite est de couleur gris très clair à gris moyen.

Le **cimetière de Volvic** constitue un curieux ensemble de monuments des 19e et 20e s. taillés dans cette pierre. Celle-ci a également servi à la construction de nombreux monuments funéraires parisiens, certains classés Monuments historiques.

La pierre de Volvic pouvant être émaillée à haute température (maximum 1000 °C), elle est utilisée, depuis 1827, pour la confection de plaques destinées à être soumises d'une façon permanente aux intempéries : cadrans d'horloges, plaques de noms de rues, échelles de niveau, tables d'orientation, etc. Les qualités de cette roche la firent choisir comme matériau des bornes d'angle, poteaux, plaques murales... en **lave émaillée** réalisés de 1920 à 1970 par les **Services de signalisation routière Michelin**.

Quand la pierre prend vie sous la main de l'artiste

Comment conjuguer le minéral et le végétal… **Thierry Courtadon** sculpte la pierre de Volvic pour créer des œuvres exposées aujourd'hui dans **cinq communes aux alentours de Volvic**. Son objectif ? Établir un lien solide entre l'artiste et le territoire, de façon à ce que ses sculptures s'intègrent au paysage et permettent au promeneur de le regarder avec d'autres yeux. Thierry Courtadon donne à ses sculptures des noms différents selon leur forme et l'environnement qui les accueille. À Chanat-la-Mouteyre, *Contempler, Ressurgir* ; à Pulvérières (arboretum), *Compresser* ; à Charbonnières-les-Varennes (manoir de Veygoux), *Suspendre* ; à Saint-Ours-les-Roches (village de Beauregard), *Chuchoter*, et à Sayat, dans le ruisseau du Bédat, *Ondoyer*. De bien beaux titres pour un circuit original *(accès libre)*, dédié à l'imaginaire, au sein de la nature…
Pour plus de précisions sur la localisation des œuvres, passez à l'office de tourisme ou consultez son site (www.terravolcana.com, rubrique Je découvre, Patrimoine, Pierre de Volvic).

Statue de Notre-Dame de la Garde

Puy de la Bannière - Accès depuis la rue du Calvaire de Bannière (à proximité de l'office de tourisme). Empruntez le chemin des Dames.

30mn AR. Un sentier escarpé mène à la **statue monumentale** de Notre-Dame de la Garde (5,50 m de haut), réalisée en 1861 par les enseignants et les élèves de l'école départementale d'architecture de Volvic. Fondée en 1820 par Gilbert-Joseph de Volvic, préfet de la Seine, celle-ci fut l'une des premières écoles d'art créées en Auvergne. Du pied de la statue, on peut contempler un très beau **panorama** sur la plaine de la Limagne *(pèlerinage le dernier dim. de mai)*.

Grotte de la pierre de Volvic

Au nord-ouest du centre-ville, à 5/10mn à pied. 2 rte du Pont-Jany - 04 73 33 56 92 - www.grotte-pierre-volvic.fr - - visite guidée (1h) des vac. de fév. aux vac. de la Toussaint : horaires, se rens. - 8 € (-12 ans 6,50 €) - 18 € billet combiné avec le volcan de Lemptégy.

La boutique d'exposition-vente présente le travail des artisans d'aujourd'hui.

Une ancienne carrière souterraine sert de cadre à cette visite animée par des bruitages, des jeux de lumière et des photographies. Pendant plus d'une heure, le spectateur marche sur les traces de Jean Legay-Chevalier, carrier des années 1900. Tandis que l'on pénètre au cœur de la **coulée de lave★** descendue du puy de la Nugère, on se laisse conter l'extraction et la taille de la pierre, la découverte de la source des eaux de Volvic ou encore la vie quotidienne des habitants du bourg. La voûte tourmentée atteste l'extraction ; elle est supportée par d'énormes piliers taillés directement dans la lave. Depuis 2022, le site présente de nouveaux effets visuels, dont du mapping.

Espace d'information Volvic

R. des Sources (à la sortie de Volvic, dir. Pontgibaud), tout près de la grotte de la pierre, à 10mn à pied du centre - 04 73 64 51 24 - www.terravolcana.com - - ouv. d'avr. à fin oct., uniquement sur réserv.- horaires, se rens. - 3 € (tarif réduit 2 €).
Cet espace d'information présente le bassin hydrographique de l'eau minérale de Volvic et sa mise en bouteilles, ainsi que des films sur l'Auvergne et les volcans. Découvrez **l'usine d'embouteillage Volvic** à l'aide de casques de réalité virtuelle et pénétrez au cœur des ateliers de l'usine, en totale immersion.

Le château de Tournoël vu du ciel.
F. Cormon/hemis.fr

1

Parc de la source Volvic
R. des Sources, juste derrière l'espace d'information, accès libre. Aire de pique-nique en sous-bois. L'été des activités sportives y sont organisées (dont location de VTT).
3 sentiers balisés *(de 3 à 9 km, parties escarpées)* ainsi qu'un parcours d'orientation et un sentier pédagogique, retraçant le parcours d'une goutte d'eau « du nuage à votre table », sont aménagés sur le site, lieu de naissance de l'eau minérale naturelle.

À proximité

CARTE P. 38

★★ Château de Tournoël A2
À 2 km au nord de Volvic.
1 r. des Remparts ✆ 04 73 33 53 06 - www.tournoel.com - visite guidée (45mn) juil.-août (j. d'ouv., se rens.) : 10h, 11h, 14h, 15h, 16h, 17h - 10 € (-16 ans 5 €).
Campée sur la crête d'un éperon rocheux, la silhouette ruinée de Tournoël semble attendre vainement un ultime assaut. Racheté en 2000, ce superbe château fait depuis lors l'objet de restaurations soigneuses et régulières.
Il présente **trois ensembles** : un massif donjon carré, protégé par une double enceinte, un grand donjon circulaire, isolé par une enceinte triangulaire et, entre les deux, les corps de logis. Près de l'entrée une table d'orientation livre une belle **vue** sur la plaine de la Limagne, les monts du Forez et du Livradois. Laissez à droite les jardins en terrasses et la **tour des Miches** (16e s.) – appelée ainsi en raison des bossages de ses murailles de lave, en forme de gros pains – qui défendait l'entrée.
Rez-de-chaussée – Une rampe mène à la porte de la première cour. Là se dresse le donjon carré (soubassements du 12e s.). Pénétrez dans la cour d'honneur **(1)** aux **belles arcades de style Renaissance**. Au rez-de-chaussée du donjon se trouve le « cuvage » **(2)**, avec son pressoir et, derrière un gros pilier, le foudre de pierre

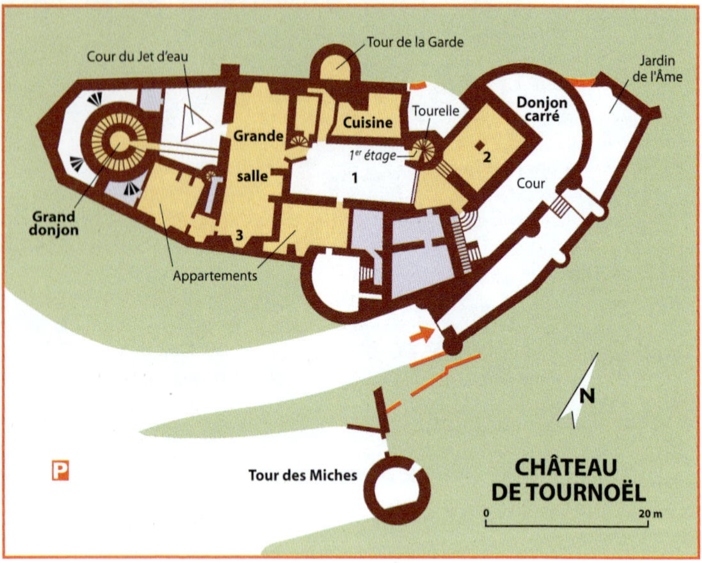

pouvant contenir 13 000 litres. À gauche se tient une partie des appartements. En face, la **cuisine**, à la cheminée impressionnante, en état de marche, et les communs. L'ancienne **grande salle a été reconstituée**. Belle cheminée et, devant la fenêtre, une pierre **(3)** présentant deux cavités inégales, qui aurait servi à prélever, à titre de contribution, le dixième du grain récolté sur le domaine. À droite, les appartements de la châtelaine. Dans la cour attenante, le **jardin** dit « de la Châtelaine » se trouve au pied de l'imposant donjon du 14e s. haut de 32 m, entouré, à mi-hauteur, d'une ceinture de mâchicoulis ajoutée au 15e s.

Étage – Montez l'escalier ménagé dans la tourelle (15e s.), très ornée, de la cour d'honneur. Les pièces ont retrouvé leurs plafonds peints et un mobilier de style. Belles cheminées Renaissance. La galerie qui donne sur la cour est celle de la chapelle : **Annonciation sculptée** au revers de sa porte d'entrée et **fresques** aux tons bleus et ocre à l'intérieur.

Une passerelle mène à l'entrée du donjon circulaire dont les trois étages sont desservis par un escalier creusé dans la muraille, épaisse de 4 m.

Grand donjon – Un escalier conduit au chemin de ronde. De la plate-forme, le **panorama★** embrasse la Limagne, le Forez, la Comté, le Livradois. On aperçoit bien les trois plateaux basaltiques qui forment de longs promontoires détachés du plateau des Dômes : le plus proche est celui de Châteaugay, le suivant, la côte de Clermont, le plus éloigné, le plateau de Gergovie.

Église de Marsat A2

À 5 km à l'est de Volvic par la D 83.

04 73 38 59 45 (office du tourisme Terra Volcana) - www.terravolcana.com.

Pour en savoir plus sur le village, procurez-vous le dépliant « circuit découverte Laissez-vous conter Marsat » à l'office du tourisme de Riom.

Élevée aux 11e et 12e s., elle est formée de deux nefs accolées, fortement remaniées. Dans une niche, objets précieux, dont une magnifique croix-reliquaire de la Sainte Épine en argent doré et cristal de roche, qui serait d'époque Louis XIII.

Petite et grande histoire

Au 12e s., le château de Tournoël appartenait aux comtes d'Auvergne. Philippe Auguste le prit et le détruisit presque entièrement en 1213. Hugues de La Roche le reconstruisit au 14e s. en empâtant le bas des tours. Tournoël connut deux propriétaires particulièrement excentriques. Vers 1500, la veuve **Françoise de Talaru**, jeune et coquette, en rivalité avec un beau-frère cupide, décide de l'éloigner de sa fille, dont il est le cotuteur, en le chassant de Tournoël. Le vertueux bailli de Montferrand, saisi de l'affaire, blâme sévèrement celle qu'il appelle « Circé, Mélusine, magicienne, sorcière » et la dépossède de sa tutelle. Cette sanction n'arrête pas la belle châtelaine qui, comme par enchantement, fiance sa fille de 7 ans au fils du bailli et épouse le vieux juge... qui meurt peu après. Autre personnage hors du commun : **Charles de Montvallet**, condamné lors des Grands Jours d'Auvergne, en 1665. Celui-ci avait tant de bâtards qu'il les faisait élever au château, afin de se fournir parmi eux en domestiques ; l'un d'eux portait le titre de chef des bâtards. Par un juste retour du destin, le galant seigneur avait trouvé plus fort que lui : sa femme le battait.

1

★★ **Vierge noire** – Dans le chœur de la chapelle de gauche, trône une remarquable Vierge en majesté du 12e s. Vénérée depuis des siècles, cette œuvre en bois peint demeure l'un des joyaux de la statuaire religieuse médiévale en Auvergne.
Roue de cire – Une roue, sur laquelle s'enroule un fil de cire, très fin et qui pouvait avoir à l'origine 3 km de long (distance de Riom à Marsat), est suspendue à la voûte. Chaque année, jusqu'à la Révolution, les Riomois, à la suite d'un vœu, offraient à la Vierge de Marsat une « roue de cire » qu'ils avaient d'abord portée à la procession de St-Amable. Cette roue figure toujours dans la procession de St-Amable ; elle est solennellement portée à Marsat le premier dimanche de mai.

Châteaugay A2

À 6,5 km au sud-est de Volvic par la D 15 puis la D 402.
Sur le rebord d'un plateau basaltique, le bourg, dominé par la silhouette trapue de son château, offre des vues étendues sur la Limagne. Les coteaux environnants produisent un vin renommé, à la saveur parfumée, rappelant celle du beaujolais.
Château – Dans la cour intérieure, subsistent quatre puits (aujourd'hui bouchés) sur les cinq qui servaient de citernes en cas de siège. Une belle porte Renaissance est décorée des armes des Laqueuille, qui transformèrent le château au 16e s.
★ **Donjon** – *R. du Château - ✆ 04 73 87 24 35 - www.chateaugay.fr - visite guidée (45mn) juil.-août : tlj sf mar. 16h-18h ; juin et sept. : sur demande préalable 16h-18h - 2,60 € (-10 ans gratuit).* Ce donjon est l'un des seuls d'Auvergne à être demeuré intact. En effet, Richelieu l'excepta de son édit de démolition, et, pendant les troubles révolutionnaires, le conventionnel Couthon ne parvint pas à le faire raser. Élevé sur plan carré, en lave, c'est la partie la plus intéressante du château. Il comprend quatre étages desservis par un escalier à vis. Dans trois salles sont rassemblées des œuvres du peintre Paul Trilloux sur le thème de la quête du Graal. De la plate-forme se révèle un beau **panorama**★ sur la chaîne des Puys, les monts du Livradois et du Forez, la plaine de la Limagne.
En quittant le château, prenez vers l'ouest la D 402. Au carrefour avec la D 15, tournez à droite pour revenir vers Volvic.

Carnet pratique

S'informer

Office de tourisme – *Pl. de l'Église - ✆ 04 73 33 28 31 - www. terravolcana.com.*

Agenda

Trail de Vulcain – *www.trail-de-vulcain.fr - ✆ 06 32 30 61 39 - mars.*

Volvic Volcanic Experience (VVX) – *www.volvic-vvx.com - w.-end de l'Ascension.* 3 j. de temps forts sportifs, culturels et festifs sur le territoire de la chaîne des Puys (trails, randos, VTT, concerts, etc.).

Nos adresses

Hébergement/restauration

Premier prix

Logis Hôtel-restaurant du Commerce – *Pl. de l'Église - ✆ 04 73 33 47 55 - www. hotelducommerce-volvic.com - 12 ch. 75/85 € - ☕ 9,50 € (-12 ans, 5 €) - ✕ fermé le dim. soir et lun. - menu 15,50/25/29 €, formule 21 €.* En plein centre-ville, ce sympathique établissement offre des chambres rénovées et, en salle, des plats à base de produits du terroir joliment travaillés.

Les Ombrelles – *La Coussedière (6 km au nord-ouest du centre Volvic) - ✆ 09 53 01 53 52/07 81 64 70 82 - https://les-ombelles.fr - fermé nov.-fév. - 2 ch. 65 € ☕.* Chambres d'hôte en pleine nature, un accueil particulier réservé aux cyclistes, voici le lieu idéal pour se ressourcer !

Auberge la Chaumière – *10 r. des Remparts, Tournoël - ✆ 04 73 33 50 37 - www.la-chaumiere-volvic. com - ouv. fin avr.-fin sept. : merc.-dim. midi et le soir jeu.-sam. - plats 12/22 €.* Installée dans un joli cadre face au château de Tournoël, cette crêperie est dotée d'une terrasse panoramique. Également salades et assiettes de produits du terroir.

Shopping

Maison de l'artisanat – *Pl. de la Grande Fontaine - ✆ 06 43 41 17 80/06 81 21 18 27 - mi-juin à mi-sept. : 10h-12h, 14h-17h30, fermé lun., hors sais., se rens.* De jeunes émailleuses sur lave, notamment atelier Diynamik et Filhouette, exposent leurs œuvres. Des talents qui donnent un souffle nouveau à la lave émaillée.

Les Vinzelles – *1 impasse des Châtaigniers (rte de Clermont, à 2 km au sud du bourg de Volvic) - www.lesvinzelles.com - merc.-sam. 12h-14h, 14h30-17h30, dim. 14h30-17h30 - menu 12/16 €.* Une grande maison entourée d'un jardin, des tables dehors aux beaux jours, une très riche librairie et une cuisine locavore : ce nouveau lieu créatif a déjà conquis son public... Salon de thé l'après-midi, animations, concerts.

Activités

Atelier Courtadon, « La lave dans tous ses éclats » – *3 r. des Besses, Gare de Volvic - ✆ 04 73 33 65 39 - ateliercourtadon.com - sur RV lun.-jeu. 8-12h, 13h30-17h30 (vend. 16h30).* Depuis son enfance, la pierre de Volvic est familière à Thierrry Courtadon, natif du pays, qui fait visiter son atelier sur demande. Certaines de ses œuvres sont en libre accès en pleine nature (*voir encadré p. 86*).

Riom ★

Avec sa cour d'appel, l'ancienne sénéchaussée d'Auvergne est la cité judiciaire par excellence : de l'élégance, du maintien, un rien de raideur. À l'intérieur des anciens remparts, devenus aujourd'hui des boulevards, les splendides témoignages du passé ont conservé leur cachet. Riom aligne dans sa rue principale boutiques et restaurants, et possède deux beaux musées qui confortent un positionnement culturel certain.

Se repérer

19180 Riomois – Puy-de-Dôme (63)

CARTE B2 (P. 38), PLAN (P. 93).

Riom se trouve à 15 km au nord de Clermont-Ferrand.

À ne pas manquer

La vieille ville, le musée Mandet, le musée régional d'Auvergne ; l'abbatiale de Mozac, les cascades des gorges d'Enval et le gour de Tazenat.

Organiser son temps

Une journée pour la ville et l'itinéraire en bordure des Combrailles.

En famille

Les ateliers proposés par le musée Mandet ; les animations des jardins du château de Portabéraud et du Manoir de Veygoux.

Carnet pratique p. 100

Nos adresses p. 100

1

Se promener

PLAN P. 93

Sous **Alfonse de Poitiers** (frère de Saint Louis, comte d'Auvergne, comte de Toulouse...), Riom reçoit en 1270 une charte de franchise appelée « l'Alfonsine ». La ville, jusque-là confinée autour de l'église St-Amable, s'édifie selon un plan régulier. Les maisons du 13ᵉ s., endommagées par des incendies, ont été remplacées, à partir de la fin du 15ᵉ s., par des hôtels dont les détails ouvragés attestent un riche patrimoine architectural.

Itinéraire tracé en vert sur le plan p. 93 au dép. de la pl. des Martyrs-de-la-Résistance.

Fontaine du Pré-Madame B1

À l'entrée de l'esplanade du Pré-Madame, cette fontaine dédiée au général Desaix se compose de deux bassins en pierre de Volvic et d'une colonne en granit blanc.

★ Sainte-Chapelle B1

Bd Michel-de-l'Hospital - ✆ 04 73 38 99 94 - www.rlv.eu - juil.-août : mar.-vend. 10h-12h, 15h-17h ; juin et sept. : merc.-vend. 15h30-17h - 1 € (-18 ans gratuit).

Sous la férule du duc de Berry

En 1360, le **duc Jean de Berry**, fils de Jean le Bon, reçoit en apanage la Terre d'Auvergne érigée en duché. Personnage fastueux et dispendieux, il a autour de lui une brillante cour d'artistes et choisit Riom comme l'une de ses résidences favorites. Il ordonne d'importants travaux dans le château, qu'il fait transformer par **Hugues Foucher**. De cet édifice, détruit au 19ᵉ s. pour aménager le palais de justice, ne subsiste aujourd'hui que la **sainte-chapelle**. Après sa mort, Riom et le duché d'Auvergne appartiendront à la famille de Bourbon.

TOUT LE MONDE
EN PARLE ...
TOUT LE MONDE
EN PARLE ...
TOUT LE MONDE EN PARLE ...

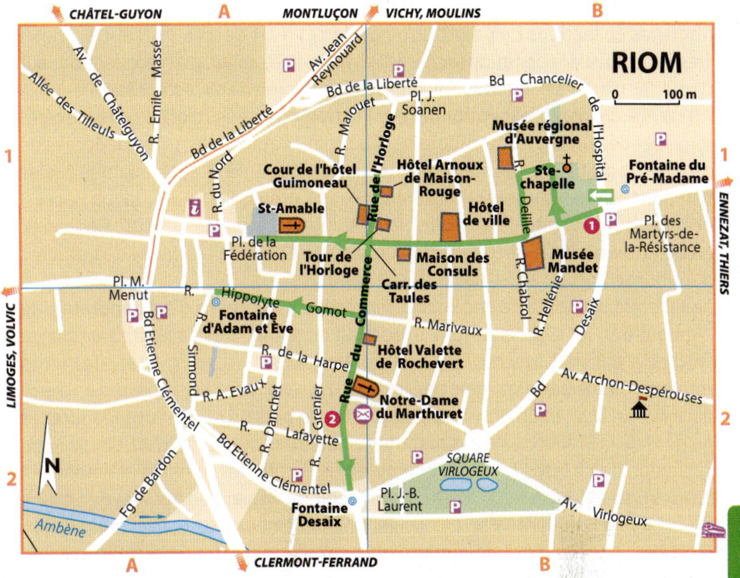

SE RESTAURER

BHV 2.0 .... 1 | Ciboulette et Pain d'Epices 2

Unique vestige du château du **duc de Berry**, la chapelle (14e s.) offre, dans le chœur aux lignes harmonieuses, des **vitraux**★ de la fin du 15e s. Ceux-ci provoquèrent l'admiration de Prosper Mérimée, séduit par la vivacité de leurs coloris. Grâce à un crédit obtenu par l'écrivain, leur restauration débute en 1850. Cette sainte-chapelle est bordée par le charmant jardin de la Cour d'appel, où se dresse une statue du juriste Michel de l'Hospital, qui fut délégué aux Grands Jours de justice de Riom en 1542.

★ Musée régional d'Auvergne B1

10 bis r. Delille - ✆ 04 73 38 17 31 - www.musees-riom.com - juil.-août : 14h30-18h ; reste de l'année : 14h-17h30 - fermé lun., de mi-nov. à déb. mai - 3 €.

Ce musée régional d'arts et de **traditions populaires** présente la physionomie de la région aux 19e et 20e s. Au rez-de-chaussée : remarquable collection d'instruments aratoires, d'outils ruraux et reconstitution d'un buron. La salle commune d'une maison paysanne montre l'habitat auvergnat au 19e s. Au premier étage : objets d'artisanat et vie domestique. Au second : costumes, belle collection de coiffes et ensemble d'art religieux. Une salle expose une collection d'**anciens instruments de musique** qui racontent l'histoire de l'Auvergne.

★ Musée Mandet B1

14 r. de l'Hôtel-de-Ville - ✆ 04 73 38 18 53 - www.rlv.eu - juil.-août : 10h-12h30, 14h30-18h ; reste de l'année : 10h-12h, 14h-17h30 - fermé lun. - 5 € (-18 ans 3 €) - gratuit le 1er w.-end du mois.

Ateliers de techniques artistiques pour les enf. (6-16 ans, vac. scol. sur réserv.).
C'est l'un des plus riches et des plus beaux musées de la région. La **muséographie,** remarquablement pensée, donne à admirer des collections d'une très grande qualité. Il est aménagé dans deux hôtels particuliers : l'un, l'hôtel Dufraisse (1709),

Tour de l'Horloge à Riom.
F. Guiziou/hemis.fr

abrite les collections de peinture, de design et d'art décoratifs ; l'autre, l'hôtel Desaix, accueille la donation Richard. Cet ancien bâtonnier, grand collectionneur d'œuvres d'art, est l'initiateur du musée et à l'origine de sa restauration.

Au rez-de-chaussée, **exceptionnelle collection★** de pièces d'**orfèvrerie**, de céramique et de verrerie contemporains. Au premier étage, des salles décorées de délicates boiseries présentent la collection de **peinture★** : tableaux des écoles flamande et hollandaise du 17e s. (Frans Ykens, Cornelis Saftleven, Jacob Backer) et française des 17e et 18e s. (Charles Natoire, Jean Raoux, Jean-Baptiste Regnault). La peinture du 19e s. occupe le deuxième étage avec notamment des œuvres d'Alphonse Cornet, artiste riomois de l'époque.

La seconde partie abrite une importante collection d'objets d'**art décoratifs**, de l'Antiquité au 18e s. On retiendra un **portrait de femme** peint à la cire sur toile de lin, du 2e s. apr. J.-C., découvert dans la région du Fayoum, en Égypte ; une **Vierge romane** en majesté de la région de Clermont-Ferrand ; une tête de pèlerin en pierre de la fin du 15e s. ; et un groupe de **statuettes en bois** provenant des Flandres et du nord de la France. À ne pas manquer : les **ivoires** des 14e et 15e s., et une riche collection de **châsses en émail champlevé★**. À côté des primitifs allemands et italiens figurent une Vierge à l'Enfant de l'école de Rogier Van der Weyden et une Crucifixion d'Engelbrechtsz. Les salles richement meublées, consacrées aux 16e, 17e et 18e s., présentent une remarquable collection d'**orfèvrerie civile★** un bel ensemble de céramiques françaises et une vitrine d'armes.

Hôtel de ville B1

23 r. de l'Hôtel-de-Ville - ✆ 04 73 33 79 00 - juil.-sept. : 8h-18h, w.-end 10h-18h ; avr.-juin : 8h-19h, w.-end 10h-17h ; reste de l'année : 8h-17h, fermé le w.-end - gratuit.

Dans le couloir d'entrée, une plaque de lave émaillée reproduit la lettre de **Jeanne d'Arc** aux Riomois (dont l'originale est conservée aux archives municipales). Pour la petite histoire, lorsque **Jeanne d'Arc** eut besoin de poudre et de flèches pour le siège de La Charité, elle s'adressa aux Riomois. Ceux-ci lui promirent 60 écus d'or, mais tardèrent à s'exécuter. En 1430, ils reçurent une lettre de rappel.

La jolie **cour★** (16e s.) est fermée par deux corps de logis ornés de galeries voûtées d'ogives. Ces arcades abritent deux **bronzes de Rodin** : le *Gallia Victrix* (profil de Camille Claudel) et un buste d'Étienne Clémentel (ancien maire de Riom), ainsi qu'un marbre par Rivoire *(Baiser de la gloire)*.

★ Maison des Consuls B1

Angle des rues de l'Hôtel-de-Ville et François-Croizier.

Bel hôtel du 16e s. dont le rez-de-chaussée comporte cinq arcades. Les fenêtres du premier étage supportent une élégante frise au-dessus de laquelle sont disposés deux bustes de femmes et deux bustes d'empereurs romains en médaillons de terre cuite à l'antique. En face, la **maison de bois** date du 15e s.

★ Carrefour des Taules AB1

Près de ce carrefour (« taule » est un mot ancien signifiant étal), où aboutissent les rues principales du vieux Riom, s'élèvent quelques-unes des plus intéressantes maisons anciennes de la ville. À l'angle des rues de l'Hôtel-de-Ville et de l'Horloge, l'**hôtel Soubrany** (16e s.) présente des fenêtres sculptées et un riche décor inspiré de l'Antiquité.

Rue de l'Horloge B1

Elle est bordée d'hôtels anciens (16e-18e s.) qui abritent de remarquables cours et de belles fenêtres que l'on peut découvrir *(au n° 4, au n°7 et surtout au n° 12)*. À l'entrée de la rue se dresse l'ancien beffroi de la ville, au cadran d'horloge doré.

★ **Tour de l'Horloge** – *5 r. de l'Horloge - ☏ 04 73 38 99 94 - www.rlv.eu.* Couronnée d'un dôme du 17e s., cette tour octogonale Renaissance, un ancien beffroi, est édifiée sur une base carrée d'origine médiévale. Elle accueille une exposition sur le patrimoine de Riom (intéressantes maquettes tactiles). Cent vingt-huit marches permettent l'accès à la terrasse d'où s'étend un magnifique **panorama★** sur la ville et les environs.

Hôtel Arnoux de Maison-Rouge *(au n° 7)* – Le couloir, éclairé de fenêtres ovales, donne accès à une jolie cour du début du 17e s. *(☏ 04 73 38 99 94, accessible dans le cadre de la visite guidée sur réserv. de la ville uniquement).*

★ **Cour de l'hôtel Guimoneau** *(au n° 12)* AB1 – La porte est du 16e s. Entrez dans le couloir, à l'extrémité duquel se trouve une superbe cour. L'**escalier** à vis ajouré est orné de sculptures délicates dont une Annonciation. À gauche, la galerie présente quatre statuettes figurant les Vertus cardinales : la Force, la Justice, la Prudence, la Tempérance. Dans les murs, remarquez les médaillons et deux cadres rectangulaires qui représentent le maître et la maîtresse de maison attendant leur hôte.

Revenez au carrefour des Taules et empruntez, à droite, la rue St-Amable.

Basilique St-Amable A1

9h-18h. De l'église du 12e s., il reste la nef et une partie du transept. Le chœur, du début du 13e s., mêle le style roman au gothique (chapiteau avec personnages de face et à gros crochets). Les chapelles latérales nord, avec leurs ogives fines sur culots sculptés de personnages, datent du 15e s. ; les chapelles latérales sud et la façade sont du 18e s. Amable, premier curé de Riom au 5e s., devint l'objet d'une vénération qui s'est perpétuée de nos jours dans une fête annuelle. Le dimanche qui suit le 11 juin, sa **châsse** est portée en procession.

Descendez la rue du Commerce, et tournez à droite dans la rue Hippolyte-Gomot. Remontez-la jusqu'à sa jonction avec la rue Sirmond.

Fontaine d'Adam et Ève A2

Les 17e et 18e s. ont doté Riom de nombreuses fontaines. Celle-ci (17e s.), l'une des plus fameuses de la ville, est décorée de cariatides et a été réalisée par un Riomois. En face, la **maison Renaissance** à arcades, dite de l'Artisan, une ancienne boutique, possède une porte surmontée d'un fronton, avec un décor de rinceaux.

Revenez sur vos pas.

Rue du Commerce A1-2

Au n° 36, porte, avec cariatide et atlante, de l'**hôtel Valette de Rochevert** (AB2).

Église Notre-Dame du Marthuret AB2 – De style gothique languedocien, elle date des 14e et 15e s. La façade ouest a été très abîmée sous la Révolution. L'intérieur a

Rivalités séculaires

En 1531, la justice royale se fixe à Riom, qui est élevée au rang de généralité (une circonscription administrative de la France de l'Ancien Régime) en 1542. En 1551, sa position se renforce grâce à l'institution d'un présidial (organe intermédiaire entre le tribunal de bailliage et le parlement). Bientôt, Clermont bénéficie également de ces attributs. Du 16e au 19e s., la rivalité entre Riom et Clermont est sans répit. Les deux villes s'affrontent ; c'est à qui prouvera la plus noble ancienneté. Mais Clermont possède une avance définitive, et l'emporte, comme elle l'a emporté sur Montferrand. Riom est cependant restée le siège de la cour d'appel.

été remanié aux 17e et 19e s. : ajout de chapelles *(chœur et flanc sud)*, aménagement de faux bas-côtés. On peut y voir quelques vitraux intéressants des 15e et 16e s. et surtout, dans la première chapelle à droite (chapelle St-Jacques, qui fut édifiée par la corporation des tanneurs), la **Vierge à l'oiseau★★★**. Cette œuvre du 14e s., sortie des ateliers de sculpture de Jean de Berry, fut sauvée sous la Terreur par la corporation des bouchers, qui la cachèrent dans une cave. Les Riomois demeurent attachés à cette image douce et tendre de la Vierge dont l'expression se modifie selon l'angle de vue. Une copie de la statue est adossée au trumeau du portail de l'église. Le vitrail Renaissance de cette chapelle représente la Vierge entre saint Jacques et saint Jean l'Évangéliste.
À l'extrémité de la rue du Commerce, la **fontaine Desaix** évoque le héros de la bataille de Marengo, natif d'Ayat. Dessinée par Percier et Fontaine (architectes entre autres de l'arc de triomphe du Carrousel, à Paris) et financée par une souscription organisée par les soldats de Napoléon, cette fontaine fut initialement installée place Dauphine à Paris.

En bordure des Combrailles CARTE AB1-2 P. 38

Circuit d'env. 62 km tracé en bleu sur les cartes p. 38 et ci-contre. Quittez Riom par l'ouest en empruntant la D 986.

★★ Abbatiale Saint-Pierre de Mozac

31 r. de l'Abbaye - ✆ 04 73 38 59 45 (office du tourisme de Riom) - www.terravolcana.com - mai-oct. : 8h30-18h45 ; reste de l'année : 9h-17h - gratuit.
Aux portes de Riom, Mozac est célèbre pour les chapiteaux et le trésor de son église. Au 7e s., une abbaye y fut fondée par saint Calmin. De l'époque préromane, il reste les étages inférieurs du clocher-porche et la crypte dotée d'un appareil gallo-romain réemployé. Édifiée au 12e s. sur le modèle des grandes églises auvergnates, l'église de Mozac fut en grande partie reconstruite au 15e s. à la suite d'un tremblement de terre. À la Révolution, le cloître et une partie des bâtiments abbatiaux furent démolis.
De l'époque romane subsiste la série des **chapiteaux★★** de la nef et du bas-côté nord, qui ont marqué l'histoire de la sculpture romane. Au bas de la nef, deux d'entre eux (12e s.), provenant du déambulatoire disparu, sont de toute beauté. L'un représente quatre atlantes agenouillés. L'autre, plus connu, représente les saintes femmes au tombeau tenant dans leurs mains les vases de parfum ; sur une autre face, trois soldats dorment devant le sépulcre du Christ.
En avançant vers le chœur, on peut admirer un **riche bestiaire roman★** : griffons, hommes chevauchant des boucs, dragons, singe cordé *(3e pilier gauche)*, centaures, oiseaux de paradis, masques, etc. Le chœur renferme des stalles du 15e s. Une Vierge à l'oiseau en bois sculpté (15e s.) se trouve près de la chapelle baptismale. Par le bas-côté droit, on accède à la cour de l'ancien cloître où est exposé le tympan (12e s.), dit « de l'Hommage ».
Musée lapidaire – La pièce la plus précieuse en est la **châsse de saint Calmin★★**, en émail champlevé, qui daterait de 1168. La **châsse de saint Austremoine** (17e s.), l'une des rares châsses peintes que possède la France, est exposée dans la chapelle grillagée du bas-côté droit.

Jardins du château de Portabéraud

Mozac - ✆ 04 73 38 57 79/ 06 11 60 67 05 - www.chateaudeportaberaud.com - juil.-mi-sept. 10h-12h30, 14h30-18h - fermé sam. et 1re sem. d'août - 5 € (6-12 ans 4 €) - animations pour enf.

Découvrez cet élégant château privé du 18e s., la Folie Mercier, du nom de son ancien propriétaire, et ses jardins à l'architecture classique.

Prenez la direction d'Enval vers l'est via la D 138. À la sortie d'Enval, laissez votre voiture avant le pont qui franchit l'Ambène.

★ Gorges d'Enval

De 1h à 3h AR selon le parcours. Passé le pont, prenez à gauche un sentier en montée sur la rive ombragée de l'Ambène. Après quelques minutes de randonnée parfois difficile, franchissez à gué le torrent qui tombe en cascade dans une gorge pittoresque. L'été en soirée, un cheminement éclairé permet de découvrir les gorges, les fontaines et les croix de manière originale.

Continuez jusqu'à Charbonnières-les-Varennes. Prenez à gauche la D 16 vers Veygoux.

Manoir de Veygoux

04 73 33 83 00 - www.veygoux.com - -avr.-juin et sept. : tlj sf lun.-mar. 10h-18h ; juil.-août : 10h-19h ; oct. 10h-18h - fermé de déb. nov. à déb. avr. - visite guidée (2h) - 9/14 € (-16 ans 6/12 €) - 27 € billet famille (2 adultes + 2 enf.).

En juillet-août, des visites guidées et des visites théâtralisées sont organisées.

Dans ce manoir, qui fut le lieu d'enfance du **général Desaix**, partez pour un voyage au temps de la Révolution française en Auvergne. Nobles, paysans et révolutionnaires vous attendent pour des visites en costumes d'époque. Marie-Antoinette, Louis XVI, Napoléon, une marquise ou un soldat du 18e s. revivent sous vos yeux. En sus, spectacles de scénovision, animations numériques, films, expositions. Les enfants sont gâtés : jeu de piste du petit révolutionnaire, jeu de piste du petit roi, jeux d'enquêtes, chasse au trésor et atelier masque 18e s.

Revenez à Charbonnières-les-Varennes.

La Rose des Prairies, à Dourioux

Accès par la D16 - ☏ 04 73 86 65 40 - de fin mai à fin oct. : 14h30-20h - fermé jeu. - 5 € (-12 ans gratuit) - possibilité de dégustation de boissons élaborées avec les plantes et les fleurs du jardin (payant).

Ce jardin, membre du Conservatoire des collections végétales spécialisées, s'organise autour de trois espaces : la roseraie, aux 1000 variétés de roses anciennes, galliques, botaniques et anglaises, le jardin secret et le potager. Une visite parfumée à faire à la floraison des rosiers.

Prenez la direction de Chazeron (D 16).

Château de Chazeron

☏ 07 68 65 00 54 - chateau-chazeron.com - visite, guidée, sur réserv. (1h) juil.-août : 14h30-18h30 ; mai-juin et sept. : mar. et sam. horaires, se rens. - 10 € (-18 ans 6 €).

Une chasse au trésor (1h30) est organisée en juil.-août (14h30-18h) et en mai-juin, sept. et vac. de la Toussaint (merc. et w.-end 15h-18h). Reste de l'année : se rens.

Les **grilles du parc** s'ouvrent sur un édifice de type féodal, remanié au 17e s. par Mansart. Ce maître d'œuvre fit raser la tour *(est)* pour faire place à un perron, démolir les trois enceintes, combler les fossés puis bâtir deux **ailes★** en retour. Le château servit de lieu d'internement à certains accusés du procès de Riom en 1942 (Léon Blum, Édouard Daladier, le général Gamelin, Paul Reynaud, Georges Mandel...). Du haut de ses 25 m, le **donjon** offre un panorama sur l'Allier, la Limagne et la vallée du Sardon.

Poursuivez sur la D 227. Au lieu-dit Le Pont-de-la-Ganne, prenez à droite la D 19 en direction de Combronde.

★ Gour de Tazenat

1h 30 AR. À partir de la buvette, un sentier permet d'en faire le tour (de préférence dans le sens contraire des aiguilles d'une montre). Plat dans la première section du parcours, le sentier devient parfois escarpé. Il est possible d'accéder en voiture au point de vue qui domine le lac par une petite route située 200 m après le départ des promenades pédestres.

Bien connu des pêcheurs qui viennent ici traquer l'omble chevalier, le lac de Tazenat enchâsse ses eaux bleues dans un cratère volcanique d'origine explosive, un **maar,** alimenté par le ruisseau de Rochegude. La position géographique du lac marque la limite nord de la chaîne des Puys. D'une superficie de 32 ha, sa profondeur, de 70 m en moyenne, atteint parfois 90 m. Hautes de plus de 50 m, ses berges dessinent une forme quasi circulaire.

À Charbonnières-les-Vieilles, au nord, empruntez la D 408 jusqu'à Montcel, puis la D 122 jusqu'à Combronde.

Combronde

Ce village, l'une des principales portes des Combrailles, sert de point de départ à de nombreuses randonnées. À l'entrée du village (à l'intersection de la D 2144 avec la D 19), la fontaine en forme de tonneau témoigne d'une activité viticole. Sur une croix en pierre de Volvic du 16e s., le Christ, la Vierge et saint Jean sont représentés sur le médaillon central.

Château des Caponi – *R. de l'Hôtel-de-Ville.* Représentatif des demeures aristocratiques du 18e s., il fut vendu comme bien national à la Révolution et devint la mairie du village. Remarquez la salle des armoiries, la ferronnerie des balcons et la rambarde de l'escalier d'honneur.

Charbonnières-les-Vieilles, gour de Tazenat.
F. Cormon/hemis.fr

Église romane St-Genès-le-Comte – Les travaux de restauration ont fait renaître sa polychromie intérieure. Le chœur et la nef sont du 12ᵉ s. La châsse de saint Genès renferme un reliquaire en forme d'église portée par quatre lions couchés. Le 1er dimanche de juin, on y célèbre la fête du saint patron du village.
Fontaine Desaix – Non loin de l'église, de style égyptien et réalisée en pierre de Volvic, elle fut inaugurée en 1849 à la mémoire du général Louis Charles Antoine Desaix, héros de la bataille de Marengo *(voir Riom p. 96).*
De Combronde, empruntez la D 412 vers Gimeaux, puis la D 17 qui longe la Danade.

Château de Davayat

2 Grande-Rue - ✆ 04 73 63 30 04 - ♿ - visite guidée (35mn) de mi -août à fin sept. : 14h30-18h - fermé sam. - 8 € (enf. 5 €).
Une belle allée de marronniers conduit à cette gentilhommière Louis XIII bâtie par Blaise Roze, un riche bourgeois de Riom. Deux lions sculptés gardent la cour d'honneur. La petite aile est ornée d'une charmante terrasse soutenue par une colonnade et garnie d'une balustrade en pierre de Volvic.
La visite commence par la chapelle, un atelier et une maison de sabotier reconstitués, puis les jardins à la française, d'où se détache un if quatre fois centenaire, taillé en tonnelle. Les appartements renferment tableaux, meubles, objets décoratifs et costumes. Dans la salle à manger, outre un original **plafond à cabochons**, belle collection d'objets antiques. Le salon de jeu expose une **collection d'éventails** dont l'un représente la réunion des états généraux en 1614. Dans la salle du billard : meubles en miniature et **costumes**.
Dans la cour d'honneur, d'étonnants **cadrans solaires** indiquent, l'un les heures, avec la mention *Hora pro nobis* (« L'heure pour nous »), l'autre les saisons, avec cette formule d'accueil : *Hora adventu, gaudes me* (« L'heure de ta venue me réjouit »).
À proximité du château, à l'intersection de la D 2144 et de la D 17, arrêtez-vous pour observer le plus important **menhir** d'Auvergne, d'une hauteur de 4,20 m.
Revenez à Riom par St-Bonnet en empruntant la- D 2144.

Carnet pratique

S'informer

Office de tourisme –*27 pl. de la Fédération - Riom - ✆ 04 73 38 59 45 - www.terravolcana.com.* Visites guidées avec des guides conférenciers agréés et randonnées accompagnées au coucher du soleil l'été.

Arriver/partir

Se garer – Parkings le long des boulevards qui ceinturent le centre historique, en partie piéton.

Agenda

La Tazenat – *Raid de VTT et randonnée pédestre - ✆ 06 85 73 75 74 - combrondevtt.pagesperso-orange.fr - le 8 Mai - ouvert à tous, départ de Combronde.* Parcours de différentes longueurs (18 à 91 km) à travers les Combrailles auvergnates, dans un relief très marqué entre volcans d'Auvergne et gorges de la Sioule.

Festival Piano à Riom – *En juin - www.piano-a-riom.com.* Sous la conduite de la pianiste franco-hongroise Suzana Bartal.

Nos adresses

Restauration

PLAN P. 93

Budget moyen

① **BHV 2.0** – B1 - *44 bd Desaix - ✆ 04 73 33 92 18 - www.bhv-riom.fr - fermé dim.-lun. - menus 19/36 €.* Dernière la belle façade bleue de ce bistrot contemporain, une cuisine simple et généreuse à base de produits de saison. Bon rapport qualité/prix.

② **Restaurant Ciboulette et Pain d'épices** – *57 r. du Commerce - ✆ 04 43 13 33 16/07 70 40 39 28 - lun.-jeu. 10h-18h, vend.-sam. 10h-15h, 18h30-20h.- menu 11/19 €.* Poussez la porte de Ciboulette et Pain d'épices, 100 % bio et végétarien. Un menu qui change tous les jours, des produits frais et des circuits courts. Salon de thé l'après-midi.

À proximité

Pour se faire plaisir

Le Moulin de Villeroze – *144 route de Marsat - ✆ 04 73 38 62 23 - www.le-moulin-de-villeroze.fr - fermé lun., merc. soir et dim. soir - menus 44/76 €.* Dans la salle élégante de ce moulin bâti à la fin du 19e s., les gourmands apprécient des recettes dans l'air du temps. La carte est saisonnière, et la cuisine raffinée à souhait.

Shopping

Mathieu Chocolatier – *36 r. de l'Hôtel-de-Ville - ✆ 04 73 38 22 36 - www.mathieu-chocolatier.com - 9h-12h20, 14h30-19h (dim. 8h), fermé lun.-mar.* Bonnes spécialités gourmandes, inspirées par la région. Le décor de la boutique, au beau plafond voûté, ajoute au charme du lieu.

Hébergement

À proximité

Pour se faire plaisir

Le Clos des noyers – *12 r. du Gén.-Desaix - Combronde (12 km au nord de Riom) - ✆ 04 73 97 12 59/06 82 25 52 60 - www.closdesnoyers.fr - 4 ch. 102/120 €, suite 140 € ☕ - tarif dégressif à partir de 2 nuits.* Dans cette demeure du 19e s., typique des Combrailles, des magnifiques chambres d'hôte vous attendent.

Châtel-Guyon ★

Cette agréable station thermale du pays brayaud s'ouvre sur la plaine de Limagne. Ses eaux chargées en magnésium font d'elle un lieu unique en Europe. À ses portes, le Parc naturel régional dévoile les premiers sommets de la chaîne des Puys, vous invitant à de belles randonnées.

Se repérer

6152 Châtelguyonnais – Puy-de-Dôme (63)

CARTE A2 (P. 38).

À 24 km au nord de Clermont-Ferrand ; à 5 km de Riom.

À ne pas manquer

Le parcours « Patrimoine thermal » (dépliant gratuit à l'office de tourisme).

En famille

Les animations proposées l'été *(voir Agenda p. 102)* et le parc Écureuil.

Carnet pratique p. 102

Nos adresses p. 103

Se promener

Guy de Maupassant fut l'écrivain le plus connu de la station. « La Bourboule, St-Nectaire, Châtel-Guyon, et tant d'autres lieux à filets de liquide minéralisé qui se vend en bains, en bouteilles et en douches ascendantes ou descendantes, selon les besoins de la clientèle. La grande pharmacie souterraine d'Auvergne répond à toutes les exigences », écrit-il en 1883 dans ses *Petits Voyages*, à propos de ses séjours en Auvergne et de ses cures à Châtel-Guyon, dont il décrit aussi avec humour les « terribles supplices » dans son roman *Mont-Oriol*. Mais il est vrai que les soins étaient alors bien différents de ceux d'aujourd'hui !
C'est au 17e s. que les premières analyses des eaux révélèrent des propriétés curatives. Il fallut attendre 1817 pour que la municipalité se dote d'un établissement de bains. Châtel-Guyon connut son essor à la Belle Époque et durant les Années folles. De **luxueux palaces** comme le Splendid Hôtel (1895) ou le Grand Hôtel (1932) furent construits, qui donnèrent son cachet à la petite ville, convoitée par les plus mondains jusque dans les années 1960.

★ Le parc thermal

L'animation se concentre autour du **parc** et de son **casino-théâtre,** ainsi que le long de l'avenue Baraduc, bordée de cafés et de magasins de souvenirs.
Les **sources** captées sortent ici, le long du Sardon. Caractérisées par leur forte teneur en magnésium, ce sont les plus riches d'Europe. La station est spécialisée dans le traitement des maladies rhumatismales et de l'appareil digestif, mais aussi des troubles du métabolisme. Les soins sont dispensés aux **thermes Henry** (1888, reconstruits en 1983) et aux thermes du Splendid. Les **grands thermes** ne sont plus en activité mais le hall *(privé)* constitue un bel exemple de l'architecture du début du 20e s.

Église Ste-Anne

Place de l'Orme, sur les hauteurs de la ville.
Des vitraux en dalles de cristal de Baccarat éclairent les **fresques**★ d'inspiration byzantine de Nicolas Greschny (1912-1985), qu'il réalisa durant l'hiver 1956.

L'artiste, né à Tallin, est issu d'une famille estonienne de peintres d'icônes (l'un de ses ancêtres travailla aux fresques de la cathédrale de Smolensk). Tout en illustrant ici des scènes de l'Ancien et du Nouveau Testament, et des visions de l'Apocalypse, il s'est amusé à représenter le portrait de certains habitants de Châtel-Guyon. À voir aussi, une **pietà** du 15e s. dans la chapelle du bas-côté droit et un retable du 17e s. en bois doré.

Le calvaire

À côté de l'église et dominant le cœur de la ville, le calvaire (1884) occupe l'emplacement de l'ancien château de Guy II (*Castrum Guidonis*, qui donnera son nom à la ville). Contrairement aux stations voisines, Châtel-Guyon ne s'est pas construite autour de ses sources, mais autour de cette butte.

Randonnées

CARTE P. 38

Plusieurs randonnées pédestres sont téléchargeables sur www.terravolcana.com.

★ Vallée des Prades A2

1h30 à pied AR.

Suivez au nord la D 78, puis prenez à gauche le large sentier qui longe le ruisseau des Grosliers et permet de remonter la vallée des Prades sur 1,5 km. Joli parcours sous bois.

Vallée de Sans-Souci A2

45mn à pied AR.

Quittez Châtel-Guyon par le sud en empruntant la D 15. À 200 m, après avoir franchi le Sardon, prenez à droite le sentier signalé. Remontez la rive du Sardon, dans une agréable vallée fraîche et boisée, sur plus de 2 km jusqu'au gué. De là, vous pourrez continuer jusqu'aux cascades *(30mn suppl. AR)* par un sentier accidenté.

Carnet pratique

S'informer

Office de tourisme - *1 av. de l'Europe - Châtel-Guyon - 04 73 86 01 17 - www.terravolcana.com.* L'office de tourisme organise des visites guidées et des randonnées accompagnées.

Agenda

Marchés - *Mar. et vend. matin* place du Marché; *dim. matin* place Brosson. Marché bio vend. *(16h-20h)* place du Marché.

Jazz aux sources - *3 jours à la Pentecôte - www.jazz-aux-sources.com. Jazz Nouvelle-Orléans.* Plusieurs concerts gratuits en ville.

Les Estivales du parc - *De mi-juil. à mi-août.* Concerts gratuits en plein air les vendredis et samedis soir, dans le parc thermal.

Les Récrés du parc - *Dim. de mi-juil. à mi-août.* Ateliers, théâtre de rue, balades à poney, structures gonflables, spectacles... dans le parc thermal.

Théâtre de Châtel-Guyon - *www.theatre.chatel-guyon.fr.* Construit par Albert Le Voisvenel (1901) et agrandi par Édouard-Jean Niermans (le Moulin-Rouge à Paris, Le Negresco à Nice...), il propose une programmation variée.

Nos adresses

Restauration

Premier prix

Thé ô Café – *17 av. Baraduc - ✆ 04 73 64 32 43 - fermé lun.-mar. - formule 12 €.* Tartes salées et desserts maison. Choix de cafés et thés.

Budget moyen

Bistrot La Potée – *34 av. Baraduc - ✆ 06 48 49 98 94 - fermé lun.-mar., dim. soir et merc. - formule 12 €.* Ce restaurant chaleureux propose des spécialités auvergnates. Portions copieuses et gourmandes.

Activités

Aïga Spa Thermal – *9 av. du Gén.-de-Gaulle - ✆ 04 73 86 00 08 - https://aiga-resort.com/fr/bien-etre - ouv. mars-déc. - nombreux forfaits.* Établissement thermal et touristique installé dans un superbe immeuble Art déco entièrement rénové.

Parc Écureuil – *Rte de Chazeron - D 227 - ✆ 06 77 13 46 31 - www.parcecureuil.com - ouv. de Pâques à la Toussaint, 10h-19h - 11/18 € (enf.)/22 € (adultes) - réserv. conseillée.* Parcours dans les arbres. Activités de difficultés croissantes : passerelles, échelles, filets de corde, tyroliennes, etc.

Shopping

Côté douceurs – *4 av. des États-Unis - ✆ 04 73 38 10 80 - tlj sf. jeu. 9h30-12h30, en saison, égalt 15h-18h.* Cette jolie boutique propose des produits locaux, confitures, confiseries, biscuits.

Hébergement

Premier prix

Hôtel de Paris – *1 r. du Dr-Levadoux - ✆ 04 73 86 00 12 - www.hoteldeparis-chatelguyon.com - wifi - fermé nov. - 49 ch. 57/75 € - ☕ 9,50 € - ✕ (fermé dim. soir) plats 23/37 €.* Les chambres se trouvent dans le bâtiment principal de l'établissement et dans une ancienne chapelle située à l'arrière. Sauna. Côté restaurant : cuisine traditionnelle et régionale, pierres apparentes et plafond lambrissé.

Budget moyen

Le Chante Grelet – *32 av. du Gén.-de-Gaulle - ✆ 04 73 86 02 05 - www.hotel-chante-grelet.com - 24 ch. 80/95 € - ☕ 9 € - ✕ (fermé lun. midi), menu du j. 13,30/16,50 €.* Repris et rénové en 2019, ce Chante Grelet (du nom d'un grillon à grosse tête) mérite vraiment une halte. Dans l'espace Bulle de détente, vous aurez le choix entre le Spa, le sauna et la piscine couverte et chauffée. Et si l'envie vous en prend, vous pourrez vous offrir une séance de réflexologie *(à réserver)* avec la charmante Cécile...

1

Aigueperse et la Limagne ★

Charmante bourgade de Limagne, avec ses anciens hôtels bordant la « grande rue » et ses boulevards qui ceinturent la cité, cette ancienne possession des dauphins d'Auvergne fut la capitale d'un comté, puis d'un duché, défendu par le château fort de Montpensier, l'un des plus puissants de la région. Aigueperse est également renommée pour ses spécialités gourmandes, les fameux massepains et pralines.

Le château Effiat, plaine de Limagne.
Ch. Guy/hemis.fr

Se repérer

2732 Aiguepersois – Puy-de-Dôme (63)

CARTE B1 (P. 38).

Aigueperse se trouve à 17 km au nord-est de Riom.

À ne pas manquer

La collégiale Notre-Dame ; la Sainte-Chapelle ; le domaine royal de Randan ; le château d'Effiat.

Nos adresses p. 110

Se promener

Visites guidées en saison - *S'adresser à office du tourisme de Riom - ✆ 04 73 38 59 45 - www.terravolcana.com.*

Collégiale Notre-Dame

Restaurée au 19e s., de style gothique, elle a conservé son chevet et son transept de la fin du 13e s. Elle abrite deux **œuvres★** majeures de peintres italiens du Quattrocento : une copie du *Saint Sébastien* d'Andrea Mantegna (l'original, aujourd'hui au Louvre, se trouvait avant 1789 dans la Sainte-Chapelle) et une très belle Nativité de Benedetto Ghirlandaio.

Sur un pilier à gauche du chœur, Descente de Croix en bois polychrome du 15e s., d'inspiration bourguignonne. Dans la chapelle axiale, boiseries du 18e s. Dans le transept nord, tombeaux et armoiries des **Marillac** : Louis de Marillac, maréchal de France, prit une part active aux guerres de Religion. Sa fille Louise fut la collaboratrice de saint Vincent de Paul.

Dans le collatéral gauche, fresque du 13e s., le *Martyre de sainte Catherine* ; d'autres fresques illustrant des scènes de la vie du Christ décorent le fond du transept sud. Dans la sacristie, statues en bois doré, crucifix et objets de culte, du 18e s., reliquaire du 15e s. Dans une tour, chapelle haute du 15e s.

1

Sainte-Chapelle

Grande-Rue - ✆ 04 73 38 59 45 (office du tourisme de Riom) - www.terravolcana.com - intérieur non accessible.

De style gothique flamboyant, cette chapelle du château d'Aigueperse, aujourd'hui disparu, fut construite à l'initiative de Louis de Bourbon (15e s.) pour servir de chapelle funéraire. Elle offre une façade à mur-pignon et un beau **portail**, aux sculptures malheureusement mutilées, encadrant une porte aux vantaux de bois ouvragés et ornés de têtes en médaillons de femmes, de fous ou de vieillards.

Au 16e s., le capitaine d'Aubiac, amant et protecteur de la reine Margot, épouse d'Henri de Navarre, périt enterré vivant après avoir été pendu par les pieds, devant la Sainte-Chapelle.

Hôtel de ville

Ne se visite pas. Cet ancien couvent des ursulines date de 1650. Dans le **beffroi** (1793), au-dessus de l'horloge qui surmonte un cadran solaire, trois **jacquemarts** sonnent les heures. Dans la cour, statue de Michel de L'Hospital par Debay.

Découverte de la Limagne CARTE BC1-2 P. 38

Circuit de 75 km tracé en bordeaux sur les cartes p. 38 et p. 107.

Quittez Aigueperse par le nord : la D 151 mène à la butte de Montpensier, à 4 km.

Cette très belle région, pleine de caractère, mérite qu'on s'y attarde. Par ses couleurs, elle ressemble parfois à la Toscane... Le parcours serpente à travers la grande plaine fertile qui s'étend du nord de Clermont aux abords du Bourbonnais.

Butte de Montpensier

Cette **butte de calcaire** a longtemps été exploitée comme carrière de gypse (pendant la Révolution, Montpensier fut renommé Montplâtre). Autrefois s'élevait là un château fort très imposant où mourut en 1226 Louis VIII, père de Saint Louis, à son retour d'une croisade contre les Albigeois. Le château fut rasé sur ordre de Richelieu, mais il marqua durablement les esprits, au cœur d'une petite région

qu'on a appelée le Montpensier. Beau point de vue sur la Limagne, la chaîne des Puys et le Bourbonnais *(tables d'orientation).*
Continuez sur la D 151 jusqu'au carrefour et tournez à droite sur la D 93.

★ Château d'Effiat

La Folie - ✆ 06 08 26 98 23 - www.chateau-effiat.com - visite guidée (1h) juin-sept. : 14h30, 16h et 17h30, hors saison, se rens. - fermé lun., merc., vend. - 9 € (12-18 ans 6 €, -12 ans gratuit).
Dans le prolongement d'une large esplanade plantée de tilleuls, la **cour d'honneur** s'ouvre par un majestueux portail, en lave de Volvic. Un corps de logis central réunit deux pavillons. La façade est ornée de pilastres jumelés doriques en lave.
Intérieur – Le mobilier est en majeure partie du 17e s. ; les œuvres d'art et les souvenirs historiques ont été rassemblés par la famille de Moroges qui acquit le château en 1856 alors qu'il était voué à la démolition. On remarque dans le boudoir Louis XV : des vitraux (manufacture de Sèvres) illustrant des **scènes de la vie de Cinq-Mars** (vie privée, complot, exécution), le sceau du maréchal, le manuscrit relatant le procès et l'exécution de Cinq-Mars et de Thou. La plus belle pièce du Grand Salon, dont le plafond à poutrelles a été peint par des artistes italiens en 1627, est la cheminée monumentale et ses boiseries peintes, avec, au trumeau, une scène mythologique, *Les Forges de Vulcain*, attribuée à Le Nain : le peintre aurait donné à Vulcain et Thétis les traits du maréchal d'Effiat et de son épouse.
Jardins – Dessinés par **André Mollet**, parrain de Le Nôtre, ils composent un ensemble caractéristique du 17e s. : vastes pièces d'eau alimentées par des sources, chênes séculaires, terrasse de 130 m de long et **nymphée** (grotte artificielle très en vogue aux 16e et 17e s., dotée de jeux d'eau et autres agréments).
Un **Musée de l'École royale militaire** a ouvert ses portes en 2022. Créé sous Louis XVI, il avait été fermé en 1793.
Suivez la D 93 jusqu'à Bas-et-Lezat, puis empruntez la D 63.

Villeneuve-les-Cerfs

À l'entrée du village, au croisement de la D 210 et de la D 63 *(à gauche en venant de Randan)*, se dresse dans une prairie un pittoresque **pigeonnier★**.
Quelques villages de Limagne ont conservé leurs pigeonniers ; isolés au milieu d'un pré, attenants aux bâtiments d'exploitation agricoles ou proches de la ferme,

Les marquis d'Effiat

Antoine Coiffier-Ruzé, surintendant des Finances et ami intime de Richelieu, fonde en 1627 une école d'oratoriens qui deviendra l'**École royale militaire d'Effiat**, de 1776 à 1793, ce qui a de quoi surprendre quand on considère ce petit village qui compte actuellement un peu plus de 1000 âmes. C'est lui qui bâtit l'ensemble monumental actuel sur l'emplacement d'un manoir du 14e s.
Son fils, **marquis de Cinq-Mars**, gai, séduisant, gagne la confiance du cardinal qui le place auprès du roi Louis XIII. Grisé par ses succès, il mène un train de vie tapageur et sollicite d'autres faveurs. Richelieu s'inquiète alors de son influence et brise ses projets de mariage avec Louise Marie Gonzague de Nevers, fille du duc de Nevers. Blessé dans son orgueil, Cinq-Mars prend part à une conspiration contre Richelieu avec notamment son ami de Thou. Le complot est découvert : le marquis, âgé de 22 ans, et son ami de Thou ont la tête tranchée à Lyon le 12 septembre 1642.

la plupart sont carrés, couverts de tuiles et surmontés d'un clocheton central où sont aménagées les petites ouvertures qui permettent l'envol et le retour des pigeons *(voir « Pigeonniers » p. 565).*

Prenez la D 210 jusqu'à Randan.

★ Domaine royal de Randan

Pl. Adélaïde-d'Orléans - ✆ 04 70 41 57 86 - www.domaine-randan.fr - ♿ - juil.-août : 14h-19h, vend.-dim. 10h-19h ; avr.-sept. : 14h-19h - fermé mar. - 6 € (-26 ans gratuit) - nombreuses animations en saison.

C'est au cœur de la ville que les grilles s'ouvrent sur ce vaste domaine de 100 ha. Construit au 16e s., le château d'origine fut la dernière acquisition royale en 1821. **Adélaïde d'Orléans** (1777-1847), sœur et conseillère de Louis-Philippe, fit construire des dépendances, meubler et créer un parc. Les travaux furent dirigés par Pierre Fontaine, architecte néoclassique et décorateur du roi.

Après le décès d'Adélaïde et la chute de la monarchie en 1848, la **comtesse de Paris** entretient et modernise la propriété. En 1925, le château est la proie des flammes. En 1999, la famille décide de vendre le domaine. En 2003, le conseil régional d'Auvergne, nouveau propriétaire, entreprend la sauvegarde et la rénovation du site. La maison de l'Inspecteur accueille des expositions temporaires liées à l'histoire du château ; les cuisines immenses, la chapelle, l'orangerie et les communs témoignent du charme et de la modernité qui régnaient dans le domaine. Empruntez la très belle **promenade** en terrasse, qui permet aux visiteurs de s'approcher au plus près du château.

L'aile des cuisines accueille le **musée cynégétique** (ou musée des arts de la chasse). L'exposition permanente « Chasses et voyages d'un prince » rassemble plus de 450 animaux tués lors des voyages du duc de Montpensier à travers le monde et naturalisés par le taxidermiste londonien Rowland Ward.

Prenez la D 1093 jusqu'à Maringues et, peu après la sortie de Randan, remarquez sur votre droite la superbe vue sur les plaines de la Limagne.

Après 5 km, vous remarquerez sur votre gauche la **butte de Montgacon**. Un château, dont les seigneurs gouvernaient Maringues, se dressait autrefois sur ce promontoire. Il fut détruit sous Richelieu.
Du sommet, couronné par la Vierge des moissons, le **panorama** s'étend sur la Limagne et, à l'horizon, la chaîne des Puys. Un pèlerinage s'y déroule le 1er dimanche de juillet.

Maringues

Vieilles maisons – Face à l'ancienne halle au blé *(important marché à la volaille le lun.)*, l'hôtel de Bouillon (16e s.) appartint au père de Turenne. En descendant la rue de Bouillon, façades anciennes à pans de bois, corbeaux et consoles sculptés.
Église – *24 bd du Chéry.* Construite au 12e s., elle a subi d'importants remaniements à l'époque gothique. Dans le chœur roman, on remarquera d'intéressants **chapiteaux** à l'antique ou historiés. Voir également les clés de voûte sculptées, une belle chaire et une Mise au Tombeau du 15e s. De la terrasse devant l'église, belle **vue** sur la chaîne des Puys.
Musée Maringues et ses Tanneries – *R. St-Maurice - ✆ 04 73 38 59 45 (office du tourisme de Riom) - visite théâtralisée du bourg et du musée (1h30) sur demande, juil.-août : horaires, se rens. - www.terravolcana.com - 10 € (-12 ans 6 €).* Une évocation du passé industriel maringuois est présentée dans cette ancienne tannerie du 17e s. Le métier du mégissier, qui travaillait les peaux de chèvre ou de veau, est reconstitué dans ses moindres détails : visitez l'atelier de mégisserie avant de découvrir le métier du cirier (confectionneur de cierges).
Sortez par le sud-ouest et prenez la D 224 en direction de Riom.

Ennezat

Ennezat s'élève à proximité de son « marais », dans un paysage de vastes champs géométriques, séparés par des fossés de drainage et des rangées de trembles ou de saules. Les labours y font apparaître une terre noire très fertile, qui colle à la semelle.
★ **Ancienne collégiale St-Victor-et-Ste-Couronne** – *✆ 04 73 38 59 45 (office du tourisme de Riom) - juil.-août : 8h-19h ; reste de l'année : 8h-18h.* Appelée parfois la « cathédrale du marais », elle est la plus ancienne des églises majeures d'Auvergne. Elle se compose de deux parties très différentes : la nef voûtée en berceau ; les bas-côtés et le **transept★**, bâtis en arkose, pierre de teinte claire, qui datent du 12e s. et relèvent du pur style roman auvergnat *(voir p. 561)*.

Les tanneries de Maringues

Bien positionnée sur la rive gauche de l'Allier, voie fluviale vers le Bassin parisien, et située au carrefour de voies terrestres vers la Méditerranée, Maringues devint un centre commercial florissant à partir du 13e s. On y trouvait blé, animaux, verrerie ou tissus. Le travail du cuir et de la laine fut la grande spécialité locale jusqu'au milieu du 19e s. Vers 1850, on dénombrait 60 tanneries en activité, alignées le long de la Morge. Elles utilisaient trois matières premières : les **peaux** provenaient de l'élevage local ou étaient achetées aux halles et foires de Clermont ; le **tan** (écorce de chêne) était récolté dans les grandes forêts de la région, puis conditionné dans un moulin des environs ; la **chaux** (nécessaire au délainage des peaux) était extraite des carrières d'Effiat. La production se répartissait entre les basanes (peaux de mouton sans poil), les gros cuirs et la laine..

Ennezat, fresque représentant le jugement Dernier et le Dict des Trois Morts et des Trois Vifs.
Ch. Guy/hemis.fr

Remarquez les chapiteaux, dont celui du « Supplice de l'avare », thème caractéristique de la région. Le **chœur gothique**, en lave, entouré d'un déambulatoire et de chapelles rayonnantes, a été reconstruit au 13e s. sur un plan plus vaste, en remplacement d'un ancien chœur roman. Dans la deuxième travée du collatéral gauche du chœur, remarquez une **fresque★** de 1420 dont le thème est la « Rencontre des trois vifs et des trois morts » ; dans le collatéral droit, vous observerez une fresque de 1405 du Jugement dernier. Près de la porte de la sacristie, pietà en bois très expressive, du 17e s.
Sortez d'Ennezat et prenez la déviation de Vichy, la D 210.

Thuret

Établi sur une légère éminence de la Limagne, ce village est dominé par un donjon du 13e s., vestige de l'ancien château ayant appartenu, au 18e s., au fameux financier Law, devenu seigneur de Thuret. Chaque année *(2e dim. de juil.)* se déroule à Thuret un pèlerinage très populaire, en l'honneur d'un enfant du pays, le **frère Bénilde**.
Église – Basilique de pèlerinage, elle date en grande partie du 12e s. Regardez le bel ensemble formé par le chevet et le clocher, puis passez devant le porche sud en remarquant son **linteau** pentagonal sculpté, où un beau Christ nimbé dans une mandorle est disposé sous une grande voussure à cordons de billettes. Admirez, à l'intérieur, la Vierge noire et les **chapiteaux**, sculptés et peints en faible relief, à la facture archaïque : Adam et Ève, le Bon Pasteur, l'homme enchaîné à son péché, des symboles eucharistiques.
Sortez de Thuret par la D 211 en direction de Riom jusqu'à Sardon. Entrez dans Sardon par la D 51, puis, à la sortie du village, prenez à gauche la D 122 jusqu'à l'embranchement avec la D 985 que vous emprunterez à droite jusqu'à St-Myon.

Église de St-Myon

Un prieuré de l'abbaye de Menat s'est développé autour d'un oratoire plus ancien. Ce charmant petit édifice roman est remarquable par sa belle couverture de

lauzes. L'église prieurale se caractérise par un **chœur** imposant à six colonnes qui a gardé des chapiteaux réalisés en calcaire de Chaptuzat de toute beauté. L'un d'eux représente un curieux pacte avec le Diable : un démon ailé joint les mains des deux personnages de la scène.
Suivez plein est la D 223.

Artonne

Cet ancien village vigneron fortifié conserve de nombreux vestiges de son enceinte médiévale.
Coteau du puy St-Jean – *500 m.* Un sentier balisé sur le thème du milieu naturel de la vigne et de la flore vous mène à un très beau point de vue sur la chaîne des Puys *(table d'orientation).*
Église St-Martin – Ancienne collégiale fondée en 1048, à partir d'un édifice préroman et de remplois gallo-romains, elle est curieusement enserrée dans le tissu urbain. La nef des 10e et 11e s. est voûtée en berceau brisé. De belles **grilles en fer forgé** ferment le chœur reconstruit au 12e s. Dans le bas-côté nord subsiste l'ancienne salle capitulaire.
Prenez la D 985 pour retourner à Aigueperse.

Nos adresses

Restauration

À proximité

Budget moyen

Le Cinq-Mars – *16 r. Cinq-Mars - Effiat - ☎ 04 73 63 64 16 - restaurantlecinqmars.jimdofree.com - ♿ - menus 26/48 €.* Cet ancien café-épicerie reconverti en restaurant se trouve au centre du village, près du château de Cinq-Mars. C'est « la » bonne petite adresse du coin. Au menu : cuisine traditionnelle agrémentée de suggestions régionales.

Pour se faire plaisir

Le Carrousel – *14 r. du Pont-de-Morge - Maringues - ☎ 04 73 68 70 24 - www.restaurant-lecarrousel.com - fermé 2 sem. en janv., de mi-juil. à déb. août, lun. soir, mar.-merc. et dim. soir - menus 35/83 €.* Le chef-patron, originaire de Béziers, réalise une bonne cuisine moderne, avec de franches inspirations sudistes. Produits de qualité, service professionnel et terrasse sur l'arrière... N'hésitez pas à grimper dans ce Carrousel.

Shopping

Pâtisserie Maison Vernet – *154 Grande-Rue - ☎ 04 73 63 61 85 - 7h-19h - fermé dim.-lun.* La famille Vernet avait repris en 1933 cette pâtisserie-chocolaterie située au centre du village. Aujourd'hui, Stéphane Barthoux fabrique des spécialités reconnues : délicieuses pralines ou massepains moelleux et fondants...

Ateliers d'art du Moulin Fradet –*Artonne - ☎ 04 73 33 34 44/06 74 83 25 04 - www.nicole-guillien.com - sur RV.* Dans ce moulin atelier, s'est installée l'émailleuse sur lave et aquarelliste Nicole Guillien. Bijoux, objets de déco, carreaux de lave, vous aurez l'embarras du choix. Stages, expositions.

Lezoux et château de Ravel★

Situé sur la route de Clermont à Thiers, Lezoux connut sa période de gloire pendant l'Antiquité : la petite ville fut en effet un important centre de fabrication de céramique, diffusée dans tout le monde romain. La cité abrite le musée départemental de la Céramique, tandis que le bourg voisin de Ravel abrite un somptueux château dont les travaux d'embellissement se poursuivent au gré des découvertes successives.

Se repérer

6152 Lézoviens – Puy-de-Dôme (63)

CARTE C3 (P. 39).

À 29 km à l'est de Clermont et à 15 km à l'ouest de Thiers.

À ne pas manquer

Le musée départemental de la Céramique, le château de Ravel.

En famille

Les animations et les ateliers créatifs au musée de la Céramique, Lezoux Aventure.

Nos adresses p. 113

Se promener

16 r. du Mar.-Leclerc - 04 73 62 29 24 - www.vacances-livradois-forez.com.

Les nombreuses découvertes effectuées sur le site de Lezoux depuis le 18e s. démontrent son importance archéologique. Les techniques, formes et décors (végétaux, scènes mythologiques...) que l'on retrouve sur la **céramique sigillée** produite à Lezoux répondaient à des critères typologiques précis. C'est une véritable aubaine pour les archéologues qui, au moindre fragment découvert, peuvent dater quasi immédiatement, à quelques décennies près, la couche fouillée. Les ateliers de **potiers antiques de Lezoux** étaient, avec ceux de La Graufesenque (Millau, Aveyron), le **centre de production céramique le plus important** de l'Empire romain.

★ Musée départemental de la Céramique

39 r. de la République - 04 73 73 42 42 - musee-ceramique.puy-de-dome.fr - ♿ - avr.-sept. : 10h-18h, w.-end 14h-19h ; reste de l'année : 10h-17h, w.-end 14h-18h - fermé mar. - 5 € (8-17 ans 2,50 €).

La visite peut se prolonger par un atelier pour les enfants.

Installé dans les **anciennes fabriques de céramique Bompard** (19e s.), ce musée très instructif intègre au parcours des éléments qui s'adressent à des publics spécifiques (enfants, personnes ayant une déficience visuelle...), tout en enrichissant la visite de chacun. L'exposition permanente est implantée dans le bâtiment de la fabrique où subsistent les deux **fours monumentaux**. Elle est rythmée par des vidéos, des animations sonores, des reconstitutions, des jeux.

Au rez-de-chaussée, les trois premières sections évoquent la céramique sigillée, le site de Lezoux et enfin la fabrique de Bompard. L'essentiel du premier étage est consacré à la période romaine. Le parcours se termine avec le Moyen Âge.

La poterie, une longue tradition

L'activité potière de Lezoux remonterait au 1er s. av. J.-C., comme l'attestent les vestiges mis au jour d'un ancien four de potier. Et cette activité se retrouve jusque dans le nom du bourg, *louza* (terre boueuse), décrivant l'**argile des Varennes**, sols clairs, légers, où affleurent les sables, qui fera sa renommée. Ce sont les Romains qui feront de Lezoux le centre de production de céramiques le plus important de l'Empire occidental. Pas moins de 1 200 potiers, organisés de façon quasi industrielle, signèrent et laissèrent derrière eux vaisselle et objets divers dont certains servaient à la construction de maisons, et que l'on retrouve aujourd'hui encore en Italie, mais aussi jusqu'en Grande-Bretagne, en Suisse, en Roumanie et en Pologne ! Parmi ces productions, la plus caractéristique demeure la **céramique sigillée**, moulée, à l'aspect rouge orangé et aux décors en relief. Cette activité déclinera à partir du 5e s.

À proximité

CARTE P. 39

Moissat C3

À 6 km au sud par la D 229.

De style roman, l'**église de Moissat-Bas** a conservé sa coupole sur trompes, très primitive, son arc triomphal et des statues anciennes en bois doré. Les travaux de restauration du chœur ont fait apparaître des arcatures romanes avec leurs colonnes et leurs chapiteaux, ainsi que des peintures des 14e et 15e s.

Ravel C3

À 6 km au sud de Lezoux.

Ce village de la Limagne bocagère se distingue par le château qui le domine.

Église – De style gothique très pur, elle conserve dans la nef deux vitraux du 14e s., et dans la sacristie un autre vitrail de la fin du 13e s. Un curieux chapiteau roman sert de support à un bénitier en pierre du 12e s. Une porte d'escalier en bois sculpté du 14e s. est protégée par une seconde porte.

★ **Château de Ravel** – *Le château, sur les hauteurs, est desservi par des ruelles très étroites. On y accède plutôt par une petite route depuis la D 223. 04 73 62 95 15 - www.chateauderavel.com - visite guidée (1h) mai-août : tlj sf lun. 10h, 11h, 14h, 15h, 16h et 17h ; sept.-avr. w.-end 14h, 15h, 16h et 17h - 8 € (5-12 ans 5 €).*

Le château de Ravel, l'un des plus beaux du Puy-de-Dôme, fut donné en 1294 par Philippe le Bel à son chancelier **Pierre Flotte**, chargé de missions auprès des cours européennes, à la suite de transactions délicates menées avec la papauté. Il devint ensuite propriété de la **famille d'Estaing** qui le fit remanier au 17e s. Les murs et les tours de la façade remontent à l'époque féodale ; la cour d'honneur date du 17e s. et l'aile occidentale du 18e s. ; quant à la tour nord-ouest, elle a fait l'objet de grands travaux de restauration. Le donjon du 13e s. est la plus haute tour du château.

★ **Intérieur** – Vous découvrirez 13 pièces abritant une partie de l'ancien mobilier du château ; la salle de Généalogie, avec ses portraits des membres de la famille d'Estaing et un parquet du 17e s. ; l'escalier monumental, qui débouche au 1er étage sur le grand vestibule, orné de tapisseries du 18e s. des Flandres et d'Aubusson ; la **Grande Galerie** (200 m²) et ses souvenirs de l'amiral d'Estaing (maquette de son bateau, le *Condé*, tableaux représentant des **batailles navales**, instruments de navigation, bibliothèque) ; le salon de musique aux boiseries décorées d'instruments de musique, sans oublier son mobilier Louis XV, signé Courtois, son

Le château de Ravel, forteresse royale.
F. Cormon/hemis.fr

1

parquet chevillé à la Versailles; la **chambre du Roi**, avec son admirable plafond à la française et ses tapisseries d'Aubusson et de Bruxelles. La **salle des États d'Auvergne** avait été décorée à l'origine pour la venue de Philippe le Bel. Pierre Flotte y avait organisé les États généraux, mais il est mort avant. De 7 m de haut, d'une superficie de 200 m², elle est couverte d'un plafond en bois du 15e s. et contient une frise héraldique unique comptant 49 écussons des provinces de France. En 2022, une nouvelle salle a été ouverte au public : l'ancienne chambre de Philippe le Bel, qui possède de belles ouvertures du 13e s.
Depuis l'incendie de 2016, les propriétaires actuels ont intensifié leurs travaux, toujours en cours, et découvert des vestiges du Moyen Âge, progressivement mis en valeur.
Sur la terrasse du château, un **jardin à la française** dessiné par Le Nôtre, planté d'arbres fruitiers, a été aménagé, avec un bassin en pierre de Volvic. Jolie **vue** sur la Limagne et la chaîne des Puys.

Nos adresses

Restauration

Budget moyen

Le Tour de Cou – *26 r. de la Baronne - ☎ 04 73 68 21 93 - www.le-tourdecou.com - déj. lun.-sam., dîner jeu.-sam. (et merc. soir en juil.-août) - formule déj. sem. 12,50/17 €, menu 32/39 €.* Le tour de cou est le petit foulard porté par les cuisiniers. Laissez-vous tenter par les plats apétissants et inventifs : la lecture du menu donne déjà l'eau à la bouche... Excellent rapport qualité/prix, terrasse aux beaux jours.

Premier prix

À proximité

Chante Bise – *Lieu-dit Courcourt - Seychalles - ☎ 04 73 62 91 41 -*

www.restaurant-chantebise63.com - avr.-oct. : merc. au dim. midi ; nov.-mars : le midi du merc. au dim., vend.-sam. soir - plats 16/22 €, menus 12/14 €.

Shopping

Terre sigillée de Lezoux – *Pl. Jean-Baptiste-Moulin - ✆ 06 18 60 70 86 - www.ars-fictilis.com - 10h-18h, w.-end 14h-18h - fermé mar.* Situé au centre-ville, cet atelier de poterie propose des sigillées confectionnées suivant une tradition ancienne. Visite de l'atelier.

18 Vingabonds – *18 r. du Commerce - ✆ 07 62 19 55 89 - merc.-vend. 9h30-12h30, 14h30-19h, sam. 8h30-12h30, 15h-19h, dim. 10h-12h30 - atelier-dégustation sur RV.* Une cave à vins, bio ou éthiques, des bières et spiritueux. Venez les découvrir.

Atelier du potier – *Chez Goutta - Bort-L'Étang - ✆ 04 73 77 35 30 - lun.-sam. 9h-12h, 14h30-18h30. Téléphoner avant de venir.* Dans son atelier, Alain Baraduc confectionne de beaux objets en grès émaillé, où le bleu domine. Stage initiation *(30 €/h).*

Activités

Marché des potiers – *À Bort-L'Étang - fin mai.*

Lezoux Aventure – *L'Étang de l'Isle - ✆ 06 76 99 72 11 - www.lezouxaventure.com - mi-avr. à fin sept. vac. avr. 7j./7 14h30-19h, vac. été 7j./7 sf 14/07 : 10h30-19h, dim. ouv. 14h30, hors vac. : w.-end et j. fériés 14h30-19h - 8/20 €.* Parc accrobranche avec 80 ateliers, dont 19 tyroliennes.

Hébergement

Premier prix

Hôtel Les Voyageurs – *2 pl. de la Mairie - ✆ 04 73 73 10 49 - hotel-logisvoyageurs.com - fermé 26 déc.-5 janv., 10 août-1er sept. - 17 ch. 86/96 € - 9 € - fermé vend. soir, dim. soir - menus 14,50/42 €.* Les propriétaires, couple jovial et charmant, proposent aux « voyageurs » en visite des plats traditionnels dans une ambiance familiale. Chambres simples et bien tenues.

Pour se faire plaisir

Manoir de la Manantie – *5 r. Georges-Clemenceau - ✆ 04 44 05 21 46 - www.manoir-manantie.fr - 5 ch. 140/175 € - table d'hôte le vend. soir 28 € sur réserv.* Une maison d'hôtes chic et luxueuse, un impressionnant manoir du 19e s. en pierre de Volvic, un immense parc où l'on peut s'asseoir autour du bassin, et de vastes chambres personnalisées et confortables... Comment résister à l'attrait de cette demeure de charme ?

À proximité

Premier prix

Chambres d'hôte Le Clos Goëlle – *Moissat - ✆ 04 73 62 98 84 - www.clos-goelle.com - P - 2 ch. 75 € - table d'hôte 15 € (sf vend.-sam. et de mi-oct. à mi-mai).* Au pied du château de Ravel. Attention aux nids-de-poule pour accéder à cet ancien domaine agricole, mais le détour en vaut la chandelle : calme absolu, cadre magnifique, bâtiments de caractère.

Billom ★

Cette « bonne ville » d'Auvergne est traversée par l'Angaud. Ses maisons en arkose, aux teintes ocrées, rappellent les cités médiévales des villages du Sud. La région est communément appelée « Toscane auvergnate » : les lumières intenses des soirs d'été donnent aux paysages des allures de tableaux paisibles. Outre la fameuse foire à l'ail, de nombreuses manifestations rythment la vie billomoise tout au long de l'année.

Se repérer

4 741 Billomois - Puy-de-Dôme (63)

CARTE C3 (P. 39), PLAN (P. 117).

Billom est à 29 km de Clermont.

Organiser son temps

Très animé, le marché du lundi matin occupe la majeure partie du centre-ville.

En famille

Le livret jeu « Explorateurs » *(à demander à l'office de tourisme)* ; les châteaux des environs.

Carnet pratique p. 120

Nos adresses p. 121

Quartier médiéval

PLAN P. 117

Promenez-vous dans les petites ruelles aux ambiances médiévales, du chevet de l'église St-Cerneuf à l'actuel centre-ville.

Vous pourrez aussi suivre les circuits Billom médiévale, Billom marchande, Billom savante et Billom sainte proposés par l'office de tourisme ou encore le circuit du Turluron *(balisage jaune ; 2h30 ; topoguide 27 : monts du Livradois-Forez, dép. de l'office de tourisme)* qui offre un joli point de vue sur la ville. Une « turlure » était jadis, dit-on, une maison de repos sur la colline.

Par le quai du Terrail, gagnez la **place du Creux-du-Marché** (B1), aux vieilles demeures. Franchissez le **pont du Marché-aux-Grains** (B2) : à droite, sur le parapet, trois auges, avec leurs goulottes sur lesquelles s'adaptaient des mesures pour les grains, sont taillées dans la pierre de Volvic.

Remontant la rue de l'Étézon, sur la droite, vous apercevez le beffroi du 16e s. En haut de la rue, remarquez la **maison du Bailli** (A2), du 16e s.

Maison du Chapitre A2

Cette demeure du 15e s. est un vestige de l'université médiévale. Dès la fin du 13e s., l'**école du chapitre** connaît un rayonnement sans précédent et se transforme en université, la quatrième après Paris, Toulouse et Montpellier.

Porte de l'Évêché A2

Elle correspond à l'une des entrées de la ville médiévale, et délimitait autrefois la première enceinte fortifiée.

★ Collégiale St-Cerneuf A2

D'une rare élégance, c'est un édifice gothique élevé sur une ancienne église romane dont il subsiste une partie du chœur, le déambulatoire et une crypte. Les vantaux du portail possèdent des **pentures** sculptées avec finesse, à motifs anthropomorphes et zoomorphes, du 13e s. Au fond de la nef, à gauche de la porte d'entrée, remarquez une Mise au Tombeau dans le style bourguignon, un bel ange sculpté en pierre et des peintures du 15e s. ; à droite, une pietà de la même époque.

Autour du chœur, une **grille★** en fer forgé date du 12e s.; dans le déambulatoire, un chapiteau relate l'histoire de Zachée, thème assez rare : ce riche publicain de Jéricho était un collecteur d'impôts. À droite du chœur, la chapelle du Rosaire est ornée d'un ensemble de **peintures murales★** du 14e s., remarquables par leurs coloris et leurs drapés : l'Assomption et le Couronnement de la Vierge, des anges musiciens, les symboles des évangélistes et, face à face, l'église et la synagogue; elle abrite en outre, dans un enfeu, au-dessus d'un tombeau d'archevêque, une Nativité naïve du 14e s.

★ **Crypte** – Sobre et d'une grande beauté, c'est l'une des plus anciennes d'Auvergne (11e s.). Elle reproduit le plan du chevet primitif avec son déambulatoire sur lequel s'ouvrent quatre chapelles rayonnantes. La première, à droite, illustre par des fresques du 13e s. des scènes de la vie de sainte Marguerite. Un reliquaire en argent orné des instruments de la Passion contiendrait un des morceaux de la Sainte Croix.

Maison de l'Échevin A1

L'entrée de cet édifice du 16e s. abrite une tourelle d'escalier et un puits toujours muni de sa roue.

Rue des Boucheries A1

Étroite, pavée de cailloux pointus, sans trottoir, et dotée d'une rigole au milieu de la chaussée, elle a gardé ses maisons médiévales : celle du **Doyen**, au n° 20, avec une belle baie en anse de panier et une tour d'escalier Renaissance; et celle du **Boucher**, au n° 5, avec son entrée de boutique, ses deux étages en encorbellement, ses pierres sur un côté et ses pans de bois sur l'autre.

Les abords du val d'Allier

CARTE BC3-4 P. 39

Circuit de 50 km, tracé en orange sur la carte p. 39.
Quittez Billom par la D 997 (direction Pont-du-Château) et prenez à gauche la D 81.

Chas B3

Cet ancien bourg fortifié a conservé sa porte de ville à tourelle, son église romane précédée d'un porche Renaissance et une gracieuse fontaine.

Chauriat B3

Situé au nord de la Comté, ce charmant bourg vigneron se distingue par ses deux églises, dues à son héritage clunisien.

Église Ste-Marie – Construite au 12e s., dotée de beaux chapiteaux, elle a été transformée en chai. Les Établissements Dhome y font vinifier à la façon champenoise un vin pétillant, très agréable.

Une ville toujours très active

Avec ses marchés à l'ail rose et ses foires, Billom fut de tout temps un lieu de négoce *(magos)* entouré de bois *(bilio)*, deux mots d'origine gauloise qui composent son nom actuel. Au Moyen Âge, marchands, artisans corroyeurs et tanneurs s'affairaient le long de l'Angaud, mais Billom, surnommée « la Sainte », devait surtout sa renommée aux nombreuses institutions religieuses qui s'y étaient développées, et dont les fonctions s'étendaient au domaine judiciaire et à l'éducation. La notoriété de l'université de Billom, qui aurait compté un temps plus de 2 000 élèves, dépassait largement les limites de l'Auvergne. Au 16e s. vint s'y ajouter le premier collège de Jésuites de France.

Église St-Julien – *Située de l'autre côté de la place.* Elle se signale surtout par un travail original de **marqueterie** de pierres polychromes, dispersées géométriquement au **pignon★** et sous les arcatures du bras droit du transept, ainsi que sous les arcs de décharge et dans les parties hautes de la nef. À l'intérieur, les gros piliers de la nef sont surmontés de **chapiteaux** à feuillages ou historiés (le troisième à droite représente la Multiplication des pains et le Lavement des pieds). Notez la haute coupole à base octogonale, épaulée par de puissants arcs romans, et remarquez une **Vierge en majesté** du 12e s.

Rejoignez Pont-du-Château par la D 4.

Pont-du-Château B3

Pont-du-Château a longtemps possédé le seul pont sur l'Allier entre Moulins et Brioude. La ville était donc fortifiée pour le protéger. Elle occupe le flanc et le sommet d'un plateau calcaire qui domine directement, en falaise, la rive gauche de l'Allier.

Église Ste-Martine – Dans le narthex et la nef de cette église romane, remarquez de beaux chapiteaux historiés ou décorés de feuillages, une jolie chaire en bois sculpté, une châsse et des retables.

Mairie – Ancien château du 17e s., doté de splendides plafonds à la française décorés de blasons peints. De la terrasse, la vue s'étend sur le bourg, l'Allier, les monts du Forez, les volcans de la Comté et les monts Dore.

Musée de la Batellerie d'Allier - Pierre-Mondanel – *Pl. de l'Aire - ✆ 04 73 83 73 62 - pontduchateau.fr - juil.-août : jeu.-dim. 10h-12h, 14h-18h ; reste de l'année : sur demande préalable 15 j. en avance - fermé lun.-mar. - 3 € (-18 ans gratuit).* Installé dans les cuisines de l'ancien château, ce musée est consacré à la batellerie de l'Allier et de la Dore. Pont-du-Château fut, jusqu'au 19e s., un port très actif sur l'Allier : les mariniers, placés sous la protection de saint Nicolas, embarquaient toutes sortes de marchandises qui allaient jusqu'à Paris : bois, charbon, vin, pierre de Volvic, chanvre. Leurs bateaux, appelés « sapinières », étaient en fait des radeaux

L'or blanc... ou rose

La ville de Billom doit son prestigieux label « Site remarquable du goût » à son fameux **ail d'Auvergne**.
L'ail rose était jadis vendu très cher ; on l'appelait même l'« or blanc », au point que certains producteurs, de peur de se le faire voler, veillaient la nuit sur leurs champs ! L'ail était utilisé, au Moyen Âge, pour soigner les bronchites ou soulager les maux intestinaux. En 1858, Louis Pasteur en constata lui aussi les vertus antibactériennes. Le fameux « ail d'Auvergne » fait l'objet d'une demande d'IGP (Indication géographique protégée) qui n'a pas abouti à ce jour.
Billom lui consacre une foire annuelle *(2e w.-end d'août)* durant laquelle se mêlent producteurs, mais aussi forains et camelots, sous l'œil averti de la **Confrérie des Grands Goussiers d'Auvergne**. La ville réserve aussi à l'ail une place d'honneur lors du Salon d'hiver des Sites remarquables *(1er w.-end de déc.)*, véritable occasion de découvrir les produits des terroirs de France. Enfin, depuis quelques années, certains producteurs se sont mis à cultiver de l'ail... noir, fabriqué à partir de l'ail rose de Billom !

améliorés que l'on débitait en bois de chauffage lors de leur arrivée à destination. **Voie verte** – *Dép. de la plage des Palisses*. De Pont-du-Château à Pérignat-ès-Allier, 13 km sont déjà aménagés le long des rives : le Val d'Allier abrite l'une des dernières rivières sauvages d'Europe, remarquable par sa richesse écologique. *Quittez Pont-du-Château par le sud et suivez la D 1 en direction de Vic-le-Comte.* La petite départementale suit la rive de l'Allier, épousant ses courbes capricieuses et ménageant des points de vue sur la chaîne des Puys.

Écopôle du Val d'Allier B4

Aménagé en partenariat avec la LPO Auvergne sur un ancien site industriel de 140 ha s'étendant sur les communes de **Pérignat-ès-Allier** et de **La Roche Noire**, cet écopôle *(ecopolevaldallier.fr)* a permis de favoriser le retour de la biodiversité : sentiers balisés, site LPO, panneaux d'interprétation, espace naturel sensible.
Prenez à gauche la D 117 et grimpez vers Busséol.

★ Château de Busséol *(voir p. 126)* B4

Continuez sur la D 117, puis prenez la D 301 vers St-Julien-de-Coppel.

Notre-Dame-de-la-Roche C4

Cette petite chapelle, perchée sur un rocher, est accessible directement en voiture *(quelques pas sont encore à faire)*, ou, en suivant le chemin de moyenne montagne assez abrupt (partant de la D 301), à pied, depuis St-Julien-de-Coppel *(30mn de marche)*. Au sommet, joli **panorama** sur le pays de Billom, les Turlurons et le château de Coppel.
Continuez sur la D 118 pour voir les ruines du château de Coppel. Juste avant la Beauté, tournez à gauche. La D 14 vous ramène à Billom par la jolie vallée de l'Angaud.

À proximité

CARTE P. 39

Château de Montmorin C4

5 km au sud-est de Billom. 04 73 68 30 94 - www.chateau-de-montmorin.fr - visite guidée (2h) juil.-août : 14h-18h - 6 € (-16 ans 3 €).

Maisons à pans de bois du quartier médiéval de Billom.
Ch. Guy/hemis.fr

1

Cet ancien château fort, partiellement en ruine, possède un donjon cantonné de tours rondes. Dans le corps de garde, quatre salles présentent une collection de mobilier Louis XIII et des armes du 15e au 17e s. Les anciennes écuries abritent une intéressante collection d'**outils** (forgeron, maréchal-ferrant, sabotier, tonnelier, etc.). Vous y découvrirez aussi quelques objets trouvés lors de fouilles effectuées sur le domaine. Du chemin de ronde, la **vue** englobe le Livradois d'un côté et la chaîne des monts Dômes de l'autre.

St-Dier-d'Auvergne C4

15 km au sud-est.

Ce bourg du Livradois occupe un point de passage encaissé, à la traversée de la vallée du Miodet, sur l'ancienne route de Clermont-Ferrand à Ambert.

Bel édifice du 12e s., en pierre à dominante rose, l'**église** fut fortifiée au 15e s. Sa façade, soutenue par des contreforts, est ornée d'arcatures romanes où alternent des granits clairs et des latérites rouges provenant du bassin de St-Dier. La porte a conservé ses anciennes pentures. À l'intérieur, remarquez les chapiteaux figurant des atlantes, des sirènes, des feuillages... À droite de l'église se trouvent les vestiges d'un ancien **prieuré** de La Chaise-Dieu.

Les Martinanches C4

20 km au sud-est.

Château – *La Ripodie -St-Dier-d'Auvergne - 04 73 70 81 98 - chateau-des-martinanches.com - visite guidée (45mn) déb. juil.-fin août : 14h-18h, dim. 16h-18h30 ; mai-juin et fin août-fin sept. : dim. et j. fériés 14h-18h30 - 6 € (-12 ans 4 €) - animations estivales.*

Niché au creux d'un vallon, cet édifice du 11e s., remanié aux 15e et 19e s., occupe un site arboré entouré de douves. Il servit à entreposer les armes destinées aux châteaux forts environnants. Plafonds à la française, mobilier de différents styles, porcelaines de la Compagnie des Indes, faïences des Tuileries agrémentent la demeure.

Château de Mauzun C4

9 km à l'est par la D 997.

06 70 10 22 29 - www.chateaudemauzun.fr - fermé pour travaux en 2022.

Cette puissante forteresse (13e s.) des évêques de Clermont, plantée sur un piton basaltique, offre un panorama étendu sur la plaine de la Limagne. Avec sa forme carrée, sa triple enceinte de murailles et ses vingt tours, le château de Mauzun est surnommé le « Géant d'Auvergne », c'est en effet la plus vaste forteresse médiévale de la région. Au 18e s., le célèbre prédicateur **Massillon**, évêque de Clermont, la fit démolir, faute de fonds pour l'entretien. Il ne conserva que quelques chambres destinées aux prêtres détenus pour indiscipline. Laissé à l'abandon, le site servit par la suite de carrière. Le château a été racheté en 2001. Après le parcours de l'enceinte extérieure et de ses seize tours, on pénètre dans la **basse-cour**, où la population locale se réfugiait lors des conflits, et qui servait de terrain d'artillerie en période de paix. Dans la capitainerie, où se trouve une maquette du site, une vidéo présente l'évolution des travaux de restauration. À l'intérieur du **château**, comprenant quatre tours, on peut voir les deux niveaux de galeries superposées et un réseau souterrain.

Église de Glaine-Montaigut C3

Cet édifice marque la transition de l'art carolingien au roman auvergnat. La nef du 11e s. est voûtée en plein cintre sans doubleau. Une coupole couvre le carré du transept. Le chœur, du 12e s., possède de beaux chapiteaux.

Carnet pratique

S'informer

Office de tourisme – *13 r. Carnot - Billom - 04 73 68 39 85 - www.vacances-livradois-forez.com.* Visites guidées *(juil.-août).*

Arriver/partir

Se garer – Grand parking situé derrière l'avenue de la Gare, à proximité de l'hôtel de ville.

Agenda

Foire à l'ail, à la brocante et au vin – *2e w.-end d'août - www.billom.fr.*

Charivari festival médiéval fantastique – *Dern. w.-end d'août ou 1er w.-end de sept. - www.billom.fr.*

Village des producteurs des Sites remarquables du goût – *1er w.-end de déc. - www.billom.fr.* Ce salon qui réunit tous les sites du goût français est l'occasion de découvrir les produits des terroirs de France.

Nos adresses

Restauration

Premier prix

Les Petits Ventres – *6 r. Carnot - 04 73 68 38 16 - fermé merc. et dim. soir-lun. hors sais. Menu du j. 15 €, carte 25/30 €.* Une cuisine de terroir à base de produits locaux joliment confectionnée et un accueil agréable : ces Petits Ventres n'attendent que votre passage.

À proximité

Budget moyen

L'Auberge du Ver Luisant – *2 r. Breuil - Bouzel - 04 73 62 93 83 - fermé le lun., sur réserv. le* *w.end. - menus (déj.) 19/50 €.* Cette sympathique maison de pays a su conserver tout le charme de la campagne. On y mange une cuisine traditionnelle soignée, variant au rythme des saisons.

La Table Saint-Martin – *11-17 pl. St-Martin - Sauxillanges - ✆ 04 73 96 80 32 - latable-stmartin.com - fermé lun. soir et mar.-merc. - menus 42/75 €.* Face à la mairie, maison de village datant de 1811. Salle à manger plaisante et petit salon intime pour une fine cuisine mi-traditionnelle mi-régionale.

Auberge de la Forge – *Pl. de l'Église - Glaine-Montaigut - ✆ 04 73 73 41 80 - https://aubergedelaforgeglainecom-35.webself.net/ - fermé merc. et le soir tlj sf sam. - menus 20/30 € (déj.), 40 €.* Face à l'église romane, cette sympathique auberge est l'exacte reproduction de l'ancienne forge du village : murs en pisé, poutres apparentes, soufflet pour attiser le feu de la cheminée ! Le chef régale avec de belles assiettes entre tradition et modernité.

Shopping

Les Caves de l'Abbaye SA – *9 r. du Commerce - Chauriat - ✆ 04 73 68 00 51 - www.caves-abbaye.com - tlj sf dim. 9h-12h, 14h-18h - fermé j. fériés.* Cette cave, installée dans une abbaye du 11e s., présente des vins élaborés selon les méthodes traditionnelles champenoises, avec des crus comme le Vercingétorix, le Carte Noire, le Millésim ou le Yoann de la Garde. Elle propose plus de 300 références, vins auvergnats en tête.

Les Saveurs du bailli – *Quai du Terrail - ✆ 04 73 68 33 49 - 9h-12h, 15h-19h, fermé merc. mat. et dim.* Dans cette épicerie fine, vous ferez provision de confitures aux parfums originaux, fabriquées localement, de produits dérivés à base d'ail et vous y trouverez aussi le fameux ail noir de Billom.

Hébergement

À proximité

Premier prix

Chambres d'hôte La Tour Richelieu – *15 r. St-Martial - Les Martres-de-Veyre - ✆ 04 63 22 68 83 - ✆ 07 69 14 73 58 - ⊭ 🅿 - 5 ch. 70 €* ☕. Dernier vestige du château qui se dressait autrefois au cœur du village, cette tour abrite 5 chambres, dont une, la Louis XVI, pleine de caractère avec son plafond à la française et sa cheminée. Quelques objets venus de Norvège (pays d'origine de la propriétaire) complètent la décoration.

1

Vic-le-Comte ★

Séduisante cité aux maisons d'arkose claire, Vic-le-Comte abrite d'intéressants monuments religieux : la ville fut en effet un temps la capitale de la Comté d'Auvergne, région hérissée de pics volcaniques couronnés de forteresses en ruine. Successivement elle revint à Jean Stuart, Catherine de Médicis, puis à la célèbre reine Margot jusqu'en 1606, qui ont laissé à la région vicomtoise nombre de souvenirs et légendes. Elle constitue un point de départ idéal pour des excursions dans le val d'Allier ou les monts du Livradois.

Se repérer

5197 Vicomtois – Puy-de-Dôme (63)

CARTE B4 (P. 39).

Vic-le-Comte se trouve à 25 km au sud de Clermont et à 16 km au nord d'Issoire.

À ne pas manquer

La Sainte-Chapelle à Vic-le-Comte ; les maisons anciennes de la ville ; le château de Busséol et son jardin suspendu ; le village fortifié de Montpeyroux ; le site de Corent.

En famille

Randonnée découverte dans les bois de la Comté, château de Busséol.

Nos adresses p. 127

Se promener

Halle du-Jeu-de-Paume - 04 73 79 37 69 - www.mondarverne.com.

Les bénédictins de Manglieu établissent, au 8e s., un petit prieuré, suivi plus tard d'un monastère affilié à l'abbaye de Fontevraud (Maine-et-Loire).

★ Sainte-Chapelle

Il s'agit d'une belle œuvre gothique annonçant la Renaissance. Sa corniche est enrichie de sculptures : animaux fantastiques, choux frisés, chardons, personnages. Dans le chœur, les statues d'apôtres, abritées sous les dais placés aux retombées des ogives, datent de la Renaissance. Catherine de Médicis, qui détint quelque temps Vic-le-Comte, fit sans doute ajouter la tribune et sa balustrade. Les **vitraux**★, aux riches couleurs, représentent des scènes de l'Ancien et du Nouveau Testament. Remarquez l'éclat de la palette employée par ce peintre verrier de la Renaissance. Le très beau **retable**★ de pierre (1520) est l'œuvre des artistes florentins qui exécutèrent la balustrade : en bas, trois Vertus morales cardinales ; en haut, les trois Vertus théologales. Observez aussi le polyptyque peint sur bois, œuvre intéressante du 15e s., dont le thème est la Passion et la Mise au Tombeau.

Église Saint-Jean

Cet édifice roman, remanié à l'époque gothique, possède une jolie porte du 14e s. À l'intérieur, de chaque côté du chœur, admirez un ensemble de **fresques** des 13e et 14e s. représentant la vie de saint Jean Baptiste et de saint Blaise. Dans la nef, à gauche, beau Christ en Croix du 15e s. ; dans la chapelle de gauche, statue de Notre-Dame de pitié, du 16e s.

Maisons anciennes

Empruntez la rue de la Porte-Robin, dans laquelle vous verrez quelques façades des 15e et 16e s., puis longez la ste-chapelle pour rejoindre, à droite, la **porte Robin**, seul vestige de l'enceinte fortifiée. Sur la place du Vieux-Marché, remarquez une fontaine du 16e s. Continuez en direction de la rue du Palais, à l'entrée de laquelle se dressent deux maisons en encorbellement. Prenez ensuite à gauche, sous un passage couvert, la rue des Farges, puis, à droite et à gauche, la rue de Coulogne, et revenez sur vos pas.

À proximité

CARTE P. 39

Château de la Chaux-Montgros C4

Sur la route de Sallèdes à St-Julien-de-Coppel, 9 km au nord-est de Vic-le-Comte par la D 53, puis à gauche la D 310.

04 73 69 23 18 - www.lachaux-montgros.com - fermé pour travaux jusqu'en 2024.

Ancienne propriété de Catherine de Médicis, ce château du 16e s., d'allure massive, est flanqué de quatre tours enserrant son corps de logis. Sa charpente, démantelée au 18e s. par les propriétaires, servit à confectionner les boiseries d'un autre château : celui de Chadieu. Le château de La Chaux-Montgros est aujourd'hui lancé dans une campagne ambitieuse de restauration afin de le rendre accessible au public.

Chaque année, en mars, une randonnée est organisée par l'association La Chaux Folie's (*3 parcours, 6, 15 et 21 kms - 04 73 69 23 18/06 14 75 01 21*).

1

Manglieu C4

À 11 km à l'est de Vic-le-Comte, par la D 225.

Un peu à l'écart de la D 225, ce village de la vallée de l'Ailloux est le siège de l'une des plus anciennes abbayes d'Auvergne. L'abbaye de Manglieu aurait été fondée en 656 par saint Genès, alors évêque de Clermont. Saint Bonnet, évêque de Clermont, s'y retira en 689. On trouve d'ailleurs, dans l'histoire de sa vie, une description de l'abbaye de Manglieu, qui semblait très importante, avec deux églises, somptueusement décorées.

Église abbatiale St-Sébastien – L'extérieur a été entièrement restauré, mais c'est surtout l'intérieur qui attire l'attention. Entrez par la jolie porte romane. Sous le porche surmonté d'une tribune, à gauche un sarcophage et deux dalles funéraires, l'une *(à gauche)* carolingienne, l'autre mérovingienne. La nef fut refaite

La comté d'Auvergne

Au début du 13e s., le comte d'Auvergne **Gui II,** vaincu par Philippe Auguste, vit son domaine se réduire à la région de Vic-le-Comte, du reste bien protégée par une ceinture de forteresses. Dans le même temps, l'abbaye cistercienne du Bouchet, près d'Yronde *(voir page suivante),* devint la nécropole de la famille comtale. Par son mariage avec une héritière d'Auvergne, un descendant des rois d'Écosse, le comte de la Marche **Jean Stuart,** entra en possession de la Comté et embellit le château que ses prédécesseurs avaient élevé à Vic-le-Comte ; il n'en subsiste qu'une porte et la Sainte-Chapelle. De 1651 à la Révolution, la Comté d'Auvergne appartint aux ducs de Bouillon.

au 16e s. Le chœur, du 10e s., est très étroit. Défiguré par un badigeon et un plafond moderne, il s'ouvre sur la nef par un arc triomphal porté par deux colonnes antiques remployées.

Châteaux et villages vignerons

Circuit de 45 km, tracé en vert clair sur la carte p. 39.
Quittez Vic-le-Comte par le sud en empruntant la D 49.

Yronde

C'est sur cette commune que se situait l'abbaye du Bouchet. Fondée en 1192 par le comte Robert IV d'Auvergne, dans un frais vallon descendant vers l'Allier, elle prit très vite une grande importance. La plupart des comtes s'y firent inhumer jusqu'au 15e s. Remarquez la petite église aux jolies proportions.
Après Yronde, prenez la D 136, puis à droite la D 760.

Buron

Le village est dominé par un piton basaltique dont le sommet est couronné par les ruines d'un château.
Continuez sur la D 760 jusqu'à Parent. À la sortie du village, prenez à gauche la D 229 vers Coudes, et traversez l'Allier.

Coudes

Au confluent de l'Allier et de la Couze Chambon, cet ancien village vigneron fut un important carrefour pour l'économie locale. Son port accueillait les sapinières, qui transportaient le vin à destination de la capitale.
En 1910, les vertus médicinales, apéritives et digestives des eaux de Coudes attirèrent l'attention de l'Académie de médecine. Un architecte élabora un plan de station thermale au lieu-dit Champ-Robert, mais, comme à Chaudefour *(voir p. 191)*, la guerre de 1914-1918 et la popularité grandissante des eaux de Vichy plongèrent ce projet dans l'oubli.
Prenez la D 797, puis l'A 75/E 11 direction Clermont-Ferrand. À la sortie 7, prenez à droite la D 797c.

★ Montpeyroux

Le village se parcourt à pied. Accroché à une colline dominant l'Allier, le village fortifié de Montpeyroux appartient au **pays du Dauphiné d'Auvergne**, tout comme La Sauvetat. Il doit son ancien nom de *Mons petrosus* (mont pierreux) aux carrières d'arkose toutes proches. Ce grès très résistant fut largement utilisé dans la construction des maisons paysannes et des églises de la région, les

On vous emmène sur l'oppidum de Corent

En découvrant en pleine campagne ce vaste plateau, bordé de quelques arbres à l'horizon, n'hésitez pas à convoquer l'image du peuple arverne se livrant, dans ce qui était un sanctuaire, à des banquets rituels. Tout autour existait une véritable ville gauloise, un oppidum. Des panneaux explicatifs vous livreront les clés de ce site. Et pourquoi ne pas prendre place dans ce qui était un théâtre ou grimper au belvédère qui offre une vue d'ensemble sur l'esplanade ? L'été, des visites guidées vous permettront d'approfondir vos connaissances, avant d'aller goûter le rosé de Corent, un côtes-d'Auvergne qui possède le label AOC, cultivé sur la coulée de pouzzolane du puy de Corent.

Les volcans de Vic-le-Comte

On dénombre, dans la région de Vic-le-Comte, plus de **50 points éruptifs**, couverts de bois et autrefois de vignes sur les pentes bien exposées. Ils ont surgi de la Limagne à la fin de l'ère tertiaire et forment une transition entre la plaine et les monts du Livradois. La plupart de ces volcans sont démantelés et réduits à une cheminée, parfois en relation avec des lambeaux de coulées.

blocs transitant par le port de Coudes. Dans le village, le porche médiéval ouvre sur d'agréables ruelles qui serpentent jusqu'au **donjon** du 13e s., édifié sur trois étages au temps de Philippe Auguste ; il est couronné d'une plate-forme crénelée. Certaines demeures, soigneusement restaurées, ont conservé leurs caves, évoquant ainsi le passé viticole du village qui accueille aujourd'hui des artisans d'art (peintres, potiers, émaillage sur lave, etc.).
Faites demi-tour et poursuivez sur la D 797. À Authezat, prenez à gauche la D 96.

La Sauvetat

Au cœur du bourg, autrefois fortifié, subsistent les vestiges d'une ancienne **commanderie de l'ordre de St-Jean-de-Jérusalem**. Les ruelles, formant labyrinthe, sont bordées de demeures (12e-14e s.) au style architectural caractéristique des anciens forts de Limagne *(☎ 04 73 39 52 67 - www.lesfortsvillageois.fr/fort-la-sauvetat_fr.html - Association des Amis de la Commanderie - visites guidées tte l'année)*. 1

Donjon – Des 13e et 14e s., il conserve une porte surmontée des armoiries de l'ordre de St-Jean-de-Jérusalem et d'Odon de Montaigu, grand prieur d'Auvergne, dont le gisant se trouve dans l'église d'Olloix.
Église – Au croisillon gauche, dans une niche protégée par une grille, est exposée une Vierge à l'Enfant du 14e s., au regard bleu énigmatique ; ce superbe travail en cuivre repoussé et ciselé avec émaux champlevés est issu des ateliers limousins.
Quittez La Sauvetat par le nord-est (D 630). Après avoir franchi l'A 75, rejoignez la D 96.

★ Corent

ⓘ *visitecorent.puydedome.fr - accès libre tte l'année - visites guidées en été (rens. musee-gergovie.fr).*
Dominant l'Allier, ce village est accroché sur la partie nord-est du puy éponyme. Occupé du néolithique à l'âge du fer, il fut reconnu, dès le 19e s., comme l'un des grands sites d'habitat protohistorique d'Auvergne : grâce aux fouilles menées depuis 2001, les archéologues considèrent que cet oppidum abritait probablement la **capitale arverne**, avant la guerre des Gaules, concentrant sur des dizaines d'hectares les pouvoirs politique et économique. Le site était également un atelier monétaire important. Les milliers de tessons d'amphores et de céramiques importées, retrouvés sur place, témoignent du rôle commercial que Corent joua entre mondes méditerranéen et celtique. Les centaines de silos à grains mis au jour sur le site en 2015 prouvent qu'ils pouvaient servir de réserves de céréales pour une année, destinées à nourrir toute la population habitant sur place !
Corent doit aussi sa réputation à son **vignoble** qui, aujourd'hui encore, produit un vin de qualité, au goût de pierre à fusil, très particulier : il figure parmi les cinq crus composant les côtes-d'auvergne.
45mn (2 km AR). Montez dans le haut du bourg et garez-vous près du terrain de football. Suivez à gauche la direction du puy de Corent et tournez à droite pour

Un environnement naturel protégé

Zone naturelle d'intérêt écologique, faunistique et floristique, la forêt **de la Comté** (1500 ha) est classée **site Natura 2000**. Composés essentiellement de chênes, de charmes et de tilleuls, les bois abritent une flore (lis martagons, orchidées, géraniums) et une faune (crapauds sonneurs à ventre jaune, milans royaux, chevreuils, sangliers) remarquables.
Les aménagements du site (sentiers pédagogiques, arboretum, etc.), les randonnées découvertes encadrées par l'ONF, le Parc naturel régional Livradois Forez et la LPO permettent de découvrir cette belle nature. *Se rens. à la LPO de Clermont-Ferrand au ✆ 04 73 36 39 79.*

longer le terrain de sport. Prenez le deuxième chemin à droite, puis à gauche. Suivez le parcours en tournant à droite dans un chemin herbeux. Tournez à nouveau à droite, puis encore avant le pont, et passez devant la croix. Suivez le chemin de droite pour revenir au point de départ.
Le sommet du **puy de Corent**, qui forme un vaste plateau, offre une superbe vue sur la vallée de l'Allier et le puy St-Romain. Non loin du stade, le **sanctuaire monumental de Corent** formait le cœur de la capitale arverne : le niveau inférieur correspond à l'édifice gaulois (100-50 av. J.-C.) et le niveau supérieur à la période romaine (50 av. J.-C.-350 apr. J.-C.). La remarquable reconstitution permet de distinguer ces deux époques de construction. Ont été également identifiés un **hémicycle d'assemblée gauloise** (2e-1er s. av. J.-C.) et un **théâtre romain** (1er-2e s. apr. J.-C.). Les constructions d'époque gauloise sont signalées par de grands poteaux de bois implantés à leur emplacement original. Une reconstitution 3D, visible sur le site Internet *(visitecorent.puy-de-dome.fr)*, permet de se faire une idée du lieu tel qu'il était à l'origine.
Suivez sur la D 786 vers le nord, puis franchissez l'Allier en suivant la D 751 à droite.
La route emprunte la rive droite de l'Allier jalonnée par les villages vignerons de Mirefleurs *(D 1)*, La Roche-Noire et St-Georges-sur-Allier *(D 118)*. À la sortie de ce dernier village, prenez sur la droite la D 759. Cette petite route plonge vers Busséol, offrant la meilleure vue sur son château féodal.

★ Château de Busséol B4

✆ 04 73 69 00 84 - route-chateaux-auvergne.org- visite guidée (45mn) de mi-juin à mi-sept. : 10h-12h, 14h30-18h30 ; reste de l'année : w.-end et j. fériés 14h30-17h30 - 8 € (-15 ans 5 €).
Cet élégant château féodal, qui coiffe un piton volcanique de la Comté, est l'un des plus anciens de la province. Édifié en 1170 pour les comtes d'Auvergne, il fut, durant des siècles, possession comtale et même royale, plusieurs reines de France ayant été également « dames de Busséol » : Jeanne, épouse de Jean le Bon, Catherine de Médicis et la reine Margot. Jean Stuart et Charles IX y séjournèrent également. La façade principale du château a été relevée et percée de fenêtres de style roman. À l'intérieur, la **cheminée★** à manteau rond d'époque romane est encore utilisée pour le chauffage. Notez aussi la chambre circulaire à coupole de la tour principale et de beaux meubles anciens.
Un surprenant **jardin suspendu,** dit « des Croisades », où croissent des plantes médicinales, aromatiques et florales cultivées au Moyen-Âge, jouxte l'habitation seigneuriale. Du chemin de guet, la **vue** s'étend sur une partie des monts Dore, des monts Dômes et de la Limagne.
Quittez Busséol par le sud et rejoignez la D 4, puis la D 229. Au hameau de Benaud, prenez à droite la D 116, puis la D 81. Garez-vous à St-Maurice.

★ Puy de St-Romain B4

90mn AR. Sa situation est saisissante, en surplomb de l'Allier. Du sommet (alt. 779 m), ancien lieu de culte païen, ample **panorama★** sur les puys de la Comté, les monts du Forez, les monts du Livradois, le bassin de Vic-le-Comte, la vallée de l'Allier, les monts du Cézallier et du Cantal, les monts Dore, les monts Dômes, Clermont-Ferrand et la Limagne.

Rejoignez Longues par la D 758, puis la D 1. La D 225 ramène à Vic-le-Comte.

Nos adresses

Restauration

À proximité

Budget moyen

L'Armoise – *186, bd du Gén.-de-Gaulle - Longues - 4 km au nord-ouest de Vic-le-Comte - ✆ 04 73 39 90 31 - www.restaurantlarmoise.com - fermé lun.-mar. - menus 14 (déj.)/35 €.* Couleurs pastel et ambiance élégante pour des plats raffinés, concoctés par un chef pour qui l'amour du métier n'est pas un vain mot... Il suffit de se plonger dans les menus pour avoir déjà l'eau à la bouche !

Shopping

Samarkande – *31 pl. de la Liberté - ✆ 09 51 60 11 54 - www.samarkande.net - sur RV.* Ce magasin d'antiquités atypique présente, parmi tous ses trésors, du mobilier ancien provenant du Maroc, du Rajasthan ou d'Afghanistan, et des réalisations en pierres dures de Francesca Berni, artiste florentine qui réalise des merveilles.

Activités

CrapaHutte – *Ste-Marguerite - ✆ 04 73 96 10 10 - www.crapa-hutte.com - réserv. conseillée.* Parcours aventure et escalade, randonnées quad, canoë-kayak, tir à l'arc, équitation. Hébergements pour les groupes à partir de 4 pers.

Astrap – *Bracou - Isserteaux - ✆ 04 73 70 90 25 - www.astrap.org - ♿ - 1er sam. du mois 20h30 - conférence suivie d'une veillée.* Observatoire d'astronomie : planétarium, géorama, vidéoprojection, observation astronomique et du ciel avec lunettes, jumelles et télescopes.

Hébergement

À proximité

Premier prix

Chambre d'hôte L'Echarpe d'Iris – *8 r. de la Chacusse - Montpeyroux - ✆ 04 73 96 28 11 - www.echarpediris.fr - P ♿ - 3 ch. 75 €.* Au sein du charmant village médiéval de Montpeyroux, cette maison bourgeoise possède deux chambres confortables, dont l'une pourvue d'une grande salle de bains avec douche à l'italienne. Terrasse, copieux petit-déjeuner.

1

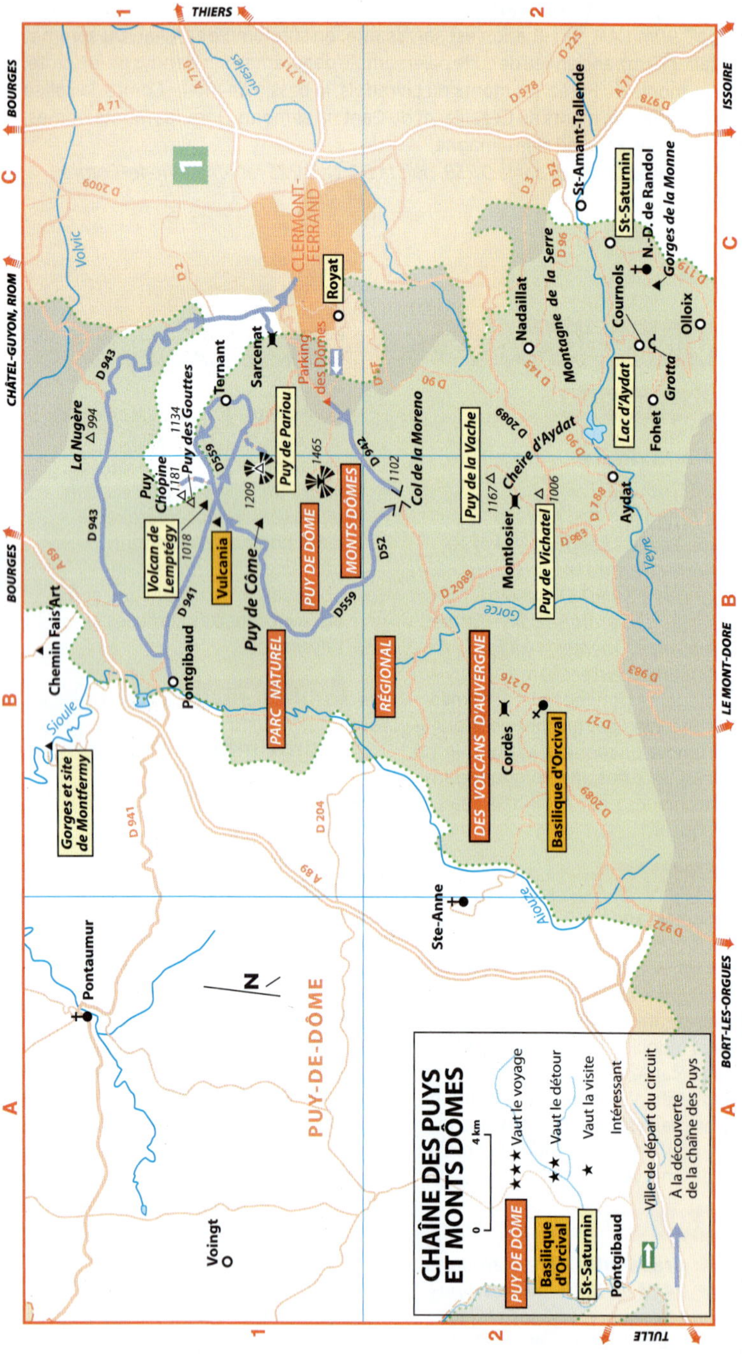
CHAÎNE DES PUYS ET MONTS DÔMES
0 4 km
PUY DE DÔME ★★★ Vaut le voyage
Basilique d'Orcival ★★ Vaut le détour
St-Saturnin ★ Vaut la visite
Pontgibaud Intéressant
Ville de départ du circuit
À la découverte de la chaîne des Puys
BOURGES
THIERS
CHÂTEL-GUYON, RIOM
ISSOIRE
LE MONT-DORE
BORT-LES-ORGUES
TULLE
PUY-DE-DÔME
CLERMONT-FERRAND
Royat
Volvic
Pontaumur
Voingt
Ste-Anne
Gorges et site de Montfermy
Chemin Fais'Art
Pontgibaud
La Nugère
Volcan de Lemptégy
Vulcania
Puy Chopine
Puy des Gouttes
Ternant
Sarcenat
Puy de Pariou
Puy de Côme
PUY DE DÔME
MONTS DÔMES
Parking des Dômes
Col de la Moreno
PARC NATUREL RÉGIONAL DES VOLCANS D'AUVERGNE
Puy de la Vache
Montlosier
Cheire d'Aydat
Puy de Vichatel
Nadaillat
Montagne de la Serre
Lac d'Aydat
Aydat
Fohet
Grotta
Cournols
Olloix
St-Saturnin
N.-D. de Randol
Gorges de la Monne
St-Amant-Tallende
Cordès
Basilique d'Orcival
Sioule
Sioulet
Gorce
Veyre
Aloutze

2

Chaîne des Puys et monts Dômes

CARTE MICHELIN DÉPARTEMENTS 326 - PUY-DE-DÔME (63)

Puy de Dôme ★★★

Pour découvrir des cratères et des paysages de lave durcie, nul besoin d'entreprendre un voyage au bout du monde : quelque quatre-vingts volcans éteints vous attendent, juste à l'ouest de Clermont-Ferrand, entre les gorges de la Sioule et la grande Limagne. Sur une quarantaine de kilomètres environ, vous pourrez observer l'alignement incomparable de la chaîne des puys, dont le Puy de Dôme, premier site naturel en France inscrit au Patrimoine mondial de l'Unesco en 2018, constitue le plus majestueux exemple.

Le Puy de Dôme.
OceanProd/Getty Images Plus

Se repérer

Puy-de-Dôme (63)

CARTE B1 (P. 128).

À ne pas manquer

La vue du haut du Puy de Dôme ; les randonnées sur sentiers balisés qui serpentent à travers les volcans.

Organiser son temps

La montée au Puy de Dôme n'est pas accessible en voiture. Elle se fait par un train à crémaillère (15mn) au départ du lieu-dit La Font-de-l'Arbre *(voir carnet pratique)* ou à pied, par le chemin des Muletiers (environ 2h aller-retour) au départ du col de Ceyssat.

En famille

Parcours « accrobranches » de Charade Aventure, visite du volcan de Lemptégy, assister au ballet des abeilles à la Ruche des Puys.

Carnet pratique p. 137

Nos adresses p. 137

Il était une fois… le Puy de Dôme

Avec une fréquentation touristique de 550 000 visiteurs par an, le Puy de Dôme suscite un intérêt écologique et économique. La montagne de l'exploit bénéficie depuis 2008 du label Grand Site de France.

De la montagne sacrée… à la montagne de l'exploit

L'origine volcanique des puys ne fut reconnue qu'en 1751. Jusque-là, on y voyait simplement de gigantesques fortifications dues aux Romains. Dès l'Antiquité, la solitude du Puy de Dôme, lieu d'accès difficile, inspira un religieux effroi. Les sanctuaires s'y succédèrent, voués au dieu gaulois Lug, puis à Mercure. Une petite chapelle de pèlerinage dédiée à saint Barnabé y fut également érigée au 12e s., et tomba en désuétude six siècles plus tard. À la fin du 19e s., on implanta un premier observatoire météorologique au Puy de Dôme. Le temps des exploits était venu. La première montée à bicyclette se fit en 1892, en 28mn. En 1905, une auto de 16 CV atteignit pour la première fois le sommet, en 11mn. En 1908, après l'exploit d'Henri Farman (premier lien aérien en circuit fermé et premier vol avec passager), les **frères Michelin** financèrent un Grand Prix de 5 000 louis d'or à attribuer à l'aviateur qui, parti de Paris avec un passager de 75 kg, viendrait, moins de 6h après son départ, atterrir au sommet du Puy de Dôme, après avoir contourné la cathédrale de Clermont en la laissant à 1 500 m sur sa droite. Trois ans plus tard, le 7 mars 1911, alors que certains augures prétendaient que cette prouesse ne serait pas réalisée avant une cinquantaine d'années, l'aviateur **Eugène Renaux,** avec son passager Senouque, réussit l'exploit après un vol de 5h11. Mais il fait redescendre son avion par le chemin des Muletiers… En 1932, Henri Vallot réitérera l'exploit, en redécollant après son atterrissage au sommet du Puy de Dôme.

Quelques dates clés

Vers 140 apr. J.-C. : élévation du **temple** de Mercure.
1648 : expériences de **Blaise Pascal** sur la pression atmosphérique.
1790 : le député de Clermont, **Gaultier de Biauzat,** intervient pour donner le nom de Puy-de-Dôme au département nouvellement créé.
1872 : redécouverte du temple de Mercure lors des travaux de construction de l'**observatoire météorologique**, inauguré en 1876.
1907 : ligne de **tramway** reliant Clermont-Ferrand au sommet du Puy de Dôme.
1927 : inauguration de la **route** automobile à péage.
1952 : première ascension du **Tour de France**, remportée par Fausto Coppi.
1956 : construction de l'**antenne** TDF.
1973 : premier **vol en deltaplane** depuis le sommet.
1992 : ouverture du **restaurant** panoramique.
1999-2008 : importants **travaux** visant à sécuriser le site, à lutter contre l'érosion et à créer de nouveaux lieux d'accueil et d'information du public.
2008 : aménagement du temple de Mercure et labellisation du Puy de Dôme Grand Site de France par le ministère de l'Écologie.
2012 : lancement du train électrique à crémaillère Panoramique des Dômes.
2013 : début de restitution partielle des murs d'enceinte du temple de Mercure.
2017-2018 : aménagement d'un parcours de visite près du temple de Mercure.
2018 : inscription de la chaîne des Puys au Patrimoine mondial de l'Unesco.

★★★ Le Puy de Dôme CARTE DES MONTS DÔMES P. 135

Il s'agit du volcan le plus élevé (alt. 1465 m) et le plus célèbre de la chaîne des Puys, dont il occupe le centre. Son ascension et l'extraordinaire panorama qu'il réserve au sommet vous laisseront des souvenirs inoubliables.

Pendant la saison froide, on observe assez souvent l'**inversion de température** : tandis qu'il gèle à pierre fendre à Clermont, il fait presque doux sur le Dôme. C'est ainsi que le 26 décembre 1879, à 6h du matin, on enregistrait -16 °C à Clermont et + 4 °C au sommet du Puy. Ce phénomène, qui ne s'observe que par temps calme, est dû au glissement des couches d'air froid, plus lourdes, des hauteurs vers les dépressions. C'est pour une raison analogue que s'offre parfois, du Puy de Dôme, le magnifique spectacle de la **mer de nuages**. Tandis que la plaine de la Limagne disparaît sous un épais tapis de brume, les montagnes qui l'entourent émergent comme des îles étincelant au soleil. Ce phénomène se produit surtout en automne (notamment en novembre).

Montée par le Panoramique des Dômes

Train – *Lieu-dit La Font-de-l'Arbre - Chemin du Couleyras - 63870 Orcines - ✆ 0 826 39 96 15 - www.panoramiquedesdomes.fr - juil.-août : montée 9h-20h, descente 9h20-21h ; avr.-juin et sept.-oct. : montée 9h-19h, descente 9h20-19h20 ; reste de l'année : montée 10h-17h, descente 10h30-17h30 - 14,30/15,50 € AR (-12 ans 8,10/9,50 € AR), 40,90 € billet famille (2 adultes + 2 enf.). Achat des billets possible via Internet (-10 %). Le train est fermé pour maintenance 5 j. en mars et 5 j. en nov. Prévoir chaussures adaptées et vêtements chauds. Vous trouverez des espaces d'expositions, de boutiques et de restauration en haut et en bas.*

Ce train à crémaillère nouvelle génération n'est pas sans rappeler le petit chemin de fer à vapeur qui fonctionna au début du 20e s., avant qu'il ne soit remplacé par la route en 1927. Le Panoramique des Dômes reprend en grande partie le tracé de l'ancienne route : il permet d'accéder en 15mn au sommet au terme de 5,6 km d'ascension. Depuis 2021, en immersion à bord du train, vous pouvez revivre l'histoire du Puy de Dôme.

Montée à pied par le chemin des Muletiers

C'est par cette ancienne voie romaine, chemin en lacet *(pentes de 35 à 40 %)*, que montèrent les chars, tirés par cinq à huit chevaux en flèche, qui transportaient les matériaux destinés à la construction du temple de Mercure et, à la fin du 19e s., à

Des paysages en évolution

Les monts Dômes sont les volcans les plus récents d'Auvergne. Ils sont nés à l'ère quaternaire, et les premiers hommes ont peut-être été témoins de leurs éruptions. Certains de ces monts ne sont revêtus que d'herbe rase ou de landes, quand d'autres sont couverts de bois, nés spontanément ou souvent, plantés par les hommes depuis que l'exemple en fut donné, au début du 19e s., par le **comte de Montlosier**. Né à Clermont-Ferrand, cet homme politique et naturaliste avait entrepris de démontrer qu'il était possible de faire pousser une forêt dans des endroits considérés jusqu'alors comme stériles. Il allait contribuer à changer radicalement le paysage de la chaîne des Puys.

Des **cheires**, longues coulées de lave, noirâtres, chaotiques, semées de genévriers et de pins, plantées d'épicéas et de pins douglas, s'étalent sur le plateau. L'une d'elles, issue des puys de Lassolas et de la Vache, a barré la vallée de la Veyre et donné naissance au lac d'Aydat *(voir p. 152)*.

celle de l'observatoire. *1h30 à 2h à pied AR, au départ du parking juste avant le col de Ceyssat (si on arrive de Clermont). Prévoyez un équipement de randonnée.* *3h30 AR au départ du parking de la maison de site. Suivre le « tour du Puy de Dôme » en direction du parking du col de Ceyssat (3 km), l'ascension se poursuivra par le chemin des Muletiers.*

Le sommet

3 parcours – chemin des petits explorateurs, chemin des conquérants, chemin des curieux (respectivement de 1h, 35mn et 50mn) – permettent de mieux comprendre le site, son histoire et son paysage.

★★★ **Panorama** – On distingue nettement, au nord, les volcans qui, de même origine que le Puy de Dôme, sont de grosses taupinières sans cratère : Petit Suchet, Clierzou, Sarcouy. Tous les autres sont des cônes de débris possédant des cratères : petit Puy de Dôme ou Nid de la Poule, Grand Suchet, puy de Côme, Pariou, Louchadière. Au sud, tous les volcans ont des cratères : Monchier, Barme, Laschamp, Mercœur, etc. Au-delà des puys les plus proches, à l'horizon, se distinguent les monts Dore. Vers l'est, on domine la Limagne avec ses villes et villages, ses champs et ses coteaux. Au loin, les hauteurs du Livradois-Forez limitent la plaine ; vers l'ouest, vous pouvez apercevoir le plateau du Limousin.

La visibilité varie presque d'une minute à l'autre, suivant le jeu des nuages et de la brume. La vue s'étend sur onze départements, soit près d'un huitième de la France, et si vous vous trouvez là au bon moment, vous pourrez peut-être voir le mont Blanc... Alors, à vos jumelles !

Les puys sont couverts tantôt de gazon ou de landes, tantôt de futaies de résineux ou de taillis de coudriers. C'est au coucher du soleil que le spectacle est le plus grandiose. L'ombre de la montagne est projetée vers l'est ; elle couvre d'abord le plateau d'Orcines, atteint brusquement Clermont, puis envahit peu à peu la plaine : son bord extrême va jusqu'à Thiers. 2

Temple de Mercure

C'est en 1872, à l'occasion de la construction du premier observatoire, que furent mis au jour des **vestiges antiques** (dédicaces, statuettes et autres, exposés au musée Bargoin à Clermont-Ferrand, *voir p. 54*). Ces vestiges furent rapidement identifiés comme ceux d'un temple dédié à Mercure, dieu romain du Commerce et des Voyageurs. Ils furent classés dès 1875, et le site protégé en 1933. Les dernières fouilles (2000-2004) ont permis de préciser les techniques mises en œuvre par les Romains pour la construction de l'édifice, qui aurait eu lieu vers 140. Elles ont conduit à la restitution partielle des murs d'enceinte en 2013-2014. Une seconde phase de travaux était en cours en 2022. La construction du temple a nécessité plus de 1800 tonnes de blocs d'une pierre volcanique nommée **trachyte** et la mise en œuvre de moyens de levage sophistiqués pour l'époque. Ces pierres provenaient du cratère d'un volcan aujourd'hui disparu, le Kilian, situé au pied du Puy de Dôme. Lors des fouilles, plus de mille objets métalliques ont été exhumés...

Le temple était situé près de la via Agrippa reliant Lyon à Saintes et à l'Atlantique, ce qui explique sans doute sa taille monumentale. Il était visible depuis la cité d'Augustonemetum, nom antique de Clermont-Ferrand.

Espace temple de Mercure – *Visite gratuite, libre ou audioguidée.* Situé au rez-de-chaussée du chalet de l'Observatoire météorologique, ce **lieu d'exposition** présente au public, de manière didactique et interactive, les résultats des fouilles exécutées sur l'ensemble du sanctuaire de Mercure. Vous suivrez le chemin des pèlerins sur le sanctuaire et découvrirez les différentes hypothèses de restitution du temple, notamment des toitures, à l'aide de films, maquettes, objets, jeux.

Le sentier contourne les ruines et passe devant le monument rappelant l'exploit aérien de **Renaux** *(voir p. 131)*. C'est en contrebas de ce monument que s'élancent des adeptes, très nombreux par beau temps, du parapente ou du deltaplane.

★★★ Nord de la chaîne des Puys

CARTE DES MONTS DÔMES CI-CONTRE

Circuit de 27 km tracé en bleu sur les cartes p. 128 et ci-contre, au dép. du parking du Panoramiques des Dômes. Suivez la D 68 puis la D 942, à droite.

Voir aussi le chapitre Lac d'Aydat et sud de la chaîne des Puys p. 152.

La D 942 mène au **col de la Moreno** (alt. 1102 m) entre les **puys de Laschamp**, au sud, et de **Monchier**, au nord, couverts de bois. Au **col de la Moreno**, prendre à droite la D 52, qui passe par Ceyssat et Champille et offre des **vues** intéressantes sur les nombreux cônes dont on longe le pied. La D 559, que vous prendrez à droite à la sortie de **Champille**, est une route étroite qui traverse la **cheire du puy de Côme,** couvert de hêtres et de résineux.

Une reconnaissance internationale

Depuis 2018, la **chaîne des Puys – faille de Limagne** est le premier site naturel en France inscrit au **Patrimoine mondial de l'Unesco**. Véritable théâtre géologique, cet ensemble illustre de manière exceptionnelle un phénomène terrestre majeur : la rupture d'un continent. Les formations de ce haut lieu tectonique permettent de comprendre comment la croûte terrestre s'est fracturée, effondrée, laissant remonter les magmas et surélevant massivement la surface. Le site donne à voir les différentes étapes du processus de rift :

- la **faille de Limagne**, longue de 32 km, et qui marque la limite entre le bassin effondré (plaine de Limagne) et le socle ancien (plateau des Dômes) où reposent les volcans ;
- l'inversion de relief de la **montagne de la Serre**, ancienne coulée volcanique située à l'origine en fond de vallée et devenue plateau surélevé sous l'effet de trois millions d'années d'érosion ;
- l'alignement volcanique de la **chaîne des Puys** et ses quelque 80 édifices aux formes variées (dômes, cônes, maars et leurs coulées) sont le résultat des remontées magmatiques et des bouleversements en profondeur qui accompagnent l'étirement et la fracturation de la croûte continentale. Ces volcans sont dits « monogéniques » car formés à la faveur d'une seule et unique éruption qui a pu durer de quelques heures à quelques jours. C'est ce qui explique leur nombre, leurs tailles et leurs formes variées.

Rassemblés en un seul lieu, cette faille, ces volcans et le relief inversé permettent d'appréhender dans sa totalité ce phénomène géologique remarquable par son ampleur et sa durée (350 millions d'années). Aucun autre lieu sur terre ne permet d'observer aussi clairement le déroulement complet de la rupture d'un continent.

Au cours de vos promenades, vous croiserez sans doute des **ravas**, brebis très résistantes, bien adaptées au pays, et qui ont peu à peu reconquis les prairies gagnées sur la forêt. Peut-être surprendrez-vous aussi le vol d'un magnifique papillon, **l'apollon**, dont les chenilles furent réintroduites dans les monts Dômes en 1996, après quatre-vingts ans d'absence.

Puy de Côme

Reconnaissable à son cône aux bords réguliers et son cratère ouvert, il culmine à 1252 m : c'est le deuxième plus grand volcan de la chaîne des Puys. Il est interdit d'y monter, mais un sentier en fait le tour, à la base *(5,3 km, 1h30)*. Une agréable promenade ombragée.

Arrivé sur la D 941, tournez à gauche et garez-vous au parking du volcan de Lemptégy (à env. 500 m sur la droite).

★ Volcan de Lemptégy

31 rte des Puys - ✆ 04 73 62 23 25 - www.auvergne-volcan.com - ♿ - à pied 11,50 € (12 € juil.-août), -12 ans 9 € (9,50 € juil.-août) ; en petit train 15,50 € (17 € juil.-août), -12 ans 12,50 € (13,50 € juil.-août) - réserv. recommandée en hte sais. pour le train - ouv. qqj. en fév.-mars et de déb. avr. à déb. nov. - compter 2h45 de visite.

Ancienne carrière de pouzzolane (scories) creusée dans un cône volcanique, le puy du Lemptégy (alt. 1018 m) offre l'occasion unique de pénétrer au cœur d'un

volcan à ciel ouvert afin d'en découvrir l'anatomie. Depuis le train, vous aurez un très beau point de vue sur les volcans environnants : puy Chopine, Grand Suchet, puy des Goules ou encore puy de Côme. À pied, vous aurez la satisfaction de l'effort accompli ! Vous cheminez sur un un **sentier de découverte** : scories, cheminées et bombes volcaniques n'auront plus de secrets pour vous. Un arrêt sur le site industriel permet de voir les anciennes machines d'extraction. La visite se termine par un **film en 4D** sur la chaîne des Puys et par le Volcan Express, train lancé à vive allure dans lequel le visiteur vit le réveil de la faille de Limagne *(déconseillé aux femmes enceintes et aux personnes souffrant de claustrophobie, de problèmes cardiaques ou de troubles provoqués par des secousses ; les enfants de moins de 4 ans ne sont pas admis)*. Avant ou après la visite, le parcours intérieur « Un volcan et des hommes » raconte l'histoire familiale qui se cache derrière le volcan de Lemptégy ainsi que le passé géologique des lieux. En 2022 le Volcan a inauguré un parcours nocturne immersif au cours duquel les visiteurs assistent au réveil du volcan avec de nombreux effets visuels et sonores.
Reprenez la D 941 vers l'est (dir. Orcines) et arrêtez-vous peu après le col des Goules.

★ Puy de Pariou

2h30 à pied AR. Au départ de la D 941, avant La Fontaine-du-Berger, garez-vous sur le stationnement matérialisé puis empruntez le PR. Le puy de Pariou étant compris dans le périmètre de sécurité d'un champ de tir désactivé depuis 1998, il est interdit de ramasser des projectiles, des morceaux d'obus ou des objets suspects.
Le volcan – On franchit la paroi du premier cratère d'où est sortie la coulée, très visible, qui traverse la route aux abords d'Orcines. On atteint le second cratère, superbe entonnoir régulier de 950 m de circonférence et d'une profondeur de 96 m. Du bord de ce cratère (alt. 1209 m), on jouit d'une belle **vue** sur les monts Dômes ; à l'ouest sur les puys du Clierzou et de Côme, aux deux cratères parfaitement emboîtés ; au nord, sur le puy Chopine, le puy de Chaumont et, derrière le puy des Goules, le Sarcouy ; au sud, sur le Puy de Dôme.

Le Grand Sarcouy

1h30 à pied AR par un sentier bien tracé sur la gauche, au départ de la D 941.
Le Grand Sarcouy (alt. 1147 m), de type péléen, est encore appelé « chaudron » en raison de sa forme. Dans le flanc sud de cette masse s'ouvre une vaste grotte.
À La Fontaine-du-Berger, tournez à gauche (D 773) en direction de Ternant.

Ternant

La D 773, à hauteur de la grande **croix de Ternant**, offre de belles vues sur l'agglomération clermontoise et sur la Limagne.
À la sortie de Ternant, prenez à gauche la D 559. Empruntez ensuite un chemin à droite de la route, 300 m avant le croisement avec la D 941.

Puys Chopine et des Gouttes

2h AR. Ce chemin (PR) permet, par temps sec, de faire le tour du puy.
Ceux que l'escalade ne rebute pas pourront atteindre le sommet du **puy des Gouttes** (alt. 1134 m), un ancien cône de type strombolien édifié il y a environ 30 000 ans. De là, on jouit d'une **vue** magnifique sur le Puy de Dôme. Les deux sites sont imbriqués l'un dans l'autre.
Au carrefour avec la D 941, prenez à droite en direction de Pontgibaud.

Pontgibaud *(voir p. 141)*

Prenez sur la droite la D 943.
Au départ, la D 943 gravit le versant ouest de la chaîne des Puys. Après St-Ours et Le Vauriat, la route réserve les vues les plus saisissantes sur le **puy de Louchadière**

qui, avec ses 1200 m d'altitude et son cratère égueulé, profond de 150 m, compte parmi les principaux volcans de la chaîne. Plus loin, à gauche, la **Nugère** (994 m) offre sa silhouette caractéristique.
Après le col de la Nugère et le cratère, la route sinueuse descend vers la Limagne, que l'on découvre par de magnifiques échappées, et permet d'atteindre Clermont-Ferrand par Durtol. Près de ce village se dresse le **château de Sarcenat** où naquit, en 1881, Pierre Teilhard de Chardin, jésuite, homme de science et philosophe.

Carnet pratique

S'informer

Office de tourisme – *Clermont-Ferrand - ✆ 04 73 98 65 00- www.clermontauvergnetourisme.com.*
Comité départemental de randonnée pédestre du Puy-de-Dôme – *15 bis r. du Pré-la-Reine - Clermont-Ferrand - ✆ 04 73 91 94 01 - puy-de-dome.ffrandonnee.fr.*
Espace temple de Mercure – *✆ 04 73 62 21 46 - volcan.puy-de-dome.fr.* L'espace organise des visites guidées thématiques.

Agenda

Les Automnales – *Voir office de tourisme ci-dessus - d'oct.à mai.* Théâtre et musique dans tout le département.

Arriver/partir

Se garer – La montée au Puy de Dôme n'est pas accessible en voiture, elle se fait par un train, le Panoramique des Dômes. Grand parking *(gratuit)* végétalisé au pied du site, près de la gare.

Transports

Navette depuis Clermont-Ferrand au Panoramique des Dômes – *✆ 04 73 87 40 83 - www.panoramiquedesdomes.fr et office du tourisme de Clermont - Déb. avr. à déb. nov., env. 35mn de trajet - 3,20 € AR (-4 ans gratuit).* Départ de la gare SNCF et d'autres lieux centraux de Clermont.

Nos adresses

Restauration

Premier prix

Restaurant du Volcan de Lemptégy – *31 rte des Puys - ✆ 04 73 62 23 25 - www.auvergne-volcan.com - selon l'ouv. du site - plats 12,80/17 €.* Il propose des formules variées, cuisine traditionnelle, plats régionaux (truffade, aligot, petit salé aux lentilles), et snacking au plus fort de l'été. Prix raisonnables.

Budget moyen

Le Relais des Puys – *59 rte de La Baraque - Orcines - croisement des D 941 et D 942 - ✆ 04 73 62 10 51 - www.relaisdespuys.com - P ♿ - fermé dim. soir hors sais. et lun. midi - menus 17/49 € - 32 ch. 95/185 € - ☕ 12 €.* Délicieuse cuisine régionale, concoctée avec une pointe de créativité, que vous pourrez déguster dans la salle réchauffée par la grande cheminée, ou, à la belle saison, sur la terrasse, face à un joli jardin de pierres et de mousse. Service soigné.

Auberge de la Fontaine du Berger – *167 rte de Limoges - Orcines - ✆ 04 73 62 10 52 - www.auberge.fr - fermé merc. et dim. soir, lun.-mar. - plats 17/32 €, menu 39 €.* Cette maison de pays aux volets rouges regarde le puy de Dôme et le Pariou. On y apprécie une cuisine où les produits frais ont la part belle, avec par exemple ces poissons en arrivage direct de Bretagne. Ne manquez pas le délicieux paris-brest maison.

Auberge de la Moreno – *Col de la Moreno - St-Gènes-Champanelle - ✆ 04 73 87 16 46 - www.aubergemoreno.com - P ♿ - menus 17/33 € - 6 ch. 74/90 €.* Cette auberge joue la carte de l'authentique avec des recettes « cent pour cent terroir » : truffade, tripoux cantalous, jambon de pays, pied de cochon farci, lentilles du Puy, viandes de Salers ou d'Aubrac... Aucun risque de rester sur sa faim. Certains jours, on peut y croiser les joueurs de l'ASM. Chambres récentes.

Pour se faire plaisir

Auberge de la Baraque – *2 rte de Bordeaux - Orcines - ✆ 04 73 62 26 24 - www.laubrieres.com - fermé le merc. - menu 25 €.* Dans cet ancien relais de diligence (1800), on apprécie une cuisine de qualité, savoureuse et bien présentée. Bon rapport qualité-prix.

Activités

Archipel-Volcans – *Rte de Clermont-Ferrand - St-Genès-Champanelle - village de Laschamps - ✆ 04 73 62 15 15 - www.archipel-volcans.com - ouv. tte l'année - réserv. conseillée.* Outre l'hébergement et la restauration (fermée en hiver), cet établissement, situé au pied du Puy de Dôme, propose des loisirs basés sur la découverte du site : parapente ou le vol en montgolfière. Randonnées avec ânes, VTT l'été et raquettes l'hiver.

La Ruche des Puys – *Beauloup - St-Ours - ✆ 04 73 88 94 31 - www.laruchedespuys.com - visite guidée (1h30) juil.-août : 11h, 14h, 15h, 16h, 17h ; avr.-juin et sept.-oct. : 14h30 et 16h ; reste de l'année : se rens. - 8 € (3-16 ans 6,20 €).* Pour découvrir l'importance des insectes. Visite guidée au milieu des ruches vitrées, suivie d'une dégustation.

Golf des Volcans – *La Bruyère-des-Moines - Orcines - ✆ 04 73 62 15 51 - www.golfdesvolcans.fr - tlj dès 7h30 (10h30 le merc.).* Parcours de 18 et 9 trous au pied du Puy de Dôme. Un cadre de rêve pour les golfeurs les plus exigeants.

Hébergement

Premier prix

Chambres d'hôte L'Abri du Berger – *Bravant - Olby - 2 km au nord des Quatre-Routes dir. Ussel puis rte secondaire - ✆ 04 73 87 19 00 - www.labriduberger.com - P - 15 fév.-15 nov. - 5 ch. 60 €.* Cette ferme traditionnelle joliment restaurée est au cœur d'un charmant village. Avec ses chambres confortables (2 avec mezzanine), sa cuisine et son grand salon-salle à manger avec cheminée, c'est une agréable étape pour partir à la découverte des puys. Cartes et conseils en plus.

Chambres d'hôte Les Genêts Fleuris – *Lieu-dit Bonnabaud - St-Pierre-le-Chastel - ✆ 04 73 88 75 81 - www.chambres-hotes-puy-de-dome.com - 5 ch. 70 € - table d'hôte 22 €.* Chaîne des Puys, château de Bonnabaud, église de St-Pierre-le-Chastel : un superbe panorama s'offre à vous depuis cette ancienne ferme soigneusement restaurée. Chambres simples, confortables et bien tenues ; petit salon-bibliothèque. Spécialités auvergnates à la table d'hôte.

Vulcania ★★

Parc de l'aventure de la Terre

Au cœur de la chaîne des Puys se dresse un volcan à l'intérieur en acier inoxydable coloré aux vapeurs de titane. Vulcania est né du rêve des volcanologues Katia et Maurice Krafft, celui d'un lieu qui regroupe toutes les connaissances connues en volcanologie et les expose au grand public. Pari réussi pour cet immense parc de plus de 15 000 m² qui invite à découvrir les mystères du centre de la Terre grâce à un savant mélange entre le ludique et le scientifique.

Se repérer

Puy-de-Dôme (63)

CARTE B1 (P. 128).

Vulcania se trouve à 15 km à l'ouest de Clermont-Ferrand. Une **navette** par autocar relie Clermont à Vulcania (*✆ 04 73 26 81 11 - www.vulcania.com - 3,20 € A/R*).

Organiser son temps

Comptez une journée. Le **plan** distribué à l'entrée vous aidera à vous organiser. Snack, brasserie, cafétéria et plusieurs aires de pique-nique sur place.

À ne pas manquer

Les Nocturnes de Vulcania – *De mi-juil. à mi-août : mar. et/ou merc. 18h-22h - 25 € (-16 ans 20 €).* Ambiance magique.

En famille

Prêt de poussette *(gratuit)*. Aires de jeux en extérieur.

2

Découvrir

Rte de Mazayes - ✆ 04 73 19 70 00 - www.vulcania.com - ♿ - vac. de Pâques, juin-2 sept. et vac. de la Toussaint : 10h-18h ; sept.-oct. : tlj sf lun.-mar. 10h-18h ; reste de l'année : se rens. - fermé de mi-nov. à mars - 30,50 € (6-16 ans 25 €, 3-5 ans 6/8 €), billet non daté - à partir de 25 € (6-16 ans 20 €) billet daté.

Dans le **hall** de Vulcania, le grondement permanent, enregistrements du volcan de l'Etna des Krafft, vous plonge dans l'ambiance d'un volcan en activité. Les **maquettes** des volcans d'Auvergne, l'écran où défilent sans arrêt les dernières nouvelles en matière de volcans, le **jardin volcanique** ou encore la vue sur le **cratère**, tout contribue à votre dépaysement.

Les espaces de découvertes scientifiques

Bouleversements – Comment les volcans peuvent changer la face du monde et bouleverser la vie des hommes : de la disparition des dinosaures à la paralysie du ciel aérien européen lors de l'éruption du volcan Eyjafjallajökull...

Machine Terre – Cet espace interactif propose hologrammes, tables tactiles, plancher interactif et autres écrans pour découvrir le système solaire, la Terre et les volcans dans une ambiance scientifique.

Planète dévoilée – *(45mn)* Découvrez la Terre au moyen d'images satellites en temps réel, et en interaction avec un animateur scientifique.

Espace Krafft – Grands noms de la volcanologie et du cinéma, les Krafft ont assisté à plus de 150 éruptions avant de disparaître en 1991 dans l'éruption meurtrière du volcan Unzen, au Japon. L'espace exposant des éléments de cette collection est à voir absolument.

La chaîne des Puys en relief – Exposition sur les volcans d'Auvergne en 3D. Située sur les extérieurs du parc Vulcania, non loin du Ballon des Puys, cette galerie de photos en relief, en partie aériennes, dévoile la splendeur de la chaîne des Puys - faille de Limagne et son patrimoine géologique unique.

Les attractions

Volcans sacrés – À bord d'un véhicule surfant sur une coulée de lave, découvrez les légendes associées aux volcans grâce à des effets spéciaux, personnages animés, ambiances sonores et récits.

Premier envol – À bord d'une nacelle, dans la peau d'un aigle royal, vous survolez le paysage de la chaîne des Puys grâce à des images projetées sur un écran à 180°.

Abyss explorer – Exploration sous-marine des grands fonds volcaniques de la planète. Après une plongée à bord d'un bathyscaphe, non sans turbulence, l'expédition vous emmène dans un monde inconnu, celui des volcans sous-marins et des « fumeurs noirs » !

Réveil des géants d'Auvergne – Et si les volcans d'Auvergne se réveillaient ? À l'aide de la 3D, de sièges dynamiques et d'effets spéciaux, cette simulation d'éruptions basée sur des déductions scientifiques vous donne un aperçu de ce qu'il adviendrait dans cette hypothèse. Impressionnant.

Coin des expériences – Pour s'amuser en famille *(vac. scol.)*. Jouez, manipulez et expérimentez pour mieux comprendre le volcanisme. Grâce à des animations interactives, vous allez pouvoir percer les mystères de la terre.

Les projections

L'Odyssée magique – *(70mn)* Sur un écran géant, partez à la découverte de la Terre en compagnie d'un jeune Terrien et d'une créature magique nommée Titania. Un autre film est également diffusé dans cette salle : **Regards sur les volcans**, les événements historiques ou mythologiques mettant en scène les hommes et les volcans.

Dragon Ride 2 – Les hommes ont toujours attribué les phénomènes naturels aux dieux et à des créatures fantastiques comme les dragons cracheurs de feu. Partez à leur rencontre au cœur d'une aventure en 3D *(6mn)*. Dans **Terre en colère,** simulateur enrichi d'effets spéciaux, affrontez des forces de la nature.

Découvrez des documentaires sur l'**éruption du mont St-Helens**, **les Risques volcaniques** et le travail de **L'Homme face aux volcans**.

Les extérieurs

Partez en balade à bord du **VolcanBul,** une voiture guidée par satellite, ou profitez du spectacle du **Grand Geyser** jaillissant de la terre et de ses jeux d'eau. Des **sentiers de découverte** balisés permettent de découvrir l'environnement de Vulcania.

Pontgibaud

En marge des Combrailles et de la chaîne des Puys, ce joli bourg est dominé par les hautes tours du château Dauphin. Le long des berges tranquilles de la Sioule se pratique la pêche au ver, à la mouche et au lancer. À l'ouest de Pontgibaud, la ville voisine de Pontaumur organise chaque année au mois d'août le célèbre festival Bach en Combrailles.

Randonnée vers Montfermy dans la vallée de la Sioule.
Ch. Guy/hemis.fr

Se repérer

756 Gibaldipontins – Puy-de-Dôme (63)

CARTE B1 (P. 128)

Pontgibaud se trouve à 22 km au nord-ouest de Clermont-Ferrand.

À ne pas manquer

Les gorges et le site de Montfermy. Après Pontgibaud, à la sortie de Bromont-Lamothe, belle vue d'ensemble sur la chaîne des Puys.

En famille

Le moulin de Villemonteix.

Carnet pratique p. 144

Nos adresses p. 144

Se promener

Château Dauphin

6 r. du Frère-Genestier - ✆ 04 73 88 73 39 - www.chateaudauphin.com - visite guidée (45mn) juil.-août : tlj sf lun. 14h-19h ; reste de l'année : dim. 14h-18h - fermé de déb. nov. au w.-end de Pâques - 7 € (-18 ans 4 €) - 10 € billet combiné avec le musée des Mines d'argent - 4,50 € jardin seul.

Lorsque l'Auvergne était encore anglaise (jusqu'en 1213), la seigneurie appartenait aux comtes Dauphins d'Auvergne, ce qui explique le nom de ce château. Une **porte fortifiée** précède l'allée qui conduit à une imposante forteresse en pierre de lave, avérée dès le 12e s. Des sept tours qui garnissaient l'enceinte, six, bien conservées, se dressent toujours fièrement autour du château ; à sa droite, la tour la plus imposante, celle du Chevalier, offre de son sommet une jolie vue sur le **jardin** et le **potager** du 16e s., reconstitué (l'original a été décrit par Montaigne en 1581). La **cour intérieure** du bâtiment principal, couverte d'une verrière, donne sur trois étages munis de balcons. Les différentes pièces (salon, bibliothèque, salle à manger) abritent du **mobilier** des 16e et 18e s., ainsi que des tableaux et miniatures du 18e s. représentant des membres de la famille seigneuriale.

Dès le 16e s., les **mines de plomb argentifère** de Pontgibaud fournirent de l'argent pour battre monnaie. Les ingénieurs venus d'Angleterre et les mineurs creusèrent près de 70 km de galeries, activité qui cessa à la fin du 19e s. Dans les communs du château, le **musée des Mines d'argent** retrace l'histoire et les techniques d'extraction du filon, utilisées par les paysans-mineurs exploitants, qui transformaient la galène en lingots d'argent.

Église St-Benoît

On retrouve dans les églises de la région, des éléments de la **chartreuse du Port-Ste-Marie** *(voir p. 498)*, qui fut spoliée et dont les objets furent disséminés au moment de sa mise en vente comme bien national. L'église de Pontgibaud (fin du 15e s.) abrite, elle aussi, tout un mobilier provenant de Port-Ste-Marie : bénitier avec piédestal en fer forgé supportant la lampe du sanctuaire ; beau maître-autel en marbre polychrome (18e s.) ; *Assomption* (de Pierre Parrocel, derrière le maître-autel) ; deux toiles du 17e s. de Guy François, originaire du Puy-en-Velay (*L'Adoration des Mages* au-dessus de l'autel St-Benoît et *L'Adoration des bergers* près des fonts baptismaux).

Mairie

Elle est installée dans l'ancienne halle de la ville, construite au 19e s. Dès le Moyen Âge, Pontgibaud, située sur une voie de communication entre l'Auvergne et le Limousin, était un bourg commercial très important. Il s'y tenait neuf foires annuelles, dont une foire dire « de Carnaval », le Jeudi gras. Aujourd'hui se tient toujours un **important marché** dans la ville, le jeudi matin.

Maison des Chausses

N'hésitez pas à vous balader dans Pontgibaud pour jeter un coup d'œil sur les maisons anciennes. Située derrière la mairie, la maison des Chausses (fin 15e s.) est intéressante avec son échauguette coiffée d'un toit en poivrière. Au 1er étage, elle a conservé une fenêtre à meneaux.

À proximité

CARTE P. 128

★ Gorges et site de Montfermy B1

À 12 km - www.tourisme-combrailles.fr. Quittez Pontgibaud par le nord en empruntant la D 418. Étroite et pittoresque, la route suit les gorges de la Sioule (voir p. 494). À Montfermy, à hauteur du pont sur la Sioule, laissez votre voiture.

Cascade et moulin – Prenez le sentier qui longe la rive gauche de la Sioule et conduit à une cascade et à un moulin en ruine, situés à l'intérieur d'un méandre qui avait été coupé artificiellement à la base pour détourner en partie les eaux de la Sioule et actionner le moulin. L'ensemble est très harmonieux et reposant. C'est le coin préféré du peintre du dimanche, du pêcheur d'eau douce et des amoureux.

Église – Vous y découvrirez des **fresques** (restaurées) du début du 14e s. représentant des apôtres en pied, des anges musiciens, et surtout un épisode de l'histoire du prieuré, et sa reconstruction à la suite d'une catastrophe.

Chemin Fais'Art B1

Chateix - Chapdes-Beaufort - ✆ 04 73 85 80 94 - www.tourisme-combrailles.fr.

Pensez à vous équiper de baskets : le chemin descend à travers bois pour une partie en raidillon. Garez-vous sur le parking indiqué en arrivant, en contrebas à proximité du cimetière.

2h AR – Dans cette véritable galerie en plein air, des chemins vous mènent sur 7 km de sculpture en sculpture, à la découverte d'une vingtaine d'**œuvres monumentales contemporaines** (serpent, bassin...), réalisées en pierre de Volvic par Gilles Perez. Un chemin vous conduit aussi vers une chapelle et un point de **vue** remarquable sur les Combrailles.

Église de Pontaumur A1

À 18 km à l'ouest de Pontgibaud par la D 941.

Cette église abrite la fidèle réplique de l'**orgue** qu'utilisait **Jean-Sébastien Bach** (1685-1750). Blanc et or, aux caractéristiques particulières (deux claviers pouvant s'accoupler, diapason...), elle retransmet très fidèlement la sonorité des œuvres de Bach *(voir Agenda, p. 144).*

Voingt A1

À 17 km à l'ouest de Pontaumur par la D941.

Maison archéologique des Combrailles – Le Bourg - *✆ 04 73 79 70 70 - www.ccvcommunuaute.fr - juil.-août : mar.-dim. 10h30-12h30, 14h-18h - avr.-juin et sept. : mar., merc., vend.-dim. 14h-18h - 4 € (12-18 ans 2 €) -* ♿. Cet espace d'exposition installé dans une ancienne grange auvergnate présente le patrimoine archéologique en Combrailles : poignards néolithiques, céramiques, monnaies et verreries romaines, etc. Le musée expose des inscriptions uniques en France, dédiées à Toutatis, dieu gaulois. Vous pouvez ensuite effectuer un circuit de 35 km qui vous convie à découvrir 5 000 ans d'histoire dans les Combrailles : le dolmen de la Pierre-Fade, la via Agrippa (Fernoël) qui reliait Lyon à Saintes, la motte castrale de Giat, l'église romane d'Herment.

2

Carnet pratique

S'informer

Office de tourisme –*18 r. du Commerce - Pontgibaud - ✆ 04 73 85 80 94 - www.tourisme-combrailles.fr.*

Agenda

Bach en Combrailles – *2e sem. d'août - ✆ 04 73 79 91 10 - www.bachencombrailles.com.* À Pontaumur et dans ses environs, ce festival accueille de grands virtuoses et de nombreux amateurs de musique classique.

Nos adresses

Restauration

Budget moyen

Hôtel de la Poste – *Pl. de la République - ✆ 04 73 88 70 02 - www.hoteldelaposte-pontgibaud.com - P sur réserv. 10 €/ nuit - ♿ - fermé lun. - plats 20/28 €, menus 32/49 € - 11 ch. 67/87 € - ☕ 8,50 €.* Dans cette maison de pays, on se régale des recettes régionales à l'abri des regards. Chambres pour l'étape.

Shopping

Chocolaterie Colombet – *2 av. de Verdun - ✆ 04 73 88 99 78 - www.colombet-chocolaterie.fr - mar.-sam. 9h-19h, dim. 9h-12h30.* Les fines gourmandises de ce talentueux artisan-chocolatier sont devenues une référence dans la région. Tablettes, pralinés, ganaches, macarons, glaces, pâtisseries..., tout est fabriqué sur place dans l'atelier attenant, visible de l'extérieur. Agréable boutique avec des idées cadeaux autour du chocolat et une belle sélection de thés.

Activités

Moulin de Villemonteix – *Bromont-Lamothe - 3,5 km à l'ouest par D 941, puis D 572 - ✆ 04 73 61 25 12 - tte l'année sur réserv.* Le meunier vous fera visiter son moulin à farine et vivre son quotidien et les techniques de fabrication de cette activité artisanale.

Hébergement

À proximité

Budget moyen

Le Confluent – *5 av. du Marronnier - Pontaumur - ✆ 04 73 77 76 75 - www.hotel-leconfluent.fr - fermé les 2 sem. des vac. de Noël. - 9 ch. 91/110 € - ☕ 10 € - menus 24/30 €.* L'ancien hôtel de la Poste a fait peau neuve. Chambres agrandies, déco moderne avec de petits détails qui font la différence, cet établissement est d'un excellent qualité-prix. Accueil charmant, belle salle à manger aux murs de pierre, parfait pour une halte en Auvergne.

Auberge de Mazayes – *Mazayes-Basses - Mazayes - ✆ 04 73 88 93 30 - www.auberge-mazayes.fr - P ♿ - 15 ch. 87 € (121 € 4 pers.) ☕ 9 € - ✕ formule déj. sem. 21 €, menus 28/49 €.* Ferme restaurée au calme dans une campagne paisible. Chambres agréablement aménagées. Cuisine régionale.

La basilique d'Orcival ★★

Niché dans un vallon arrosé par le Sioulet, Orcival est une étape inoubliable entre le massif du Sancy et la chaîne des Puys : ce joli village aux toits de lauzes, blotti dans son écrin de verdure, attire les foules qui viennent admirer sa superbe basilique romane, fondée par les moines de La Chaise-Dieu.

La Vierge noire d'Orcival.
Himagine/Getty Images Plus

Se repérer

243 Orcivaux – Puy-de-Dôme (63)

CARTE B2 (P. 128).

Orcival se trouve à 27 km au sud-ouest de Clermont-Ferrand.

Organiser son temps

Une demi-journée pour Orcival et ses environs et n'hésitez pas à découvrir la basilique avec un guide *(office de tourisme)*.

En famille

Le château de Cordès, sorti tout droit d'un conte de fées. L'office de tourisme propose un fascicule gratuit « Jeu de découverte » du village et de la basilique.

Nos adresses p. 147

★★ Basilique Notre-Dame-des-Fers

Pl. Notre-Dame - Orcival - ✆ 04 73 65 89 77 - www.auvergnevolcansancy.com.
À quel puissant mobile obéit le maître d'œuvre, obligé de détourner le lit de la rivière et d'entailler la montagne pour édifier la basilique ? Il s'en remit à la volonté de la Vierge : « Là où tombera le marteau du maçon, nous bâtirons l'église », lui aurait-elle signifié. Le lancer du marteau désigna le bas du vallon. La masse grise d'andésite volcanique d'Orcival fut élevée dans la première moitié du 12e s. et, à en juger par sa remarquable unité de style, au cours d'une seule campagne de construction.

Extérieur – Les volumes de la partie arrière de l'édifice se superposent harmonieusement jusqu'à la flèche (tronquée à la Révolution) du clocher octogonal à double étage percé de baies jumelées *(voir ABC d'architecture, p. 567)*. Le chevet comporte quatre absidioles rayonnantes dont une, au sud, est la seule (par une fantaisie de l'architecte) à englober le niveau de la crypte. Les vantaux des trois portes ont conservé leurs **pentures** romanes ; les plus ornées, de rinceaux et de têtes humaines, se trouvent sur la porte sud (dite St-Jean). Sous les arcatures du transept sud sont suspendues des chaînes, ex-voto de captifs délivrés. Des boulets et des chaînes, suspendus sous les arcades du croisillon sud, perpétuent ce culte, rendu à la bonne Vierge d'Orcival depuis des temps immémoriaux.

Intérieur – L'impression de plénitude est renforcée par l'extrême dépouillement de l'architecture, qui obéit aux règles des autres grandes églises auvergnates. Le regard est attiré par l'enfilade des piliers, jusque vers le chœur baigné de lumière. Chapiteaux intéressants dans le déambulatoire (sculptés d'animaux fabuleux, oiseaux, poissons, démons) et dans la nef où la plupart sont à feuillages ; le seul historié *(premier pilier sud)*, surmonté de l'inscription *Fol dives*, représente le **Châtiment de l'avare**. Derrière le maître-autel, sur une colonne, trône la très célèbre **Vierge d'Orcival★★**, en noyer, aux parements d'argent et de vermeil, ouvrant largement ses longues mains de lumière. Sous le chœur, une **crypte**, vaste et claire, en reproduit le plan. Notez l'autel en plomb doré, œuvre moderne du sculpteur Kaeppelin, et une charmante Vierge à l'Enfant, en bois, du 14e s.
Une balade à pied dans le village s'impose, pour admirer notamment les belles maisons flanquées de tours, qui accueillaient autrefois les prêtres venus participer au pèlerinage : à l'Ascension, la statue de la Vierge est toujours portée à dos d'hommes aux pieds nus, en procession, jusqu'au lieu-dit du **Tombeau de la Vierge**.
Le départ du chemin qui monte au calvaire se trouve entre la grande croix à côté de la basilique et le restaurant Notre-Dame, qui arbore lui-même une tour impressionnante.

À proximité

CARTE P. 128

Château de Cordès B2

Rte du Château - ✆ 04 73 21 15 89 - www.chateau-cordes-orcival.com - fermé au public en 2022 pour travaux.
Ce charmant manoir des 13e-15e s. fut restauré par le maréchal d'Allègre. L'allée qui y mène est bordée de charmilles enserrant de beaux **parterres à la française★** tracés selon les règles de Le Nôtre. À l'intérieur, on parcourt le salon au décor de gypseries, la salle à manger et les salles du sous-sol dont celle des gardes, au vieux puits avec treuil et roue. Dans la chapelle, magnifique **pierre tombale** d'Yves II d'Allègre, mort à Ravenne en 1512, et beau retable en marbre de Carrare.

Retour à la source ?

L'origine d'*Ourche Val* est incertaine : s'agissait-il du val d'Orcus, divinité gauloise des Enfers, du vallon de l'ours, ou encore du vallon de la source ? On dénombre en effet un grand nombre de sources dans les environs, et même à l'intérieur de l'église, dit-on…

Église Ste-Anne A2

À Heume-l'Église, 16 km au nord-ouest par la D 555, puis la D 216 vers Rochefort-Montagne. Prenez ensuite la N 80, à droite la D 11, encore à droite la D 134, après avoir traversé la Miouze.

Cette église au plan rectangulaire, de style roman tardif, début du gothique, abrite un beau mobilier du 17e s. ainsi qu'une Vierge en majesté en bois polychrome du 13e s. Elle conserve aussi des modillons (ornement placé sous une corniche) et des chapiteaux des 12e et 13e s.

Nos adresses

Hébergement/restauration

Premier prix

Le Cantou - *Le Bourg - ✆ 04 73 65 82 07 - tlj midi et soir - menus 12/28 €.* Dans un cadre rustique, on vous propose une cuisine du terroir servie en larges portions : soupes auvergnates, cochonnailles, tourtes et pompes, volailles, fromages des burons, desserts aux fruits de la montagne.

Shopping

Maison Confiserie et Chocolat - *Le Bourg - ✆ 04 73 65 85 60 - patisserie-juilhard.fr - tlj sf lun. 9h30-18h30.* À 50 m de la basilique, cette chocolaterie n'a aucun secret pour ses clients, qui ont vue sur le laboratoire, ouvert à tous les regards. On peut même le visiter en saison *(jeu. à 11h, inscriptions à l'OT d'Orcival - ✆ 04 73 65 89 77).* Deux autres boutiques, à Champeix *(✆ 04 73 71 40 08)* et St-Amand-Tallende *(✆ 04 73 39 30 62).*

Saint-Saturnin ★

Perché sur un promontoire basaltique au cœur d'un remarquable cirque naturel, St-Saturnin, ancienne résidence des barons de La Tour d'Auvergne – futurs comtes d'Auvergne –, se découvre à pied. Au contact des monts Dômes, du massif du Sancy, des vallées des Couzes et de la Comté, ce charmant bourg médiéval recèle, parmi ses ruelles tortueuses et les vestiges de ses murs d'enceinte, une superbe église romane et un château royal. Un lieu de prédilection pour les aquarellistes et les amateurs de belles pierres.

Se repérer

1172 Saturninois – Puy-de-Dôme (63)
CARTE C2 (P. 128).
À 18 km au sud de Clermont-Ferrand par l'A 75.

À ne pas manquer

St-Saturnin possède l'une des cinq églises romanes majeures d'Auvergne *(p. 561)*.

En famille

Après le village et sa forteresse médiévale, descendez dans les gorges de la Monne, belles et sauvages.

Nos adresses p. 151

Se promener

Pl. du 8-Mai - ✆ 04 73 39 21 17 - www.mondarverne.com.
Le village de St-Saturnin doit son nom à un martyr du 3e s., premier évêque de Toulouse, également connu sous le nom de **saint Cernin**. Parmi les personnalités qui ont marqué le bourg, notons **Catherine de Médicis**, française par sa mère Madeleine de La Tour d'Auvergne, et sa fille **Marguerite de Valois**. Plusieurs circuits de visites sont indiqués dans le village. Gagnez la ville haute pour effectuer cette promenade.

★ Église Notre-Dame

Bâtie au 12e s., elle est très simple ; son superbe **chevet★** possède la particularité d'avoir une abside dépourvue de chapelles rayonnantes. Le large déambulatoire qui ceinture l'hémicycle du chœur, les chapelles orientées du transept dont la puissante structure porte le **clocher octogonal le mieux conservé d'Auvergne**, constituent un ensemble architectural remarquable. La décoration est composée de cordons de billettes, de modillons à copeaux, avec un jeu d'arcatures alternant les claveaux de basalte et d'arkose.
Intérieur – Remarquez la belle répartition des volumes, entre la haute voûte en berceau de la nef, les tribunes qui surmontent les bas-côtés, l'élévation du carré du transept, et la crypte reposant sur de puissants piliers. Dans le chœur, **maître-autel en bois doré** provenant de la chapelle du château et marqué aux chiffres d'Henri IV et de Marguerite de Valois, la reine Margot, dame de St-Saturnin.

Chapelle Ste-Madeleine

À côté de l'église, cette petite chapelle (ancien baptistère) du 11e s., fortifiée au 14e s., est sans doute le monument le plus ancien de St-Saturnin. Le linteau du

Le Château de Saint-Saturnin.
Ch. Guy/hemis.fr

jardin attenant, daté de 1668, invite à la méditation : « Nous avons été comme vous. Un jour, vous serez comme nous. Pensez-y bien… »

2

★ Château royal

Pl. de l'Ormeau - ✆ 04 73 39 39 64 - www.chateaudesaintsaturnin.com - visite guidée (50mn) de juil. à mi-sept. : tlj sf sam. 11h-18h ; mai-juin : w.-end, j. fériés et ponts 14h-18h - 9 € (-18 ans 6 €). Une visite ludique (50mn) permet de découvrir le château à travers des énigmes, accompagnée d'un guide (15h sf sam.).

Bâtie au 13e s., remaniée deux siècles plus tard, cette imposante forteresse, restaurée avec soin, témoigne de l'**architecture militaire** du Moyen Âge : triple enceinte, remparts, tours à créneaux, mâchicoulis et douves (aujourd'hui en partie comblées), que l'on appréciera depuis la **cour d'honneur** et les grandes terrasses, de part et d'autre du corps de logis. De style Renaissance, coiffé d'un toit reposant sur une **charpente** en « carène de vaisseau renversée », ce dernier (15e s.) réunit deux ailes antérieures (13e et 14e s.), dont il fallut revoir l'organisation des étages dans un souci d'harmonisation. On visite les donjons – donjon haut et donjon bas –, la charpente monumentale du 15e s., la cour d'honneur, la **Salle royale** où se tenaient, sous un superbe plafond resté intact, les réunions du conseil d'Auvergne, les grandes terrasses gagnées sur les douves, aménagées face aux parcelles impeccables d'un **jardin à la française** plus tardif (17e s.), les escaliers à vis du 15e s. et le **salon des Tomettes**. Cette pièce à vivre du comte côtoie sa chambre, où dormit Catherine de Médicis. Le chemin de ronde mène au sommet d'une tour : beau **panorama** sur le village et les collines. Un **jardin** d'inspiration Renaissance italienne a été récemment créé.

Place de l'Ormeau, près du château, s'élève une très jolie **fontaine** Renaissance, creusée dans la lave. Chaque face du bassin polygonal était ornée d'un écusson. On peut reconnaître les armoiries des de Broglie (« d'or au sautoir ancré d'azur ») et des de La Tour d'Auvergne : « de gueules (fond rouge) à la tour d'Argent ».

Du fief des comtes au château royal

C'est à la famille de La Tour d'Auvergne, puissante lignée originaire du village éponyme (dans le Sancy), que St-Saturnin doit sa belle forteresse, sauvée au début du 17e s. par son illustre propriétaire et dernière comtesse d'Auvergne : Marguerite de Valois, **la reine Margot**.
Par son intelligence, son esprit d'indépendance et sa liberté de ton, celle-ci avait suscité, à l'heure des guerres de Religion et de ses démêlés avec son époux Henri de Navarre, la colère de sa mère, **Catherine de Médicis**, et de son frère **Henri III**, qui la firent enfermer au château de St-Saturnin, puis à Usson où elle demeura dix-neuf ans (1586-1605). Rentrée à Paris, elle se réconcilia avec Henri de Navarre, devenu entre-temps **Henri IV**, roi de France, et se prit d'affection pour le fils né de sa nouvelle union avec Marie de Médicis : le dauphin Louis, futur Louis XIII. Pour cristalliser la réconciliation, Marguerite de Valois fit don à ce dernier du château qui, passant sous la tutelle royale, fut estampillé d'un sceau protecteur : quand Richelieu fit démanteler les châteaux d'Auvergne afin d'asseoir l'autorité du roi de France, celui de St-Saturnin fut épargné. Après Catherine de Médicis et Charles IX, qui y séjournèrent, la reine Margot scella ainsi la transmission de l'édifice de la famille d'Auvergne à la famille royale.

★ Lavoirs

Dans le village, deux lavoirs ont été restaurés. Le premier, celui de **la Freydière**, est situé sous le château. Son chemin d'accès dans les gorges de la Monne permet de découvrir la coulée de lave de 37 m de basalte sur laquelle est construit le château, ainsi que le sommet du village. Le second, celui du **creux du Thieu**, se trouve sous l'ancienne poterne sur les pentes de la même vallée de la Monne *(un chemin depuis l'église permet d'y accéder)*.

À proximité

CARTE P. 128

St-Amant-Tallende C2

2 km au nord-est de St-Saturnin par la D 8.

Ce village commerçant forme un beau tableau depuis le pont médiéval sur la Veyre. Dans la vieille ville, la maison forte de Murol rappelle que les propriétaires, la famille de La Tour d'Auvergne, exerçaient jadis une forte emprise sur l'ensemble de la ville.

Abbaye Notre-Dame de Randol C2

2 km au sud-ouest par la D 28 et la D 28A.

Rte de Randol - 04 73 39 31 00 - www.randol.org - ♿ - 6h-13h, 14h-20h30 - gratuit.

En arrivant, beau coup d'œil sur cette architecture moderne (1971) qui domine la **vallée de la Monne**. L'église se distingue par l'harmonie de ses proportions et la hauteur de son vaisseau. On est saisi par l'envolée du **chœur★**, obtenue par l'inclinaison de la nef et l'élévation des fins piliers, qui montent d'un seul jet jusqu'à la voûte. Une abondante clarté confère à ce chœur ovale une grande élégance. Dans la chapelle de gauche, dédiée à la Sainte Famille, remarquez les vitraux représentant les Mystères du Rosaire.

Gorges de la Monne C2

Entre Cournol, en contrebas de l'abbaye de Randol, et Olloix, le **GR 30** descend dans les gorges de la Monne, sauvages et belles, la franchit au pont de

Ribeyrolle et remonte les parois abruptes vers Olloix. En voiture, la route, sinueuse, offre de belles échappées sur les gorges, dont le charme rude a été préservé.
La Maison de la Monne, à Olloix, organise des randonnées à pied ou à VTT.

Olloix

7 km au sud-ouest par la D 28 et la D 119.
Peu avant Olloix, une **croix polylobée** se dresse au bord de la route et vous invite à vous arrêter un instant pour contempler le panorama.
Le village étire ses maisons anciennes le long de la route. C'était autrefois le siège de la commanderie des chevaliers de St-Jean-de-Jérusalem (ordre de Malte) dont dépendait la commanderie hospitalière de La Sauvetat *(voir Vic-le-Comte, p. 122)*. L'ancienne forteresse a disparu.
L'**église** romane, qui faisait partie de la commanderie adjacente (détruite) des hospitaliers de St-Jean de Jérusalem conserve le tombeau avec gisant d'Odon de Montaigu, grand prieur d'Auvergne au 14e s. À ses pieds figure un chien, symbole de fidélité, destiné à l'accompagner dans l'au-delà.

Nos adresses

Restauration

Premier prix

Le Bistrot d'ici – *Pl. du 8-Mai - ✆ 04 73 39 32 91 - lebistrotdici.fr - fermé mar. - menus 15/23 €.* Très convivial, ce Bistrot d'ici a tout compris : dans un village, il faut jouer sur plusieurs cartes à la fois. On peut y prendre un verre, déguster une glace, acheter son journal, obtenir des infos touristiques, écouter un concert, etc. Petite restauration également. La terrasse est accueillante, avec ses couleurs flashy, comme la salle intérieure avec ses meubles clairs.

Shopping

Cave St-Verny – *2 rte d'Issoire - Veyre-Monton - croisement D 978 et D 8 - A 75 sortie n° 6 dir. Veyre-Monton - ✆04 73 69 92 87 - www.saint-verny.com - P - 9h-12h, 14h-19h - fermé dim.-lun. et j. fériés.* Située au cœur d'un vignoble en plein renouveau, la cave St-Verny invite à découvrir, à travers une dégustation gratuite, ses côtes-d'auvergne blanc, rouge ou rosé. Visite des chais sur RV.

Hébergement

Premier prix

Chambres d'hôte La Maison des Archers – *R. de la Boucherie - ✆ 04 73 39 31 42 - www.lamaisondesarchers.com - P - 3 ch. 75/95 €.* Avec sa façade du 15e s., cette maison passerait presque inaperçue dans le centre historique de St-Saturnin. Ancienne propriété de l'écuyer de la reine Margot, elle compte deux salles voûtées, dont une aménagée en salon détente, et trois chambres à l'étage. Garage fermé abritant des voitures de collection.

Une folie

Château de St-Saturnin – *Pl. de l'Ormeau - ✆ 04 73 39 39 64 - www.chateaudesaintsaturnin.com - P - ouv. de mi-mars à mi-nov. - 5 ch. 295 €. Possibilité de privatiser, 395 €/ch.* On replonge au Moyen Âge dans ce château du 13e s. dominant le village. Chambres et suites de bonne ampleur, au mobilier ancien. Charme, calme absolu, parc et jardins sont les principaux atouts de ce site.

2

Lac d'Aydat★ et sud de la chaîne des Puys★

Véritable oasis de fraîcheur, cette paisible étendue aux rives escarpées est parée d'un magnifique espace boisé. Les Clermontois aiment venir s'y baigner, pratiquer la voile ou la randonnée, ou encore arpenter ses rives boisées à la recherche de champignons et grimper sur la montagne de la Serre pour observer le vol des oiseaux migrateurs.

Se repérer

Puy-de-Dôme (63)

CARTE C2 (P. 128).

On arrive au lac d'Aydat par la D 2089, puis par la D 90 qui borde le petit lac de la Cassière, ou par la D 213, à partir de l'A 75, sortie 5.

À ne pas manquer

Une promenade autour du lac et aux puys de Vichatel et de la Vache.

En famille

Baignade surveillée, aires de jeux, planche à voile, course d'orientation, pêche...

Nos adresses p. 155

Se promener autour du lac

★ Lac d'Aydat

Bd du Lac - Sauteyras - Aydat - 04 73 79 37 69 - www.mondarverne.com.
Le lac est né d'une coulée de lave, la **cheire d'Aydat**, émise par les **puys jumeaux de la Vache** et de **Lassolas**, il y a 8 000 ans. En empruntant la vallée de la Veyre, la coulée a barré de nombreux affluents sur son passage. Longue de plus de 14 km, elle a ainsi donné naissance à des lacs, dont celui de la Cassière. Le lac d'Aydat est le plus grand lac naturel d'Auvergne, avec une superficie de 65 ha.

Le lac accueille une **base nautique** et une **plage** *(baignade surveillée en été)*. Des pontons aménagés permettent de traverser la **zone humide**, riche en flore et en faune et marquée par une grande variété de paysages. Vous découvrirez, au détour d'un sentier, l'épilobe en épi et le framboisier, mêlés à d'éclatants

Le lac d'Aydat.
Ch. Guy/imageBROKER/age fotostock

Un peu de géologie

Le **lac d'Aydat** est né d'une coulée de lave émise par les puys jumeaux de la Vache et de Lassolas, il y a 8 000 ans. En empruntant la vallée de la Veyre, la coulée a barré de nombreux affluents sur son passage. Longue de plus de 14 km, elle a ainsi donné naissance à des lacs, dont celui de la Cassière. Le lac d'Aydat est le plus grand lac naturel d'Auvergne, avec une superficie de 65 ha.

boutons-d'or et d'odorants millepertuis. Il est possible de faire le tour du lac à pied (*5,7 km, assez facile, alternance de sentier et de goudron – trottoir et route*).

2

Aydat

Remarquez l'église fortifiée Saint-Sidoine, du 13e s., et ses curieux contreforts en forme de tourelles accotées (15e s.).

À proximité

Menhir de Fohet

À env. 4 km au sud d'Aydat par la D 90 puis la D 788, au lieu-dit Pierre-Longue.
Le menhir de Fohet a longtemps servi de reposoir pour les cercueils des morts qu'on allait enterrer à Aydat. Avec ses 4,75 m, c'est l'un des plus hauts d'Auvergne. Il est appelé Pierre-Longue par les habitants car il était couché jusqu'en 1991 !

Dolmen de la Grotta

À 3 km à l'est de Fohet par la D 788, à Cournols, au lieu-dit Sarou.
Quittez Fohet vers l'est et prenez la D 788 en direction de Cournols.
À **Cournols**, allez voir le dolmen de la Grotta, l'un des plus célèbres d'Auvergne, seul vestige de l'allée couverte de la Grotte, à 800 m d'altitude. Datant du néolithique, il est constitué de quatorze piliers et de deux dalles de couverture.

Sud de la chaîne des Puys

CARTE C2 P. 128

Loin des foules qui arpentent le Puy de Dôme, le sud de la chaîne des Puys offre quelques beaux chemins de randonnée parfaitement accessibles, et qui ont fait l'objet d'aménagements spécifiques visant à préserver les paysages.

★ Puy de Vichatel

À env. 7 km au nord-ouest du lac d'Aydat par la D 213, la D 2089.
On passe d'abord par le **château de Montlosier** qui abrite le siège administratif

du **Parc naturel régional des Volcans d'Auvergne** *(maison du Parc à Montlosier - ✆ 04 73 65 64 26 - www.parcdesvolcans.fr, voir p. 35)* et accueille des expositions sur la région. Les familles peuvent découvrir la biodiversité de ce volcan grâce à un outil pédagogique : la « Musette nature » *(pour enf. de + de 7 ans)*.

2h AR, 5 km, niv. facile. Accès depuis la Maison du Parc à Montlosier (vaste parking). Encore peu connu, cuminant à 1094 m d'altitude, le puy de Vichatel mérite une randonnée. Il possède le cratère le plus profond (88 m) de la chaîne des Puys après le puy de Pariou. Il offre en outre une remarquable **vue**, à la fois sur les cratères égueulés des puys de la Vache et Lassolas durant la montée, et sur le sud de la chaîne des Puys, le lac d'Aydat et les monts Dores, depuis son sommet. Des actions de préservation et de mise en valeur ont été menées par le Parc naturel régional des Volcans d'Auvergne ces dernières années pour permettre un cheminement agréable et sécurisé, mais aussi respectueux du site.

Passé Rouillat-Haut, les points de vue se multiplient sur la montagne de la Serre.

★ Puy de la Vache

À env. 2 km au nord du château de Montlosier par la D 5.

On vous emmène au puy de Vichatel

Parmi les innombrables volcans qui dessinent le paysage du Puy de Dôme, il en est un, plus confidentiel, que l'on vous invite à escalader au départ de la maison du parc des volcans d'Auvergne à Montlosier. Culminant à 1 094 m, le puy de Vichatel s'atteint au terme d'une randonnée de 5 km aller-retour. Le long du chemin, les noisetiers voisinent avec l'aubépine, le frêne et l'érable champêtre. Voici la forêt de pins sylvestre, qui a entre 40 et 50 ans : autant dire qu'elle est toute jeune ! Au pied des arbres, on reconnaît la callune et le genévrier. Et sous les pins poussent des hêtres, l'arbre-roi de l'Auvergne, dont le bois a toujours été exploité pour le chauffage. Après une rude montée – des moutons paissent sur les pentes –, nous voici au sommet, d'où l'on aperçoit les puys de Lassolas et de la Vache. De là, le panorama est saisissant ! *www.parcdesvolcans.fr*

1h AR. Le chemin d'accès au cratère égueulé du puy de la Vache part sur la gauche de la D 5. Il longe la cheire d'Aydat.

Ce volcan (alt. 1167 m), encore si bien formé, offre avec son voisin le **puy de Lassolas** un des spectacles les plus évocateurs de la chaîne des Puys. Le cratère du volcan a d'abord lancé des cendres et des scories qui ont formé le cône, puis la lave a monté, remplissant le cratère. Sous sa pression formidable, le flanc sud du cône a cédé, le volcan s'est ouvert (« égueulé »), et un véritable torrent de matières en fusion s'est épanché sur le plateau : c'est l'actuelle **cheire d'Aydat**.

Montagne de la Serre

Env. 8 km à l'est du lac d'Aydat par la D 2089 puis la D 96 à droite.

En route vous parsserez par **Nadaillat**, très bel exemple de village construit en lave noire.

La longue échine de la Serre, qui s'avance en promontoire dans la Limagne, est un exemple classique d'**inversion de relief** (vestige tabulaire d'une coulée ancienne plus dure, progressivement déchaussée par l'érosion). Deux vallées latérales l'entourent de part et d'autre, celles de la Veyre et de l'Auzon.

En forme d'entonnoir, c'est l'un des onze grands lieux de **passage migratoire** recensés en France. La Ligue pour la protection des oiseaux a mené ici, pendant dix-huit années, une action de sensibilisation pour la protection des oiseaux migrateurs. Entre août et octobre, 250 000 à 400 000 oiseaux survolent la montagne de la Serre. De provenances diverses, ils se croisent avant de s'envoler pour d'autres continents. Muni d'une paire de jumelles, vous pourrez observer milans noirs ou royaux, busards, cigognes blanches, grues cendrées, alouettes lulus et bien d'autres encore. Le site peut se découvrir à pied, à VTT ou à cheval.

2

Nos adresses

Restauration/hébergement

Premier prix

La Cocote bleue – *2 bord du lac de Sauteyras - 04 73 79 37 02 - www.lacocottebleue.com - ouv. ts les midis et vend.-sam. soir - menu 18 €, plats 18/24 €.* Dans un cadre exceptionnel, profitez de la terrasse pour faire une halte gourmande à base de produits locaux.

Camping du lac d'Aydat - Forêt du Lot – *2 km au nord-est d'Aydat par D 90 puis rte à droite (près du lac) - 04 73 79 38 09 - www.camping-lac-aydat.com - P 8 €/j. à 56 €/sem. - ouv. avr.-oct. - réserv. conseillée - 150 empl. 29/32 € - mobile-home (4 pers.) 55/130 € - châlet 70/120 €/nuit -* Camping situé au bord du lac dans une agréable pinède. Emplacements ombragés, aire de jeux et attractions à proximité.

Pour se faire plaisir

Domaine Les 2 Mondes – *La Garandie - 04 63 79 78 51 - www.domaineles2mondes.fr - ouv. tte l'année - pack bien-être 350 € (nuit à 2, soins du corps, champagne)/380 € avec table d'hôte.* 17 logements insolites et indépendants en pleine nature, avec espace détente et Spa.

Activités

Forêt des Arboris –*Rd-point des Treize Vents - 06 16 24 99 25 - www.laforetdesarboris.fr - ouv. juil.-août 10h-19h, mi-juin et sept. oct. + vac. de nov. : w.-end 10h-18h - 9/21 € (1/3 parties).* Laser game, escape games (4 scénarios possibles), pour s'amuser en famille en pleine forêt.

Le plateau du Cézallier, vers le Col de la Chaumoune.
H. Lenain/hemis.fr

3

Monts Dore et Cézallier

CARTE MICHELIN DÉPARTEMENTS 326 ET 330 - PUY-DE-DÔME (63), CANTAL (15) ET CORRÈZE (19)

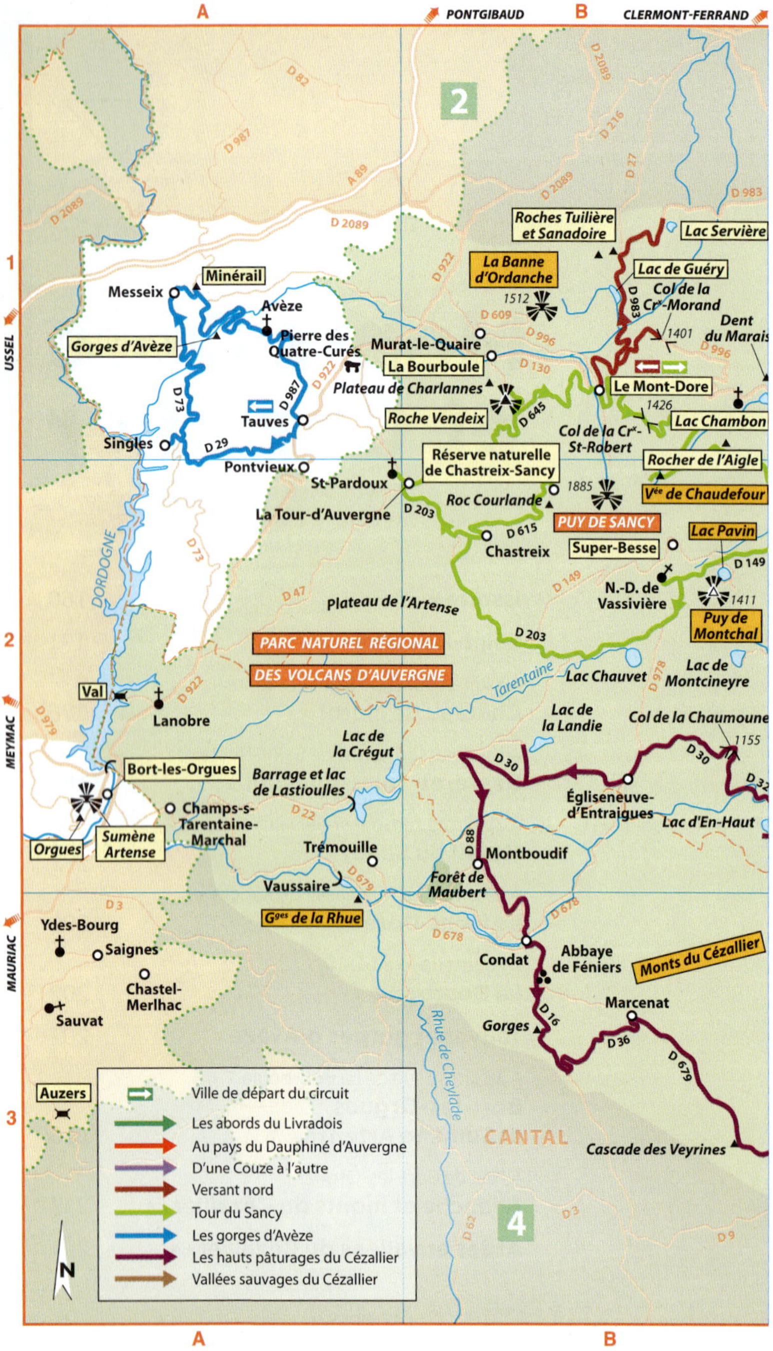

PONTGIBAUD
CLERMONT-FERRAND
USSEL
MEYMAC
MAURIAC
Minérail
Messeix
Avèze
Gorges d'Avèze
Pierre des Quatre-Curés
Tauves
Singles
Pontvieux
Murat-le-Quaire
La Bourboule
Plateau de Charlannes
Roche Vendeix
La Banne d'Ordanche
1512
Roches Tuilière et Sanadoire
Lac Servière
Lac de Guéry
Col de la Crx-Morand
1401
Dent du Marais
Le Mont-Dore
1426
Lac Chambon
Col de la Crx-St-Robert
Rocher de l'Aigle
Vée de Chaudefour
Réserve naturelle de Chastreix-Sancy
St-Pardoux
La Tour-d'Auvergne
Roc Courlande
1885
PUY DE SANCY
Chastreix
Super-Besse
Lac Pavin
N.-D. de Vassivière
1411
Puy de Montchal
Plateau de l'Artense
PARC NATUREL RÉGIONAL DES VOLCANS D'AUVERGNE
DORDOGNE
Tarentaine
Lac Chauvet
Lac de Montcineyre
Lac de la Landie
Col de la Chaumoune
1155
Val
Lanobre
Bort-les-Orgues
Lac de la Crégut
Barrage et lac de Lastioulles
Églisenеuve-d'Entraigues
Lac d'En-Haut
Orgues
Sumène Artense
Champs-s-Tarentaine-Marchal
Trémouille
Vaussaire
Montboudif
Forêt de Maubert
Gges de la Rhue
Ydes-Bourg
Saignes
Chastel-Merlhac
Sauvat
Condat
Abbaye de Féniers
Monts du Cézallier
Marcenat
Gorges
Rhue de Cheylade
CANTAL
Cascade des Veyrines
Auzers
D 82
D 987
A 89
D 2089
D 922
D 609
D 996
D 130
D 645
D 983
D 216
D 27
D 73
D 29
D 203
D 615
D 149
D 47
D 978
D 979
D 30
D 32
D 22
D 88
D 679
D 678
D 3
D 16
D 36
D 62
D 9
A
B
1
2
3
Ville de départ du circuit
Les abords du Livradois
Au pays du Dauphiné d'Auvergne
D'une Couze à l'autre
Versant nord
Tour du Sancy
Les gorges d'Avèze
Les hauts pâturages du Cézallier
Vallées sauvages du Cézallier
N

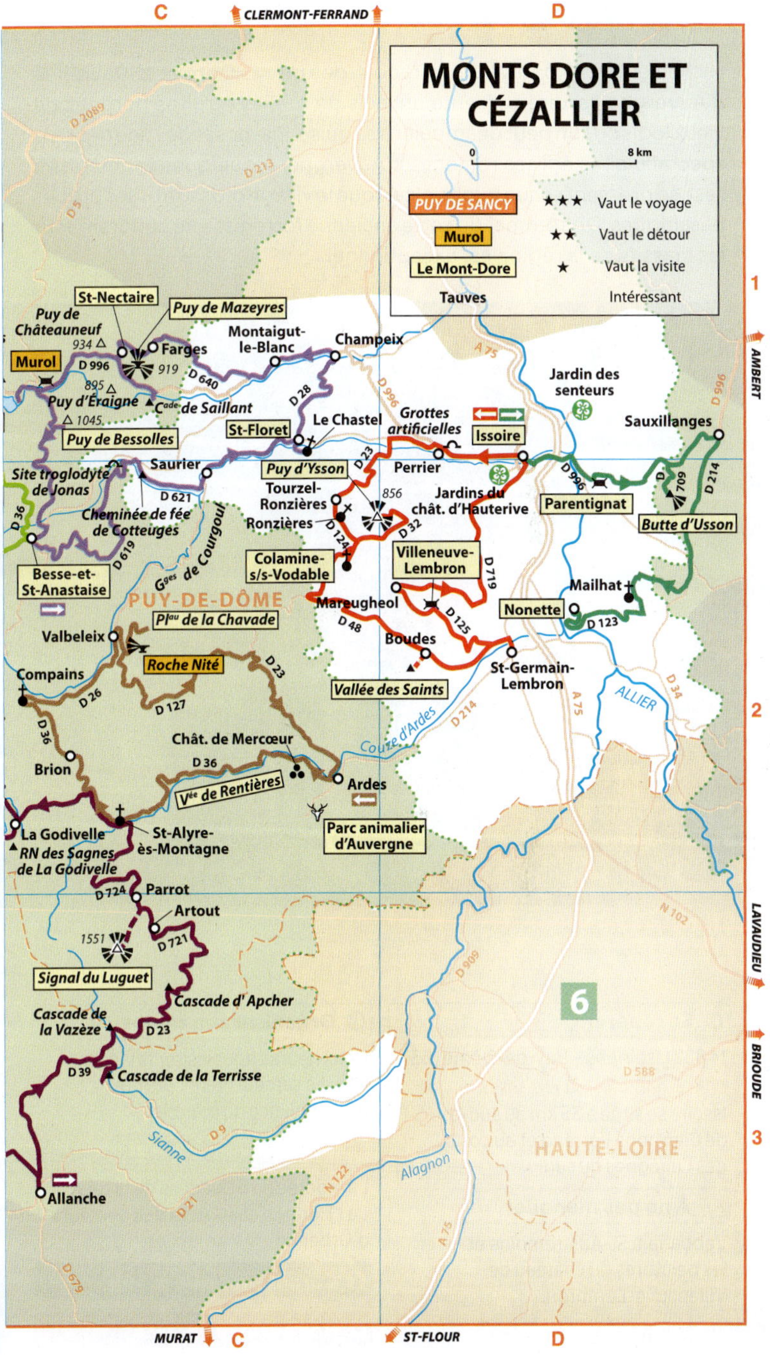

MONTS DORE ET CÉZALLIER
0
8 km
PUY DE SANCY ★★★ Vaut le voyage
Murol ★★ Vaut le détour
Le Mont-Dore ★ Vaut la visite
Tauves Intéressant
C
D
CLERMONT-FERRAND
AMBERT
LAVAUDIEU
BRIOUDE
MURAT
ST-FLOUR
1
2
3
6
St-Nectaire
Puy de Mazeyres
Puy de Châteauneuf
934
Farges
919
Murol
D 996
D 640
895
Puy d'Éraigne
Cade de Saillant
1045
Puy de Bessolles
St-Floret
Le Chastel
Montaigut-le-Blanc
Champeix
D 28
Grottes artificielles
Issoire
Jardin des senteurs
Sauxillanges
Site troglodyte de Jonas
Saurier
D 621
Cheminée de fée de Cotteuges
Puy d'Ysson
856
Perrier
Tourzel-Ronzières
Ronzières
D 124
D 32
Jardins du chât. d'Hauterive
Parentignat
D 996
D 709
D 214
Butte d'Usson
D 36
D 619
Besse-et-St-Anastaise
Gges de Courgoul
Colamine-s/s-Vodable
Villeneuve-Lembron
D 719
Mailhat
Nonette
D 123
PUY-DE-DÔME
Plau de la Chavade
Mareugheol
D 48
D 125
Valbeleix
Roche Nité
Boudes
St-Germain-Lembron
Compains
D 26
D 127
D 23
Vallée des Saints
A 75
ALLIER
D 34
D 36
Brion
Chât. de Mercœur
D 36
Vée de Rentières
Ardes
Couze d'Ardes
D 214
La Godivelle
RN des Sagnes de La Godivelle
St-Alyre-ès-Montagne
Parc animalier d'Auvergne
D 724
Parrot
Artout
1551
D 721
N 102
Signal du Luguet
Cascade d'Apcher
D 909
Cascade de la Vazèze
D 23
D 39
Cascade de la Terrisse
D 588
Sianne
D 9
HAUTE-LOIRE
Alagnon
N 122
Allanche
D 21
A 75
D 679
D 2089
D 213
D 5
A 75
D 996

Issoire ★

Nichée entre les pentes du Livradois, des monts Dore et le Dauphiné d'Auvergne, Issoire présente un lacis de ruelles étroites bordées de vieux logis où l'on peut déambuler à sa guise. Elle possède l'une des plus spectaculaires églises romanes d'Auvergne. À quelques kilomètres à l'est, se dressent sur un piton volcanique le village d'Usson et ses orgues basaltiques. Du sommet de cette ancienne forteresse, le panorama sur les massifs de la région est exceptionnel.

Abbatiale St-Austremoine.
J. Stockshooter/age fotostock

Se repérer

14 822 Issoiriens – Puy-de-Dôme (63)

CARTE D1-2 (P. 159), PLAN (P. 162).

Issoire se situe à 35 km au sud-est de Clermont-Ferrand et au cœur des Limagnes du sud.

À ne pas manquer

L'abbatiale St-Austremoine et les peintures du château de Villeneuve-Lembron.

Organiser son temps

Deux heures pour visiter la vieille ville. Le samedi matin, profitez de l'ambiance du marché.

En famille

La montée au belvédère de la tour de l'Horloge et le jardin des Senteurs d'Orbeil.

Carnet pratique p. 169

Nos adresses p. 169

Le centre historique

PLAN P. 162

Itinéraire dans le centre historique tracé en vert sur le plan p. 162.
Place du Général-de-Gaulle, l'ancienne **halle aux grains** (A1, début du 19e s.) a été reconvertie en espace d'animations.
Empruntez en face la rue du Ponteil qui mène à la tour de l'Horloge.

★ Tour de l'Horloge A1

4 r. du Ponteil - ☎ 04 73 89 07 70 - tour-horloge.issoire.fr - juil.-août : 10h-12h30, 14h-18h ; reste de l'année : 14h-18h, sam. 10h-12h30, 14h-18h - fermé lun., déc.-fév. - accès au belvédère 2 € (6-27 ans 1 €) - expositions temporaires entrée libre, spectacle, projections ou atelier.
L'ancien beffroi de la ville (15e s.) résonne encore des heures sombres ou exaltantes de la **Renaissance**. Édifiée à l'initiative des frères Bohier, marchands et consuls d'Issoire, la tour de l'Horloge incarnait l'essor de la cité et le développement du pouvoir civil face au pouvoir religieux. Elle a été successivement tour de guet, première maison communale, mairie, puis théâtre. Sa façade actuelle en pierre de Volvic date du 19e s. Elle abrite aujourd'hui des expositions temporaires, organisées de mars à novembre.
Vous pourrez accéder au belvédère pour admirer le **panorama** sur la ville.
Rejoignez la place de la République.

Place de la République A1-2

À l'entrée de la place *(ancienne Grande-Place)*, animée le samedi matin par le marché, se trouve la **maison Charrier** (A1, 15e s.) avec sa porte gothique. Au centre, la fontaine aux têtes sculptées (1823) est due à l'architecte Ledru. À l'angle de la rue Pissevin, la maison dite « des Arcades » vit naître le chercheur Gabriel Roux, connu pour avoir découvert l'action antibiotique de la pénicilline.
Tournez à gauche dans la rue des Fours.
L'**hôtel Bohier** (A2, 15e s., remanié aux 16e s. et 17e s.), construit par Bailly, architecte du château de Chenonceau, abrite un bel escalier Renaissance.
Plus loin, tournez à gauche vers le centre Pomel et l'abbatiale St-Austremoine.

3

Centre culturel Nicolas-Pomel B2

Parvis Raoul-Ollier - ☎ 04 73 89 56 04 - centre-artroman.issoire.fr.
Un incendie a ravagé le bâtiment dans la nuit du 4 janvier 2019. Les dégâts sont considérables et nous ignorons quel sera le futur du bâtiment.
Installé à l'emplacement de l'ancien monastère, il abritait le **centre d'art roman Georges-Duby★**, qui porte le nom du grand médiéviste français.

★★ Abbatiale St-Austremoine B1-2

Pl. St-Paul - ☎ 04 73 89 18 53 - été : 8h-20h ; hiver : 8h-18h30.
Un livret-jeu enfant est mis à disposition.
Cette ancienne église d'une abbaye bénédictine fut bâtie au 12e s. Elle doit son nom au premier évêque en pays arverne, **Austremoine**, venu de Rome avec six compagnons pour évangéliser la Gaule, et dont la fin glorieuse et le martyre sont auréolés de légende. Au 8e ou au 9e s., son corps fut transporté à l'abbaye de Mozac *(voir p. 96)*. L'abbatiale St-Austremoine remplace comme église paroissiale sa voisine placée sous le vocable de Saint-Paul, détruite peu après la Révolution. Le clocher, la façade, dont les deux tours furent saccagées lors des guerres de Religion, et de nombreux chapiteaux ont été remaniés au 19e s. Avant de pénétrer à l'intérieur, notez la sobriété de sa façade occidentale.

★ **Jugement dernier** – *À l'entrée de l'église (dans la boutique).* Cette peinture murale du 15e s., évoquant de façon fort animée ce thème cher aux artistes de l'époque, est traitée avec beaucoup de caractère et une grande verve satirique. **Nef** – Composée de deux étages, elle frappe surtout par ses magnifiques proportions et la **décoration peinte**, ajoutée au milieu du 19e s., qui lui redonne ses aspects d'origine et une tonalité chaleureuse *(voir ABC d'architecture, p. 568)*. En vous avançant dans l'allée centrale, levez les yeux vers les chapiteaux, représentant des centaures, des porteurs de moutons ou des griffons, ne manquent pas de charme. À hauteur de la croisée du transept, soutenu par quatre puissants arcs diaphragmes allégés de baies, admirez la **coupole**, qui s'élève à 23 m de hauteur, et le chœur entouré de son déambulatoire. Dans le croisillon droit, deux beaux chapiteaux retiennent l'attention : la Luxure et l'Annonciation. Dans le chœur, l'intérêt réside dans les **chapiteaux★** historiés, remarquables, illustrant le cycle de Pâques. Ils sont sans doute l'œuvre de sculpteurs venus du Languedoc. Du fond de la chapelle axiale, belle perspective sur le vaisseau central. Dans le croisillon gauche, **deux autres chapiteaux** attirent le regard : un homme portant un mouton, épuisé, tire la langue, et un démon traîne deux damnés par les cheveux.
★ **Crypte** – C'est l'une des plus belles d'Auvergne. Les colonnes trapues qui soutiennent les voûtes donnent une impression de puissance que souligne l'absence de toute ornementation. Au centre, gracieuse statue de la Vierge, Notre-Dame du Précieux Sang, une œuvre d'Henri Charlier (1941). La châsse en émaux de Limoges

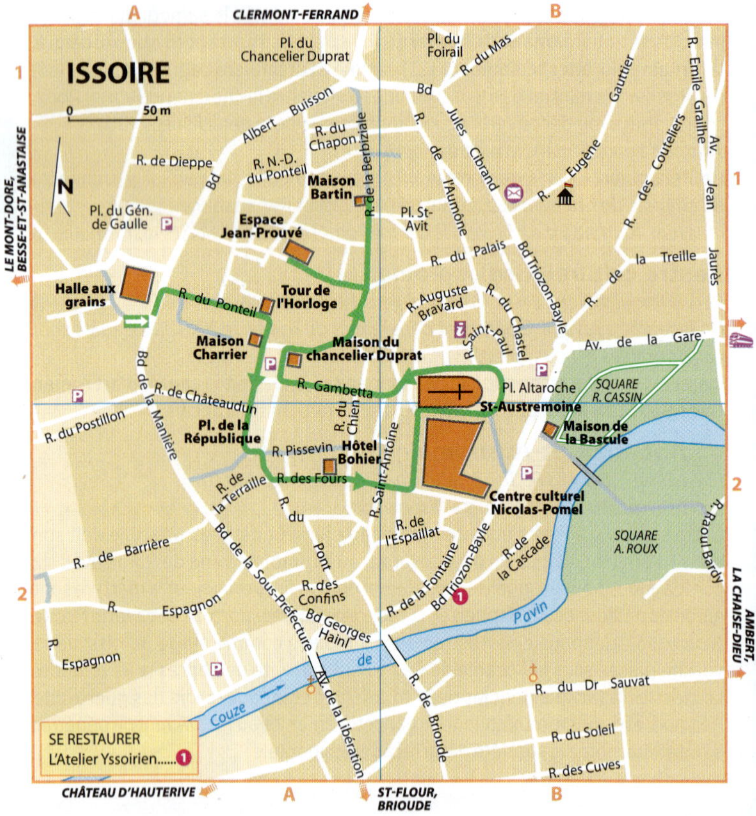

La réforme protestante

En 1540, beaucoup d'Issoiriens deviennent protestants, sous l'influence d'un ancien moine jacobin allemand converti à la foi luthérienne. La ville devient peu à peu une **petite Genève,** où coulera le sang de martyrs de la foi nouvelle. En 1547, Jean Bruguière, receveur du cens (redevance que le possesseur d'une terre payait au seigneur), est ainsi brûlé vif comme hérétique. Mais seuls quelques Auvergnats émigreront vers la Suisse.

du 13e s. fut achetée pour y placer les reliques de saint Austremoine. Sur ses faces, visite des Saintes Femmes au Tombeau et apparition du Christ à Marie-Madeleine.
★★ **Chevet** – Composé d'arkose blonde, il se dresse sur une large esplanade. C'est la partie la plus parfaite de l'édifice, l'exemple accompli de l'**art roman auvergnat** par l'harmonie des proportions, la pureté des lignes et la richesse de la décoration. Celle-ci est constituée de **mosaïques** (étoiles et triangles), visibles aussi sur les façades des chapelles rayonnantes (losanges, fleurs, étoiles, damiers, etc.) : la variété des couleurs de la pierre contribue à la beauté de ce décor, unique. Remarquez le **cycle du zodiaque** en moyen relief au-dessus des fenêtres rayonnantes. Il est composé non pas de douze, mais de treize signes, le 13 e étant un griffon, dont les historiens doutent qu'il ait été placé là à l'origine...
Tournez le dos au chevet de l'abbatiale et traversez le boulevard.

Maison de la Bascule B2

17 square René-Cassin.
À l'entrée du square René-Cassin, cette demeure était autrefois réservée au poids public. Elle abrite le **musée de la Pierre philosophale** qui présente une collection de plus de 1200 échantillons minéralogiques *(✆ 06 83 02 58 58 - www.lapierre philosophale-mineraux.com - visite audioguidée - juil.-août : mar.-sam. 10h-12h, 15h-19h ; avr.-juin et sept.-oct. : merc. 15h-19h, sam. 10h-12h, 15h-19h ; reste de l'année : sam. 10h-12h, 15h-19h - 2 € (-12 ans gratuit).*
Revenez place de la République par la rue Gambetta.
Prenez à droite la rue de la Berbiziale, et remarquez à l'angle la tour rectangulaire en encorbellement de la **maison du chancelier Duprat** (15e s.).
Continuez jusqu'à croiser la rue du Palais, tournez à gauche.

Espace Jean-Prouvé A1

19 r. du Palais - ✆ 04 73 55 33 53 - juil.-août : 10h-12h30, 14h-18h ; juin et sept.-déc. : 14h-18h, sam. 10h-12h30, 14h-18h ; reste de l'année : se rens. - fermé lun. - gratuit.
C'est à l'occasion d'une donation importante de l'artiste coréen Kim En Joong que l'espace Jean-Prouvé voit le jour en 2014. Situé dans l'ancien tribunal et ancien couvent de bénédictines, il est aujourd'hui dédié à l'art contemporain.
Reprenez la rue de la Berbiziale.
Poursuivez jusqu'à la place St-Avit, sur laquelle vous pouvez observer la **maison Bartin** (A1, 18e s.), avec ses balcons en fer forgé.

Parc et jardins du château d'Hauterive CARTE D1 P. 159

Au sud-ouest du centre historique. Av. Ernest-d'Hauterive - ✆ 04 73 89 22 77 - 1er août-20 sept. : 13h-19h - fermé mar. - 5 € (-10 ans gratuit).
À l'emplacement d'un domaine dépendant de l'abbaye d'Issoire, ce château du 17e s. a conservé ses jardins dont les tracés sont quasiment identiques à ceux d'origine. Entre parterres, jardin de buis, rosiers anciens, potager à la française, les allées et contre-allées mènent de bosquets en cabinets de verdure. Très belle **vue** sur Issoire et la Couze Pavin.

Jardin des Senteurs d'Orbeil CARTE D1 P. 159

À 4 km au nord-est d'Issoire. Domaine de Vort - Orbeil - 04 73 55 01 17 - avr.-oct. : jeu.-ven., sam. matin 9h-18h - gratuit.

Au creux des rochers surplombant l'Allier, ce jardin prend des allures et des odeurs différentes au gré des saisons. Le parcours pédagogique permet d'apprendre à reconnaître les plantes médicinales et aromatiques, les plantes sauvages et d'ornement.

Les abords du Livradois CARTE P. 159

Circuit de 45 km tracé en vert sur la carte p. 159.
Quittez Issoire par le sud-est en empruntant la D 996.

★ Château de Parentignat D2

7 pl. du Château - 04 73 89 51 10 - www.parentignat.com - visite guidée (45mn) juil.-août : 10h30-12h30, 14h30-18h30 ; reste de l'année : se rens. - 10 € (7-17 ans 6 €) - parc seul entrée libre - animations, expositions temporaires.

Une librairie bien fournie et un salon de thé complètent la visite.

Bâti à la fin du règne de Louis XIV, ce château est dans la famille de Lastic depuis 1707. Les bonnes relations que celle-ci entretenait avec le village attenant ont permis d'éviter au château d'être pillé durant la Révolution. On accède à la cour d'honneur par un portail construit par Jean de Lastic en 1905. Surnommé le « petit Versailles auvergnat », l'édifice abrite une **collection de tableaux★★** exceptionnelle, dont une grande partie a été acquise par Georges de Lastic, historien d'art spécialiste du 18e s. Dans la salle à manger, l'une des trois plus grandes pièces de la maison, *Le Chevalier de Montcarville* d'Élisabeth Vigée Le Brun, voisine avec des paysages miniatures de Vanvitelli. L'escalier d'honneur, en marbre de Nonette, a été construit à la Révolution. Dans les salons du 1er étage, plusieurs portraits exécutés par Nicolas de Largillierre (le château possède l'un des plus riches fonds français de l'artiste), dont un somptueux *La Marquise de La Tour-Maubourg et ses deux filles*. On y trouve aussi le *Portrait de Louis XV en armure* de Carle Van Loo et des œuvres de Rigaud (portrait du Grand Dauphin), Philippe de Champaigne, Pierre Mignard, etc.

Les salons conservent aussi un très beau mobilier d'époque Louis XIV et Louis XV. La **bibliothèque** compte 10 000 volumes, dont de nombreuses éditions originales (deux livres d'heures de 1465, le plan de Paris par Turgot...). À l'arrière, le jardin du 17e s. a été détruit après la Révolution et remplacé par un **parc à l'anglaise**, surplombé d'une terrasse bordée d'orangers et de rosiers.

Continuez en direction de Sauxillanges sur la D 996. Tournez à droite sur la D 709 pour rejoindre Usson.

★ Butte d'Usson D2

Ce roc basaltique a porté un formidable château en forme de tiare, à trois rangs de remparts, dont il ne reste pratiquement rien. Construite par le duc de Berry, la forteresse passait pour imprenable. L'inscription de sa porte : « Garde le traître et la dent ! » suggérait d'ailleurs que seule la trahison ou la famine pouvait en venir à bout. Mais l'édifice a disparu, détruit en 1634 sur ordre de Richelieu, ne laissant que le souvenir de Marguerite de Valois.

Point de vue – D'une table d'orientation située sur la D 709, au nord de la butte, une belle vue se dégage sur la plaine d'Issoire et sur la chaîne des Puys à l'arrière-plan. À l'extrême droite, on distingue le puy de la Vache et le Puy de Dôme, reconnaissable à sa tour de télévision.

Usson, prison royale

Marguerite de Valois, la **reine Margot**, popularisée par Alexandre Dumas, est la sœur de Charles IX. Leur mère, Catherine de Médicis, la marie au roi de Navarre, futur Henri IV. Dumas écrit : « En donnant Margot à [son] cousin Henri, il la donne à tous les huguenots du royaume. » Une allusion peu discrète aux galanteries de la jeune reine. Réfugiée à Carlat, puis au château d'Ybois (au nord-est d'Issoire) avec son amant Gabriel d'Aubiac, elle est ensuite assignée à Usson sous la garde du marquis de Canilhac, qu'elle séduit par vengeance. Vingt ans durant, la reine Margot mène à Usson une vie de galanteries, d'études et de dévotion. Le roi, par la gêne où il la tient, veut obtenir d'elle la dissolution de leur mariage. Elle n'y consent qu'à la mort de la favorite Gabrielle d'Estrées, ne voulant pas voir à sa place, écrit-elle à Sully, « une telle décriée bagasse » *(voir St-Saturnin, p. 148)*.

Puy d'Usson – Du village, pittoresque et pentu, gagnez, par un sentier facile, le sommet à 634 m d'altitude (surmonté d'une chapelle portant une statue de la Vierge de 7 m de haut), d'où se dégage un beau **panorama★** sur la région. Au cours de la montée se découvre, dans une ancienne carrière, une très belle rangée d'**orgues basaltiques**. Vous pouvez aussi parcourir un **sentier sur le thème de la reine Margot**, dit de la Salamandre *(1h AR)*, en suivant des tables de lecture. Un autre circuit fait le tour du sommet *(1h AR)*.
Revenez sur la D 996.

Sauxillanges D1

Ce ravissant village fut le siège d'un important monastère, fondé en 927 et rattaché à l'ordre de Cluny. Il compta jusqu'à 60 moines. Il reste de nombreux vestiges du prieuré : la chapelle St-Jean-l'Évangéliste, le dortoir des moines attenant à un cloître restauré *(privé)*, l'hôtellerie et la chapelle du Prieur.
Maison du Patrimoine – *Pl. de la Liberté - ✆ 04 73 96 85 10 - musee-sauxillanges.com - juil.-23 sept. : 10h-12h, 14h30-18h30 sf mar. - 3 € (-12 ans gratuit).* Elle occupe la chapelle du prieur (15e s.). Les voûtes gothiques sont ornées d'intéressantes clés pendantes portant les armes de différents prieurs. Ce lieu d'exposition présente également l'historique du monastère et du bourg.
Église – Édifiée au 11e s., remaniée au 15e s., elle abrite une Descente de Croix (fresque du 15e s.) et une statue de Notre-Dame-du-Bois du 15e s.
Vous pouvez suivre la D 214 pour rejoindre Bansat, ou prendre le chemin des écoliers en empruntant la D 144 jusqu'à **St-Étienne-sur-Usson**. C'est dans l'école de ce village que Nicolas Philibert a tourné en 2001 son documentaire *Être et avoir*, suivant au jour le jour une classe unique.
À Bansat, tournez à droite sur la D 24 ; rejoignez St-Martin-des-Plains et Mailhat.

Église de Mailhat D2

Ce petit édifice roman (fin 12e s.) édifié par les moines de Sauxillanges sur un sanctuaire gallo-romain a un charme fou, avec son clocher carré et son abside à cinq pans décorée d'arcatures et de modillons. Vous serez surpris par le décor de son **portail★**. Des **chapiteaux** y représentent la Luxure (femme allaitant deux serpents) et l'Avarice (homme aux longs bras serrant contre lui sa bourse).
La D 123 mène à Orsonnette, puis à Nonette.

★ Nonette D2

Bâti sur un promontoire volcanique qui domine la vallée de l'Allier, Nonette est un ancien village vigneron. Il conserve une église intéressante et les vestiges d'un des

3

plus anciens châteaux féodaux d'Auvergne. La dynastie des seigneurs de Nonette se distingue par quelques figures redoutables : Astorg, dit « le Taureau rouge », nom évocateur ; Amblard, « le Mal-Hiverné », qui, pas même l'hiver, ne consent à rester tranquille. C'est de l'enlèvement d'une jeune religieuse par Amblard que Nonette tirerait son nom...

Église – Elle est en partie romane, en partie gothique, et dépendait à l'origine d'un prieuré de bénédictins. Sous le clocher, remarquez le portail roman sculpté et, à l'intérieur de l'église, dans la première chapelle de gauche, un superbe buste du Christ, exécuté à la fin du 14e s., et appelé le « Beau Dieu ».

Château – *45mn AR. Accès par une montée très raide.* Facile à défendre en raison de sa position, cette forteresse féodale rappelle ces époques troubles où les seigneurs se transformaient en pillards. Il ne reste que quelques vestiges du château, reconstruit au 14e s. pour le duc Jean de Berry, et que Richelieu fit abattre. De la croix plantée au sommet, très beau **panorama★** *(table d'orientation)* sur la vallée de l'Allier, les monts Dore, les monts Dômes, le Livradois, la Margeride et le Cézallier. Un chemin permet de faire le tour de la butte.

★ Au pays du Dauphiné d'Auvergne

Circuit de 60 km, tracé en rouge sur les cartes p. 159 et p. ci-contre.

À la fin du 12e s., les terres situées entre le Cézallier et le val d'Allier au niveau d'Issoire formèrent le **Dauphiné d'Auvergne**, dont les seigneurs et leur brillante cour s'établirent successivement à Champeix, Vodable et Mercœur. Aujourd'hui, l'ensemble du pays d'Issoire-val d'Allier sud bénéficie du label Pays d'art et d'histoire.

Quittez Issoire par l'ouest en empruntant la D 996, direction Champeix.

Grottes artificielles de Perrier

Garez-vous près de l'église, puis empruntez le chemin des Grottes.

1h30 AR (prévoir de bonnes chaussures - grottesperrier.free.fr.

Creusées par l'homme dans des matériaux volcaniques, certaines d'entre elles ont servi d'habitations troglodytiques jusqu'à la fin du 19e s. ; elles furent aussi utilisées durant la Seconde Guerre mondiale. Le village troglodytique des Roches compte encore environ 300 grottes. Ce site bénéficie d'une **vue★** remarquable sur la tour féodale, le village et la vallée de la Couze Pavin.

À la sortie de Perrier, prenez à gauche la D 26 sur 2 km, puis encore à gauche la D 23.

Tourzel-Ronzières

De petites maisons de vignerons témoignent encore du passé vinicole, ressource principale du village aux 18e et 19e s. L'église **Notre-Dame de Ronzières**, préromane, se dresse sur un plateau basaltique. Remaniée à la fin du 12e s., elle est dotée d'un portail du 15e s. À l'intérieur, on peut admirer, dans la chapelle de gauche, préservée par une grille du 19e s., une **Vierge en majesté** romane en bois polychrome, qui fait l'objet d'un pèlerinage encore actif.

Dans le cimetière, au bord du plateau, deux tables d'orientation : vue étendue sur le puy d'Ysson, la Couze Pavin, le plateau de Perrier et la plaine du Lembron. Vous distinguerez aisément les deux formes volcaniques qui caractérisent le Dauphiné d'Auvergne. Les **necks,** ou culots, sont d'anciennes cheminées volcaniques que l'érosion a mises en évidence après dégagement des parties plus fragiles du volcan (comme le piton qui domine Vodable et le puy d'Ysson). Les **tables** correspondent à d'anciennes coulées de lave protégeant les roches sous-jacentes (comme celles du plateau de Perrier).

Poursuivez sur la D 124 jusqu'à Vodable et empruntez sur la gauche la D 32 pour arriver à Solignat.

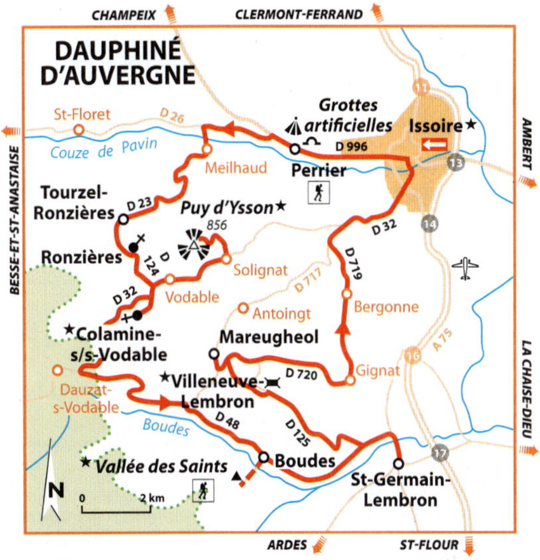

★ Puy d'Ysson

Du sommet, très beau **panorama** sur les monts Dore, les puys de la Comté, la Limagne d'Issoire, les monts du Livradois, le Cézallier. De ce site, on peut également observer la position des villages parcourus précédemment.
Redescendez sur Solignat, puis revenez sur Vodable en suivant la D 32.

★ Église de Colamine-sous-Vodable

www.colamine-sous-vodable.com - de mi-juil. à fin août : tlj sf lun. 15h-18h30 ; de déb. juin à mi-juil. : dim. et j. fériés 15h-18h30.

Entourée de son cimetière, elle se dresse sur le rebord d'une combe. Cet édifice possède un joli chœur roman (fin 11e s.), restauré, et surtout un bel ensemble de statues en bois polychrome, dont une remarquable **Vierge★** en majesté du 12e s. aux traits fins empreints de gravité. La Vierge gothique ne manque pas de grâce non plus. Une association s'attache à organiser différents concerts et conférences pour donner vie à cette église qui fait partie des sites clunisiens.
Reprenez la D 32 sur 4 km en direction de Dauzat-sur-Vodable, puis empruntez à gauche la D 48.

Boudes

Protégé par un ensemble de collines, ce village est le seul de la région qui échappa au phylloxéra. Bénéficiant d'un sol fertile, ses coteaux de vigne donnent un vin de qualité, apprécié des connaisseurs. Une promenade dans le village vous permettra de voir de beaux pigeonniers, intégrés aux propriétés.
Quittez Boudes par le sud en franchissant le Couzilloux, puis prenez à droite le chemin longeant le cimetière.

★ Vallée des Saints

Laissez votre voiture à l'entrée de l'accès. Prévoyez des chaussures de marche. Attention, l'itinéraire peut être modifié en cas de précipitations.

2h AR. Un parcours aménagé permet de découvrir ce petit « Colorado » où se dressent des pyramides de teinte rouge et ocre, hautes de 10 à 30 m et sculptées par l'érosion. Ces étranges silhouettes, évoquant de gigantesques statues, ont

valu son nom à la vallée. Les **argiles rouges**, chargées d'oxyde de fer, résultent de l'altération du gneiss sous le climat tropical chaud et humide qui régnait ici au début de l'ère tertiaire.
Revenez à Boudes; à l'église, tournez à droite pour rejoindre la D 48.

St-Germain-Lembron

Située au cœur d'une région agricole, cette petite ville, jadis fortifiée, conserve des maisons du 18e s. aux toits en bicorne (rappelant un chapeau de gendarme) et soulignées de génoises (formées de rangées de tuiles-canal), très répandues dans le Lembron. Remarquez certains murs ravivés par l'emploi de galets de rivière, et les imposantes fontaines publiques.
Revenez sur la D 48 en direction de Boudes; roulez sur 1 km, puis prenez sur la droite la D 125.
La route s'élève en direction de Chalus (château), où de belles perspectives s'ouvrent sur les necks et les tables qui dominent la Limagne.
Autour de l'église du 15e s., ruelles bordées de maisons anciennes et lavoirs.

★ Château de Villeneuve-Lembron

Pl. du Château - ✆ 04 73 96 41 64 - www.chateau-villeneuve-lembron.fr - visite guidée (1h) de mi-mai à mi-sept. : tlj sf lun. 10h-12h30, 14h-18h30; reste de l'année : 10h-12h30, 14h-17h30, fermé lun.-mar.- 6 € (-18 ans gratuit).
Ce spectaculaire château fut érigé en seigneurie au bénéfice de la famille d'Aureille. L'un de ses représentants, le fin diplomate Rigault, servit Louis XI, Charles VIII, Louis XII puis François Ier, et participa aux côtés de Charles VIII aux campagnes d'Italie. Il entreprit, à la fin du 15e s., la construction du château à côté de l'ancienne demeure familiale. Le bâtiment, de plan carré, est cantonné de quatre tours et ceinturé de douves sèches décoratives. Au cours de la visite des salles intérieures, découvrez de beaux plafonds à chevrons, d'intéressantes boiseries, des tableaux et des meubles de valeur. Ne manquez pas aussi la **chapelle**, aux décors peints. La **galerie** de la cour est célèbre pour ses savoureuses **peintures★** du 15e s. (ravivées). Outre un portrait de Rigault, on observe le « *Dit de la Chicheface* » et le « *Dit de la Bigorne* ». Chicheface, monstre décharné à tête de louve, au bord de l'inanition, se nourrit de femmes soumises à leur mari; en revanche, la Bigorne, ventrue, guettée par l'indigestion, se repaît des époux qui l'implorent de les dévorer pour échapper à la tyrannie de leur femme.
En sortant du château, admirez les **écuries** dont le vaste plafond en berceau est peint de fresques de la fin du 16e s.
Poursuivez sur la D 125, puis prenez à gauche la D 720.

Mareugheol

C'est l'exemple caractéristique d'un village fortifié construit au Moyen Âge par les villageois pour assurer leur défense. D'étroites ruelles bordées de vieilles maisons en pierre s'inscrivent à l'intérieur d'une enceinte rectangulaire (la Maison des forts à La Sauvetat recense ce type de constructions, *voir p. 125*).
Reprenez la D 720 jusqu'à Gignat, puis tournez à gauche pour emprunter la D 719 puis la D 32 et retournez à Issoire.

Carnet pratique

S'informer

Office de tourisme – *9 pl. St-Paul - Issoire - ✆ 04 73 89 15 90 - www.issoire-tourisme.com.*

Arriver/partir

Se garer – Plusieurs parkings gratuits autour du centre historique, et un devant l'abbatiale.

Agenda

Marché d'Issoire – *Sam. 8h-12h30.* Place de la République, rue de la Berbiziale et place du Foirail le samedi matin.

Terres-Romanes d'Auvergne - Festival d'art roman d'Issoire – *✆ 04 73 89 25 57/56 04 - centre-artroman.issoire.fr - fin juil.* Expositions, conférences, ateliers d'artisans, spectacles, concerts organisés par l'association Terres Romanes d'Auvergne.

Festival international Danses et Musiques du Monde d'Issoire – *✆ 04 73 89 92 85 - festival-issoire.fr - 1 sem. en juil.* Folklore, musiques traditionnelles, danse et musique du monde.

Nos adresses

Restauration

PLAN P. 162

Pour se faire plaisir

① L'Atelier Yssoirien – B1 - *23 bd Triozon-Bayle - ✆ 04 73 89 44 47 - www.atelier-yssoirien.com - fermé 1 sem. en janv., 15 août-1er sept., 1 sem. en oct., lun. et dim. - plats 35/42 €, menus 52 €(déj.), 80/110 €.* Un jeune chef a transformé l'ancien garage en atelier gourmand moderne. Tout le monde en convient : on s'y sent bien ! Cuisine du marché, créative et axée sur le produit. Excellent service. Une étoile au Guide Michelin 2022.

À proximité

Premier prix

Auberge du Moulin de Civadoux – *Rte de St-Genès-la-Tourette - St-Quentin-sur-Sauxillanges - à 16 km l'est d'Issoire par Sauxillanges - ✆ 04 73 96 81 94 - www.civadoux.com - Wi-Fi - sur réserv. uniquement - plats 10/18 €, menu 15 €.* Charmante auberge de campagne où tout est fait maison. La carte est 100 % auvergnate. Décor sympathique. Quelques chambres dans des chalets au bord d'un torrent *(90 € pour 2 nuits).*

Pour se faire plaisir

La Bergerie – *Sarpoil - St-Jean-en-Val - 11,5 km à l'est d'Issoire - ✆ 04 73 71 02 54 - www.labergeriedesarpoil.com - P ♿ - fermé mar., merc. et dim. soir - menus 40/80 €.* Dès l'entrée, la vision des cuisines et de la rôtissoire vous mettra l'eau à la bouche. Salle de restaurant classique (cheminée allumée l'hiver), salle voutée et patio pour déguster des plats actuels.

Le Boudes la Vigne – *Pl. de la Mairie - Boudes - 15 km au sud-ouest d'Issoire - ✆ 04 73 96 55 66 - leboudeslavigne.franceserv.com - ♿ Wi-Fi - fermé dim. soir-mar. midi - menus 19 (déj.)/60 € - 5 ch. et 1 suite 55/140 € - ☕ 8 €.* Maison bâtie sur d'anciennes fortifications. Cuisine au goût du jour servie dans une salle rénovée, aux tons pastel et murs en pierre. Terrasse en été.

Shopping

La Couronne d'Arthur – *8 r. du Ponteil - près de la Tour de l'horloge - ✆ 04 73 54 24 10 - 6h30-13h, 15h-19h, dim. 7h-12h30 - fermé lun.* Dans cette

3

boulangerie-pâtisserie artisanale, Christophe Gignac propose le Suprême d'Issoire, une spécialité locale, véritable institution. Il s'agit d'un biscuit à pâte croustillante, meringué-macaroné et fourré avec une crème pralinée légère.

Boulangerie Farget – *256 rte de Perrier - D 996 - ✆ 04 73 55 28 18 - 4h30-19h30, dim. 4h30-13h - fermé lun.* Cette boulangerie propose des pains spéciaux selon des méthodes artisanales. Également des pâtisseries.

Activités

Aéroclub Pierre-Herbaud – *Issoire-le-Broc - sud-est d'Issoire - ✆ 04 73 89 16 62 - aeroclub-issoire.fr - secrétariat : 14h30-18h30 - fermé dim.-lun.* Le centre de vol à voile de cet aérodrome attire de nombreux vélivoles.

Loisirs – Les familles trouveront à Issoire un centre aqualudique, une base de loisirs et de quoi pratiquer le canoë-kayak. Rens. à l'office de tourisme.

Hébergement

PLAN P. 162

Premier prix

Ace Hôtel – HORS PLAN - *R. du Dr-Bienfait - ✆ 04 73 55 75 57 - www.ace-hotel-issoire.fr - P fermé 23h-5h - ♿ - 54 ch. 70/80 € - ☕ 8 €.* Dans un bâtiment moderne, en proche périphérie de la ville, cet hôtel dispose de chambres tout confort. Une adresse économique mais accueillante.

Budget moyen

Hôtel Le Pariou – HORS PLAN - *18 av. Kennedy - à 150 m au nord du centre historique - ✆ 04 73 55 90 37 - www.hotel-pariou.com - P ♿ - fermé fin déc.-déb. janv., dim.-lun. (restaurant). - 54 ch. 83/111 € ☕ - ✕ fermé sam. midi-lun. - menus 15/44 €.* Bâtisse des années 1950 abritant des chambres rénovées ; chambres plus spacieuses (familiales) dans l'aile récente. Piscine.

À proximité

Budget moyen

Chambres d'hôte Château de la Vernède – *St-Rémy-de-Chargnat - 8,5 km au sud-est d'Issoire - ✆ 04 73 71 07 03 - www.chambres-hotes.fr - P - 5 ch. 110/140 € ☕.* Dans l'ancien relais de chasse de la reine Margot, des chambres garnies de meubles chinés et agrémentées de fleurs fraîches. Billard, pêche à la truite.

Chambres d'hôte La Vigie – *3 r. de la Muscadière - Chadeleuf - 12 km au nord-ouest d'Issoire - ✆ 04 73 96 90 87 - lavigie-chadeleuf.com - P - 2 ch. (100/110 €) et 1 suite 180 € ☕ - ✕ table d'hôte 15/28 €.* Cette demeure pleine de charme (18e -19e s.) est tenue par un couple de voyageurs, amateurs de livres et mélomanes, Véronique et Denis. Les chambres sont aménagées à l'étage. Ravissant salon, avec canapé face à la cheminée et grande bibliothèque. Jardin arboré à l'arrière, piscine d'eau salée pour les beaux jours. Table d'hôte bio soignée.

Une folie

La Cour Carrée – *17 av. du Tramot - Perrier - 4,5 km à l'ouest d'Issoire - ✆ 04 73 55 15 55 - www.lacourcarree.com - P - 3 ch. 180/205 €.* Cette ancienne maison de vigneron (1830) abrite des chambres élégantes et confortables où dominent le bois et la pierre. Savoureuse cuisine de marché concoctée pour les résidents.

Saint-Nectaire ★

Bien connu des gastronomes pour son fromage de caractère, auréolé d'une Appellation d'origine protégée, ce village situé sur la route du Sancy présente deux visages insolites : Saint-Nectaire-le-Bas est une ancienne station thermale, s'étirant sur 2 km dans la vallée, et Saint-Nectaire-le-Haut, le noyau historique, dominé par une magnifique église, joyau de l'architecture romane auvergnate.

Se repérer

741 St-Nectériens – Puy-de-Dôme (63)
CARTE C1 (P. 159).
À 25 km à l'ouest d'Issoire.

À ne pas manquer

La visite de l'église de St-Nectaire.

Organiser son temps

Un à deux jours pour visiter la ville et randonner aux alentours.

En famille

Le site de Farges et la rencontre de Félize. La fabrication de fromage à la ferme Bellonte, et les grottes et fontaines pétrifiantes de la station.

Carnet pratique p. 174

Nos adresses p. 174

St-Nectaire-le-Haut

★★ Église St-Nectaire

06 75 47 57 36 - avr.-oct. : 9h-19h ; reste de l'année : 10h-17h.

Cet édifice, construit vers 1150 (art roman auvergnat), occupe le superbe site du mont Cornadore, en bordure des monts Dore et de la vallée de la Couze Chambon. Les moines de La Chaise-Dieu en furent les premiers desservants. Les dégâts que l'église subit pendant la Révolution nécessitèrent une réfection très importante (clocher, tours, façade ouest) en 1875. Elle s'apparente aux autres édifices majeurs du roman auvergnat : Notre-Dame-du-Port à Clermont-Ferrand, St-Austremoine d'Issoire, Notre-Dame d'Orcival, St-Saturnin. La longue et minutieuse restauration dont elle a fait l'objet s'est achevée en 2009, lui redonnant toute sa splendeur.

Extérieur – La façade ouest, très simple, s'orne d'une humble porte en plein cintre. Le **chevet**, d'une magnifique ordonnance, porte une sobre décoration : délicate frise de mosaïques figurant des rosaces, arcatures aveugles aux fines colonnettes, petits murs-pignons sur lesquels viennent prendre appui les toits des chapelles.

Intérieur – Il est remarquable par l'harmonieuse unité de son style. Précédée d'un **narthex** à la robuste arcature à trois baies décorant l'étage, la nef voûtée en berceau est flanquée de bas-côtés étroits à voûtes d'arêtes, surmontés de tribunes. Le chœur surélevé, avec ses six élégantes colonnes pourvues de chapiteaux, et son déambulatoire sur lequel s'ouvrent trois chapelles rayonnantes, est très homogène. Les 103 magnifiques **chapiteaux★★** de la nef et du chœur témoignent de la vivacité d'imagination et du sens de la composition de l'artiste ; ils s'ornent de scènes de l'Ancien et du Nouveau Testament, de l'Apocalypse, des miracles de saint Nectaire, et des thèmes du bestiaire, traités avec charme et fantaisie. Le badigeon couleur beurre fait ressortir à merveille leur polychromie.

★★ **Trésor** – Pillé pendant la Révolution, il possède encore de très belles œuvres : **buste de saint Baudime★★**, en cuivre doré (12e s.) ; Vierge du mont Cornadore

3

L'église St-Nectaire.
De Agostini/C. Sappa/De Agostini Editore/age fotostock

(12e s.), en bois marouflé polychrome ; bras-reliquaire (15e s.) de saint Nectaire en argent repoussé ; deux plats de reliure d'orfèvrerie, décorés d'émaux de Limoges (12e s.).

Pour bénéficier d'un beau coup d'œil sur l'église St-Nectaire, gagnez le chemin de la Parre ou montez sur la place du Marchidial. Les plus courageux pourront monter au sommet des puys d'Éraigne ou de Châteauneuf.

Grottes du mont Cornadore

Villa Le Colombier - 04 73 88 57 97 - www.grottes-du-cornadore.fr - visite guidée (35mn) 11h30, 14h30, 15h30, 16h30 et 17h30 - 7,90 € (-12 ans 5,90 €).

Les Romains y édifièrent des thermes. La visite permet de découvrir l'origine de l'eau thermale, ses utilisations médicales et ses propriétés pétrifiantes. Vous passerez du *tepidarium* au *caldarium*, où deux baignoires sont encore visibles, et découvrirez la piscine et les cuves de bains.

Maison du fromage

Villa Le Colombier - 04 73 88 57 96 - maison-du-fromage.com - visite guidée (35mn) de déb. fév. aux vac. de la Toussaint et vac. de Noël : horaires, se rens. - 8,90 € (-12 ans 5,90 €).

Une vidéo explique l'origine du st-nectaire fermier, sa fabrication, son affinage. Cave témoin et dégustation en fin de visite.

La station

L'ancienne ville thermale, qui aligne ses boutiques, ses hôtels et son casino le long de la D 996, possède plus de 40 sources. Leurs eaux jaillissent dans la vallée du Courançon à des températures allant de 8 à 56 °C. St-Nectaire a fait figure de site pilote en matière de « thermoludisme » en ouvrant en 2002 son centre **Thermadore**.

Fontaines pétrifiantes

1 av. du Dr-Roux - Villa Les Sources - 04 73 88 50 80 - www.fontaines-petrifiantes.fr - juil.-août : 9h30-12h, 14h-19h ; reste de l'année : horaires légèrement plus restreints - fermé de du 1er à mi-déc. et lun. en janv. - 6,80 € (-16 ans 3,90 €).

En jaillissant à plus de 50 °C de failles volcaniques, l'eau produit des phénomènes de pétrification, assez fréquents dans la région. En 1821, **Jean Serre** créa un artisanat directement lié au passé volcanique : l'incrustation sur moulage. Il se caractérisait par l'exploitation de sources chaudes particulièrement riches en carbonate de calcium, pour fabriquer des bas-reliefs en calcaire. Par la suite, sept générations ont développé et amélioré cette technique de pétrification pour en faire un véritable métier d'art. En suivant le parcours de ces eaux, vous découvrirez cet artisanat insolite à travers la grotte où jaillissent les sources chaudes, la galerie d'épuration où elles sont filtrées, l'atelier de moulage, la chute d'eau de 14 m de hauteur et la galerie d'exposition, qui présente des créations artisanales.

Dolmen

Composé d'une belle table de granit, reposant sur quatre supports, il est situé dans la partie haute du parc thermal. La *cella* attenante, fouillée en 1875, a permis de mettre au jour des vestiges funéraires de l'époque néolithique.

À proximité

CARTE P. 159

Farges C1

À 3 km au nord-est de St-Nectaire-le-Haut par la D 150 en direction d'Olloix.

Les Mystères de Farges - *3 r. du 10-Août-1944 - 04 73 88 52 25 - www.st-nectaire.com - - juil.-août : 10h-18h ; vac. scol. : 10h-12h, 14h-17h ; reste de l'année : se rens. - 6,60 € (-15 ans 4,60 €) - visite guidée et en scénovision (1h, dégustation de fromage comprise) - prévoir un vêtement chaud (10-12 °C dans les grottes).*

Le hameau de Farges abrite d'anciennes habitations datant du Moyen Âge, creusées dans du tuf blanc. Elles servent de cadre à trois spectacles : le Temps des Guerriers, qui dévoile l'histoire du site *(son et lumière)* ; le Secret de l'abbé Dubois, qui relate les péripéties des reliques de saint Nectaire pendant la Révolution *(lanterne magique)* ; et le trésor de Viginet, où Félize vous contera le passé de St-Nectaire *(projection en stéréoscopie).*

Jeux de piste - *04 73 88 52 25 - www.st-nectaire.com - juil.-août : 10h-18h ; avr.-juin et sept. : 10h-12h, 14h-17h ; reste de l'année : sur demande préalable.* Pour partir à la découverte du village, de son histoire et de la nature *(1h-1h30)*. Les livrets sont en vente à l'accueil des Mystères de Farges.

Randonnées

CARTE P. 159

Puy de Châteauneuf C1

30mn AR. Montée assez dure. Empruntez la rue montante devant l'église St-Nectaire. Prenez ensuite à gauche un sentier rocailleux.

Il conduit au sommet du puy (alt. 934 m) : **vue** sur les monts Dore. Le flanc de la montagne est creusé de neuf grottes, qui furent probablement habitées, comme celles de Jonas *(voir Besse-et-St-Anastaise p. 180)*, dès la préhistoire, puis utilisées au Moyen Âge.

Puy d'Éraigne C1

30mn AR au départ de St-Nectaire-le-Bas. Sentier rocailleux, très pénible, qui se détache à gauche de la route de Sapchat (D 150).

Du sommet (alt. 895 m), belle **vue** sur les monts Dore.

Cascade de Saillant C1 *(voir p. 186)*

À Saillant, 2 km à l'est de St-Nectaire-le-Bas.

3

Carnet pratique

S'informer

Office de tourisme – *Les Grands-Thermes - St-Nectaire - ✆ 04 73 88 50 86 - www.sancy.com.*

Agenda

St-Nectaire en Majesté – *w.-end de Pentecôte.* La gastronomie est à l'honneur : concours primé du fromage st-nectaire, marché des Sites remarquables du goût et de produits régionaux, animations de rue.

Fête du pain - *Hameau de Saillant - ✆ 06 87 14 17 04 - 1er dim. d'août.* Le matin, assistez à la cuisson du pain au four du village. Marché d'artisanat, exposition de matériel agricole ancien et animation dansante l'après-midi.

Nos adresses

Restauration

Premier prix

Au Cèdre doré – *8 av. du Dr-Roux - ✆ 04 73 68 66 22 - 9h-18h (19h en juil.-août), fermé mar. et de mi-nov. à déb. avr. - menu 15 € env.* Restaurant, pâtisserie artisanale et coffee shop, cette récente adresse remplit toutes les cases ! Vous pourrez vous installer dans la salle Art déco ou, aux beaux jours, profiter du jardin au bord de l'eau. Salé ou sucré, à base de spécialités locales, ce Cèdre doré vous attend !

Budget moyen

Les Baladins – *Rue Principale - ✆ 04 73 88 51 35 - www.lesbaladins-lamusette.com - plats 13/21 €, menus 8 € (déj.)/27 € - réserv. conseillée.* Cette brasserie propose de copieuses spécialités auvergnates : fondue au Saint-Nectaire, truffade, jarret de porc au miel du Sancy...

À proximité

Premier prix

Auberge de l'Âne – *Les Arnats - ✆ 04 73 88 50 39 - www.auberge-de-lane.com - ♿ - fermé mar.-merc. (sf juil.-août uniquement mar. soir) - menus 16,50/28,50 €.* Nichée dans un hameau sur les hauteurs de St-Nectaire, cette auberge de pays sert depuis quarante ans une cuisine bien auvergnate dans une salle toute simple, avec nappes en toile cirée et serviettes en papier. Bon rapport qualité-prix.

Budget moyen

La Grange d'Alphonse – *Farges - ✆ 06 32 69 95 59 - www.st-nectaire.com - 🅿 ♿ - fermé de déb. nov. à déb. fév., lun.-merc. (juil.-août et vac. scol. fermé dim.-lun. midi et soir, mar. soir) - menus 25/30 €.* En 2005, la famille Bellonte a créé un café-auberge dans un bâtiment au toit de chaume et cadre campagnard. On y déguste une cuisine authentique à base de produits régionaux, la spécialité maison « la phonsounette » (pommes de terre au saint-nectaire fondu) et le saint-nectaire produit à la ferme.

Shopping

Les Epicurieuz – *1 r. des Sœurs - ✆ 06 24 61 60 36 - www.lesepicurieuz.com - jeu.-dim. 9h30-19h30.* Difficile de choisir, dans cette jolie épicerie-bar, les produits d'Auvergne qui vous plairont le plus. Êtes-vous plutôt charcuteries ou fromages, vins ou bières, épices ou confitures ? Et si vous avez une petite faim, vous pouvez vous attabler sur place...

Délices de Fannette – *29 av. du Dr-Roux - ✆ 04 73 73 49 96 - www.lesdelicesdefannette.fr - mar.-jeu. 10h-18h, vend. 10h-17h, sam. 14h-18h.* Fabrication traditionnelle de confitures, gelées de fruits, de fleurs, pâtes de fruits et autres gourmandises. Exposition permanente sur le sucre.

La Musette – *22-23 av. du Dr-Roux-St-Nectaire-le-Bas - ✆ 04 73 88 53 96 / 04 73 88 51 35 - www.lesbaladins-lamusette.com - 9h-19h (été : 8h-20h).* Confitures, salaisons, liqueurs, vins, fromages, tripoux et autres spécialités régionales de cette boutique ont fait l'objet de sélections attentives auprès d'artisans auvergnats. Un diaporama présente la région et ses produits.

À proximité

Ferme Bellonte - GAEC de Farges – *3 r. du 10-Août-1944 - Farges - ✆ 04 73 88 52 25 - www.st-nectaire.com - boutique : 6h45-9h30, 16h-19h - traite des vaches : 6h-7h, 15h-16h, fabrication de fromage : 8h-9h, 17h-18h30 - 5,80 €.* Cette famille, producteurs de saint-nectaire, vous accueille avec passion dans sa ferme. Traite des vaches, différentes étapes de fabrication et caves d'affinage en tuf volcanique : ce fromage onctueux n'aura plus de secret pour vous. Les Mystères de Farges, petit musée et animation en scénovision, vous permettent de découvrir la vie traditionnelle. Restauration possible sur place *(voir rubrique « Restauration »).*

Activités

Thermadore – *Av. du Dr-Roux - ✆ 04 73 78 83 47 - www.thermadore.fr - vac. scol. : 14h30-19h30, dim. 9h30-12h30 et 14h30-19h30 - fermé lun. et mar. hors vac. scol - aquadétente : 10,50 € (enf. 7 €), soin à partir de 20 €.* Ce centre s'articule autour de deux secteurs : l'espace aquadétente, doté de piscines, Jacuzzi, hammam et sauna, ainsi qu'une partie forme et beauté, proposant des soins d'hydrothérapie, avec produits bio et eau de source.

Hébergement

Budget moyen

Hôtel Mercure-Les Bains romains St-Nectaire – *R. principale - ✆ 04 73 88 57 00 - www.hotel-bains-romains.com - 71 ch. 98/128 € - 17,10 € - plats 17/20 €.* Installé dans les anciens thermes (1850), l'hôtel propose des chambres rénovées et modernisées. Celles en hauteur, avec vue sur le parc à l'arrière, ne déçoivent pas. Piscines intérieure et extérieure. Spa (250 m²).

À proximité

Pour se faire plaisir

Chambres d'hôte Le Chastel Montaigu – *Montaigut-le-Blanc - Le Château - 10 km à l'est de St-Nectaire par D 996 - ✆ 04 73 96 28 49 - www.lechastelmontaigu.com - - fermé oct.-mars - 4 ch. 145/150 €.* Cassez votre tirelire sans hésiter pour un séjour *(sur réserv., deux nuits mini.)* dans ce château fort du Moyen Âge. Vue exceptionnelle sur la vallée et le village médiéval. Dans le donjon, restauré, belles chambres confortables et superbement aménagées.

3

Château de Murol ★★

Dressée sur une table basaltique, cette impressionnante forteresse médiévale, muse des artistes de l'école de Murol, surplombe les alentours et le village, et s'aperçoit de très loin. À proximité, le lac Chambon est un lieu idéal pour pratiquer les sports nautiques. Ceux qui préfèrent la randonnée partiront à la découverte du massif du Sancy, tout proche.

Château de Murol.
B. Jaubert/imageBROKER/age fotostock

se repérer

Puy-de-Dôme (63)

CARTE C1 (P. 159).

Murol se trouve à 6 km de St-Nectaire, 10 km de Besse et 19 km du Mont-Dore.

À ne pas manquer

Le panorama du haut de la tour de Chautignat.

Organiser son temps

Une journée à Murol pour profiter du château et des balades dans la vallée de la Couze Chambon.

En famille

La visite animée du château de Murol.

Carnet pratique p. 179

Nos adresses p. 179

Se promener

★★ Château

Rte du Château - ✆ 04 73 88 82 50 - murolchateau.com - juil.-août : 10h-20h ; avr.-juin et sept. : 10h-19h ; fév.-mars et d'oct. à mi-nov. : 10h-18h ; de mi-nov. à fin déc. : 14h-17h, vac. de Noël : 10h-17h - janv. ouv. selon météo - 9,60/10,50 € (10-17 ans 4,80/5,20 €).

En été, plusieurs animations sont proposées comme l'Ost de Guillaume, l'armée du seigneur, et un spectacle équestre médiéval, Défi de chevaliers.

Depuis de nombreuses années, le château de Murol a bénéficié d'importants aménagements. Afin de le faire revivre comme au Moyen Âge, des **visites animées★** y sont organisées en été, comme si vous étiez à la cour de Guillaume de Murol il y a 600 ans. Ce château évoque le souvenir des rudes seigneurs de Chambe et de Murol.

On accède à l'enceinte extérieure par le sud, et on la franchit par une porte fortifiée. La tour de Murol, à éperon, est ensuite laissée à droite. Dans la cour basse se dresse le **pavillon Renaissance** ; par les ouvertures, jolie **vue** sur la tour du Capitaine. Au nord s'élève le château central, sur un socle basaltique épais de 15 m. À côté du donjon se trouvent les **chapelles** du 13e s. et du 15e s. La visite débute à gauche de la tour de Murol, en longeant le potager et la basse-cour. Une rampe d'accès conduit à la porte nord, surmontée de hourds, puis le grand degré mène à une élégante **porte**, décorée des armoiries des Murol et de Gaspard d'Estaing (puissante famille du Rouergue qui l'agrandit au 15e s.). Dans la cour intérieure, remarquez la galerie que surmontait le logis à laquelle succède la salle des gardes. Empruntez l'étroit escalier à vis de la tour de Chautignat pour arriver à la plate-forme d'où se dégage un très beau **panorama★** sur Murol, la vallée de la Couze, le lac Chambon, les monts Dore, le Tartaret et, au loin, sur le Livradois. Le chemin de ronde mène à la **tour de la Châtelaine**, avec sa porte du 16e s. Vous accédez ensuite aux cuisines, à la boulangerie et ses **dépendances**.

À la sortie du château, redescendez au bourg par un sentier aménagé. Traversez la route pour passer la porte qui donne dans le parc municipal.

Parc municipal du Prélong

Autrefois propriété privée (sa maison abrite à présent le musée des Peintres de l'école de Murol), le parc s'ouvre sur une belle collection d'azalées, de rhododendrons et de magnolias. Le jardin à la française, avec ses allées de buis qui mènent à la roseraie, contraste avec le parc à l'anglaise. À l'entrée, une chaumière abrite le **Musée archéologique** où sont exposés de petits objets gallo-romains trouvés sur la commune. *Rte de St-Nectaire - parc du Prélong - ✆ 04 73 88 62 62 - ouv. du musée en août une fois par sem. se rens. à l'office de tourisme - gratuit.*

Musée des Peintres de l'école de Murol

Parc du Prélong - ✆ 04 73 88 60 06 - juil.-août : 10h-13h, 14h-18h30 ; reste de l'année : tlj sf lun.-mar. 10h-12h30, 13h30-17h30 - fermé de déb. nov. à fin mars - 6 € (18-25 ans 2 €, -18 ans gratuit).

Le village fut, au début du 20e s., un lieu d'inspiration pour une cinquantaine de **peintres paysagistes**, proches des impressionnistes ou des fauves, réunis autour de l'abbé Boudal, passionné de peinture, et de leur chef de file, le peintre Victor Charreton. Près de 130 toiles issues de cette école sont exposées.

Le lac Chambon.
B. Jaubert/imageBROKER/age fotostock

À proximité

CARTE P. 158-159

★ Puy de Bessolles C1

2 km au sud par la D 5 (voir Besse-et-St-Anastaise, p. 180).

★ Lac Chambon B1

1,5 km à l'ouest par la D 996.

L'existence de ce lac aux rives boisées est due au volcan du Tartaret, l'un des plus récents d'Auvergne, qui surgit au milieu de la vallée de la Couze et en arrêta les eaux. Vaste (60 ha) mais peu profond (4 à 6 m), il occupe, à 877 m d'altitude, un joli site parsemé d'îlots. Ses rives sont très découpées, sauf au nord où la D 996 le longe et au sud-est où une grande plage a été aménagée. Des pontons en bois ont été installés pour rendre le tour du lac plus accessible.

1h AR, on longe une partie du lac en suivant le sentier qui débute après la plage.

La Dent du Marais (ou Saut de la Pucelle) – Cette aiguille rocheuse de près de 100 m de haut, vestige de l'ancien volcan de la Dent du Marais, se dresse au nord du lac. On conte qu'une jeune bergère, importunée par les assiduités d'un seigneur, se jeta du haut de la falaise en invoquant la bonne Vierge de Vassivière et, miraculeusement, atterrit sans dommage. L'imprudente eut le tort de se vanter de cet exploit à des incrédules. Pour les convaincre, elle voulut recommencer, mais cette fois, s'écrasa au sol...

1h30 AR. De la D 5 qui part en direction de Clermont, après avoir dépassé le château, un sentier de randonnée mène à la **Dent du Marais**. Cette promenade procure des vues exceptionnelles. Vous pouvez aussi suivre la petite randonnée Chamina balisée en bleu, qui part du parking du lac et permet de combiner en 2h une partie du tour du lac et la Dent du Marais.

Église de Chambon B1

Cet édifice du 12e s., enlisé en partie par suite des crues de la Couze, est orné, au-dessus du porche d'entrée, d'un linteau représentant le martyre de saint Étienne. Sur la place se dresse une croix nimbée du 15e s.

Un ancien baptistère – Dans le cimetière, dont le chemin s'amorce à gauche sur la route de Murol, à 200 m de Chambon, s'élève une chapelle funéraire décorée extérieurement de motifs polychromes. On peut voir, à l'intérieur, de curieux chapiteaux.

Carnet pratique

S'informer

Office du tourisme de Murol – *R. de Jassaguet - Murol - ✆ 04 73 88 62 62 - www.sancy.com.*

Office du tourisme de Chambon-sur-Lac – *Chambon-sur-Lac - ✆ 04 73 78 65 10 - ouv. en juil.-août.*

Agenda

Marché de Murol – *Mercredi matin.*

Nos adresses

Hébergement/restauration

Premier prix

Hôtel Le Grillon – *Lac Chambon - ✆ 04 73 88 60 66 - www.hotel-grillon.com - P - 20 ch. 60/80 € - ☕ 10 € - ✕ fermé mar. soir et merc. - plats 15/21 €, menu 29 €.* Sur un axe fréquenté, cet immeuble des années 1950 propose des chambres coquettes et colorées. Jardin et aire de jeux. Plats traditionnels et régionaux. Terrasse tournée vers le lac et accueil chaleureux.

Hôtel Beau Site – *Lac Chambon - ✆ 04 73 88 61 29 - www.beau-site.com - P ♿ - ouv. des vac. de fév. au 1er nov. - 16 ch. 70/90 € - ☕ 10 € - ✕ menus 32/35 €.* Établissement familial aménagé dans deux bâtiments fleuris en surplomb du lac. Chambres claires. Terrasse et salles à manger ouvertes sur le rivage. Cuisine régionale.

Chambres d'hôte Le Pavillon Bleu – *Rte du Chambon - lac Chambon - ✆ 04 73 88 89 52 - ✆ 06 71 05 98 71 - pavillonbleu-chrisyl.pagesperso-orange.fr - ⊭ P - 3 ch. à partir de 60 € ☕.* Cette maison blanche bâtie sur une rive du lac abrite de confortables chambres lambrissées ; deux d'entre elles ont un balcon tourné vers les flots. Petits-déjeuners copieux servis dans un salon verdoyant agrémenté d'aquariums. Parc ombragé avec barbecue.

Activités

En hiver, balades à raquettes et ski de randonnée, accompagnées ou libres, vous mèneront dans les paysages enneigés du lac Chambon et du château de Murol. De Beaune-le-Froid *(4 km au nord-ouest de Murol)* partent 35 km de pistes de ski de fond de difficultés progressives.

3

Besse-et-Saint-Anastaise ★

Au pays des mille et une sources, la « capitale des montagnes » affiche de belles maisons en pierre grise volcanique aux toits d'ardoises ou de lauzes. Durant la saison estivale, une foule se presse devant les étals des marchés de pays, remplissant les cabas de charcuterie fine et de bons fromages.

Fromagerie dans le centre historique.
Ch. Handl / imageBROKER / age fotostock

Se repérer

1504 Bessards – Puy-de-Dôme (63)

CARTE C2 (P. 159).

Cette ancienne ville fortifiée est accessible par la D 36 en arrivant du Mont-Dore, ou par la D 978 si vous venez de Clermont-Ferrand.

À ne pas manquer

La découverte à pied de la ville. Une balade le long des rives du lac Pavin, et le panorama sur les monts Dôme, du sommet du puy de Montchal. Le village de St-Floret et le site du Marchidial, à Champeix.

Organiser son temps

Environ une journée pour découvrir les Couzes Chambon et Pavin au départ de Besse.

En famille

En saison, luge d'été ou glisse sur l'herbe à Super-Besse *(Pass Loisirs, se rens. à l'office de tourisme)*.

Carnet pratique p. 186

Nos adresses p. 186

Se promener

Au Moyen Âge, Besse était un important carrefour commercial. On venait à ses marchés et ses foires échanger les fromages de montagne ou les peaux contre des céréales, des fruits ou du vin produits dans les vallées. Au 13e s., les bourgeois de Besse rachetèrent la charte communale. La ville se modernisa et les styles d'architecture se diversifièrent, grâce notamment à la bienveillance de Catherine de Médicis.
Prenez le temps de déambuler le long des ruelles bordées de vieux logis à tourelles en encorbellement. Les maisons et fontaines Renaissance témoignent d'un long attachement à la royauté. Quelques vestiges du rempart, construit à la demande des habitants pour se protéger des Anglais lors de la guerre de Cent Ans, sont encore visibles ici et là.
Besse devait être jadis un lieu parsemé de bouleaux, car son nom viendrait de *betta*, désignant cette essence d'arbre. Jusqu'en 1973, on lui associa le nom de **Chandèze**, un hameau des environs, transformé en Chandesse avec le temps, d'où le nom de **Besse-en-Chandesse** que connaissent bien les Auvergnats. Depuis le rattachement d'un village situé aux confins du Cézallier, Besse-en-Chandesse est devenu, en 1973, Besse-et-St-Anastaise.

★ Église St-André

Pl. de l'Église. Bâtie sur une coulée de lave, elle domine la place environnante. C'est un édifice composite, en partie roman (fin 12e s.), avec un chœur gothique datant de 1555 (restauré au 19e s.) et des chapelles latérales des 17e et 18e s.
L'intérieur est assez sombre, avec des bas-côtés étroits. Les **chapiteaux**, de qualité, sont décorés de feuillages ou historiés (repas et mort du Mauvais Riche, crucifiement de saint André, curieuse scène de sacrifice, dresseurs de singe...). Remarquez les **stalles** du 16e s. dans le chœur (belles miséricordes) et, derrière le maître-autel, la statue vénérée de **Notre-Dame de Vassivière**.

3

★ Rue des Boucheries

Très pittoresque avec ses maisons bâties en lave sombre. Vous vous arrêterez devant la **maison dite de la reine Margot**, du 15e s. Selon une légende locale, Marguerite de Valois aurait séjourné dans cette ravissante maison, dont la porte gothique donne accès à un bel escalier à vis. L'édifice abrite aujourd'hui le musée du Ski, installé dans une de ses plus belles salles voûtées.
Musée du Ski – *11 r. de la Boucherie - ✆ 04 73 79 57 30 - www.sancy.com - visite guidée juil.-août et vac. scol. : 9h-12h, 14h-18h ; reste de l'année : sur demande préalable - 4,50 € (-15 ans gratuit).* Sont exposés, grâce à la passion du propriétaire qui parcourt l'Europe à la recherche de pièces anciennes, des paires de skis de provenances diverses, un bobsleigh de 1925, des patins à glace de 1910... Des photographies anciennes montrent des dames encombrées de leur longue robe, fièrement campées sur leurs skis.

★ Porte de ville

Cette porte médiévale fut remaniée au 16e s. Elle est protégée par une barbacane bien préservée.

Château du Bailli

En contournant le chevet de l'église, vous pouvez gagner l'ancien chemin de ronde, dont le point fort était le château du Bayle ou Bailli, représentant le seigneur et investi de missions de justice.

À proximité

CARTE P. 158

★ Super-Besse B2

7 km à l'ouest de Besse par la D 978, puis la D 149.

Station d'altitude de Besse nichée à 1350 m, Super-Besse, fréquentée l'été pour son cadre reposant, s'est d'abord développée comme station de sports d'hiver.

Domaine skiable et activités de pleine nature - *04 73 79 60 03 - www.sancy.com - de déb. déc. à mi-avr. : 9h-17h ; des vac. de Noël à fin mars : nocturne 17h-21h, hors vac. scol. merc. et sam. 17h-21h - 36 € (- 15 ans 25,60 €) - le forfait acheté à la station permet (selon l'ouverture des liaisons) l'accès au domaine skiable du Mont-Dore.*

Créée en 1961 au pied du puy de la Perdrix (alt. 1850 m), la station expose ses **43 km de pistes** au sud. Elle est équipée de 15 téléskis, de 5 télésièges et d'une télécabine qui desservent quelque **27 pistes de ski alpin** (5 vertes, 9 bleues, 9 rouges, 4 noires). Enneigement artificiel possible grâce à 240 canons. Le **ski de fond** se pratique au sud de Super-Besse (70 % de la station est équipée d'enneigeurs), où une piste descend vers le lac Pavin. Ce secteur largement boisé est pourvu de **105 km de pistes** serpentant entre les lacs gelés. D'autres styles de glisse sont proposés : ski tracté par un cerf-volant, snowpark, luge, *tubbing*...

Puy Ferrand

6mn en téléphérique, puis 45mn à pied AR au départ de Super-Besse.

Le téléphérique de la Perdrix, le « funitel », part du cirque de la Biche et dessert le sommet du puy de la Perdrix. De là on gagne, en suivant la crête, le sommet du puy Ferrand ; **vues★★** sur les monts Dore, les lacs, la vallée de Chaudefour.

★★ Lac Pavin B2

À 4 km au sud-ouest de Besse, par la D 149, à sens unique, s'embranchant sur la D 978, ou par la route des Fraux qui relie Besse au Pavin par la montagne couverte de pâturages.

Les eaux du lac Pavin, profond de 92 m, occupent un vaste cratère dont la violente éruption émit des projections jusqu'à St-Flour, à 35 km de là... On racontait jadis que l'ancienne ville de Besse avait été engloutie dans le lac par punition divine, et qu'y jeter un caillou déchaînait d'effroyables orages. C'est pourquoi le lac porte le nom de Pavin (le mot latin *pavens* signifie épouvantable). Le parking des Fraux offre une **vue★** sur cette superbe étendue d'eau, alimentée par des nappes souterraines et peuplée d'ombles chevaliers et de truites atteignant parfois un poids prodigieux. On peut y pêcher à loisir.

Un **sentier** facile *(environ 45mn à pied)* permet de faire le tour du lac. C'est d'ici que s'effectue la montée au puy de Montchal.

★★ Puy de Montchal B2

Accès : soit par le sud du lac Pavin, soit par l'extrémité du chemin des Fraux. 1h30 à pied AR.

Du sommet (alt. 1411 m) se découvre un magnifique **panorama★★** sur le massif du Mont-Dore, les monts Dômes, les vallées des Couzes et la Comté, le massif du Sancy et le Forez. Au premier plan, le puy et le lac de Montcineyre, puis le Cézallier.

Chapelle Notre-Dame de Vassivière B2

8 km à l'ouest par la D 978, en direction de La Tour-d'Auvergne. 3 km après avoir passé le carrefour séparant le lac Pavin de Super-Besse, prenez une petite route à droite.

Cette chapelle de pèlerinage (16e s.) s'élève dans un beau site pastoral. Elle abrite pendant l'été la statue de Notre-Dame de Vassivière. La Vierge noire, soutenue par les « porteurs de Notre-Dame », quitte l'église St-André de Besse le 2 juillet, fête de la Montade, pour y redescendre le dimanche suivant le 21 septembre, fête de la Dévalade.

Lac de Montcineyre B2

8 km au sud-ouest par la D 36. Longez le lac de Bourdouze puis, après 1 km, prenez un chemin (1 km) sur la droite.
Ce lac doit son existence au barrage d'une vallée par le puy boisé de Montcineyre, dont il porte le nom. Leur forme de croissant et de fer à cheval, qui semblent parfaitement s'emboîter, donne l'étonnante impression que ce volcan veille, impassible, sur les eaux du lac. En suivant la rive, au pied du volcan, on découvre une belle **vue** sur le massif du Sancy.

D'une Couze à l'autre

CARTE P. 159 C1-2

Circuit de 65 km tracé en violet sur les cartes p. 159 et p. 184.
Au départ de Besse-et-St-Anastaise, prenez la D 633, une ravissante petite route de crête qui ménage des points de vue intéressants sur la vallée de la Couze Pavin et les gorges de Courgoul. Elle devient la D 619 en redescendant par Trossagne.
Prenez à droite la petite route qui arrive au-dessus des grottes de Jonas.

Site troglodyte de Jonas

04 73 56 16 42 - www.jonastroglo.fr - 10h-17h30 (17h en oct.-déc.) - fermé fin des vac. de nov. à mi- déc., janv. et fév. hors vac. scol. - 7 € (7-12 ans 5 €) - visites médiévales, dates sur le site - boutique.
Les plus rudimentaires de ces grottes artificielles, taillées dans le tuf (conglomérat de cendres) volcanique d'une falaise, furent peut-être habitées par les hommes de la préhistoire ; elles furent occupées jusqu'au Moyen Âge. Une chapelle, dont les voûtes conservent des **fresques** datées de 1100, et une véritable forteresse y furent aménagées. La tour renferme un escalier à vis d'environ 80 marches, taillé à même le tuf volcanique et conduisant à quatre étages d'appartements et une soixantaine de salles ! Remarquez, à droite en montant, l'évier avec une rigole d'évacuation des eaux usées, puis une salle pour une bombarde avec l'emplacement réservé aux projectiles, la boulangerie et son four à pain. La terrasse panoramique ménage une belle **vue** sur la couze Pavin.
Revenez au Cheix pour reprendre la D 978 puis, à droite, la D 621.

3

Cheminée de fée de Cotteuges

15mn AR. Avant d'arriver au hameau, prenez à droite le sentier des Bedeaux.
Un chemin mène à travers bois à cette étonnante formation géologique qui se dresse dans une excavation. Le phénomène de la cheminée de fée de Cotteuges se présente sous la forme d'une colonne argileuse, coiffée d'un bloc de roche dure et que l'érosion pluviale a façonnée.
Poursuivez sur la D 621.
Après Cotteuges, la route traverse une cheire (coulée de lave) caractéristique. Plus loin, elle est dominée à gauche par de beaux rochers abrupts. La rivière a entaillé le socle granitique, donnant un aspect tourmenté aux rochers où s'accrochent les pins.

Saurier

Cet ancien bourg fortifié possède une maison de louvetier, reconnaissable aux sculptures figurant sur le tympan de la porte.

En franchissant la Couze, jetez un coup d'œil à gauche sur le vieux pont médiéval, avec, en son milieu, un petit oratoire à la Vierge. La vallée se resserre de nouveau ; des rochers basaltiques se dressent sur les versants.
Prenez la D 26 en direction d'Issoire.

★ St-Floret

Visitez en premier lieu le plateau du Chastel, site primitif probable de ce village qui remonte au néolithique.
Église du Chastel – Édifiée sur un promontoire considéré dès l'origine comme sacré, elle domine la Couze Pavin. À côté se trouvent les restes d'une nécropole mérovingienne (tombes creusées dans le roc et ossuaire). Dans la chapelle nord, jolie **peinture murale** du début du 15e s. : saint Jean Baptiste présente Jean de Bellenave, seigneur de St-Floret, et sa famille, à la Vierge et à l'Enfant.
L'église est entourée des vestiges d'un **cimetière** qui remonte aux Mérovingiens et a été utilisé durant tout le Moyen Âge : des sépultures, creusées à même le roc, ont été mises au jour lors de fouilles.
Le **pont** du 15e s. qui enjambe la Couze Pavin porte en son milieu un oratoire abritant une Vierge romane polychrome.
Château – *R. des Remparts - ✆ 04 73 71 10 39 (mairie) - www.saint-floret.fr - visite guidée avr.-sept., horaires, se rens. - gratuit - visites combinées possibles du site archéologique du Chastel et de l'église (1h chacune).* Cet édifice, bâti au 13e s. (donjon), fut remanié un siècle plus tard. Les murs de la salle inférieure sont ornés de grandes **peintures murales**★ du 14e s., qui retracent des épisodes d'un roman de chevalerie *(Tristan)* ; au-dessus, autre belle salle voûtée d'ogives.
Après l'église, prenez à gauche la D 28 qui mène à Champeix.

Champeix

Ce charmant village, où abondent vergers et jardinets, est bâti entre des coteaux autrefois plantés de vignes. Avec ses toits de tuile, il a l'aspect d'une cité méridionale. Sur la rive droite de la Couze Chambon, un à-pic de rocher, couronné par les

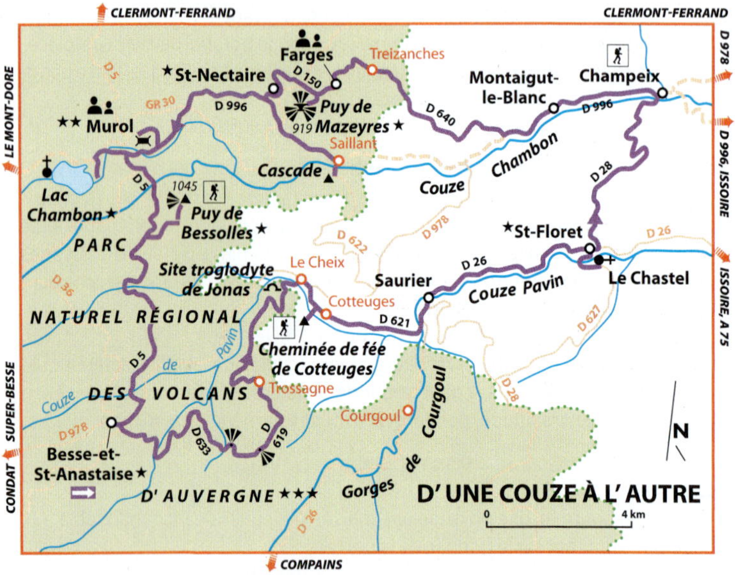

St-Floret, vue sur le village.
H. Lenain/hemis.fr

ruines d'un château féodal *(voir plus loin)*, domine l'église Ste-Croix. Cet édifice possède une abside romane ; à la porte du flanc gauche, un linteau représente les symboles de la sainte Trinité. À l'intérieur, statue de saint Verny, patron des vignerons.

Site du Marchidial – *Chemin d'accès piéton près du pont ; accès voiture : prenez la D 28 vers St-Floret sur 1 km, puis tournez à droite en direction du collège. ✆ 04 73 96 73 39 (mairie) - visite libre de l'extérieur - gratuit.* Situé sur la partie haute de Champeix, le quartier du Marchidial doit son nom aux marchés et foires qui, au Moyen Âge, s'installèrent sur le plateau. À l'est, une ruelle mène aux vestiges de l'ancienne **forteresse médiévale** d'où l'on jouit d'une jolie vue. Au 13e s., c'était l'une des principales résidences des dauphins d'Auvergne. Le site se développe autour de la **chapelle St-Jean** (12e s.), qui abrite d'anciennes fresques. Un escalier à vis mène à une plate-forme permettant d'apprécier un beau panorama. Les terrasses sont aménagées par les habitants de Champeix, qui veillent à la préservation de leur patrimoine. À voir, les jardins perchés de l'ancien château, riches d'essences variées, et celui des sœurs de St-Joseph, véritable jardin de congrégation. 3

Quittez Champeix par l'ouest en empruntant la D 996, direction St-Nectaire.

Montaigut-le-Blanc

Ce village est dominé par un château restauré *(chambres d'hôte)*. Son aspect méridional, ses toits plats à tuiles creuses, les vignes en terrasses, les arbres fruitiers au fond de la vallée annoncent déjà la Limagne.

Poursuivez sur la D 996 sur 1,5 km. Prenez à droite la D 640. Peu après Treizanches, prenez à gauche la D 150.

Farges *(voir p. 173)*

Continuez sur la D 150, puis prenez à gauche.

★ Puy de Mazeyres

Du sommet (alt. 919 m), une table d'orientation permet d'apprécier le très beau **panorama** sur les monts Dore. *Revenez sur la D 150.*

★★ Église de St-Nectaire *(voir p. 171)*

De St-Nectaire-le-Bas, prenez la D 996 en direction de Champeix jusqu'à Saillant.

Cascade de Saillant

Dans le village, la rivière franchit en cascade une coulée de basalte ; jolie **vue** sur le parcours de la D 622. La cascade de Saillant n'est pas très haute (7 m), mais assez ample. Elle est spectaculaire à la suite d'un orage ou à la fonte des neiges.

Revenez à St-Nectaire et poursuivez sur la D 996 en direction du Mont-Dore.

★★ Château de Murol *(voir p. 176)*

Quittez Murol par la D 996 puis, au carrefour avec la D 5, prenez à gauche.

★ Lac Chambon *(voir p. 178)*

Revenez à Murol et prenez sur la droite la D 5 en direction de Besse. Après 2 km, prenez sur la gauche la D 619 puis, après 100 m, tournez à gauche.

★ Puy de Bessolles

Suivez le chemin balisé « Plateau de Bessolles-panorama ». 45mn AR pour le panorama, 2h pour le circuit de découverte faisant le tour du plateau (suivre le balisage jaune).

Ce sommet (alt. 1045 m) constitue l'un des meilleurs belvédères de la région des Couzes sur les monts Dore et le lac Chambon.

Retour à Besse par la D 5.

Carnet pratique

S'informer

Office du tourisme de Besse – *13 r. Notre-Dame - Besse - ✆ 04 73 79 52 84 - www.sancy.com.* Jeu de piste sous forme d'énigmes pour découvrir la ville.

Office du tourisme de Super-Besse – *Rd-Pt des Pistes - Super-Besse - ✆ 04 73 79 60 29.*

Agenda

Marché des produits du terroir – *Mairie - Besse - ✆ 04 73 79 52 84 - lun. 9h-12h30.* Le lundi, de 7h à 13h, dans les rues et sur les places de la cité médiévale.

La St-Cochon ou « L'Art du lard » - *✆ 04 73 79 52 84 (office de tourisme) - janv.*

Foire aux fromages et aux vins - *✆ 04 73 79 52 84 (office de tourisme) - juil.*

Nos adresses

Restauration

Premier prix

Le Bessoi – *1 pl. de la Gayme - ✆ 04 73 79 56 63 - fermé dim. soir et jeu. ; vac. scol. : tlj midi et soir - menu 19,90 €, plats 16/26 €.* En centre-ville, pour des crêpes, des spécialités auvergnates, des tartines, des salades. Terrasse.

Shopping

Biomassif – *Route des Lacs - ✆ 04 73 83 33 17 - www.biomassif.com - lun. 10h-12h30 (uniquement pdt vac. scol.), merc.-sam. 15h-18h30, fermé dim. et mar.* Ils sont dix à représenter les fermes et les artisans, regroupés au sein de ce point de vente 100 % bio et local. Vous y trouverez des produits de la ruche, du vin et de la bière, des tisanes et des légumes, ou encore des cosmétiques naturels.

À proximité

Fromagerie Guillaume – *39 rte des Moulins - Montaigut-le-Blanc - ✆ 04 73 96 73 10 - lun.-vend. 8h-12h, 13h30-19h (lun. 16h30), sam. 9h-12h, 15h-19h - fermé dim.* Cette fromagerie affine sa production dans d'étonnantes caves creusées dans le tuf. Outre les spécialités connues – saint-nectaire, fourme d'Ambert, bleu d'Auvergne et cantal –, vous découvrirez d'autres savoureux produits comme le pavin, un fromage de vache à la pâte onctueuse, ou le gaperon à l'ail.

Activités

Randonnées – *www.sancy.com - office du tourisme de Super-Besse ou bureau des guides et accompagnateurs (✆ 06 08 03 51 11).* 670 km de chemins balisés sillonnent le massif du Sancy. Besse et Super-Besse sont les points de départ de jolies randonnées en montagne, en forêt ou autour des lacs. Des randonnées à thème sont organisées pour partir à la découverte de la faune et la flore, et du volcanisme.

Espace VTT – *Super-Besse - ✆ 04 73 79 60 29 - ouv. de mi-juin à déb. nov. - forfait 16,50 € pour 4h (enf. 8 €), 23 € la j. (enf. 11,60 €), aller simple 7 €.* Espace sécurisé pour le VTT aménagé au cœur du domaine alpin. Bike park, kid park, pistes, franchissements, rampes de saut et virages relevés.

Hébergement

☺ Les amateurs de ski se retrouvent à Super-Besse où l'hébergement se fait majoritairement dans les résidences hôtelières de la station.

Premier prix

Hôtel Les Mouflons – *Le Berthelage - ✆ 04 73 79 56 93 - www.hotel-mouflons-besse.com - P - fermé avr. et 15 nov.-15 déc. - 49 ch. 60/95 € - ☕ 12 € - ✕ menu 25 €.* Imposant bâtiment des années 1970 aux allures de chalet. Préférez l'une des chambres rénovées ; les autres sont un peu désuètes. Spacieux restaurant où l'on sert une cuisine régionale.

Budget moyen

Hôtel La Gazelle – *1 chemin d'Olpilière - ✆ 04 73 79 50 26 - www.lagazelle.fr - P ♿ 🏊 - fermé de mi-avr. à déb. mai et de mi-nov. à mi-déc. - 38 ch. 110/115 € ☕ - ✕ menu 22 €.* Fort de sa position dominante, cet hôtel offre une belle vue sur Besse la médiévale. Chambres au style montagnard. Petits-déjeuners servis sous la véranda. Plats traditionnels à déguster dans une salle à manger à la vue superbe. Piscine couverte.

Pour se faire plaisir

Mildiss – *Serre Bas - ✆ 04 73 79 10 10 - www.mildiss.fr - 32 ch. 216 € ☕ - ✕.* Ouvert en 2019, cet hôtel contemporain situé à l'entrée de Besse s'intègre au paysage. Les matériaux locaux – bois et pierre de lave – ont été privilégiés. Les chambres, exposées sud, donnent sur le jardin. Espace bien-être, Jacuzzi, spa, hammam. Restaurant bistronomique *(ouv. soir et w.-end, plats 16/23 €, menus 35/49 €)*, et bar à tapas *(ouv. tlj)* dont les fromages et la charcuterie proviennent de producteurs locaux.

3

Massif du Sancy ★★★

Point culminant du Massif Central, le Sancy, surgi il y a 900 000 ans, est la plus jeune et la moins érodée des cimes volcaniques des monts Dore. À la fin du printemps, les ultimes plaques de neige finissent de disparaître, laissant place au lis martagon, à la grande gentiane et à l'anémone soufrée. Avec sa faune préservée, ses cascades d'eau vive et ses lacs immobiles et profonds, cette montagne majestueuse, berceau de la Dordogne, est un enchantement.

Se repérer

Puy-de-Dôme (63)

CARTE B2 (P. 158).

De Clermont, la D 2089 puis la D 983 permettent d'accéder au nord du massif.

À ne pas manquer

Un téléphérique conduit presque jusqu'au sommet du puy de Sancy d'où, par temps clair, le panorama est extraordinaire.

Organiser son temps

Deux jours ne seront pas de trop !

En famille

Pique-nique au bord des lacs, et visite de la Maison de la Réserve naturelle de la Chaudefour.

Carnet pratique p. 194

Nos adresses p. 195

★★★ Montée au puy de Sancy

Du Mont-Dore, gagnez le haut de la station de sports d'hiver (3 km) pour accéder au téléphérique. ✆ 04 73 65 02 23 - ouv. tlj selon les conditions météorologiques - juil.-août (hte saison) : 9h-18h ; avr.-juin, sept. et vac. de la Toussaint : 9h-12h10, 13h30-17h ; reste de l'année : 9h-17h - AR 17,90 € (basse saison)/14,50 € (hte saison), aller simple 11,70/13,40 € (12-17 ans 10,50/12,70 € AR, 7,80/9,50 € aller simple). Après 4mn de montée, comptez 45mn AR de marche jusqu'au sommet.
Sommet des monts Dore, le puy de Sancy (alt. 1885 m) est le point culminant de la France centrale. Les pelouses subalpines du sommet du Sancy constituent un milieu d'une grande fragilité, la rigueur du climat rendant leur reconstitution

Massif du Sancy.
Razvan/Getty Images Plus

difficile. Une fréquentation estivale piétonne trop importante peut être cause de dégradation. Attention à respecter les zones récemment plantées.

★★★ Panorama

Attention aux vents, emportez... un coupe-vent !
De la vaste plate-forme du sommet, recouverte d'herbes moussues, le regard se perd dans l'immensité des monts, jusqu'aux Alpes du Dauphiné, par temps très clair. Plus près, vous découvrez au nord-est la chaîne des Puys, au sud le massif du Cantal, aux premiers plans les monts Dore *(table d'orientation)*.

★★★ Versant nord

CARTE P. 158

Itinéraire de 36 km aller-retour tracé en rouge foncé sur les cartes p. 158 et p. 192.

★ Le Mont-Dore *(voir p. 196)*

Quittez Le Mont-Dore par le nord en empruntant la D 983. Après 3 km, prenez sur la droite la D 996.

Col de la Croix-Morand

À 1401 m d'altitude, ce col avait autrefois mauvaise réputation : « Le col de la Croix-Morand veut son homme tous les ans », affirmait un dicton local. Il fait aujourd'hui le bonheur des ramasseurs de myrtilles ; les cyclistes le connaissent bien : il a d'ailleurs vu passer le Tour de France à six reprises et, enfant du pays, Jean-Louis Murat en a fait une chanson, qui donne son nom à l'un de ses albums. Le col de la Croix-Morand est aussi appelé col de Diane, bien que celui-ci soit à l'écart de la route (Diane est le nom d'un ruisseau venu de Chaudefour).

Arts-Nature en Sancy

Chaque année, l'office de tourisme et la communauté de communes du massif du Sancy proposent à des artistes issus de tous les continents d'installer une dizaine d'œuvres monumentales en pleine nature (conceptuel, land art). Le projet cherche à créer un dialogue entre les œuvres et l'environnement, en mettant en valeur la diversité des paysages du Sancy. De mi-juillet au 1er novembre, dix pépites monumentales se déploient ainsi dans le massif. On les atteint par une randonnée d'1h30.
Rens. et informations sur www.horizons-sancy.com.

Le feu et la glace

Trois grands volcans – Le puissant système volcanique, dont les restes constituent les monts Dore, est né durant le pliocène. Il couvrait, à son apogée, une surface trois fois plus grande que celle du Vésuve, et présentait trois grands cônes juxtaposés (le Sancy, la Banne d'Ordanche, l'Aiguiller) dont les cratères s'ouvraient à près de 2 500 m d'altitude. Le puy de Sancy, actuellement le sommet le plus élevé du massif avec ses 1 885 m, est un culot de trachyte dont la gaine a été dégagée par l'érosion.
L'action des glaciers – La grande vague de froid qui s'étendit sur l'Europe au cours du pléistocène recouvrit les monts Dore d'une calotte de glace épaisse de plus de 100 m. Cette masse creusa les cirques et les profondes vallées, créa ces escarpements d'où tombent les cascades, mit en relief des aiguilles et d'énormes rochers, les parties les plus résistantes du massif.
Les derniers soubresauts – Décapitée et démantelée par les glaciers, puis par le puissant ruissellement qui accompagna leur fusion, la partie centrale du massif présentait, quand apparurent les premiers hommes, à peu près le même aspect qu'aujourd'hui. C'est alors qu'une nouvelle poussée volcanique se produisit sur ses bords. Des volcans secondaires surgirent, barrant les vallées de leurs cônes ou de leurs coulées, creusant des cratères d'explosion et donnant naissance à plusieurs lacs. Ce furent les dernières convulsions qu'eurent à subir les monts Dore.

Revenez à la D 983 (attention : en hiver, cette route est parfois obstruée par la neige) et prenez à droite.
Après un parcours en forêt, puis dans une vallée aux versants couverts d'éboulis basaltiques, la route atteint le lac de Guéry (vue sur le massif du Sancy).

★ Lac de Guéry

À 9 km au nord du Mont-Dore.
À 1244 m d'altitude, ce lac d'origine volcanique, dont la profondeur maximale est de 17 m, fut sans doute créé par une coulée de basalte, venue du sud-est, qui forma un barrage. Les pâturages, percés de roches noires, et les sapins qui l'entourent lui composent un cadre assez sévère. Au printemps, le lac est éclairé par de longs épilobes en épi, qui en marquent le pourtour.
La pêche blanche – Depuis des décennies, le lac de Guéry faisait l'objet d'un rendez-vous peu commun, digne des pays nordiques. Moment attendu par les pêcheurs de toute la France, mais aussi de l'étranger : l'ouverture, en mars, de la **pêche sous la glace** ! Cette technique de pêche, à la façon des Inuits, était unique en France : chacun creuse son trou dans la glace à l'aide d'une vrille, puis lance sa ligne eschée d'un lombric, d'une teigne ou d'un petit vif... Depuis l'acquisition du lac de Guéry par le département en 2021, l'organisation de cette pêche pourrait être remise en question ou a minima déplacée en janvier ou février à cause du réchauffement climatique, l'épaisseur de la glace étant en cause. Affaire à suivre pour les amateurs...
Boucle de 1h30 en saison. Garez-vous sur le parking du col de Guéry. Vous pouvez faire une boucle plus large (4h) et rejoindre la Banne d'Ordanche.
Vers le sud se dessinent les crêtes du Sancy. La route domine le cirque boisé du Chausse.

Des rhinocéros en Auvergne

Entre les périodes d'activité volcanique, la vie renaissait dans la région des Dore. Des empreintes et des ossements, retrouvés dans les cendres, prouvent que des lauriers, des bambous et d'autres espèces végétales, reléguées aujourd'hui dans des régions plus chaudes, s'élevaient sur les flancs des volcans, tandis que des rhinocéros, des éléphants et des carnassiers tels que les machairodontes (tigres à dents de sabre) peuplaient le pays.

★ Roches Tuilière et Sanadoire

Du col de Guéry, on découvre une très belle **vue★★** sur le cirque profond et boisé du Chausse, d'où jaillissent deux grands monolithes, les roches Tuilière et Sanadoire, qui encadrent la vallée sèche de Fontsalade.

À gauche, la **roche Tuilière★**, sur laquelle apparaissent des colonnes prismatiques de trachyte disposées en gerbes, représente la cheminée d'un volcan ruiné. À droite, la **roche Sanadoire★** est un reste du dôme phonolitique ; elle porta jusqu'au 15e s. un château quasi imprenable, qui servit de refuge aux mercenaires, appelés routiers (ils appartenaient à une « route », c'est-à-dire à une troupe) terrorisant la contrée pendant la guerre de Cent Ans. Le large vallon qui les sépare fut creusé par un glacier.

Près de la bifurcation de la D 27 et de la D 983, un sentier, se détachant de la D 983, conduit à un **promontoire rocheux** d'où l'on peut, en se tournant vers la roche Sanadoire, éveiller le surprenant écho de la phonolite.

Poursuivez sur la D 983.

★ Lac Servière

C'est un lac de cratère, aux parois peu accusées, sauf au sud où elles entaillent le puy de Combe-Perret. Sa superficie est de 15 ha et sa profondeur de 26 m. Son miroir rond et tranquille est bordé de pins, de sapins et, à l'est, où ses eaux affleurent la lèvre du cratère, de pâturages. Le site a beaucoup de caractère, notamment en hiver lorsqu'il est recouvert d'un manteau neigeux.

Vous pouvez faire le tour du lac en suivant le sentier qui passe près des chalets et qui suit les rives.

Faites demi-tour et prenez à gauche la D 27.

3

★★ Tour du Sancy

CARTE P. 158

Circuit de 85 km tracé en vert clair sur les cartes p. 158 et p. 192.

Cet itinéraire fait le tour du massif, ce qui permet de l'entrevoir sous tous les angles, notamment dans les parties sud et ouest, moins connues.

★ Le Mont-Dore *(voir p. 196)*

Attention, certaines routes étant souvent enneigées de novembre à avril, cet itinéraire peut être entrepris également au départ de La Bourboule (voir p. 202).

Quittez Le Mont-Dore par l'est, puis prenez à gauche la D 36.

Col de la Croix-St-Robert

Du col (1 426 m), superbe **panorama★★** à l'ouest sur le plateau de Millevaches, à l'est sur le lac Chambon, le plateau et le château de Murol et, à l'horizon, les monts du Forez et du Livradois.

La descente du col vers Besse-et-St-Anastaise s'effectue à travers le **plateau de Durbise** et ses immenses pâturages.

Poursuivez sur la D 36 et laissez votre voiture sur le parking près de la Maison de la Réserve naturelle de la vallée de Chaudefour.

★★ Vallée de Chaudefour

La spectaculaire vallée de Chaudefour fut creusée dans le granit et la lave par les glaciers quaternaires qui ont couvert les monts Dore et par une couze qui leur a succédé. Ses pentes élevées et ses sommets sont entamés par des ravins dénudés ou hérissés de roches que l'érosion a dégagées et sculptées en profils étranges. L'ensemble du site présente un intérêt scientifique : tourbières nombreuses, faune et flore rares. Les passionnés de géologie y découvriront d'intéressants échantillons de roches volcaniques et les amateurs d'alpinisme se réjouiront des nombreuses voies d'escalade. Une station thermale avait commencé à s'implanter au début du 20e s., et l'on parlait même de faire venir le train jusqu'à Chaudefour. Mais la guerre de 1914-1918 vint briser ce projet. Les gens du pays continuent toutefois à venir se servir à la source Ste-Anne, agréable et légère, et souveraine, dit-on, pour les maladies respiratoires.

Point de vue – Un petit pont enjambant la Couze laisse découvrir, en contrebas, une source ferrugineuse. À l'entrée du site, jolie vue sur le fond de la vallée qui forme un cirque majestueux. En se plaçant face au puy Ferrand *(voir Besse-et-St-Anastaise p. 180)*, des versants duquel se détachent, à gauche, le roc de la Perdrix et, en face, la pyramide aiguë de l'Aiguille, vous apercevrez *(à gauche)* le saut de la Biche, fine cascade tombant dans une anfractuosité rocheuse. À droite du puy Ferrand s'élèvent la Crête de Coq et la Dent de la Rancune, puis le regard glisse sur une arche naturelle, le Portail ou Roche Percée.

Maison de la Réserve naturelle de Chaudefour – *Parc naturel régional des Volcans d'Auvergne - Chambon-sur-Lac - ☏ 04 73 88 68 80 - https://decouvrir.parcdesvolcans.fr/reserve-valle-de-chaudefour - de mai à fin août : tlj sf sam. 10h-12h, 14h-17h45 - balades nature juil.-août pour les individuels : visite-découverte adulte 10 € (- 12 ans gratuit), sur réserv. préalable ; enf. - 7 ans non acceptés (400 m de dénivelé).* Expositions et films présentent l'ensemble du patrimoine naturel de la vallée de Chaudefour. Des balades découverte (faune, flore et volcanisme), accompagnées d'un guide, sont régulièrement proposées.

Plusieurs randonnées partent de la Maison de la Réserve *(indications à l'entrée)*. Avec l'afflux de visiteurs, de nombreux chemins de traverse ont créé des ravines, fragilisant le site. Respectez les parcours balisés. Chiens, bivouac et drones interdits.

Poursuivez sur la D 36.

★ Rocher de l'Aigle

Très jolie vue sur la vallée de Chaudefour et le massif des monts Dore.

Continuez sur la D 36.

★ Besse-et-St-Anastaise *(voir p. 180)*

Quittez Besse par le sud-ouest par la D 149.

★★ Lac Pavin *(voir p. 182)*

Revenez vers la D 978 et prenez à gauche, puis à droite.

Chapelle Notre-Dame de Vassivière *(voir p. 182)*

Faites demi-tour et prenez la D 978, à droite, en direction de La Tour-d'Auvergne. Au croisement, prenez à droite la D 203.

Lac Chauvet

Le chemin d'accès traverse une prairie, puis se dirige vers une maison à la lisière d'un bois. Ce lac est dû à une série d'explosions volcaniques qui engendrèrent un effondrement du sol. Comme le lac Pavin, il remplit un cratère d'explosion (ou maar). D'une profondeur de 63 m, il était autrefois enfermé par le Bois noir et le bois de Maubert. Des entailles ont été pratiquées, dégageant les rives de ce joli lac.

Revenez vers la D 203 et prenez à gauche. Après 12 km, prenez à droite la D 88.

Chastreix

Le petit bourg, où est installée la Maison de la Réserve de Chastreix-Sancy, possède une belle église composée d'une nef unique. Remarquez le porche du 14e s. Dans la nef, à gauche, retable du 18e s.

★ **Réserve naturelle nationale de Chastreix-Sancy** – *Maison de la Réserve - Chastreix-Sancy - ☏ 04 73 21 41 74 - https://decouvrir.parcdesvolcans.fr/reserve-chastreix-sancy - ♿ - juil.-août : lun.-vend. 9h30-12h, sam. 9h30-11h - fermé dim. - sorties régulièrement organisées - chiens interdits sf tenus en laisse sur le GR 30.* S'étendant sur 1895 ha, classée Réserve naturelle nationale depuis 2007, Chastreix-Sancy, dont l'altitude varie entre 1100 et 1885 m possède un patrimoine naturel exceptionnel : crêtes aux végétations subalpines, tourbières, cours d'eau, prairies et landes montagnardes, forêts. 2500 espèces végétales et 2700 espèces

3

animales se partagent son territoire. Parmi les missions de la réserve, figurent la gestion de la fréquentation, le maintien des milieux naturels en bon état, la restauration des chemins et l'amélioration des connaissances écologiques.
Au départ de la Maison de la Réserve, il existe 3 sentiers de découverte, de 3 à 10,5 km. *Quittez Chastreix par le nord en empruntant la D 615.*

Roc Courlande

Du parking, à droite, **vue★** étendue sur le plateau de l'Artense, au premier plan, dominé par les monts du Cantal, et la vallée de la Dordogne à droite.
Poursuivez sur la D 615.

Chastreix-Sancy

Au cœur de la réserve naturelle du même nom, créée en 2007, une petite station de sports d'hiver familiale, idéale pour la pratique du ski de fond.
Faites demi-tour et revenez sur la D 203.

La Tour-d'Auvergne

Bâtie au milieu d'une nature verdoyante, agrémentée d'un plan d'eau et sillonnée de ruisseaux tombant en cascade, cette petite ville au passé prestigieux constitue un agréable lieu de villégiature. En limite de l'Artense et tout près de Tauves *(voir p. 207)*, elle s'élève à 990 m d'altitude sur un plateau basaltique qui se termine en colonnes prismatiques régulières, visibles près de l'église. Le **champ de foire**, établi à la surface de ces prismes, semble fait de pavés géants. Les **seigneurs de La Tour d'Auvergne**, connus dès le 12e s., devinrent comtes d'Auvergne en 1389. De cette famille descendirent les vicomtes de Turenne, les ducs de Bouillon, les barons de Murat, et aussi la reine Margot et sa mère, Catherine de Médicis.
Quittez La Tour-d'Auvergne par le nord-ouest en empruntant la D 203.

Église de St-Pardoux

Intéressant édifice gothique qui a conservé des pentures de portes du 13e s. et un très beau retable en bois doré.
Revenez vers La Tour-d'Auvergne et prenez, au nord-est, la D 645.

★ Roche Vendeix *(voir p. 204)*

Les visiteurs désirant rejoindre La Bourboule *(voir p. 202)* continuent à suivre la D 88 après la roche Vendeix ; ceux qui reviennent au Mont-Dore prennent à droite la D 645 qui, au cours de la descente, offre de belles vues sur la station.

Carnet pratique

S'informer

Office de tourisme – *Av. de la Libération - Le Mont-Dore - 04 73 65 20 21 - www.sancy.com.*

Agenda

Horizons Arts-Nature en Sancy – *www.horizons-sancy.com - de mi-juin à fin sept.* Vous trouverez une carte auprès des offices de tourisme. *encadré p. 189.*

Sancy Snow Jazz – *En mars - www.sancy-snowjazz.com.* Concerts au Mont-Dore, à La Bourboule, Besse, Murol, etc.

Meeting musical des monts Dore – *Juil.-août - www.rencontres-musicales-des-monts-dore.fr.* Plus de 40 concerts de musique classique dans plusieurs villes du Sancy.

Nos adresses

Restauration

Premier prix

Buron du Col – *Col de la Croix-Morand - Chambon- sur-Lac - ☎ 04 73 22 14 25 - www.buronducol.fr - P ♿ - fermé merc. hors vac. scol. - plats 14/17 € - gîte d'étape (12 couchages + 1 chambre indiv.) ch. 90 € ☕ - réserv. conseillée.* Dans leur buron (1401 m d'altitude), Christophe et Laurence proposent une copieuse cuisine de terroir, comme l'« assiette du randonneur » ou la truffade maison. Terrasse.

Budget moyen

Le Buron de Chaudefour – *Vallée de Chaudefour - D 36 (face au parking de la réserve) - Chambon-sur-Lac - ☎ 04 73 88 63 67 - P ♿ - fermé de mi-nov. à mi-mai - plats 16/24 €, menus 26/36 €.* Une des tables favorites des familles locales pour les repas du week-end. Truffade accompagnée d'une salade de noix, tripoux, grandes tartines au déjeuner, mais aussi aclette à l'ancienne, à déguster sous le regard bienveillant du puy Ferrand. Réservation conseillée.

Activités

Bureau montagne Auvergne-Sancy-Volcans – *Murol - ☎ 06 41 66 90 80 - www.bureaumontagne.com.* Randonnées accompagnées par des guides. VTT, initiation à l'escalade et au tir à l'arc.

Randonnées, descente VTT, VTT cross-country – *Le Mont-Dore - ☎ 04 73 65 20 21 - www.sancy.com - mai-oct. suivant la météo, rens. à l'office de tourisme.* Pour vivre de grandes sensations en altitude, les télécabines de La Bourboule, le téléphérique du Mont-Dore, le funiculaire du Capucin et le télésiège de la plaine des moutons à Super-Besse transportent vos vélos. L'ensemble du territoire du Sancy possède un espace labellisé FFC : suivi du fléchage VTT obligatoire.

Shopping

🍃 **Petit Ailleurs de bois**

Chevalard - Vernines - ☎ 06 51 64 69 26 - https://petitailleursdebois.fr - accueil sur RV. Installée dans une belle maison de pierre à l'extérieur d'un hameau juché à 1000 m d'altitude, Sandie crée des jouets en bois de hêtre, originaux et inventifs, qui donnent envie de retomber en enfance. On craque aussi pour ses bijoux inspirés de la nature et pour les objets de déco pour la maison.

Hébergement

Pour se faire plaisir

🍃 **Yourtes du Sancy** – *Écolieu Ferme du Guéry - fléché à partir de l'Auberge de Guéry (1,5 km de chemin carrossable) - ☎ 06 88 08 26 41/06 87 84 55 57 - www.fermeduguery.fr - l'hiver, accès en raquette et en motoneige pour les bagages - 110/130 € ☕ - table d'hôte à la demande (malle à repas 25 €/adulte, sur réserv.).* Impossible de faire plus éco-responsable que cette yourte mongole, perdue à 1300 m à l'extrémité d'un chemin forestier ! Sur place, le regard embrasse les alentours à 360° : vous voici sur le toit du monde ! Émeline vous préparera des plats végétariens à base de légumes du jardin et de plantes sauvages, et, si vous désirez du pain frais, Cédrick est aussi boulanger. Vente à la ferme de savons, gelées de fleurs, pestos, sirops, aromates. Balades bien-être possibles, ateliers créatifs.

3

Le Mont-Dore ★

Ravissante cité à l'architecture Belle Époque, Le Mont-Dore, avec son funiculaire classé et ses demeures coquettes, se déploie sur les bords de la Dordogne naissante, au pied d'un majestueux cirque de montagnes dominé par le puy de Sancy. Station thermale et de sports d'hiver, la ville ravira les amoureux de plein air et de nature préservée.

Le Mont-Dore, téléphérique.
B. Jaubert/imageBROKER/age fotostock

Se repérer

1278 Montdoriens – Puy-de-Dôme (63)

CARTE B1 (P. 158), CARTE DES RANDONNÉES (P. 198).

Le Mont-Dore se trouve à 45 km au sud-ouest de Clermont-Ferrand.

À ne pas manquer

La montée à bord du funiculaire qui passe par une forêt jusqu'au Salon du Capucins.

Organiser son temps

La saison thermale s'étend de fin avril à mi-octobre.

En famille

En été, pique-nique dans la forêt du Queureuilh, au bord d'une cascade. En hiver, descentes sur les pistes de luge qui leur sont réservées.

Carnet pratique p. 200

Nos adresses p. 200

Séjourner

Av. de la Libération - Le Mont-Dore - ✆ 04 73 65 20 21 - www.sancy.com.

La ville thermale

Les eaux étaient déjà exploitées par les Gaulois; en témoignent des piscines dont on a retrouvé les vestiges sous les thermes romains. Sous Louis XIV, la station trouva sa clientèle, mais ne devint en vogue qu'au 19e s., grâce aux travaux du docteur Bertrand et au séjour de la turbulente duchesse de Berry, en 1821.

Ces eaux, les plus siliceuses de France, chargées de gaz et d'acide carboniques, émergent de filons de lave, à l'intérieur de l'établissement thermal; leurs températures varient de 38 à 44 °C.

Établissement thermal – *1 pl. du Panthéon - ✆ 04 73 65 05 10- www.chainethermale.fr - visite guidée (30mn) sur demande préalable de déb. avr. à déb. oct.: 14h30 - fermé dim. - 4,50 € (-10 ans gratuit).*

Il a été construit de 1817 à 1823, agrandi et modernisé depuis. Sa décoration intérieure comporte de multiples références à l'art byzantin, à l'architecture romaine ainsi qu'à l'art roman auvergnat. Les aménagements les plus remarquables sont le **hall des Sources** et la **salle des Gaz thermaux** *(au rez-de-chaussée)*, la **galerie de la Source César★** *(voir ABC d'architecture, p. 570)* et la **salle des Pas perdus★** dont les voûtes d'arêtes comportent des fresques *(au premier étage)*. Remarquez, en passant, la faible hauteur des marches d'escalier, calculée pour ménager les curistes souffrant d'asthme.

Station de sports d'hiver

À 1325 m d'altitude, Le Mont-Dore est l'une des plus anciennes stations de sports d'hiver de France (1907). La station déploie ses pistes de ski alpin sur le flanc nord du Sancy (alt. 1885 m), bien exposé. Située à 4 km au sud de la ville thermale, elle bénéficie des nombreuses infrastructures mises en place pour les curistes. On y pratique le **ski alpin** (y compris *snowboard, freestyle* sur la piste snowpark et ski de couloir), le **ski de fond**, la randonnée à **raquettes** et l'**escalade** sur cascade glacée. Enneigement artificiel possible. En saison, des navettes gratuites relient la ville à la station.

Téléphérique – En 1936, Le Mont-Dore fut l'une des premières stations à s'équiper d'un **téléphérique.** Aujourd'hui, deux cabines relient les pistes à un surplomb situé à 1780 m, sous le sommet du Sancy. *✆ 04 73 65 02 23 - www.sancy.com - juil.-août: 9h-18h; reste de l'année: 9h-12h10, 13h30-17h - fermé de déb. oct. à mi-déc. - 14,50/17,90 € (-17 ans 7,80/9,50 €) - dép. ttes les 15mn.*

Domaine skiable – *Le forfait du Mont-Dore permet de skier également à Super-Besse (voir p. 182).* 13 téléskis et 3 télésièges permettent l'accès aux **33 pistes** (42 km). Les amateurs de ski de fond trouveront, à la base du Capucin *(4 km à l'ouest du Mont-Dore)*, le point de départ de **25 km** de pistes balisées. Un tracé de 9 km permet la liaison avec les 250 km de pistes de l'espace nordique Sancy.

Même sans neige, des activités de glisse sont proposées. Une piste de luge est par exemple ouverte à la période estivale. *✆ 04 73 65 20 00 - juil.-août: 10h-12h30, 14h-19h; mai-juin et sept.: w.-end et j. fériés 14h-18h, sem. sur demande préalable; vac. de la Toussaint: 10h-12h30, 14h-17h - 4 €/1 descente, 13 €/5 descentes, 47 €/25 descentes.*

3

Randonnées

CARTE DES RANDONNÉES CI-DESSOUS

Autour du Mont-Dore

Plusieurs promenades furent créées pour les curistes. Des artistes de l'époque financèrent les travaux en donnant des concerts, tels le baryton auvergnat **Melchissédec** et la diva **Marie-Roze** dont des chemins portent le nom.

Chemin de Melchi-Roze

Environ 1h. Sentier sans dénivelé dominant la ville, très agréable en fin d'après-midi ou par temps frais.

★ Chemin des Artistes

Environ 1h en empruntant le sentier descendant vers les courts de tennis. Sous-bois ménageant de jolies échappées sur la station. On peut également rejoindre ce chemin en empruntant le funiculaire du Capucin *(voir ci-après)*. De la gare supérieure, deux promenades rejoignent le site : le chemin des Mille-Gouttes (au nord) ou le chemin des Médecins (au sud).

★ Funiculaire du Capucin

R. René-Cassin - 04 73 65 01 25 - juil.-août : 10h-18h40 ; mai-juin et sept. : merc.-sam. 10h-12h10, 14h-17h40 - 10 € (-11 ans 8 €) AR.

Conservé aux couleurs de la Belle Époque, ce pittoresque centenaire a retrouvé ses teintes d'origine et possède deux magnifiques voitures en bois. Inauguré en 1898, il fonctionnait à l'électricité (usine sur la Dordogne), alors que la ville du Mont-Dore ne bénéficiait pas encore de la nouvelle énergie. Il parcourt les 480 m d'un trajet escarpé *(200 m de dénivelé)* à la vitesse d'un mètre par seconde, en laissant échapper de singuliers craquements. La gare supérieure abrite la salle des machines où s'enchevêtrent d'impressionnants engrenages en buis, des roues crantées, des courroies de cuir, etc.

Col de la Croix-Morand.
Patrick Busson/Getty Images Plus

Salon du Capucin

10mn par le funiculaire, puis 8mn de marche. Alt. 1286 m.
Cette agréable clairière, très fréquentée pendant la saison, est le point de départ de nombreux sentiers balisés ; l'hiver, elle accueille le ski de fond. Vous pouvez arpenter le **Sylvatorium★** pour découvrir les bienfaits des arbres sur l'être humain. Exercez vos sens en vous installant dans les cinq Spas forestiers qui jalonnent cette promenade en sous-bois *(1 km, 45mn)*. De temps à autre, belle **vue** sur la station du Mont-Dore en contrebas. 3

★ Pic du Capucin

1h à partir du Salon du Capucin.
Un sentier, en partie en sous-bois, serpente jusqu'au sommet (alt. 1465 m) d'où se dégage une belle **vue** sur le massif du Sancy. Ce pic doit son nom à sa forme arrondie précédée d'une aiguille rocheuse, laissant deviner la silhouette d'un moine encapuchonné en train de prier les mains jointes.

Vers le col de la Croix-Morand

Les cascades

Env. 1h de marche. 3 km au nord-est par les hameaux du Queureuilh et de Prends-toi-Garde.
La plus belle des trois cascades (le Rossignolet, le Queureuilh, le Saut du Loup) est celle du **Queureuilh★**, qui tombe d'une falaise basaltique haute de 30 m. La forêt du Queureuilh est dite **sectionnale**, et de nombreuses parcelles dans le Massif Central sont régies de la même façon. Propriété de l'ensemble des habitants d'un village, ce statut forestier est le descendant d'un droit de jouissance féodal, concédé aux villageois par le seigneur de la contrée. Il leur permettait ainsi de se chauffer ou d'utiliser le bois pour réaliser leurs outils agricoles et matériaux de construction. Aujourd'hui encore, les habitants restent très attachés à ce privilège.

Puy de la Tache

1h30 AR à partir du parking du col de la Croix-Morand. (5 km à l'est par la D 996). La route s'élève en lacet jusqu'au **col de la Croix-Morand** *(voir p. 189)*, où le paysage devient rude et dénudé. De là, on peut accéder à pied jusqu'au sommet du puy de la Tache (1627 m) en suivant la ligne de l'ancien télésiège. Un immense **panorama**★★ se dégage du sommet : au sud, la ligne des crêtes dominée par le puy de Sancy ; au nord, le Puy de Dôme, reconnaissable à son mât de télévision. Dans la vallée, remarquez au sud-est le lac Chambon, au nord-ouest le lac de Guéry.

Une **voie romaine** partant d'*Augustonemetum* (Clermont-Ferrand), en direction de Bort-les-Orgues et d'Aurillac, passait par le col de la **Croix-Morand** ; elle est conservée sur plusieurs kilomètres sous les herbages, au pied du **puy de l'Angle**. Au-delà du Mont-Dore, on en retrouve quelques traces vers La Bourboule.

Vers le Sancy

★ Grande Cascade

Environ 2h depuis les thermes. Attention, chemin d'accès parfois glissant. 3,5 km au sud-est par la D 36. Cette belle chute tombe d'une hauteur de 30 m. Au pied de la cascade, une passerelle permet d'atteindre un escalier qui grimpe vers le plateau de Durbise.

★★★ Puy de Sancy *(voir p. 188)*

Station à 4 km par la D 983. Ascension en téléphérique (4mn), puis environ 20mn de marche jusqu'au sommet.

Carnet pratique

S'informer

Office de tourisme – *Av. de la Libération - Le Mont-Dore - ☎ 04 73 65 20 21 - www.sancy.com.* Jeu de piste sous forme d'énigmes proposé pour une découverte ludique du Mont-Dore.

Agenda

Course de côtes : automobile – *déb. août - ☎ 04 73 65 09 62 - www.coursedecote-montdore.com.*

Volcanic Blues Festival – *4 j. fin sept. au Mont-Dore - www.volcanic-blues.com.*

Nos adresses

Restauration

Budget moyen

Le Bougnat – *23 av. G.-Clemenceau - ☎ 04 73 65 28 19 - P - fermé 10 nov.-15 déc. - fermé lun.-merc. - menus 26/34 € - ♿.* Dans ce vieux buron restauré, le décor a été fidèlement restitué. Vous serez accueilli dans l'étable avant de monter dans l'ancienne pièce à vivre. Pour déguster une vraie cuisine auvergnate, bien sûr.

Le 1050 – *3 r. Favart - ☎ 04 73 65 05 97 - www.lerussie.com - P - plats 15/27 €, menus 25/38 € - 33 ch. 68/98 € - ☕ 11 €.* Le restaurant de l'**Hôtel de Russie** propose une cuisine à l'image du décor : chaleureuse, généreuse, montagnarde, au service impeccable. Adjacent au 1050, Le Bistrot est un bar à vin dans un style 1900. Les chambres, rénovées, sont confortables et bien insonorisées. Accueil charmant.

Les Fées Mères – *21 r. Jean-Moulin - ✆ 04 73 21 52 33 - www.restaurantlesfeesmeres.fr - menu déj. sem. 19/25 €, menu 51 € - ts les midis sf merc., le soir : merc.-sam.* Restaurant bistronomique où les producteurs locaux sont privilégiés, des fleurs comestibles et des légumes du jardin dans les assiettes. Du frais, rien que du frais, car tout est fabriqué sur place ! Chaque création de Thomas Perron est une fête pour le palais comme pour l'œil…

À proximité

Premier prix

Le Pitsounet – *Le Genestoux - à 2 km du centre, sur la D. 996 - ✆ 04 73 65 00 67 - www.lepitsounet.com - P - fermé dim. soir et lun., ouvert tlj pendant vac. scol. - plats 17/24 € - menus 19,90/38,50 €.* Appréciée de la clientèle, cette spacieuse auberge de campagne propose une cuisine régionale simple et soignée. Service discret et avenant.

Budget moyen

La Golmotte – *Le Barbier - ✆ 04 73 65 05 77 - www.aubergelagolmotte.com - fermé 2 sem. janv., 1 sem. oct., mar. et merc. - plats 21/29 €, menus 25/51 €.* Authenticité garantie dans cette auberge postée sur la route de Clermont-Ferrand ! Et pour cause : la salle est une ancienne étable. Au menu : des produits frais, bien cuisinés, et des assiettes copieuses. Le tout à petits prix…

Shopping

Taillerie du Sancy – *La Fontaine pétrifiante, sur la D 996, dir. Murat-le-Quaire - ✆ 04 73 65 24 03 - ✆ 06 72 77 70 93 - 9h-19h.* Visite guidée d'un atelier autour des techniques de taille des minéraux et des fossiles. Espace d'exposition et boutique.

Activités

Thermes du Mont-Dore – *1 pl. du Panthéon - ✆ 04 73 65 05 10 - www.chainethermale.fr - deb. avr. à deb. oct. - visite, voir p. 199.* Indications : asthme, allergies et voies respiratoires, ORL, rhumatologie.

Golf-Club du Mont-Dore – *Rte de la Tour-d'Auvergne - ✆ 04 73 65 00 79 -www.golfdumontdore.org - 8h30-20h30 - fermé de mi-nov. à déb. avr. - green fees 30/36 €.* 9 trous homologués, un parcours de 2162 m, un practice de 10 postes, et une magnifique vue sur le Sancy.

Les Écuries de la Dordogne – *Rte du Sancy, chemin des Montagnes - Le Mont-Dore - ✆ 04 73 65 03 82 - www.ecuries-mont-dore.com - tte l'année 9h30-18h - tarif se rens.* Ce centre équestre propose aussi du ski joëring, un combiné original de glisse à ski et d'attelage de chevaux (vous devez avoir votre propre équipement de ski).

3

Hébergement

Premier prix

Alti'Pic Hôtel – *30 av. G.-Clemenceau - par D 983 - ✆ 04 73 65 05 49 - www.altipic-hotel-sancy.com - P ♿ - 19 ch. 61/77 € - ☕ 10 € (enf. 6,50 €).* L'hôtel est situé dans la direction du puy de Sancy. Une clientèle fidèle de randonneurs retrouve ici des petites chambres simples.

Hôtel du Parc – *11 r. Meynadier - ✆ 04 73 65 02 92 - www.hotelduparc-montdore.com - ♿ - ouv. de fin avr. à mi-oct., se rens. - 59 ch. 96/106 € - ☕ - ✕.* Immeuble centenaire au centre de la station. Chambres pratiques et bien rénovées. Dans la salle à manger, jolies moulures, haut plafond et parquet restauré.

La Bourboule ★

L'architecture des villas, des thermes, du casino, des ponts sur la Dordogne dégage un charme particulier et ramène le visiteur à une époque prestigieuse, quand la station accueillait une clientèle mondaine dès la fin du 19e s. Très animée durant l'été, La Bourboule accueille aussi les promeneurs, séduits par les petites randonnées en sous-bois ou les étendues herbeuses du puy Gros ou de la Banne d'Ordanche.

Se repérer

1789 Bourbouliens – Puy-de-Dôme (63)

CARTE B1 (P. 158).

La Bourboule se trouve à 57 km à l'ouest d'Issoire.

À ne pas manquer

Le musée des Arts verriers à La Bourboule. Le panorama sur la vallée de la Dordogne depuis la table d'orientation de la Banne d'Ordanche.

Organiser son temps

Deux jours pour découvrir la station et ses environs.

En famille

Le parc Fenestre, la maison de La Toinette et la grange de Julien à Murat-le-Quaire. Les concerts, spectacles et festivals du printemps à l'automne.

Carnet pratique p. 205

Nos adresses p. 205

Se promener

Circuit urbain

Un tour de la ville thermale, très fleurie, permet d'apprécier l'architecture des anciens hôtels, du casino, et de comprendre comment elle s'est développée, au pied de la roche des Fées *(voir ci-contre)*. À proximité de l'église, pastiche roman assez réussi du 19e s., vous pourrez admirer au passage la célèbre **maison Rozier**, ancienne pâtisserie, reconnaissable à sa façade couverte de mosaïques à la gloire de l'eau et à son balcon d'opérette *(223-225 bd Georges-Clemenceau)* ; les majestueux **Grands Thermes** ; l'hôtel de ville, ancien casino des Thermes dit « des Cariatides » ; l'ancienne mairie, devenue chocolaterie sous le nom de la Marquise de Sévigné ; et, enfin, le **casino**, monument classé, entièrement restauré. Ne manquez pas aussi les deux **lavoirs**, visibles l'un, place de Quaire, l'autre, rue du Portugal. *Les petites rues qui partent du quai de l'Hôtel-de-Ville mènent au parc Fenestre.*

★ Parc Fenestre

Situé en plein centre-ville, ce très beau parc (1874) s'étend sur 12 ha. Boisé en partie de **séquoias**, c'est un charmant lieu de promenade *(à pied, ou en petit train d'avr. à sept.)* et de délassement. Les enfants y sont les rois : aires de jeux, toboggan à trois pistes, manèges, parcours d'orientation...

★ Musée citoyen des Arts verriers

71 r. du Dr Château - 06 82 15 49 88 - juil. août : tlj 15h-19h - visite guidée (1h30) 5 € (-18 ans, gratuit).

Cette **très belle collection privée**, riche de 300 œuvres d'art en verre, réalisées par de grands verriers contemporains tels Agostinho, Zuber, Bégou, Pierini, Zoritchak,

Negreanu ou Novaro, est à découvrir : les pièces sont soufflées à la canne, moulées ou encore thermoformées. Certaines proviennent de célèbres cristalleries – Baccarat, Saint-Louis, Lalique, Daum. D'autres, provenant notamment de Murano, sont venues enrichir la collection. L'art verrier à son sommet.

Roche des Fées

1h à pied AR. Chemin d'accès à partir de la place G.-Lacoste. Prenez l'escalier à droite de la résidence Univers, puis, au 1er croisement, tournez à gauche.
La Dordogne, qui prend sa source à 12 km en amont de La Bourboule, traverse la station, enjambée au passage par douze ponts. Pour une jolie **vue** sur la ville et la vallée de la haute Dordogne, montez au sommet de ce rocher de granit qui domine le quartier thermal d'une cinquantaine de mètres.

À proximité

CARTE B1 P. 158

Vers la Banne d'Ordanche

Murat-le-Quaire

À 3 km au nord de La Bourboule. Quittez La Bourboule en empruntant la D 88.
L'entrée de ce village aux toits de lauzes est signalée par un éperon rocheux sur lequel se dressait autrefois un château : au sommet, un belvédère offre une **vue** agréable sur la vallée de la haute Dordogne.
De l'église, prenez la D 609 en direction de la Banne d'Ordanche.
Le Scénomusée La Toinette & Julien – *Le Bourg - ✆ 04 73 81 12 28 - www.toinette.com - visite guidée (45mn) juil.-août : tlj 10h-12h, 14h-19h ; vac. scol. (hors juil.-août), et avr.-juin, sept.-oct. : 10h-12h, 14h-18h ; janv.-mars : 14h-18h - fermé lun., du 2 nov. aux vac. de Noël - 8 € (enf. 5 €) - 10,20 € billet combiné avec la grange de Julien - sites aménagés pour déficients visuels avec audioguidage - virées théâtralisées à la lueur des lanternes, rens. sur le site.*
Grâce à une mise en scène efficace, bien secondée par des effets technologiques, petits et grands découvrent, en une heure, un siècle de la mémoire collective d'un village niché au cœur du Sancy. Près de la mairie, la **maison de Toinette** ranime le 19e s., où la vie se calquait sur le rythme des saisons. Au fil de la narration, bruits et odeurs se mêlent pour étayer de joyeuses ou poignantes anecdotes. Descendez ensuite vers le belvédère, et pénétrez dans la **grange de Julien**, où vous partagerez les états d'âme d'un jeune descendant de la Toinette, de retour au pays. Vous assisterez aux travaux de rénovation de la grange et réfléchirez sur les perspectives du monde rural.

★★ La Banne d'Ordanche

À 3 km env. de Murat-le-Quaire. Suivez la D 609 en laissant sur votre gauche un plan d'eau, puis poursuivez la montée en lacet qui offre de jolies vues, jusqu'au parking.
But idéal de promenade en été et lieu de rendez-vous incontournable des amateurs d'aéromodélisme.
1h à pied AR. Suivez le sentier, assez raide en fin de parcours, qui mène au pied de la Banne ; accès au sommet par des escaliers. Du parking, un sentier mène parmi les hauts pâturages à une table d'orientation. Du haut de ses 1 512 m, ce piton de basalte embrasse un vaste **panorama★★** sur la vallée de la Dordogne et les montagnes qui l'encaissent, sur le Sancy, le puy de l'Angle, les monts Dôme et le Limousin.

3

La Bourboule et le thermalisme

Le nom tout en rondeur de La Bourboule rend hommage à **Borvo**, dieu celte des Sources bouillonnantes. Le premier établissement de bains date de 1821. Les baignoires sont en pierre, on ne change pas l'eau entre chaque malade et les douches fonctionnent à l'aide d'une pompe qu'actionne un paysan. Les 8 cabines individuelles sont fermées par de simples rideaux de serge. En 1854, le chimiste Thénard découvre de l'arsenic dans les eaux de La Bourboule, lançant la mode de la petite station. Aujourd'hui, les sources sont gérées par la Société thermale de La Bourboule et la Compagnie des eaux minérales.
Première station pédiatrique française – La clientèle thermale de La Bourboule est constituée pour 70 % d'enfants. Des « maisons d'enfants » les hébergent durant les trois semaines de séjour.
Deux sources et un espace de soins – Deux sources sont exploitées à La Bourboule : chaude (58 °C) à Choussy-Perrière, froide (16 °C) à Fenestre. Ces eaux sont employées pour soigner les maladies des voies respiratoires et les dermatoses. Un établissement dispense les soins : les **Grands Thermes**. Ces derniers sont très représentatifs de l'architecture thermale telle qu'elle s'est développée à la Belle Époque. *76 bd Georges-Clemenceau - ☏ 04 73 81 21 00 - www.grandsthermes-bourboule.com -* ♿.

★ Roche Vendeix

À 4 km de La Bourboule. Quittez La Bourboule par la D 88, direction La Tour-d'Auvergne. 3,5 km après avoir longé le parc Fenestre, tournez à droite. Laissez votre voiture à Vendeix-Haut.

30mn à pied AR. La roche Vendeix, dont les flancs abrupts laissent voir les prismes basaltiques, constituait un emplacement de choix pour une **forteresse**. Celle qui servit de repaire à Aimerigot Marcheix n'a laissé que quelques traces. Du sommet (alt. 1131 m), beau panorama sur La Bourboule et les monts Dore.

Les tribulations d'un truand – Aimerigot, ou encore Mérigot, était issu d'une bonne famille du Limousin. Engagé dans les troupes anglaises, il combat sous la bannière du Prince Noir, vainqueur de Jean le Bon à la bataille de Poitiers (1356), puis se met à la tête d'une troupe d'aventuriers. Pendant dix ans, il prend des châteaux qu'il revend à bon prix, rançonne les habitants, brûle le pays. Il avise le château de la roche Vendeix, l'enlève, le fortifie – tous les mécontents le rejoignent – et, de nouveau, reprend sa vie de pillages et d'expéditions. Mais en 1390, les troupes du roi de France, Charles VI, s'emparent du château : Aimerigot est conduit à Paris, mis au pilori, décapité place des Halles, puis écartelé, et chacune des parties du corps attachée sur un poteau aux maîtresses portes de Paris.

Plateau de Charlannes

À 7 km de La Bourboule. Quittez la ville par la D 129, direction La Tour-d'Auvergne, puis prenez à gauche la D 610.

D'une altitude de 1250 m, ce site est très fréquenté par les curistes pour son air vivifiant et ses paysages reposants. Il offre de beaux sous-bois et des vues étendues sur les monts Dore et les monts du Cantal. Ce plateau attire, l'hiver, les inconditionnels de ski de fond. En vous promenant sur le plateau, peut-être apercevrez-vous une **borne seigneuriale**, dont les armoiries ont été bûchées. On reconnaît celles des seigneurs de Murat-le-Quaire, dont la puissance s'exerçait jusqu'à Rochefort et Granges...

Carnet pratique

S'informer

Office de tourisme – *15 pl. de la République - ✆ 04 73 65 57 71 - www.sancy.com.*

Agenda

Concerts et spectacles en plein air en juillet-août : festival Sancy Outdoor, festival Au Bout de la Rue, festival Graff'Altitude...

Plein la bobine – *www.pleinlabobine.com - ✆ 04 73 65 51 46 - fin mai.* Festival international de cinéma jeune public.

Agenda du massif du Sancy (p. 194).

Nos adresses

Restauration

Budget moyen

Au Val Doré – *129 r. de Belgique - ✆ 04 73 81 06 14 - www.hotel-val-dore.com - P 7 €/nuit - menu 21 € - 29 ch. à partir de 69 € - ☕ 9,90 €.* Adresse familiale à deux pas de la gare. Chambres rajeunies, sobrement agencées. Minipiscine couverte, Jacuzzi et salon de jeux. Apéritifs servis au salon et recettes simples à déguster dans une spacieuse salle à manger ensoleillée et fleurie.

L'Amuse Bouche – *15 r. des Frères Rozier - ✆ 04 73 21 68 85 - www.restaurant-lamusebouche.fr - fermé 1 sem. en janv., 1er-22 juil., 12 nov.-22 déc., lun. midi, mar. et merc. - menus 31/46 €.* Il est des couples qui se forment en cuisine... Elle a raccroché le tablier pour s'occuper de la salle, lui est resté derrière les fourneaux pour travailler des produits frais et servir bien plus qu'un amuse-bouche. Beaucoup de goût en cette adresse !

À proximité

Premier prix

Le Relais de la Toinette – *Pl. de l'Église - Murat-le-Quaire - ✆ 04 73 65 97 90 - www.lerelaisdelatoinette.fr. - fermé dim. soir, lun. midi et soir, mar. soir - menu du j. 17 € (déj. sem.)/29 €, plat 15 €.* Dans une belle salle rustique aux pierres apparentes, vous dégusterez une cuisine inventive et goûtue, qui oscille entre viande et poisson, accompagnés de légumes du jardin...

LaCaBanne – *Rte de la Banne-d'Ordanche - Murat-le-Quaire - ✆ 04 73 81 19 25 - www.la-cabanne.com - P - ouvert vend. et dim. sur réserv., tlj pdt les vac. scol. - menus 16 (déj.)/22 € - 6 ch. 70/110 € - ☕ 9 €.* Ce gîte-auberge de montagne doit son nom à la Banne d'Ordanche, au pied de laquelle il se situe. En plus des chambres, il abrite une salle à manger où l'on pourra déguster une truffade au coin du feu, et une grande salle de jeux. Une halte sympathique, été comme hiver.

En soirée

Casino de La Bourboule – *Quai Fayolle - ✆ 04 73 65 54 45 - www.casino-labourboule.com - 13h-1h.*

Le Comptoir Cyrano – *37 bd G.-Clemenceau - ✆ 04 73 81 02 25 - lecomptoircyrano.pagesperso-orange.fr - fermé le soir hors sais. sf vend.-sam. - plats 18/28 €.* Une agréable ambiance rétro flotte dans ce grand café, dans l'esprit des Années folles : lustres en fer forgé et en verre peint, banquettes de velours rouge, parquet Versailles, tapis persans... Vaste terrasse face aux thermes et salle plus contemporaine à l'étage.

3

Le Café de la Poste – *49 av. de Verdun - ✆ 06 81 19 75 01 - 8h30-22h, dim. 8h30-14h, fermé lun. hors vac. scol.* Un lieu sympathique et convivial où on peut prendre un verre, déguster un petit en-cas, jouer aux fléchettes ou entamer une partie de cartes...

Le Cellier muratois – *R. des Jonquilles - Murat-le-Quaire - ✆ 04 73 65 97 76 - www.lecelliermuratois-63.fr - juil.-août 10h-19h, tartinerie tous les midis, hors saison lun. 15h-19h, mar.-vend. 10h-12h, 14h30-19h - sam.-dim. 10h-19h.* Exposition et vente de produits fermiers locaux. Salon de thé et petite restauration.

Activités

Loisirs-Sport – *✆ 04 73 65 57 71 - www.sancy.com.* La Bourboule propose des **circuits VTT** balisés sur le plateau de Charlannes, qui devient en hiver un agréable **domaine de ski nordique** (raquettes, marche nordique également). Pour la randonnée : 730 km d'itinéraires dans le massif du Sancy.

Parc Fenestre – *Av. Agis-Ledru - ✆ 04 73 81 14 60 - www.parcfenestre.com - accès au parc tte l'année, attraction en saison à partir de 14,90 € - 3 € l'attraction.* Aires de jeux, toboggans, manèges, parcours d'orientation, centre de loisirs,... Certaines activités sont payantes. Renseignements à l'office de tourisme.

Cures, bien-être – Trois établissements proposent cures thermales, soins et remise en forme *(voir encadré p. 204 et www.sancy.com).*

La chèvrerie des Monts-Dore – *Les Vergnes - Murat-le-Quaire - ✆ 06 81 52 60 16 - www.chevreriedesmontsdore.com - juil.-août : 16h et 18h ; vac. scol. (sf juil.-août) : 16h - fermé w.-end et j. fériés - 7 € (-17 ans 5 €).* Ferme pédagogique autour de la chèvre. Initiation à la traite et à l'entretien des chèvres. Dégustation de fromages.

Pôle aqualudique Sancy'O – *208 bd des Vernières - ✆ 04 73 21 16 24 - www.piscine-labourboule.fr - horaires, se rens. - 6,10 € (enf. 5 €).* Aquagym, piscine, remise en forme, jeux aquatiques.

Hébergement

Budget moyen

Aviation Hôtel – *R. de Metz - ✆ 04 73 81 32 32 - www.hotel-aviation.net - P 6 €/nuit - fermé de mi-oct. à 20 déc. - 41 ch. 70/130 € - 10 €.* Cette maison du début du 20e s., à quelques pas du parc Fenestre, abrite des chambres fonctionnelles. Pour les loisirs : piscine, fitness, salle de jeux, billard...

Hôtel Le Parc des Fées – *107 quai Mar.-Fayolle - ✆ 04 73 81 01 77 - www.parcdesfees.com - P ♿ - fermé 4 nov.-26 déc. - 42 ch. 80/128 € - 12 €.* La moitié des chambres de cette bâtisse centenaire donne sur la Dordogne. Ampleur, décor actuel et confort sont au rendez-vous. Salle de jeux pour enfants. Chaleureux restaurant traditionnel où dominent les tons pastel et les miroirs. Espace bien-être *(sur réserv.).*

Tauves et gorges d'Avèze ★

Entre le massif du Sancy et le plateau d'Artense, le pays de Tauves est attachant, avec ses longues pâtures émaillées de tourbières et ses maisons aux toits d'ardoises ou de lauzes. Installé au bord de la Mortagne, un affluent de la Dordogne, le bourg de Tauves est naturellement tourné vers les gorges d'Avèze. Celles-ci dominent, d'un à-pic assez impressionnant, la Dordogne qui prend sa source tout près, au pied du Sancy.

Vue de Tauves.
Ch. Guy/hemis.fr

Se repérer

780 Tauvois – Puy-de-Dôme (63)

CARTE A1 (P. 158).

Tauves se trouve à 13 km à l'ouest de La Bourboule et à 8 km de La Tour-d'Auvergne.

À ne pas manquer

Les gorges d'Avèze.

En famille

Le musée de l'École rurale, à Messeix ; les maquettes de Minérail.

Nos adresses p. 209

Se promener

Pl. de la Mairie - La Tour-d'Auvergne - 04 65 89 77 - www.auvergnevolcan-sancy.com.

Église Notre-Dame

Cet édifice roman trapu, fortifié au 14e s. et renforcé par d'épais contreforts, présente un clocher-porche muni de mâchicoulis, et s'orne de corbeaux sculptés que l'on découvre en faisant le tour de l'église.

Intérieur – Les quatre premières travées de la nef sont voûtées en berceau brisé, la cinquième et le chœur en ogives. Quelques intéressants chapiteaux à feuillages ou historiés polychromes, plusieurs retables baroques et une pietà du 17e s. composent la décoration. Les églises de cette région Sancy-Artense possèdent souvent de beaux retables en bois doré, qui concilient l'exubérance du baroque et la rigueur de l'architecture médiévale. Cloche du 16e s., classée, décorée des armoiries d'un baron de Charlus et de Granges, qui l'avait offerte en 1515.

Menhir de la pierre des Quatre-Curés CARTE A1 P. 158

En partant de Tauves en direction de La Bourboule, garez-vous sur la droite (au petit panneau) le long de la D 922, après le croisement avec la D 611. Ensuite, 15mn à pied AR.

La commune de Tauves est riche en vestiges mégalithiques, mais le plus impressionnant est sans conteste le menhir de la plaine des Landais, beau monolithe en basalte de 2 m de hauteur, qui devait servir de borne territoriale. Son nom rappelle qu'il était en limite de quatre paroisses, et qu'il a servi d'asile à quatre prêtres réfractaires à l'époque révolutionnaire.

★ Les gorges d'Avèze CARTE P. 158 A1

Circuit de 60 km tracé en bleu sur la carte p. 158. Quittez Tauves par l'ouest en empruntant la D 922 puis la D 29.

Singles

L'église, en partie médiévale, est située en surplomb de la Burande (beau point de vue sur les gorges de la Dordogne). C'était un village de mineurs. Un itinéraire balisé au départ de Singles permet d'approcher les vestiges d'anciennes mines. Des mines d'or ont été exploitées à **Pontvieux** (A2), dans les gorges de la Burande, au sud de Tauves. Des stages d'orpaillage où vous apprendrez à manier la batée sont organisés en été dans les eaux de la Burande *(voir « Nos adresses », ci-contre). Revenez à La Guinguette (paradis des pêcheurs), et continuez vers le nord sur la D 73, jusqu'à Messeix.*

Messeix

Jadis réputée pour ses houillères, cette petite ville conserve une église romane, remaniée à l'époque gothique ; joli portail du 13e s.

Musée de l'École rurale d'Auvergne 1930 – *30 r. Louis-Aragon - 04 73 21 45 06 - www.musecole1930messeix.fr - ♿ - visite animée (1h30) mars-sept. et vac. de la Toussaint à 14h30 et 16h30 - 6,90 € (-12 ans 4,50 €).* Asseyez-vous sur les bancs de cette ancienne école rurale, après avoir chaussé galoches ou sabots et revêtu la blouse grise réglementaire ! Après quelques exercices d'écriture, vous découvrirez dans le petit musée attenant les objets qui ont fait le quotidien de tant d'élèves. *Quittez Messeix au nord-est par la D 73C jusqu'au lieu-dit Les Gannes.*

★ **Minérail** – *À environ 1,5 km de Messeix - 2 allée des Sorbiers - Les Gannes - ☎ 04 73 21 45 63 - www.minerail.fr - ♿ - visite guidée sur demande préalable (1h30) avr.-sept. : 14h-18h - fermé mar. - 7 € (3-12 ans 4 €).* Ces anciennes mines d'anthracite ont été actives pendant 150 ans ; 930 mineurs y travaillaient encore dans les années 1930. La visite commence par une courte séquence vidéo et la jolie maquette panoramique ferroviaire (35 m²) de l'Auvergne, imaginée par l'ancien cordonnier du village. L'ensemble de l'installation minière est ensuite présenté à l'aide d'une maquette animée. Vous verrez les douches, la « salle des pendus » et le chevalement de l'ancien puits St-Louis, avec ses machines.
Suivez la D 987 en direction de Tauves.

★ Gorges d'Avèze

Tracée en corniche, la route offre de réjouissantes vues sur les gorges que la Dordogne a creusées dans la roche granitique, et dont les parois abruptes sont couvertes de bois (belle atmosphère de forêt).

Avèze

Dans l'**église**, mobilier intéressant (retables, statues de saint Roch et de saint Blaise). Panorama sur les gorges.

Nos adresses

Hébergement/restauration

À proximité

Premier prix

Chambres d'hôte Les Escladines – *Escladines - 2,5 km de Tauves par petite rte communale - ☎ 04 73 21 13 02 - www.escladines.fr - - tte l'année - 5 ch. 72/78 € - repas 27 €.* Logé dans une exploitation agricole en activité (une centaine de bêtes), ce corps de ferme de 1890 abrite une vaste pièce au charme rustique et, à l'étage, 5 chambres simples mais confortables. Table d'hôte, familiale et locale, sur réservation. Produits de la ferme.

Shopping

Laiterie de Tauves – *À la sortie de Tauves vers La Bourboule, sur la D 922 - ☎ 04 73 21 11 74 - www.societe-fromagere-du-livradois.fr - mar., jeu. et sam. 9h-12h.* Le saint-nectaire laitier est salé, pressé, lavé, séché et affiné selon le même processus que le saint-nectaire fermier.

Activités

Pêche – Les gorges d'Avèze offrent aux passionnés de pêche à la truite des parcours halieutiques de qualité. Pêche à la mouche, au toc ou au poisson-manié.

Initiation à l'orpaillage – *Juil.-août, sur réserv. auprès de l'office de tourisme Auvergne Volcan Sancy - ☎ 04 73 65 89 77 - www.auvergnevolcansancy.com.*

Bort-les-Orgues et Sumène Artense ★

Située dans la vallée de la Dordogne, la petite ville de Bort est dominée par ses célèbres orgues volcaniques. En amont, la retenue du barrage forme un cadre idéal pour pratiquer la pêche et les sports nautiques. De Bort, vous partirez à la découverte de la Sumène Artense, de ses lacs aux rives verdoyantes et de ses églises à clocher-peigne.

Se repérer

2 677 Bortois – Corrèze (19)

CARTE A2 (P. 158).

Bort-les-Orgues occupe les rives de la Dordogne, à 26 km au sud de Tauves.

À ne pas manquer

Du haut du plateau des Orgues, la vue sur la vallée de la Dordogne, la Sumène Artense, le Cantal et les monts Dore ; le château de Val ; les tympans historiés de l'église de Lanobre ; le château d'Auzers.

Organiser son temps

Une journée pour Bort-les-Orgues.

En famille

Une croisière sur la Dordogne, en bateau panoramique ou en gabare. Les orgues de Bort. En Sumène Artense, baignade au lac de Lastioulles. Chasse au trésor avec l'application de Terra Aventura.

Nos adresses p. 215

Se promener à Bort-les-Orgues

Pl. Marmontel - Bort-les-Orgues - 05 55 96 02 49 - www.bort-les-orgues.com.
Site frontalier entre les territoires arverne et lémovice, Bort-les-Orgues se développa au Moyen Âge et reçut de Charles VII le droit de s'entourer d'une enceinte dont il subsiste quelques vestiges.

Église

Elle date des 12e et 15e s. Dans son cadre architectural très sobre, quelques œuvres d'art sont bien mises en valeur : une statue de sainte Anne tenant dans ses bras la Vierge et l'Enfant (15e s.), de beaux vitraux modernes, un Christ en bronze du sculpteur Chavignier... À l'extérieur, près du chevet, subsistent des traces de fortifications. À côté se dresse l'ancien prieuré du 17e s.

L'association « Au bord des Orgues » propose une visite guidée gratuite *(1h)* de l'orgue à tuyaux de l'église *(sur réserv. au 05 55 96 81 85 - auborddesorgues.e-monsite.com - fermé fêtes religieuses).*

★ Musée de la Tannerie et du Cuir

965 av. de la Gare - 05 55 96 85 59 - musee-du-cuir.com - ♿ - mai-juin et sept. : 10h-12h, 14h-19h ; mars : mar.-vend. 10h-12, 14h-19h ; avr. et oct. : tlj sf lun. 10h-12h, 14h-19h ; reste de l'année : se rens. - 5,50 € (8-14 ans 4 €).

Des ateliers pédagogiques sont organisés (5,50 €/enf.).

Au sein des anciennes Tanneries Bortoises, qui ont fermé leurs portes en 1991, vous verrez, en visitant la salle des machines, les étapes qui mènent de la peau brute au cuir fini. Projection qui retrace l'histoire des tanneries de Bort et décrit le métier de tanneur tel qu'il est pratiqué aujourd'hui.

★ Barrage de Bort

De la route de crête du barrage, qui s'étire sur 390 m, on découvre, côté amont, le lac de retenue et, côté aval, l'usine principale et l'évacuateur de crues. Par sa masse considérable et ses 120 m de haut, le barrage de Bort *(voir ABC d'architecture, p. 571)*, mis en eau en 1952, est la pièce maîtresse de l'aménagement hydroélectrique de la Dordogne. Sa retenue de 477 millions de m³ est longue de 18 km. Plusieurs bases nautiques ont été aménagées le long du lac de barrage : bases de Val, de la Siauve et de Beaulieu (Cantal), de Singles (Puy-de-Dôme), d'Aubazine et d'Outre-Val (Corrèze).

Espace EDF du barrage – *✆ 05 55 46 15 33 - horaires, se rens. - gratuit - photos et sac à dos interdits.* Au pied du barrage, entre le hameau des Granges et le musée de la Tannerie et du Cuir, cet espace pédagogique et ludique fait découvrir, à l'aide d'une maquette animée et d'un film, les différents moyens de production d'électricité et leur fonctionnement. C'est aussi un espace de sensibilisation à la protection de l'environnement.

★ Les orgues de Bort

A2 CARTE P. 158

4 km au sud. Quittez Bort par la D 127, en forte montée, à la sortie de la ville (à l'ouest), près du cimetière.

Dans la montée, beau **panorama** à gauche sur la vallée de la Rhue (Cantal).

Après les dernières maisons de Chantery, suivez les écriteaux « Les orgues », qui conduisent à un vaste parking en sous-bois, près du relais de télédiffusion.

Ces impressionnantes colonnes de phonolite (roche volcanique qui résonne quand on la frappe) dominent la ville. Hautes de 80 à 100 m, elles se succèdent sur une longueur d'environ 2 km. Du **plateau des Orgues** (769 m), gagnez à pied la table d'orientation et un second point de vue, dit « des Orgues », sur la droite. Le regard embrasse un immense **panorama★★** sur la vallée de la Dordogne, la Sumène Artense, le Cantal et les monts Dore.

3

★ Sumène Artense

CARTES P. 158 ET P. 214

6 pl. de l'Église - Champs-sur-Tarentaine - ✆ 04 71 78 76 33 - www.tourisme-sumene-artense.com.

Située dans le haut Cantal, la Sumène Artense, qui allie une nature généreuse et un riche patrimoine, concentre un nombre incroyable de rochers, comme s'il en était tombé du ciel pendant des millénaires ! Lacs et gorges encaissées, forêts et châteaux, villages de charme aux églises romanes à clocher-peigne enchanteront les visiteurs.

Champs-sur-Tarentaine-Marchal A2

À 7 km à l'est de Bort-les-Orgues par la D 979.

Musée des Orages et de la Foudre – *27 rte de Sarran (rentrer dans la cour du cabinet médical) - ✆ 04 71 78 76 33 - www.labofoudre.com - visite sur RV (1h/1h30) - gratuit (participation bienvenue).*

Sous la houlette de l'astrophysicien Raymond Piccoli, passionné et passionnant, vous saurez tout sur la formation des orages, les effets de la foudre au point d'impact, les tornades, le paratonnerre et son histoire. Une visite à ne pas manquer !

Chemin des planètes – *Dép. du parking de la piscine (r. du Pont de Lourseyre), 5 km, 1h20.* Unique en Auvergne, ce sentier pédagogique a été conçu sur le thème de l'astronomie et plus spécifiquement sur le système solaire, qu'il présente à l'échelle 1/1 000 000 000 !

Église de Lanobre A2

À 6 km au nord de Bort-les-Orgues par la D 922.

Édifiée au 12e s., elle est caractéristique du style roman auvergnat. On y pénètre à l'ouest par un beau portail du 13e s.

Intérieur – Plus on avance vers le sanctuaire, plus les motifs religieux qui ornent les chapiteaux gagnent en détail et en expressivité. Dans la première travée, vous remarquerez des animaux rieurs et effrontés, un aigle enserrant un lièvre et un dragon attaqué par un guerrier. Dans la croisée, admirez un **singe cordé** (aux allures d'homme-singe) et un porteur d'âne. On retrouve ici le thème du « châtiment de l'avare » (que l'on reconnaît à la bourse autour de son cou), fréquemment évoqué dans les églises romanes auvergnates. Enfin, comme un signe d'avertissement, serpents et autres créatures accompagnent le visiteur jusqu'au chapiteau de saint Michel aux prises avec le diable ; cette scène est reprise sur le tympan des églises d'Autun en Bourgogne et de Conques en Aveyron.

★ Château de Val A2

À 2,5 km à l'ouest de Lanobre.

04 71 40 30 20 - www.chateau-de-val.com - juil.-août : 10h-12h30, 14h-19h ; fév.-mars : 14h-18h ; avr.-juin et sept.-oct. 10h-12h, 14h-18h - 6,50 € (-12 ans 3,50 €).

À la période estivale, le château s'illumine dès la tombée du jour, et semble alors tout droit sorti d'un conte de fées.

Doté d'élégantes tours coiffées en poivrière, le château de Val (15e s.) occupe, depuis la mise en eau de la retenue de Bort, un **site★★** de toute beauté. Planté sur son îlot rocheux, il ne communique avec la terre ferme que par une digue étroite lorsque le lac est complètement rempli. L'intérieur abrite de beaux escaliers et deux magnifiques cheminées Renaissance. Le premier étage accueille chaque année des œuvres de peintres contemporains. Vous pourrez accéder au chemin de ronde et à la charpente d'une tour. De nombreuses photos de Val au début du 20e s. et de la construction du barrage sont exposées dans la **chapelle St-Blaise**, donnant sur la cour d'honneur. Dans une salle des communs, une vidéo d'images de synthèse explique l'historique du château.

Au pied du château – Plage *(baignade surveillée en saison)*, base nautique, départs de promenades en **vedette**.

Barrage et lac de Lastioulles A2

À 16 km à l'est de Bort-les-Orgues par la D 22.

Cet **ouvrage-voûte** fait partie de l'aménagement de la haute Tarentaine. Suivez la rive nord de la retenue, où une **base de loisirs** *(planches à voile, dériveurs,*

On vous emmène découvrir les minéraux

Cela fait des années que Robin Fialip, minéralogiste passionné, explore le terrain, s'adonnant à ses prospections pour dénicher des minéraux rares, colorés, étonnants... Pyromorphites d'un vert tendre, thomsonites aux minuscules cristaux rosés, valentinite et ses buissons de fines aiguilles jaunes, ou encore améthystes mauves : tous ces spécimens n'ont plus aucun secret pour lui. Il a même réussi à se procurer des minéraux issus d'anciennes exploitations minières. En 2016, il crée un petit musée privé à Antignac rassemblant toutes ses trouvailles qui se visite. Mais surtout, il vous emmène à la recherche des minéraux « volcaniques » et se fait fort de vous initier à leur identification *(Maison de la minéralogie du Massif Central, Vignonnet, Antignac, 04 71 40 25 67).*

pédalos, baignade – le lac de Lastioulles est le seul Pavillon Bleu du Cantal –, aires de pique-nique) occupe un site vaste et paisible propice à la détente. La D 30 quitte ce plan d'eau pour longer, sur la gauche, un petit lac naturel : le **lac de la Crégut**. Ces deux lacs sont le paradis des pêcheurs.
Faites une halte au minuscule village de **Trémouille** *(7 km au sud-est)*, qui possède l'une des églises à clocher-peigne les plus originales de Sumène Artense *(clé à la mairie 04 71 78 50 76, tlj sf dim.-lun. 9h-12h30, 13h30-15h30, sam. 10h-12h)*.

Barrage de Vaussaire A2

À 18 km à l'est de Bort-les-Orgues. Près d'Embort.
Grâce à l'aménagement de la haute Tarentaine, dont l'usine d'Auzerette turbine les eaux (100 millions de kWh/an) en amont, ce barrage peut détourner annuellement 757 millions de m^3 d'eau, qu'un tunnel de 13,5 km conduit dans la retenue du barrage.
En amont d'Embort, la **Rhue** coule dans de magnifiques **gorges★★** (A2) aux versants boisés, qui s'élargissent au confluent des deux Rhues, près de l'usine hydroélectrique de Coindre.

★ Barrage de l'Aigle

À 38 km au sud-ouest de Bort-les-Orgues.
www.tourisme-sumene-artense.com - visite guidée l'été sur réserv. par e-mail : visites.edf.aigle@manatour.fr - ✆ 05 34 39 88 70.
À cheval sur le Cantal et la Corrèze, il s'impose par l'ampleur de ses dimensions, la hardiesse de sa conception et la puissance de ses installations. Sa retenue s'étend sur 25 km. Deux évacuateurs de crue en « saut de ski » permettent l'écoulement de 4 000 m^3 d'eau par seconde. C'est l'aménagement EDF le plus puissant du bassin de la Dordogne. Il est surnommé « le barrage de la Résistance » : sa construction, de 1935 à 1945, a été retardée par l'Organisation de résistance de l'armée du Cantal pour empêcher les Occupants d'avoir accès à une puissance énergétique supplémentaire dans la région.

Saignes A3

À 10 km au sud de Bort-les-Orgues.
Cette agréable petite villégiature estivale perchée au-dessus de la vallée de la Sumène conserve de belles **maisons** du 15e s. Dans l'église, observez l'importance de l'arc triomphal, caractéristique de la haute Auvergne, qui marque l'entrée du chœur. Le rocher qui domine le bourg porte quelques vestiges de l'ancien château et la petite **chapelle Notre-Dame** (12e s.). De son sommet, très belle vue sur la vallée et sur Bort-les-Orgues.

Ydes-Bourg A3

À 2 km à l'ouest de Saignes. Ce petit village s'élève au bord de la Sumène.
Église – Cet édifice, dédié à saint Georges, est du style roman de la haute Auvergne (12e s.). Remarquez le **chevet** très bien conservé et ses **modillons** figurant des animaux ou des visages expressifs. Les chapiteaux sont ornés de décors végétaux ou de scènes historiées : Samson terrassant un lion et David étouffant un lion et un ours de ses mains. La porte sud est décorée d'un Saint Georges terrassant le dragon qu'une jeune fille tient par des chaînes. Le **porche ouest**, surmonté d'un clocher à peigne, en est la partie la plus intéressante. Ses sculptures représentent un zodiaque (aujourd'hui incomplet). Sur la paroi gauche du porche : une belle Annonciation, l'archange Gabriel portant le message divin à Marie ; à droite : Daniel dans la fosse aux lions et le prophète Habacuc qu'un ange emporte en le saisissant par les cheveux. La sacristie abrite le **trésor**.

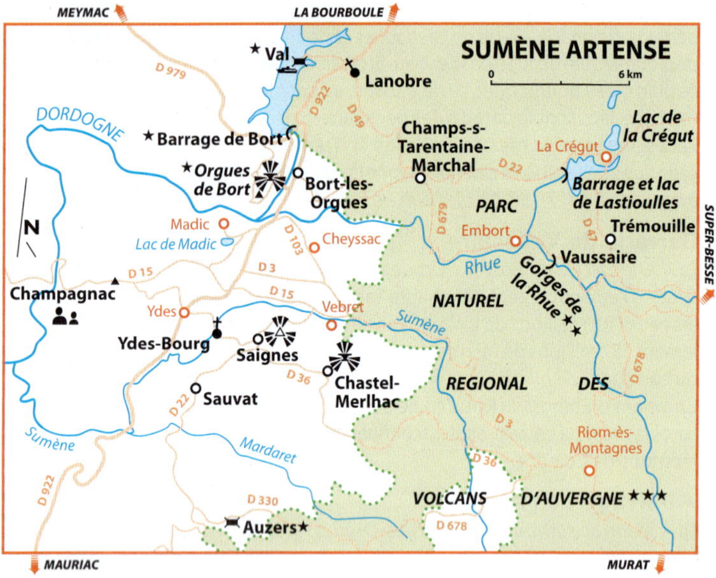

Musée de la Mine à Champagnac

À 10 km à l'ouest de Saignes. Rte de Veyrières - 04 71 69 61 55 - www.champagnac.fr - - juil.-août : 14h-17h30 ; reste de l'année : sur demande préalable - fermé w.-end - 4 € (7-15 ans 2 €).

La mine de Champagnac, dont la concession fut achetée en 1842 par des investisseurs, renfermait le filon de charbon le plus important de la région. et important. Ce musée présente son histoire jusqu'à l'arrêt de son activité en 1959. Photographies anciennes, maquettes du carreau de la mine (10 m²), outils et accessoires, ainsi qu'une vidéo, retracent la vie des mineurs.

Chastel-Merlhac A3

À 4 km au sud-est de Saignes.

La forme circulaire de ce site lui donne un air de citadelle de basalte. Au **belvédère** *(aire de pique-nique et table d'orientation)*, un panneau explique la formation de ce paléolac. C'est une coulée de lave qui a rempli une cuvette et que l'érosion a démantelée. Dans le bourg, l'église romane, en partie reconstruite à l'époque gothique, renferme une cuve baptismale sculptée.

Sauvat A3

À 4 km au sud-ouest de Saignes.

En partie romane, l'**église St-Martin** a conservé dans l'abside un ensemble de fresques du 15e s. représentant le Tétramorphe : le Christ pantocrator est entouré des symboles des quatre évangélistes.

★ Château d'Auzers A3

04 71 78 62 59 - www.chateau-auzers.com - visite guidée (1h) juil.-août : tlj 14h-18h30 ; de Pâques à fin juin et de sept. à la Toussaint : vend.-dim. 15h30 - découverte du parc en visite libre de Pâques à la Toussaint de 12h30 à 18h30 - 8 € (-14 ans 3 €).

Au centre du bourg du même nom, cette majestueuse maison forte est la propriété de la même famille depuis 650 ans. Recouverte d'une toiture de lauzes en écailles de poisson, elle présente un corps de logis encadré de trois hautes tours en poivrière. Elle a conservé son chemin de ronde et ses échauguettes. À l'intérieur, remarquez, au rez-de-chaussée, l'appareil de pierre blanche et de basalte bleu des murs, l'élégante **cheminée** du Grand Salon ainsi que les blasons de la famille, les souvenirs, dans le petit salon, du **comte de Chambord**, qui s'était préparé à devenir roi. À voir aussi, les **peintures murales** (16e s.) qui ornaient l'ancien oratoire, dédié à saint Jacques de Compostelle, de la tour ouest ; au 1er étage, les **plafonds à la française**. Beau mobilier auvergnat, Renaissance, 18e s. et Empire, offert par Napoléon à Jean-Louis d'Auzers. Collection de soldats de plomb du début du 20e s.

De la terrasse qui borde la façade sud, **vue** dégagée sur les vastes prairies précédant la vallée encaissée du Marilhoux et sur les monts du Cantal.

La petite Boucle d'Auzers (1,5 km, 30mn) part du château et mène au bourg.

Nos adresses

Restauration

Premier prix

Auberge de la Sumène – *1 pl. Jean-Chanut - Antignac (10 km au sud-est de Bort-les-Orgues) - 04 71 68 52 86 - https://aubergedelasumene.fr - rest. ouv ts les midis, épicerie 8h30-11h30 sf merc. - menu du j. sem. 15/17 €, w.-end et j. fériés 23/26 €.* Bar, restaurant traiteur, épicerie bio, l'Auberge de la Sumène est tout cela à la fois... Les menus sont composés en fonction du marché et des trouvailles du chef chez les producteurs locaux. Une adresse très sympathique !

Pour se faire plaisir

La Grange aux fleurs – *Sarran - Champs-sur-Tarentaine-Marchal - À 6 km de Champs-sur-Tarentaine, sur la route qui mène à Condat - 04 71 78 77 98 - www.lagrangeauxfleurs-sarran.com - menus 20/48 €.* Dans un cadre de style auvergnat (belle grange rénovée), chaleureux et convivial, on apprécie une cuisine savoureuse et copieuse. Le rapport qualité-prix est à la hauteur de cette table. Réserver, l'adresse est connue...

Shopping

Pépite de lave – *14 r. St-Robert de Turlande - Antignac - 06 71 43 19 29 - www.pepite-de-lave.com - ouv. vend. 15h-18h ou sur RV.* Rose Desmaisons a de l'or dans les mains. Sur les hauteurs du paisible bourg d'Antignac, à l'atmosphère propice à la création, elle imagine des œuvres nées de l'alchimie entre l'émail et sa cuisson sur la lave des volcans d'Auvergne : lave de Volvic, des Monts Dore, de Menet ou de Murat, chacune d'un gris particulier. Puis elle y ajoute des touches de platine et d'or....

Apiflor – *Rte de Madic - Madic - 04 71 40 81 39 - lun.-vend. 8h30- 12h et 13h-16h - fermé w.-end et j. fériés.* Dans cette délicieuse biscuiterie artisanale, faites provision de croquants, biscuits apéritifs aux fromages d'Auvergne, pains d'épices, cakes, confitures, gelées, confits de fleurs, miels et autres produits de la ruche !

Atelier du Vannier Thomas Louineau – *Vendes - Bassignac - 04 71 69 46 85 - - merc.-sam. 9h-12h, 14h-18h.* Osiériculteur, vannier et créateur, cet artisan partage sa passion dans son atelier. Il transforme aussi bien l'osier qu'il cultive que les ronces ou autres fibres. De la vannerie classique aux créations originales, ses réalisations séduisent un large public.

Activités

Vedettes panoramiques – *Embarcadère Château-de-Val - ☎ 05 55 46 21 67/06 82 01 99 56 - vedettes-panoramiques.fr.* Remontée des gorges de la Dordogne : *(1h15) juil.-août : 14h30 et 16h15 ; de mi-avr. à fin juin et sept. : se rens.* Cap sur le barrage : *(1h) 14 Juil.-23 août : 17h ; 1er avr.-13 juil. et 24 août-30 sept. : se rens. - 14 € (5-14 ans 9 €, 2-4 ans 6 €).*

Val Aventure (château de Val) – *Lanobre - Relais du château de Val - ☎ 04 71 40 34 14 - www.parcoursvalaventure.com - 14h-21h30 sur réserv. - 20/30 €.* Profitez du cadre et de la vue sur le château de Val avant de vous lancer dans ce parcours aventure : 100 ateliers dans les 3 ha d'espace boisé, tyrolienne de 1 km AR au-dessus des eaux du barrage de Bort.

Pêche – La région de **Bort-les-Orgues** offre aux pêcheurs des eaux d'excellente qualité : brochets, sandres, perches, carpes. Procurez-vous le dépliant dédié auprès de l'office de tourisme.

En **Sumène Artense** : 250 ha d'eau réparties sur 6 lacs et étangs, classés en 1re et 2e catégories.

Initiation à l'escalade – Nombreuses voies extérieures et intérieures aménagées sur la face sud du plateau des orgues de Bort : impressionnantes colonnes de phonolite, hautes de 70 à 80 m. *S'adresser à l'office du tourisme de Bort-les-Orgues ou à la section du Club alpin du haut Cantal - ☎ 04 71 78 14 63.*

Piste verte de Sumène Artense – *Points d'eau et tables de pique-nique - Location de vélos à la gare d'Ydes (rens. à l'office de tourisme de Sumène Artense) : juil.-août 10h-12h30, 14h-18h.* Aménagée sur une ancienne voie ferrée, cette piste relie Bassignac à Cheyssac en passant par Ydes, la gare de Saignes et le hameau de Fleurac. À vélo, rollers, trottinette ou à pied, on déambule à sa guise.

Hébergement

Premier prix

Chambres Bortoises – *Rte d'Ussel - ☎ 05 55 96 84 55 - chambresbortoises.free.fr - ⊭ - 4 ch. 45 € ☕ - ✕ 15 €.* Cette ferme offre un très beau panorama sur le barrage de Bort-les-Orgues, le lac de Val et les monts du Cantal. Vous goûterez également aux nombreux produits maison. Petit-déjeuner copieux pris près du cantou. Les enfants apprécieront les animaux – ânes, poneys, moutons, canards– dans les prés.

Croque Lunes – *Sarran - chemin du Charlissou - Champs-sur-Tarentaine - ☎ 06 86 89 24 19 - croquelunescantal.jimdo.com - 3 ch. 75/80 € ☕ et gîte (6 pers.) 350/500 € - ✕ table d'hôte sur réserv, 17 €.* Dans un charmant hameau, trois chambres ont été aménagées dans une ancienne ferme rénovée avec à l'intérieur un cantou traditionnel. Produits locaux au petit-déjeuner et au dîner. Prés et jardin, terrasse, parking, local à moto, VTT et équipement sportif. Départs de randonnées, lacs et rivières à proximité.

Budget moyen

Chambres d'hôte Les Roches d'Artense – *Les Roches – Jallendrieux - Champs-sur-Tarentaine-Marchal - ☎ 04 71 40 57 62 - www.lesrochesdartense.com - 3 ch. 65/75 € ☕ - table d'hôte sur réserv. 20 €.* Dans un cadre idyllique, où la vue porte au nord sur le Puy de Dôme et sur le Sancy, Véronique et Jérôme accueillent leurs hôtes avec une gentillesse rare. Madame bricole, chine, jardine, et fait visiter le domaine. Monsieur est un fin cuisinier. Dans les chambres, la pierre et le bois se marient avec bonheur. Nombreuses randonnées à partir des Roches d'Artense.

Allanche et monts du Cézallier ★★

Porte d'entrée du Cézallier, Allanche possède une rude beauté. Le village séduira les visiteurs qui prendront le temps d'observer les vestiges d'un patrimoine évoquant son histoire millénaire. En sillonnant les routes, on se laisse gagner par le charme étrange qui se dégage des vastes pâturages du Cézallier, où les volcans ne comportent ni cônes ni cratères. Les bords du plateau s'abaissent lentement avant d'être entaillés par des vallées encaissées. Au printemps, les tapis de narcisses et de jonquilles cèdent la place à un désert vert, piqueté de burons et de rares villages. L'été, des centaines de bêtes viennent à l'estive, avec la « rouge » (vache salers) à leur tête. Le Cézallier plaira aux amoureux de grands horizons et aux amateurs de ski de fond.

Se repérer

Puy-de-Dôme (63), Cantal (15)

CARTE BC3 (P. 158-159).

À ne pas manquer

Les maisons d'Allanche; au signal du Luguet, le panorama sur les monts Dore, le Cantal et la Margeride; le lac d'En-Haut de La Godivelle.

Organiser son temps

Au cœur du Cézallier les commerces se font rares. Pensez aussi à faire le plein d'essence!

En famille

Une sortie accompagnée dans la Réserve naturelle des Sagnes de La Godivelle. Vélorail du Cézallier.

Carnet pratique p. 222

Nos adresses p. 222

3

Se promener

Niché au bord de la rivière à 1000 m d'altitude, **Allanche** est un bourg réputé pour ses foires aux bestiaux, dont l'origine remonte au Moyen Âge, et ses manifestations annuelles *(voir « Agenda », p. 222)*

Espace Cézallier – *Hautes Terres Tourisme, 1 pl. du Cézallier - ✆ 04 71 20 48 43 - www.hautesterrestourisme.fr - 1 €.* Cet espace est installé dans le **Modern'Hôtel,** un superbe immeuble Art déco qui fit les beaux jours d'Allanche à partir de 1930. Il s'articule autour d'un fil rouge : le Cézallier et ses grands espaces habités. Y sont évoqués les estives, les burons, les marchands de toile qui sillonnaient la région. Le **centre** ville a conservé des vestiges des remparts, des linteaux de portes et des maisons de caractère, couleur de lave, aux toits de lauzes. L'**église** romane du 11e s., fortifiée, renferme des stalles Renaissance, une peinture sur bois de l'école flamande et une émouvante pietà en pierre. Dans la Grand'Rue, la mairie occupe des bâtiments du **château de Dienne de Cheyladet**, du 18e s. Très active, l'association des Amis du Vieil Allanche *(lesamisduvieilallanche.fr)* a fait apposer sur les murs de certaines maisons du village des **plaques en lave émaillée** évoquant l'histoire des lieux. On aura compris qu'Allanche est à parcourir à pied, et en levant les yeux...

★★ Hauts pâturages du Cézallier

Circuit de 110 km tracé en bordeaux sur les cartes p. 158-159 et p. ci-dessous.
Ces hauts plateaux offrent un paysage étonnant de montagnes d'herbe se succédant à l'infini. L'homme et la nature cohabitent ici en parfaite harmonie.

Les cascades

Quittez Allanche par la D 39, au nord. À Pradiers, prenez à droite en direction d'Anzat-le-Luguet.
À partir de la D 39, pour accéder à la **cascade de la Terrisse**, passez La Jarrige et poursuivez jusqu'à La Terrisse. La Sianne se jette d'une hauteur de 20 m sur une coulée de basalte, le long de très belles orgues. Cette cascade, dont l'accès a été sommairement aménagé par la mairie et l'association Cézallier-Vallée de la Sianne *(cezalliersianne.asso.fr)*, est méconnue. C'est pourtant l'une des plus belles du Cantal. Avec un peu de chance, vous apercevrez un drôle de pêcheur : le héron cendré. Le long du sentier qui y mène, pousse une espèce protégée, le lys martagon.
Revenez sur la D 39, prenez en direction d'Anzat-le-Luguet sur la D 23.
À la limite du Cantal et du Puy-de-Dôme, la **cascade de la Vazèze** est visible à droite depuis la route, avant le hameau de Vins-Haut.
Poursuivez la D 23 sur environ 5 km.
La **cascade d'Apcher**, avant le hameau du même nom, précède un beau point de vue, un peu plus loin, toujours sur la même route.
À Anzat-le-Luguet, quittez la D 23 pour prendre, à gauche, la D 721 vers Parrot.

Parrot

Trait d'union entre le mont Dore et les monts du Cantal, Parrot (1300-1500 m) est une agréable petite station de ski de fond dans un paysage superbe. À quelques kilomètres, le village d'**Artout** s'inscrit dans un beau cirque, régulier, modelé par les glaciers.

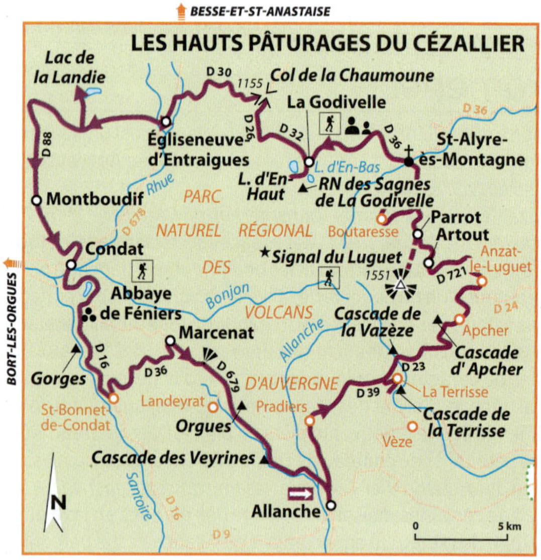

Parc naturel régional des Volcans d'Auvergne, le Cézallier.
B. Jaubert/imageBROKER/age fotostock

★ Signal du Luguet

1h30 AR, au départ de Parrot en montant à travers les herbages. Balisage difficile à suivre; carte recommandée.

Ce volcan, qui fut sans doute le plus important du massif, culmine à 1551 m, ce qui en fait le point le plus élevé du Cézallier. Couronné de résineux, il se détache à peine de l'horizon des plateaux, offrant un **panorama★** sur les monts Dore, le Cantal et la Margeride. Au milieu des gentianes, on distingue les vestiges d'une cheminée volcanique phonolithique. 3

Poursuivez sur la D 721. À Boutaresse, prenez à droite la D 724.

St-Alyre-ès-Montagne

Sur une hauteur, à l'écart du village, l'**église** romane bien exposée au sud fait face à un beau paysage dominé par la montagne de Gamet. Elle se signale par les énigmatiques sculptures de son tympan et par les billettes (moulures décoratives en forme de boudin) de son chevet.

Quittez St-Alyre par l'ouest en empruntant la D 36. Après 3 km, prenez sur la gauche la D 32.

La Godivelle

Perdu dans les herbages, ce village du Cézallier se distingue par ses puissantes maisons de granit, son **église St-Blaise** (12e s.) et sa **fontaine**, la plus grande du département : une trentaine de bêtes peuvent y boire ! Autre particularité : le village se trouve pris entre un lac de cratère, le **lac d'En-Haut** (alt. 1225 m), et un étang privé (le lac d'En-Bas), dont les rives accueillent une faune diversifiée. Si le temps le permet, ne manquez pas le coucher de soleil sur le lac d'En-Haut : sous des lumières rasantes, sa forme circulaire prend un aspect lunaire.

Maison de la Réserve naturelle des Sagnes de La Godivelle – Parc naturel régional des Volcans d'Auvergne - *pl. de l'Église - ✆ 04 73 71 78 12 - https://decouvrir.parcdesvolcans.fr/reserve-la-godivelle - exposition et boutique juil.-août :*

Ruines de l'abbaye de Féniers dite du Val-Honnête et la chapelle.
Ch. Guy/hemis.fr

14h-18h30 - visites guidées des tourbières, juil.-août : merc., vend., dim. 15h (2h).
Classées en Réserve naturelle depuis 1975, les **tourbières de La Godivelle** abritent un patrimoine naturel remarquable sur près de 150 ha. Ces milieux humides très originaux sont le refuge d'une faune et d'une flore spécialisées avec plus de 2 500 espèces recensées ! Des suivis scientifiques sont réalisés tous les ans par l'équipe du Parc naturel régional des Volcans d'Auvergne qui gère le site ; son accès fait l'objet d'une réglementation précise et un code de bonne conduite est à adopter pour en découvrir et en apprécier les richesses. La Maison de la Réserve abrite une exposition consacrée au site et organise des sorties accompagnées sur le terrain.
Randonnée – *4h AR, rens. sur place ou à l'office de tourisme.* Après avoir traversé les **tourbières**, vous admirerez le **point de vue★** de Brion, puis rejoindrez Jassy par les **estives**. Le retour vers La Godivelle passe par les **lacs** de St-Alyre et d'En-Bas.
Quittez La Godivelle par le nord en empruntant la D 32. Après 3 km, prenez sur la droite la D 26.

Col de la Chaumoune

Alt. 1155 m. On découvre, près du col, des plantations de résineux.
Prenez à gauche la D 30, puis encore à gauche (6 km plus loin) la D 978.

Égliseneuve-d'Entraigues

Cette petite station estivale (alt. 952 m) possède une **église** romane dotée de chapiteaux intéressants et d'un retable en bois sculpté. En hiver, c'est aussi un point de départ pour de nombreux skieurs de fond.
Quittez Égliseneuve-d'Entraigues vers l'ouest par la D 30.

Lac de la Landie

Perché à 1036 m d'altitude, ce lac naturel offre un cadre reposant de pâturages et de bois. La nature qui l'entoure vous donnera peut-être envie de saisir vos pinceaux. L'endroit attire particulièrement les pêcheurs, qui attrapent notamment des poissons de « grand sport » (de type saumon et omble), introduits dans les eaux du lac en 1991.
Poursuivez par la D 30 puis la D 88.

Montboudif

L'ancien président de la République Georges Pompidou (1969-1974) a vu le jour en 1911 dans ce petit village de montagne, dans une famille d'instituteurs et d'agriculteurs.

Musée Georges-Pompidou – *À côté de l'église, le Bourg - ☏ 04 71 78 68 68 - ♿ - de mi-juin à mi-sept. : 10h-12h, 14h-18h; de déb. avr. à mi-juin et de mi-sept. à fin oct. : w.-end et j. fériés 14h-18h -5 € (- 10 ans 2 €).* Situé en face de sa maison natale, ce musée retrace, à travers des objets personnels et des photographies d'Henri Passemard, la vie publique et politique du président. Un documentaire *(25mn)* complète la visite.

Quittez Montboudif vers Condat par la D 62.

Condat

Cette station estivale se niche à 700 m d'altitude sur la rive droite de la Rhue. Elle possède quelques solides maisons construites à la fin du 19e s. par les marchands qui sillonnaient l'ouest de la France pour vendre des toiles confectionnées sur place.

À l'ouest du village, la **forêt domaniale de Maubert** et Gaulis est une belle futaie jardinée, où règne le sapin, mais aussi les hêtres, des tilleuls et quelques chênes. Sapins et hêtres atteignent des hauteurs remarquables.

Quittez Condat par le sud en empruntant la D 679 en direction d'Allanche.

La route longe un plan d'eau, reconstitution récente du lac que les moines avaient créé au 12e s.

Abbaye de Féniers

3h AR au départ du col du Perthus. Laissez la voiture dans le hameau de Féniers et gagnez les ruines par le GR 4, puis la D 16. Accès possible en voiture depuis Condat en suivant la D 16.

Cette abbaye cistercienne, fondée à la fin du 12e s., fut rebâtie en 1686 et supprimée à la Révolution. De l'édifice, en partie détruit par un incendie en 1872, subsistent quelques vestiges des bâtiments abbatiaux, du cloître et de l'église. Un petit oratoire, adossé aux ruines, abrite une statue de la Vierge (15e s.).

Prenez la D 16. La route vers St-Bonnet-de-Condat descend au fond de la vallée de la Santoire et pénètre dans de pittoresques **gorges** boisées.

À St-Bonnet-de-Condat, prenez à gauche la D 36.

3

Marcenat

Dans le bourg, vous remarquerez des maisons construites par les marchands de toile qui firent fortune en pratiquant ce commerce itinérant au 19e s. Outre sa belle église du 15e s., dotée d'un clocher du 19e s., la commune abrite le **monastère orthodoxe Znaménié**, à La Traverse. Séduites par la beauté du site, les moniales entreprirent en 1988 la restauration d'une ancienne ferme afin de la convertir en monastère. Dépendant du patriarcat de Moscou, il fut consacré en 1996. Son église, construite selon le modèle de celle du mont Athos, se distingue par sa coupole de cuivre.

Après Marcenat, empruntez la D 679 qui traverse un grand plateau désert, offrant de belles **vues** à gauche sur le Cézallier. On peut être surpris de voir, dans ces solitudes, les rails d'une voie de chemin de fer : c'est là que passaient les trains menant les bestiaux aux grandes foires d'Allanche et de Brion.

Roche de Landeyrat

1 km après la bifurcation pour Landeyrat, tourner à gauche vers «la Roussille» et gagner le parking près du sentier qui mène à La Roche de Landeyrat.

Du sommet des **orgues basaltiques**, vue agréable sur Landeyrat et la haute vallée d'Allanche qui échancre la planèze.

Poursuivez sur la D 679.

Cascade des Veyrines

Après quelques kilomètres, vous découvrirez la **cascade des Veyrines** *(à droite, au niveau de la D 21)*, fréquentée l'été pour sa fraîcheur et son cadre agréable.
Continuez sur la D 679 pour revenir à Allanche.

Carnet pratique

S'informer

Office de tourisme – *1 pl. du Cézallier - Allanche - ✆ 04 71 20 48 43 - hautesterrestourisme.fr.* Visites guidées insolites comme des nocturnes aux lampions, visites contées à deux voix, etc. *(été, sur réserv.).*

Agenda

Foire antiquités brocante – *Allanche - ✆ 04 71 20 48 43 - hautesterrestourisme.fr - 1er w.-end d'août.* La plus importante d'Auvergne.

One Country one Film - *Apchat - www.onecountryonefilm.com - 7 j. fin août -déb. sept.* Festival de cinéma.

Fête de l'Estive – *Allanche - ✆ 04 71 20 48 43 - hautesterrestourisme.fr - fin mai.* Le bourg accueille jusqu'à 30 000 personnes.

Les Foulées du Cézallier - *Marcenat - www.fouleeducezallier.com - 15 août.* Semi-marathon régional, marche, rando VTT, etc.

Sortie brame du cerf – *Mi-sept. à déb. oct.* Rens. à l'office du tourisme d'Allanche.

Marché de potiers – *Allanche - un w.-end mi-juil.* Potiers venus du Cantal et du reste de la France.

Nos adresses

Hébergement/restauration

Budget moyen

Hôtel Restaurant Le Relais des remparts – *5 av. du Pr.-René-Rollier - Allanche - ✆ 04 71 20 98 00 - www.relaisdesremparts.com - 12 ch. 60/90 € - ☕ 8,50 € - ✕ rest fermé dim. soir et lun. midi et soir - plat du j. déj. sem. 9,50 €, menu 28 €, plats 16/22 €.* Cet hôtel-restaurant est idéalement situé au cœur du village. Chambres impeccables, où chaque détail compte, cuisine traditionnelle et régionale, servie en généreuses portions.

Ferme des Prades – *Les Prades - Landeyrat - ✆ 04 71 20 48 17 - ✆ 06 88 30 79 67 - www.fermedesprades.com - 5 ch. 90/120 € ☕, table d'hôte 28 €, wagon de l'Estive 110 € Spa compris.* Imaginez une puissante bâtisse sur un plateau où le regard porte au loin – nous sommes à 1100 m d'altitude ! –, un endroit où vécut l'abbé de Pradt, l'aumônier de Napoléon. Un parc d'1 ha où abondent les hêtres et les frênes, ainsi qu'une roseraie. Françoise et Philippe proposent cinq chambres aux noms de fleurs et l'une des meilleures tables d'hôte de la région. Certains plats sont cuits dans le four à pain du 15e s. ! Ceux qui préfèrent l'insolite opteront pour le wagon de l'Estive, qui a transporté des marchandises pendant des décennies… Une adresse à retenir.

Le Buron des Estives – *Rte de Marcenat - ✆ 04 71 20 47 82 - burondesestives.com - plats 16/32 € - menus 28/38 €.* Fréquenté par les connaisseurs, ce buron des Estives offre un condensé de la cuisine auvergnate. Goûtez à la salade de la Planèze ou à la découverte auvergnate (salade verte, petit pavé de bœuf, tranche de jambon de pays, truffade), vous ne serez pas déçus.

Shopping

La Brasserie des Estives – *9 r. de la Pierre-Grosse - Allanche - ✆ 07 67 19 51 81 - brasseriedesestives.com - boutique ouv. juil.-août : jeu.-sam. 16h30-18h30 - hors saison tte l'année sur réserv. - visite guidée avec l'OT possible sur réserv. : ✆ 04 71 20 48 43.* Vous ferez provision de Milvus, une bière hyper-rurale et biologique brassée à Allanche.

Activités

Centre équestre de Zanières – *Apchat - ✆ 06 50 34 69 04 - www.cezallier-cheval.fr - tte l'année : 8h-18h - 17 €/h.* Cheval ou poney pour les plus jeunes.

Randonnées – Le Cézallier se prête aussi bien à des balades à la journée (40 randonnées à pied et VTT possibles) qu'à des randonnées plus longues (le tour du Cézallier peut se faire en 4, 5, 7 ou 9 jours dans les estives). *www.ffrandonnee.fr ou www.chamina.com.*

Vélorail du Cézallier – *Landeyrat - Gares de Landeyrat et Allanche - accueil au café de la gare de Landeyrat - ✆ 04 71 20 91 77/07 85 56 39 32 - www.velorailcantal.com - réserv. obligatoire - ouv.(selon météo) juil.-août : tlj ; mai-juin et sept. : w.-end - forfait famille 27/51 €.* Moyen de locomotion utilisé autrefois par les ouvriers pour entretenir et surveiller les voies de chemin de fer, la draisine constitue aujourd'hui un moyen de transport insolite pour parcourir les plateaux du Cézallier.

Hébergement

Premier prix

Chambres d'hôte La Barajade – *Recoules - Joursac - ✆ 04 71 20 86 18 - www.labarajade.com - P - 5 ch. 78 € ☕ - table d'hôte chaque soir sf le mar. - ✕ 27 €.* Cette ferme bloc du Cézallier a été l'une des premières aménagées par un architecte, dans les années 1980, pour accueillir « chez l'habitant ». Marie-Lyne a gardé tout le charme de cette maison typique auvergnate : boiseries, lits en alcôves, grandes tables de ferme pour servir les petits-déjeuners et les dîners… Elle a ajouté une touche de modernité avec l'installation d'un espace sauna intérieur et d'un bain nordique à l'extérieur, avec vue imprenable sur l'est du massif cantalien ! Halte idéale pour les amoureux du patrimoine et des vieilles pierres.

Ardes et vallées du Cézallier ★★

L'ancienne capitale du duché de Mercœur, située à la lisière des plaines dorées du Lembron, est la gardienne du Cézallier du côté du Puy de Dôme. En amont, les hauts plateaux, avec leurs paysages vierges et sauvages, parsemés de burons, forment les terres d'estive par excellence. Elle abrite désormais l'un des zoos les plus intéressants d'Auvergne.

Parc naturel régional des Volcans d'Auvergne, le Cézallier.
B. Jaubert/imageBROKER/age fotostock

Se repérer

561 Ardoisiens – Puy-de-Dôme (63)

CARTE C2 (P. 159).

L'accès à Ardes, ou Ardes-sur-Couze, se fait par la D 214 et la D 215 à partir de St-Germain-Lembron.

À ne pas manquer

Les paysages de la vallée de Rentières et ceux du plateau de la Chavade. Les foires de Brion *(mai-oct.)*, exceptionnels moments de convivialité.

En famille

Passer l'après-midi au parc animalier d'Auvergne.

Nos adresses p. 227

Se promener

68 Grande-Rue - Ardes-sur-Couze - 04 73 71 86 96.
Comme son nom l'indique (*ard* signifiant hauteur), cette charmante bourgade est juchée sur un promontoire rocheux, au débouché des gorges de Rentières. La rivière, la Couze d'Ardes, marque un coude et repart en direction de l'Allier. Des **passages** entre les maisons permettaient de communiquer entre la ville haute et les bords de la Couze, où fut construite l'église St-Dizaint, à l'emplacement d'un ancien prieuré.

Église St-Dizaint

Visite sur demande au 04 73 71 83 89 (mairie).
Elle date du 15e s. Devant l'église, une belle **croix** (15e s.) arbore, sur l'une de ses faces, une Vierge allaitant (sujet rarement traité) et, sur l'autre, les symboles des quatre évangélistes. À l'intérieur, le maître-autel (17e s.) en bois doré est à voir pour ses huit petits groupes représentant la Passion. Près du chœur, un curieux bas-relief en bois sculpté figure la chasse de saint Hubert. Face à la chaire, pietà en pierre du 16e s. et, dans la chapelle, au fond de l'église, lutrin du 15e s.

★ Parc animalier d'Auvergne C2 CARTE P. 159

Au sud d'Ardes par la D 23. Rte d'Anzat - Le Luguet - 04 73 71 82 86 - www.parcanimalierdauvergne.fr - ♿ - 7 juil.-août : 8h30-19h ; 7 avr.-6 juil. : 10h-18h ; sept. : 11h-17h, w.-end 10h-18h ; reste de l'année : se rens. - 23 € (3-9 ans 16 €) - tarifs dégressifs hors saison - petite restauration locale Le Lion doré et bières locales à déguster sur place.
Aires de jeux et nombreuses animations pour les familles.
Ce parc de 25 ha, entre un zoo classique et une réserve (350 animaux de 65 espèces différentes : singes capucins, zèbres, hippopotames, lions, bouquetins, loups, ainsi qu'un fourmilier géant), se visite en suivant un parcours ombragé. C'est le seul zoo d'Europe spécialisé sur la faune des sommets du monde. Une expérience riche et ludique.

3

★★ Vallées sauvages du Cézallier C2

Circuit de 55 km tracé en marron clair sur les cartes p. 159 et p. 226. Quittez Ardes par l'ouest en empruntant la D 36.
Plusieurs rivières, nées dans les monts Dore ou le Cézallier, se jettent dans l'Allier et portent le nom de Couze. Dans la partie montagneuse, ce sont des torrents aux eaux claires, se déversant dans des gorges profondes auxquelles succèdent les vallées, avec vignes en terrasses et cultures de plaine.
Pour les amoureux des Couzes, cet itinéraire est relié à celui des Couzes Pavin et Chambon *(voir p. 183)* par les **gorges de Courgoul**, creusées par la Couze de Valbeleix (11 km, entre Saurier et Valbeleix).

★ Vallée de Rentières

La vallée de la Couze d'Ardes, petit affluent de l'Allier, porte le nom de Rentières, entre Ardes *(en aval)* et St-Alyre *(en amont)*. Creusé dans les plateaux du Cézallier, c'est un étroit sillon dont les versants disparaissent sous les plateaux de verdure. De curieux rochers volcaniques surmontent le versant nord, tandis que d'étranges blocs basaltiques, en gerbes verticales, hérissent la vallée.
Face au village de Rentières se dressent les ruines du **château de Mercœur**.
Poursuivez sur la D 36.

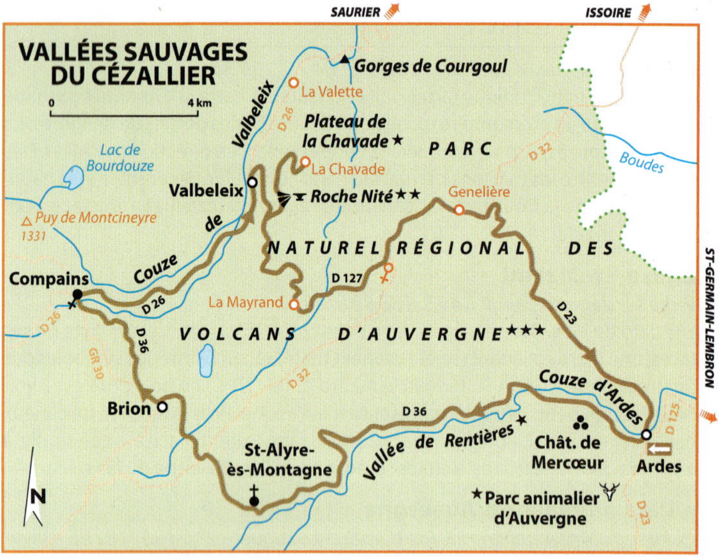

St-Alyre-ès-Montagne *(voir p. 219)*

À la sortie du village, continuez sur la D 36.

Brion

Ce village, situé sur le GR 30, est dominé par de très belles **orgues basaltiques**. Tous les ans, durant plusieurs mois, s'y déroulent des foires réputées de « bêtes à cornes » *(voir encadré ci-dessous)*. Le village s'est établi au pied d'une ancienne motte féodale.

Continuez sur la D 36.

Compains

C'est près de ce village que la Couze de Valbeleix prend sa source, alimentée vraisemblablement par les eaux du lac de Montcineyre *(voir p. 183)*. L'**église** est dotée d'une nef romane (12e s.) et d'un chœur gothique (13e s.) surmonté d'un long clocher blanc, très effilé.

Quittez Compains par l'est en empruntant la D 26.

La route parcourt la coulée de lave issue du puy de Montcineyre, qui s'est épanchée dans cette vallée il y a 6 000 ans. La cheire, au sol particulièrement chaotique, est couverte d'une belle hêtraie.

Foire aux bestiaux de Brion

Ces foires font partie des traditions auvergnates, encore très ancrées dans cette région rurale. Elles existent depuis l'an 1600 et se déroulent de début mai à fin octobre. Limousines, salers, montbéliardes... se donnent rendez-vous ici. Les négociations sont rapides et se soldent par un « tope-là ! » de la main, en parole donnée. Brion retrouve alors vie, les burons s'ouvrent et se transforment en restaurants animés où buronniers, bouchers, éleveurs... et touristes se retrouvent le temps d'un verre ou d'un repas partagé.

Valbeleix

Une croix du 15e s. est érigée dans le cimetière. La vallée de la Couze de Valbeleix, sculptée par les glaciers, offre un profil en auge (ou en U) presque parfait. La butte arrondie qui domine le village et barre la vallée est un intéressant exemple de **verrou glaciaire**.

Après l'église de Valbeleix, prenez à droite la D 127 sur 2 km, puis à gauche la D 641 en direction de La Chavade.

★ Plateau de la Chavade

Pour parvenir à ce plateau, la route s'élève au cœur d'une hêtraie.

La roche Nité 1h AR. Superbe **vue★★** sur les massifs volcaniques du Cézallier et des monts Dore, dont les coulées de lave furent découpées, il y a 10 000 ans, par de gigantesques langues glaciaires qui marquent encore aujourd'hui le paysage.

Revenez sur la D 127 et prenez à gauche vers La Mayrand. Après Genelière, prenez à droite la D 23 qui ramène à Ardes.

Nos adresses

Restauration

Premier prix

À proximité

Bistrot l'Ecir et l'Angélique – *Brion-Haut - Compains - 04 73 71 20 92 - 06 86 97 82 47 - - ouvert tlj le midi, le vend. et lun. soir sur réserv. - menu 15 € env.* Cette charmante ferme rénovée éveillera vos papilles avec sa cuisine du terroir. En plus des menus, des formules sont servies à toute heure pour les petites faims. Accueil exquis.

Activités

Festival Auver'Green – *3 j. fin juin - 04 15 62 20 00 - capissoire.fr/festival-auvergreen.* Créé en 2021, cet événement entend sensibiliser le public au respect de l'environnement et à l'écocitoyenneté. Au programme, conférences, ateliers, jeux, spectacles, concerts, ainsi qu'un marché de producteurs.

Parcours de pêche – *Société cantonale de pêche - à droite av. l'église puis apr. le stade le long de la Couze - 04 73 68 18 10 - - ouv. pdt les périodes de pêche (mars-sept., se rens. par tél).* Ce circuit de 280 m présente 15 postes et 7 pontons.

Tournemire, le château d'Anjony.
F. Cormon / hemis.fr

4

Aurillac, Châtaigneraie et monts du Cantal

CARTE MICHELIN DÉPARTEMENTS 330 - CANTAL (15)

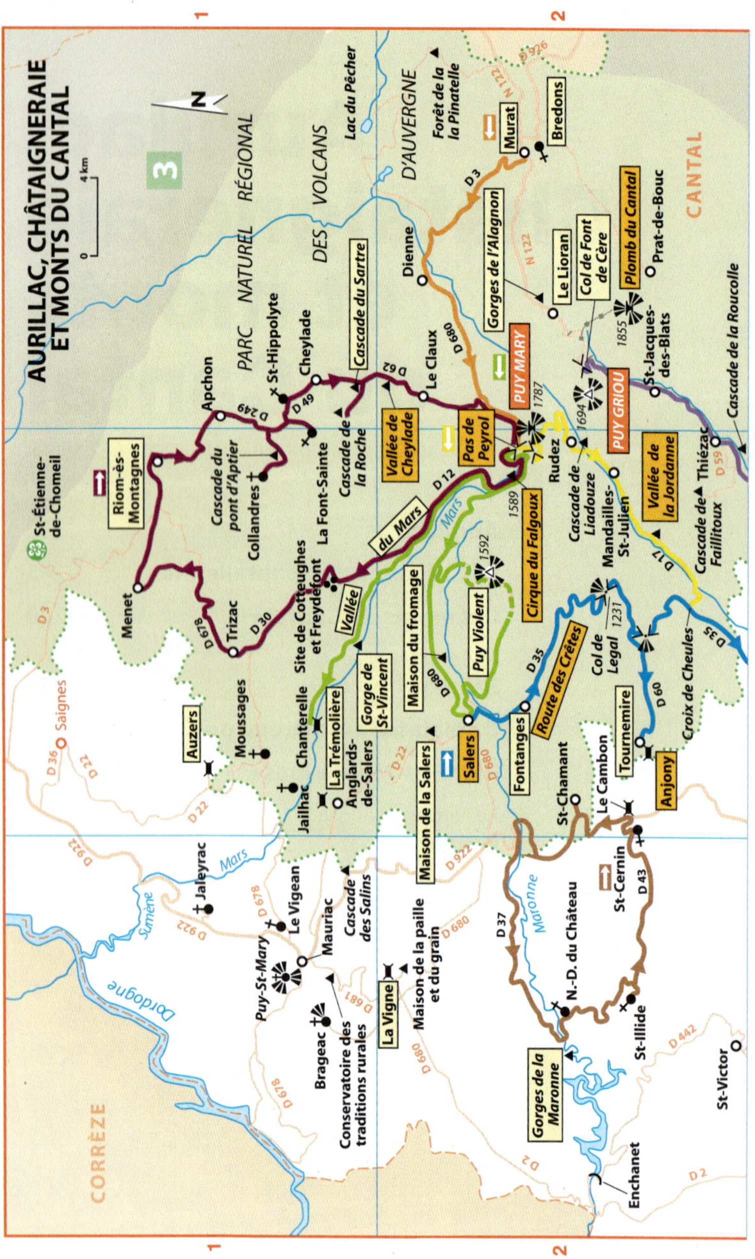
AURILLAC, CHÂTAIGNERAIE ET MONTS DU CANTAL
3
0
4 km
N
PARC NATUREL RÉGIONAL DES VOLCANS D'AUVERGNE
CANTAL
CORRÈZE
Riom-ès-Montagnes
St-Étienne-de-Chomeil
Menet
Trizac
Apchon
Cascade du pont d'Aptier
Collandres
St-Hippolyte
Cheylade
La Font-Sainte
Cascade de la Roche
Cascade du Sartre
Vallée de Cheylade
Le Claux
Dienne
Lac du Pêcher
Forêt de la Pinatelle
Murat
Bredons
Gorges de l'Alagnon
Le Lioran
Col de Font de Cère
Plomb du Cantal
Prat-de-Bouc
St-Jacques-des-Blats
Cascade de la Roucolle
Thiézac
PUY MARY
1787
Pas de Peyrol
PUY GRIOU
1694
1855
Rudez
Cascade de Liadouze
Mandailles-St-Julien
Vallée de la Jordanne
Cascade de Faillitoux
Cirque du Falgoux
1589
Vallée du Mars
Site de Cotteughes et Freydefont
Puy Violent
1592
Maison du fromage
Col de Legal
1231
Croix de Cheules
Route des Crêtes
Fontanges
Salers
Maison de la Salers
Gorge de St-Vincent
La Trémolière
Anglards-de-Salers
Chanterelle
Moussages
Auzers
Saignes
Jailhac
Jaleyrac
Le Vigean
Mauriac
Cascade des Salins
Puy-St-Mary
Brageac
Conservatoire des traditions rurales
La Vigne
Maison de la paille et du grain
St-Chamant
Le Cambon
Tournemire
Anjony
St-Cernin
N.-D. du Château
St-Illide
Gorges de la Maronne
St-Victor
Enchanet
Dordogne
Sumène
Mars
Maronne
D 3
D 12
D 17
D 22
D 30
D 35
D 36
D 37
D 43
D 49
D 59
D 60
D 62
D 442
D 678
D 680
D 681
D 922
D 926
D 249
D 2
N 122
A
B
C
1
2

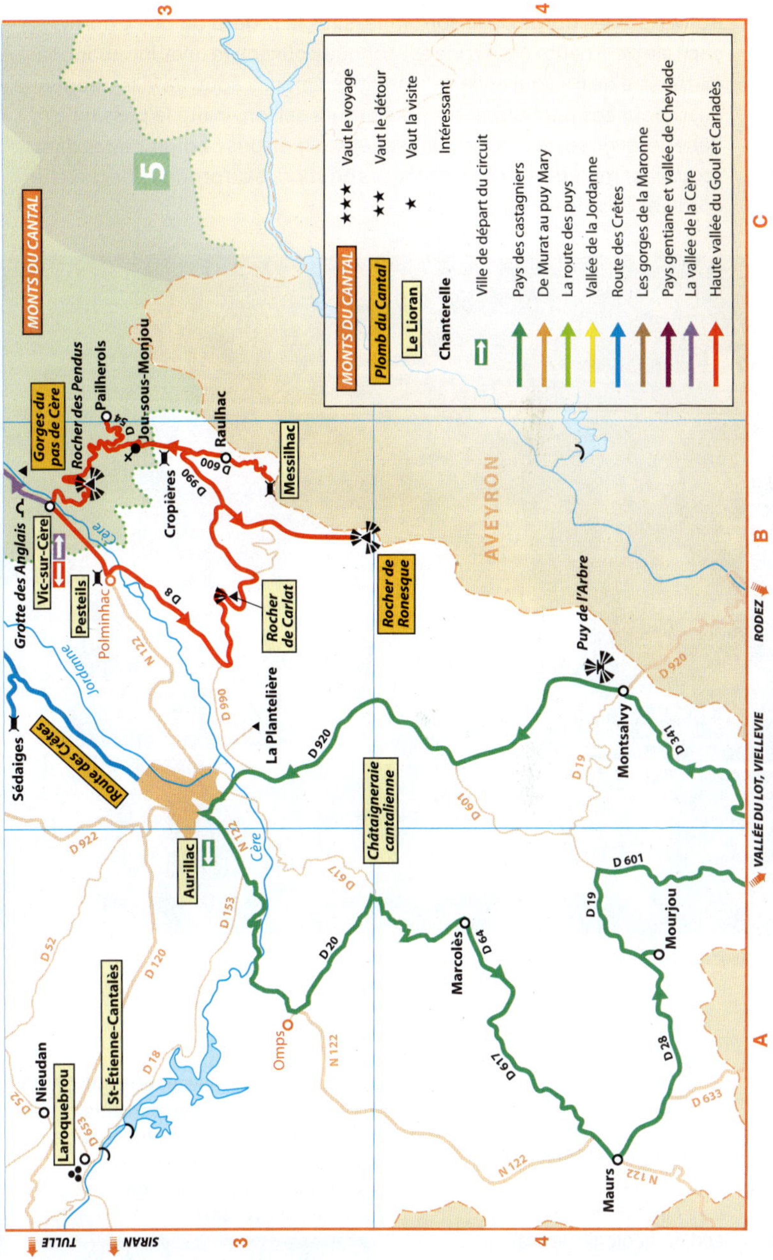
MONTS DU CANTAL
5
Gorges du pas de Cère
Rocher des Pendus
Pailherols
Jou-sous-Monjou
Raulhac
Messilhac
Cropières
Grotte des Anglais
Vic-sur-Cère
Pesteils
Polminhac
Rocher de Carlat
Rocher de Ronesque
AVEYRON
Puy de l'Arbre
Sédaiges
Route des Crêtes
La Plantelière
Aurillac
Châtaigneraie cantalienne
Montsalvy
Marcolès
Mourjou
Omps
Maurs
Nieudan
Laroquebrou
St-Étienne-Cantalès
Cère
Jordanne
D 54
D 600
D 990
D 8
N 122
D 920
D 922
D 19
D 601
D 617
D 153
D 20
D 64
D 52
D 120
D 18
D 653
D 28
D 633
D 341
TULLE
SIRAN
RODEZ
VALLÉE DU LOT, VIELLEVIE
A
B
C
3
4
MONTS DU CANTAL ★★★ Vaut le voyage
Plomb du Cantal ★★ Vaut le détour
Le Lioran ★ Vaut la visite
Chanterelle Intéressant
Ville de départ du circuit
Pays des castagniers
De Murat au puy Mary
La route des puys
Vallée de la Jordanne
Route des Crêtes
Les gorges de la Maronne
Pays gentiane et vallée de Cheylade
La vallée de la Cère
Haute vallée du Goul et Carladès

Aurillac ★

Édifiée sur les bords de la Jordanne, sous le regard du puy Courny, la capitale de la haute Auvergne est connue pour son festival international de théâtre de rue, qui enflamme la cité au mois d'août. La ville, réputée aussi pour ses parapluies, active en toute saison, invite le passant à la flânerie, avec ses ruelles tortueuses et ses maisons à colombages dans le quartier médiéval. Les nombreuses boutiques de produits de bouche côtoient des vitrines très design.

Maison Consulaire à Aurillac.
Ch. Guy/hemis.fr

Se repérer

25 499 Aurillacois – Cantal (15)

CARTE AB3 (P. 231), PLAN (P. 235).

À ne pas manquer

Une balade dans les rues du vieil Aurillac ; le musée d'Art et d'Archéologie ; le château St-Étienne et son muséum des Volcans.

En famille

Le muséum des Volcans et le musée d'Art et d'Archéologie (parcours spécifique à leur intention), le centre aquatique. Voir aussi la rubrique « En famille » de la Châtaigneraie cantalienne *(p. 241)*.

Carnet pratique p. 238

Nos adresses p. 238

D'origine gallo-romaine, Aurillac prospère à la fin du 9e s. autour de l'abbaye fondée par saint Géraud, comte auvergnat – si célèbre que son prénom est encore actuellement porté par les habitants. Une ville close de forme circulaire se constitue, à l'abri derrière ses remparts. Au 16e s., Aurillac, très commerçante, voit la naissance d'une cour de justice, le Présidial. Mais les guerres de Religion vont durablement ensanglanter la capitale de la haute Auvergne, où la prospérité ne reviendra que sous Colbert. Au 18e s., l'enceinte médiévale est détruite, et l'espace public réorganisé. Des hôtels particuliers s'élèvent dans la ville. Aujourd'hui, elle concentre ses activités sur les industries laitières et pharmaceutiques, la filière bois et la fabrication de parapluies, qui s'affichent en couleurs dans les vitrines.
Aurillac se compose de quartiers bien distincts : le centre, la ville ancienne au nord-est, le château St-Étienne qui abrite le musée des Volcans au nord, le quartier des Carmes, ancien enclos monastique, au sud, où se trouve le musée d'Art et d'Archéologie ; enfin, les bords de la Jordanne à l'ouest.

Centre-ville B1-2 PLAN P. 235

Square Arsène-Vermenouze

C'était l'ancienne place du Foirail au Moyen Âge. Le square, qui porte le nom d'un célèbre poète aurillacois (1850-1910), a été dessiné en 1875 par Jean-Charles Alphand, architecte-paysager des parcs Monceau et Montsouris à Paris. À l'intérieur, on peut se restaurer ou boire un verre au Kiosque.
Le **palais de justice**, qui borde le square au nord, date de 1872. Face à lui, le **monument aux morts** (1927) exprime une tendance peu habituelle concernant ce type d'ouvrage : un hommage au pacifisme.

Église Notre-Dame-aux-Neiges

Rue des Carmes. Cette ancienne chapelle d'un couvent de cordeliers date du 14e s. Elle fut restaurée au 17e s. La sacristie, de style gothique, occupe l'ancienne **salle capitulaire**. Elle communique avec une élégante chapelle du 15e s. La sacristie abrite une Vierge noire très vénérée, du 17e s.

Le vieil Aurillac PLAN P. 235

Rejoignez la rue Vermenouze.
Au n° 20, remarquez l'**hôtel Capel** (B1) et sa belle porte ogivale et, au n° 35, le linteau de la porte provenant de la demeure de François Meynard, président du Présidial.
La rue Vernemouze débouche place d'Aurinques.
Dans la nuit du 6 septembre 1569, les huguenots font sauter la porte de la ville et s'élancent dans les rues : les bourgeois, réveillés en sursaut, ne peuvent résister. Les principaux monuments sont incendiés. En 1581, les protestants reviennent, mais ils sont repoussés grâce à l'intervention miraculeuse de la Sainte Vierge. C'est en souvenir de cet événement que les habitants élevèrent, en 1616, la **chapelle votive Notre-Dame d'Aurinques** (B1) dans une tour du mur de la ville, et la complétèrent par une chapelle haute au 19e s. *Suivez la rue de la Coste.*
Sur la droite, dans la rue de Noailles, on remarque au n° 7 une **cour Renaissance** (*B1, portail fermé, accès par le cours de Noailles*).
Revenez à la rue de la Coste, prolongée par la rue du Consulat.

Maison consulaire B1

Cette construction de la Renaissance a été restaurée et transformée en salle d'exposition. Attardez-vous devant les sculptures de la porte : blason de la ville, coquilles évoquant St-Jacques de Compostelle, fleurs de lys données par Charles VII.

4

Le premier pape français

L'abbaye de **saint Géraud**, comte auvergnat (ce prénom typiquement local est encore aujourd'hui très répandu), a donné à la chrétienté le premier pape français : **Gerbert** (v. 938-1003). Petit pâtre des environs d'Aurillac, il est remarqué par des moines de St-Géraud, où il poursuit ses études. Il part alors pour l'Espagne, fréquente les universités arabes, apprend la médecine et les mathématiques. C'est lui qui aurait introduit l'usage des chiffres arabes dans le monde occidental. Son savoir universel le rend si célèbre que l'empereur Otton le choisit comme précepteur de son fils ; il est à l'origine de la renaissance ottonienne. Théologien pétri de culture classique, il devient pape en 999 sous le nom de **Sylvestre II**. Surnommé le « pape de l'an mil », il imposera à la féodalité la « trêve de Dieu ».

Au n° 4, remarquez la très belle tour d'escalier, puis rejoignez la place Gerbert.

Place St-Géraud B1

Face au portail de l'église, une **façade romane** à arcades et colonnettes appartenait sans doute à un hospice du 12e s. sur la route des pèlerins de Compostelle. Remarquez l'ancienne halle au blé, devenue la **Bourse du Travail**. À côté de l'église, sur la gauche, maison des Chanoines du 15e s. Au milieu de la place, **cuve** monolithique en serpentine verte du 12e s.

Contournez l'église par le flanc nord pour rejoindre le chevet. Là s'étendait une **nécropole** dont il subsiste quelques sarcophages.

Église St-Géraud B1

Cette ancienne abbatiale témoigne d'une évolution architecturale complexe. Fondée à la fin du 9e s. par le comte Géraud, elle est consacrée en 1095 par le pape Urbain II. Elle venait d'être remaniée (1530-1536) quand les protestants, maîtres de la ville, la ruinèrent complètement (1569). Charles de Noailles, évêque de St-Flour et abbé d'Aurillac, la fit relever pendant la première moitié du 17e s. Les restaurations (1965 à 1972) ont mis au jour d'intéressants vestiges romans, dont deux chapiteaux qui servent aujourd'hui de bénitiers.

À l'intérieur, les piliers, qui montent d'un seul jet jusqu'aux voûtes à liernes et tiercerons, donnent équilibre et unité à la **nef**. Au fond, dans un enfeu, se cache une pietà du 18e s. Bel orgue du 18e s.

La **chapelle St-Géraud** contient deux dalles sculptées romanes dont l'une s'orne d'animaux adossés, des chapiteaux à palmettes et à entrelacs ; une sculpture préromane, soutenant un reliquaire, représente Samson. La statue de saint Géraud est en bois doré du 18e s. Dans le **transept sud**, on remarque, sur le mur du fond, un élément important de la décoration de l'édifice du 11e s. : une triple arcature avec un arc en mitre au centre. La **chapelle Notre-Dame-du-Cœur** possède des voûtes du 15e s. Dans le chœur, notez un maître-autel à baldaquin, en marbre polychrome, datant de 1762.

Prenez la rue de La Fontaine, qui débouche rue du Buis.

Marché aux fromages B1

7 rue du Buis. Construit en 1890, il a été restauré un siècle plus tard. C'est le dernier bâtiment édifié à cet usage à subsister en Europe. Il évoque l'importance de cette industrie dans le Cantal.

Le **pont du Buis** (14e s.) est le plus ancien de la ville.

Point de vue sur la Jordanne B1

Au bord de la rivière, vous pourrez contempler les maisons anciennes à balcons de bois. Sur la place se dresse la statue du **pape Gerbert** par David d'Angers.

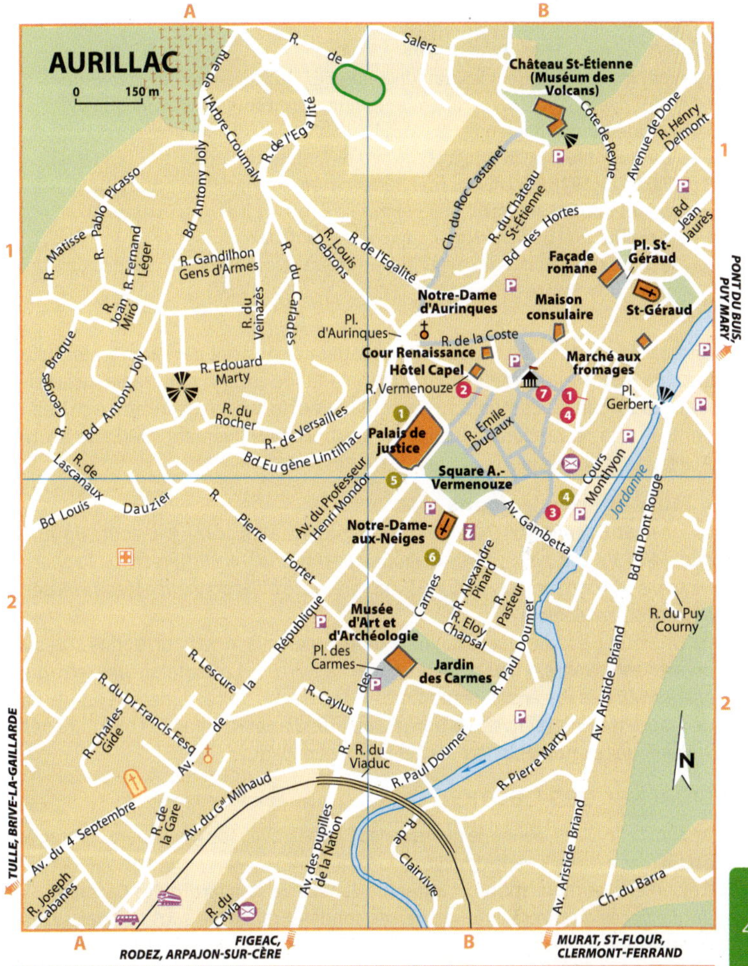

SE RESTAURER

- Les Quatre Saisons 1
- L'Arsène sur cour 2
- Le Champ des Vignes 3
- Le Cromesquis 4
- La Table des matières 7

SE LOGER

- Hôtel Zadig Aurillac 1
- Grand Hôtel St-Pierre 4
- Grand Hôtel de Bordeaux 5
- Hôtel des Carmes 6

Elle fait face, pour la postérité, à celle de Delzons, général d'Empire, né à Aurillac en 1775.

Comprendre les volcans

Château St-Étienne B1

Du château habité par les parents de saint Géraud, avant de devenir la résidence du seigneur abbé, ne subsiste aujourd'hui qu'un **donjon** du 13e s. Les 11e et 13e s. virent se multiplier dans le Cantal des tours de défense de plan carré, avec entrée au premier étage, comme ce donjon. Le reste des bâtiments, incendiés, furent

La capitale du parapluie

Du cuivre, que battaient les Aurillacois depuis le Moyen Âge, de la toile de coton, apportée par les marchands ambulants, du bois de hêtre, dont les forêts alentour sont pleines : le parapluie est né. Le premier atelier est créé en 1857. En 1900, le Cantal présente ses parapluies à l'Exposition universelle de Paris. En 1928, 250 ouvriers et 500 ouvrières à domicile en fabriquent plus d'un million. Aujourd'hui, il reste deux entreprises qui réalisent 50 % de la production française, soit environ 500 000 parapluies par an. Le label L'Aurillac est garant d'un savoir-faire ancestral, qui s'affiche dans deux boutiques du centre-ville.

remplacés par un château de style néogothique construit par l'architecte Juste Lisch en 1898. De la terrasse supérieure, aménagée en parc, **panorama** sur la vallée de la Jordanne, les monts du Cantal, la ville et le bassin d'Aurillac. Le château abrite le Centre permanent d'initiatives pour l'environnement (CPIE) de haute Auvergne et un musée.

★ Muséum des Volcans

Château St-Étienne - ✆ 04 71 48 07 00 - musees.aurillac.fr - juil.-août : 11h-18h, dim. 14h-18h ; vac. scol. (hors juil.-août) : tlj sf w.end. 14h-18h ; reste de l'année : les merc. 14h-18h sur réserv. - 5 € (-18 ans gratuit) - billet donnant accès au musée d'Art et d'Archéologie.

Un double escalier, enserrant une oriflamme de 13 m de haut, donne accès à quatre vastes salles : « Une planète agitée... la Terre », « Le Cantal sur une terre qui change », « Des volcans et des hommes », « Le Cantal, volcan aménagé ». À l'aide de maquettes interactives, de bornes multimédias et de films, les phénomènes volcaniques de notre planète sont clairement expliqués.

Quartier des Carmes PLAN P. 235

Au sud de la ville ancienne, le quartier des Carmes, avec son grand parc ombragé, est un havre de paix et de douceur.
Ancien enclos monastique et agréable espace vert, le **jardin des Carmes** (B2) donne accès au centre culturel Pierre-Mendès-France *(au sud)* et à des salles d'exposition *(au nord)*.

★ Musée d'Art et d'Archéologie B2

Centre Pierre-Mendès-France - 37 r. des Carmes - ✆ 04 71 45 46 10 - musees.aurillac.fr - ♿ - juil.-août : 11h-18h, dim. 14h-18h ; vac. scol. (hors juil.-août) : tlj sf w.-end. 14h-18h ; reste de l'année : les merc. 14h-18h sur réserv.

Cet intéressant musée est aménagé dans l'ancien couvent des visitandines (17e s.) qui, après la Révolution, fut transformé en haras national, avant d'être réhabilité en centre culturel. La visite commence dès le hall, avec une présentation de **parapluies**, une des grandes spécialités d'Aurillac, fabriqués ici depuis le milieu du 19e s.

Archéologie cantalienne – *1er étage*. Reconstitution d'un intérieur cantalien de 1900, très évocateur avec sa cheminée, le cantou, seule source de chaleur de la maison, les coffres à sel, denrée précieuse, et la souillarde, lieu des travaux humides. Elle se déroule selon un cheminement chronologique depuis la préhistoire jusqu'à l'époque médiévale. Parmi les collections provenant des fouilles pratiquées dans la région, observez la remarquable série de bifaces du paléolithique, l'outillage mésolithique et néolithique (notamment hache polie à double tranchant et

Le château St-Étienne et l'église St-Géraud.
L. Olivier / Photononstop

silex). Pour l'époque gallo-romaine : matériel des fouilles du temple d'Aron à Aurillac, fanum héritier des lieux de culte gaulois, **ciste funéraire** du 1er s. avec son urne de verre en parfait état. Les fouilles mérovingiennes de l'îlot St-Gérard (2013-2014) sont également évoquées. De la période médiévale date tout le mobilier de l'habitat de Chastel-sur-Murat, occupé en continu du néolithique à la Renaissance.

Collections d'art – *2e étage*. Pour la **peinture** : écoles française, hollandaise et italienne du 17e s., peintres français de la seconde moitié du 18e s. (Nattier, Joseph Vernet, Verhulst), peintres officiels du 19e s. (Cabanel, Richard, Couture), peintres contemporains (Boutet de Monvel, Lebourg, Lebasque). Pour la **sculpture** : *Napoléon* par Chaudet, *Victor Hugo* par Rodin (plâtre), *Rodin* par Camille Claudel (bronze), *Paysan des Abruzzes* par Landowski (bronze).

Photographie – *Rdc et 2e étage*. Deux salles exposent par roulement les œuvres contemporaines issues du fonds photographique du musée, constitué entre autres par les clichés d'**Albert Monier** (1915-1998) et de **Léger Parry**, photographe installé en 1885 à Aurillac. Chacun témoigne à sa manière, au travers de portraits, paysages ou scènes de la vie, de l'histoire de la région.

Écuries – *Jardins des Carmes - ✆ 04 71 45 46 10 - musees.aurillac.fr - ♿ - en période d'exposition : 14h-18h - fermé dim.-lun. - gratuit.* Ancienne annexe du haras, ce bâtiment (1819) constitue un bel espace consacré à des expositions temporaires d'art contemporain et de photographie.

Av. de Julien - www.ifce.fr - ♿ - 9h-12h, 14h-17h - pour découvrir les installations du Haras national d'Aurillac (situé av. de Julien, à la sortie de la ville), se rens. au ✆ 04 71 46 87 07.

4

À proximité CARTE P. 231 B3

La Plantelière B3

5 km au sud par la D920. La Pépinière - rte de Labrousse - Arpajon-sur-Cère - ✆ 04 71 43 27 72 - www.caba.fr - horaires, se rens. - gratuit.

Dans cet arboretum, pas d'alignement d'arbres signalés par leur nom latin. Un sentier agréable vous conduira vers différents jardins dont celui du Diable, la mare, l'espace des érables, des chênes...

Carnet pratique

S'informer

Office de tourisme – *7 r. des Carmes - Aurillac - ℘ 04 71 48 46 58 - www.iaurillac.com.*

Arriver/partir

Se garer – Plusieurs parkings en centre-ville : place du Square, place de la Paix, cours Monthyon et place de l'Hôtel-de-Ville.

Agenda

Festival international de théâtre de rue – *3e sem. d'août - ℘ 04 71 43 43 70 - www.aurillac.net.* Près de 500 compagnies de théâtre enflamment les rues de la ville pendant 4 jours.

Festival 10e Art – *Juin - www.10emeart-festival.com.* Des fresques murales gigantesques pour du street art. Sur le site, une carte interactive permet de visualiser les œuvres.

Las Rapatonadas – *De fin nov. à déb. déc. - ℘ 04 71 48 93 87.* Fêtes du conte dans le Cantal, en français et en occitan.

Nos adresses

Restauration

PLAN P. 235

Budget moyen

Ă **L'Arsène sur cour** – B1 - *18 r. Arsène Vermenouze - ℘ 04 71 48 48 97 - www.aurillac-restaurant.com - fermé dim.-lun. - plats 15/22 €, menus 16,50/30 €.* Dans une des trois belles salles aux murs de pierres apparentes ou en terrasse, vous dégusterez de savoureuses salades ou des plats plus consistants qui font honneur au terroir. Délicieuses glaces artisanales.

③ **Le Champ des Vignes** – B2 - *13 r. Baldeyrou - ℘ 04 71 48 07 81 - ℘ 06 36 47 31 73 - ♿ - fermé dim.-lun. - menus (déj.) 15/35 €.* Dans une ruelle du centre d'Aurillac, ce petit resto intimiste propose d'excellents plats et desserts à base de produits frais et de saison. La formule du midi est intéressante et l'ardoise du soir permet d'y trouver son bonheur. Enfin, pour les amateurs de vin, sélection originale de cépages et productions étrangères.

④ **Le Cromesquis** – B1 - *1 pl. du Salut - ℘ 04 71 62 34 80 - www.restaurant-cromesquis.fr - fermé dim.-lun., le soir mar.-jeu. - menus 17/51 €.* Dans une ancienne forge réaménagée où cohabitent le bois, le béton et de grandes baies vitrées, Nathalie et Luc vous accueillent pour vous faire déguster une cuisine goûtue où figurent bien entendu des cromesquis, petites bouchées croustillantes et fondantes ! Belle sélection de vins ;

⑦ **La Table des matières** – B1 - *5 r. de l'Hôtel-de-Ville - ℘ 04 71 48 25 50 - ♿ - fermé dim.-lun., merc. soir et jeu. soir - formule menus (déj.) 17/68 €.* Bien connue des habitants, cette petite adresse tenue par Florian et Sophie propose une savoureuse cuisine de marché, où les produits du terroir sont apprêtés avec touche d'influence italienne et asiatique. Excellente formule déjeuner. Réservation recommandée.

Pour se faire plaisir

① **Les Quatre Saisons** – B1 - *10 r. Champeil - ℘ 04 71 64 85 38 - quatresaisons.onlc.fr - fermé dim. soir, lun., et mar. midi - menus 20,50 € (déj.)/72 €.* Didier Guibert ne travaille que des produits locaux dont il est sûr de l'absolue fraîcheur. Il faut dire qu'il connaît les meilleures adresses. Dans ces Quatre Saisons, le bœuf salers est bien entendu à l'honneur.

À proximité

Budget moyen

Le Mozart – *Roques - Giou-de-Mamou (6 km à l'est d'Aurillac) - ✆ 04 71 49 59 76 - lun.-vend. midi et soir - menu déj. 21 €, menus 36/48 €.* Une longue salle dans des tons chauds de doré et de brun, une qualité de produits irréprochable, une cuisine inventive et raffinée, et des légumes du jardin dans l'assiette : voici une excellente adresse à découvrir ! Exceptionnel choix de vins.

Shopping

Crémerie Leroux – *15 r. E. Duclaux - ✆ 04 71 48 28 89 - 9h-12h, 14h30-19h - fermé dim.-lun.* Une jolie boutique à l'ancienne où on fait le plein des bons fromages d'Auvergne au lait de vache ou de chèvre et même de bufflonnes de production locales. On y trouvera également des salaisons du pays (jambons, saucisses sèches etc.), des conserves artisanales, des biscuits et une sélection de vins d'Auvergne ou liqueurs artisanales.

Distillerie Louis-Couderc – *14 r. Victor-Hugo - ✆ 04 71 48 01 50 - www.distillerie-couderc.com - fermé dim.-lun. - 9h30-12h, 14h30-19h.* Cette distillerie fondée en 1908 propose de nombreux produits régionaux à base de gentiane, crème de châtaigne et fruits rouges, dont l'apéritif « volcan ». Plusieurs créations maison ont été primées lors du concours international des eaux-de-vie et liqueurs de Metz. Les buticulamicrophilistes (collectionneurs de mignonnettes) pourront compléter leur collection.

Fromageries Morin – *19 bis bd du Pavatou - plusieurs points de vente à Aurillac, consulter le site Internet - ✆ 04 71 43 57 92- fromageries-morin.fr.* La famille Morin aurait pu donner son nom à un fromage. Le plus réputé chez eux reste le Saint-Nectaire par la maîtrise parfaite de son affinage réalisé tout près. Vous trouverez également tous les fromages d'Auvergne, AOP ou pas, sélectionnés directement auprès de producteurs. Quelques plats cuisinés en sus (aligot, tarte à l'encalat...) vous permettront d'emporter « un morceau » de la gastronomie cantalienne.

Parapluies Piganiol – *28 r. des Forgerons - ✆ 04 71 43 05 51 - www.piganiol.fr - 10h-19h (ouv. à 9h30 le sam.), fermé dim.-lun.* Fabricant depuis 1884 à Aurillac, Piganiol perpétue un savoir-faire séculaire qui lui a valu d'obtenir en 2012 le label d'Entreprise du patrimoine vivant. Il propose un éventail de parapluies très colorés dont l'Aurillac (modèle typique de la région), jouant avec les couleurs et les motifs. Le très beau parapluie de berger est aussi à découvrir. Aujourd'hui, la maison innove dans le parapluie de luxe, qui séduit les amateurs du monde entier, et en fabrique même pour les maisons de couture !

Galerie Photo Vous êtes ici - *10 r. Pasteur - ✆ 04 71 49 20 31 - www.surterre.com/galerie-photo-vous-etes-ici-aurillac - ouv. jeu., vend. et sam. apr.-m. ou sur RV.* Le célèbre photographe Pierre Soissons a ouvert cette galerie dans un ancien entrepôt. Il y vend ses tirages mais aussi ceux de photographes invités.

Activités

Centre aquatique – *R. du Dr-Beraud - La Ponétie - Aurillac - ✆ 04 71 48 26 80 - centreaquatique.caba.fr - fermé 2 sem. en juin et 2 sem. en déc. - 5 € (-17 ans 4,25 €) - nombreuses* *animations, se rens.* Bassins ludiques, pentagliss; rivière, geysers, cascades, etc.

Hébergement

PLAN P. 235

Budget moyen

1 **Hôtel Zadig Aurillac** – B1 - *6 r. Beauclair - ✆ 07 83 73 52 73 - www.hotelzadig.com - 18 ch. 65/100 € - ☕ 12 € - bar (jusqu'à 22h).* Un bien bel établissement que ce Zadig ouvert en 2020, auquel les murs de brique et de pierre de montagne donnent un aspect très contemporain. Une impression qui se poursuit dans les chambres à la personnalité affirmée, décorées de photos ou d'œuvres de street art. Aux beaux jours, on déguste le petit-déjeuner sur l'une des deux terrasses du jardin.

4 **Grand Hôtel St-Pierre** – B2 - *16 cours Monthyon - ✆ 04 71 48 00 24 - www.theoriginalshotels.com - 47 ch. 90/110 € - ☕ - ✕ - piscine intérieure, sauna.* Une belle maison que cet hôtel Saint-Pierre, institution aurillacoise s'il en est, qui donne sur la Jordanne! Chambres vastes et impeccables, service ad hoc. À la Brasserie d'Aurillac, vous vous régalerez de plats régionaux dans un splendide décor de boiseries classé monument historique. Un des must de la ville.

6 **Hôtel des Carmes** – B2 - *20 r. des Carmes - ✆ 04 71 48 01 69 - www.hoteldescarmes.fr - P 5 €/nuit - ♿ - 23 ch. 81/121 € - ☕ 11 € - ✕ plats 12/26 €, menu 23 €.* En plein centre, face à l'office de tourisme, voici une adresse parfaite pour visiter la ville. Situées sur une petite cour intérieure, les chambres, qui se déclinent dans des tons noir, beige et blanc, sont vastes et bien agencées. On prend le petit-déjeuner dans la salle du bar-brasserie. La salle à manger est éclairée d'une grande verrière. Service jeune et dynamique.

Pour se faire plaisir

5 **Grand Hôtel de Bordeaux** – B2 - *2 av. de la République - ✆ 04 71 48 01 84 - www.hotel-de-bordeaux.fr - P garage privé 10 €/nuit - ♿ - fermé dernière sem. de déc. - 36 ch. 115/185 € - ☕ 13 €.* Des chambres décorées avec classe, où le grège voisine avec le gris perle et le blanc, des tons que l'on retrouve dans la salle du petit déjeuner, une terrasse pour musarder quand le soleil pointe son nez, que demander de plus? L'accueil, courtois et de bon ton, est à la hauteur du raffinement des lieux.

À proximité

Premier prix

Hôtel Les Provinciales – *5 av. Jean-Jaurès - Arpajon- sur-Cère - ✆ 04 71 64 29 50 - www.hotel-provinciales.com - P 4 € - ♿ - 20 ch. 60/88 € - ☕ 9 € - ✕ plats 14/20 €.* Bordant une placette, bâtisse aux façades entièrement revêtues d'ardoises. Chambres calmes, garnies d'un mobilier coloré. Espace restaurant Félix Café.

La Châtaigneraie cantalienne ★

Avec ses paysages de campagne riante et ses villages médiévaux intacts, la Châtaigneraie cantalienne dégage un petit air méridional : ce pays de bois et de pâtures vivait autrefois des récoltes de l'arbre à pain. Tourné vers le sud-ouest, le vaste plateau traversé de mille vallons file en pente douce en direction du Midi : ses petites routes champêtres offrent de beaux panoramas, à l'écart des sentiers touristiques.

<Sans données à partir du lien>
PLANCHARD Eric / hemis.fr

Se repérer

Cantal (15)

CARTE AB3-4 (P. 231).

La Châtaigneraie cantalienne se situe dans le sud-ouest du Cantal.

À ne pas manquer

Une balade dans les rues des quatre cités médiévales : Marcolès, Maurs, Montsalvy et Laroquebrou.

En famille

Le lac de St-Étienne-Cantalès, la Maison de la châtaigne de Mourjou et le château fort de Vieillevie.

Carnet pratique p. 245

Nos adresses p. 246

Le nord de la Châtaigneraie

CARTE P. 231

★ Barrage et lac de St-Étienne-Cantalès A3

À 23 km à l'ouest d'Aurillac.

Visites gratuites de la centrale hydroélectrique de St-Étienne-Cantalès, de déb. juin à déb. sept. : vend. apr.-midi, sur inscription (office du tourisme - 04 71 46 94 82).

Long de 13 km, le plus grand **lac** artificiel d'Auvergne recouvre l'ancienne **vallée de la Cère** sur 563 ha. Son barrage poids-voûte, haut de 69 m, est une centrale hydroélectrique construite en 1945. Le lac est propice à la baignade et aux activités nautiques *(voir « Activités »)*, et comprend 3 plages : Rénac, Espinet (reliées par une passerelle himalyenne de 124 m de long) et Puech des Ouilhes. Deux **belvédères** (St-Gérons et St-Étienne-Cantalès) ménagent une **vue** spectaculaire sur le barrage.

Sur la voûte du barrage *(côté St-Étienne-Cantalès)*, a été dessinée une œuvre, **Aster,** un ciel d'étoiles de mer concu par la plasticienne auvergnate Delphine Gigoux-Martin. La nuit venue, Aster s'anime et s'illumine. Des dessins reproduisent le bestiaire des constellations dont l'artiste s'est inspirée. Chaque jour de la semaine correspond à un cycle de dessins animés.

★ Laroquebrou A3

À 5 km au nord-ouest du barrage de St-Étienne-Cantalès par la D 18.

Cette charmante cité médiévale est située à l'entrée des gorges de la Cère, dominée par un roc isolé portant une statue de la Vierge et les vestiges d'un **château**. Celui-ci, ancienne résidence des seigneurs de Montal, est précédé d'une terrasse d'où la **vue** sur les toits de tuiles rouges est fort belle. *04 71 46 00 48 (mairie) - www.laroquebrou.fr - exposition de mi-juil. à fin août : 10h-12h30, 15h30-19h - 2,50 € (-16 ans gratuit).*

Château – Sa construction est évoquée dans la charte de franchise de 1281. Il fut un temps propriété de la famille de Montal, l'une des plus anciennes du Cantal. Sur les sept tours d'origine, quatre sont encore visibles. Un souterrain, aujourd'hui muré, aurait permis aux habitants de communiquer avec le village.

Le GR 652 conduit à Laval-de-Cère, à 30 km, pour une découverte des **gorges de la Cère**, au cœur d'un univers minéral exceptionnel (pour randonneurs confirmés). Il suit le tracé de la **Via Arverna**, itinéraire secondaire du chemin de St-Jacques, qui mène de Blesle-Massiac à Laroquebrou en 178 km *(voir encadré p. 252 - appli rando.cantal.fr).*

Siran (HORS CARTE)

À 6 km à l'ouest de Laroquebrou par la D653.

Musée de l'Accordéon et des Instruments de musique populaire – *Le Bourg - 04 71 46 08 68 - 2e sem. de juil. : tlj sf dim.-lun. 14h-17h30 ; du 14 juil. à fin août : 10h-12h, 14h-17h - 4,50 € (-12 ans gratuit).* Les frères Cazes ont constitué une collection exceptionnelle d'accordéons, vielles et cabrettes. À voir aussi : des instruments rares (surprenantes boîtes à musique, ancêtres des *jukebox*).

Nieudan A3

À 5 km à l'est de Laroquebrou.

Remarquable **vue** sur les monts du Cantal depuis le promontoire qui abrite la chapelle N.-D. du Puy Rachat du 18e s. (accès piéton).

St-Victor A2

À 3 km au nord-est de Nieudan.

Le site, sauvage et préservé, se mérite : au terme du chemin de croix se dresse sur un éperon rocheux l'église dédiée à saint Victor. Depuis 2015, deux moines bénédictins ont fondé un ermitage au pied de l'église, où ils assurent « un accompagnement spirituel ».

Barrage-lac d'Enchanet A2

À 39 km au nord-est d'Aurillac par la D 120.

Long ruban sinueux de 17 km et de 410 ha, il est alimenté par les eaux montagneuses de la **Maronne**. Son barrage voûté, haut de 69 m, a été édifié en 1950 pour la production d'électricité. Les pentes boisées d'épicéas qui le bordent lui donnent la fière allure d'un lac de montagne. Ce lac aux pentes boisées d'épicéas abrite une grande héronnière d'Europe.

Pays des castagniers

CARTE P. 231 AB3-4

Circuit de 90 km au dép. d'Aurillac tracé en vert sur la carte p. 231.

Nombreux itinéraires pédestres dans la Châtaigneraie (2,7 km à 22 km) - *Topoguide 12,70 € (25 circuits classés) - www.chataigneraie-cantal.com.*

Cette boucle permet une approche intéressante du pays des castagniers, avec ses longs plateaux coupés de vallées verdoyantes, déjà méridionales, et son habitat de caractère, très particulier.

Au sud-ouest d'Aurillac, rejoignez la N 122; suivez-la jusqu'à l'embranchement de la D 20, à gauche, vers St -Mamet-la-Salvetat, puis la D20, la D 617 et la D 66 jusqu'à Marcolès.

Marcolès A4

Cette cité médiévale restaurée avec goût se niche au cœur de la Châtaigneraie. De singulières **ruelles★**, les « carrièrons », partent de la rue Longue que ferme un élégant **porche** du 15e s. Il faut flâner dans Marcolès en suivant les différents panneaux d'informations historiques : le **patrimoine bâti** est spectaculaire. Voyez également l'**église St-Martin**, pour la richesse de la statuaire et du mobilier.

À l'ouest du village, la D 64 mène vers le site des **rochers de Faulat** *(1,5 km)* où, sur une butte plantée de chênes, s'élèvent des mégalithes curieusement disposés.

La D 617 mène à Maurs (22 km au sud).

Maurs A4

Maurs, dite « la Jolie », est aussi surnommée « la Nice du Cantal ». On se sent déjà aux confins du Midi, car c'est ici que débute la « Riviera cantalienne ». À la fin du Moyen Âge, Maurs était l'une des six « bonnes villes » de haute Auvergne ainsi que le siège d'une prévôté. Une **abbaye bénédictine**, fondée au 10e s., donna sans doute naissance au bourg, qui a conservé son plan circulaire d'ancienne place forte.

Église – *Accès libre.* Du 14e s., à nef unique comme les églises méridionales, elle est précédée d'un portail sculpté (14e-15e s.). La chapelle de droite abrite l'une des plus remarquables pièces d'orfèvrerie du Cantal : le **buste-reliquaire★** de saint Césaire, en bois revêtu d'argent et de cuivre doré (12e s.). Dans le chœur, notez un ensemble de quinze stalles du 15e s., surmontées par onze **statues★** en bois du 15e s. entourant l'autel. À droite de la croix, celle de saint Jean est particulièrement expressive; remarquez son regard vers le Christ; à gauche de la croix, saint Benoît tient la crosse dans sa main droite et la règle de l'ordre dans sa main gauche.

Chaque premier jeudi de mai, Maurs accueille l'une des plus importantes **foires aux chevaux lourds** de France. D'autres foires chevalines ont lieu en mars, avril et octobre.

Prenez la D 663 (vers Decazeville), puis à gauche la D 28 (vers Mourjou).

Mourjou A4

Dès votre arrivée à la **Maison de la châtaigne**, Colette Castanier, personnage fictif des lieux, vous accueille pour vous faire découvrir l'histoire de la châtaigne et de son utilisation. Une visite très instructive, qui permet de découvrir aussi les souterrains médiévaux de cet ancien corps de ferme. *Le Bourg - ☏ 04 71 49 98 00 - www.maisondelachataigne.com - juil.-août : 13h30-18h30 ; avr.-juin et 1er sept.-11 Nov. : tlj sf lun. 14h-18h ; reste de l'année : se rens. - fermé janv. - 5 € (-12 ans 2,50 €).*

Prenez la D 28 vers Calvinet, puis la D 19, la D 601 et la D 141 sur une vingtaine de km.

Vallée du Lot HORS PLAN VERS A4

Laissez-vous happer par la plus méridionale des rivières cantaliennes, le Lot. À 200 m d'altitude, elle offre sur 14 km un autre visage de la Châtaigneraie, un vaste panorama sur la vallée et l'Aveyron.

Vieillevie HORS PLAN VERS A4

Château fort – *☏ 06 20 52 39 21 - www.chateau-vieillevie.com - visite guidée (45mn) horaires et animations, se rens. - 9 € (-17 ans 4 €) - juil.-août : mar.-jeu. 15h30-21h30 - visite théâtralisée à la bougie en nocturne (15 €, -17 ans 5 €).* Comme suspendu au-dessus du village, sur les bords du Lot, l'édifice domine de ses hautes tours la vallée du Lot. Les origines de cette forteresse défensive remontent à l'an mil : chemins de ronde, archères, hourde de défense. Au-dessus des salles basses creusées dans le roc, qui seraient les témoins d'un ancien prieuré du haut Moyen Âge, les vastes salles, éclairées à la Renaissance par des baies à meneaux finement sculptées, ont conservé des cheminées monumentales du 13e s., parmi les plus anciennes de France.

Prenez la D 341 en direction de Montsalvy sur 13 km.

Montsalvy B4

Cette ancienne petite cité fortifiée du plateau de la Châtaigneraie a conservé, de ses remparts, plusieurs portes de ville.

Dans les locaux de l'office de tourisme, découvrez le **cabinet de curiosité de Marcellin Boule** (1861-1942), paléontologue natif de Montsalvy : objets scientifiques, fossiles, minéraux...

Église Notre-Dame-de-l'Assomption – Les piliers de la nef sont romans, tandis que les voûtes sont gothiques (15e s.). Seul le **chevet**, avec sa chapelle axiale et ses deux absidioles, est entièrement d'époque romane. Derrière la chaire, remarquez un très beau **crucifix roman** en bois polychrome.

Près de l'église, on peut voir d'autres **vestiges de l'abbaye** : le cloître, la salle capitulaire et l'ancien réfectoire (14e s.), restauré.

Le **GR 465 (Des monts du Cantal à la vallée du Lot)** qui débute au cœur des monts du Cantal, traverse le Carladès, puis la vallée du Goul, passe par Montsalvy et la vallée du Lot pour rejoindre Conques (*topoguide en vente à l'office de tourisme*).

Quittez Montsalvy par le nord en suivant la D 920 vers Aurillac. Après 1 km, au rond-point, prenez à droite un chemin goudronné (croisement parfois difficile) qui mène au sommet.

Puy de l'Arbre B4

En 1790, les astronomes Jean-Baptiste Delambre et Pierre Méchain sont chargés de déterminer la valeur exacte du mètre, lequel se généralisera peu à peu aux dépens de la toise. Au départ de Rodez, ils gagnent Dunkerque et Barcelone afin de mesurer l'arc méridien entre les deux villes. L'expédition passe par le puy de l'Arbre, qui, depuis, est resté dans les annales du système métrique.

Table d'orientation au sommet (alt. 830 m) et beau panorama sur le massif du Cantal, le Carladès et le Barrez, l'Aubrac, les Causses, la Châtaigneraie et le bassin d'Aurillac. Par temps clair, il serait même possible d'apercevoir le clocher de la cathédrale de Rodez pointer à l'horizon.

Revenez à Aurillac par la D 920.

Carnet pratique

S'informer

Office du tourisme de Rouget-Pers – *28 av. du 15-Septembre-1945 - 04 71 46 94 82 - www.chataigneraie-cantal.com.*

Office du tourisme de Laroquebrou – *R. de la Trémolière - 04 71 46 94 82 - www.chataigneraie-cantal.com.* Visites guidées et insolites.

Office du tourisme de Maurs – *Pl. de l'Europe - 04 71 46 94 82.* Visites guidées.

Office du tourisme de Montsalvy –*R. du Tour-de-Ville - 04 71 46 94 82 - www.chataigneraie-cantal.com.* Visite commentée.

Agenda

Les Nuits de Marcolès – *Fin juil. - 04 71 46 94 82.* Circuit itinérant et conté à travers les ruelles médiévales appelées « carrierons ».

Fête des paniers – *Dernier sam. de juil. - 04 71 49 20 10.* Marché de paniers, initiation à la vannerie, animations gratuites.

Festival de boogie-woogie – *Déb. août - 04 71 46 94 32 - www.boogie-laroquebrou.com.* 3 jours de festival.

Le Critérium de Marcolès – *1er merc. d'août.* Critérium professionnel avec les vedettes de la Petite Reine.

Foire de la châtaigne – *Mourjou - 3e w.-end d'oct. - 04 71 49 69 34.* Cette fête très courue rassemble des tonnes de châtaignes, des dizaines de producteurs et quelque 25 000 visiteurs !

Ronde de la châtaigneraie – *En nov., Montsalvy - 04 71 49 20 10.* Course pédestre, circuits cyclotouristes et VTT.

4

Nos adresses

Restauration

Premier prix

La Maison'Omps – *Le Bourg - Omps - fermé merc. - 04 71 64 76 82 - menu du j. sem. 14 €, menu w.-end 26 €. - réserv. recommandée.* De la verdure à perte de vue et, dans l'assiette, des plats originaux et colorés. Chaque semaine, le chef invente de nouveaux menus, dits éphémères, selon l'arrivage et les produits du marché. Une adresse à retenir. L'après-midi, le restaurant devient salon et thé et coffe-shop...

Le Relais de la Fontaine – *Le bourg - Cros de Montvert - 04 71 45 00 12 - https://le-relais-de-la-fontaine-restaurant.business.site - fermé lun., mar.*

soir, merc. soir, dim. soir - menus 14/23 €. Ambiance chaleureuse, préparations savamment travaillées avec des produits locaux de qualité, et un menu unique qui change chaque semaine au gré des saisons et des envies du chef.

Budget moyen

Restaurant Le Capellain – *Lacapelle-Viescamp - ✆ 04 71 46 31 57 - www.hoteldulac-cantal.com/restaurant - menus 25,50/40 € - 20 ch. 78/88 € - ☕ 12,50 €.* Une grande salle claire qui donne sur les frondaisons des arbres et le lac de Saint-Etienne Cantalès, un service impeccable, une cuisine élaborée avec les produits du cru ; une adresse où il conviendra de s'arrêter. Et pourquoi ne pas prolonger le séjour à l'hôtel du Lac tout en se délassant dans la piscine ?

L'Auberge Fleurie – *Pl. du Barry - Montsalvy - ✆ 04 71 49 20 02 - www.auberge-fleurie.com - fermé lun., mar. midi et dim. soir, janv.-mars - menus 16 € (déj.)/34 € - 7 ch. 60/90 € - ☕ 8/9 €.* Le charme de l'ancien rencontre avec bonheur l'élégance du contemporain. Goûteuse cuisine du terroir actualisée. Superbe cave. Jolies chambres de style colonial, très calmes, et bon petit-déjeuner.

La Terrasse – *Vieillevie - ✆ 04 71 49 94 00 - www.hotel-terrasse.com - ♿ (rest.) - de déb. avr. à mi-nov. - fermé dim. soir (sf juil.-août) et lun. - menus 29/49 € - 10 ch. 63/85 € - ☕ 11 €.* Établissement géré par la même famille depuis 1870. Agréable terrasse, aménagée en surplomb de la piscine et du Lot. Court de tennis. Bonne carte régionale.

Une folie

Auberge de la Tour – *Pl. de la Fontaine - Marcolès - ✆ 04 71 46 99 15 - www.aubergedela-tour.com - menus 79/109 € - fermé mar.-merc.* Au cœur du village médiéval, cette bâtisse en pierre déborde de charme. Tous deux auvergnats, Lorraine et Renaud Darmanin ont modernisé et transformé cet ancien café en halte gastronomique. Le chef ne travaille que de très beaux produits frais et locaux (notamment la châtaigne). Il réalise une cuisine fine et goûteuse, mariant avec talent le terroir à des épices d'ici et d'ailleurs. Une étoile au Guide Michelin 2022.

Shopping

La Galoche du Cantal – *La Grange Suc - 2 Faubourg Haut - Marcolès - www.lagalocheducantal.fr - ouv. mar.-sam. 8h-17h ou sur RV - ✆ 04 71 47 35 37.* Perpétuer la tradition, conserver les gestes d'autrefois, pour préserver le savoir-faire artisanal du Cantal : ces galoches en cuir et aux semelles de bois de hêtre ont pris un vrai coup de jeune !

Activités

ASV'OLT - Base canoë nature – *Le port - Vieillevie - ✆ 04 71 49 95 81 - www.asvolt.com - départs le matin, toute la j. en juil.-août - 22/36 € par pers.* Au sud-est d'Entraygues, sur les eaux du Lot. Descente en rafting ou canoë encadrée par des professionnels si besoin.

Centre équestre et poney club du Pays de Maurs – *Domaine de Calsacy - Maurs - ✆ 04 71 62 31 07 - www.centre-equestre-maurs.com.* Pour cavalier débutant ou confirmé.

Karting de Pers – *Pers - ✆ 04 71 62 26 26 - www.cantalkarting.fr - tte l'année sur réserv. - 9h-12h, 14h-19h.* Location de karts (mini-karts dès 8 ans) en extérieur sur le magnifique circuit du Lissartel.

Pédalorail des lacs – *Gare - Nieudan - ✆ 04 71 62 10 00 - www.pedalorail.com - juil.-août : 9h-20h - 15/18 €/pers. (12 € enf.).* Sorte de voiture à pédales pour circuler sur l'ancienne voie ferrée.

Renacland Aquaparc et promenade sur le lac – *Plage de Rénac, Saint-Gérons (lac de St-Étienne-Cantalès) - ✆ 07 83 30 34 78 - www.renacland.fr - 8 € l'h., 15 € les 2h, 20 € l'apr.-midi.* Toboggans, mur d'escalade, trampolines, balançoires, toupies, parcours aquatique. Vous pourrez aussi embarquer à bord du Cantalès, 12 places, pour une visite commentée du lac *(1h15 env., 15 €/pers., sur réserv.)*

Rénac Aventure – *Presqu'île de Rénac - Saint-Gérons - ✆ 07 60 13 15 66 - www.renacaventure.com - 10/22,50 €.* 10 parcours d'arbre en arbre enf./adulte et plus de 30 tyroliennes. Le must ? Le parcours tyro-lac (2 tyroliennes de 135 m de long au-dessus de l'eau...).

Hébergement

Premier prix

Camping Village Vacances La Gineste – *La Gineste - Arnac - 16 km au nord de Laroquebrou - ✆ 04 71 62 91 90 - www.village-vacances-cantal.com - 14 €/j - accueil tlj sf dim. 8h-18h - 40 chalets, 40 mobile homes pour 2, 4 et 6 pers. - nombreux tarifs, se rens.* Au bout d'une route, ce terrain bénéficie d'une situation exceptionnelle, sur une presqu'île au bord du lac d'Enchanet. On peut pratiquer tous les sports d'eau et l'équitation. Emplacements en terrasse le long du lac.

Chambres d'hôte À la Clairière – *La Veissière - Marcolès - à moins de 2 km de Marcolès - ✆ 09 50 30 08 03 - ✆ 06 80 37 62 06 - www.alaclairiere.com - 3 ch. 80/95 € - table d'hôte 22/28 €.* Tout près de Marcolès, cette grande maison en pierre (1781), offre une immersion en Châtaigneraie. Ici, l'accent italien chante les louanges du Cantal. Un repas à l'italienne avant de rejoindre les chambres confortables « avec vue » et accès direct dans le jardin finiront de vous séduire. Vous pouvez aussi tester « le nid » aménagé dans le sécadou (ancien séchoir à châtaigne).

Pour se faire plaisir

Auberge de la Tour – *Pl. de la Fontaine - Marcolès - ✆ 04 71 46 99 15 - www.aubergedela-tour.com - ♿ - 8 ch. 165/185 € - 12 € - ✕ (fermé mar.-merc.) menus 79/109 €.* Dans le village, cette auberge réaménagée avec goût propose une cuisine audacieuse à base de produits frais de la région. Toute l'inventivité et la rigueur d'un grand chef figurent dans les menus gastronomiques d'un excellent rapport qualité-prix. Les chambres et deux suites spacieuses permettent de profiter du calme d'un jardinet.

4

Les monts du Cantal

★★★

Avec leurs longues vallées glaciaires rayonnant en étoile, leurs célèbres planèzes formées par les coulées de lave et leurs sommets majestueux, les monts du Cantal formaient à l'origine un seul et même volcan, le plus vaste d'Europe. Ruinés par des millénaires d'érosion, ils dévoilent des puys aux formes variées : le puy Griou a l'allure d'un pic ; le Plomb du Cantal, le point culminant, a la forme d'un énorme poing ; et le plus célèbre d'entre eux, le puy Mary, présente la forme quasi parfaite d'une pyramide.

Pas de Peyrol, le peloton du Tour de France.
Razvan/Getty Images Plus

Se repérer

Cantal (15)

CARTE C2-3 (P. 230-231).

De Clermont, on aborde le Cantal par la D 922. Il faut obligatoirement passer par les cols (le Pertus, le pas de Peyrol...) pour circuler entre les vallées.

À ne pas manquer

Le Puy Mary, la fameuse salers, vache rousse que l'on aperçoit paître en plein air, et la fourme de Salers.

En famille

Le parcours des gorges de la Jordanne avec ponts, berges flottantes et tyrolienne.

Carnet pratique p. 254

Nos adresses p. 254

★★ De Murat au puy Mary

CARTE P. 230 BC2

Circuit de 20 km, au départ de Murat, tracé en orange sur les cartes p. 230 et p. 250-255. Attention, la D 680, route du pas de Peyrol, est fermée à la circulation de nov. à mai. Une navette découverte au départ de Mandailles, du Claux, du Falgoux et de Dienne permet d'accéder au Pas de Peyrol de mi-juil. à fin août (9h-17h, 1,50 € AR, www.puymary.fr/se-deplacer-et-se-stationner-puy-mary-acces/#navette).
Cet itinéraire, qui emprunte la vallée de l'Impradine, permet d'atteindre le puy Mary en passant par le pas de Peyrol.

★ Murat *(voir p. 280)*

Quittez Murat au nord-ouest par la D 3.
Au cours de la montée, en quittant Murat, le **Plomb du Cantal**, le **puy de Peyre-Arse** et le **puy Griou**, reconnaissable à son cône de phonolithe, se révèlent sur la gauche, puis la route passe au pied du **rocher de Chastel** que surmonte une chapelle du 13e s.
À la descente du **col d'Entremont**, on découvre au loin les monts Dore tandis qu'à gauche apparaît le **puy Mary**.

Dienne

Le village, niché dans la vallée en auge de l'Impradine-Santoire, fait face au rocher de Laqueuille. Sa vaste **église romane** dédiée à saint Cyr et sainte Julitte, surmontée d'un clocher à peigne, fut élevée à la fin du 12e s. par les moines de l'abbaye d'Aubazines (Corrèze). À l'intérieur, remarquable Christ en bois polychrome du 13e s., Nativité d'époque Louis XVI, et bénitier en pierre sculptée du 16e s. Le **moulin de Drills**, édifié en 1646, a été entièrement restauré.
En montant vers le pas de Peyrol, la D 680 s'accroche en corniche au flanc abrupt du puy Mary et offre des **vues★★** splendides sur les vallées de l'Impradine et de la Petite Rhue, les monts Dore et le Cézallier. Aucune autre route d'Auvergne ne procure de vues aussi saisissantes.

★★ Pas de Peyrol

Interdiction de circulation des camping-cars au pas de Peyrol de mi-juil. à fin août de 10h à 18h (accès possible en navette, voir en début de circuit). À ces mêmes dates, le parking du pas de Peyrol est payant de 10h à 18h (4 €).
À 1589 m d'altitude, se rejoignent ici les trois vallées glaciaires de l'Impradine, du Falgoux et de la Rhue ; c'est ici aussi que se trouve le col routier le plus élevé du Massif Central, un étrange nœud de routes qui semblent tracées en plein ciel. C'est par ce col qu'on accède au puy Mary. En avant se détache le cirque boisé du Falgoux, dominé par le roc d'Hozière.

★★★ Puy Mary

En hiver, mais aussi au printemps, la présence de neige et de congères entraîne parfois la fermeture des accès au puy Mary. Renseignez-vous auprès du conseil départemental du Cantal (www.inforoute15.fr) avant de prendre le volant. Notez aussi qu'en raison de l'étroitesse des routes et de leur sinuosité, la circulation des autocars, camions et camping-cars se fait dans un sens unique.
C'est l'un des quatorze Grands Sites de France attribué par le ministère de l'Environnement – l'Auvergne en compte deux, le second étant le Puy de Dôme.
Montée rude ; 1h à pied AR au départ du pas de Peyrol ; ne pas s'écarter du sentier balisé.
Ce puy doit son nom à Marius, disciple de saint Austremoine, évangéliste du Cantal. Sa forme pyramidale dite en « horn », étonnante et reconnaissable entre toutes,

4

est née de l'action des glaciers qui ont provoqué une forte érosion au quaternaire. Empruntez le sentier qui suit l'arête nord-ouest du puy jusqu'au sommet, à 1787 m d'altitude où vous attend une table d'orientation : par temps clair, vous pourrez même apercevoir le mont Blanc. Au premier plan, le gigantesque éventail de **vallées glaciaires** rayonnantes, séparées par de puissantes lignes de crête dont l'altitude s'abaisse dans les lointains : au nord du Plomb du Cantal se creusent l'Alagnon, plus à gauche l'Impradine et la Santoire, la Petite Rhue, les vallées du Mars, de la Maronne, de la Doire, puis, au sud, celle de la Jordanne et enfin celle de la Cère. Ce site naturel le plus visité d'Auvergne compte 350 km de randonnées. Il accueille en moyenne 500 000 visiteurs entre mai et octobre.

★★ Route des puys

Circuit de 60 km, au départ du puy Mary, tracé en vert clair sur les cartes p. 230 (B1-2 C2) *et ci-contre. Attention, la D 680, route du pas de Peyrol, peut être obstruée par la neige de nov. à juin.*

Cet itinéraire, qui emprunte les vallées du Mars et de la Maronne, domine un véritable océan de puys.

À la descente du pas de Peyrol, la route offre des vues splendides sur la vallée du Mars.

★★ Cirque du Falgoux

La vallée du Mars y prend naissance et se creuse au pied du puy Mary. Ce cirque glaciaire est occupé par la plus grande forêt du département, composée de sapins pectinés et en exploitation.

Prenez la D 12 au nord-ouest.

★ Vallée du Mars

La route suit constamment la vallée, et on remarque l'opposition très nette entre le versant à l'ombre, boisé mais sans habitations, et le versant ensoleillé, tapissé de prés et d'arbres, constellé de maisons. Dans la **gorge de St-Vincent★**, la vallée se rétrécit et, dans un virage, seuls la route et le torrent trouvent place. Sur la droite se dressent de hautes falaises où apparaissent quelques orgues basaltiques.

Dans le petit village de St-Vincent-de-Salers se trouve une **église romane** du 12e s. qui renferme une châsse de la même période. À l'extérieur de l'édifice, vous remarquerez d'étranges modillons à caractère érotique. Un peu plus loin, le vieux pont Henri-IV enjambe le Mars, et le château de la Borie, d'époque médiévale, continue de veiller sur St-Vincent.

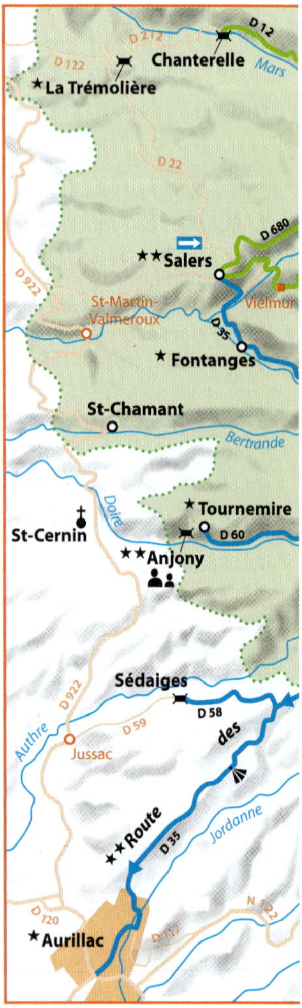

À la sortie des gorges se dresse, sur la gauche, le **château de Chanterelle** *(propriété privée, ne se visite pas)*, restauré, demeure fortifiée du 17e s., couronnée d'un chemin de ronde et coiffée de lauzes.

Revenez à la D 680 (ou gagnez Salers par la D 212 vers Anglards, puis la D 22).

Au **col de Néronne**, la route change de versant et domine en corniche la vallée de la Maronne, creusée largement par les anciens glaciers. D'ici partent des sentiers de randonnée qui se transforment l'hiver en pistes pour raquettes.

★ Puy Violent

Vous pouvez faire, au départ de St-Paul-de-Salers, un petit tour à pied sur les pentes du puy Violent. Allez jusqu'à Vielmur et tournez à gauche. Suivez une petite route pastorale qui amène au-delà de la croix des Vachers.

Le puy Violent domine une ancienne coulée de basalte qui a formé la planèze dite de Mauriac, à l'extrémité de laquelle se situe Salers. Ce puy doit probablement son nom aux bêlements des moutons, nombreux sur ces pâtures, qui lui ont valu la dénomination première de **puy Bêlant**, devenu par déformation « Violent ». La promenade jusqu'au sommet *(2h30 AR)* vous permettra de bénéficier d'un remarquable **panorama**, notamment sur la vallée de la Maronne.
En empruntant, à partir du col de Néronne, la D 680 jusqu'à Récusset, petit village du bout du monde en surplomb de la vallée de la Maronne, vous pouvez suivre deux sentiers d'interprétation, le Petit Pâtre et le sentier du Pré dansant. Le cirque de Récusset est le plus important de la région pour la richesse de sa faune et de sa flore.

★★ Vallée de la Jordanne CARTE B2 P. 230

Circuit de 30 km, du pas de Peyrol à la croix de Cheules, tracé en jaune sur les cartes p. 230 et p. 250-251.
Quittez le pas de Peyrol (voir p. 249) par la D 17 au sud.
La route en corniche domine le superbe cirque du Falgoux où le Mars prend naissance. Après le col de Redondet, la D 17 offre une vue sur le Plomb du Cantal et le puy Griou, puis descend dans la vallée de la Jordanne.

Rudez

Village en *barriade* typique : les maisons, accrochées à flanc de montagne pour ne pas empiéter sur les pâturages, sont collées les unes aux autres.

La via Arverna, chemin de Compostelle à découvrir

Reliant Clermont-Ferrand à Cahors, la via Arverna, longue de 506 km, traverse le Cantal sur un tiers du parcours. Le randonneur passe par Murat, monte au rocher du bec de l'Aigle, où il jouit d'une vue imprenable sur le Plomb du Cantal, contourne le spectaculaire puy Griou et son cône de phonolithe, avant de gagner Vic-sur-Cère puis Aurillac… Cette variante du chemin de Compostelle, d'un dénivelé maximal de 1100 m, est la plus haute en altitude. Elle est née après les années 2000 sous l'impulsion de l'association Chamina, pour répondre à la saturation de la voie classique qui part du Puy-en-Velay, empruntée par des milliers de pélerins.

La vallée de la Jordanne.
F. Guiziou/hemis.fr

★★ Vallée de la Jordanne

La beauté de cette vallée tient dans ses villages accrochés à la montagne et les perspectives qu'elle dégage sur des sommets d'allure plutôt alpine.

Cascade de Liadouze

15mn AR. Après Rudez, quittez la D 17 pour prendre à gauche un chemin en descente vers la Jordanne (laissez la voiture au pont). Ne traversez pas la rivière, mais suivez sa rive droite sur une centaine de mètres.
La cascade de Liadouze jaillit d'un seuil rocheux dans une gorge étroite.

Mandailles-St-Julien

Point de départ de nombreuses randonnées. Les versants de la bucolique vallée de Mandailles sont très verts, revêtus de prairies, de rideaux d'arbres et surplombées par des crêtes du volcan. Mandailles-St-Julien est aussi une station trail : l'espace trail autour du puy Mary couvre plus de 200 km *(tracedetrail.fr/fr/puymary)*.
Poursuivez sur la D 17 jusqu'à St-Cirgues-de-Jordanne, passez le village et, continuant vers Lascelle, repérez à droite le panneau indiquant l'accès au sentier de découverte des gorges de la Jordanne. Parking.

Sentier de découverte des gorges de la Jordanne

Gétine - St-Cirgues-de-Jordanne - ✆ 04 71 47 93 95 - www.caba.fr/gorges-jordanne - juil.-août : 9h30-20h ; juin et sept. : 14h-18h, w.-end et j. fériés 10h-18h ; reste de l'année : se rens. - 4 € (-14 ans 1,50 €) - parcours frissons : se rens. au ✆ 06 09 35 21 67.
Creusées dans des brèches volcaniques atteignant 60 m de profondeur, ces gorges verdoyantes et sauvages ont été rendues accessibles par l'aménagement d'un sentier pédagogique *(4 km AR)* respectueux du site, qui révèle les secrets de la faune et de la flore : passerelles, pontons et berges de bois se fondent à merveille dans le décor. Les plus téméraires s'essaieront au parcours frisson, avec **tyrolienne, varappe et rappel.**
Revenez vers St-Cirgues, prenez à gauche la D 59 et franchissez la Jordanne.

Croix de Cheules

De ce carrefour commence la route des Crêtes *(voir p. 262)*.

Carnet pratique

S'informer

Les trois grandes maisons de site du puy Mary ont une triple vocation : touristique, muséographique, commerciale. Produits du terroir proposés dans les boutiques.

Maison de site du Pas de Peyrol – *Le Pas-de-Peyrol - Le Claux - www.puymary.fr - 06 08 03 35 10- ouv. mai-oct.* Au pied du puy Mary, cette maison propose un espace muséographique et un spectacle audiovisuel gratuit. Animateurs à disposition pour fournir toutes les informations sur les volcans du Cantal.

Maison de site de Mandailles-St-Julien – *Le Bourg - Mandailles-St-Julien - 04 71 47 94 42.* Située face à la vallée de la Jordanne, cette maison abrite une exposition estivale sur la faune, la flore et les paysages du Cantal, suivie d'un vidéo-reportage *(20mn)*.

Maison de site de Dienne – *Rte du Puy-Mary - Dienne - 04 71 20 27 58 - puymary.fr ouv. en été.* Ancienne ferme-bloc traditionnelle caractéristique de l'architecture cantalienne. Les pierres volcaniques sont détaillées dans toute leur variété.

Deux autres **maisons de site**, au **Falgoux** (vallée du Mars, *04 71 40 86 78*) et au **Claux** (vallée de la Petite Rhue, *04 71 40 28 56)*, abritent en été des expositions temporaires artistiques *(www.puymary.com)*.

Office du tourisme du pays de Salers – *p. 264.*

Office du tourisme de Murat – *p. 284.*

Office du tourisme de Riom-ès-Montagnes – *p. 278.*

Nos adresses

Restauration

Premier prix

Auberge des Milans – *Puech Verny - St-Cirgues-de-Jordanne - 04 71 47 90 72 - www.puech-verny.com - menu 23 € - 2 gîtes pour 4 pers., loc. à la nuitée (27 €) ou à la sem. (580 €).* Une ferme-auberge des plus traditionnelles avec la garantie de goûter aux bons produits du Cantal. Parmi les spécialités : le chou farci, la truffade, plateau de fromage... On souhaiterait goûter à tout !

Hôtel-restaurant Aux Genêts d'or – *Le Mas - Mandailles-St-Julien - 04 71 47 94 65 - www.hotelauxgenetsdor.com - fermé de nov. à mi-déc. - menus 15 € (déj.)/25 € - 9 ch. 65/75 € - 10 €.* Cet hôtel-restaurant, qui fait également épicerie-boulangerie, est le rendez-vous des habitants comme des voyageurs de passage, à qui il propose des chambres confortables. À table, on se régale d'une cuisine généreuse qui privilégie les spécialités auvergnates : viande salers, truffade ou pounti. En dessert, il faut goûter le millefeuille de Guiguite, célèbre dans tout le Cantal !

L'épicerie de Dienne – *4 rte du Puy-Mary - Dienne - 04 71 20 59 84 - www.lepiceriededienne.com - menus 27/31 €.* Ambiance Bistro dans ce petit village au pied du puy Mary. Le café est ouvert à partir de 7h30 et à midi on est servi jusqu'à 15h. Tombé amoureux du pays, Chris nous fait partager ses talents de cuisinier. Un coin épicerie jouxte le restaurant : sélection de produits bio et locaux, des légumes de saison et vins ou bières locales.

Activités

Une large palette d'activités toutes très proches de la nature s'offre à vous : randonnées (pédestres, équestres, VTT), activités nautiques (voile, canoë, kayak), aériennes (deltaplane, parapente) et pêche.

Parapente Puy Mary – *Le Bourg - Le Claux - ✆ 04 71 78 95 21 - www.parapente-puy-mary.com - mai-sept. : à partir de 9h - baptême à partir de 90 €, stage 598/664 €/5 j.* Cette école de parapente professionnelle organise des stages tous niveaux de 5 j. et des baptêmes de l'air en vol biplace. Articles de vol libre et de montagne en vente sur place.

École de parapente Thang Ka – *Drils - Dienne - ✆ 06 62 18 82 60 - www.thang-ka.com - mai-sept. - baptême de l'air 90 €, stages 620/720 €/5 j.* Centre de sports et de loisirs aériens ; baptêmes de l'air en biplace parapente ou ULM.

Bureau des accompagnateurs en montagne du puy Mary – *✆ 06 74 11 09 38 - www.bureau-puymary.com.* Si la vie de la montagne, la faune, la flore… vous intéressent, n'hésitez pas à partir avec des accompagnateurs en montagne pour une randonnée pédestre ou une descente en VTT.

Parcours frisson – *Jaulhac - Lascelles - Murmur Nature - ✆ 06 09 35 21 67 - www.murmurnature.com - réserv. oblig. - à partir de 9 €/h - se rens.* Franchissement de la rivière par des ponts de singe et tyroliennes, descente en rappel, dans un cadre magnifique. Initiations et stages tout l'été : escalade, sports en eaux vives, via ferrata.

Onirika – *Le Pont des Eaux - Le Falgoux - ✆ 06 60 23 85 86 - juil.-août 10h-19h, hors saison, se rens. - 21 € (tarif réduit 7/16 €).* Ce parc aventures comprend 5 parcours accrobranches, un espace filet, et une activité originale : Explor'Games.

Hébergement

Voir aussi Auberge d'Aijean et ch. d'hôte Alta Terra p. 288.

Premier prix

Hôtel du Lac des Graves – *Jaulhac - Lascelle - ✆ 04 71 47 94 06 - ✆ 06 88 59 22 22 - www.lacdesgraves.com - P ♿ - fermé de mi-nov. à mi-déc. (sf pour groupe) - 24 ch. 79/89 € - ☕ 12 € - ✕ plats 18/19 € - menus 14,50/18 €.* Vaste parc aménagé au bord d'un lac de 10 ha fréquenté par les pêcheurs. Vous logerez dans des roulottes ou chalets en bois les pieds dans l'eau ; quelques chambres familiales. La salle à manger et sa terrasse panoramique s'ouvrent sur la belle nature environnante.

Chambres d'hôte Les 4 saisons – *Chemin de Larmandie - Mandailles-St-Julien - ✆ 04 71 47 93 81 - www.gite-vertazur.com - P - 4 ch. 76 € ☕ - fermé de mi-nov. à fin-déc. et de déb. mars à déb. avr. - table d'hôte de déb. oct. à fin avr. 22 €.* Originaires des Alpes, Barbara et Bruno se sont installés dans cette maison riante et pleine de charme en 2017. Ils ont décoré les 4 chambres selon le principe des… 4 saisons, et ont développé le gîte d'étape (jusqu'à 15 pers). Une halte sympathique à souhait.

Budget moyen

La Maison normande – *2 r. de la Cure - St-Cirgues-de-Jordanne - ✆ 06 49 35 97 90 - www.la-maison-normande.fr - 3 ch. 86/96 € ☕ - table d'hôte sur réserv. 22 € sf juil.-août.* Cette haute maison en pierres volcaniques coiffée d'un toit de lave offre des chambres confortables avec, en prime, une vue imprenable sur la vallée de la Jordanne. Terrasse et jardin invitent au farniente, et le petit-déjeuner est un modèle du genre…

4

Salers ★★

Perché sur sa planèze, Salers est l'un des villages les plus attirants de haute Auvergne. Ancien bailliage royal, il conserve de son passé militaire et judiciaire un rare ensemble de remparts et d'hôtels Renaissance, groupés sur un piton qui domine majestueusement le confluent de l'Aspre et de la Maronne. Après la dégustation de la rituelle truffade ou d'une cuisine contemporaine concoctée par de jeunes chefs, les gourmands pourront savourer les carrés de Salers, fameux sablés dont les Sagraniers gardent jalousement la recette.

<Sans données à partir du lien>
GUY Christian / hemis.fr

Se repérer

329 Sagraniers – Cantal (15)

CARTE B2 (P. 230), PLAN (P. 258).

Salers se trouve à 20 km au sud-est de Mauriac et à 45 km d'Aurillac.

À ne pas manquer

Un tour complet du village de jour, puis de nuit. La vue depuis l'esplanade de Barrouze. Tournemire, le château d'Anjony et le décor sauvage des gorges de la Maronne. Les tapisseries d'Aubusson et le verger de Déduit au château de la Trémolière.

Organiser son temps

Deux jours hors saison pour profiter de la ville et de son terroir.

En famille

La maison de la Salers, la Maison du fromage, de la vache et de la gentiane salers, le château d'Anjony.

Carnet pratique p. 264

Nos adresses p. 265

Se promener

PLAN P. 258

Itinéraire dans le centre historique tracé en vert sur le plan (p. 258).
Le double caractère des constructions de Salers s'explique par l'histoire de la ville. Tout d'abord ouverte, elle subit les assauts des Anglais et des routiers (mercenaires), et sent le besoin de s'entourer de remparts. Ils la protègent des attaques des huguenots et des ligueurs pendant les guerres de Religion. Au 16e s., quand Salers devient chef-lieu du **bailliage des Hautes-Montagnes d'Auvergne**, les familles de la bourgeoisie, dont étaient issus les juges, font élever d'imposants logis à tourelles.

★ Église St-Mathieu B1

Pl. Géraud-Maigne. Un porche du 12e s., orné de sculptures évoquant la faune et la flore, subsiste encore de l'édifice roman qui précéda la construction actuelle, commencée à la fin du 15e s. Le clocher, foudroyé, a été rebâti au 19e s. Remarquez, au portail, les cordons à billettes et les sculptures de la voussure supérieure. À l'intérieur, à droite, **Mise au Tombeau★** donnée à l'église par le prêtre Géraud Vitalis en 1495. Dans cette œuvre en pierre polychrome, inspirée de l'art bourguignon, chaque personnage occupe une place exceptionnelle : Joseph d'Arimathie et Nicodème aux extrémités, la Vierge de douleur au centre, entourée de Jean et des saintes femmes. De chaque côté du chœur, orné de belles stalles en bois du 15e s. provenant de l'église de St-Chamant, tableaux de l'école de Ribera, et quatre tapisseries d'Aubusson du 17e s. Au fond de l'église, une cinquième tapisserie représente la Déploration de la Vierge.
Sortez de l'église par le porche ouest. Dans le jardin attenant, on peut admirer la vue imprenable sur les monts alentour. Laissant à gauche une fontaine, prenez la rue du Beffroi, en montée.
Passez sous la tour de l'Horloge ou porte du Beffroi, flanquée d'une tourelle ronde à mâchicoulis. Aussitôt après la porte, à droite, remarquez la **maison de Pierre Lizet** A1 (1482-1554, premier président au parlement de Paris), avec une fenêtre gothique et un portail Renaissance.

Place Tyssandier-d'Escous A2

Ses anciens logis de lave sombre aux lignes nettes et sobres, flanqués de tourelles en encorbellement, rondes ou polygonales, coiffées de toits en poivrière ou à pans, constituent un véritable décor de théâtre, agrémenté d'une fontaine. Sur la place, un monument a été élevé à Tyssandier d'Escous qui, au 19e s., améliora la race bovine du pays et la rendit célèbre sous le nom de « race salers ».

4

Maison Valens (dite du Bailliage) A1-2

Ne se visite pas.
Cette vaste maison Renaissance, flanquée de deux tourelles, se dresse à l'angle de la rue du Beffroi. Elle rappelle les hautes fonctions de Salers qui fut jadis le siège du bailliage des Hautes-Montagnes d'Auvergne.

Maison de Flogeac A2

En face de l'office de tourisme.
Elle possède une haute tourelle à pans coupés et jouxte la demeure où naquit et mourut Tyssandier d'Escous.

Maison de La Ronade A2

À l'angle de la rue des Nobles. Ne se visite pas.
Une tour de cinq étages commande la partie 14e s. de cette belle maison.

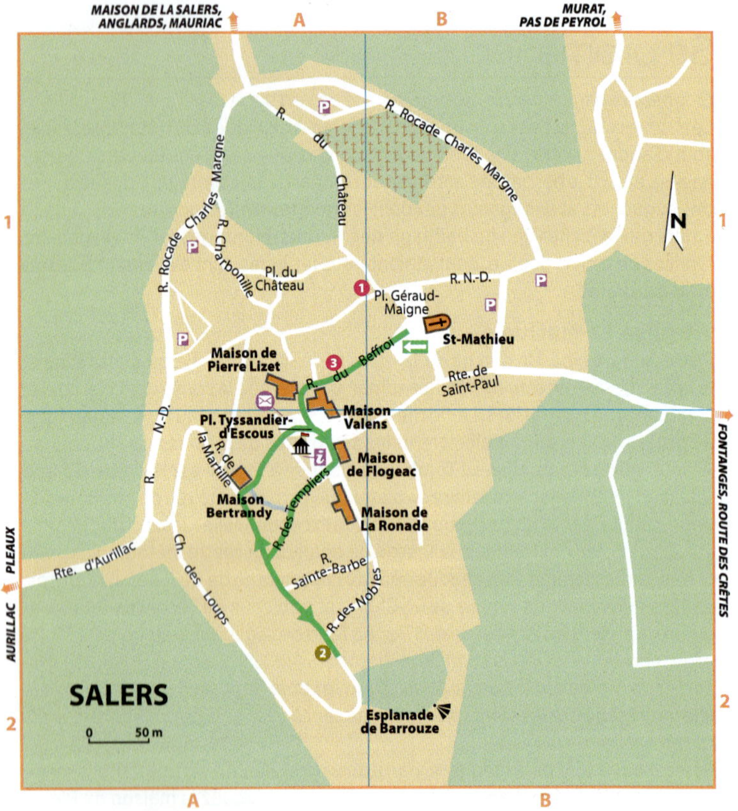

SE RESTAURER
Le Bailliage 1
La Diligence 3

SE LOGER
Hôtel les Remparts 2

Esplanade de Barrouze B2

Elle offre une très belle **vue★** sur les vallées de la Maronne, du Rat et de l'Aspre, et sur le massif du puy Violent.

Revenez sur vos pas et prenez la rue de la Martille.

Maison Bertrandy A2

À l'intersection de l'avenue de Barrouze et de la rue de la Martille.

Elle possède une tour ronde et une jolie porte.

Revenez à la Grande-Place, d'où la rue du Beffroi ramène à la place Géraud-Maigne.

À proximité

CARTE P. 230

Chapelle Notre-Dame-de-Lorette

Cette chapelle s'élève à la sortie de Salers, sur la route du pas de Peyrol. Pour se protéger des épidémies et des mauvaises récoltes, on y vénère, depuis le 14e s., une gracieuse statue qui trône sur l'autel de l'église de Salers, et remplace une Vierge noire brûlée en 1793 sur l'esplanade de Barrouze.

Un fromage 100 % fermier

Le **salers** est un fromage fermier au lait de vache cru et entier, dont la production se limite à la période de la mise en herbage, qui s'étend du 15 avril au 15 novembre sur une zone géographique restreinte, s'étendant essentiellement sur le département du Cantal (137 communes). Le salers se fabrique deux fois par jour, après chaque traite. Le lait est obligatoirement versé dans un récipient en bois appelé la « gerle ». Ces spécificités font de Salers l'un des **Sites remarquables du goût** *(voir p. 578)*, sélectionnés par le Conseil national des arts culinaires. Lors du week-end du 1er Mai, le Salon de printemps réunit à Salers tous les sites du goût français, occasion exceptionnelle de découvrir les produits des terroirs de France.

★ Maison de la Salers B2

À 3 km de Salers, en direction de Mauriac (D 22).
Domaine du Fau - ✆ 04 71 40 54 00 - www.maisondelasalers.fr - ♿ - juil.-août : 9h-19h; de mi-fév. à fin juin, 1er sept.-Toussaint et vac. de Noël : 10h-12h, 14h-18h - 7 € (8-18 ans 4,50 €).
Un espace pique-nique et une boutique sont présents sur place.
Cette ancienne étable du 17e s. abrite un centre dédié à la plus célèbre des vaches du Cantal, la salers. Située à côté de la salle de vente aux enchères, la maison présente, à l'aide d'écrans tactiles, de films HD et de vidéos d'archives, les caractéristiques de cette vache rustique qui s'adapte aux climats les plus difficiles. Exportée dans le monde entier, elle représente près de la moitié du cheptel bovin du Cantal. Petite salle de projection, maquette du pays de Salers indiquant les routes des estives et espace dégustation.
Un chemin pédestre relie la Maison de la Salers au village de Salers.

★ Maison du fromage, de la vache et de la gentiane salers B2

À 4 km de Salers.
Rte du Puy-Mary - ✆ 04 71 40 70 71- www.buronsdesalers.fr - visite guidée (1h30) mai-sept. : 10h-19h - 5 € (-8 ans gratuit) - restauration sur place.
Dans un buron restauré, accroché à flanc de montagne, des passionnés vous racontent, à l'appui d'une belle **collection d'outils,** pour certains uniques, l'histoire de la vache salers, le quotidien des buronniers et la fabrication du fromage salers. Un second buron présente l'histoire de la **Salers**, apéritif à base de racines de gentiane, de sa création à nos jours. Depuis 1885, la famille Labounoux distille cette boisson et en fait la promotion. La visite guidée est complétée par un vidéorama ainsi qu'une dégustation de fromage et de liqueur.

4

Anglards-de-Salers B1

À 10 km au nord, par la D 22.
Église – Cet édifice roman coiffé d'un clocher octogonal est d'un style assez pur, avec sa voûte en berceau brisé et sa coupole sur pendentifs.
★ **Château de la Trémolière** – *Le Bourg - ✆ 04 71 40 05 72 - juil.-août : 10h30-12h30, 14h-19h, lun. 14h-19h; juin : 14h-19h; sept. : 14h-18h - 5 € (-8 ans 2,50 €).*
Chaque été, une exposition d'art contemporain est réalisée en collaboration avec une galerie d'art clermontoise. Ce charmant manoir de la fin du 15e s., bâti en basalte, appartenait à la famille de Montclar, l'une des plus puissantes de haute Auvergne. Rehaussé de boiseries peintes un peu naïves du 18e s., il présente une remarquable collection de dix **tapisseries d'Aubusson**★ du 16e s., *Le*

Bestiaire fantastique, retrouvé en 1907 dans le grenier du presbytère et restauré par les ateliers parisiens des Gobelins. Il s'agit de la première période connue des tapisseries d'Aubusson, les mille-fleurs. On y reconnaît vingt-trois nuances de couleurs. Griffons, licornes, dragons évoluent dans une végétation envahissante sur les deux tiers des tapisseries, le dernier tiers représentant des paysages de ville. Chaque été, une exposition d'un créateur de renom et un salon de peintres amateurs complètent cette visite passionnante.

Le **verger de Déduit**, inspiré du *Roman de la Rose* (Guillaume de Lorris, 1230), est agencé derrière le château, selon le plan idéal du jardin du Paradis : quatre lignes se croisent au centre d'un jardin clos. La promenade dans ce jardin prend des allures et des odeurs différentes au fil des saisons, au gré du potager, de la roseraie, de la prairie, du cloître, du bosquet et de la fontaine.

Chapelle de Jailhac B1

À 20 km au nord de Salers. Arrêtez-vous sur la place du village.

Traversez le pré ; un sentier très pentu mène à la chapelle *(15mn AR)*. Beau point de vue sur la vallée du Mars. C'est près de la fontaine, sur la colline qui porte maintenant la chapelle, que la statue de **Notre-Dame-de-Claviers** aurait été trouvée par un pâtre au 19e s. Comme d'autres Vierges transhumantes, elle reste généralement en l'église de Moussages, mais retourne sur sa colline le jour de la fête de la Nativité.

Attention, rude montée pour le retour. Revenez sur la D 678 et prenez à droite.

Moussages B1

À 3 km au nord de Jailhac. Sur une place ornée d'une vieille fontaine et de maisons anciennes se dresse l'église dont le chevet roman présente des modillons sculptés. À l'intérieur, une **Vierge**★ romane en majesté, Notre-Dame-de-Claviers, et un Christ en bois. *04 71 40 07 68 (mairie).*

★★ Route des crêtes

CARTE P. 230-231 B2-3

Circuit de 60 km, qui se poursuit jusqu'à Aurillac, tracé en bleu sur les cartes p. 230-231 et p. 250-251.

Cet itinéraire se combine bien avec celui de la vallée de la Jordanne *(voir p. 252)*, dont il constitue une suite naturelle, dans les **vallées de l'Aspre** et **de la Doire**.

Attention, la route du col de Legal peut être obstruée par la neige de déc. à avr. Quittez Salers à l'est par la D 35.

La route descend en corniche dans la vallée de la Maronne, puis franchit la rivière et s'engage dans la vallée de l'Aspre. Les traces laissées par les anciens glaciers, qui ont creusé les vallées de l'Aspre et de la Maronne, sont très apparentes : sur les versants, bosselés par les restes des moraines, de gros blocs, entraînés par la glace, gisent épars dans les prés. Par endroits, des maisons s'intercalent entre les rocs.

★ Fontanges

Ce nom ne vous rappelle rien ? C'est celui de cette si jolie marquise qui sut s'attirer les faveurs du Roi-Soleil. Elle était cantalienne, native de Cropières, un château de la commune de Raulhac *(voir Vic-sur-Cère p. 290)*. Paisible, verdoyant, Fontanges est l'un des plus charmants villages du Cantal, avec ses maisons typiques aux toits couverts de lauzes.

À l'entrée, sur la droite, la **chapelle monolithe St-Michel** est creusée dans une masse volcanique. Du rocher qui supporte la statue de la Vierge, la vue englobe le village (le site est accessible par un escalier taillé dans la roche).

Le château, aujourd'hui disparu, appartenait à la famille de Fontanges. L'**église gothique St-Vincent** (15e s.) conserve de l'époque romane son clocher, carré à la base, octogonal dans sa partie supérieure, percé de huit baies en plein cintre. De la vallée de l'Aspre, la route passe dans celle de la Bertrande, qu'elle traverse, puis dans celle de la Doire.

Poursuivez sur la D 35 qui longe l'Aspre. La route, sinueuse, est pittoresque à souhait.

Col de Legal

Alt. 1231 m. On aperçoit au loin les plateaux du Limousin. La route descend vers le col de Bruel et offre une jolie vue sur la vallée de la Doire, puis contourne plusieurs vallons.

Au col de Bruel, prenez à droite la D 60 en direction de Tournemire.

★ Tournemire

Les ruelles sont étroites et la circulation quasi impossible. Garez-vous à l'entrée du bourg, sur le parking.

Au cœur des monts du Cantal, Tournemire s'étire le long d'une arête rocheuse qui domine la vallée de la Doire. Avec ses maisons en lave couvertes d'ardoises ou de lauzes, ses petites places fleuries, il figure parmi les plus beaux villages de France. Deux familles s'affrontèrent ici : les Tournemire, ruinés par les croisades, durent, au 15e s., céder la place aux Anjony, des bourgeois enrichis par le commerce des peaux. Au 17e s., un mariage unit les deux familles, mettant fin aux conflits.

Le **lavoir** est alimenté par un ruisseau qui traverse le village. L'**église** a conservé, dans un reliquaire, un fragment de la couronne d'épines du Christ, rapporté de Jérusalem par Rigold de Tournemire. De style roman, pourvue d'un chœur gothique, elle est en tuf volcanique polychrome et fut, un temps, la chapelle des seigneurs de Tournemire, dont l'écusson s'affiche en clé de voûte. Elle abrite également un somptueux autel baroque du 18e s., don de la famille d'Anjony. Dans le chœur à gauche, une porte a été murée : c'était la porte des Morts. Les chapiteaux sont ornés de bœufs de Salers. Remarquez en sortant le heurtoir en bronze de la porte d'entrée, en forme de main baguée.

★★ Château d'Anjony

04 71 47 61 67 - www.anjony.com - visite guidée (45mn) juil.-août : 10h45-12h, 14h-18h30 ; avr.-juin et sept. : 14h-18h ; reste de l'année : 14h-18h ; de déb. fév. à mars : 14h-17h - fermé de mi-nov. à déb.-fév. - 9 € (6-12 ans 5 €).

Avec ses 40 m de hauteur, ce château de basalte rougeâtre est l'un des plus remarquables de la haute Auvergne *(voir ABC d'architecture, p. 569)*. Il fut édifié au 15e s. par **Louis II d'Anjony**, compagnon de Jeanne d'Arc, à côté des tours de Tournemire dont sa famille partageait la seigneurie depuis 1351. Le château, constitué d'un donjon cantonné de quatre tours d'angle, ne comprend, dans le

Au Moyen Âge

Cinq châteaux défendaient ce plateau dominant la vallée de la Doire : **Fortanier**, le plus ancien ; la **tour de Chaliers** ; **Bezaudun**, qui vit naître Raymond Vidal, le poète troubadour ; et enfin **Tournemire**, château des plus anciens seigneurs des lieux, qui se dressait presque nez à nez avec celui d'**Anjony**. La rivalité sanglante qui opposa durant des siècles les d'Anjony aux Tournemire – duels, procès, vendettas, etc. – ne prit fin qu'en 1643, au terme d'un double mariage unissant les descendants des deux familles.

4

donjon, qu'une grande salle par étage. Au 18e s., une aile de dimensions modestes fut ajoutée et aménagée au goût de l'époque. Au sous-sol, le cellier voûté en demi-berceau constitue une puissante salle basse.

L'intérieur contient un remarquable **mobilier** : vaste cheminée (portant la devise *Fides hic semper* « La foi ici et toujours »), tapisseries des Flandres et d'Aubusson, lit à baldaquin, le fauteuil « à système » permettant de s'y étendre. La **chapelle★**, aménagée dans la tour sud-est et toujours utilisée, est décorée de fresques du 16e s. Elle renferme la statue de Notre-Dame d'Anjony, petite Vierge noire à l'Enfant, en bois doré polychrome du 16e s. Au deuxième étage, la salle des Preux est égayée de **fresques★** montrant Michel d'Anjony et sa femme Germaine de Foix, grandeur nature, en costumes de la fin du 16e s. et les neuf Preux. La **salle d'audience**, qui conserve toutes les archives relatives à l'histoire de la seigneurie, abrite deux grandes **tapisseries**, dont une verdure des Flandres. Par les meurtrières du chemin de ronde, la **vue** porte sur la vallée de la Doire ; du sommet de la dernière tour, elle s'étend sur l'ensemble du château et les environs.

Faites demi-tour et prenez à droite la D 35.

À partir de la croix de Cheules, la D 35, dénommée **route des Crêtes★★**, court sur sa longue arête qui sépare les vallées de l'Authre et de la Jordanne. Ce trajet procure alternativement, sur l'une et sur l'autre, de fort jolis coups d'œil.

Après avoir fait 6 km, prenez à droite la D 58 et continuez jusqu'à Marmanhac.

Château de Sédaiges

✆ 04 71 47 30 01 - www.chateausedaiges.com - visite guidée (45mn) juil.-août : 14h30, 15h45 et 17h - 8 € (-12 ans 5 €).

La découverte du **parc de Sédaiges** (prononcez « Sédages »), agrémenté d'un étang ombragé, précède celle du château. Conçu par l'ONF, un circuit pédagogique conduit d'arbre en arbre à la découverte des spécimens les plus exceptionnels. Le **château**, de style troubadour, appartient à la même famille depuis le 12e s. Reconstruit au 15e s., il a été transformé aux 18e et 19e s. À l'étage, cinq **tapisseries des Flandres** du 18e s. bénéficient d'un dispositif son et lumière. Les salons et la salle à manger reflètent le quotidien de l'aristocratie au 19e s. L'une des tours abrite un atelier de dinanderie (travail du cuivre ou du laiton). On visite la cuisine, la lingerie, la chambre du cocher... À voir aussi, une collection de jouets anciens et une étonnante exposition de poupées mannequins.

Revenez sur la route des Crêtes (D 35) et redescendez sur la plaine d'Aurillac.

Au cours de la descente vers Aurillac, la vue s'étend sur la plaine au bord de laquelle repose la ville, tandis qu'une superbe perspective s'offre à gauche sur la vallée de la Jordanne.

★ Les gorges de la Maronne AB2

Circuit de 55 km, au départ de St-Cernin (à 23 km au sud-ouest de Salers), tracé en marron sur les cartes p. 230-231 et ci-contre.

St-Cernin

23 km au sud-ouest de Salers.

Ce joli bourg de la **Xaintrie cantalienne** constitue un bon point d'ancrage pour découvrir les monts du Cantal. À l'extrémité du promontoire de Tournemire, la superbe forteresse d'Anjony domine la vallée de la Doire de ses quatre tours élancées. Un peu plus loin se dessinent les gorges sauvages de la Maronne.

Église St-Louis – Élevée au 12e s., remaniée au 15e s., elle est dominée par un clocher à peigne. De très belles **boiseries★** occupent les deux côtés du chœur ; étrangères

au style des artistes auvergnats, elles proviennent du chapitre de St-Chamant. **Quatorze stalles** portent des miséricordes encadrées par quatre grands panneaux. Près de la chaire, remarquez un beau **lutrin** d'époque Louis XIV et, au chevet, d'intéressants **corbeaux** sculptés dans le basalte.

Quittez St-Cernin par le nord et rejoignez la D 922. Prenez la direction de Mauriac, puis la première route à droite.

Château du Cambon

04 71 48 34 63 - route-chateaux-auvergne.org - visite guidée (45mn) juil.-août : 14h30-18h30 ; juin et sept. : sur demande préalable - 6 € (-13 ans 1,50 €).

Ancienne place forte édifiée au 16e s. dont il subsiste quelques éléments comme sa terrasse de défense et les murailles, elle fut transformée au 18e s. en demeure de plaisance. Le propriétaire, passionné, vous fera découvrir la chapelle, les chambres, les salons et les jardins. Riche mobilier 18e s. Restauré l'année de la naissance de Marie-Antoinette (1755), le château expose de nombreux objets liés à la reine et à ses proches.

Revenez sur la D 922, direction Mauriac, puis prenez à droite la D 42.

St-Chamant

Au 15e s., une collégiale y fut élevée, mais les bâtiments conventuels furent vendus à la Révolution et l'église démolie au 19e s. ; seul le mobilier fut sauvé.

Église – *04 71 69 22 20 - de mi-juin à fin oct.* Dans le chœur, huit salles s'ornent de **panneaux★** peints, en forme de dais ; figures de saints, scènes religieuses ; accoudoirs et miséricordes sculptés complètent ce décor.

Château – *04 71 69 26 85 - saintchamant.fr - visite guidée (45mn) juil.-août : 14h30-18h30 - 6 € (-16 ans gratuit) - billet donnant accès aux jardins.* Élevé sur un promontoire dominant la vallée de la Bertrande, le château présente un bâtiment du 17e s. dans lequel s'insère un donjon carré du 15e s. L'intérieur abrite une superbe série de **tapisseries★** bien conservées : tapisseries des Flandres du 16e s. dans le Petit Salon ; tapisseries d'Aubusson du 17e s. dans le Grand Salon, la salle à manger et la salle de billard. Beau retable en bois doré (18e s.) représentant la Sainte Famille dans la chapelle.

Quittez St-Chamant par l'ouest en empruntant la D 42. Reprenez la D 922 vers Mauriac. Tournez à droite dans la D 37.

St-Martin-Valmeroux

Cette petite localité de la vallée de la Maronne, célèbre pour sa ganterie, conserve une remarquable halle aux grains, une église gothique, une fontaine ancienne et les vestiges du château de Crèvecœur. Le village est le siège de l'usine Isotoner *(2 journées vente début déc. - ✆ 04 71 69 20 32 (mairie).*

Quittez St-Martin par l'ouest en empruntant la D 37.

La route de Loupiac, très sinueuse, domine la vallée de la Maronne aux versants couverts de prés et de bois. Après Loupiac apparaissent les ruines du **château de Branzac** *(ne se visite pas).*

Poursuivez sur la D 37.

En face de la dernière maison du bourg de St-Christophe-les-Gorges, sur la route de St-Martin-Cantalès, empruntez le sentier *(45mn AR),* traversez la voie ferrée et gagnez la chapelle Notre-Dame-du-Château.

Chapelle Notre-Dame-du-Château

La chapelle Notre-Dame-du-Château occupe un **site★** composé par un double méandre creusé par la Maronne, dessinant un « S » parfait. Dans son enclos, avec son clocher à peigne et son toit de lauzes, elle compose une vision très gracieuse.

Quittez St-Christophe-les-Gorges par le sud en empruntant la D 6.

★ Gorges de la Maronne

La vallée s'enfonce dans un site sauvage par un rétrécissement dont les pentes sont recouvertes de feuillus.

Poursuivez sur la D 6, dans les gorges de la Bertrande.

Église de St-Illide

Agrandi au 15e s., cet édifice roman renferme dix stalles provenant de St-Chamant, comme celles de St-Cernin, et dont on remarquera les miséricordes. Beau lutrin.

Quittez St-Illide par l'est. La D 43 ramène à St-Cernin.

Carnet pratique

S'informer

Office du tourisme du pays de Salers – *Pl. Tyssandier-d'Escous - Salers - ✆ 04 71 40 58 08 - www. salers-tourisme.fr.* Visites guidées.

Bureau de Pleaux – *Pl. Georges-Pompidou - Pleaux.*

Bureau de Tournemire – *Le Bourg - Tournemire.*

Nos adresses

Restauration

PLAN P. 258

Budget moyen

① **Le Bailliage** – A1 - *R. Notre-Dame - ✆ 04 71 40 71 95 - www. salers-hotel-bailliage.com - P ♿ - fermé de mi-nov. à mi-fév. et lun. midi - plats 20/34 €, menus 28/45 € - 23 ch. 95/185 € - ☕ 13 €.* Chaleureuse salle de restaurant et jolie terrasse pour déguster une appétissante cuisine auvergnate. Grandes chambres avec vue sur le jardin ou la campagne.

3 **La Diligence** – A1 - *R. du Beffroi - ✆ 04 71 40 75 39 - www.ladiligence-salers.com - ♿ - fermé de la Toussaint à Pâques - fermé le jeu. hors juil.-août - plats 16/22 €, menus 18/26 €.* Ne vous fiez pas à l'aspect récent de la maison, ici la table chante le terroir. Des crêpes certes mais aussi truffade, tripoux, pounti, potée auvergnate et surtout la viande de Salers pour contenter les convives les plus affamés. Le tout arrosé de vins du coin. Ambiance conviviale sur les grandes tables de ferme.

À proximité

Premier prix

Le P'tit Bistrot – *22 r. du Bailliage - St-Martin-Valmeroux - 7h-20h (lun. 7h-16h) - menu déj. 15 €.* Ouvert en 2020 dans un charmant village, ce P'tit Bistrot vous séduira par sa cuisine maison concoctée par un maître du genre qui a été chef du Bailliage à Salers durant 17 ans. Vous y dégusterez des plats goûtus à des prix défiant toute concurrence. Il est prudent de réserver.

Budget moyen

Auberge de l'Aspre – *Le Bourg - Fontanges - 6 km au sud de Salers par D 35 - ✆ 04 71 40 75 76 - www.auberge-aspre.fr - fermé dim. soir et lun. - plats 14/25 €, menus 24/48 € - 8 ch. 68/118 € ☕ 9,50 €.* Accueil sympathique dans cette ancienne maison du pays, et jardin agréable... Un transat sur la pelouse ou un verre à la terrasse sous le parasol : voilà de quoi vous réjouir. Chambres au décor contemporain. Cheminée dans la salle à manger.

La Petite Grange – *17 r. Édouard-Marty - Tournemire - ✆ 04 71 43 39 26 - www.lapetitegrange.fr - merc.-dim. midi et soir - salon de thé merc.-dim. 14h30-17h30 - menu déj. sem. 29 €, menus 37/49 €.* Si Caroline est originaire de Tournemire, le chef, Olivier, a grandi en Charente-Maritime et sait cuisiner le poisson comme personne. Il cultive aussi le côté locavore, en s'adressant aux producteurs des environs. Le dressage des assiettes est une œuvre d'art, et leur contenu, où se mêlent des saveurs originales, un enchantement pour le palais. Une des plus belles tables du Cantal. En contrebas du restaurant, un hôtel avec piscine et espace bien-être verra bientôt le jour...

Shopping

Spécialité de la cité, les carrés de Salers sont de délicieux biscuits, dont la recette est tenue secrète, en vente dans quatre établissements de la ville : pâtisserie Servans et boulangerie Robert, rue Notre-Dame; pâtisserie Le Médiéval et boutique de Jacques Vergne, rue du Beffroi.

La Cour des senteurs – *R. des Nobles - ✆ 06 74 41 30 53 - tte l'année sf janv. 11h-18h.* Ne manquez pas cette boutique raffinée et odorante, installée dans une belle salle voûtée, rafraîchissante en été... Vous y trouverez un vaste choix de bougies, de cailloux et cristaux – des parfums solides à faire fondre dans un brûloir –, du linge de maison, de la vaisselle colorée et des cosmétiques bio. Accueil charmant.

La Cave de Salers – *Les Prés de Faure - ✆ 04 71 69 10 48 - cavedesalers.com - juil.-août : 9h-19h; reste de l'année : tlj sf dim. 9h-12h, 14h30-17h30.* En sortant de chez ce maître-affineur, vous saurez tout du salers, de sa production, de l'origine de sa fabrication, et du temps d'affinage nécessaire pour obtenir le meilleur produit possible.

Brasserie 360 – *2 r. des Céréales - St-Martin-Valmeroux - ✆ 06 43 31 04 53 - www.brasserie360.fr - vend.-sam. 14h-19h, vac. scol. mar.-sam. 14h-19h.*

Basaltik, Crat'r ou Sulfurik, les bières de ces quatre passionnés sont blondes ou brunes, blanches ou ambrées... et avant tout bios et locales !

Hébergement

PLAN P. 258

Budget moyen

2 **Hôtel les Remparts** – A2 - *R. de Barrouze - ✆ 04 71 40 70 33 - www.salers-hotel-remparts.com - 15 ch. 86/160 € 1/2 P.* Idéalement situé sur la place de Barrouze, cet hôtel surplombe la vallée et offre un panorama époustouflant sur les Monts du Cantal.

Maison d'Hôte La Grange – HORS PLAN – *Les Prés de Nards - route d'Aurillac - ✆ 06 70 19 21 38 - https://lagrangesalers.fr - 3 ch. 95/100 € ☕.* Tout près du centre de Salers, cette belle maison entourée d'un parc avec vue sur le village et le puy Violent vous garantit une halte bienvenue. Délicieux petit-déjeuner, nombreux conseils pour découvrir la région.

À proximité

Premier prix

Hôtel Les Voyageurs – *Le Bourg - Le Falgoux - 13 km à l'est de Salers - ✆ 04 71 69 51 59 - ♿ (rest.) - 11 ch. 65/105 € - ☕ 8,30 € - ✕ menus 15/28 €.* Auberge dans la pure tradition auvergnate : cantou (grande cheminée bordée de bancs) dans le bar et accueil serviable. Chambres refaites, sobrement rustiques et bien tenues. Au restaurant, recettes régionales et jolie vue sur les paysages des monts du Cantal.

Budget moyen

Domaine de la Chaux de Revel – *St-Martin - Valmeroux (à 1,5 km de Salers par la D 680) - ✆ 04 71 40 68 10 - www.domainedelachauxderevel.com - ♿ - 5 roulottes 95/107,50 € (fermé de mi-nov. à mi-mars) - 3 ch. 75/85 € ☕, fermé 15 nov.-15 déc.* Ce couple de Savoyards propose des roulottes en bois tout confort, avec vue imprenable sur les vallées alentour. Piscine chauffée d'avril à novembre et sauna. La fondue aux fromages d'Auvergne est à tomber. Immersion garantie en pays de Salers !

Chambres d'hôte Les Ombrages – *27 r. d'Empeyssine - Pleaux - 27 km à l'ouest de Salers - ✆ 04 71 40 47 66 - www.les-ombrages-cantal.com - P 6 €/j. - fermé 1er janv.-31 mars - 3 ch. 75/130 € ☕ et 1 gîte 320 €/7 j. - table d'hôte 30 €.* Dans cette maison de maître au centre du village, les chambres portent chacune un nom d'oiseau. Un petit bassin habille le parc situé à l'arrière. Délicieuse table d'hôte régionale.

À proximité de St-Cernin

Premier prix

Auberge de Tournemire – *Le Bourg - Tournemire - 6,5 km à l'est de St-Cernin - ✆ 04 71 47 61 28 - ✆ 06 42 84 23 24 - www.aubergedetournemire.com - P - hors sais. sur réserv. - 7 ch. 65/85 € - ☕ 8,50 € - ✕ menus 12/15 €.* Magnifique vue depuis la terrasse de ce petit hôtel. Coquettes chambres de poche, Spa, plats traditionnels et régionaux.

De Mauriac au château de La Vigne ★

Capitale du nord Cantal, Mauriac s'est implantée sur les hauts plateaux basaltiques entaillés par les vallées de l'Auze et de la Dordogne, classée Réserve mondiale de biosphère par l'Unesco. Elle est réputée pour ses foires et marchés, ainsi que pour sa basilique romane et les vestiges d'un important monastère. À quelques kilomètres, le château de La Vigne recèle un véritable joyau, découvert en 2014 lors de travaux de restauration.

Mauriac.
GUY Christian / hemis.fr

Se repérer

3603 Mauriacois – Cantal (15)

CARTE A1 (P. 230).

À 19 km de Salers, Mauriac se trouve sur la D 922 qui descend de Bort-les-Orgues à Aurillac.

À ne pas manquer

À Mauriac, la basilique Notre-Dame-des-Miracles et l'ambiance du marché *(sam. matin)*. Le *studiolo* du château de La Vigne.

En famille

Le Conservatoire des traditions rurales, la collection de voitures miniatures et de poupées au château de la Vigne, la Maison de la paille et du grain à Escorailles, le lac Val-St-Jean.

Carnet pratique p. 271

Nos adresses p. 271

Se promener à Mauriac

Mauriac occupe un site basaltique qui remonte à la préhistoire. Fondé sous les Mérovingiens, le monastère St-Pierre devient un lieu de pèlerinage, concurrencé au Moyen Âge par la basilique Notre-Dame-des-Miracles, due à la volonté de l'évêque de Clermont. Au 16e s., un des premiers collèges de Jésuites de France voit le jour à Mauriac. Deux siècles plus tard, la route royale fait de la ville une étape sur l'axe nord-sud reliant Aurillac à Clermont, qui contourne les monts du Cantal. C'est aujourd'hui un gros marché régional aux bestiaux.

★ Basilique Notre-Dame-des-Miracles

Pl. Georges-Pompidou - ✆ 04 71 68 19 87 - www.tourisme-paysdemauriac.fr - de mi-juin à mi-sept. : 8h-18h ; reste de l'année : sur réserv. - 3 € (-17 ans 1 €) - 4,80 € billet combiné avec le monastère St-Pierre et la visite de la vieille-ville.

C'est le principal monument de l'art roman de la haute Auvergne. Réalisé en pierres volcaniques de différents tons au 12e s., il a été plusieurs fois remanié au fil des siècles. À voir ses **modillons sculptés**, où s'exerce la verve gaillarde du sculpteur roman.

Extérieur – À droite du portail méridional, remarquez la **lanterne des morts** du 13e s. provenant du cimetière qui séparait alors l'église Notre-Dame et le monastère St-Pierre. Le **portail de la façade ouest** est le plus bel exemple de sculpture romane de la haute Auvergne ; le **tympan** représente l'Ascension, et l'archivolte les signes du zodiaque.

Intérieur – Parmi les objets mobiliers, remarquez les stalles du chœur avec, au fond, la **statue de Notre-Dame-des-Miracles**, Vierge noire de pèlerinage en noyer. À droite, dans le transept, rare **Vierge à l'oiseau** du 16e s. Dans le bas-côté droit se trouve une superbe **cuve baptismale★** romane polychrome, sculptée dans le trachyte et décorée de 14 arcatures. À proximité, il reste au mur un exemplaire des « fers sarrasins » auxquels se rattache une légende naïve sur la **Vierge des Miracles** : au 11e s., deux Auvergnats, qui venaient d'être faits prisonniers en Espagne par les Arabes, invoquèrent avec tant de ferveur la **Vierge des Miracles** qu'on les retrouva le lendemain matin, chargés de leurs fers et endormis, devant l'église de Mauriac qui s'élevait sur l'emplacement de la basilique actuelle.

Autour de la place Georges-Pompidou, à gauche de l'église, s'élèvent quelques **maisons anciennes** dont une, au no 6, à baies romanes géminées et une, à l'angle, flanquée d'une tourelle.

★ Monastère St-Pierre

Pl. Georges-Pompidou - ✆ 04 71 68 19 87 - visite guidée (45mn) juil.-août : 10h-12h, 14h30-17h30, dim. et j. fériés 14h30-17h30 ; de mi- à fin juin et de déb. à mi-sept. : tlj sf mar. et j. fériés 10h-12h, 14h-18h, dim. 14h-18h - 3 € (-17 ans 1 €) - hors saison sur réserv. - 4,80 € billet combiné avec la basilique N.-D.-des-Miracles et la visite de la vieille ville.

Ce monastère, fondé au 6e s., puis reconstruit au 9e s., dépendait jadis de St-Pierre-le-Vif de Sens. Enserré dans des maisons que la municipalité acquiert peu à peu, il a ainsi retrouvé une partie de son plan d'origine : son église abbatiale était deux fois plus vaste que l'église Notre-Dame des Miracles ! Il abrite des vestiges gallo-romains, une partie des **fondations** de l'église carolingienne (début 9e s.), la **salle capitulaire★** du 11e s. (colonnes en marbre) et une partie du **cloître** (14e-15e s.) dont elle est séparée par une arcature à colonnes géminées. Les pierres qui avaient servi à la construction de l'église, démantelée au 19e s., ont été réemployées dans divers

bâtiments alentour, dont la mairie. Des expositions temporaires sont organisées dans le musée *(2 r. Émile-Delalo)*, installé dans les dépendances du monastère et les anciennes prisons de la ville.
Suivez la rue du Collège.

Hôtel d'Orcet

Rue du Collège. Actuelle sous-préfecture.
Ce magnifique édifice (16e-18e s.), un ancien hôtel particulier, a conservé le **tympan sculpté** (12e s.) qui ornait la porte du réfectoire du monastère. Le thème en est Samson terrassant le lion. De l'autre côté de la rue s'ouvre le **portail monumental** de l'ancien collège des Jésuites (1563), devenu collège royal au 18e s.

À proximité

CARTE P. 230

Cascade de Salins A1

7 km au sud-est par la D 922 - sentier de petite randonnée de 3 km (1h30) au départ du parking en bordure de la D 922 en direction d'Aurillac à 5mn en voiture de Mauriac.
La rivière Auze prend sa source à proximité du col de Néronne et poursuit son chemin vers Salins où l'attend une rupture volcanique spectaculaire, la fin d'une coulée de lave en forme de fer à cheval. Elle se transforme en un vertigineux jet d'eau d'une trentaine de mètres. Derrière la chute, une excavation : la fontaine des Druides, aux vertus curatives.

Puy St-Mary A1

30mn AR au départ du centre-ville. En voiture, quittez Mauriac par le nord-ouest en empruntant la D 678. À la sortie, prenez à droite, puis face au portail de l'ancien couvent des Vaysses, prenez à gauche et garez-vous au pied de la colline.
Montez vers la chapelle élevée au sommet de la colline verdoyante, ancienne bouche volcanique appelée puy St-Mary. De là, le regard se perd sur les planèzes entaillées par les vallées de l'Auze et de la Dordogne, avec le massif du Sancy et les monts du Cantal en toile de fond.

Église du Vigean A1

Au nord de Mauriac par la D 922 puis à droite la D 678.
Ce petit édifice du 12e s., dédié à saint Laurent, possède un **clocher-peigne** à quatre cloches, ce qui est très rare, et de superbes peintures murales d'époque médiévale.

Église de Jaleyrac A1

Au nord de Mauriac ; accès par la D 922, puis la D 138.
Elle abrite des fresques remarquables du 13e s. représentant le Tétramorphe (le Christ entouré des symboles des quatre évangélistes), saint Georges et le dragon, saint Martin et le pauvre.

Conservatoire des traditions rurales A1

Au sud de Mauriac par la D 681, entre Mauriac et Ally.
Rte de Pleaux - 04 71 68 04 84 - de mi-juin à mi-sept. : 14h-18h ; de déb. mai à mi-juin et de mi-sept. à fin oct. : sur demande préalable - fermé w.-end - 3 € (-18 ans gratuit) - gratuit fête du Battage (fin sept.).
Installé dans une ancienne ferme cantalienne des années 1950, cet espace est consacré aux traditions rurales. Visite des pièces à vivre, du grenier et de la grange où sont présentés les outils nécessaires aux travaux des champs ; une exposition sur les métiers disparus est visible dans l'étable.

4

★ Château de La Vigne A2

10 km au sud par la D 681.
La Vigne - ☎ 04 71 69 00 20 - visite guidée (45mn) mi-juin-mi-sept. : 11h-12h, 14h-19h ; reste de l'année se rens. - 6 € (-12 ans 3 €) - 9 € billet combiné avec les Chemins de Ronde avec expositions.

Bâti au 15e s. par les seigneurs de Scorailles, ce château situé à 720 m d'altitude se compose d'un corps de logis flanqué de deux tours rondes coiffées d'un toit en poivrière, et d'une tour carrée formant donjon, à laquelle a été accolé, au 18e s., un second corps de logis. Un chemin de ronde sur mâchicoulis couronne l'ensemble. Par l'escalier à vis, en tuf volcanique, du donjon, on accède à ce qu'on croyait être jusqu'alors la salle de Justice. Les travaux de restauration réalisés en 2014 ont permis d'établir qu'il s'agissait en réalité d'un **studiolo★**, exceptionnel par la qualité de son décor. Petite pièce ne possédant qu'une fenêtre, ce cabinet de curiosités, protégé par de puissantes portes, était aménagé à l'extrémité d'une tour, difficile d'accès. La restauration a révélé, sur 45 m^2, des **peintures murales** (fin du 15e-début 16e s.), d'inspiration Renaissance italienne. La voûte montre un riche décor à l'antique, avec des personnages tirés des récits des *Métamorphoses d'Ovide*. La frise présente des scènes de chasse très vivantes évoquant de nombreuses espèces animales et botaniques, le thème principal étant la fameuse scène de la **conversion de saint Hubert**, patron des chasseurs.

Les différents étages révèlent des pièces joliment meublées. La **salle à manger** du 18e s. abrite 250 pièces de porcelaine de Minton (1850) et un buffet en chêne de 5 m de haut. Dans le **salon**, deux tapisseries d'Aubusson de 1650 évoquent des scènes de la mythologie. Dans la **chapelle**, la voûte d'ogives conserve des peintures murales représentant des anges portant les instruments de la Passion. Du jardin, **vue** imprenable sur la planèze et Salers, le plateau de Trizac et les anciennes vallées glaciaires.

Au sommet du château, le propriétaire, passionné, expose une **collection de plus de 4 000 voitures miniatures**, du modèle de tourisme au poids lourd en passant par l'utilitaire, le coupé, les véhicules des services publics, etc. À voir aussi, une **collection de poupées** du monde entier.

Maison de la paille et du grain A2

À Escorailles, 1 km au sud du château de La Vigne.
Le Bourg - ☎ 04 71 69 00 33 - juin-sept. : mar. et jeu.-vend. 14h30-17h - 3 € (-10 ans gratuit). Journées thématiques en juil.-août.

Dans cette grange au toit de chaume d'origine, une collection d'outils et un film *(25mn)* présentent les étapes de la culture céréalière jusqu'à la fabrication du pain et les diverses utilisations de la paille.

Dans le village, chapelle du château du 11e s., devenue l'église, et four banal.
Poussez jusqu'à **Brageac** *(5 km par la D 137)*, pour voir le site impressionnant d'une petite église romane dominant d'un à-pic la vallée de l'Auze.

Carnet pratique

S'informer

Office de tourisme – *1 r. Chappe-d'Auteroche - Mauriac - ✆ 04 71 68 19 87 - www.tourisme-paysdemauriac.fr*

Agenda

Culture en pays de Mauriac – *✆ 04 71 67 35 81 - www.mediatheque.paysdemauriac.fr.* La médiathèque propose une programmation de qualité : expositions, conférences, rencontres avec des écrivains. Programme des animations disponible sur le site de l'office de tourisme.

Foire saint-Mary – *Le sam. suivant le 8 juin - rens. à l'office de tourisme.* Foire ancestrale aux cerises et aux chevaux, issue d'un pèlerinage puis attestée en 1472 par un édit de Louis XI... Ouverture exceptionnelle de la chapelle Saint-Mary.

Médiévale de Miremont – *Chalvignac - ✆ 04 71 68 19 87 - 14 Juil. - 2 € (-18 ans gratuit).* Combats de chevaliers, démonstrations de tir à l'arc et d'arbalète, etc.

Nos adresses

Restauration

À Mauriac

Budget moyen

La Charrette – *26 av. Charles-Perie - ✆ 09 71 34 09 08 - ouv. midi sf lun., le soir vend.-sam. - menus 13/28 €.* Ce restaurant a pris place dans un ancien cinéma – plafonds hauts, salle vaste... On y sert une cuisine qui fait la part belle à la viande auvergnate que l'on déguste en entrecôte ou en burger. Service efficace et rapide.

À proximité

Budget moyen

Ferme-Auberge du Jardin aux Escargots – *Le Vigean - ✆ 04 71 40 45 99 - ✆ 06 86 72 13 27 - www.le.jardin.aux.escargots.com - mai-août : du mar. soir au dim. soir - réserv. conseillée - menus 24/30 €.* Dans un cadre champêtre, découvrez la simplicité d'une cuisine de terroir, avec des produits issus de l'élevage de la ferme et de producteurs locaux. On craque pour les escargots, les bourriols, la viande bio, la charcuterie et les fromages AOP, les légumes du jardin... des plats aux saveurs du terroir. Possibilité de visiter l'élevage d'escargots *(mai-sept. sur RV - lun. 17h, mar. 10h30).*

Shopping

La Chocolaterie – *5 r. Notre-Dame - ✆ 06 59 53 25 15 - www.lachocolaterie-mauriac.com - mar.-sam. 13h-19h.* Laurence, artisan-chocolatier, vous accueille dans sa jolie boutique. Elle fond, elle ganache, elle tablette, elle moule et transforme pour des réalisations originales. Assiettes gourmandes salées ou sucrées le midi et salon de thé.

Activités

Golf Val Saint-Jean – *✆ 04 71 68 23 59 - www.golfvalsaintjean.org - horaires variables pdtt la saison, 8h-20h en juil.-août, ouv. tte l'année - practice : 2 € le seau - Green fee : 25 €.* Homologué 9 trous, il propose un parcours vallonné, bocagé et arboré, ouvert sur la nature environnante.

4

Val-St-Jean – *04 71 67 31 13 - www.tourismevalsaintjean.fr - tlj en été : 11h-19h (fermé lun. matin).* Autour de ce plan d'eau de 9 ha, large panel d'activités : centre aquarécréatif (piscine chauffée, plage minérale et végétale, pentagliss), pédalo, golf... Chalets, huttes et camping.

Vélorail du pays de Mauriac – *04 71 40 54 18 (office de tourisme) - www.paysdemauriac.fr - juin et sept. : jeu-dim. ; juil.-août : tlj - sur réserv.* Au départ de la petite gare de Drugeac, retrouvez l'ancienne voie ferrée, le chemin de fer des Auvergnats de Paris, pour une balade bucolique et atypique en vélorail avec le passage de trois tunnels et trois viaducs.

Hébergement

À Mauriac

Premier prix

Auv'Hôtel – *4 r. du 11-Novembre - 04 71 68 19 10 - www.auv-hotel.com - P - 10 ch. et 1 suite 63/120 € - 9 €.* Située à côté de la basilique romane N.-D.-des-Miracles, cette petite adresse sympathique propose des chambres fonctionnelles.Spa et sauna.

Budget moyen

L'Ecu de France – *6 av. Charles Perié - 04 71 68 00 75 - www.ecudefrance-mauriac.com - 17 ch. 75/95 € - 12 € - menus 13 € (déj.)/29 €.* Cet hôtel-restaurant fait la part belle aux spécialités régionales et draine aussi bien une clientèle d'habitués que de passage.

À proximité

Premier prix

Chambres d'hôte Ferme de Lasbordes – *Lasbordes - Le Vigean - 2,5 km au nord-est de Mauriac - 04 71 40 01 59 - www.ferme-de-lasbordes.com - P - fermé de nov. à Pâques - 4 ch. 67 €.* Maison entourée de verdure, située dans un lieu-dit, au calme. Les chambres sont toutes différentes, meublées dans un esprit rustique ou contemporain. Séjours à thème : ramassage des morilles en avril et des cèpes en septembre. Réservez !

La Grange de Loey – *Claveyres - 12 km au nord-est de Mauriac - 04 71 68 53 34/06 95 47 96 98 - https://lagrangedeloey.fr - 3 ch. d'hôte 70 € (uniquement hors vac. scol. et hors w.-end), gîte pour 10 pers. 400 € (peut être loué le w.-end, 2 nuits mini.).* Du vert à perte de vue, une hauteur sous charpente (de bois) comme on en rencontre peu (nous sommes dans une vraie grange, qui a été très joliment restaurée), une hôtesse volubile qui vous fait les honneurs du lieu... Cette Grange de Loey vaut vraiment le détour !

Budget moyen

Chambres d'hôte La Fournio – *Escladines - Chaussenac - 16 km au sud de Mauriac - 04 71 69 02 68 - 06 81 34 91 70 - www.lafournio.fr - 3 ch. 90/110 € - 2 nuits mini. - table d'hôte (sf août) sur réserv. 23 €.* Cette maison de famille propose des chambres d'hôtes à la décoration raffinée : meubles anciens, parquets cirés à l'ancienne, peintures à la chaux, linge brodé, ou objets chinés. Albert Marc, passionné de végétaux, a su créer une harmonie entre un jardin naturel et une vue imprenable sur les Monts du Cantal.

Hostellerie de la Bruyère – *La Bruyère - 15200 Chalvignac - 7 km au nord-ouest de Mauriac - 04 43 55 42 47 - www.ecudefrance-mauriac.com - 11 ch. 90/110 € - 13 € - ouv. de mai à sept.* Tout près de la rivière Dordogne, un bel établissement du 18e s. caché au milieu d'un parc de deux ha. Une invitation à séjourner dans un lieu de zénitude, à l'ombre de séquoias plus que centenaires...

Riom-ès-Montagnes ★

Cette station de moyenne montagne (alt. 850 m), à l'ouest du Parc naturel régional des Volcans d'Auvergne, se situe entre les gorges de la Rhue et les monts du Cantal. C'est le point de départ idéal de balades au Pays gentiane, dans de superbes paysages de collines, de plateaux et de vallées, tandis qu'au loin se profilent les premiers volcans...

Le Gentiane Express.
Ch. Guy/hemis.fr

Se repérer

2 513 Riomois – Cantal (15)

CARTE B1 (P. 230).

Riom-ès-Montagnes se trouve à 24 km de Bort-les-Orgues, et à 38 km de Murat.

À ne pas manquer

La vallée de Cheylade et ses cascades ; les églises romanes ; la découverte des terres d'estive à bord du train touristique Riom-ès-Montagnes/Lugarde.

En famille

Le train touristique, Le Claux.

Carnet pratique p. 278

Nos adresses p. 278

On vous emmène à bord du train touristique

Qui n'a jamais rêvé de revivre les émotions de son enfance ? En route pour le Gentiane Express qui relie Riom-ès-Montagne à Lugarde. Au signal sonore, le convoi s'ébranle pour entamer les 16 km de trajet. Le train, remis en marche par des passionnés, passe sous le tunnel de l'Estampe et débouche sur le viaduc de Barajol, l'un des plus hauts de France (57 m au-dessus de la Petite Rhue) – une halte est prévue au retour. À la sortie de la gare de Condat-Saint-Amandin se dévoilent les plateaux du Cézallier, où s'épanouit la gentiane jaune d'où l'on tire une liqueur amère, excellente. Sur les estives, les vaches salers broutent paisiblement, et le panorama sur les massifs du Sancy et du Cantal est à couper le souffle. On atteint alors le col de Pierrefitte et ses 1061 m, le point culminant du trajet. Le train redescend ensuite à son rythme vers Lugarde, où une pause détente dans un café d'antan est prévue. *Pl. de la Gare - Riom-ès-Montagne - ☏ 04 71 78 07 37 - www.gentiane-express.com - de mi-juil. à fin août : 10h et 15h, w.-end 15h ; de déb. avr. à mi-juil. et sept.-oct. : 15h, dates sur le site - 17 € AR (-12 ans 10 €) - durée 3h - réserv. recommandée - trains thématiques avec animations, se rens.*

Se promener

Renommée depuis toujours pour ses foires à bestiaux, Riom-ès-Montagnes poursuit une activité agricole avec l'élevage de la vache salers et une importante industrie fromagère, assurant la moitié de la production de bleu d'Auvergne. Dans cette petite ville fort sympathique, on produit également de la gentiane.

★ Église St-Georges

Elle ne conserve de l'édifice primitif (11ᵉ s.) que le chœur, l'abside, la coupole et le transept. La nef est du 12ᵉ s., le clocher gothique. À l'intérieur, les **chapiteaux historiés du chœur** illustrent de nombreuses scènes guerrières. Remarquez celui qui, à gauche, relate une scène de l'histoire locale : la lutte des chevaliers auvergnats contre les Sarrasins (ceux-ci portant des boucliers ronds) ; en face, le Jugement de Salomon.

Espace Avèze - Maison de la Gentiane

5 r. de la Gentiane - ☏ 04 71 78 03 04 - aveze.com - ♿ - de mi-juin à mi-sept. : 10h-12h, 15h-19h ; reste de l'année : sur demande préalable - gratuit.

Une dégustation est offerte à la fin de la visite.

Depuis 1929, cette entreprise fabrique un apéritif au goût amer, à base de gentiane, cette grande fleur jaune des pâturages du Cantal et du Cézallier. Un hall d'exposition, avec vue sur la salle d'embouteillage, présente la gentiane et sa transformation en apéritif. L'Avèze est l'une des rares boissons à base de racines de gentiane fraîche obtenue par macération (9 mois) dans un mélange d'eau et d'alcool. Cet apéritif bénéficie de la Marque « Valeurs Parc naturel régional ». Fort de son succès grandissant, il est toujours fabriqué avec les méthodes artisanales de ses débuts.

★ Train touristique Riom-ès-Montagnes/Lugarde

Voir informations dans l'encadré vert page ci-contre.

Embarquez à bord de ce train touristique, à la découverte des terres d'estive, royaume de la vache salers. Entre Artense et Cézallier, l'itinéraire va de Bort-les-Orgues à Lugarde en passant par Riom-ès-Montagnes et le viaduc de Barajol. Voyage commenté, rythmé par des pauses détente et photos.

St-Étienne-de-Chomeil

CARTE P. 230 B1

À 14 km au nord-ouest par la D 3, puis la D 205. Prenez à droite avant l'église romane.

Sentier botanique – *3,5 km en boucle, comptez 1h.* Cette agréable promenade en sous-bois vous permettra de découvrir la flore dans son environnement naturel.

★★ Pays gentiane et vallée de Cheylade

CARTE P. 230 BC1-2

Circuit de 90 km tracé en bordeaux sur les cartes p. 230 et p. 277.

Prévoyez des pièces de 1 € pour éclairer les petites églises de la vallée de Cheylade.

Quittez Riom-ès-Montagnes par le sud en empruntant la D 3, puis à gauche la D 49 vers Apchon.

Après 4 km, un beau panorama se dégage à gauche sur les monts Dore et les hauts plateaux du Cézallier. On découvre ensuite les ruines du château d'Apchon et une partie des monts du Cantal. Il faut pénétrer dans chaque église pour apprécier la richesse insoupçonnée du patrimoine religieux de la région.

Apchon

Ce bourg, blotti entre deux masses volcaniques, compte de robustes maisons de pierres basaltiques. Sur la petite place agrémentée d'une fontaine se dresse l'**église** précédée d'un clocher-porche. L'intérieur abrite cinq **retables★** dont un, immense, en bois doré du 17e s., figure parmi les plus précieux du Cantal. Les comtes d'Apchon contrôlaient un grand territoire dans le nord du Cantal, englobant notamment les planèzes de Trizac et du Limon.

De la rue de la Porte-du-Barre part le sentier qui mène à une table d'orientation d'où se révèle un beau **panorama** sur les plateaux alentour. Attention, l'accès aux ruines du **château** (15e s.) n'est pas sécurisé.

Sortez d'Apchon par le sud (D 249). Prenez à gauche la D 63, puis la D 263.

Collandres

L'**église** romane de ce minuscule village est édifiée sur un ancien poste de vigie qui surveillait la vallée de la Véronne. Son allure massive est typique. Passé le clocher-porche, vous verrez à l'intérieur un retable de l'atelier d'Apchon.

Faites demi-tour et sortez de Collandres par le sud (D 263).

Cascade du pont d'Aptier

Vous pourrez pique-niquer dans ce cadre sauvage en regardant la chute de la Véronne. *Après le pont, prenez à gauche la D 249.*

Chapelle de la Font-Sainte

Lieu de pèlerinage, cette ravissante chapelle du 19e s. s'élève au milieu des pâturages, à 1230 m d'altitude. La petite Vierge des bergers, Vierge transhumante, reste tout l'été sur les pâtures, puis redescend passer l'automne et l'hiver dans l'église de St-Hippolyte. À droite de l'église, remarquez la croix en pierre ; allez jusqu'à la fontaine où s'écoule une eau pure et fraîche aux vertus miraculeuses.

Faites demi-tour et tournez à droite en direction de St-Hippolyte.

À **St-Hippolyte** *(arrêtez-vous à l'église décorée de modillons sculptés de figures)*, la D 49, que vous prendrez à droite vers Cheylade, descend vers la Rhue de Cheylade et la franchit. Le puy Mary apparaît à droite d'une longue arête partant du puy de Peyre-Arse.

4

Cheylade

Ce bourg, qui domine la Rhue, est apprécié des amateurs de pêche à la truite. C'est aussi un point de départ de randonnées pédestres.

Outre le « sentier botanique » et le « sentier des Ombrages », le **chemin des Quiroux** *(8h AR)* plaira aux bons marcheurs : il rejoint Dienne en traversant le plateau du Limon et de la Santoire.

Ancienne prieurale St-Léger – Cette église romane du 11e s., qui a subi de nombreux remaniements, conserve dans le chœur – la partie la plus ancienne – quelques chapiteaux sculptés (sirènes, feuilles d'acanthe, entrelacs). La nef et les bas-côtés ont été couverts au 17e s. par une remarquable **voûte★** dont les 1428 caissons en chêne sont peints d'anges, de fleurs, de chimères, de griffons, d'armoiries et d'animaux d'expression naïve.

Vous remarquerez un **bénitier** du 15e s. ; au fond, derrière une porte en bois sculpté représentant le baptême du Christ, **fonts baptismaux** du 15e s. ; dans le chœur, une croix de chemin en pierre ; derrière le maître-autel, un **Christ en bois** du 14e s. et à gauche du chœur, à l'entrée de la chapelle du Sacré-Cœur, un écusson aux armes de la famille d'Estaing dont l'un des membres s'illustra à la bataille de Bouvines (1214), et une statue en bois de saint Léger (15e s.).

À 2,5 km au sud de Cheylade, prenez à droite la D 62. Laissez votre voiture près d'un pont. Continuez 100 m plus loin sur la droite.

★ Cascade du Sartre

Elle est formée par la Rhue qui tombe d'une trentaine de mètres de hauteur.

Poursuivez sur la D 262 et, après un nouveau pont, prenez à droite un chemin qui ménage une jolie vue sur la **cascade de la Roche**, formée par un affluent de la Rhue qui descend en cascatelles sur les rochers.

Faites demi-tour et poursuivez sur la D 62.

Le Claux

Un royaume pour les amateurs d'activités de plein air : ski de fond (75 km de pistes, domaine labellisé « France Ski de Fond ») ou raquettes en hiver. *Maison de la Montagne - ✆ 04 71 78 93 88 - www.leclaux-puymary.com - juil.-août : 9h-12h, 14h30-19h, dim. et j. fériés 10h-12h, 15h-17h ; reste de l'année : tlj sf w.-end 9h-12h, 14h-17h30.*

Après Le Claux, la vue devient superbe sur le puy Mary et la vallée de Cheylade dont le fond est couvert de forêts. Bientôt, la route, qui s'élève en lacet, pénètre dans les bois, atteint les hauts pâturages, franchit le col de Serre et débouche sur la vallée de l'Impradine, creusée en « auge » par les anciens glaciers, où se pavanent les marmottes en printemps.

Prenez à droite la D 680.

Au cours de la montée finale vers le pas de Peyrol, la route franchit le col d'Eylac, s'accroche en corniche au flanc du puy Mary, et offre des **vues★** splendides sur les vallées de l'Impradine et de la Rhue de Cheylade, les monts Dore et du Cézallier.

★★ Pas de Peyrol *(voir p. 249)*

La route suit les hautes vallées de l'Impradine et de la Santoire.

★★★ Puy Mary *(voir p. 249)*

Reprenez la D 680.

★★ Cirque du Falgoux *(voir p. 250)*

Continuez sur la D 680.

Prenez à droite la D 12 (direction Le Falgoux), puis encore à droite la D 30. Après le col d'Aulac, à l'entrée du bois de Marilhou, tournez à gauche.

Site de Cotteughes et Freydefont

Les vestiges d'une trentaine de **cases en pierres sèches**, abandonnées au Moyen Âge, témoignent de la vocation ancienne de ce pays à l'élevage bovin. Classées aux Monuments historiques depuis 1924, elles se trouvent dans le bois communal de Marilhou. Semi-enterrées et bordées d'un talus, elles servaient d'habitation et pour certaines d'étable. Le sentier de découverte des cases Cotteughes, aménagé dans le bois sur 12 km, vous permet de parcourir l'Espace naturel sensible du bois de Marilhou.

Revenez sur la D 30 que vous suivez vers le nord en direction de Trizac.

Trizac

Ce gros bourg est connu pour ses foires aux bestiaux, ainsi que pour ses carrés et ses croquants, fameux.

Église – Cet édifice roman est muni d'un clocher-porche du 13e s. À l'intérieur, on remarque les chapiteaux du chœur, la Vierge assise (12e-13e s.) et des retables baroques. Les **vitraux** du transept et du chœur ont été librement reconstitués par deux maîtres verriers, à partir d'éléments d'anciens vitraux de la fin du 15e s.

Prenez la D 678 en direction de Riom-ès-Montagnes. Tournez à gauche dans la D 205.

La route très pittoresque traverse la planèze, étendue d'herbage piqueté de genêts à balais, et offre un beau point de vue sur le plateau de l'Artense.

Menet

La descente ménage une vue sur ce village fleuri qui se distingue par ses magnifiques maisons de pierre blanche, des 17e et 18e s., bordant la rue principale. L'église

(12e s.), également en pierre de taille (trachyte qui sert à présent aux sculpteurs), présente une tour-lanterne, rarissime en haute Auvergne de beaux chapiteaux sculptés et des peintures du 17e s. Sa coupole en tuf de Broc lui confère une acoustique incomparable. Le village est réputé pour son **chemin de pierres sculptées**, long de 3 km. Depuis 1992, des artistes sculpteurs rendent hommage aux pierres de Menet lors d'un symposium annuel qui a lieu début juillet. Le lac naturel (pêche) constituera une belle halte pour vous détendre.

Quittez Menet par l'est. La D 36, qui traverse un bois, ramène à Riom-ès-Montagnes.

Carnet pratique

S'informer

Office de tourisme – *1 av. Fernand-Brun - ✆ 04 71 78 07 37 - www.tourisme-gentiane.com.*
Visites guidées organisées.

Agenda

Fête de la gentiane – *2e ou 3e w.-end de juil.*
Fête du bleu d'Auvergne – *3e w.-end d'août.*

Nos adresses

Restauration

Premier prix

Café Déco Archi Place des Jolies Choses – *14 r. du Cap.-Alphonse-Marche - ✆ 09 81 24 19 38 - www.architecte-decoration.fr - ♿ - fermé dim.-lun. - 10h-18h30 - 10/15 €.* Une riche idée que ce nom évocateur pour un café très soigné côté déco en plein centre de Riom ! On traverse d'abord une boutique, remplie d'objets très tentants... Pour profiter de la véranda ou du petit jardin. Tartes sucrées, salées à l'occasion, scones, beignets ou madeleines, qu'on accompagne de glaces, d'une boisson chaude ou froide : cette Place des jolies choses possède bien des atouts.

Ferme-Auberge Les Arbres – *Les Arbres - ✆ 04 71 40 99 51 - menu 20 €.* Si vous aimez la viande salers ou encore le feuilleté pommes-boudin, cette ferme-auberge vous attend dans sa belle salle rustique où les produits du terroir sont mis en valeur. Accueil adorable, excellent rapport qualité-prix.

À proximité

Budget moyen

L'Auberge Le Cheylet – *25 rte du Champ-de-Foire - Apchon - ✆ 04 71 68 15 51 - plats 15/20 € - menus 20/29,50 € - 7 ch. 50/59 € - ☕ 9 €.* Depuis 2018, Laura et Florent sont les nouveaux maîtres d'œuvre de cette coquette auberge de pays située au pied des ruines du château. Ils n'y proposent que des produits de saison, et Florent s'est même équipé d'un fumoir pour les truites et les volailles... Excellent rapport qualité-prix. Sept grandes chambres attendent les voyageurs désireux de faire une halte.

Le Garage – *2 rte de Mauriac - Trizac - ✆ 04 71 78 60 79 - P ♿ - ouvert le midi lun.-vend., le soir sur réserv. pour les groupes (12 pers. mini), ouvert tlj juil.-août (réserv. conseillé) - menus (déj.) 13,50/25 €.* Tout en haut du village, imaginez un garage familial transformé en restaurant, où tout, ou presque, a été conservé : les immenses volumes, les verrières, mais aussi les établis, les palans, etc. Dans cet espace insolite, fait de bois, de brique et d'acier, Dominique concocte une cuisine régionale à base des produits locaux : truffade, pounti, pompe (galette de sarrazin au lard), charcuterie de montagne. En été, le Garage fait aussi salon de thé.

Shopping

Biscuiterie Raynal – *3 r. du Lavoir - Trizac - ✆ 04 71 78 60 55 - 7h-12h15, 14h30-18h30 - fermé lun. sf en été.* Il ne faut pas quitter le charmant bourg de Trizac sans avoir fait provision de croquants et de carrés d'Auvergne pur beurre. On est presque guidé vers cette petite boutique par les senteurs qui s'en dégagent ! Petite boutique, mais grande renommée, puisque les biscuits Raynal se dégustent jusque chez le glacier Berthillon à Paris...Ils bénéficient en outre de la marque « Valeurs Parc naturel régional ».

Activités

Pêche – L'office du tourisme du Pays gentiane propose un accueil personnalisé pour les pêcheurs. Des documents, des fiches de sites et le *Guide du pêcheur* sont à votre disposition, ainsi que les conseils d'un guide de pêche, diplômé d'État, présent dans les locaux.

Randonnées – Un topoguide fournit tous les renseignements sur les excursions. S'adresser à l'office de tourisme.

Cantal Cheval – *La Caire, rte de Marchastel - Riom-ès-Montagnes - ✆ 04 71 78 20 62 - cantalcheval.cantalpassion.com - tlj sur réserv. - journée 62 € - promenades à cheval et randonnées.* Patrick Vechambre possède un élevage de chevaux dans ce lieu-dit et propose des randonnées équestres, ainsi que des promenades accompagnées. Une manière insolite de parcourir le Cantal et de découvrir des contrées inaccessibles par la route. Formules à l'heure ou à la journée.

Natures Cantal (Bernard Mommalier) – *15 av. de Mauriac - ✆ 06 74 11 09 38 - www.natures-cantal.fr - tte l'année sur réserv. - 1 ou pls j., tarifs sur rens.* Bernard Mommalier organise des randonnées avec des ânes (été) et des sorties à raquettes (hiver) autour de la connaissance du milieu naturel (faune, flore, etc.). Il sait dénicher des sentiers sauvages.

Hébergement

À proximité

Premier prix

Domaine de Veirières – *St-Vincent-de-Salers - accès par la D 680 puis la D 30, dir. Col d'Aulac - ✆ 04 71 78 66 29 - ✆ 06 31 56 57 33 - www.veirieres-evasion.com - [P] - fermé déc.-mars - 8 ch. 72/83 € - ☕ 7 € - ✕ plats 15/42 €.* Isolé en plein cœur du planèze de Trizac, à 1100 m d'altitude, ce domaine situé autour d'un lac est un site de pêche réputé : rénové, le vieux buron propose trois chambres mansardées. Les pêcheurs peuvent se restaurer sur place.

Budget moyen

L'Estive du Claux – *Le Sol - Le Claux - ✆ 07 87 50 01 43 - http://lestiveduclaux.fr - 4 ch. 85 € ☕ - table d'hôte lun.-sam. 22 €, sur réserv., dim. soir assiette du buron sur réserv. 12 €.* Des chambres claires et confortables face au puy Mary, un grand salon pour se détendre, et une table d'hôte sur réservation. Pour une immersion en pleine nature, le meilleur moyen de se ressourcer...

Murat ★

Nichée à 980 m d'altitude, Murat la médiévale étage ses maisons grises aux toits de lauzes sur les flancs de la neck volcanique de Bonnevie, couronnée par une Vierge à l'Enfant blanche. Cette agréable petite cité commerçante est gardée par les rochers de Chastel au nord-ouest et de Bredons au sud-est, tous deux surmontés d'une chapelle et d'une église romanes. Murat constitue une base de départ idéale pour les excursions dans les monts du Cantal et la vallée de l'Alagnon. Elle est en outre située sur la Via Arverna, voie secondaire qui mène à St-Jacques-de-Compostelle.

Se repérer

1878 Muratais – Cantal (15)

CARTE C2 (P. 230).

Murat se trouve dans la vallée de l'Alagnon, à 25 km de St-Flour et à mi-chemin entre Massiac et Vic-sur-Cère, sur la route d'Aurillac.

À ne pas manquer

La cité médiévale de Murat, à la lueur des flambeaux.

En famille

Maison de la faune à Murat, animaux de ferme et dégustation de fromages à la grange de la Haute-Vallée.

Carnet pratique p. 284

Nos adresses p. 284

La cité médiévale

Pour une visite plus approfondie de la cité médiévale munissez-vous d'un dépliant disponible auprès de l'office de tourisme. En été, la découverte nocturne de Murat, à la lueur des flambeaux, prend une tout autre dimension...

Église Notre-Dame-des-Oliviers

De la fin de l'époque gothique, elle offre une façade moderne. Dans la chapelle du bas-côté gauche, remarquez un tableau de l'école espagnole évoquant le pèlerinage de saint Dominique à St-Jacques-de-Compostelle et le miracle du pendu dépendu datant du 17e s. Dans le chœur se trouve Notre Dame des Oliviers, Vierge noire (réplique, l'authentique ayant été volée en 1983), fêtée tous les ans.

Rocher de Bonnevie

Surmonté par la statue de Notre-Dame-de-la-Haute-Auvergne, le rocher présente à ses flancs de curieuses colonnades de basalte, remarquables par leur régularité et la longueur de leurs prismes. Jadis s'y élevait le château des Vicomtes de Murat, forteresse réputée imprenable, rasée sur ordre de Richelieu : il fallut six mois de travail et six quintaux de poudre pour en venir à bout ! Depuis le sommet, **vue** sur les toits de Murat et sur les monts du Cantal.

Maison du médecin du Roy

Demeure historique de Murat qui fut la maison de Guillaume et Jean de Traverse, médecins royaux, cette bâtisse du 16e s., magnifiquement restaurée, conserve des fresques intérieures remarquables. Le propriétaire, antiquaire d'art, en ouvre les portes pour des expositions *(juil.-août)* ou lors des Journées du patrimoine.

Murat et le rocher de Bonnevie.
Ch. Guy/hemis.fr

Halle

C'est un bel exemple repeint d'architecture métallique du 19e s. rappelant les pavillons Baltard. Elle abrite le marché tous les vendredis matin.

Ancien bailliage

Du 16e s., il s'ouvre dans la rue de l'Argenterie (ancien quartier des tailleurs d'améthyste) par un portail orné de moulures en accolade.

Maison Hurgon

Cette élégante construction de style Renaissance montre un bel appareillage de pierre en trachyte ainsi qu'une échauguette en encorbellement et une en saillie.

Maison dite consulaire

La façade en pierre, de la fin du 15e s., présente deux étages percés d'étroites fenêtres surmontées d'une accolade. Au-dessus de la porte, composée en grande partie de panneaux à plis de serviette, on remarque deux anges sculptés et trois médaillons représentant les membres de la famille Chabanons, d'anciens propriétaires qui ont donné sept consuls à la ville.

Maison de la faune

R. Porte-de-la-Garde - ✆ 04 71 20 03 80 - murat.fr - mai-sept. et vac. scol. : horaires, se rens. - 5 € (-15 ans 3 €).

Dans un ancien hôtel particulier, dont la tourelle date de la fin du 15e s., onze salles présentent une collection de 800 coléoptères et de papillons, d'oiseaux et de 800 mammifères naturalisés du territoire apparaissant dans leurs milieux reconstitués.

★ Mémorial des déportés de Murat

Pl. de l'Hôtel-de-Ville - ✆ 04 71 20 09 47 - www.hautesterrestourisme.fr - ♿ - visite guidée sur demande préalable (1h) horaires, se rens. - 4 €.

Cent vingt Muratais furent déportés à titre de représailles le 24 juin 1944 suite à l'assassinat du colonel SS Hugo Geissler. C'est leur histoire que l'on découvre avec beaucoup d'émotion dans cet espace équipé d'un son et lumières, de fresques murales saisissantes et d'une salle de projection qui immerge le visiteur au cœur de la tourmente.

À proximité

CARTE P. 230

Grange de la Haute-Vallée

À 900 m au sud-est de Murat, sur la D 926 en direction de St-Flour.

Pignou - ✆ 06 81 02 72 85 - www.bleucantal.fr - visite guidée sur demande (1h30) à l'office de tourisme juil.-août et vac. scol. (✆ 04 71 20 09 47) - 4 € (-18 ans 2 €).

Solidement ancrée au bord de la départementale, cette chaleureuse ferme fromagère ouvre les portes de sa grange, de sa salle de traite et de son étable. La visite s'achève par une dégustation ; en magasin : salers, cantal, bleu, tomme fraîche...

Forêt de la Pinatelle

Chalinargues, 11 km au nord-est.

Allez vous promener dans le massif forestier de la Pinatelle où deux espaces naturels sensibles (ENS) sont aménagés en sentiers thématiques : le **lac du Pêcher** *(thème : vaches et paysages - 45mn ou 1h30)* ou les **tourbières de Brujaleine** *(thème : tourbières et faune flore, au départ de Chastel-sur-Murat - 2h).*

Les diatomées

Dans le creux de la vallée, de puissantes cheminées expulsent la vapeur d'eau de façon souvent spectaculaire. Elles appartiennent à l'usine du groupe Imerys filtration France, qui traite quotidiennement quelque 200 tonnes de diatomite, terre siliceuse extraite du gisement de **Foufouilloux** *(à 4 km de Murat)*, et composée de milliards d'algues microscopiques fossilisées. Réputée pour ses vertus isolantes, d'aide à la filtration alimentaire et de charge dans certains mélanges industriels, cette terre est indispensable à la pharmacie et à la chimie.

★ Église de Bredons C2

Au sud-est de Murat, sur la D 926.

04 71 20 02 80 (mairie) - fermé pour travaux en 2022.

C'est par la route de St-Flour que vous découvrirez le mieux l'émouvant site du rocher de Bredons. Du prieuré bénédictin, seule subsiste la petite église fortifiée du 11e s., le reste de l'édifice ayant été détruit durant la Révolution. Le portail du flanc sud est décoré de billettes. À l'intérieur se trouve une belle série de retables en bois doré, dont celui du maître-autel, impressionnant par ses dimensions.

★ Bredons

À 5 km au sud-ouest par la D 39.

Ce hameau du petit village d'Albepierre-Bredons, qui concentre un habitat traditionnel, est bâti sur une colline volcanique dominant la vallée de l'Alagnon. Sur les façades, on peut apercevoir des vestiges de statues provenant de l'ancien prieuré, qui ont été réemployées. Des maisons souterraines furent autrefois aménagées dans les grottes qui s'ouvrent dans le rocher. Au loin se détache la statue de Notre-Dame-de-la-Haute-Auvergne, sur le rocher de Bonnevie.

Prat-de-Bouc C2

À 10 km au sud-ouest de Murat par la D 39.

Situé à 1392 m d'altitude, Prat-de-Bouc, vaste domaine nordique surplombé par le plomb du Cantal, est la deuxième porte d'entrée de la **station du Lioran** *(voir p. 287)*, avec laquelle les skieurs peuvent faire la jonction. En hiver, on peut y pratiquer toutes les activités nordiques : ski de fond, promenades avec chiens de traîneau, raquettes. La belle saison réserve aussi de multiples activités : balades sur le cirque de Chamalières, observation de la faune et de la flore, randos balisées - départ du GR 400 - qui relient le col de Prat-de-Bouc au plomb du Cantal. *On peut rejoindre la vallée de Brezons (voir p. 311) par le col de la Griffoul, à 8 km au sud de Prat-de-Bouc par la D 39.*

★ Gorges de l'Alagnon C2

À l'ouest de Murat par la N 222.

Après le **pont de Pierre-Taillade**, par lequel la N 122 franchit un petit torrent qui ruisselle en éventail, le versant gauche se déboise et la vallée s'élargit. Quelques kilomètres après Laveissière, la route passe au pied du beau **château d'Anterroches** (15e s., restauré), puis les rochers basaltiques qui dominent Murat apparaissent : à droite, **Bredons**, avec son église ; à gauche, Bonnevie, surmonté d'une statue de la Vierge.

4

Carnet pratique

S'informer

Office de tourisme – *Pl. de l'Hôtel-de-Ville - Murat - ✆ 04 71 20 09 47 - www.hautesterrestourisme.fr.*

Agenda

Festival des Métiers d'art – *3 j. déb. août.* Une quarantaine d'artisans professionnels présentent leur travail.

Fête du Cornet – *3e dim. de sept.* Près de 15 000 personnes. Cornets salés et sucrés à déguster.

Nos adresses

Restauration

Premier prix

Tendances et saveurs – *23 r. du Hector-Peschaud - ✆ 04 71 23 94 78 - ✆ 06 71 49 48 72 - P ♿ - 12h-15h, vend.-sam. 12h-23h, fermé dim. soir et lun. pdt vac. scol., hors vac. scol. ouv. mar.-jeu. midi, vend. et sam. soir, dim. midi - plats 12/26 €.* Ce restaurant traditionnel empli d'habitués sert des spécialités auvergnates, viande de salers, pounti, chou farci et truffade maison. En dessert, essayez le cornet de Murat, délicieux. Ambiance chaleureuse et bon enfant.

Le Comptoir – *2 av. des 12 et 24-Juin - ✆ 04 71 23 39 75 - menu du j. 15 €, carte 20/25 €.* En contrebas de la vieille ville, tout près de la mairie, vous dégusterez un burger à la viande de Salers, de la truffade ou de l'aligot dans une ambiance bistrot très sympathique. Également planches apéritives fromages et charcuteries.

À proximité

Budget moyen

Le Jarrousset – *Rte de Clermont-Ferrand - 4 km par N 122 - ✆ 04 71 20 10 69 - www.restaurant-le-jarrousset.com - P ♿ - fermé janv., dim. soir, et lun.-mar. (que le lun. en juil.-août) - menu déj. sem. 16 €, menus 30/85 € - plats 23 €.* Dans un environnement verdoyant, cette auberge traditionnelle cultive le goût des produits locaux : le chef s'approvisionne auprès d'un réseau de fermes sélectionnées avec soin. Quant à l'ambiance, chapeau : le décor est épuré et moderne, et le mobilier et la vaisselle ont été réalisés par des artisans locaux. Une salle agrémentée de toiles, une autre plus intime ouverte sur la campagne.

Hôtel-restaurant Le Plomb du Cantal – *Le Bourg - Albepierre-Bredons - ✆ 04 71 20 04 02 - www.hotelplombcantal.com - 12 ch. 74/84 € - ☕ 9,50 € - menu 22,90 €, le soir sur réserv. pour les clients de l'hôtel.* Une bien belle adresse, tenue par deux enfants du pays dans un paisible village niché à 1 000 m d'altitude, à proximité des GR. Vous découvrirez une cuisine de qualité, où les produits locaux sont de mise, et qui n'est servie qu'aux clients de l'hôtel. Car ici, on vous reçoit comme des amis, qui ne demandent qu'à revenir !

Buron du col de Prat-de-Bouc – *Col de Prat-de-Bouc - ✆ 04 71 73 30 84 - www.pratdebouc.fr - de mai à déb.juil. tous les midis, vend. et sam. soir, tlj en juil.-août, sept. tous les midis, du 15 déc. à fin mars tlj - plats 14/25 €, menus 18/28 €.* Dans ce sympathique bar-restaurant, juché à 1 392 m, au pied du Plomb du Cantal et sur le GR 400, on vous servira des plats du pays. À ne manquer sous aucun prétexte !

Shopping

Épicerie Caldèra – *3 r. Vigier - ☏ 04 71 20 21 84 - www.cantal-caldera.com - ♿ - 9h-12h30, 15h-19h - fermé dim. apr.-m. et le lun. hors juil.-août.* Françoise est guide de terroir. Elle achète directement chez les producteurs ses produits frais, les confitures et autres spécialités. Sa boutique est un hymne à l'Auvergne (produits de terroir, charcuteries, fromages).

Aux cornets de Murat – *Pl. de l'Hôtel-de-Ville - ☏ 04 71 20 04 48 - mar.-sam. 6h-12h30, 14h-19h, dim. 6h-12h30.* Cette vitrine aligne ses savoureuses spécialités comme les croquants d'Auvergne (sablés au beurre), la fouace sucrée, le puy mary (génoise chocolat, crème aux marrons, chantilly, copeaux de chocolat), à côté du renommé cornet de Murat.

La Boîte à biscuits – *3 pl. de l'Hôtel-de-Ville - ☏ 04 71 60 02 73 - lun.-sam. 9h-12h30, 14h30-19h, dim. 9h-12h30.* Dans cette ravissante boutique, vous dénicherez bonbons et caramels, carrés de Salers et biscuits du Bocage bourbonnais, miel bio du Cantal, chocolats, confitures, thés et cafés. L'été, on s'installe en terrasse pour déguster des glaces et des limonades maison…

L'Âge de Bronze – *28 r. Porte St-Esprit - ☏ 04 71 20 14 82 - agedebronze.fr - mar.-sam. 9h45-19h.* Magnifique devanture que celle de cette « boutique-musée », où l'on peut dénicher antiquités, brocante et couteaux de toutes sortes. Passionné de coutellerie, le maître des lieux a dessiné « son » couteau, le Murat, inspiré de la ligne des couteaux pliants du 18e s. Pratique, il se glisse facilement dans la poche.

Le Cellier de la marmotte – *15 pl. Marchande - ☏ 06 87 43 89 86 - www.cellier-marmotte.fr - vac. scol. mar.-sam. 9h30-19h; hors saison 10h-12h, 15h-18h fermé dim.-lun.* Dans sa petite boutique artisanale du centre-ville, Hélène vous fait découvrir ses productions maison. Ici le bœuf salers se déguste en rillettes, terrines, saucisses sèches, avec de la gentiane, du bleu d'Auvergne, de la châtaigne, etc.

À proximité

Poterie La Boissonière – *La Boissonnière - Chavagnac - ☏ 04 71 20 03 41 - www.poterie-boissonniere.com - vac. scol. : tlj 9h-19h, hors vac. scol. se rens. par tél.* Géraldine façonne des sculptures aussi facétieuses qu'elle : des bols ornés de poules, ou de têtes de vaches, des porcelaines-fleurs, des bijoux colorés, de drôles d'oiseaux dans de drôles de cages… Elle peint également de beaux portraits de femmes. Noël, lui, tord la matière pour réaliser des vases somptueux, en porcelaine et en grès, dont les coloris émaillés évoquent la nature sous toutes ses formes.

Activités

Village Equi-Nature – *Rte de la Boissonnière - Chalinargues - ☏ 06 65 41 95 37 - www.cheval-randonnee.com - randonnées à la sem. de juin à sept., 690/1390 €.* Au cœur de la forêt de la Pinatelle, ce centre équestre propose un encadrement sur mesure pour chevaucher les grands espaces du Cantal. Vous pouvez également partir en excursion plusieurs jours et en hiver pratiquer le ski joëring.

4

Hébergement

Budget moyen

L'Escale de Camille – *22 r. de Lavergne - ☏ 04 71 60 91 74 - ☏ 06 10 34 15 96 - www.lescaledecamille.fr - 4 ch. 100/120 € - ✕ table d'hôte 30 €.* Monique vous accueille dans une maison du 17e s. rénovée au cœur de la cité médiévale. Bien équipées, les chambres mêlent charme et authenticité. Les repas sont servis près de la cheminée. Installé dans le jardin japonais, un espace bien-être, spa et sauna, est à la disposition des hôtes. Depuis le sauna, vue exceptionnelle sur les montagnes, le rocher de Bonnevie et le ciel étoilé.

À proximité

Premier prix

Auberge d'Aijean – *La Gandilhon - Lavigerie - D 680 - ✆ 04 71 20 83 43 - www.auberge-puy-mary.com - P ♿ - fermé nov.-déc. - 7 ch. 67/72 € - ☕ 9 € - ✕ diner 32 €.* Impossible de la manquer : c'est la dernière maison sur la route avant le puy Mary. Tenue par Véronique et Bruno, des enfants du pays, cette ancienne ferme familiale servait autrefois de grande et d'étable. Pendant que Bruno est à la cuisine, Véronique détaille à ses hôtes les plats qu'ils dégusteront au dîner. On peut se délasser dans le solarium face au puy de Peyre-Arse (1806 m), profiter du hammam et de la douche hydro en toute liberté. Une belle adresse au pied des montagnes.

Chambres d'hôte Alta Terra – *Le Pradel - Lavigerie - sur la D 680 - ✆ 04 71 20 83 03 - www.altaterra-cantal.com - P - 4 ch. 80/95 € ☕ - ✕ dîner 22 €.* Alta Terra joue la carte du développement durable : matériaux écologiques, produits bio et locaux à la table d'hôtes, gestion durable des énergies et des déchets. Les quatre chambres sont très confortables, et complétées d'un sauna, d'un hammam et d'un bain nordique. Le couple cantalou-suisse vous convaincra que l'écologie rime avec confort, chaleur et bonheur !

Le Lioran ★

À plus de 1000 m d'altitude, la station du Lioran est encerclée par les belles sapinières recouvrant les versants de la vallée de l'Alagnon. À la belle saison, les randonnées au sommet du puy Griou ou du Plomb du Cantal, au milieu des herbages, rafraîchissent et dépaysent. L'hiver, ses pistes de ski sont idéales pour des vacances en famille.

Se repérer

Cantal (15)

CARTE C2 (P. 230).

Rattaché à la commune de Laveissière, Le Lioran se trouve à 10 km à l'ouest de Murat.

Organiser son temps

Si la D 67 permet, en été, de franchir le col de Cère, mieux vaut emprunter le tunnel routier l'hiver. Creusé pour éviter le col obstrué par la neige, c'est l'un des plus anciens de France (1839).

En famille

En été, des animations de découverte de la montagne et de la nature sont organisées pour les 6-12 ans (Lioran Aventure), ainsi qu'une initiation au VTT. En hiver, initiation au ski pour les petits. Promenade à chiens de traîneau pour les plus grands.

Nos adresses p. 289

Séjourner

Pl. du Téléphérique - Le Lioran - 04 71 49 50 08 - www.lelioran.com.
Le domaine skiable est accessible par Le Lioran (nord du tunnel); la montée par la D 67 (sud) n'est possible que lorsque le col de Font-de-Cère est ouvert à la circulation.
Face à la haute combe herbeuse du Font d'Alagnon, cette station de sports d'hiver moderne étage ses constructions sur trois sites : **Font d'Alagnon**, **Font-de-Cère** et **Prairie des Sagnes**. Ce dernier quartier abrite les plus grosses infrastructures (hôtels, commerces, patinoire, téléphérique). En été, la station propose une large palette d'activités.

Insolite : ceux qui voyagent en train peuvent rejoindre le domaine skiable depuis le quai de la gare du Lioran par un téléski *(avec retour par une piste verte)*.

Le domaine skiable

C'est le plus grand domaine skiable du Massif Central : il couvre 150 ha. La majorité des pistes sont accrochées sur les flancs nord et est du Plomb du Cantal (alt. 1855 m).
Ski alpin – La station possède **44 pistes** (10 vertes, 14 bleues, 15 rouges, 5 noires). Un *snowpark*, un *boardercross*, un stade de slalom, deux pistes de luge et un déval'luge complètent l'équipement. Afin de garantir l'enneigement, la station est équipée de 240 enneigeurs.
Activités nordiques – Le Lioran offre 15 km de pistes de **ski de fond** et de **raquettes** *(au départ de Font d'Alagnon)*. Au col de Prat-de-Bouc *(voir p. 283)*, 50 km de pistes de fond tracées et balisées.

Maison du buronnier

2,5 km au nord-est du Lioran. Prenez la N 122 en direction de Murat; après 500 m, tournez à droite avant le pont du Rau-de-la-Croix, puis empruntez une

4

petite route qui longe la voie ferrée (à droite) et les gorges de l'Alagnon (à gauche).

06 68 93 04 17 - maisonduburonnier.wordpress.com - juil.-août : 10h-12h, 14h-18h ; mai-juin et sept.-oct. : sur demande préalable - 4 € (-12 ans 3,50 €).

Cet ancien buron aménagé présente la vie du vacher en période d'estive, ainsi que celle du bouteiller et du pâtre, qui se consacraient aux soins des bêtes et à la fabrication du cantal. La visite se termine par une dégustation.

Randonnées

CARTE P. 230

Promenades vers les sommets

★★ Plomb du Cantal C2

15mn de téléphérique au départ du domaine skiable du Lioran. Puis 15mn de marche (sentier balisé et escalier) pour accéder au sommet.

De mi-juin à mi-sept : 9h30-17h30 (juil.-août : 9h30-18h35) ; de mi-déc. à déb. avr. : 9h-17h - fermé de mi-avr. à mi-juin, de mi-sept. à mi-déc. - 10 € AR, 8,50 € aller simple (5-12 ans 7,50 € AR, 6 € aller simple) - fermé selon les conditions météorologiques.

Les puys ou *peuchs* sont nombreux dans le Cantal. Mais de « plomb », il n'y en a qu'un ! Il tirerait son nom du latin *pomum*, pomme, pommeau. Les Cantaliens d'aujourd'hui l'appellent le « poing ». C'est le point culminant (alt. 1855 m) du massif du Cantal. Du sommet, le **panorama★★** est immense *(table d'orientation)*. On découvre vers l'ouest, par-delà la vallée de la Cère, le puy Griou, le puy de Peyre-Arse, le puy Mary, le Violent, le Chavaroche ; au nord, les monts Dore qui s'abaissent à droite vers le Cézallier ; à l'est et au sud-est, la planèze de St-Flour et la Margeride ; au sud et au sud-ouest, le Carladès, la Châtaigneraie et le Rouergue, au loin. Des sentiers tracés à partir du sommet permettent de gagner le **puy Gros** (vue sur la vallée de la Cère à hauteur de Thiézac), le puy du Rocher (vue sur le cirque de Chamalière) ou, par le col de la Tombe-du-Père, le site de Prat-de-Bouc.

★★★ Puy Griou C2

4h à pied AR au départ du col du Font-de-Cère. À droite de l'auberge Le Buron de Font-de-Cère, remontez la piste, l'itinéraire est balisé en vert.

Le pointement de phonolite du puy Griou est composé d'une roche volcanique dont la structure originelle, en grands prismes, a été débitée en dalles plates sous l'action du gel. Quand on tape sur la pierre, elle « chante ».

Le sentier monte vers les Hautes-Chaumes du col de Rombière, d'où s'offre une belle **vue★** sur la vallée de la Jordanne et les grands puys du Cantal. Prendre à gauche ; bientôt apparaît le profil pur du Griou. La montée finale se fait à travers des éboulis d'andésites et les basaltes phonolitiques.

Du sommet (alt. 1694 m), remarquable **panorama★★★** sur le puy Mary, le puy de Peyre-Arse, qui barrent l'horizon au nord, et le Plomb du Cantal ; vers le sud, de part et d'autre de la ligne de crêtes de l'Élancèze, se creusent les vallées de la Cère et de la Jordanne (appelée aussi de Mandailles).

Nos adresses

Restauration

Premier prix

Le Bufadou – *12 rte du Rocher du Cerf - ✆ 06 66 67 68 69 - www.lebufadou.fr - ouv. déc.-avr. : tlj soir, w.-end et vac. scol midi ; mai-sept. : tlj soir - plats 21/36 €, menus 20/24 € - 1 appart, 6 ch. 80/95 €.* Au pied du plomb du Cantal, une adresse connue des skieurs ou randonneurs, qui apprécient la terrasse en été et la cheminée l'hiver... Un endroit convivial et une cuisine généreuse à base de spécialités auvergnates accompagnées d'un bon vin.

Budget moyen

La Chazotte – *Font d'Alagnon - ✆ 04 71 49 52 11 - www.rlachazotte.fr - ouv. tlj 10h-22h - plats 15/22 €, menus 16 € (déj.)/29 €.* Restauration traditionnelle auvergnate dans un cadre chaleureux tout en bois. Les propriétaires, qui sont aussi éleveurs, proposent de la viande bovine bio. Au menu également, la truffade. L'été, cuisine bistronomique à base de produits locaux.

Le Refuge du Lioran – *Galerie Font du Roy- Centre station - ✆ 06 95 42 00 68/09 51 94 41 72 - mi-juin à mi-sept. le soir, mi-déc. à fin mars tlj midi et soir - menus 26/32 €.* Ouvert en 2021, ce restaurant propose une cuisine raffinée à base de produits locaux et revisite en plus certaines recettes comme le velouté de châtaignes. Belle carte des vins.

Activités

Hiver – Ski alpin, ski de fond, *snowpark*, ski de randonnée, raquettes, patinoire, déval'luge, ski joëring, paintball, balnéothérapie, poney.

Été – VTT de descente, circuits VTT/VTTAE, trail, balades à cheval, baptêmes poneys, parcours aventure et quick jump, structures gonflables, trampolines, déval'luge, mini golf, etc.

Lioran Aventure – *Prairie des Sagnes - Super-Lioran - ✆ 06 74 97 40 94 - www.lioran-aventure.com - juil.-août : tlj à partir 13h30, réserv. conseillée - 22 €.* Ce parcours aventure traverse une belle forêt (2 ha) située à 1250 m d'altitude, au pied des pistes de Super-Lioran. Huit itinéraires selon les âges pour évoluer d'arbre en arbre (selon les âges, à partir de 3 ans).

Hébergement

Les résidences hôtelières et les villages de vacances représentent la quasi-totalité des hébergements. Locations au w.-end ou à la semaine, avec demi-pension ou pension complète.

Premier prix

Gîte-Hôtel Bellevue – *1 r. du 19-Mars-1962 - Laveissière - ✆ 04 71 20 01 22 - www.montagnebellevue.com - 16 ch. 60 € - ☕ 8,50 € - panier-repas 10,50 €. Randonnées en ttes saisons.* Ambiance pension de famille pour cet hôtel situé à 5mn de la station de ski du Lioran. Paradis des randonneurs pour la cuisine goûteuse inspirée du jardin ou de la montagne.

Hôtel-restaurant Le Rocher du Cerf – *Le Lioran - ✆ 04 71 49 50 14 - www.lerocherducerf.com - 29 ch. 70/80 € - ☕ 8,50 € - ouv. de mi-déc. à fin mars et juil.-août.* Situé au pied des pistes et des chemins de randonnée, cet établissement est l'endroit idéal pour profiter à fond de la montagne. Vous vous régalerez de plats typiquement auvergnats à la Table de Félix et vous pourrez également vous délasser au Spa après une journée sportive !

4

Vic-sur-Cère ★

Cette petite ville de la vallée de la Cère a conservé de belles demeures de caractère autour de son église. Elle s'inscrit au cœur d'un pays de plateaux et de ravins appelé le Carladès. Vous aurez plaisir à découvrir ses pittoresques maisons aux toits de lauzes, entourées de jardins et de vergers, à vous promener dans ses vallées profondes et à explorer les gorges vertigineuses du pas de Cère.

Se repérer

1861 Vicois – Cantal (15)

CARTE B3 (P. 231).

Vic-sur-Cère se trouve sur la N 122, entre Aurillac et Murat.

À ne pas manquer

Balade dans les gorges du pas de Cère ; les tables basaltiques du Carladès de Carlat ou de Ronesque ; le panorama sur la vallée de la Cère et les grands sommets du Cantal du haut du rocher des Pendus.

Organiser son temps

Une journée pour l'itinéraire du Carladès à travers la haute vallée du Goul.

En famille

Le P'tit Kiosque de la Cère à Vic-sur-Cère, visites costumées du château de Pesteils, château de Messilhac.

Nos adresses p. 296

Se promener

Av. André-Mercier - Vic-sur-Cère - 04 71 47 50 68 - www.carlades.fr. L'office de tourisme propose des visites guidées *(l'été)*, ainsi qu'une visite audioguidée de la ville via l'application gratuite Cirkwi.

Des bornes interactives extérieures proposent des informations touristiques 7j/7 et 24h/24. Il est également possible de visualiser les randonnées avant le départ.

Au centre de la cité, de gracieuses **demeures à tourelles** témoignent du passé opulent de l'ancien bailliage du Carladès.

Partez de la place de l'Hôtel-de-Ville, pour une promenade de 20 à 30mn.

Au n° 4 passage du Chevalier-des-Huttes, remarquez la maison à tourelles de la famille Pagès des Huttes.

Tournez à gauche vers la place de Monaco.

Maison des Princes de Monaco

Cette maison du 15e s. possède une tourelle d'escalier du 16e s., surmontée d'une poivrière et percée d'une fenêtre à meneaux. La porte est surmontée d'un bas-relief, très mutilé, représentant l'Annonciation. Les princes de Monaco avaient reçu le **Carladès** des mains de Louis XIII, avec Vic-sur-Cère, son chef-lieu. Ils le conservèrent jusqu'à la Révolution.

Continuez tout droit, rue Coffinhal.

Maison Dejou

Au n° 5, vous pourrez admirer un petit hôtel particulier de la fin du 17e s., avec fronton semi-circulaire.

Revenez sur vos pas et remarquez à droite, rue du Moine-de-Montaudon, la tour sur façade de l'école St-Antoine.

Site du Pas de Cère, gorges de la Cère sur la commune de Thièzac.
Ch. Guy/hemis.fr

Remontez jusqu'à la place de l'Église, et passez derrière le chevet pour gagner le chemin de la Cascade.

Église St-Pierre

Cet édifice, en partie roman, a été très remanié. Remarquez la gracieuse abside et les curieux modillons de la façade sud (56 au total, dont certains du 11e s.). L'intérieur se distingue par ses clés de voûte des 13e et 15e s., ses statues en bois doré du 17e s. (saint Roch et sainte Agnès) et sa pietà abritée dans une niche du transept nord.
À partir de l'église, empruntez la rue du Cap del Lioc.

Site du Castel Viel

En 15mn, on atteint le site du Castel Viel. Cette ancienne motte féodale, où plane encore l'ombre de Pierre le Troubadour, surplombe ces petites maisons qui bordent l'Iraliot.
Redescendez jusqu'à l'église.
Sur la place, l'**ancien bailliage**, en face de l'église, est devenu maison particulière. L'établissement d'un bailliage à Vic remonte à l'époque des guerres de Religion. Escortant un convoi de vivres pour les huguenots, le **capitaine Merle** (1548-1590) laissa traîner quelques tonneaux, escomptant que les catholiques se jetteraient dessus au lieu de les poursuivre. Merle vit juste ; il revint à la charge et extermina ses adversaires avinés...
Montez jusqu'au **calvaire** par la rue du Dr-Civiale. De la chapelle, beau panorama sur les toits de Vic.

La source et le kiosque des buveurs

Parc de la Source. Ferrugineuse, bicarbonatée, fraîche et gazeuse, la source d'eau minérale de Vic-sur-Cère est connue depuis l'Antiquité. Des vestiges de canalisations et de céramiques romaines, ainsi que des monnaies, ont été retrouvés au 19e s. à proximité du petit établissement thermal, ce qui atteste de l'ancienneté de cette eau. Tonique, elle stimule l'appétit, améliore le fonctionnement du foie et des reins et est appréciée pour ses vertus digestives.

Sous la coupe des vicomtes

Au 12e s., les turbulents vicomtes de Carlat devinrent comtes de Rodez. Sous Louis XI, le seigneur de Carlat, **Jacques d'Armagnac**, entre plusieurs fois en rébellion. Deux fois pardonné par le roi, il est capturé à Carlat après un siège de dix-huit mois, enfermé à la Bastille dans une de ces cages de fer qu'affectionne Louis XI, jugé par une commission qui le fait torturer pour le faire parler « clair », et décapité aux halles de Paris. Ses enfants connaîtront également un sort épouvantable. En 1568, Carlat passe aux protestants. La **reine Margot** y vivra treize mois avant son séjour à Usson *(voir encadrés p. 150 et p. 165)*. La forteresse ayant par la suite servi plusieurs fois de refuge à des princes révoltés, Henri IV la fit raser en 1604. La brèche qui coupe en deux le rocher fut, dit-on, pratiquée artificiellement pour isoler la partie ouest qui supportait le château.

Randonnées

Cascade du Trou de la Conche et rocher de Maisonne

1h45 AR. Prenez derrière l'église la rue conduisant à une passerelle sur l'Iraliot. Le torrent franchi, gravissez un chemin en forte montée.

En haut du raidillon, le chemin bifurque : le sentier de gauche mène à la cascade du Trou de la Conche, dans un joli site ; celui de droite conduit au sommet du rocher de Maisonne, surmonté d'une croix d'où se dégage une belle vue sur Vic et sa vallée.

Grotte des Anglais CARTE B3 P. 231

2h45. Sur la place de l'Église, prendre la rue Cap del Lioc puis le sentier en direction du Castel Viel, et suivre les indications. Fort dénivelé ; pour marcheurs confirmés.

La grotte des Anglais est un site naturel constitué de cavités creusées dans la paroi rocheuse, au-dessus de Vic-sur-Cère. Elles servaient d'abris aux protestants durant les guerres de Religion.

La vallée de la Cère CARTE P. 230-231 B2-3C2

Circuit de 18 km, au départ de Vic-sur-Cère et à destination du col de Cère, tracé en violet sur les cartes p. 230-231 et p. 251.

★★ Gorges du pas de Cère

Accès libre tte l'année, sous réserve du niveau de l'eau et des conditions météorologiques. Le site du pas de Cère est situé sur la commune de Thiézac en contrebas de la N 22. Rens. à l'office de tourisme de Vic-sur-Cère (04 71 47 50 68 - livret découverte disponible à l'office ou téléchargeable).

Sur l'aire du pas de Cère, vous trouverez un point info et et un point de départ d'activités sportives (canyoning...), possibilité de casse-croûtes, salades et bourriols. Ouv. juil.-août.

Espace naturel sensible, ces gorges emblématiques ont été formées il y a plus de 20 000 ans, formant un verrou naturel. Un spectacle unique avec des parois hautes de plus de 30 m, au fond desquelles coule la Cère. La communauté de communes poursuit ses efforts de valorisation et de protection de ce site pour le rendre accessible à tous.

Mystère du Grand Hôtel (balade historique et ludique). *Depuis Vic-sur-Cère, gagnez le parking de Salvanhac. 45mn AR.* Circuit sans dénivelé permettant de gagner le pas de Cère depuis le camping.

Cascade de la Roucolle

Depuis l'aire de service du Pas de Cère, 500 m après le départ du sentier du pas de Cère, à droite, un sentier conduit, en 2mn, à un belvédère. De cet endroit se dégage une belle **vue** sur la cascade de la Roucolle et les gorges de la Cère.

Les mystérieuses gorges de la Cère (circuit de découverte géologique et naturelle) – *1h30 à pied AR, retour avec dénivelé.* Le sentier d'accès part de la N 122, à 3 km en amont de Vic-sur-Cère, aire du pas de Cère et de Thiézac. Il traverse une petite prairie, puis descend à travers bois vers la Cère. La rivière coule entre de hautes parois rocheuses très resserrées.

Thiézac

Située dans un élargissement de la vallée de la Cère entre Aurillac et Murat, Thiézac est une charmante station estivale bien ensoleillée.

Église St-Martin – Cet édifice gothique abrite une statue en bois peint du Christ assis au calvaire (15e s.). Dans le chœur, séparé de la nef par un arc triomphal, beau retable en bois doré, du 17e s., représentant la Crucifixion. Dans la deuxième chapelle, à gauche, on peut voir deux fragments d'un devant d'autel, en dentelle, offert par Anne d'Autriche. Celle-ci, désolée d'être sans enfant au bout de vingt-deux ans de mariage, accomplissait tous les pèlerinages suivis par les femmes stériles. Elle vint à Thiézac faire une neuvaine… et sa persévérance fut récompensée par la naissance du futur Louis XIV.

Chapelle Notre-Dame-de-Consolation – *Au nord de Thiézac. Clé disponible à l'épicerie du village.* Sur une butte ombragée de vieux tilleuls et creusée d'une grotte dite « des Ermites », la chapelle, d'un aspect très rustique, domine le village. L'intérieur se signale par les quarante-cinq tableaux ou médaillons encadrés de rinceaux, de feuillages et de têtes d'anges, peints sur bois au 17e s., qui ornent toute la voûte. Lors du pèlerinage, la statue miraculeuse est descendue à l'église.

Cascade de Faillitoux – *Quittez Thiézac par la route de Vic-sur-Cère, et, aussitôt après le cimetière, prenez à droite la D 59.* Trois kilomètres plus loin, la route traverse le village de Lasmolineries et offre une belle vue sur la cascade de Faillitoux tombant d'un rebord de basalte. Avec ses 1 040 m d'altitude, c'est l'une des plus hautes du département. Sa chute d'eau de 41 m franchit une coulée de lave qui a formé des orgues basaltiques.

Revenez sur Thiézac, prenez à droite une petite route qui passe par Lagoutte et mène jusqu'à Nierevèze.

Chaumière de Granièr

À Niervèze. Sous le puy Gros, à 1 050 m d'altitude, remarquez cette **ferme-bloc** (pièce à vivre, étable et grange sous le même toit) du 19e s., à toit de chaume, qui a été restaurée selon les techniques traditionnelles *(ne se visite pas).* Dans le hameau, la fontaine, le four banal et le métier à ferrer les bœufs sont à découvrir avant d'emprunter un chemin qui vous mènera jusqu'à un **moulin restauré**, couvert en grosses lauzes de phonolite *(juil.-août : jeu. 14h-18h).*

Revenez à Thiézac par le même chemin, et regagnez la N 122.

St-Jacques-des-Blats

Ce village est un excellent point de départ d'excursions pédestres. Les sentiers de grande randonnée GR 4 et 400, mais aussi des sentiers de petite randonnée

4

(PR) s'y rattachant parcourent les vallées autour du puy Griou et du Plomb du Cantal. La **via Arverna** *(voir encadré p. 252)* le traverse.

★ Col de Font de Cère

La D 67, qui permet d'éviter le tunnel routier du Lioran, franchit la ligne de partage des eaux entre le bassin de la Dordogne vers lequel coule la Cère, et celui de la Loire qu'alimente l'Alagnon. Elle offre de beaux points de vue sur le Plomb du Cantal. Peu avant le col, observez sur la gauche, en arrière, la belle pyramide du puy Griou. Au large sillon lumineux de la Cère succède la vallée resserrée de l'Alagnon, assombrie de sapinières.

Haute vallée du Goul et Carladès B3

Circuit de 86 km, tracé en rouge sur la carte p. 231. Quittez Vic-sur-Cère par le sud-ouest en empruntant la N 122.

Les villages traversés présentent des maisons aux toits à quatre pans, très caractéristiques. La route suit la **vallée de la Cère**, verdoyante et très évasée.

★ Château de Pesteils B3

04 71 47 40 03 - www.chateau-pesteils-cantal.com - 1er juil.-25 août : 10h-19h ; avr.-juin et dern. sem. d'août-30 sept. : 14h-18h - fermé le sam. - 9,50 € (-12 ans 6,50 €).

Cette belle demeure féodale, bâtie sur un promontoire rocheux surplombant le bourg de Polminhac et la rive droite de la Cère, était l'une des places fortes destinées à défendre la vallée. Elle prit le nom de Pesteils à la suite d'une alliance contractée au 16e s. avec la famille de Montamat. Des scènes du film *L'Éternel Retour* (1943), de Jean Cocteau, ont été tournées sur le domaine, habité par la même famille depuis sept siècles. Des visites costumées et contées y sont proposées durant l'été. La visite de l'**intérieur** est parsemée de reconstitutions à l'aide de personnages de cire (ces derniers, réalisés par le musée Grévin, proviennent de l'ancien musée de cire d'Aurillac). Elle commence par le hall, orné d'une tapisserie flamande du 17e s., se poursuit par la salle des gardes, l'une des plus anciennes du château – en témoigne l'épaisseur des murs – et le Grand Salon, abondamment orné de tapisseries, de tableaux et de beaux meubles. Deux chambres, au premier étage, que l'on gagne par un bel escalier à double volée, offrent au regard des plafonds peints au 17e s. Ne manquez pas la cuisine 1900, magnifiquement meublée et restaurée : nombreux objets de dinanderie et de ferblanterie, qui évoquent la diversité des mets qui étaient préparés. Dans la souillarde, riche collection de pots à toilette et de porte-savons. Relié au deuxième étage du corps de logis par un petit pont de pierre, le **donjon** carré (13e s.) abrite des fresques du 15e s. représentant l'une un maître et son élève, l'autre quatre héros antiques. Cette imposante structure de 40 m de haut est couronnée par un chemin de ronde à mâchicoulis. Il domine les terrasses, dont le tracé épouse celui des anciens remparts. Par temps clair, on découvre, du chemin de ronde, le Plomb du Cantal.

Descendez vers le sud par la D 8, puis à Vézac, prenez à gauche, la D 990.

★ Rocher de Carlat B3

04 71 43 65 08 - www.caba.fr - ouv. mai-sept. visite libre (6 €, 6-12 ans 3 €) ou accompagnée (8 €, 6-12 ans 4 €) réserv. indispensable - horaires sur le site. Parking situé à proximité du stade, dans le bourg. Compter 15mn pour accéder au site.

La région de Carlat fut recouverte de basalte par des coulées issues des volcans du Cantal. L'érosion a fragmenté cette cuirasse, épargnant quelques tables

basaltiques, comme celles de Carlat ou de Ronesque, qui dressent, au sommet de versants abrupts, leurs rebords verticaux. Sur le rocher de Carlat s'élevait jadis un château immense, interdisant la haute Auvergne à tout envahisseur venant de Guyenne et d'Espagne. Le rocher de Carlat appartient à la famille royale de Monaco depuis 1643. Cette place forte se visite aujourd'hui sous **forme virtuelle** *(en visite libre, en téléchargeant l'appli ; en visite accompagnée, grâce à un casque de réalité augmentée)* : une **reconstitution en 3D** permet au visiteur de plonger dans chaque partie de l'ancien édifice, avec à chaque fois l'évocation d'un personnage et d'une thématique... Avec en prime, une **vue** à 360° des monts du Cantal.
Poursuivez sur la D 990 et prenez à droite la D 59 jusqu'à Cros-de-Ronesque (« Cros », en occitan, signifie creux). Tournez ensuite à droite sur la D 459.

★★ Rocher de Ronesque B3

Ce rocher basaltique domine toute la contrée. Il s'est formé, à l'exemple du rocher de Carlat, à l'emplacement d'une ancienne pénéplaine recouverte par le volcanisme, puis profondément entaillée par de grandes vallées. Près de la table basaltique, un pupitre informatif explique la formation de cette curieuse inversion de relief. En partant des origines de la coulée de lave, située au rocher des Pendus au-dessus de Vic-sur-Cère, nous est livré la clé d'une énigme géologique.
Le pittoresque hameau de Ronesque est typique du Cantal, avec ses maisons aux toits recouverts de lauzes. Jadis s'élevait à Ronesque un château fort, donné en 1167 à Alphonse II, roi d'Aragon, par Hugues, comte de Rodez. Alphonse voulait établir un royaume s'étendant de la Catalogne à l'Aquitaine, et dont Ronesque et Carlat auraient été les postes avancés. Le château devint ensuite la propriété de la famille Rastinhac de Messilhac.
Montée au rocher – *On peut monter en voiture jusqu'à la petite chapelle (ouv. les après-midi en été). Tables d'orientation (côté nord, à l'opposé de la chapelle).* De là, on découvre l'immense plateau et un magnifique **panorama★★** : au nord-ouest, on aperçoit le rocher de Carlat, au nord les monts du Cantal, au sud-est les monts de l'Aubrac. En bas à droite se dresse le château de Messilhac, dominant la vallée du Goul.
Revenez sur la D 990. Après 5 km, tournez à droite dans la D 600.

★ Château de Messilhac B3

06 72 71 79 85 - chateau-messilhac.com - visite guidée juil.-août : 15h, 16h, 17h - 7 € (-16 ans 5 €).
Au bout d'un chemin non revêtu, cet ancien château féodal du 11e s., remanié au 16e s., se dresse fièrement, dans un cadre vallonné et boisé, au flanc d'une colline dominant le Goul. La **façade Renaissance★**, qu'encadrent deux tours carrées à mâchicoulis, coiffées de toits pointus, présente trois étages de fenêtres à croisillons. La porte et les deux fenêtres qui la surmontent forment un bel ensemble décoratif. Au-dessus du linteau, buste de Jean de Montamat, le bâtisseur de cette façade. À l'intérieur, l'escalier central à mur-noyau est l'un des éléments majeurs de la visite. Chacun de ses paliers est couvert de voûtes d'ogives à tiercerons retombant sur des culots sculptés dont l'un figure l'ange du Bien et l'ange du Mal. L'immense salon du 1er étage possède un magnifique pavage du 14e s. et une cheminée monumentale. La salle des gardes, qui relie les deux tours, est couverte d'une belle charpente en châtaignier du 16e s. Au château de Messilhac, fut tourné en 2009 *La princesse de Montpensier*, film de Bertrand Tavernier.
Faites demi-tour sur la D 600 direction **Raulhac**, ravissant village où une halte s'impose pour admirer l'église Saint-Pierre-es-Liens, ainsi que les magnifiques bâtisses aux toits de lauzes. *Puis continuez tout droit sur la D 59.*

4

Remarquez au passage le **château de Cropières** *(ne se visite pas)*, un bel exemple de manoir cantalien. Cette demeure à balustres fut le berceau de famille de la duchesse de Fontanges, Marie-Angélique de Scorailles, favorite de Louis XIV, morte en 1681 à l'âge de 20 ans.

Église de Jou-sous-Monjou B3

Joyau roman de haute Auvergne, exceptionnel par la richesse de son **décor sculpté★**, des chapiteaux et des modillons, doté d'un mur-clocher à peigne et d'un porche soutenu par une fine colonne. Exemple assez rare, le portail n'est pas en façade, mais situé au sud, sur le côté de l'édifice. À l'intérieur, bel arc triomphal séparant la nef du chœur, avec colonnettes adossées aux piédroits et triple rang de voussures. Remarquez aussi un chapiteau représentant le sacrifice d'Abraham ; à côté, Diable nu et furieux.

Poursuivez sur la D 59 vers le nord et tourner à droite sur la D54.

Pailherols C3

À l'entrée du bourg, dans un petit jardin clos, une installation, *Le vestiaire du berger*, marque le point de départ symbolique d'une montée aux estives. L'œuvre de l'artiste contemporaine Camille Henrot, intitulée *Ma Montagne*, qui rend hommage aux buronniers du Cantal, se déploie ensuite le long d'un chemin de randonnée où se dressent une quarantaine de sculptures inspirées de la claie, barrière mobile utilisée par les vachers pour parquer leur troupeau. Leurs formes, qui évoquent les trigrammes du Yi-King (pratique de divination chinoise), se fondent dans le paysage de ce haut plateau.

Revenez sur vos pas sur la D54 et prenez la direction de Vic-sur-Cère.

Rocher des Pendus B3

Au col de Curebourse (997 m), laissez votre voiture et prenez à gauche, face à l'hostellerie St-Clément, un chemin qui monte vers le sommet en longeant l'arête. *45mn AR.* Du haut du rocher, très beau **panorama★★** sur la vallée de la Cère, les grands sommets du Cantal, le Carladès, la Châtaigneraie, le bassin d'Aurillac.

Revenez à Vic-sur-Cère par la D 54B

Nos adresses

Hébergement/restauration

Budget moyen

Hôtel Le Beauséjour – *4 av. André-Mercier - ✆ 04 70 47 50 27 - ✆ 06 86 21 43 40 - www.beausejour-vic.fr - de mi-mai à mi-oct., vac. de Noël et de fév. - 46 ch. 75/112 € - ☕ 12 € - ✕ plats 15/19 €, menus 22/37 €.* Cette vénérable maison, largement modernisée, propose de grandes chambres impeccables, ouvertes sur la nature, un service attentionné comme on n'en fait plus, et une cuisine de très bonne tenue. Les clients fidèles sont au rendez-vous, et on les comprend.

La Grange – *23 av. Émile-Duclaux - ✆ 06 80 01 82 92 - www.lagrangerestaurant.com - menus 22/27 € - fermé dim.-lun.* De l'ancienne étable d'une grange donnant sur le jardin où il produit ses légumes, Adam a su faire un lieu convivial, où il régale ses clients. Il leur propose des plats différents selon les saisons, préparés au gré de son inspiration. Une bien belle adresse.

Pour se faire plaisir

Maison du chevalier des Huttes – *4 passage du Chevalier-des-Huttes - ✆ 04 71 62 38 51/06 33 94 86 68 - https://maisonduchevalierdeshuttes.com - 5 ch. 85/195 €, 2 nuits mini. - table d'hôte 28 € (+ 12 € avec vins).* Franchissez la porte de cette maison d'hôte hors du commun et découvrez un univers original, dont Karine et Angelo sont les maîtres d'œuvre. Karine puise en partie dans son jardin de quoi vous régaler pour le dîner, auquel elle accorde un soin particulier. Un choix et une philosophie fortement appréciés de ses hôtes...

À proximité

Premier prix

Maison de Jeanne – *R. des balcons - Thiézac - ✆ 04 71 47 04 82/06 89 23 27 57 -www.maisondejeanne.net - 4 ch. 70/80 € ☕ - table d'hôte 25 €.* Idéalement située, cette belle maison de maître propose des chambres spacieuses et décorées avec goût dans un esprit de famille. À la table d'hôtes, légumes du jardin et plaisir de la maîtresse de maison se retrouvent dans l'assiette. Enfin, Hugues, adepte du trail et de la randonnée vous concoctera un itinéraire sur mesure avec les plus beaux panoramas.

Hostellerie St-Clément – *Col de Curebourse - St-Clément - 7 km à l'est de Vic-sur-Cère - ✆ 04 71 47 51 71 - www.hostelleriesaintclement.com - P - hors sais. : fermé dim. soir et lun., fermé de fin oct. à mi-avr. - 23 ch. 68/80 € - ☕ 9/11 € - rest. ouv. jeu. au dim. midi - menus 33/39 €.* Longue façade agrémentée de balcons en bois dominant la vallée, à 1000 m d'altitude. Les chambres claires donnent sur le parc. Au restaurant, vue panoramique sur les plateaux et ravins du Carladès, et goûteuse cuisine traditionnelle...

Budget moyen

Hôtel Les Maisons des Montagnes – *Le Bourg - Pailherols - 14 km au sud-est de Vic-sur-Cère - ✆ 04 71 47 57 01 - www.auberge-des-montagnes.com - P - 14 ch. 81/91 € - ☕ 11 € - ✕ plats 16/23 €, menus 30/41 €.* Adresse d'exception : qualité de l'accueil, du service et de la table, rapport qualité prix. L'établissement familial est composé de trois maisons : l'Auberge des Montagnes, le chalet de Jean à l'arrière et Chez Marie *(4 ch. 92/114 € et 3 apparts (125/188 € - ☕ 13 €),* situé face à un étang. Vaste espace de détente, avec piscine intérieure, salles de massage et de repos. Cuisine de terroir copieuse et soignée.

Chez Mimi – *Le Bourg - Raulhac - 18 km au sud de Vic-sur-Cère par la D54 et la D59 - ✆ 04 63 41 92 01 - chezmimibistrot.fr - fermé janv. à mi-fév., mar. - menu déj. sem. 15 €, 30 € le soir.* Chez Mimi, qui a ouvert en 2021, on aime la bonne chère. Dans un décor où le bois est roi, vous dégusterez une cuisine à base de produits régionaux, rehaussée par des vins produits à Lançon-Provence et à Châteauneuf-du-Pape. Des accords parfaits, dans l'ambiance conviviale d'un des plus authentiques villages du Cantal. À louer également, 3 gîtes de charme, et de luxe!

4

Activités

Le P'tit Kiosque de la Cère – *Av. André-Mercier (entrée par le snack de la piscine) - Vic-sur-Cère - ✆ 06 87 50 89 12 - ouv. mi juin-fin août tlj 10h-23h - 7 € - location de chopper ou de rosalie 9/16 €.* Minigolf (parcours de 17 trous pour découvrir les sites touristiques du Cantal en miniature), structures gonflables, trampoline, circuit mini-kart.

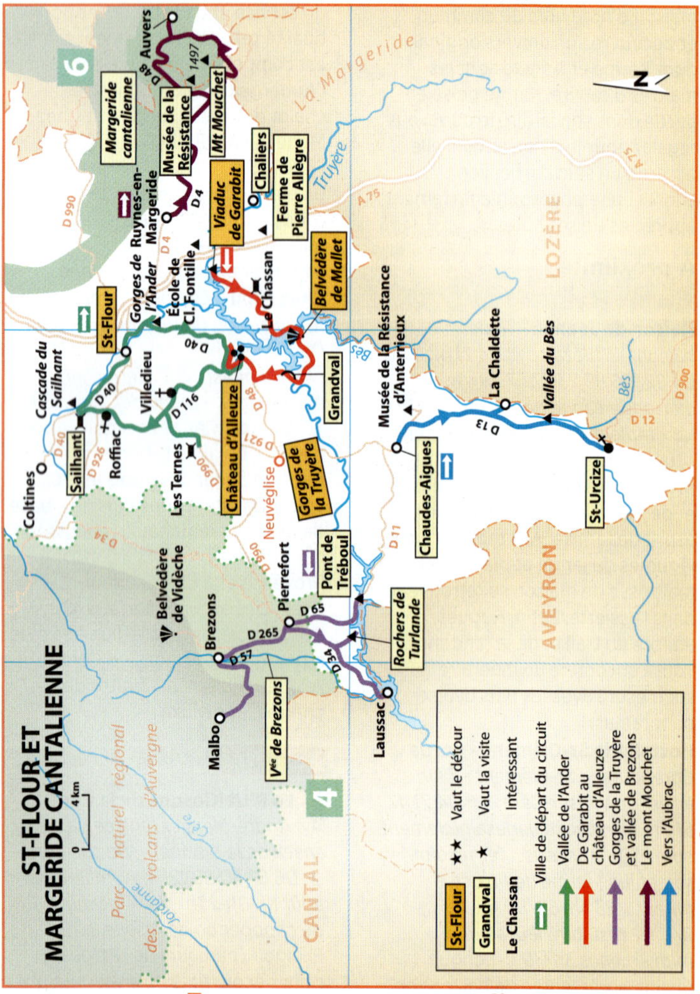
ST-FLOUR ET MARGERIDE CANTALIENNE
0 4 km
ISSOIRE, MASSIAC
MILLAU
Parc naturel régional des volcans d'Auvergne
CANTAL
AVEYRON
LOZÈRE
La Margeride
Margeride cantalienne
St-Flour
Viaduc de Garabit
Belvédère de Mallet
Château d'Alleuze
Gorges de la Truyère
Pont de Tréboul
Rochers de Turlande
Vᵉᵉ de Brezons
Musée de la Résistance
Mt Mouchet
Chaliers
Ferme de Pierre Allègre
Grandval
Sailhant
Chaudes-Aigues
St-Urcize
Cascade du Sailhant
Coltines
Roffiac
Les Ternes
Villedieu
Gorges de l'Ander
École de Cl. Fontille
Ruynes-en-Margeride
Auvers
Le Chassan
Neuvéglise
Pierrefort
Brezons
Belvédère de Vidèche
Malbo
Laussac
Musée de la Résistance d'Anterrieux
La Chaldette
Vallée du Bès
Truyère
Bès
Cère
Jordanne
1497
D 990
D 40
D 926
D 4
D 48
D 116
D 921
D 34
D 65
D 265
D 57
D 11
D 13
D 12
D 900
A 75
St-Flour ★★ Vaut le détour
Grandval ★ Vaut la visite
Le Chassan Intéressant
Ville de départ du circuit
Vallée de l'Ander
De Garabit au château d'Alleuze
Gorges de la Truyère et vallée de Brezons
Le mont Mouchet
Vers l'Aubrac

5

Saint-Flour et Margeride cantalienne

CARTE MICHELIN DÉPARTEMENTS 330 - CANTAL (15)

Saint-Flour ★★

Perché à l'extrémité de la planèze qui porte son nom, Saint-Flour occupe une table basaltique aux grandes orgues, dominant la vallée de l'Ander. La cité dresse vers le ciel les tours carrées de sa cathédrale, qui veillait autrefois sur la voie menant du Languedoc à l'ancien royaume de France. Cette ville consulaire et épiscopale animée possède beaucoup de charme. Entre la Margeride, les gorges de la Truyère et la planèze qui s'étend jusqu'au Plomb du Cantal, ce « Pays d'art et d'histoire » possède un riche patrimoine culturel.

Saint-Flour.
Sablin/Getty Images Plus

Se repérer

6 435 Sanflorains – Cantal (15)

CARTE B1 (P. 298), PLAN (P. 302).

À ne pas manquer

La cathédrale et son Christ noir ; la ville haute, dont les musées dévoilent l'histoire du pays.

Organiser son temps

Environ 1h30 pour une visite guidée du vieux St-Flour, et une journée pour découvrir la ville et ses environs.

En famille

L'office de tourisme propose des livrets-jeux sur la ville et ses monuments. Le musée de l'Agriculture auvergnate à Coltines et la cascade du Sailhant.

Carnet pratique p. 305

Nos adresses p. 305

Se promener

PLAN P. 302

★ Cathédrale St-Pierre B2

Pl. d'Armes - ☏ 04 71 60 22 50 - ♿ - juil.-août. : 8h30-19h; reste de l'année : 9h-18h.
Reconstruite à partir de 1396 en remplacement du prieuré de St-Flour, fondé par un abbé de Cluny, la basilique est achevée au milieu du 15e s. De style gothique, l'édifice, en pierre de lave de Liozargues, rappelle la vocation de forteresse de la ville. À l'intérieur, nef et bas-côtés frappent par leur sobriété. La cathédrale possède une riche collection de tableaux, à découvrir au fil des chapelles. Admirez, sous la tribune d'orgue, une **peinture murale** du 15e s. qui représente **le purgatoire et l'enfer**; face à la chaire, le grand **Christ★** en bois (12e s.), appelé aussi le « Beau Dieu noir »; dans la chapelle St-Jean-Baptiste, une **pietà** du 15e s.; dans la chapelle absidiale, la **châsse** en bronze doré contenant les reliques (1897) de saint Flour (Florus), évêque au Ve s. À voir aussi, les vitraux de Viollet-le-Duc, et le mobilier contemporain du maître-orfèvre Goudji : autel, ambon cathèdre, sièges des servants et objets liturgiques.

Tour Sud – *visites guidées juil.-août, horaires, se rens.* Haute de 35 m, elle abritait le palais épiscopal. Dans la première salle, sur le manteau de la cheminée, figurent les deux évêques qui ont participé à la construction de la cathédrale. Les peintures murales représentent la Bête de l'Apocalypse. Dans la seconde salle, scène de joute à cheval et graffitis sur les murs (la tour a servi de prison).

Terrasse des Roches B2

Derrière le chevet de la cathédrale, cette terrasse située sur les anciens remparts offre un beau **point de vue** sur la ville basse, la vallée de l'Ander et les monts de la Margeride.

★ Musée d'art et d'histoire Alfred-Douët B1-2

17 pl. d'Armes - ☏ 04 71 60 44 99 - www.musee-douet.com - ♿ - juil.-sept. : tlj 10h30-18h30; avr.-juin et oct. : merc.-sam. 14h-18h; reste de l'année : jeu.-vend. 14h-17h; vac. scol. : merc.-sam. selon les horaires de la saison - fermé 24 déc.-2 janv. - 5 € (-18 ans gratuit) - 7 € billet combiné avec le musée de la Haute-Auvergne.

Extérieur – Cette ancienne maison consulaire est constituée de trois maisons. La cour présente la physionomie des cours de St-Flour : étage de galerie et puits. La tourelle d'escalier est du 15e s., la façade, inspirée du château de Chambord, du 16e s.

Musée – Dans le cadre charmant d'un cabinet de curiosités, on découvre l'éclectique collection d'Alfred Douët (1875-1952), notaire de formation et éleveur de chevaux. Dans le vestibule, **armoire Majorelle Art nouveau★** et collection d'armes et d'armures anciennes (dont une épée à deux mains du 16e s.). Dans la bibliothèque,

5

Le Beau Dieu noir

En cœur de noyer, le Christ en Croix de la cathédrale St-Pierre, dit le « Beau Dieu noir », possède les mêmes caractéristiques stylistiques que les grands Christ romans du Cantal (Montsalvy, Valuéjols, Vebret), de la Haute-Loire (Arlet, Auzon, Lavaudieu, Lavoûte-Chilhac, Lavoûte-sur-Loire) et même de l'Aveyron (Thérondels, Salle-la-Source). Après avoir fait l'objet de nombreuses controverses portant sur leur datation, il est désormais établi que toutes ces statues à taille humaine ont été réalisées dans la seconde moitié du 12e s. par un atelier auvergnat. À l'origine polychromes, comme les Vierges noires, elles ont été noircies au 19e s., pratique courante à l'époque.

Encyclopédie de Diderot et d'Alembert. Dans la salle des Gardes, à la cheminée monumentale, et dans la salle des Consuls, collection de tapisseries et beau mobilier Renaissance. Dans la chambre Louis XVI, aux boiseries peintes, mobilier 18ᵉ s. À voir aussi : émaux limousins, verreries, étains et cuivres. La visite s'achève par un petit oratoire ; pietà et Christ aux liens, du 15ᵉ s.

★ Musée de la Haute-Auvergne B2

1 pl. d'Armes - ✆ 04 71 60 22 32 - www.saint-flour.net - juil.-sept. : tlj 10h30-18h30 ; avr.-juin, oct. et vac. scol. (hors juil.-août) : merc.-sam. 14h-18h ; reste de l'année : jeu.-vend. 14h-17h ; vac. scol. : merc.-sam. selon les horaires de la saison - 5 € (-2 ans gratuit) - 7 € billet combiné avec le musée d'art et d'histoire Alfred-Douët.

Installé dans l'ancien palais épiscopal, reconstruit au 17ᵉ s., il comprend une **section archéologique**, aménagée dans ce qui étaient les cuisines (cheminées monumentales) et le cellier de l'évêque. Les riches collections proviennent surtout des fouilles du tumulus de Mons, à St-Georges et de la nécropole de Laurie, près de Massiac. À voir aussi : un beau **jambart★** en bronze à six anneaux réunis par une tige d'assemblage. Une des salles présente un buron du Cantal avec son four voûté de pierre.

Dans la salle capitulaire, seul vestige roman du prieuré, sont exposés le **trésor★** de la cathédrale (ornement du roi en soie lyonnaise brodée de fils d'or) et des portraits d'évêques. Dans l'ancienne chapelle privée de l'évêque, au splendide plafond peint classé, statue reliquaire de saint Pierre du 12ᵉ s., en bois polychrome, provenant du prieuré de Bredons *(voir Murat, p. 280)*, une statue de saint Flour du 14ᵉ s., neuf panneaux du 16ᵉ s. en bois sculpté et un bel ensemble de statues mariales des 12ᵉ au 18ᵉ s.

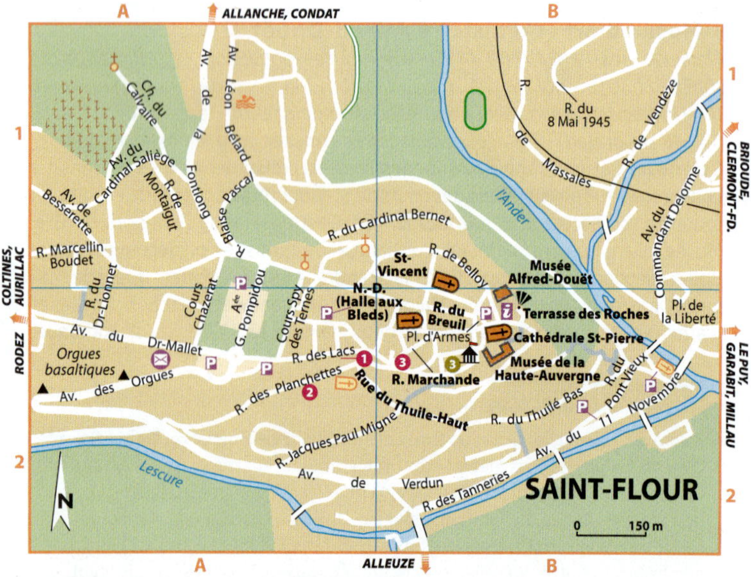

SE RESTAURER
Chez Geneviève 1

Hôtel-restaurant Ancien Grand Séminaire 2
La Folie des sens............ 3

SE LOGER
Chambres d'hôte La Maison d'Adélaïde 3

Les autres salles sont consacrées au mobilier et à l'art populaire de haute Auvergne du 19e s. et du début du 20e s. : instruments de musique, chapeaux et coiffes, bois sculptés régionaux, mobilier cantalien.

Dans la ville haute

De la place d'Armes, bordée d'arcades et de façades anciennes, gagnez la rue Sorel où se trouve l'**église St-Vincent** (B1), ancien couvent dominicain *(ouv. lors d'expositions artistiques, se rens.)*.

Empruntez à gauche la rue des Jacobins, puis la rue de la Collégiale, qui tire son nom d'une église du 14e s., la **collégiale Notre-Dame (ou halle aux Bleds B2)**, un bel exemple d'édifice de style gothique flamboyant. Elle fut édifiée à l'emplacement d'une église romane dédiée à sainte Foy, étape sur la route des pèlerins de St-Jacques-de-Compostelle. Son plan, plus modeste, rappelle celui de l'abbatiale St-Robert à La Chaise-Dieu *(voir p. 441)*. À la Révolution, l'église fut transformée en halle aux grains, et ses chapelles mises en bail. Sa restauration lui a redonné toute sa splendeur, son unité et sa disposition d'origine (restitution de son dallage en pierre, et de ses voûtes en bois). Les vitraux contemporains, la rose et le portail en bronze sont de Marino di Teana. La halle aux Bleds abrite un marché l'hiver, des concerts, spectacles et expositions l'été.

La **rue Marchande** (B2) possède quelques vieilles maisons remarquables : au n° 31, la maison du Gouverneur, hôtel du 15e s. dont on voit la façade et la cour ; au n° 15, l'hôtel Brisson avec une cour du 16e s., aux fenêtres originales séparées par des colonnes à torsades.

Autres rues intéressantes : **rue du Breuil** (B2 *maison du 15e s. au n° 8*) et **rue du Thuile-Haut** (A-B2). Celle-ci rejoint la porte du Thuile qui, au Moyen Âge, était protégée par une double herse et une porte en bois (thuile vient du latin *tegulum*, égout).

À proximité

CARTE P. 298

Coltines B1

De St-Flour, prenez la D 926 direction Murat, puis à droite la D 14.

Une promenade dans le village de Coltines, sur la planèze de St-Flour, vous permettra de voir en situation les maisons-blocs, typiques de la région, le lavoir, les fours à pain et les fontaines où s'abreuvaient les animaux.

★ **Musée de l'Agriculture auvergnate** – *Le Bourg - 04 71 73 27 30 - www.coltines-musee.com - - juil.-août : 9h30-12h, 14h-18h30 ; reste de l'année : se rens. - 8 € (-10 ans 4 €).* Comment reconnaître l'orge du blé, la vache salers de la limousine ? Rendez-vous dans ce musée, installé dans une maison du 17e s. Une mise en scène vivante et interactive invite à découvrir l'agriculture auvergnate au fil des saisons, telle qu'elle se pratiquait du début du 20e s. aux années 1950.

5

Vallée de l'Ander

CARTE P. 298 BC1

Circuit de 44 km, tracé en vert sur la carte p. 298.

Quittez St-Flour par l'est en empruntant la D 990. Prenez sur la droite la D 250.

Gorges de l'Ander C1

La route longe la rivière qui coule entre des versants rocheux ou boisés. Le chemin se termine dans un méandre pittoresque, au lieu-dit Le Bout-du-Monde.

Faites demi-tour. Reprenez la D 250 sur la gauche, puis encore à gauche pour emprunter une petite route en direction de Grizols. Après le hameau, prenez à gauche sur la D 40.

★★ Site du château d'Alleuze B1 *(voir p. 311)*

Quittez Alleuze par le nord en empruntant la D 116.

Église de Villedieu B1

L'église Notre-Dame-de-la-Nativité, mi-romane, mi-gothique, présente une jolie porte munie d'un **heurtoir** en fer forgé. Dans le chœur, remarquez le beau maître-autel, les stalles et le lutrin, finement sculptés.

Poursuivez sur la D 116. Au croisement, prenez la D 921 sur la gauche.

Château des Ternes B1

✆ 04 71 73 00 60 (mairie) - www.les-ternes.fr - fermé pour travaux. Le parc reste accessible avec des tables de pique-nique et des jeux.

Ce château de l'époque féodale, détruit pendant la guerre de Cent Ans, fut reconstruit au 15e s., puis remanié au 19e s. À partir de 1909, Alfred Douët s'est efforcé de rendre à l'édifice son aspect primitif.

Reprenez la D 921 vers le nord, puis la D 926 en direction de Murat.

Église de Roffiac B1

Cette église du 12e s., romane pour l'essentiel (la sacristie et la tour d'escalier font exception), est dédiée à saint Gal et présente un bel exemple de clocher à peigne percé de quatre baies. On peut aussi découvrir onze **chapiteaux** aux thèmes divers, dont la Luxure et Michel terrassant le dragon.

La sobriété de la façade ne laisse rien transparaître de la richesse du décor intérieur, aux fresques et chapiteaux peints. L'édifice est composé d'une nef voûtée en berceau et d'un chevet pentagonal. Remarquez les chapiteaux des griffons au calice, des sirènes, de Samson chevauchant un lion... Du château du 13e s., dont elle était la chapelle, il ne reste que la tour d'escalier.

Quittez Roffiac par le nord en empruntant la D 404, puis la D 340. Laissez votre voiture sur le parking du château du Sailhant.

★ Château du Sailhant B1

✆ 04 71 60 98 00 - www.sailhant.com - visite guidée (50mn) juin-sept. : 10h-12h, 14h-18h ; avr.-mai et oct. : 14h-18h - tlj en juil.-août, fermé lun.-mar. en avr.-juin et lun. en sept.- pendant vac. scol. se rens. - 13 € (-12 ans 7 €).

Ce château médiéval se repère de loin sur un éperon barré de plus de 30 m de haut. Son histoire commence au 11e s. et se poursuit au 14e s. Pour se protéger des pillards, il se dote alors d'une tour et d'un mur défensif avec un système de pont-levis. En 1880, Mary Raynaud, fondateur à Paris de la Banque d'État, achète le château et le fait transformer en une bâtisse imposante, édifiant des tours et faisant surélever celles qui existaient déjà. En 1997, le Sailhant est racheté par l'architecte-designer américain Joseph Pell Lombardi qui entreprend une longue campagne de restauration. Entièrement et luxueusement meublé, le château est ouvert à la visite : le parcours inclut la chapelle, la salle à manger, la grande salle seigneuriale, la chambre seigneuriale, la bibliothèque et la cuisine. Une visite documentée, à ne pas manquer.

Cascade du Sailhant B1

15mn AR. Le sentier d'accès à cette cascade, qui porte également le nom de cascade du Babory, longe de spectaculaires rochers volcaniques qui supportent le château du Sailhant. La cascade tombe dans un hémicycle de hautes falaises ; dans le creux repose un petit lac.

Quittez Le Sailhant par le sud sur la D 40. La D 679 ramène à St-Flour.

Carnet pratique

S'informer

Office de tourisme – *17 bis pl. d'Armes - ✆ 04 71 60 22 50 - www.pays-saint-flour.fr.* L'office de tourisme organise des visites guidées.

2ᵉ bureau (ville basse) – *35 pl. de la Liberté - ♿.*

Arriver/partir

Se garer –Dans la ville haute, grand parking, sur les allées Georges-Pompidou. Plus proche du centre, le parking situé sur le parvis de la cathédrale, place d'Armes.

Agenda

Hautes Terres – *1ᵉʳ w.-end de juil. - www.festivalhautesterres.fr.* Concerts (artistes internationaux), expositions, marché des saveurs et de l'artisanat des montagnes.

Chemin d'art – *De mi-juil. à mi-sept. - www.chemindart.fr.* Biennale d'art contemporain.

Festival de jazz – *Déb. août - www.pays-saint-flour.fr.* Concerts en terrasse et sur les places. Déambulations dans la ville.

Nos adresses

Restauration

PLAN P. 302

Budget moyen

❶ **Chez Geneviève** – A2 - *25 r. des Lacs - ✆ 04 71 60 17 97 - www.restaurant-saint-flour.com - tlj en juil.-août ; hiver : fermé dim.-lun. et merc. soir - plats 15/19 €, menu 29,50 €.* Chez Geneviève, on joue souvent à guichets fermés. Les raisons du succès de ce petit restaurant, situé dans la ville haute : une ambiance conviviale et une généreuse cuisine du terroir, inventive, utilisant les produits frais.

❷ **Hôtel-restaurant Ancien Grand Séminaire** – A2 - *R. des Planchettes - ✆ 04 71 60 10 08 - www.hotel-restaurant-grand-seminaire.fr - fermé dim. soir, lun. midi et soir et mar. midi - formule du j. 15 €, menu du j. sem. 22 €, menus 39/49 € - 72 ch. 39/99 € - ☕ 10 €.* Côté restauration, une cuisine conviviale et inventive, où les produits du terroir sont parfaitement mis en valeur. Côté hôtellerie, une large gamme : des chambres des pélerins aux chambres prestige. Quant au cadre, il est unique : qui n'a rêvé un jour de déposer ses bagages dans un lieu chargé d'histoire, avec une cour intérieure répertoriée au patrimoine de France ?

❸ **La Folie des sens** – B2 - *36 r. de la Rollandie - ✆ 04 71 60 42 21 - www.folie-des-sens.fr - fermé merc. en saison, mar.-merc. hors saison - menu du j. sem. 14,50 €, menus 25,50/37,50 €.* Ce restaurant ne désemplit pas... Le foie gras de canard poêlé aux escargots de Bourgogne persillés est l'une des spécialités. Mais Marie et Christophe ont bien d'autres cordes à leur arc, comme la cuisine japonaise : le nom des menus est à lui seul une invitation au bonheur, dans un décor très réussi, aux couleurs douces

Petite pause

Le Manoir des Saveurs – *54 av. du Lioran - D 926 (zone commerciale de Montplain) - ✆ 04 71 60 28 18 - 🅿 ♿ - 6h30-19h30 - fermé dim.* À l'ouest de la ville. Large sélection de pains cuits au four à bois (aux olives, au miel et noisettes...) et salon de thé.

5

Shopping

Crémerie des Lacs – *53 r. des Lacs - ✆ 04 71 60 08 20 - mar.-sam. 9h-12h30, 14h30-19h, dim. et j. fériés : 9h-12h30 - fermé lun.* Vous trouverez ici un grand choix de fromages d'Auvergne AOP provenant directement du producteur, mais aussi des produits cantaliens, lentille blonde de St-Flour, pois de la Planèze, jus de pommes et cidre de la haute Auvergne, confitures, et un accueil souriant

Les Caves du palais – *1 pl. du Palais de justice - ✆ 04 71 60 71 09 - mar.-sam. 9h-12h30, 14h-19h30, dim. 9h30-12h, fermé lun.* Un large choix de vins et de spiritueux. Conseils personnalisés.

La Fromagerie de Saint-Flour – *2 r. Léopold-Chastang - ✆ 04 71 60 53 28 - www.fromagerie-saint-flour.fr - 9h30-12h, 14h-18h, sam. 9h30-12h - fermé dim.-lun.* Dédiée aux persillés d'Auvergne, la marque retranscrit l'authenticité, les 50 ans de savoir-faire et la passion du métier qui rassemblent éleveurs, affineurs et fromagers. Bleu d'Auvergne AOP, fourme d'Ambert AOP, carré d'Aurillac et saint-flour sont prêts à être dégustés....

Hébergement

PLAN P. 302

Budget moyen

Grand Hôtel de l'Étape – HORS PLAN - *18 av. de la République - D 909 - ✆ 04 71 60 13 03 - www.hotel-etape.com - P ♿ - 22 ch. 72/110 € - ☕ 13 € - ✕ - menus 16/32 €.* Depuis trois générations, le Grand Hôtel de l'Étape défend vaillamment sa partie. Les chambres sont vastes et impeccables. Pour la vue, préférez celles sur la montagne. Au restaurant, vous dégusterez de généreux plats régionaux : tarte feuilletée au cantal, tripoux, entrecôte au bleu, pavé de bœuf grillé. Service très attentionné.

Pour se faire plaisir

(3) **Chambres d'hôte La Maison d'Adélaïde** – B2 - *12 r. de la Rollandie - ✆ 04 71 73 96 50 - www.maisonadelaide.com - 4 ch. 100/135 € ☕.* Situé dans la ville haute, côté cathédrale, cet hôtel particulier du 19e s., ancienne demeure d'un marchand de tissus, propose des chambres personnalisées, entre charme bourgeois et lignes contemporaines. Belles boiseries dans la salle à manger. Jardin privé en contrebas, à quelques mètres de la maison.

Gorges de la Truyère ★★

De Garabit à la vallée de Brezons

La Truyère a creusé, dans les plateaux de la haute Auvergne, des gorges étroites, profondes, sinueuses et sauvages. Elles figurent parmi les plus belles curiosités naturelles de la France centrale. Des barrages, créés pour l'industrie de la houille blanche, les ont transformées en lac, modifiant leur aspect sans nuire à leur beauté. La découverte du viaduc de Garabit et du château d'Alleuze vous fera forte impression. À l'ouest, la spectaculaire vallée de Brezons offre des paysages à couper le souffle.

Se repérer

Cantal (15)

CARTE B1 (P. 298).

Les gorges de la Truyère commencent au sud-est de St-Flour, juste avant le viaduc de Garabit, et se terminent à Entraygues, à la confluence avec le Lot. Aucune route ne permet de suivre longtemps la vallée, mais beaucoup la coupent et offrent de très beaux points de vue.

À ne pas manquer

Les paysages depuis les belvédères de Mallet et de Vidèche, le site du château d'Alleuze et le viaduc de Garabit. La vallée de Brezons.

Organiser son temps

Une journée pour un aperçu des gorges.

En famille

Ruines féodales du château d'Alleuze ; bateau sur le lac de Garabit-Grandval et autres activités nautiques de la région ; cascades de la vallée de Brezons.

Carnet pratique p. 313

Nos adresses p. 313

Circuits conseillés

CARTE P. 298

Assez faiblement peuplée et comportant peu d'infrastructures routières, la vallée étroite de la Truyère se prêtait bien à la mise en eau et à la construction de barrages-réservoirs : ses versants sont constitués de roches granitiques résistantes. Les travaux de l'usine de **Brommat** débutèrent en 1914 et furent interrompus par la Grande Guerre. Sa mise en service eut lieu en 1932. Le dernier ouvrage de la vallée, en amont du **pont de Lanau**, date de 1962 et permet l'utilisation intégrale de la différence d'altitude existant entre Garabit et Entraygues-sur-Truyère.

★★ De Garabit au château d'Alleuze BC1

Circuit de 60 km tracé en rouge sur les cartes p. 298 et p. ci-contre.

★★ Viaduc de Garabit

04 71 60 22 50 - mise en lumière du site de Garabit juin-août : de la tombée de la nuit jusqu'à 1h ; reste de l'année : se rens. ; nuit de Pâques, 14 Juil., 15 août, nuit de Noël et 1er janv. tte la nuit.

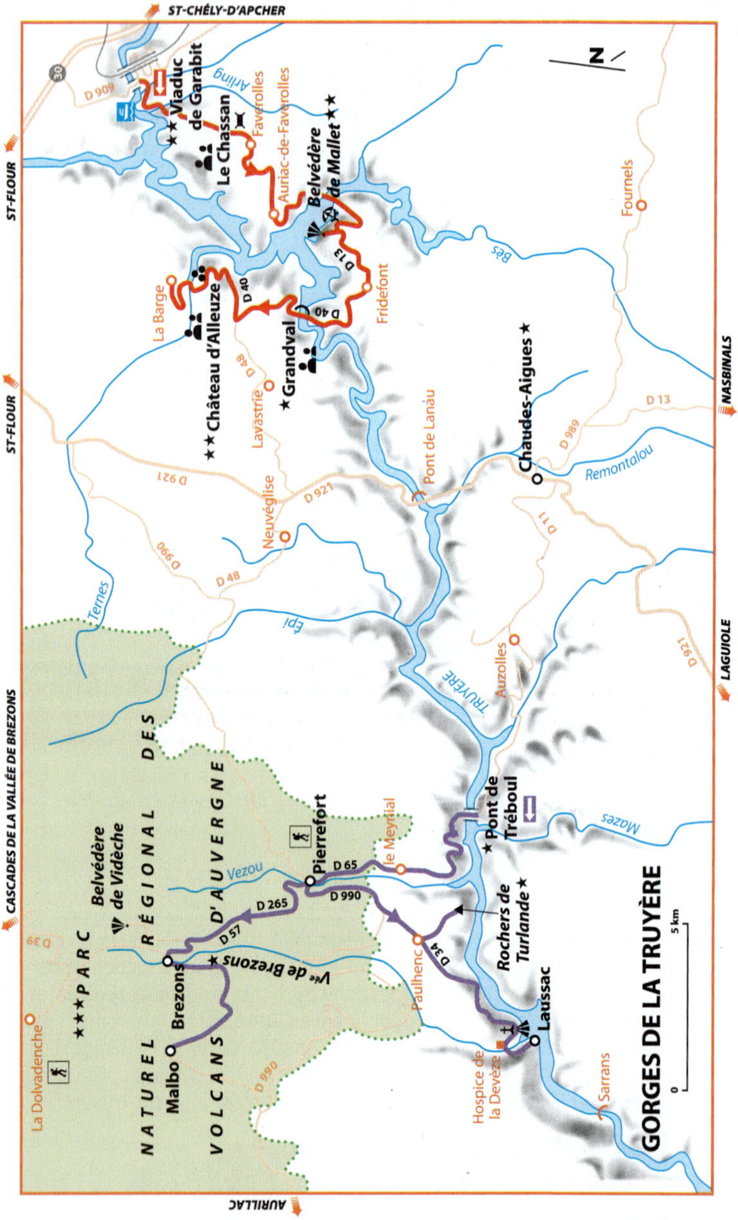
GORGES DE LA TRUYÈRE
ST-CHÉLY-D'APCHER
ST-FLOUR
ST-FLOUR
CASCADES DE LA VALLÉE DE BREZONS
AURILLAC
NASBINALS
LAGUIOLE
★★ Viaduc de Garabit
Le Chassan
Faverolles
Auriac-de-Faverolles
Belvédère de Mallet ★★
Fridefont
★★ Château d'Alleuze
La Barge
★ Grandval
Lavastrie
Chaudes-Aigues ★
Fournels
Pont de Lanau
Neuvéglise
Remontalou
Auzolles
TRUYÈRE
★ Pont de Tréboul
Mazes
Rochers de Turlande ★
Laussac
Sarrans
Hospice de la Devèze
Paulhenc
le Meynial
Pierrefort
Vezou
Brezons
★ Vée de Brezons
Malbo
La Dolvadenche
Belvédère de Vidèche
★★★ PARC NATUREL RÉGIONAL DES VOLCANS D'AUVERGNE
Ternes
Epi
Bès
Arling
D 909
D 40
D 13
D 48
D 921
D 990
D 989
D 11
D 65
D 990
D 265
D 57
D 34
D 39
0
5 km
N

Les gorges de la Truyère et le viaduc de Garabit construit par Gustave Eiffel.
Leonid Andronov/Getty Images Plus

Le viaduc est une œuvre élégante et audacieuse. Son plan est dû à l'ingénieur **Léon Boyer** et sa construction à **Gustave Eiffel** *(voir ABC d'architecture, p. 571)*. C'est grâce à l'expérience acquise à Garabit (1880-1884) qu'Eiffel put concevoir et réaliser à Paris sa fameuse Tour, pour l'Exposition universelle de 1889.
Cet ouvrage exceptionnel, repeint en rouge (sa couleur d'origine), tranche sur le vert des versants encaissés, tantôt couverts de bois, tantôt hérissés de rochers. La construction du viaduc ferroviaire permit de relier Paris à Béziers, désenclavant le Massif Central. À la nuit tombée, il s'illumine et prend une allure encore plus admirable. Depuis l'achèvement du barrage de Grandval, l'eau atteint les piles de soutien de l'ouvrage, qui domine encore de 95 m le niveau maximal de la retenue.
À la sortie sud du pont, prenez à droite vers Faverolles.
La route franchit le ravin rocheux de l'Arcomie, affluent de la Truyère, noyé aux plus hautes eaux par la retenue de Grandval. Puis, longeant le lac de barrage, elle traverse le ruisseau d'Arling et s'élève sur le plateau vers Faverolles, d'où l'on aperçoit les monts du Cantal, de la Margeride et de l'Aubrac.

5

Château du Chassan

04 71 23 43 91 - visite guidée (45mn) fin juil. à fin août sf sam. 14h-19h30 ; mai-juin et sept.-oct. : sur demande préalable (2 pers. mini) - 6 € (-13 ans 3 €).
Dans une région où abondent les forteresses médiévales, ce château d'agrément offre une silhouette apaisante. C'est au 18e s. que Jean-François de Ponsonnaille démolit le château féodal de Faverolles pour construire celui-ci, resté depuis propriété de la famille. Le corps de logis, dont la sobre façade s'orne d'un balcon sculpté, est flanqué de deux ailes : l'une habitée, l'autre transformée en salle d'exposition.
Dans le vestibule s'élève un très bel escalier surmonté d'une arcade en anse de panier. Au mur, une couverture de cheval du 15e s. porte les armes des Ponsonnaille : trois cloches, ou sonnailles, encadrées par deux lions et coiffées de la couronne comtale. Dans la salle à manger, vaisselier en chêne aux proportions harmonieuses.

Château d'Alleuze, lac de retenue de Grandval.
F. Cormon/hemis.fr

De belles tapisseries de Felletin, dont les sujets sont empruntés à la Bible, garnissent les murs du salon et de l'antichambre. À la belle saison, le château s'illumine chaque soir, pour le bonheur des visiteurs.

Quittez Faverolles vers le sud-ouest (D 13).

Après Auriac-de-Faverolles, la D 13 offre de belles échappées sur les vallées inondées de la Truyère et du Bès, à leur confluent. Après avoir franchi le Bès, la route s'élève, offrant des points de vue sur deux îlots rocheux : ces anciens pitons caractérisaient le cirque de Mallet, dont le village disparut lors de la mise en eau, en 1959.

★★ Belvédère de Mallet

Garez-vous après un virage prononcé à gauche pour apprécier une belle **vue** sur la retenue de Grandval.

À Fridefont, abandonnez la D 13 et prenez à droite la D 40, qui descend en lacet dans la vallée et passe sur la crête du barrage.

★ Barrage de Grandval

Mis en service en 1959, cet ouvrage, long de 376 m et haut de 79 m, comporte six voûtes de 50 m, dont les portes s'appuient sur d'épais contreforts. Sa construction a nécessité 190 000 m³ de béton, soit moins de la moitié du volume qu'aurait exigé celle d'un barrage-poids équivalent. La voûte centrale abrite une usine circulaire couverte d'un dôme métallique, équipée de deux groupes de 34 000 kWh chacun, et qui assure une production annuelle de 144 millions de kWh. D'une capacité de 270,6 millions de m³, la retenue s'étend sur une longueur de 28 km à l'amont du barrage et recouvre une surface de 1 100 ha.

Continuez sur la D 40, que vous suivrez à droite, au carrefour avec la D 48.

★★ Site du château d'Alleuze

Accès libre. En juil.-août, des visites contées en nocturne sont organisées. Se rens. à l'office de tourisme (04 71 60 22 50).

Il n'est guère en Auvergne de lieu plus romantique que celui-ci. Les ruines féodales du château d'Alleuze se dressent sur une butte rocheuse et dénudée, d'où elles dominent de près de 30 m le plan d'eau formé par la retenue de Grandval. Depuis la sinueuse D 40, les vues sont saisissantes.

Pour voir le château de près, continuez sur la D 40 jusqu'au calvaire moderne qui avoisine la petite chapelle romane de St-Illide (12e-15e s.) et garez-vous près du cimetière. Le château est ensuite accessible à pied *(5mn)* par un sentier parfois escarpé *(ou laissez votre voiture à hauteur du monument aux morts, à La Barge, puis 20mn AR; chemin de croix et château illuminés).*

Histoire – Bâtie au 13e s. par les connétables d'Auvergne, la forteresse, composée d'un vaste donjon flanqué de quatre tours rondes, appartenait aux évêques de Clermont quand, au cours de la guerre de Cent Ans, un aventurier au service des Anglais, **Bernard de Garlan**, s'en empara. Pendant sept ans, il sema la terreur, pillant et rançonnant les contrées voisines. Après son départ, les habitants de St-Flour incendièrent le château en 1405, qu'ils durent aussitôt reconstruire sur ordre de l'évêque. Pour l'anecdote, le site d'Alleuze est visible dans la fameuse scène de poursuite de *La Grande Vadrouille* (Gérard Oury, 1966).

Retournez à La Barge, prenez à gauche vers Lavastrie (D 48) jusqu'à l'intersection avec la D 921. À droite, celle-ci mène à St-Flour; à gauche à Chaudes-Aigues, vers le circuit « Vers l'Aubrac », p. 321.

★★ Gorges de la Truyère et vallée de Brezons BC1

Circuit de 41 km tracé en violet sur les cartes p. 298 et p. 308.

★ Pont de Tréboul B2

Ce pont suspendu (159 m entre les piles) est un remarquable ouvrage moderne. Il remplace un pont gothique construit par les Anglais au 14e s. et submergé par la retenue en même temps que le village de Tréboul. En période de basses eaux, le vieux pont gothique apparaît encore.

Franchissez la retenue sur le pont de Tréboul, prenez à gauche la D 65 vers Pierrefort.

Sur la rive droite, la route continue à suivre la retenue puis, après quelques lacets, s'élève dans les bois.

Pierrefort B1

Cette petite ville conviviale est un agréable lieu de villégiature, au débouché de la vallée de Brezons, entre Sanflorain, monts d'Aubrac et gorges de la Truyère. C'est aussi le village natal de **Jean Todt**, patron des écuries automobiles de Peugeot (rallyes), puis de Ferrari, avec qui il remporta le titre mondial des constructeurs de F1 et le titre mondial des pilotes (M. Schumacher) à plusieurs reprises. Un tour dans le village s'impose, afin d'admirer les belles maisons et l'émouvante chapelle de Planchis, restaurée en 2014 *(en cas de fermeture, demander la clé au bureau de tourisme de Pierrefort; fournir une pièce d'identité)*. Le visiteur trouvera 13 bornes informatives qui le guideront le long d'un parcours intitulé « Histoire et savoir ».

Aux alentours, des promenades balisées vous mèneront vers les cascades de **Maleval** à Oradour et du **Capat** à Malbo.

De Pierrefort, prenez la D 265 vers Brezons.

Brezons B1

Dans le village ne manquez pas l'église du 11e s., flanquée d'un beau clocher-peigne. Un sentier (fléché) mène au **belvédère de Vidèche**, d'où l'on jouit d'une magnifique vue sur la vallée. Observez, sur votre droite, le château de la Boyle, une forteresse quasi aveugle du 14e s., qui se détache dans le lointain.

Vous pouvez aussi découvrir les **cascades de la vallée de Brezons★**, bucolique à souhait, dont Haroun Tazieff disait qu'elle était l'« une des plus belles vallées en auge d'Europe » *(dép. de La Dolvadenche, 8 km au nord de Brezons - parking, tables de pique-nique - rens. au bureau de tourisme ✆ 04 71 23 38 04 - www.pays-saint-flour.fr - nombreuses balades, de 30mn à 3h30, voir « Nos adresses/activités »).*

Malbo A1

De Brezons, redescendez la D 57 puis à droite la D 67 et remontez par la D 54 direction Malbo (accès en voiture par une piste de terre après Polverelles (800 m) ou à pied 4,5 km) -accès libre d'avr. à nov. - ✆ 04 71 23 38 04.

À 4 km au nord de Malbo, sur le **site archéologique de Rissergues**, à 1285 m d'altitude, les archéologues ont découvert un hameau datant de l'an mille, très bien conservé, sous forme de cultures en terrasse et de murets en pierres sèches remarquables.

Redescendez par la D 54, la D 354 et puis prenez la D 990 vers Paulhenc.

★ Rochers de Turlande B2

Accessible depuis le hameau de Laborie, sur la commune de Paulhenc.

Ce magnifique site aux rochers très dentelés surplombant les gorges de la Truyère est orné de rose par des filons de quartz. Vue panoramique sur les gorges de la Truyère.

La **chapelle romane** de Turlande, qui était la chapelle du château aujourd'hui disparu, est ouverte à la visite en juil.-août (*https://les-amis-de-turlande.fr*).

Revenez vers Paulhenc puis suivez la D 34 vers le sud.

Passé Paulhenc, la route revient dans la vallée de la Truyère, extrêmement boisée, et domine de haut le lac-réservoir. Tracée au flanc de la montagne, elle descend presque au niveau du lac et offre une jolie vue sur Laussac. Elle passe ensuite devant l'hospice de la Devèze (du calvaire, belle vue sur la retenue de Sarrans).

Laussac A2

Ce village de l'Aveyron est bâti sur un promontoire que l'immersion de la vallée a transformé en **presqu'île**. La baignade est autorisée et surveillée en juil.-août.

Carnet pratique

S'informer

Office du tourisme de Pierrefort – *29 av. Georges-Pompidou - ✆ 04 71 23 38 04 - www.pays-saint-flour.fr.* **Office du tourisme de Neuvéglise** – *Le Bourg - ✆ 04 71 23 85 43.*

Agenda

Fête des Tersons Aubrac – *2 j., 2 sem. avant Pâques - à Pierrefort.* Festivités autour de la race aubrac.

Festival Caillou Costaud – *2e sam. de juil. à Pierrefort.* Activités « frisson », marché de producteurs locaux et d'artisans, ateliers de sensibilisation à l'écologie... En soirée, concerts.

Championnat européen de boules carrées – *1 j. en août - à Pierrefort.* Concours ouvert à tous, inscriptions sur place.

Fête de la fenaison et du battage – *Dern. w.-end de juil. à Orcières de Neuvéglise.* Découverte des gestes d'autrefois, repas auvergnat, animations.

Nos adresses

Restauration

Premier prix

Auberge du Château d'Alleuze – *La Barge - Alleuze - ✆ 04 71 60 92 61 - www.auberge-chateau-alleuze.com - ♿ - fermé lun.-merc. hors sais. - plats 17/19 €., menu 30 €.* Dans ce restaurant installé sur les hauteurs d'Alleuze, le jeune chef créatif ravit nos papilles avec des produits locaux et renouvelle les saveurs du terroir cantalien.

Hébergement/restauration

Premier prix

Hôtel du Midi – *5 av. G.-Pompidou - Pierrefort - ✆ 04 71 23 30 20 - www.hoteldumidi-pierrefort.com - ♿ - fermé autour de Noël - 13 ch. 70/74 € - ☕ 9 €.* L'hôtel du Midi est l'histoire d'une aventure familiale. Il est installé dans des murs dont l'épaisseur et la beauté des voûtes garantissent des siècles d'existence, et où les Charbonnel s'appliquent à donner le meilleur d'eux-mêmes.

Ferme de Cantagrel – *La Terrisse - Sainte-Marie - ✆ 06 23 67 64 50 - ✆ 06 31 42 96 65- www.lafermedecantagrel.fr - 1 gîte 6 pers., 1 gîte 12 pers. - tte l'année* Les activités de la ferme, Angèle les connaît bien. Ses arrière-grands-parents vivaient déjà ici. Avec son frère Martin, elle a repris l'exploitation : leurs vaches laitières permettent de fabriquer du cantal au lait cru *(voir « Shopping »)*. À la Ferme de Cantagrel, on baigne dans le vert, mais aussi dans le bleu de la piscine, face à un cadre magique.

Budget moyen

Domaine de la Bâtisse – *Lieu-dit Grandval - Lavastrie - Neuvéglise-sur-Truyère - ✆ 06 78 78 14 26 - domaine-batisse.com - 5 ch. 90 € (ch. 4 pers. 120 €) - table d'hôte sur réserv. (plat, dessert, café, bnc, 20 €).* Au sein d'un paysage qui s'étend à perte de vue, cet ancien corps de ferme domine le lac de retenue du barrage de Grandval. Les tons ocre, brun, gris et blanc des chambres et des salons composent un ensemble harmonieux. Une halte bienvenue dans un environnement d'un calme absolu... Les hôtes se feront un plaisir de vous donner des conseils de randonnées et un terrain de pétanque vous attend.

Le Relais de la Poste – *Cordesse - Neuvéglise - D921 - ✆ 04 71 23 82 32 - www.relaisdelaposte.com - 🅿 parking ext. gratuit et*

5

garage int. 5 €/nuit - fermé de mi-nov. à mi-mars - 8 ch. 100/115 € et 1 suite 160 € - ☕ 11 € - ✕ menus 18/45 €. Maison de caractère aux aménagements contemporains, construit dans le respect de l'architecture traditionnelle, jardin d'agrément ombragé. Cuisine traditionnelle revisitée. Accueil attentif. Idéalement situé aux portes de l'Aubrac.

Roulotte « Acabatz de dintrar » – *8, Les Roussinches - Brezons - ✆ 06 03 89 69 76 - déb. avr. à fin déc. - 90 € ☕ - tarif dégressif à partir de 2 nuits - table d'hôte 20 €.* Cela vous tenterait de vous ressourcer dans une roulotte au pied du Plomb du Cantal à 900 m d'alltitude ? Martine vous y accueille quand vous le souhaitez !

Shopping

Boucherie Dutrevis – *14 pl. de la Fontaine - Pierrefort - ✆ 04 71 23 33 04 - 9h-12h30, 15h-19h - fermé lun. et dim.* Belle boucherie à l'ancienne. La viande est goûteuse à souhait, c'est l'une des meilleures du Cantal. Faites aussi provision de saucisse sèche et de salaisons.

Fromagerie des Monts du Cantal – *Faverolles - Pierrefort - ✆ 04 71 23 37 81 - www.fromages-du-cantal.com - mar.-sam. 9h-13h sf j. fériés, vac. scol. merc. et vend. 16h-18h.* Dans cette boutique vous trouverez les fromages cantal AOP, la tomme de montagne, la tome fraîche et le petit pierrefortais, produits entre autres grâce au bon lait des vaches de la ferme de Cantagrel...

Activités

Base de loisirs Garabit-Mallet – *Lac de Garabit-Grandval - Faverolles - presqu'île du Cheylé - ✆ 04 71 23 47 00 - www.basedeloisirs-garabit-mallet.com - de mi-avr. à déb. nov.* Base de loisirs nautiques, école de voile, stages. Activités à partir de 3 ans.

Plage de Mallet – *Fridefont - ✆ 04 71 23 47 00.* Baignade surveillée juil.-août. Location de pédalos, canoës.

Base nautique de Lanau – *Neuvéglise-sur-Truyère - ✆ 04 71 23 93 17 - www.basenautiquedelanau.fr - ouv. tlj début mai à la Toussaint 10h-18h (22h juil.-août).* Pour découvrir l'environnement exceptionnel des gorges de la Truyère. Activités encadrées ou en location à partir de 3 ans : canoës, kayaks, pédalo, grands canots canadiens, dragon boat, paddle, barque électrique, sorties en eaux vives. Café avec terrasse (cocktails, tapas), aire de pique-nique et jeux. Concerts.

La haute vallée de Brezons – *3 randonnées balisées vers 5 cascades - dép. commun apr. le village de* **La Dolvadenche** *(8 km au nord de Brezons ; parking, tables de pique-nique).*

Cascade du Saut de la Truite – *40mn AR, 600 m, balisage bleu, à partir de 3 ans.* Dans le bois de Grandval, le ruisseau fait un sacré bond... que les truites doivent effectuer dans l'autre sens !

Boucle de la Biche – *Circuit de 1h30, balisage bleu, à partir de 8 ans.* Cascades du Saut de la Truite, de Livernade, de l'Arbre de la Biche et du Traou de Longue.

Boucle de Grandval – *Circuit de 3h30, balisage jaune, à partir de 12 ans.* Accès aux cascades précédentes, ainsi qu'au cirque et à la cascade de Grandval.

Randonnées pédestres et VTT – *✆ 04 71 23 38 04 - www.pays-saint-flour.fr - circuits disponibles à l'office de tourisme. VTT : 11 circuits balisés.* Sorties encadrées par un accompagnateur diplômé également proposées. Le bureau de tourisme de Pierrefort loue des VTT et VTCAE sur réserv. Pour les personnes à mobilité réduite, randonnées à joëlette sur demande.

Margeride cantalienne ★

Pays de plateaux vallonnés, la Margeride est couverte d'immenses pâtures parsemées de bois de pins, de sapins et de bouleaux. Le sol est hérissé de rochers de granit qui, sous l'action de l'érosion, sont devenus colonnades, obélisques, blocs arrondis, faisant de ce pays une terre de légende... Formé de plusieurs sites, l'écomusée de la Margeride est une vivante introduction à une région très attachante, dont le village de Chaliers, dominant les gorges de la Truyère, constitue le joyau.

Se repérer

Cantal (15)

CARTE C1 (P. 298).

Le massif granitique de la Margeride s'étend entre l'Allier, à l'est, et les hauts plateaux volcaniques de l'Aubrac, à l'ouest.

À ne pas manquer

L'Écomusée de la Margeride, le village de Chaliers et le musée de la Résistance du Mont-Mouchet.

En famille

La ferme de Pierre Allègre, l'école de Clémence Fontille et Margeride Aventure (ateliers régulièrement organisés).

Carnet pratique p. 318

Nos adresses p. 318

★ Écomusée de la Margeride

CARTE P. 298

La partie sud de la Margeride, où se situe Marvejols, est décrite dans *Le Guide Vert Midi-Pyrénées.*

04 71 23 43 32 - www.ecomuseedemargeride.fr - 8 € pass 3 sites écomusée de Margeride (ferme, école et jardin).

Ce centre de découverte régional, dont le siège administratif se trouve à **Ruynes-en-Margeride** (C1), se consacre à l'étude de la société rurale de la Margeride, en conserve le patrimoine naturel et culturel et permet ainsi aux visiteurs d'en connaître la vie traditionnelle. Il occupe trois sites de la Margeride cantalienne, inscrits à l'Inventaire supplémentaire des Monuments historiques.

5

Tour de Ruynes

À Ruynes-en-Margeride - voir encadré vert p. 316.

Dédié à la découverte des milieux naturels de la Margeride, grâce à des expositions, ce vestige de l'ancien château de Ruynes (12e s.) semble veiller sur l'évolution du **jardin de St-Martin** qui l'entoure. Soigneusement entretenu par un passionné de botanique, il évoque les différentes formes que prend la nature en Margeride : frênaie, landes, prairie, espace rocaille, roseraie, pépinière, pinède, hêtraie sapinière, tourbière, etc. Le **jardin des simples** fait revivre l'agriculture d'autrefois en présentant des variétés appartenant à la tradition locale.

★ Ferme de Pierre Allègre C1

À Loubaresse, 17 km au sud de Ruynes par la D 48, puis la D 909 vers le nord.

Le Bourg - visite guidée (1h) de mi-juin à mi-sept. : 14h30-18h30 - fermé sam. - 4 € (-18 ans 3 €) - 8 € pass 3 sites écomusée de Margeride.

Au cœur du village de Loubaresse, cette « maison du paysan » permet au visiteur de découvrir la vie d'une famille margeridienne à la fin du 19e s. On pénètre dans la salle commune qui faisait office de cuisine, salle à manger et chambre (lits clos), chauffée par le *tchantou* (cheminée) pendant les veillées d'hiver ; au fond de la pièce, on découvre la souillarde où se faisaient les travaux humides. La chambre commune et la chambrette (destinée au fils aîné et à son épouse) se trouvent au premier étage. La visite se poursuit par l'enclos, aux haies de sureau et d'aubépine, abritant le bûcher, le four à pain et le rucher, la soue à cochon et le hangar, puis le jardin potager et le verger. Vous pourrez admirer, sous le hangar, la cabane montée sur un char dont se servait le berger lors de la transhumance. Le charmant et paisible village de **Loubaresse** est dominé par une très belle église.

École de Clémence Fontille C1

À Signalauze, 5 km au sud-ouest de Ruynes par la D 13 ou 9 km au nord-ouest de Loubaresse par la D 909, puis la D 13.

De déb. juil. au 31 août les mar. apr.-midi sur inscription à l'occasion de la dictée à la plume - 4 € (-18 ans 3 €) - 8 € pass 3 sites écomusée de Margeride.

Une ancienne et émouvante salle de classe fait revivre l'enseignement primaire dans les années 1930. Le premier étage accueille des expositions autour de thèmes empruntés à l'école. Le nom de l'établissement rend hommage à l'une de ses meilleures institutrices (début du 20e s.).

À voir aussi

Un Monde en peluche

À Ruynes-en-Margeride - 06 72 86 82 63 - ouv. avr.-déc. : 10h-12h, 15h-19h, fermé lun.-mar. - 5 € (-16 ans 3 €) - animations à la période de Noël.

Rien ne laisse présager la surprise éprouvée par le visiteur en franchissant la porte de ce Monde en peluche, installé dans une belle ferme margeridienne depuis 2021 par un brocanteur passionné, Jacques Tessier. Croyant pénétrer dans une simple évocation de son enfance, il trouvera ici bien plus que cela : une histoire du jouet en 18 vitrines, véritable traversée du 20e s. Le Bistrot de Félix, l'école au temps de Bécassine, des meubles de maîtrise au savoir-faire époustouflant, jusqu'aux voitures à pédales, poupées anciennes et autres peluches racontant

On vous emmène au jardin de Saint-Martin

Nous voici dans l'un des plus beaux sites de la Margeride, au jardin de Saint-Martin, à Ruynes-en-Margeride, à 900 m d'altitude. Là, un jardinier passionné s'applique à reconstituer le patrimoine fruitier et potager local. Dans la cour intérieure, les plantes aromatiques et potagères croissent dans des carrés réguliers formant un damier sur l'herbe d'un vert tendre. La lentille blonde de Saint-Flour voisine avec le thé d'Aubrac, la rave à collet vert avec le chou branchu. Dans l'enceinte extérieure, en se baladant dans la pépinière peuplée de pommiers, pruniers, poiriers et cerisiers, on pense déjà aux confitures dont on va faire provision à la boutique... Plus loin, on s'initie aux milieux naturels reconstitués de la Margeride : ici de la rocaille, là un chaos de granit, ou encore la prairie à narcisses.

Ruynes-en-Margeride - ♿ - juil.-août : 10h-12h30, 14h30-18h30 ; juin et de déb. à mi-sept. : 14h30-18h - fermé sam. - visite guidée (1h) - 4 € (-18 ans 3 €).

des décennies de créativité. La pièce maîtresse de la collection ? Un brunophone, un piano mécanique, réalisé en 1913 !

★ Chaliers C1

À 7 km au sud de Ruynes par la D 4 et la D 48.

Belvédère sur la vallée de la Truyère et les monts de Margeride, le village de Chaliers, construit sur une crête tout en longueur, paraît avoir été touché par la grâce. Entièrement restauré grâce à des matériaux locaux, il a bénéficié du concours d'architectes (cabinet Simon Teyssou) qui lui a permis, en 2016, de représenter la France à la 15e Biennale d'architecture de Venise. Diverses réalisations, où la pierre volcanique et l'acier font bon ménage, se découvrent au fil de la visite. Les maîtres mots ? Sobriété et intégration dans le paysage. Un pari réussi.

★ Le mont Mouchet

CARTE P. 298 C1

Circuit de 50 km, tracé en bordeaux sur la carte p. 298.

Quittez Ruynes-en-Margeride par le sud-est en empruntant la D 4 en direction de Saugues, puis la D 48 à gauche.

Un des sommets de la Margeride, le **mont Mouchet** (alt. 1 497 m), situé en bordure de la Haute-Loire et de la Lozère, devint en mai 1944 l'un des principaux centres de la Résistance dans le Massif Central, sous le commandement du colonel Gaspard. Le 2 juin, 3 000 hommes du maquis repoussèrent l'ennemi au-dessus de Paulhac. Le 10, après avoir occupé Ruynes, une forte colonne allemande pilla et incendia Clavières. Arrêtée par les maquisards, elle rebroussa chemin vers St-Flour. Le lendemain, les Allemands attaquaient de nouveau Clavières où la défense s'était organisée. Jusqu'à la nuit, les FFI tinrent tête à l'ennemi, puis se replièrent.

De la table d'orientation au sommet, la vue porte jusque vers les Alpes.

★ Musée de la Résistance

Le Mont-Mouchet - ✆ 04 71 74 11 91 - ✆ 04 71 77 28 30 (hors saison) - juil.-août : 10h30-13h, 14h30-18h ; mai-juin et sept : merc.-dim. 10h30-12h30, 14h-17h - 6 € (-18 ans 3 €).

À l'entrée d'une vaste clairière, situé près de la maison forestière du mont Mouchet qui servit de quartier général aux FFI d'Auvergne, le musée regroupe des documents et des photos d'époque sur la Résistance auvergnate. En 2009, pour sensibiliser la jeune génération à l'importance de l'histoire de cette époque, la muséographie a été en partie repensée en y incluant une bande dessinée racontant l'histoire de deux enfants, Lucien et Pierrot, que le destin entraîne au mont Mouchet. Une vidéo de témoignages d'anciens résistants complète la visite.

À proximité du musée, un imposant **monument national** dédié au maquis et à la Résistance a été érigé en 1946, en souvenir de ces mémorables combats.

En quittant la clairière, la route traverse la singulière **forêt du mont Mouchet** *(attention aux camions tractant le bois lors des périodes de coupe)*, réputée pour ses champignons et ses myrtilles *(cueillette réglementée)*. Sur la gauche, une route forestière mène vers la table d'orientation du mont Mouchet *(2 km à pied)*.

Rejoignez la D 4 à gauche, puis tournez encore à gauche dans la D 41.

Auvers

Près de l'église, un bloc de granit supporte une monumentale statue en bronze représentant la légendaire **bête du Gévaudan** *(voir p. 405)* qui fut abattue non loin du village, le 19 juin 1767, par un certain Jean Chastel.

Poursuivez sur la pittoresque D 41 qui contourne le flanc est du mont Mouchet. Après 5 km, empruntez sur la gauche la D 412, puis la D 48 à droite. Vous reviendrez à Ruynes par la D 4.

Carnet pratique

S'informer

Office de tourisme – *Le Bourg - bâtiment administratif - Ruynes-en-Margeride - ✆ 04 71 23 43 32 - www.pays-saint-flour.fr.*

Agenda

Spectacle Équestre Diego N' Co – *La Plenne - Ruynes-en-Margeride - ✆ 07 86 60 11 63 - diego-n-co.fr - ♿ sur réserv. (places limitées) - juil.-août : 20h30, horaires ponctuelles en après-midi (sur rens.) - 17 €/adultes (3-10 ans 12 €), groupe 12 € à partir de 20 pers.* Chaque année, en juillet-août, Diego n'Co présente une nouvelle création où chevaux, ânes et poneys évoluent dans des numéros de dressage, de liberté et de voltige. Disciplines équestres et prouesses acrobatiques inspirées des spectacles de cirque anciens; véritable scène de théâtre au sein du manège... Un pur moment d'émotion et de bonheur.

Nos adresses

Hébergement/restauration

Budget moyen

Hôtel Beau Site – *Garabit - Loubaresse - D 909 - ✆ 04 71 23 41 46 - www.beau-site-hotel.com - P 12 €/nuit - ♿ - ouv. mars-nov. - 11 ch. et 7 suites 130/190 € ☕ - ✕ menu du j. midi sem. 16/19 €, menus 25/42 €.* Viaduc, lac ou jardin? Si l'on trouve ici des chambres coquettes et confortables, reste à choisir la vue! Piscine, aire de pétanque. Au restaurant, le célèbre ouvrage de Gustave Eiffel illumine les dîners.

Auberge paysanne – *La Bessaire de Lair - Loubaresse ✆ 04 71 73 71 11/06 03 66 44 01 - https://tomvalaix.wixsite.com - ouv. d'avr. à mi-nov. - fermé merc. (sf juil.-août) et dim. soir - menus 17/30 €.* À 25 ans, Tom a décidé de se lancer dans l'aventure en prenant la suite de ses parents. Dans ce vénérable relais de diligence du 18e s., il met à l'honneur les produits du terroir, pounti, truffade et autre aligot, dans une approche totalement locavore : il cultive lui-même ses légumes et ses fruits, et élève ses bêtes... N'hésitez pas à goûter l'une des boissons maison, un régal!

Activités

Plusieurs types d'activités sont proposés dans la région : balades à cheval ou à poney et randonnées équestres sur les plateaux de Faverolles et au-dessus du lac de Garabit.

Margeride Aventure – *La Plenne - Ruynes-en-Margeride - ✆ 06 07 35 13 53 - margeride-aventure.com - juil.-août : 10h-19h; avr.-juin et sept.-oct. : w.-end, j. fériés et ponts 14h-17h; vac. de printemps ttes zones et vac. de la Toussaint : tlj 14h-17h.* En pleine nature, dans une forêt de pins, ce site offre des aventures singulières pour tous les âges. Centre équestre avec poneys et chevaux, parcours accrobranches, structures gonflables et tyroliennes géantes au-dessus des arbres (la plus grande fait 350 m de long et 45 m de haut) : frissons garantis! 3 ha où on peut gambader librement et pique-niquer sur place. Location de VTT et VTCAE.

Chaudes-Aigues ★

Nichée dans le ravin du Remontalou, Chaudes-Aigues, avec ses maisons aux toits de lauzes, possède les eaux les plus chaudes d'Europe (82 °C). Proche à la fois de Saint-Flour et des gorges de la Truyère, de la vallée du Bès et des monts d'Aubrac, elle bénéficie d'une situation exceptionnelle. Lieu de cure, de séjours de remise en forme et de thermoludisme, cette station déjà méridionale est un point de départ idéal pour la randonnée.

La source du Par à Chaudes-Aigues.
L. Olivier/Photononstop

Se repérer

886 Caldaguès – Cantal (15)

CARTE B2 (P. 298).

Chaudes-Aigues se trouve à 30 km au sud-ouest de St-Flour.

À ne pas manquer

La ville et ses fameuses sources chaudes, puis une incursion en Aubrac, en remontant la vallée du Bès.

En famille

La source du Par et le « parcours de l'eau » de Géothermia.

Carnet pratique p. 322

Nos adresses p. 322

Les sources les plus chaudes d'Europe

Les *Calidae Aquae,* ou « eaux chaudes », étaient connues des Romains pour traiter les rhumatismes, l'arthrose, les sciatiques, la goutte... Ces sources ont fait de Chaudes-Aigues non seulement une station thermale réputée, mais encore une ville pionnière dans la distribution de l'eau courante chaude dans les maisons. Plusieurs sources étaient déjà exploitées par les Romains ; 32 d'entre elles – les plus chaudes d'Europe – le sont encore aujourd'hui (27 sont privées et 5 publiques). Elles débitent quotidiennement 15 000 hl d'eau, dont la température s'échelonne de 45 à 82 °C, température atteinte à la **source du Par**, située en haut de la place intérieure du Marché. Cette source tire son nom du fait qu'on y « parait » les cochons (enlevait les soies). Plusieurs bâtiments publics sont chauffés par les eaux des sources : l'église, la piscine municipale, le lavoir, le centre thermal Caleden. Quarante maisons bénéficient toujours de ce procédé, aujourd'hui devenu payant...

Géothermia

5 quartier du Par - ✆ 04 71 23 58 76 - www.pays-saint-flour.fr - ♿ - avr. à fin oct. : 10h-12h30, 14h-18h30 ; vac. de fév., nov. et vac. de Noël : 10h-12h, 14h-17h30 ; reste de l'année : se rens. - 5 € (-11 ans 2,90 €).

Situé derrière la source du Par, ce musée européen de la Géothermie et du Thermalisme dévoile les secrets du sous-sol caldaguès. Sitôt franchi le seuil, une lourde chaleur enveloppe le visiteur. Le rez-de-chaussée permet de suivre le parcours de l'eau, et rassemble des objets relatifs à sa canalisation. Au premier étage, présentation de la source du Par et une salle des « oasis des profondeurs » où l'on découvre la faune abyssale. Le deuxième étage est consacré à la localisation de l'énergie géothermique sur la planète et à des explications sur son utilisation.

Chapelle des Pénitents

Ouv. lors d'expositions temporaires, notamment mai-sept.

La confrérie des Pénitents blancs fut instituée à Chaudes-Aigues à la fin du 16e s. Ces congrégations laïques défendaient le dogme catholique, se consacrant à la prière et aux bonnes œuvres. Dans la chapelle édifiée par la confrérie, s'élève un imposant retable doré du 17e s. Des expositions estivales d'art contemporain sont organisées en été.

Lavoir

Près de l'établissement thermal, ce lavoir fumant (début 20e s.) était des plus commodes : alimenté par la source de l'Estende, il fournissait aux lavandières une eau déjà chaude (62 °C) !

Église St-Martin-et-St-Blaise

Cet édifice datant des époques gothique et Renaissance abrite un grand retable ainsi que la Vierge du Gonfalon, venue de la chapelle des Pénitents. Admirez le bénitier en pierre du 17e s. et le chemin de Croix en lave émaillée. Dans le chœur, chauffé par le sol, il fait entre 20 et 25 °C !

★ Niches vitrées

C'est l'un des aspects les plus originaux de Chaudes-Aigues. Au fil des ruelles, que l'on parcourt avec plaisir, pour admirer le bâti et apprécier le calme, on remarque huit niches vitrées, renfermant des statues anciennes. Ce sont les statues des saints auxquels chaque quartier est consacré. Ne manquez pas celle de saint Joseph (rue Notre-Dame-d'Août), grandeur nature. La ville est placée sous la protection de Notre-Dame de la Pitié depuis 1879.

Tour du Couffour

Vestige d'une importante forteresse du 14e s., elle domine la ville au sud, avec son beau donjon circulaire, qui garde des traces de peintures murales. C'est dans ce site exceptionnel que Serge Viera, Bocuse d'or 2005, a ouvert, en 2009, un hôtel-restaurant panoramique.

Musée de la Résistance d'Anterrieux B2 CARTE P. 298

À Anterrieux, 8 km au sud-est de Chaudes-Aigues. 04 71 23 59 31 - musee.resistance.anterrieux.cantalpassion.com - ♿ - mai-oct. : 14h-18h ; reste de l'année : sur demande - fermé w.-end - visite guidée (30mn) - 3,50/4 € (-12 ans gratuit).

Ce musée est né du désir de maintenir en vie la mémoire des combats qui eurent lieu sur le réduit de la Truyère en juin 1944. De nombreuses pièces (messages codés, tracts, photographies, armes...) ainsi que des témoignages sonores retracent cette bataille.

Vers l'Aubrac

CARTE P. 298 B2

Circuit de 25 km, tracé en bleu sur la carte p. 298 – accès par la D 989 et la D 13.

Au départ de Chaudes-Aigues, la route de jolies **vues** sur la vallée du Remontalou, puis sur les monts du Cantal. Elle remonte ensuite la **vallée du Bès**. Celle-ci s'inscrit dans un paysage granitique d'aspect assez sévère, mais reposant.

La Chaldette

Cette petite station thermale de Lozère, aux eaux tièdes et sulfureuses, est nichée à 1000 m d'altitude dans la vallée du Bès. Idéale pour la détente et les promenades, elle bénéficie d'un cadre naturel exceptionnel, au beau milieu des plateaux de l'Aubrac.

★ St-Urcize

Blottie au pied d'un rocher coiffé de ruines féodales, cette ravissante et paisible bourgade de l'Aubrac possède encore quelques vieilles demeures intéressantes, notamment une **maison Renaissance** et la **« maison du prieur »**.

Après avoir déambulé dans cette petite cité de caractère, vous ne manquerez pas de déguster une délicieuse **fouace** : les boulangers de St-Urcize se passent de père en fils, depuis des générations, les secrets de cette brioche onctueuse et légère qui n'a pas sa pareille, avec son délicat goût de fleur d'oranger.

L'Aubrac, parc naturel régional

Depuis 2018, l'Aubrac est classé 53e parc naturel régional de France. D'une superficie de 3000 km² environ, ce haut plateau volcanique et granitique se trouve au centre du Massif central, aux confins de deux régions (Auvergne-Rhône-Alpes et Occitanie-Pyrénées-Méditerranée). Il est bordé au nord-ouest par les monts du Cantal, à l'est par la Margeride et au sud par les plateaux calcaires des Grands Causses. Il culmine à 1469 m, au **Signal de Mailhebiau**. C'est une splendide région d'élevage de moyenne montagne – on y croise les troupeaux de la race Aubrac -, où l'eau est omniprésente, et qui possède un riche patrimoine architectural. L'Aubrac est le royaume des randonneurs.

Pl. d'Aubrac - Aubrac - 05 65 44 67 90 - www.parc-naturel-aubrac.fr

5

★ **Église Saint-Pierre Saint-Michel** – *Le Bourg - ✆ 04 71 23 21 39 (mairie).* Cet ancien prieuré, très élégant avec son clocher-peigne, est le seul monument à déambulatoire de la haute Auvergne. Le joli chevet est roman (12e s.) ; la nef gothique date du 14e s. À l'intérieur, une peinture représentant **saint Michel terrassant le démon** orne la chapelle du bas-côté gauche. Dans la petite chapelle, derrière l'autel, se trouve un remarquable **Christ au Tombeau**, en pierre colorée (15e s.).des plateaux de l'Aubrac.

Carnet pratique

S'informer

Office de tourisme – *3 pl. du Gravier - Chaudes-Aigues - ✆ 04 71 23 52 75 - www.pays-saint-flour.fr.* Fiches descriptives de 44 circuits balisés, à pied ou à VTT, en vente sur place. Randonnées accompagnées « Les mercredis du Buron », *juil.-sept. - 12-20 €.*

Arriver/partir

Se garer –Trois parkings gratuits aux entrées de la ville. D'autres, en centre-ville, en zone bleue permettent d'accéder aux commerces.

Agenda

Le Grand Parcours – *Un sam. de juin.* Randonnée pédestre et VTT, trail sur le plateau de l'Aubrac. *www.legrandparcours.org.*

Nos adresses

Restauration

Budget moyen

Hôtel et restaurant Sodade – *21 av. Georges-Pompidou - ✆ 04 71 60 10 23 - www.sergevieira.com - fermé lun.-mar. - formule 24/27 € - menus 35/40 € - 18 ch. 120/250 € - ☕ 18 €.* En 2018, le chef Serge Vieira a ouvert une brasserie pour compléter son offre restauration à Chaudes-Aigues. Tenue par Aurélien Gransagne – la route des deux chefs s'était croisée il y a fort longtemps –, cette adresse située dans le village se repère bien vite avec son bardage en métal, et ses matériaux modernes et chics. Dans l'assiette, rien que du frais, des viandes de grande qualité, une cuisine généreuse. L'été, on s'installe en terrasse, le long du Par. Les chambres raffinées méritent une halte.

Une folie

Restaurant Serge Vieira – *Château du Couffour - 2,5 km au sud de Chaudes-Aigues - ✆ 04 71 20 73 85 - www.sergevieira.com - d'avr. à mi-juin et de mi-sept. à nov. : fermé dim.-mar. ; juil.-août : fermé lun.-mar. - menus 130/215 € - pas de carte.* La rondeur des tours d'un château fort des 14e et 16e s., alliée aux droites de verre, fer et pierre où Serge Vieira a installé son restaurant, annoncent la couleur. Ce chef talentueux (2 étoiles dans le Guide Michelin 2022) sait manier avec dextérité l'ancien et le moderne, le traditionnel et le contemporain. Son succès dépasse largement les frontières régionales.

En soirée

Casino de Chaudes-Aigues – *29 pl. du Gravier - ✆ 04 71 23*

52 43 - www.casino-chaudesaigues.com - tlj 12h-1h. Machines à sous, black Jack, hôtel-restaurant. Soirées à thème, animations musicales, thé dansant les dim. dès 14h30 (entrée gratuite).

Activités

Centre thermal Caleden – *27 av. G.-Pompidou - ✆ 04 71 23 51 06 - www.caleden.com - ouv. de mars à fin nov. - horaires et tarifs variables selon la sais.* Spa dédié au confort et à l'évasion : immersion totale dans des ambiances, fragrances et musiques du bout du monde... Soins (rhumatologie, cures de prévention, santé des articulations, santé des seniors). Séjours mais aussi *(en 2023, se rens.)* formules découverte de quelques heures.

Hébergement

Premier prix

Moulin des Templiers – *À Maisonneuve - ✆ 07 89 48 31 06 - www.lemoulindestempliers.com - P - 5 ch. 69/85 € ☕ - ✕ table d'hôte 22 € - 1/2 P possible.* Aimable auberge de bord de route qui propose quelques chambres pratiques. La table d'hôte propose une cuisine traditionnelle fleurant bon l'Aubrac.

Budget moyen

La Maison de Gilbert – *La Valette - ✆ 04 71 20 67 27 - 5 ch. 88/130 € ☕.* Cette belle maison rustique à 1000 m d'altitude, pourvue d'une piscine, séduira les visiteurs en quête d'un endroit pour se ressourcer. Vous pourrez aussi accéder au Jacuzzi et au golf practice 3 trous attenant.

Lavoûte-sur-Loire, château de Lavoûte-Polignac qui domine la Loire.
H. Lenain/hemis.fr

6

Velay et Brivadois

CARTE MICHELIN DÉPARTEMENTS 331 – HAUTE-LOIRE (43)

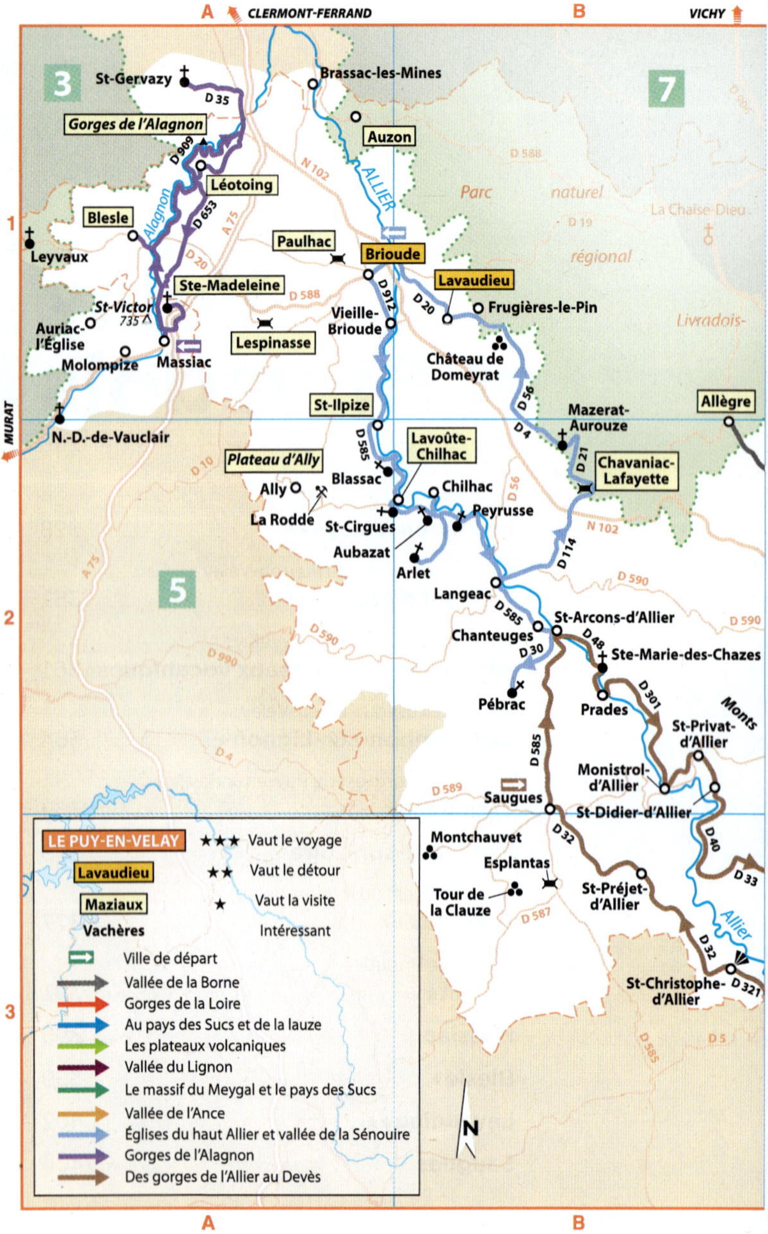

A
CLERMONT-FERRAND
B
VICHY
1
2
3
MURAT
3
7
5
St-Gervazy
D 35
Gorges de l'Alagnon
D 909
Léotoing
Alagnon
D 653
A 75
Blesle
Leyvaux
D 20
Ste-Madeleine
St-Victor
735
Auriac-l'Église
Molompize
Massiac
N.-D.-de-Vauclair
Brassac-les-Mines
Auzon
N 102
ALLIER
Paulhac
Brioude
D 588
Lespinasse
D 912
Vieille-Brioude
Lavaudieu
D 20
Frugières-le-Pin
Château de Domeyrat
Parc naturel régional Livradois-
D 588
D 19
La Chaise-Dieu
D 56
D 4
Mazerat-Aurouze
Allègre
D 21
Chavaniac-Lafayette
N 102
D 114
St-Ilpize
D 585
Lavoûte-Chilhac
Plateau d'Ally
D 10
Ally
Blassac
La Rodde
Chilhac
D 56
St-Cirgues
Peyrusse
Aubazat
Arlet
A 75
Langeac
D 590
D 585
St-Arcons-d'Allier
D 590
Chanteuges
D 30
D 48
Ste-Marie-des-Chazes
D 990
Pébrac
Prades
D 301
Monts
St-Privat-d'Allier
D 585
Monistrol-d'Allier
D 4
D 589
Saugues
St-Didier-d'Allier
D 32
D 40
Montchauvet
Esplantas
D 33
Tour de la Clauze
D 587
St-Préjet-d'Allier
Allier
D 32
St-Christophe-d'Allier
D 321
D 585
D 5
N
LE PUY-EN-VELAY ★★★ Vaut le voyage
Lavaudieu ★★ Vaut le détour
Maziaux ★ Vaut la visite
Vachères Intéressant
Ville de départ
Vallée de la Borne
Gorges de la Loire
Au pays des Sucs et de la lauze
Les plateaux volcaniques
Vallée du Lignon
Le massif du Meygal et le pays des Sucs
Vallée de l'Ance
Églises du haut Allier et vallée de la Sénouire
Gorges de l'Alagnon
Des gorges de l'Allier au Devès

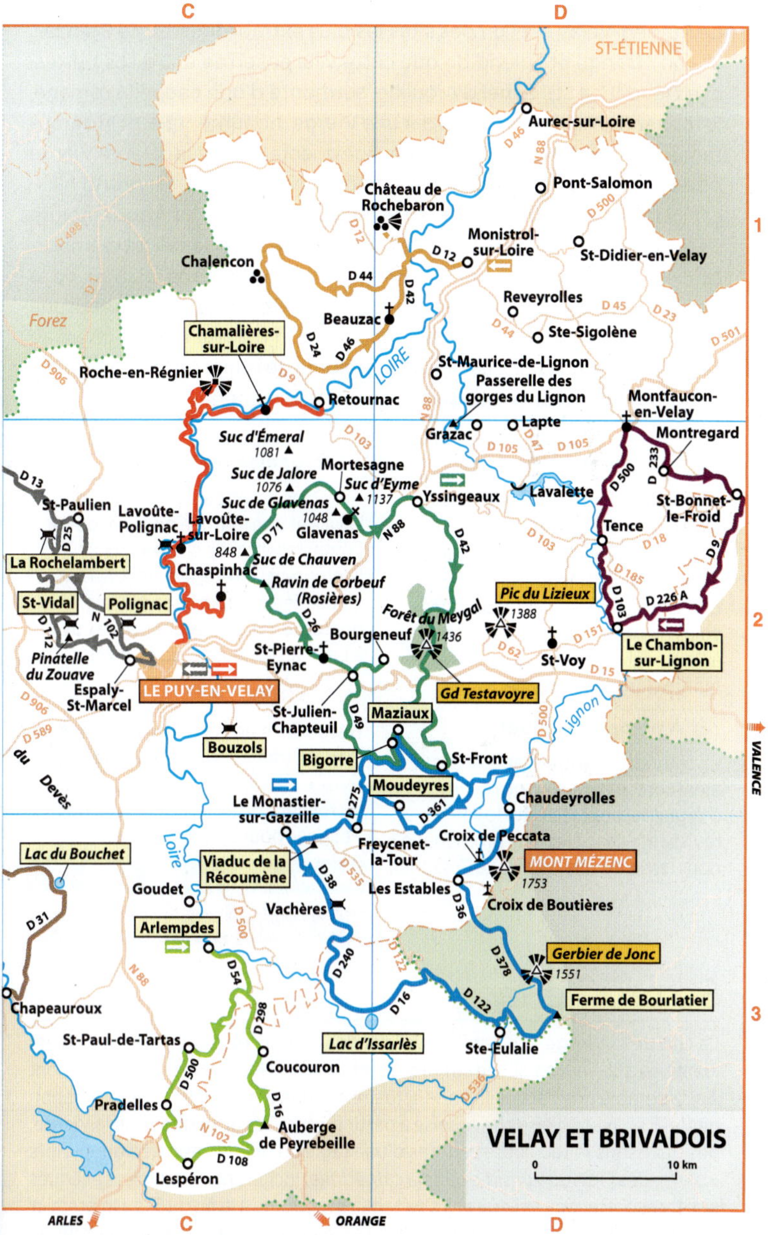
VELAY ET BRIVADOIS
0
10 km
C
D
1
2
3
ST-ÉTIENNE
Aurec-sur-Loire
Pont-Salomon
Château de Rochebaron
Monistrol-sur-Loire
St-Didier-en-Velay
Chalencon
Reveyrolles
Ste-Sigolène
Beauzac
Forez
Chamalières-sur-Loire
Roche-en-Régnier
Retournac
LOIRE
St-Maurice-de-Lignon
Passerelle des gorges du Lignon
Montfaucon-en-Velay
Grazac
Lapte
Montregard
Suc d'Émeral
1081
Suc de Jalore
1076
Mortesagne
Suc d'Eyme
1137
Yssingeaux
Lavalette
St-Bonnet-le-Froid
Suc de Glavenas
1048
Glavenas
St-Paulien
Lavoûte-Polignac
Lavoûte-sur-Loire
848
Suc de Chauven
Tence
La Rochelambert
Chaspinhac
Ravin de Corbeuf (Rosières)
St-Vidal
Polignac
Forêt du Meygal
Pic du Lizieux
1388
Bourgeneuf
1436
Pinatelle du Zouave
St-Pierre-Eynac
St-Voy
Le Chambon-sur-Lignon
Espaly-St-Marcel
LE PUY-EN-VELAY
Gd Testavoyre
St-Julien-Chapteuil
Maziaux
Lignon
du Devès
Bouzols
Bigorre
St-Front
VALENCE
Moudeyres
Le Monastier-sur-Gazeille
Chaudeyrolles
Freycenet-la-Tour
Croix de Peccata
Lac du Bouchet
Viaduc de la Récoumène
MONT MÉZENC
1753
Loire
Goudet
Les Estables
Croix de Boutières
Vachères
Arlempdes
Gerbier de Jonc
1551
Chapeauroux
Ferme de Bourlatier
St-Paul-de-Tartas
Lac d'Issarlès
Ste-Eulalie
Coucouron
Pradelles
Auberge de Peyrebeille
Lespéron
ARLES
ORANGE
D 46
N 88
D 500
D 12
D 44
D 42
D 24
D 45
D 23
D 501
D 9
D 906
D 498
D 1
D 103
D 105
D 47
D 13
D 25
D 71
N 88
D 233
D 18
D 185
D 226 A
D 151
D 62
D 15
D 26
D 112
N 102
D 589
D 49
D 275
D 361
D 535
D 38
D 36
D 31
D 500
D 240
D 122
D 378
D 54
D 298
D 16
D 536
N 102
D 108

Le Puy-en-Velay ★★★

Le Puy-en-Velay est l'un des sites les plus extraordinaires de France… Vision étrange et splendide que cette ville enserrée entre ses buttes, avec le rocher St-Michel d'Aiguilhe, surmonté d'une chapelle romane, le rocher Corneille, couronné par une Vierge monumentale, et la déroutante cathédrale Notre-Dame, presque orientale, dont la célèbre Vierge noire fait toujours l'objet d'une grande dévotion. Car, ici, prend naissance la fameuse Via Podiensis, l'un des chemins les plus fréquentés de St-Jacques-de-Compostelle. Le Puy est la seule ville de cette importance à être traversée par… 7 GR! En septembre, dans les rues de la cité, les Ponots costumés renouent avec la fête du Roi de l'Oiseau, une curieuse tradition datant de la Renaissance et qui leur est très chère au cœur. Le Puy-en-Velay est aussi le royaume de la lentille, de la verveine et de la dentelle, un art perpétué par des passionnées.

Se repérer

19 215 Ponots – Haute-Loire (43)

CARTE C2 (P. 327), PLAN (P. 334).

La ville est située sur la N 88, qui va de St-Étienne à Mende, en Lozère. Elle se trouve aussi sur les grandes voies de pèlerinage qui mènent à Compostelle, en Espagne, ou au monte Gargano, en Italie.

À ne pas manquer

La cathédrale Notre-Dame et ses alentours; l'ascension du rocher d'Aiguilhe, pour la visite de sa ravissante chapelle; une promenade dans la vieille ville; le musée Crozatier.

Organiser son temps

Au moins deux jours pour parcourir la ville et une journée pour découvrir la constellation de châteaux qui l'entourent. En été, le parcours Puy de Lumières, superbe spectacle nocturne. On peut rallier Le Puy à La Chaise Dieu, à pied ou à vélo.

En famille

Découverte de la vieille ville à bord du petit train touristique. Les jeux au musée Crozatier. Gravir les marches du rocher Corneille. Le château de Polignac pour les plus grands.

Carnet pratique p. 347

Nos adresses p. 347

Se promener

PLAN P. 334

La cité de la Vierge – La capitale vellave de l'époque romaine, *Ruessium*, a été identifiée à St-Paulien, située au nord-ouest. Le site du Puy, ou Anicium (sur le mont Anis), semble avoir accueilli un sanctuaire antique et une petite agglomération dès le 2e s., avant d'être christianisé à partir du 4e s. Des apparitions de la Vierge, des guérisons miraculeuses auprès d'une table de dolmen appelée depuis lors « pierre des Fièvres » *(visible dans la cathédrale)* incitèrent les premiers évêques à se transporter en ces lieux et à s'y établir, sans doute à la fin du 5e s. Un premier groupe épiscopal (églises et baptistère) s'éleva, puis une cathédrale autour de laquelle se développa la cité.

Au Moyen Âge, le **pèlerinage** du Puy connaît un immense succès dans la chrétienté. Des rois, des princes, des foules d'humbles gens s'y pressent pour invoquer la

Le Puy-en-Velay, dominé par la chapelle St-Michel d'Aiguilhe et le rocher Corneille.
Xantana/Getty Images Plus

mère de Dieu. Avec Chartres, Le Puy abrite alors l'une des églises les plus importantes dédiées à Marie. La **Vierge noire** qui faisait la renommée du sanctuaire médiéval, brûlée durant la Convention (1794), est remplacée depuis le 19e s. par une autre statue du 17e s., encore vénérée de nos jours. À partir du 10e s., le sanctuaire attire les pèlerins qui se rendent à St-Jacques-de-Compostelle, dont elle devient l'un des points de départ.

★★★ La cité épiscopale

Voir plan p. 331. Avec ses nombreux bâtiments médiévaux, qui forment un *quartier cathédral* pratiquement complet, la cité épiscopale domine la ville et présente une grande richesse historique. Cet ensemble majeur est inscrit au Patrimoine mondial de l'Unesco depuis 1998, au titre des chemins de St-Jacques-de-Compostelle. Partez de la place des Tables, où s'élève la gracieuse fontaine du Choriste (15e s.), et montez vers la cathédrale par la pittoresque rue des Tables, où les marchands installaient leurs étals dès le Moyen Âge : de part et d'autre de la rue bordée de demeures anciennes, vous pourrez voir dentelliers et dentellières au travail.

★★★ Cathédrale Notre-Dame B2

R. des Tables - ✆ 04 71 09 79 77 - www.cathedraledupuy.org - de mi-juil. à mi-août : 6h30-22h ; de mi-mars à mi-juil. et de mi-août à fin nov. : 6h30-19h ; reste de l'année : en dehors des offices.

Un large escalier de 134 marches conduit à la spectaculaire façade occidentale, animée de pierres polychromes et de mosaïques de parement. Cet extraordinaire édifice de style roman doit une partie de son originalité à l'influence de l'Orient. L'influence byzantine se lit ainsi dans le choix de matériaux polychromes, sur les fresques du porche, ou encore dans les coupoles octogonales des voûtes de la nef. La cathédrale du 11e s., assise sur le rocher et une petite plateforme antique, correspond seulement au chœur actuel, au transept et aux premières travées. Au 12e s., quand la place vint à manquer, on entreprit de poursuivre l'agrandissement vers l'ouest : mais les dernières travées de la nef et le porche ouest durent alors

Le feu, la pierre et l'eau...

Ce sont des phénomènes volcaniques qui ont donné au bassin du Puy sa physionomie si originale. Il doit en effet sa formation première à l'effondrement du plateau vellave, en contrecoup du plissement alpin. Puis des sédiments arrachés aux hauteurs environnantes comblèrent en partie le bassin, où la Loire s'enfonça dans une gorge. À la fin de l'ère tertiaire, une série d'éruptions volcaniques bouleversa la région ; le lit de la Loire se trouva déporté à l'est. À l'ère quaternaire, l'érosion reprit son travail, laissant en saillie des récifs volcaniques plus résistants, d'origines diverses. On peut reconnaître ainsi des tables basaltiques, restes de coulées (rocher de Polignac), des cheminées de volcans (rocher St-Michel), des parties de cônes éruptifs (rocher Corneille). Les coulées, en se refroidissant, ont donné naissance à des assemblages de colonnes prismatiques comme les orgues d'Espaly.

être construits « dans le vide », en prenant appui sur de hautes arcades recouvrant désormais l'escalier d'accès.

Lors de la montée, remarquez sur la gauche l'**Hôtel-Dieu** et, au-dessus de lui, l'impressionnant **bâtiment des Mâchicoulis** (13e s.).

La cathédrale a fait l'objet d'importantes restaurations au 19e s., puis à la fin du 20e s., qui ont notamment permis de remettre en place le **grand escalier** dans sa disposition médiévale : aboutissant dans le chœur, il est unique en son genre. Les degrés de l'escalier se prolongent ainsi jusqu'à la porte principale, sous les quatre travées construites au 12e s. Au niveau de la deuxième, deux portes à **vantaux★** datées du 12e s., appelées portes de Cèdre, ferment deux chapelles latérales (St-Gilles au nord, St-Martin au sud). Leurs sculptures à faible relief, autrefois peintes, retracent la vie du Christ ; les scènes sont curieusement bordées de caractères arabes (écriture coufique). Dans la travée suivante, deux **fresques** des années 1200 témoignent de l'influence des images byzantines : une *Vierge en majesté* à gauche, et une *Transfiguration* à droite.

Franchissez la grille en fer forgé encadrée de deux remarquables colonnes de porphyre rouge. Ce dernier palier laisse entrevoir à gauche le Cloître (accessible par l'extérieur), au centre le débouché de l'escalier dans le chœur de la cathédrale, et à droite une bifurcation. Celle-ci mène à la nef lorsque la partie haute de l'escalier central est fermée (en hiver et lors des messes). L'escalier central débouche, lorsqu'il est ouvert, face au maître-autel, d'où l'image populaire et symbolique d'une « entrée par le nombril » et d'une sortie « par les oreilles » (porches du For et de St-Jean).

Intérieur – Remarquez la chaire réalisée par Pierre Vaneau au 17e s. **(1)** et le beau maître-autel **(2)** qui accueille une **Vierge noire** en bois du 17e s., consacrée à Notre-Dame du Puy en 1856. Sans être une copie fidèle de la célèbre statue romane, elle la remplace depuis sa destruction durant la Révolution. La statue romane disparue, qui pouvait dater du 11e s., présentait des traits plus fins et droits, rappelant les icônes byzantines. En majesté, elle portait l'enfant sur ses genoux, tous deux arborant un teint foncé ; seules les mains posées à plat étaient blanches. Les corps et les vêtements avaient été finement sculptés, marouflés et peints, plus tard cachés sous un manteau ne laissant dépasser que les visages. Sous son manteau de tissu, la statue actuelle porte un autre manteau sculpté, sans que les corps soient détaillés. Deux copies plus fidèles de l'ancienne statue peuvent être vues, l'une dans la chapelle du Saint Sacrement, l'autre dans la salle du Trésor (cloître).

Elles s'inspirent d'une description et d'une gravure très précieuses, publiées en 1778 par Barthélemy Faujas de Saint-Fond, géologue. Au fond de la nef à l'ouest **(11)**, le grand orgue baroque à double façade présente un buffet en noyer aux panneaux sculptés par Pierre Vaneau (1691). On doit également à ce sculpteur montpelliérain un remarquable panneau sculpté du martyre de saint André. Dans le bas-côté nord, un grand tableau de Jean Solvain, dit *Vœu de la peste* (1630), illustre une procession d'actions de grâces qui se déroula sur la place du For **(3)**. Le bras nord du transept présente de belles fresques du 13 s. : *Les Saintes Femmes au tombeau* **(4)** et *Le Martyre de sainte Catherine d'Alexandrie* **(5)**. En se tenant devant l'autel, on peut apercevoir en hauteur, à gauche, l'impressionnante **fresque de saint Michel terrassant le dragon★** (11e s.) dans la tribune nord ; avec ses 5,55 m, c'est la plus grande peinture connue en France représentant l'archange. Sur le sol de la chapelle du Saint-Crucifix, qui jouxte le porche St-Jean, on peut voir la fameuse **pierre des Fièvres (12)**, sur laquelle les pèlerins avaient coutume de s'allonger pour soigner leurs maux.

Chapelle des Reliques (ou chapelle du St-Sacrement)

Respectez le silence durant les offices. Cette chapelle s'ouvre sur le bas-côté nord de la cathédrale et occupe le 3e niveau du bâtiment des Mâchicoulis. Son

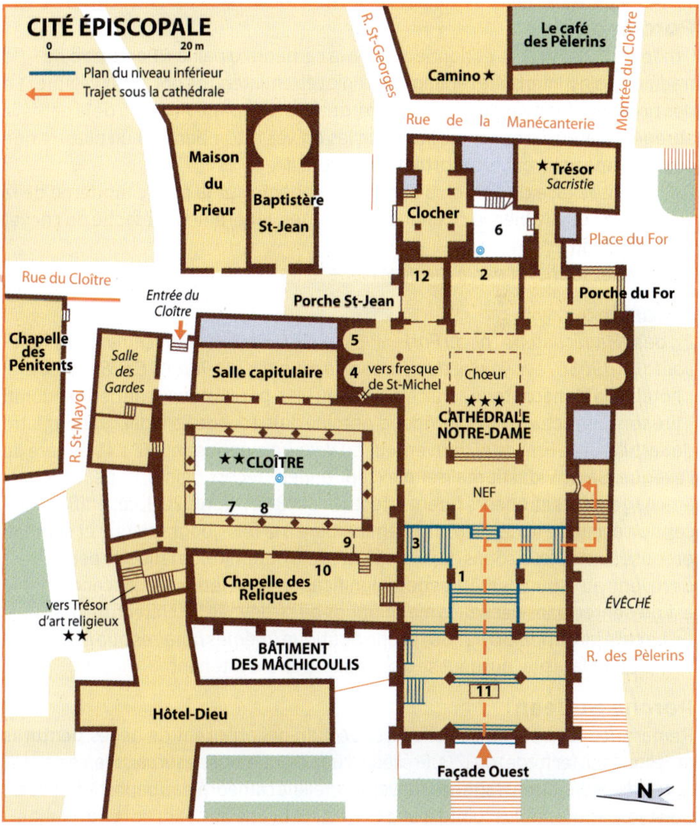

6

beau retable doré abrita, jusqu'à la Révolution, les reliques apportées à Notre-Dame du Puy. Ancienne bibliothèque des chanoines, elle fut ornée au 15e s., sur le mur est, de la célèbre fresque des **Arts libéraux★ (10)**, dégagée par Prosper Mérimée au 19e s. Chaque discipline (Grammaire, Logique, Rhétorique, Musique) est figurée par une allégorie féminine assise, avec à ses pieds un représentant de son art (Priscien, Aristote, Cicéron, Tubal). La précision des étoffes et des bijoux est riche d'enseignement sur les goûts de cette époque, tandis que l'arrière-plan évoque le paysage du Velay.

Sacristie, cour du chevet et clocher

En empruntant le couloir à droite du chœur, rejoignez la sacristie ; quelques éléments anciens du **Trésor★** sont à découvrir, notamment une tête de Christ en cuivre doré (15e s.), un Christ en ivoire, une croix de bateliers du Rhône et des boiseries en noyer du 17e s.

La plus grande partie du Trésor de la cathédrale est à découvrir à l'étage du bâtiment des Mâchicoulis, accessible lors de la visite du cloître.

Une porte avant la sacristie permet d'accéder à la petite cour attenante au clocher : là se trouvent un puits à l'eau réputée miraculeuse, ainsi que de nombreux remplois gallo-romains (scènes de chasse) redécouverts au 19e s. dans les murs du chevet gothique de l'évêque Jean de Bourbon, alors démoli. La base du clocher présente des inscriptions antiques, et des tombeaux d'ecclésiastiques (enfeus des 14e et 15e s.).

Porche du For

Il date de la fin du 12e s. et donne accès à la cathédrale par la « **Porte papale** » : la tradition a ainsi interprété l'épitaphe remployée en linteau de porte, qui célèbre l'un des premiers évêques au 5e s., Scutaire, qualifié de « papa » (« père de la patrie », abrégé en latin). Dans l'angle intérieur, les ogives retombent sur un pilastre que soutient une main ouverte sortant de la muraille.

De la petite place du For, on a une vue étonnante sur la partie moderne de la ville, et on détaille bien le clocher à sept étages, légèrement détaché du chevet reconstruit au 19e s.

Contournez le chevet par la rue de la Manécanterie.

★ Camino B2

2 r. de la Manécanterie (pl. du For) - ✆ 04 71 09 06 00 - www.lecamino.org - juil.-août : 11h-19h30 ; avr.-juin et de déb. sept. à mi-oct. : 14h-18h - 4 € (-18 ans 2 €).

L'**hôtel de la Manécanterie** aurait été édifié au 14e s. par l'évêque Jean de Chandorat. Il tire son nom actuel, hôtel St-Vidal, d'Antoine de la Tour de St-Vidal, grand-maître de l'artillerie de France et gouverneur du Velay, qui épousa au 16e s. l'héritière de l'évêque. Saint Vidal fit réaliser d'exceptionnels décors peints, et de nouveaux aménagements intérieurs furent effectués au 18e s. Depuis 2011, cet édifice d'exception accueille le Camino, un cheminement à la fois géographique et spirituel proposé aux visiteurs. Sens de l'hospitalité, de la fraternité, de la liberté permettent de revenir aux sources mêmes de la signification du pèlerinage. La scénographie est présentée dans des salles magnifiques où se dévoile l'architecture des lieux.

Le **café jardin** *(11h30-19h30)* et une boutique *(mêmes horaires que le Camino)* complètent la visite, qui peut se clore dans le jardin attenant.

Porche St-Jean

Remarquez les battants, recouverts de cuir, qui arborent de belles **pentures** (appliques en fer forgé) du 12e s. Précédé d'une grande arcade surbaissée, ce porche, qui était destiné au passage des souverains, relie la cathédrale au baptistère St-Jean. Son tympan autrefois sculpté d'une Cène a été buché au cours de la Révolution.

Les chemins de Compostelle

À l'origine de la Via Podiensis

En 951, l'évêque du Puy, Godescalc, devient l'un des premiers pèlerins français à partir pour St-Jacques-de-Compostelle. Il entraîne à sa suite une foule impressionnante ; il n'en faut pas plus pour rendre célèbre la *Via Podiensis*, qui part du Puy-en-Velay. Celle-ci figure à présent comme le prolongement de l'*Oberstrasse*, « la route haute » qui relie l'Europe centrale au chemin de St-Jacques en Espagne.

Le renouveau du pèlerinage

Durant des siècles, des millions de pèlerins se sont aventurés sur ces routes sacrées mais peu sûres, avec pour seul but la contemplation du tombeau présumé de l'apôtre. Puis la modernisation des transports a peu à peu fait sombrer dans l'oubli les chemins de pèlerinage. Contre toute attente, la fin du 20e s. a vu resurgir l'ancienne tradition et, sans toutefois atteindre les milliers de « jacquets » qui arrivaient autrefois tous les jours à Compostelle, les pèlerins sont aujourd'hui de plus en plus nombreux. Se couper du quotidien, se ressourcer tout en contemplant de beaux paysages et en découvrant des joyaux architecturaux et artistiques est l'une des nombreuses raisons invoquées pour se lancer sur les chemins de St-Jacques.

Un patrimoine religieux exceptionnel

Mettre ses pas dans ceux des pèlerins de St-Jacques est certainement la meilleure façon d'appréhender un patrimoine religieux local de tout premier plan. La Vierge noire de la cathédrale du Puy (*☞ p. 329*), le trésor de Ste-Foy de Conques ou l'ensemble abbatial St-Pierre de Moissac sont des exemples de ce que vous réserve la *Via Podiensis*. Et pour ceux qui passent par Clermont-Ferrand, allez admirer Notre-Dame-du-Port (*☞ p. 46*) inscrite sur la liste du Patrimoine mondial au titre des chemins de St-Jacques-de-Compostelle en France.

Les chemins de St-Jacques en Auvergne

La *Via Podiensis* GR 65 rejoint Conques en passant par St-Privat-d'Allier, Monistrol-d'Allier et Saugues. Devant le nombre croissant de marcheurs, il a été décidé de rétablir un itinéraire reliant les chemins traditionnels au départ de Vézelay et du Puy-en-Velay.
Pour une partie des randonneurs, la *Via Podensis* GR 65 serait le plus beau tronçon du premier itinéraire culturel européen. Le point de raccordement du chemin de Vézelay est Le Veurdre, dans le nord de l'Allier, puis le nouveau chemin secondaire de St-Jacques traverse le Bourbonnais jusqu'à Clermont où se fait la connexion avec un chemin de pèlerinage existant, qui lie Clermont à Cahors sur 506 km scindés en 20 étapes (*☞ Via Arverna, encadré p. 252*). Difficile, ce dernier pèlerinage à travers l'Auvergne et le Quercy est réservé aux bons marcheurs.
Pour plus de détails, consultez le site www.chemins-compostelle.com (infos culturelles, pratiques et logistiques) ou adressez-vous au ☎ 05 62 27 00 05 - 9h-13h, 14h-17h, lun. 14h-17h, vend. 9h-13h, 14h-16h - fermé w.-end.

SE RESTAURER

- Le Chamarlenc 1
- L'Emotion 2
- L'Écu d'Or 3
- 7 Instant 5
- Tournayre 6
- Comme à la Maison 8
- Le Poivrier 9
- Le Majestic 13

SE LOGER

- Chambre d'hôtes Epicurium 4
- Dyke Hôtel 5
- Hôtel Le Régina 10
- Ibis Styles 11

Baptistère St-Jean

Visites guidées uniquement, se rens. au ✆ 04 71 05 45 52 ou à l'accueil du cloître. Relié à la cathédrale par le porche du même nom, cet édifice servit de baptistère à l'ensemble des paroisses de la cité jusqu'à la Révolution. Les fouilles et recherches ont récemment prouvé son existence à cet emplacement depuis le 5e ou 6e s. : souvent transformé mais jamais abandonné, c'est le bâtiment le plus ancien du sanctuaire et l'un des rares baptistères du haut Moyen Âge encore visible. L'entrée sud est flanquée de lions en pierre, érodés.

★★ Cloître et Trésor d'art religieux B2

3 r. du Cloître - ✆ 04 71 05 45 52 - www.cathedrale-puy-en-velay.fr - de mi-mai à mi-sept. : 9h30-18h30 ; reste de l'année : tlj sf lun. 9h30-12h15, 14h-17h - 6 € (-26 ans gratuit) - librairie-boutique spécialisée.

Édifié au cours des 11e et 12e s. pour les chanoines de la cathédrale, ce cloître aux arcades colorées présente une très grande diversité de décors sculptés de l'époque romane, avec des réemplois antiques, carolingiens et des reprises modernes. La polychromie des claveaux, les écoinçons en losanges rouges, blancs ou noirs composent un décor précieux aux multiples influences (constructions romaines, échos byzantins qui ont tantôt évoqué Cordoue ou l'Italie). Parmi les **chapiteaux historiés** remarquez, côté jardin, un centaure poursuivant une centauresse **(8)**, tandis que dans la galerie ouest, un abbé et une abbesse tiennent la même crosse **(7)**. Une **grille romane★** très ouvragée **(9)** se trouve dans l'angle sud-ouest du cloître ; de cette galerie on aperçoit la cheminée coiffant le logis des Clergeons (13e s.). Le rez-de-chaussée de ce bâtiment accueille l'ancienne **salle du Chapitre**, transformée au 14e s. en « chapelle des morts » (voir les pierres tombales des chanoines). Son mur sud est orné d'une fresque de la Crucifixion (fin 12e s.), de style byzantin. Tout autour du jardin court une **corniche** sculptée évoquant le bestiaire médiéval, dont seuls subsistaient des fragments romans à l'ouest. Une grande portion restaurée reflète l'esprit romantique du 19e s.

Dans l'angle nord-ouest du cloître, près d'un chapiteau présentant de monstrueux félins de style oriental, un escalier conduit au **Trésor d'art religieux★★**, situé au 4e niveau du **bâtiment des Mâchicoulis**. Aménagée dans l'ancienne salle des États du Velay, l'exposition permanente « Ors et Broderies » présente une sélection de l'ancien Trésor de la cathédrale : orfèvrerie liturgique, tableaux (dont *La Sainte Famille* de Barthélémy d'Eyck), sculptures de **Pierre Vaneau**, copie de la Vierge noire détruite à la Révolution... Depuis 2011, une exceptionnelle **collection de vêtements et ornements liturgiques brodés** donne à voir cinq siècles de raffinement textile à travers l'Europe, du 15e au 19e s.(donation Cougard-Fruman, mécénat de la fondation Zygmunt Zaleski). En haute saison, d'autres salles sont à découvrir librement (salle basse du bâtiment des Mâchicoulis, en accès direct depuis l'escalier de la cathédrale) ou en visite guidée (fresques et cheminée du logis des Clergeons, tribune St-Michel et baptistère : se rens.).

Chapelle numérique Saint-Alexis

Accès par la rue de Grasmanent - www.chapelle-numerique.fr - ouv. déb. avr. à mi-nov. et mi à fin déc. - 11 € (5-15 ans 8 €) - billet jumelé avec le rocher St-Michel 14 € (5-15 ans 10 €) - belle boutique de produits locaux. La chapelle de l'ancien hôpital était inoccupée depuis longtemps. Depuis 2021, cet impressionnant édifice accueille le spectacle **Terre de géants,** à base d'effets spéciaux visant à faire découvrir de façon ludique les sites emblématiques de la Haute-Loire (qui sont nombreux...). En compagnie d'Alice et d'Alec, le spectateur, armé d'un bâton en forme de coquille Saint-Jacques, est invité à embarquer virtuellement à bord d'un aéronef qui l'entraînera sur le chemin de l'aventure et des secrets de la Haute-Loire. Animations à l'aide de films immersifs, de murs d'images et de jeux interactifs.

Chapelle des Pénitents B2

R. St-Mayol. Ouverte de façon variable (été) par la confrérie des Pénitents blancs.
On y pénètre par une porte aux vantaux de bois sculptés dans le style Renaissance. À l'intérieur, les peintures décorant la tribune, les parois lambrissées de la nef unique, mais surtout le beau **plafond à caissons**, relatent la vie de la Vierge. Elles ont été réalisées aux 17e et 18e s. Les instruments de la Passion des pénitents blancs, confrérie fondée en 1584, sont encore portés en procession, notamment le Vendredi saint.
La rue du Cloître mène au rocher Corneille.

★ Rocher Corneille B1

R. du Cloître - ✆ 04 71 04 11 33 - juil.-août : 9h-19h30 ; mai-juin et sept. : 9h-19h ; reste de l'année : 10h-17h - de mi-nov. à fin janv. ouv. le dim. 14h-17h (vac. de Noël 10h-17h) - 4 € (-18 ans 2 €).
Des panneaux d'interprétation rythment l'ascension. Le rocher Corneille, ou **mont d'Anis**, est un vestige de cône appartenant sans doute au volcan dont le rocher St-Michel représente la cheminée. De la plate-forme, **vue★** panoramique sur les toits rouges de la ville et le bassin du Puy *(table d'orientation)*, ainsi que sur le rocher St-Michel au nord-ouest, derrière lequel se profile le château de Polignac *(voir p. 344)*. Le rocher est surmonté d'une colossale **statue de Notre-Dame de France** (hauteur : 22,70 m, poids : 110 tonnes), érigée en 1860, par souscription nationale. 213 canons, prélevés sur les trophées de la prise de Sébastopol (1855), durant la guerre de Crimée, servirent à la couler. Et si la Vierge, contrairement à la représentation traditionnelle, porte l'Enfant à droite, et non près du cœur, c'est tout simplement pour qu'il puisse bénir la ville de sa main droite sans cacher le visage de Marie. On peut monter à l'intérieur de la statue, à la tête ou au niveau de la couronne.

Hôtel-Dieu A2

2 r. Becdelièvre - ✆ 04 71 07 00 00 - www.musee.patrimoine.lepuyenvelay.fr - ♿ - de déb. avr. à fin oct. : tlj sf lun. 10h-12h30, 14h-18h, fermé lun.-mar. et jeu.-vend. en hiver - accès libre.
Situé en contrebas de la façade ouest de la cathédrale et du bâtiment des Mâchicoulis, il servait autrefois d'abri pour les pèlerins les plus démunis et les malades de la cité. Recevant des dons de tout le royaume, cet « hôpital des pauvres de sainte Marie » cesse de fonctionner au cours du 20e s. Réhabilité par l'architecte Jean-Michel Wilmotte, il abrite, outre l'espace de congrès et un café, l'**Espace Art et Patrimoines★** qui présente de manière originale le pays d'Art et d'Histoire de l'agglomération du Puy-en-Velay (72 communes) à l'aide de dispositifs sonores, de manupulations et de bornes interactives ; au niveau inférieur, vous pourrez admirer l'ancienne **pharmacie** de l'Hôtel-Dieu (particulièrement préservée), datant du 19e s., avec ses boiseries, son mobilier et une importance collection de pots de pharmacie.
★Hôtel des Lumières – *4e étage - 22mn la séance - mai-sept. : 9h30-18h (sf lun. en sept.) - 9,50 € (6-15 ans 6 €) - sur réserv.* L'ancien Hôtel Dieu accueille depuis 2020 un centre d'art numérique qui dévoile trois scénographies immersives (régulièrement renouvelées) grâce aux toutes dernières technologies en 3D et aux sons design : le spectateur assiste à des projections sur le sol et les murs, ainsi que sur les voûtes d'ogive de l'ancienne salle des malades transformée en chapelle. Les lignes architecturales ainsi redessinées et videomappées sont bien mises en valeur, produisant un effet spectaculaire.

La ville de la dentelle

Au Puy et dans le Velay, comme dans la région d'Arlanc, la dentelle à la main tenait autrefois une place importante dans l'économie locale. Son origine remonte probablement au 15e s., mais c'est au 17e s., grâce à l'action d'un père jésuite, canonisé sous le nom de **saint Jean-François Régis**, qu'elle prit un essor décisif et qu'une organisation particulière se mit en place. Dans tous les villages, des femmes travaillaient à domicile pour le compte de marchands établis dans les villes voisines. Des « leveuses », apportant fils et cartons aux ouvrières, servaient d'intermédiaires avec les patrons. Ce travail d'appoint était une nécessité pour la paysannerie pauvre de la région. L'imprégnation religieuse du métier resta longtemps très forte. La transmission du savoir-faire se faisait de mère en fille, mais aussi par des femmes, appelées « béates », qui enseignaient en même temps le catéchisme, ainsi que des rudiments de calcul, de lecture et d'écriture.

Bâtiment des Mâchicoulis

Cette construction massive des 12e et 13e s., surplombant l'Hôtel-Dieu de ses cinq niveaux, était l'élément central des fortifications de la cathédrale et de la cité des chanoines au Moyen Âge. Quatre niveaux sont accessibles par les monuments qui l'entourent : la salle des cuves (Hôtel-Dieu), la salle basse (cloître), la chapelle des Reliques (cathédrale) et enfin la salle des États du Velay et le Trésor (cloître).

★★ En parcourant l'ancienne cité

Itinéraire tracé en vert sur le plan p. 334.

La vieille ville regroupe ses hautes maisons aux toits rouges autour du rocher Corneille : prenez le temps de déambuler dans les ruelles pavées (prévoyez des chaussures confortables, les pavés étant arrondis et glissants...) car un nombre incroyable de demeures anciennes, d'époques diverses, s'offrent au regard. Les boulevards circulaires marquent le début de la ville basse moderne. Ses façades colorées lui donnent un air méridional. Au pied de la cathédrale, la **place des Tables** A2 offre un intéressant aperçu de la cité épiscopale. C'est sur des tables, qu'au Moyen Âge, les commerçants vendaient les bijoux et les objets d'art religieux fabriqués par les orfèvres et les artisans.

Prenez à gauche la rue Raphaël.

Notables et familles bourgeoises de la ville y résidaient autrefois. Au n° 38 se trouve le **Centre d'enseignement de la dentelle au fuseau** A1. Au n° 56, remarquez un logis du 16e s. à cinq niveaux, dit **logis des Alix Selliers**.

Au bout de cette rue, prenez à gauche la rue Saulnerie, puis remontez à gauche la rue Rochetaillade aux façades romanes, notamment au n° 7.

À l'angle de la rue du Cardinal-Polignac s'élève l'**hôtel du Lac de Fugères** A2, du 15e s. Engagez-vous dans cette rue : au n° 8, l'**hôtel de Polignac** A2 présente une tour polygonale du 15e s. Revenez vers le croisement de la rue Rochetaillade pour rejoindre la rue Vaneau et voir au n° 3 l'**hôtel des Laval d'Arlempdes** A2 (15e s.).

Revenez sur vos pas.

La rue Chênebouterie, dans le prolongement de la rue Raphaël, présente, au n° 6, la façade d'une maison d'aromateur comportant une sculpture scatologique. Au n° 8, cour avec tourelle du 15e s. et en face, au n° 9, maison natale (16e s.) du maréchal Fayolle, héros de la Grande Guerre et dont la dépouille repose aux Invalides. La rue débouche sur la **place du Plot** A2 (ancienne place du Pilori), point de départ de la *Via Podiensis* qui mène à St-Jacques-de-Compostelle. Cette sympathique place est animée, le samedi matin, par un marché coloré qui s'étale autour de la **fontaine de la Bidoire** A2 (1246). Au 13e s., nombreux étaient les marchands du Poitou, de Provence et d'Espagne qui venaient étaler leurs armes, leurs laines, leurs cuirs et leurs joyaux. À partir de 1544, un marché de fruits et légumes se tint au Plot : une tradition qui perdure de nos jours.

Quittez la place et prenez à gauche la rue Pannessac.

Cette rue en partie piétonne est bordée d'élégantes **maisons** des 16e et 17e s., présentant des façades en encorbellement parfois flanquées d'une tour ou échauguette, comme aux nos 16 et 63.

Au no 42, le **logis des André** ; au no 46, le **logis des frères Michel**, du 17e s., orné au rez-de-chaussée de masques et d'écoinçons sculptés et aux étages de mascarons, de guirlandes et de cartouches, affiche l'opulence des commerçants qui habitaient ce quartier.

Au bout de la rue, la **tour Pannessac** A2, du 14e s., est le dernier vestige des dix-huit portes fortifiées, à tours jumelles, que possédait l'enceinte.

Revenez sur vos pas. Sur la gauche, la ruelle de traverse du **Chamarlenc** A2 a conservé son caractère médiéval ; au no 16, la façade de la **demeure des Cornards** (1680), dont le privilège était de brocarder les bourgeois de la ville, est ornée de deux têtes à cornes, l'une hilare, l'autre tirant la langue, surmontées d'inscriptions facétieuses.

Au niveau de la place du Plot, poursuivez en face.

La rue Courrerie compte, au no 8, une intéressante façade du 16e s., de l'Hôtel des Arcis de Chazourne, suivie de celle de l'**hôtel de Marminhac**, aux baies en plein cintre dont les clefs portent des masques sculptés. Vous arrivez place du Martouret (lieu d'exécution sous la Révolution), où se dresse la façade de l'hôtel de ville.

Empruntez la rue du Collège, bordée également de maisons anciennes, pour rejoindre l'église. Ne manquez pas de vous arrêter au no 22, devant la maison des libraires et imprimeurs Delagarde et Clet, du 17e s.

Église du Collège B2

Au tout début du 17e s., le père jésuite Martellange construisit, pour le nouveau collège de son ordre, un bâtiment du nouveau style baroque italien, le premier en France. On y admire des retables dorés, ornés de tableaux de Guy François.

Dans la ville basse PLAN P. 334

★★ Musée Crozatier A3

2 r. Antoine-Martin - ✆ 04 71 06 62 40 - www.musee.patrimoine.lepuyenvelay.fr - ♿ - tlj en été 10h-18h - hors sais., consulter le site Internet - 6 €.

Faites un tour aux toilettes où des œuvres du musée ont été reproduites...

Des dispositions ludiques indiquent aux enfants comment faire une momie, tailler la pierre, fabriquer de l'émail, etc.

Le chemin de Saint-Régis

Il débute devant l'église du Collège et se termine au même endroit : le GR 430, dit chemin de Saint-Régis, prend naissance là où le saint patron des dentellières a prié et célébré la messe. Jean-François-Régis était très populaire dans le Velay et le Vivarais. Long de 200 km, cet itinéraire était fréquenté par les plus pauvres et les plus démunis. Il nécessite 9 à 10 jours de randonnée, et vous conduira au nord-est jusqu'à Saint-Bonnet-le-Froid. Des croix, des lieux de culte en mémoire du saint se dressent au fil du chemin...

Après cinq ans de travaux, le musée Crozatier, embelli et agrandi, a ouvert ses portes en 2018. Il se compose de deux parties : le bâtiment sur jardin, du 19e s., et un édifice en béton et en verre, reconstruit. Côté entrée, la façade en verre porte une série de pictogrammes en acier évoquant l'éclectisme des collections. Le hall abrite l'une des pièces majeures du musée, le **carrosse de Vachères★**, berline à la française du 18e s. La nouvelle présentation, ludique, tactile et interactive, est introduite par **Charles Crozatier** (1795-1855), célèbre fondeur d'art natif du Puy, qui a donné son nom au musée. Un film retrace sa vie et son parcours. L'objectif du musée repensé est de lier la grande Histoire à l'histoire locale. Nombre d'œuvres ont été restaurées et les collections, redéployées. Quatre grands ensembles rythment la visite. Au rez-de-chaussée, la **galerie historique** présente des collections de la préhistoire à la Renaissance, dont deux cercueils égyptiens et leurs momies, de monumentaux bas-reliefs gallo-romains, un remarquable ensemble lapidaire médiéval, dont le célèbre **Tireur d'épine★**, bas-relief issu du clocher de la cathédrale.

À voir aussi, une pièce rare, le **chapiteau** double en marbre **des Cordeliers★**, l'Annonciation et la Nativité, en marbre et les émaux de la Renaissance. Au 2e étage, la **galerie des Beaux-Arts**, très réussie, offre une couleur par salle selon les époques. Elle expose l'inestimable **Vierge au manteau★** (15e s.) de l'église des Carmes ; la *Sainte Famille* de Barthélemy d'Eyck (15e s.) et les deux tableaux spectaculaires de Vercingétorix devant César qui illustrent tant de manuels scolaires. La salle du Dôme ménage une vue remarquable sur la ville haute ; son plafond est orné d'une création contemporaine de l'artiste Franck Chalendard.

Le 3e étage est consacré à la **galerie des Sciences et des Techniques**. Une riche collection de paléontologie (dont le fameux mastodonte d'Auvergne) et d'histoire naturelle répond à un ensemble exceptionnel de maquettes évoquant les innovations technologiques : machine à vapeur, prototype de la machine à coudre, praxinoscope – précurseur du cinéma d'animation actuel, inventé au Puy-en-Velay en 1876 par Émile Reynaud – et bien d'autres merveilles... Une table des manipulations est à la disposition des visiteurs.

La visite se termine par la **galerie du Velay**, au 1er étage, consacrée aux pèlerinages ancestraux ainsi qu'à la dentelle, l'un des savoir-faire locaux. Les visiteurs pourront même apprendre à faire de la dentelle, virtuellement ! Vous découvrirez les paperolles, ces reliquaires en papier que l'on fabriquait dans les monastères. L'artisanat local est bien mis en valeur : marqueterie de paille, bijoux, dont la rose du Velay. Une visite instructive à souhait.

Église St-Laurent A1

Rare exemple de l'art gothique en Velay, elle date du 14e s. et faisait partie d'un couvent de Dominicains. Le portail de façade, de style flamboyant, est remarquable. À l'intérieur, la nef surprend par son ampleur.

Dans le chœur, à droite, le tombeau de Du Guesclin contient les entrailles du connétable, mort en 1380 pendant le siège de Châteauneuf-de-Randon. Des travaux effectués dans le chœur ont amené à la découverte du tombeau de l'évêque Bernard de Montaigu (13e s.).

Les pavages ont été réalisés par Daniel Dezeuze en 1988. À gauche de l'église, une chapelle du 14e s., dite **salle capitulaire**, a été dégagée.

★★ La chapelle et le rocher St-Michel d'Aiguilhe A1

17 r. du Rocher - ✆ 04 71 09 50 03 - www.rochersaintmichel.fr - mai-juin et sept. : 9h-18h30 ; juil.-août 9h-19h ; de mi-mars à fin avr. et de déb. oct. à mi-nov. : 9h30-17h30 ; 26 au 31 déc. 11h-17h.- 6 € (5-15 ans 4 €). Depuis 2022, grâce à un audioguide avec giroscope géolocalisé, le visiteur peut découvrir le site en 15 étapes

jusqu'au sommet (disponible en option payante, 45mn, 4 € en plus de l'entrée).
À pied, la montée Gouteyron relie la ville haute au rocher d'Aiguilhe. Vous pouvez aussi parvenir au pied du rocher en voiture et vous garer à proximité. Une fois franchi le portail d'entrée, on accède au sommet par un escalier de 268 marches. Des oratoires jalonnaient jadis cette rude montée. Aujourd'hui, des paliers vous permettront de reprendre votre souffle aux tournants.
L'ascension du rocher St-Michel, une gigantesque aiguille de lave qui s'élève d'un jet à 82 m, vous mènera à la ravissante chapelle romane St-Michel d'Aiguilhe. Avec son fin clocher en forme de minaret, elle semble prolonger le doigt rocheux qu'elle couronne. Sa construction (10e s.), qui dura douze ans, est d'inspiration orientale, avec son portail trilobé, son gracieux décor d'arabesques, ses **mosaïques** de pierres noires, grises, blanches et rouges. À l'intérieur, le plan très irrégulier épouse les contours du rocher. La complexité du système de voûtes témoigne de l'art avec lequel les architectes ont su tirer parti du terrain. Les colonnettes, qui dessinent comme un déambulatoire autour d'une courte nef, sont surmontées de chapiteaux sculptés. La voûte de la petite abside est décorée de **peintures murales** du 10e s. À droite, une vitrine abrite divers objets d'art trouvés sous l'autel en 1955, dont un Christ-reliquaire en bois du 11e s. et un coffret en ivoire byzantin du 13e s. Un chemin de ronde contourne la chapelle, d'où l'on domine, à l'est, le **vieux pont** B1 à redents (découpures en forme de dent) qui enjambe la Borne. Au pied du rocher, remarquez la très belle **chapelle St-Clair** A1 (12e s.), au plan octogonal et au décor de losanges en mosaïques de pierre.
Les visiteurs peuvent découvrir un mur immersif de 8 m sur 4 qui présente une visite virtuelle de Saint-Michel d'Aiguilhe *(de fév. à mi-nov. - 5 €, enf. 3 €)*, les éléments de construction de la chapelle et les reproductions des peintures murales. Une deuxième salle est consacrée au volcanisme et explique la formation du rocher ; la dernière détaille le culte de saint Michel.

À proximité

Le parcours des Chibottes HORS PLAN PAR A2

À Vals-près-le-Puy, à 2 km au sud du Puy. Prenez l'avenue de Vals au sud du Puy.
5,6 km, 200 m de dénivelé, 2h. Départ du sentier à la mairie de Vals. Au retour, la boucle emprunte le chemin de St-Jacques.
Les chibottes sont des huttes de pierres sèches construites par des paysans avec les pierres trouvées sur leurs lopins de terre. Parfaitement étanches, les plus anciennes chibottes datent des 18e et 19e s. Elles servaient sans doute de cabanes à outils et d'abri temporaire au cultivateur venu passer la journée sur ses parcelles de vigne.

Randonnée sur la Voie Verte du Velay

À Brives-Charensac, à 4 km du Puy vers l'est par la D 15 direction St-Julien-Chapteuil - rens. : www.lepuyenvelay-tourisme.fr
L'ancienne ligne de chemin de fer Le Puy-en-Velay/Langogne a été aménagée en Voie Verte, à la sortie de la gare de Brives-Charensac (600 m). 25 km (à pied ou à VTT) plus tard, vous voici à **Costaros** (1041 m), au cœur de la vallée de la Loire, et des massifs du Mézenc et du Meygal. Au terme du parcours, vous aurez emprunté 5 tunnels (éclairés) et franchi un viaduc de 184 m.

Pinatelle du Zouave CARTE C2 P. 327

À 7 km à l'ouest en direction de Langeac, par la D 590. Tournez à droite après le hameau du Zouave, puis prenez la route qui monte à droite et suivez le fléchage.

Les châteaux privés vous accueillent

La Haute-Loire compte de nombreux châteaux et forteresses, uniques témoins de l'histoire dans un territoire aux multiples facettes géographiques et culturelles. Parmi eux, une quinzaine (dont Volhac, Bouzols, St-Vidal et Polignac) sont ouverts tous les étés à la visite. Leurs propriétaires souhaitent en faire des lieux d'histoire et d'éducation à la préservation du patrimoine. La première année, en 2020, ils étaient au nombre de 13 ; cette initiative est vouée à se développer.
Rens. : www.auvergnevacances.com/visiter-bouger-se-divertir/visiter/idees-de-visites/les-demeures-historiques

Parking à l'arrivée. Site équipé d'une aire de pique-nique. Prévoyez un équipement de randonnée. Il est conseillé de ne pas s'écarter des sentiers, des arbres morts toujours sur pied pouvant tomber sous l'effet du vent.
2h AR. Aux allures de bonsaï géant, le **pin de boulange** est né d'une technique de taille qui remonte au Moyen Âge. Utilisé pour alimenter les fours de boulangers (d'où son nom), il était élevé de façon à fournir de grandes quantités de petits branchages qui, assemblés en fagots (les « garnes »), étaient revendus dans la région. Deux sentiers vous invitent à la découverte des lieux : l'un présente l'histoire de cet arbre au fût court et tortueux ; l'autre délivre quelques notions d'herboristerie.

★ Château de Bouzols CARTE C2 P. 327

À Arsac-en-Velay, à 10 km au sud du Puy. Prenez la D 15 à l'ouest du Puy, puis le D 535 et la D 632.
06 76 58 23 95 - www.bouzols.fr - visite guidée (1h) de fin juin à deb. sept. : 11h-16h - fermé lun. - 8 € (-13 ans 5 €).
Juchée sur une plate-forme rocheuse de 400 m², la puissante forteresse de Bouzols se reconnaît de loin. Le donjon-citadelle, élevé au 11e s., date dans son état actuel du 15e s. Le château se dresse sur une croupe basaltique escarpée dominant la Loire (la butte trouve son origine dans des éruptions volcaniques sous-lacustres remontant à 2,5 millions d'années). Au pied de la paroi nord sont visibles d'anciennes maisons troglodytes. Bouzols possède une spécificité : une douve intérieure, taillée dans la brèche volcanique, qui séparait le donjon des fortifications du château bas transformées en bâtiment d'habitation à la Renaissance. Passé entre les mains de grandes familles féodales auvergnates, l'édifice, embelli au 17e s., subit une lente dégradation au siècle suivant. Mis aux enchères durant la Révolution, il est repris par ses anciens propriétaires à leur retour d'émigration (le marquis de Montagu-Bouzols est le beau-frère de Lafayette). En 1808, il est acquis par l'aïeul de l'actuel propriétaire et rénové à la fin du 19e s. - notamment la demeure d'agrément. Toujours habité, le château est ouvert au public depuis 2013. On visite les écuries, le parc, les terrasses, le donjon-citadelle et la chapelle Saint-Eustache (concerts durant l'été), qui conserve une grille en fer forgé (12e-13e s.) provenant de la cathédrale du Puy.

Vallée de la Borne CARTE P. 326-327 B-C2

Circuit de 60 km, tracé en gris sur la carte p. 326-327. Quittez Le Puy par l'ouest en empruntant la D 590. Peu avant la voie ferrée, prenez à droite jusqu'au parc de stationnement René-Cassin.

Espaly-St-Marcel C2

Piton d'Espaly – *Propriété privée.* Il était jadis couronné d'un château qui, après avoir servi de résidence aux évêques du Puy (Charles VII, dauphin puis roi de France, y reçut l'hospitalité lors de ses fréquents pèlerinages), fut ruiné durant les combats de la Ligue.

Sanctuaire St-Joseph – *9 r. de l'Abbé-Fontanille - ✆ 04 71 09 16 71 - www.josephbonespoir.org - 10h-18h - pèlerinage 19 mars et 1er Mai.* La terrasse supérieure, aménagée au pied de la statue de saint Joseph, offre une **vue★** sur la vieille ville du Puy-en-Velay, d'où émergent la cathédrale, le rocher Corneille et St-Michel d'Aiguilhe.

Revenez sur la D 590 et poursuivez vers l'ouest en direction de Chaspuzac. Tournez à droite dans la D 113.

★ Château de St-Vidal C2

✆ 09 81 43 68 00 - saintvidal.com - spectacle-déambulation « La mémoire d'un peuple », avr.-juin et sept. : merc.-dim. 10h30-15h ; juil.-août : 10h30-19h, dép. toutes les 15mn - 14 € (8-15 ans 7 €) ; attention : certaines scènes peuvent impressionner les très jeunes enfants - spectacle nocturne certains soirs de juin, juil. et août, assuré par une centaine de bénévoles, 14 € (8-15 ans 12 €) - pack global 16 € (14 €).

Dominant de ses tours massives le village, groupé sur une éminence dans la vallée de la Borne, ce château du 13e s. fut le fief du baron Antoine de La Tour, gouverneur du Velay au 16e s. Il a été restauré par un passionné du patrimoine, les jardins redessinés, une terrasse à l'italienne créée, ainsi qu'un beau miroir d'eau, dans lequel se reflète la forteresse.

Dans l'optique de relier la grande et la petite histoire, un spectacle-déambulation *(45mn)* est donné au château. De Vercingétorix à la Bête du Gévaudan, les événements marquants sont ainsi revisités par des acteurs qui accompagnent le visiteur au fil des 15 salles. Dans celle consacrée aux guerres de Religion, les tableaux s'animent (Antoine de La Tour de St-Vidal appartenait à la Ligue qui combattait Henri IV) ; dans la bibliothèque, sont diffusées des citations d'œuvres littéraires, récitées par de célèbres acteurs. La cuisine sarrazine du 16e s., très impressionnante, s'orne d'une cheminée monumentale.

Le **bourg** de St-Vidal mérite qu'on s'y attarde. Pénétrez notamment dans l'église romano-gothique, liée à l'existence de la seigneurie des De La Tour, devenue autonome au 13e s. Vous y entendrez les voix de Jean Piat et de Michel Lonsdale...

Revenez sur vos pas et reprenez la D113 vers le nord en direction de Clazelle. Tournez à gauche dans la N 102, puis à droite dans la D 25. Au loin, on aperçoit le château : tournez à gauche à hauteur de Marcilhac.

★ Château de La Rochelambert C2

La Rochelambert - ✆ 07 66 83 19 01 - www.chateau-de-la-rochelambert.com - visite guidée (1h) mai-sept. : 14h, 15h, 16h et 17h ; reste de l'année : 14h, 15h et 16h - fermé lun.-mar. hors vac. scolaire - 8 € (-12 ans 6 €).

Ce château, accroché dans la roche sur la rive droite de la Borne, est une très gracieuse construction nichée dans un beau **cadre★** de verdure. Du 11e s., il a été reconstruit aux 15e et 16e s. George Sand y situa les personnages de son roman *Jean de la Roche*. Les salles abritent meubles et œuvres d'art, ainsi que des souvenirs de l'écrivain. Près du château, on peut voir des **habitats troglodytiques** *(15mn AR)* qui témoignent d'un habitat paléolithique. Ils communiquent entre eux et constituent une véritable maison souterraine à plusieurs étages. Du balcon de la salle supérieure, jolie vue sur la vallée.

Poursuivez sur la D 25. Après 2 km, tournez à gauche dans la D 13 (vers Allègre).

Polignac, la forteresse médiévale.
Ch. Guy/ hemis.fr

★ Allègre B2

Ce bourg pittoresque s'étend au pied des ruines d'un **château féodal**, en accès libre, édifié sur l'arête méridionale du volcan de Boury. Passé la porte de Monsieur, vous arrivez sur la place du Marchédial, qui a conservé l'unité architecturale du 15e s. avec les maisons fortes qui la bordent. Au milieu s'élève la **chapelle Notre-Dame-de-l'Oratoire** qui abrite une pietà polychrome du 16e s. Montez jusqu'à la Potence qui coiffe le sommet du volcan pour apprécier le panorama sur le Velay au sud et le mont Bar (1167 m) à l'est. La célèbre ethnologue Germaine Tillion, entrée au Panthéon en 2015 pour faits de Résistance, est née à Allègre en 1907.

Tourbière du Mont-Bar – *2h AR. Zone humide, terrain glissant. Départ du parking situé derrière la salle polyvalente.* Un lieu unique en France : c'est le seul volcan de type strombolien dont le cratère contienne une tourbière. Un sentier balisé permet d'y accéder et d'en faire le tour. La montée est un peu raide, mais agréablement ombragée par les sapins et épicéas. Le tour du cratère s'effectue ensuite sans difficulté, suivant les panneaux explicatifs. La tourbière se trouve sur le territoire du Parc naturel régional Livradois-Forez *(voir p. 412)*.

Quittez Allègre par le sud en empruntant la D 13.

St-Paulien C2

Sous le nom de *Ruessium*, à l'époque gallo-romaine, ce village fut la capitale des Vellaves puis le siège d'un évêché jusqu'au 6e s. La chapelle des Pénitents abrite un petit musée.

Musée archéologique Michel-Pomarat – *04 71 00 40 88 (mairie) - saint-paulien.fr ou www.lepuyenvelay-tourisme.fr - ♿ - juil.-août : 10h-12h, 15h-17h ; reste de l'année : se rens. - 4 € (12-18 ans 2 €).* Un voyage dans le temps, rythmé par la voix d'un archéologue, via un audioguide, permet au visiteur de traverser les époques, de l'Antiquité au Moyen Âge. Les vestiges (amphores, pierres, bijoux) sont ainsi décryptés.

★ **Collégiale St-Georges** – *Pl. St-Georges - ✆ 04 71 00 40 88 - www.saint-paulien. fr - ♿ - juil.-août : accès libre ; reste de l'année : se rens.* Cette vaste église, construite en trois phases (11ᵉ, 12ᵉ et 13ᵉ s.), a été restaurée au début du 20ᵉ s. L'**intérieur** comporte un vaste chœur ouvert sur une nef impressionnante. L'église jouait un rôle défensif, comme en témoignent le mâchicoulis au-dessus de l'entrée ouest et le chemin de ronde qui court au-dessus de la nef. En matériaux volcaniques, la collégiale affiche un caractère austère qui ne laisse pas indifférent.
Quittez St-Paulien par le sud en suivant la D 906, puis la N 102.

★ Château de Polignac C2

Pl. Princesse-de-Polignac - ✆ 04 71 04 06 04 - www.forteressedepolignac.fr - juil.-août : 9h30-19h ; avr.-juin et sept.-oct. : 10h-12h, 13h30-18h ; reste de l'année : se rens. - 6 € (-18 ans 4 €).
Perchée sur un dyke (cheminée volcanique), la majestueuse forteresse de Polignac est installée sur une plate-forme de 200 m de long, une falaise naturelle de 60 m de hauteur. Elle conserve, de l'Antiquité et du Moyen Âge, d'imposants vestiges de sa puissance guerrière. L'édifice, qui pouvait abriter 800 soldats, était ceint par 800 m de remparts, et son accès protégé par six portes fortifiées. François Iᵉʳ, qui s'arrêta ici en 1533, avait qualifié le château de « roi des montagnes ». Jamais cette forteresse n'a été prise. Les membres les plus connus de la famille Polignac furent le cardinal **Melchior de Polignac** (1661-1732), successeur de Bossuet à l'Académie française, et **Yolande de Polastron**, favorite de la reine Marie-Antoinette. Au 18ᵉ s., les propriétaires délaissèrent le château au profit d'une autre demeure, à Lavoûte-sur-Loire. Vendue comme bien national à la Révolution, la forteresse servit de carrière de pierre jusqu'à ce que le prince Jules de Polignac, ministre de Charles X, la rachète et la sauve de la ruine.
Vous découvrirez, au cours d'une passionnante visite, le chemin de ronde et la chapelle castrale autour de laquelle se trouvent des tombes aux formes taillées dans le rocher, sans doute celles des membres de la famille, enterrés ici jusqu'en 1289. Les fouilles archéologiques ont révélé la présence d'un **puits** nommé le puits de l'Oracle, et d'un second, le puits de l'Abîme ! Dans la zone artisanale étaient installés le four à pain, les cuisines, les lieux de stockage, la forge et une fabrique d'armes. Ont d'ailleurs été reconstituées des **armes du Moyen Âge**, exposées sur place, qui présentent une étonnante similitude avec les outils agricoles de l'époque. Le donjon (32 m de haut), restauré à la fin du 19ᵉ s., révèle une magnifique **vue** panoramique sur les Cévennes, les monts du Velay, le Meygal, les vallées de la

On vous emmène à Chamalières-sur-Loire

Un dimanche midi à Chamalières-sur-Loire, en été. Pendant que les habitués et les touristes sont attablés au restaurant, on profite de la quiétude ambiante pour gagner la Loire qui s'étale, majestueuse, à nos pieds. Il fait chaud, et la fraîcheur qui règne dans l'église romane est la bienvenue. Dans le jardin médiéval attenant, les plantes aromatiques et médicinales affichent un petit carton à leur nom. Disposés à intervalles réguliers, de grands panneaux explicatifs renseignent le visiteur sur la fondation de l'abbaye, la vie des moines au Moyen Âge, ou les crues dévastatrices qui se sont abattues sur le village au cours des siècles – la dernière remonte à 1980... On quitte à regret ce paradis de verdure et de paix en se promettant, la prochaine fois, de suivre sur plusieurs kilomètres le GR 3 qui longe le fleuve.

Loire et de la Borne et le mont Bar. Il fut élevé à cette hauteur pour concurrencer la puissance des évêques du Puy.
Église – C'est un bel édifice roman à porche gothique. À l'intérieur, les principaux centres d'intérêt sont la coupole du 12e s. et, dans le chœur, une **fresque** du 12e s. évoquant le Jugement dernier, le ciel et l'enfer ; au-dessus, la frise des « anges musiciens » du 15e s. Dans l'abside, dans une niche, **reliquaire de la Vraie Croix** et deux chandeliers (pièces d'orfèvrerie en argent du 18e s.). Au-dessus de la porte du bas-côté sud de l'église, un **vitrail** moderne représentant *(de droite à gauche)* trois membres célèbres de la famille Polignac : le vicomte Héracle, mort au siège d'Antioche, le cardinal Melchior de Polignac et le prince Jules de Polignac.
Revenez sur la N 102 qui ramène au Puy.

★ Gorges de la Loire

CARTE P. 327 C1-2

Circuit de 54 km, du Puy à Retournac, tracé en rouge sur la carte p. 327. Quittez Le Puy-en-Velay au nord par la D 103.
En sortant du bassin du Puy, la Loire s'enfonce dans les gorges de Peyredeyre.
À Peyredeyre, prenez à droite la D 71.

Chaspinhac C2

La route pittoresque surplombe la vallée de la Sumène avant d'atteindre le hameau de Chaspinhac dont la modeste **église** romane, au bel appareil en pierre volcanique rouge, renferme de jolis chapiteaux sculptés.
Au départ de Chaspinhac, le sentier d'interprétation de St-Quentin permet de découvrir, à 937 m d'altitude, cet ancien village abandonné dont la réhabilitation de maisons a commencé. Le cheminement est jalonné de 12 mobiliers artistiques d'interprétation sur les paysages, l'ornithologie, la géologie et les savoir-faire d'autrefois. Chaque année, début juillet, a lieu à St-Quentin une grande fête avec spectacles, expositions, etc. L'apparition du château de Lavoûte-Polignac marque l'entrée dans le riant bassin de l'Emblaves où la vallée s'épanouit, au pied d'un cirque dominé par des pitons de formes variées.
Reprenez la D 71 en direction de Malrevers. Là, empruntez à gauche la D 26 puis, encore à gauche, la D 7 pour aller à Lavoûte-sur-Loire.

Château de Lavoûte-Polignac C2

04 71 08 50 02 - www.lavoute-polignac.fr - visite guidée (45mn) juin-sept. : 10h-12h, 14h-18h ; avr.-mai : 10h-12h, 14h-17h - 8,50 € (-15 ans 3 €).
Déjà possession des Polignac au 13e s., il était destiné à servir de manoir de plaisance alors que Polignac était la forteresse. L'unique corps de bâtiment, restauré après la Révolution, vaut surtout pour son site perché, à l'intérieur d'une « voulte » (boucle) de la Loire. Intéressants **souvenirs★** de famille (mobilier, tableaux, tapisseries, correspondance), notamment, de Yolande de Polastron, duchesse de Polignac.

6

Lavoûte-sur-Loire C2

La petite **église** romane *(Pl. de l'Église)*, à nef unique, abrite, au-dessus du maître-autel, un remarquable **Christ★** en bois sculpté du 13e s.
Véloroute Via Fluvia – *www.viafluvia.fr* - De Lavoûte-sur-Loire commence la véloroute aménagée sur une ancienne voie ferrée et visant à terme à relier la Loire au Rhône. Plusieurs tronçons ont déjà aménagés dont : Lavoûte-sur-Loire-Yssingeaux *(22 km)* ; Yssingeaux-Raucoules *(20 km)* ; Raucoules-Riotord *(15,5 km)* ; Riotord-Dunières *(9 km)*.
Prenez au nord la D 103 puis à gauche la D 29.

Roche-en-Régnier C1

Vieux village perché sur la rive gauche et dominé par un chicot volcanique portant une ancienne tour de défense. Au pied de la tour, le **panorama★** sur les monts du Velay, du Forez et les sucs d'Yssingeaux est superbe.

Au nord, la D 35 traverse la Loire juste après Roche-en-Régnier et conduit à Chamalières-sur-Loire.

★ Chamalières-sur-Loire C1

Sur la rive droite de la Loire, en aval du Puy-en-Velay, le bourg s'allonge en terrasses au pied du mont Gerbizon (1064 m), face à la ligne des monts Miaune dont le dernier mamelon porte les ruines du château d'Artias. Chamalières mérite un arrêt pour son **église romane** (début du 12ᵉ s., restaurée au début du 20ᵉ s.), située dans un **magnifique site** au bord de la Loire. Elle appartenait à un ancien prieuré bénédictin assez prestigieux disputé par les plus grandes familles du Velay et du Forez. Des bâtiments conventuels ne subsistent que des vestiges. Le village est une étape sur le chemin de St-Jacques.

★ **Église prieural romane** – *Le Bourg.* À l'extérieur, le mur sud est décoré, en partie haute, d'une belle arcature en plein cintre se poursuivant autour de l'abside. L'intérieur comprend une nef de trois travées en berceau, flanquée de bas-côtés, à voûtes d'arêtes. L'**abside** est tout à fait remarquable par sa voûte en cul-de-four, d'une ampleur exceptionnelle. À mi-hauteur de la voûte, au-dessus des oculi, les petits orifices disposés sur trois rangs correspondent à des vases acoustiques, ou *echea*, noyés dans la maçonnerie. À droite, en entrant, se trouve une célèbre sculpture romane, à l'origine pilier monolithe de l'ancien cloître, creusé plus tard en vasque et utilisé comme bénitier. Sur le pilier gauche du transept, du côté du maître-autel, peinture murale (13ᵉ s.) de la Vierge en majesté. Au fond du bas-côté sud est conservée la porte romane primitive de l'église (12ᵉ s.).

Ancien cloître – Une porte s'ouvrant dans le bas-côté gauche donne accès aux vestiges du cloître roman, établi jadis en terrasses au-dessus de la Loire.

Un jardin médiéval a pris place face au fleuve, avec des panneaux explicatifs sur l'histoire du prieuré et du village.

Empruntez la D 103 en direction de Retournac.

Retournac C1

Joliment situé, le bourg abrite une **église**, en partie romane, qui se signale extérieurement par sa construction en pierre d'une belle coloration jaune, son clocher massif et sa couverture de lauzes. À l'intérieur, remarquez la coupole sur trompes, la sobre élégance du chœur, une Vierge à l'Enfant, œuvre italienne du 16ᵉ s., l'autel moderne de Philippe Kaeppelin et des vitraux d'Henri Guérin.

★ **Musée des Manufactures de dentelles** – *14 av. de la Gare - ✆ 04 71 59 41 63 - www.ville-retournac.fr - ♿ - juil.-août : 14h-19h ; de mi-mars à fin juin et de déb. sept. à mi-déc. : 14h-18h - 5 € (12-18 ans 3,50 €, -12 ans gratuit).* Sur les lieux mêmes de l'ancienne manufacture Experton Frère et Sœur construite en 1913, ce musée restitue avec charme l'atmosphère d'un atelier et la mémoire des dentellières grâce à une exceptionnelle collection de milliers de pièces de dentelles, de modèles, de cartons, de mobilier (dont des tables de dentellières) et d'archives. Une façon sensible et originale de pénétrer au cœur d'un artisanat d'art qui, aux 19ᵉ et 20ᵉ s., fit l'identité de la Haute-Loire en même temps que sa réputation internationale.

Carnet pratique

S'informer

Office de tourisme – *2 pl. du Clauzel - Le Puy-en-Velay - ✆ 04 71 09 38 41 - www.lepuyenvelay-tourisme.fr.* L'office de tourisme organise des visites guidées.

Pass touristique

L'office de tourisme propose un Pass à 16 € permettant de visiter 5 sites dans la ville *(sans limite de temps)*.

Arriver/partir

Se garer – Circuler en centre-ville en plein été est difficile; garez-vous : place Michelet ou place du Breuil au sud, place Carnot à l'ouest.

Agenda

Puy de Lumières – *De déb. juil. à mi-sept, ts les soirs à la tombée de la nuit - www.puydelumieres.fr.* Les monuments de la ville, ainsi que ceux de Brives Charensac, s'animent et se racontent en couleurs et en musique.

Le Roi de l'Oiseau – *mi-sept. - www.roideloiseau.com.* Grande fête populaire avec défilés, bals et concerts. Les Ponots, en costume Renaissance, perpétuent une tradition qui remonte au 16e s.

Festival des Trois Chaises – *À Allègre, vend-dim. début août.* Concerts de musique classique dans les anciennes écuries du château.

Interfolk – *3e sem. de juil. - ✆ 04 71 02 02 84 - www.interfolk.fr.* Festival folklorique international.

Fêtes mariales – *15 août.* Procession de Notre-Dame-du-Puy.

Rassemblement international de montgolfières – *w.-end du 11 nov. - ✆ 04 71 09 38 41 - www.montgolfiere-en-velay.fr.*

Nos adresses

Restauration

PLAN P. 334

Premier prix

5 7 Instant – A2 - *4 r. Julien - ✆ 04 71 02 45 62 - fermé lun. et dim. - plats 15/26 €.* Ambiance décontractée dans cette brasserie située en face du marché couvert. Cuisine élaborée avec des produits de saison, beau choix de viandes et de poissons.

13 Le Majestic – B3 - *8 bd Mar.-Fayolle - ✆ 04 71 09 06 30 - ♿ - moins de 20 €.* Murs de velours rouge, tables en marbre noir, chaises design, grandes baies... S'ouvrant sur deux avenues, cette brasserie branchée propose des formules du jour à petits prix. Vaste terrasse ensoleillée donnant sur la place Michelet.

Budget moyen

1 Le Chamarlenc – A2 - *19 r. Raphaël - ✆ 04 71 02 17 72 - ♿ - fermé dim.-lun. - menus 24/32 €.* Ce petit restaurant du centre historique sert une cuisine à base de produits du terroir : terrine maison, mitonnée du jour, fromages de la région.

2 L'Émotion – B2 - *15 pl. Cadelade - ✆ 04 71 09 74 23 - www.restaurant-lemotion.fr - fermé dim. - menu déj. sem. 15/17 €, menus 33/39 €, menu dégustation 5 plats 58 €.* Deux chefs, originaires du Puy-en-Velay, avec chacun avec sa spécialité, conjuguent leur talent pour vous offrir le meilleur d'eux-mêmes. On se régale, et on en redemande ! Service efficace et rapide, excellent rapport qualité-prix

3 L'Écu d'Or – A2 - *59-61 r. Pannessac - ✆ 04 71 02*

6

19 36 - www.restaurant-lecudor.fr - fermé dim. soir et merc.-jeu. d'oct. à mai - menus 17/41 €. Dans une rue piétonne de la vieille ville, ce restaurant, dans une belle salle voûtée des 14e et 16e s. décorée de grandes fresques murales, est assez pittoresque. La table est plutôt bonne et le service jeune.

6 **Tournayre** – A2 - *12 r. Chênebouterie - ☏ 04 71 09 58 94 - www.restaurant-tournayre.com - fermé lun.-mar. - menus 33/71 €.* Dans la vieille ville, cette ancienne chapelle du 16e s. ravira les amoureux du passé. La cuisine fait la part belle aux produits du terroir, revisités avec un art qui ne se dément pas au fil des années.

8 **Comme à la Maison** – A2 - *7 r. Séguret - ☏ 04 71 02 94 73 - www.facebook.com/commealamaison43 - fermé dim. et lun. soir. - menus 11 € (déj.)/50 €.* Le jeune chef de ce bistrot contemporain, niché au pied de la cathédrale. Cuisine du marché pleine d'inspiration, où les produits auvergnats sont bien présents.

9 **Le Poivrier** – A2 - *69 r. Pannessac - ☏ 04 71 02 41 30 - www.lepoivrier.fr - ♿ - fermé dim.-lun. - plats 18/28 €, menus 17 € (déj.)/27 €.* Restaurant relooké dans un style design épuré, assez tendance, sans perdre en convivialité. Exposition de photographies. Spécialités de viandes de bœuf de Haute-Loire.

Shopping

☺ Au fil de la rue des Tables, artère piétonne pleine de charme, vous découvrirez essentiellement des boutiques consacrées à la dentelle. Possibilité d'admirer les dentellières au travail.

Marché – *Pl. du Plot - sam. 8h-12h.* Sur cette place magnifique, embellie d'une fontaine, le marché offre le meilleur des produits fermiers (notamment le velay, un fromage au lait cru) et les fruits des cueillettes saisonnières (fruits rouges et champignons).

Boutique Sabarot – *15 r. Courrerie - ☏ 04 71 00 10 15 - www.sabarot.com - mar.-vend. 10h-18h30, sam. 9h-19h ; juil.-août tlj.* Installée dans une des rues piétonnes de la ville, cette boutique propose son produit phare, la célèbre lentille verte du Puy, première légumineuse AOP, mais aussi des champignons de la forêt, des céréales, etc.

Espace Pagès - Maison de la Verveine du Velay – *29 pl. du Breuil - ☏ 04 71 02 46 80 - avr.-sept. : tlj sf lun. 10h-12h30, 14h30-19h ; reste de l'année : 10h-12h30, 14h30-18h, fermé dim.-lun.* Installé dans un ancien cinéma, cet espace est un hymne à la verveine, dont il présente toutes ses utilisations possibles, même les plus insolites.

Centre d'enseignement de la dentelle au fuseau – *44 r. Raphaël - ☏ 04 71 02 01 68 - www.ladentelledupuy.com - fermé dim. - 9h-12h, 14h-17h (12h30 le sam.) - juil. 10h-18h - cours et formations à partir de 13,50 €/h.* Par saint Jean-François Régis - patron des dentellières - enfin un établissement digne de ce nom qui permette de découvrir la dentelle de façon originale. Une vidéo relate l'implantation de la dentelle. Expositions thématiques. On peut aussi s'essayer à la confection au fuseau..

Au Cyrano – *1 r. Crozatier - ☏ 04 71 09 04 16 - ♿ - 8h30-18h30, dim. 9h-12h30 - fermé lun.* Dentelles, photos anciennes en sous-verre : la famille Savelon, installée depuis trois générations à cette adresse, n'oublie pas d'honorer sa jolie ville. Nombreuses spécialités dans sa gamme sucrée-salée : le succès ou le cyrano (recettes inchangées depuis 1930)...

Didier Rix – *13 r. St-Gilles - ☏ 04 71 09 30 07 - www.patisserie-rix.fr - fermé lun. - 8h-19h, dim. 8h-12h30.* Didier Rix, patron de cette petite boutique depuis 1999, imagine sans cesse de nouvelles recettes de gâteaux qu'il élabore dans le respect de la tradition : ganaches aux fruits, nougat, macarons, millefeuilles réputés, entremets joliment décorés, pâtisseries modernes, glaces.

À proximité

Distillerie de la Verveine du Velay-Espace Pagès – *N 88, sortie nº 2 - ZA Laprade - r. Descartes - St-Germain-Laprade - ✆ 04 71 03 04 11 - mars-déc. : visite guidée (50mn) 10h-12h30, 14h-18h30, fermé dim.-lun. (en juil.-août, sans réserv.) - 6,80 € - boutique ouv. du 15 mars à fin déc. : 10h-12h30, 14h-18h30.* Les visiteurs sont conviés à la découverte de la fabrication de la célèbre verveine du Velay conçue en 1859 par J. Rumillet-Charretier. Pas moins de 32 plantes et un savoir-faire jalousement préservé sont nécessaires à son élaboration.

Savonnerie de Polignac – *2 pl. princesse de Polignac - ✆ 06 03 88 57 31 - www.savonneriedepolignac.com - été : lun. 14h30-18h, mar.-vend. 10h-12h, 14h-19h, sam. 14h-18h30; hors sais. : jeu.-vend. 9h30-12h, 13h30-18h30, sam. 14h-18h30.* Pour faire provision de produits de soin et de cosmétiques bios, ainsi que de bougies à base de cire naturelle.

Brasserie la Vellavia – *79 impasse de la Bombe - Saint-Germain-Laprade - 10 km à l'est du Puy - visite de la brasserie sur RV tte l'année sf le w.-end - 3 € - boutique.* On ne présente plus ces bières de tradition fabriquées de façon artisanale dans une micro-brasserie où tout est fait sur place.

Salaisons de Fix-St-Geneys – *Le Bourg - Fix-St-Geneys - 25 km au nord-ouest du Puy par la N 102 - ✆ 04 71 57 02 12 - www.salaisondefix.fr - 7h30-19h30.* Des produits élaborés sur place par la maison Comte, à 1112 m d'altitude : noix de jambon, pâtés, jésus, rosette, saucisse sèche nature ou parfumée, saucisson de porc, canard ou sanglier, cette boutique est une vraie caverne d'Ali Baba, où l'on trouve aussi du miel de montagne, des lentilles vertes du Puy ou de la verveine. À consommer sans modération!

Pisciculture des eaux de Vourzac – *Rte de Loudes, moulin de Gauthier - Sanssac-l'Église - ✆ 04 71 09 43 84 - 14h-18h30, vend.-sam. 10h-18h30 - fermé dim.-mar.* Cette pisciculture, située en pleine nature, à 700 m d'altitude, est le royaume de la truite, élevée dans des bassins alimentés par l'eau de la source. À la boutique, nombreux produits à base du salmonidé : filets fumés au bois de chêne, carpaccio, terrine...

Activités

Accrovelay – *R. Bonnassieu - ✆ 06 71 26 99 77 - www.accrobranche-hauteloire.fr - 13/21 €.* Sur les hauteurs du Puy-en-Velay, 3 parcours dans les arbres (balade Bambino, balade aérienne et balade en tyrolienne).

Train touristique – *Pl. Michelet - ✆ 04 71 02 70 70 - www.petittrains.com - juil.-août : 10h, 11h, 14h, 15h, 16h, 17h, et 18h; mai-juin et sept. : 10h, 11h, 14h, 15h, 16h et 17h - fermé 1er Mai - 8 € (-12 ans 5 €).* Visite confortable commentée *(45mn)* du centre historique de la ville du Puy-en-Velay et des monuments - visite nocturne « Puy de Lumières ». *Sur réserv. juil.-août : mar. et vend. 21h, 21h30 (10 €).*

Randonnée – *Croisée des chemins, 21 r. du Collège - www.rando-hauteloire.fr/la-boutique/en-ville.* En 2020, le GR 3 a été prolongé : on peut à présent randonner du mont Gerbier-de-Joncs à St-Just-St-Rambert, le long d'un itinéraire entièrement balisé.

6

Hébergement

PLAN P. 334

Premier prix

4 Chambres d'hôte Epicurium – B2 - *5 r. du Bessat - ✆ 04 43 07 27 11 - ✆ 06 37 20*

98 12 - www.l-epicurium.com - 🚭 - 5 ch. et 1 appart. 66/102 € ☕ - ✕ table d'hôte 12/20 €. Cette maison d'hôte a pris place dans un ancien immeuble d'habitation. Objets de récup', baignoires en fonte d'époque, tout comme les cheminées et les menuiseries, cuisine ouverte sur la salle à manger, confitures maison. Une adresse sympathique et bon enfant.

5 **Dyke Hôtel** – B2 - *37 bd Mar.-Fayolle - ✆ 04 71 09 05 30 - www.dykehotel.fr - P garage 7 € - fermé 18 déc.-5 janv. - 15 ch. 58 € - ☕ 7 €.* Dans la ville veillée par ses fameux dykes basaltiques, hôtel doté de petites chambres simples. Bien que toutes insonorisées, celles côté ruelle sont plus calmes. Accueil cordial.

Budget moyen

10 **Hôtel Le Régina** – B3 - *34 bd Mar.-Fayolle - ✆ 04 71 09 14 71 - www.hotelrestregina.com - 25 ch. 111/150 € - ☕ 14 € - ✕ menus 31/54 €.* Installé dans un bel immeuble de 1905, cet hôtel de caractère possède de grandes chambres, rénovées avec goût. Cuisine savoureuse, l'une des meilleures tables du Puy, qui mêle tradition régionale et accents méditerranéens.

11 **Ibis Styles** – B2 - *47 bd Mar.-Fayolle - ✆ 04 71 09 32 36 - www.lepuy-hotels.com - P payant - ♿ - 50 ch. 150/180 € ☕.* Modernité, couleurs flashy et service très souriant sont au rendez-vous de cet établissement aux vastes chambres. Les familiales sont proposées au meilleur prix.

Hôtel Chris'Tel – HORS PLAN - *15 bd Alexandre-Clair - ✆ 04 71 09 95 95 - www.hotel-christel.fr - 30 ch. 75/105 € - ☕ 9,90/12,90 € - ✕.* Installé près du musée Crozatier, l'hôtel Christel a fait peau neuve. Chambres confortables, petit-déjeuner buffet copieux et varié.

À proximité

Camping CosyCamp – *Les Ribes - Chamalières-sur-Loire - ✆ 04 71 03 91 12 - www.cosycamp.com - de mi-mai. à fin sept. - 10 ch. 39/159 €.* Une nouvelle manière de faire du camping : vous avez le choix entre une cabane perchée, un lodge, une tente canadienne, une roulotte, etc. Sur 4 ha, au bord de la Loire, un dépaysement assuré pour un « confort haute nature » !

Premier prix

Chambres d'hôte La Gourmantine – *Chemin de Ridet - Polignac - ✆ 04 71 05 94 29 - www.gourmantine.fr - P - 5 ch. 68/115 € ☕ - table d'hôte 24 €.* Située au pied du château, cette ferme rénovée bénéficie du calme du village. Chambres coquettes et cuisine familiale servie dans la « salle à manger Monet ». La propriétaire, grande collectionneuse, expose ses trésors dans la « salle à manger des collections » où sont servis les petits-déjeuners (copieux et bons).

Pour se faire plaisir

Maison forte de Volhac – *Coubon - ✆ 04 71 08 89 18 - http://www.volhac.com - 2 ch. 105/115 €, table d'hôte 35 €, uniquement sur réserv.* Il ne faut pas hésiter à faire quelques kilomètres hors du Puy pour gagner ce lieu enchanteur, une maison forte dont les origines remontent au 12e s. Vous y serez accueili par un couple délicieux, qui trente plus tôt, s'est pris de passion pour ce spectaculaire édifice situé en bord de Loire. Anne et Jean Muller l'ont restauré et entretenu sans relâche et vous le feront visiter avec plaisir. Vous dormirez dans une des deux grandes et belles chambres du château. Et au dîner, on vous servira les produits du jardin. Une adresse à retenir.

Le mont Mézenc ★★★

Formé d'un cortège de dômes et de pitons volcaniques appelés « sucs », le massif du Mézenc dessine la ligne de partage des eaux entre la Méditerranée et l'Atlantique. Il présente deux visages radicalement différents : particulièrement encaissé en direction du Rhône, il est appelé le « plateau » par les habitants du Velay; côté auvergnat, ses vastes étendues dénudées et ventées sont propices aux estives. En chemin vers le point culminant, le mont Mézenc, vous jouirez d'un panorama à couper le souffle, laissant entrevoir, au loin, la longue chaîne des Alpes.

Se repérer

1789 Monastérois – Haute-Loire (43)
CARTE D3 (P. 327). 326 Establains.

À ne pas manquer

Le panorama du haut du mont Mézenc; la façade de l'abbatiale et l'école-musée de Monastier-sur-Gazeille.

Carnet pratique p. 359

Nos adresses p. 359

★★★ Mont Mézenc

Deux accès possibles : par la croix de Boutières ou par la croix de Peccata (au dép. du parking de la maison forestière).

Accès par la croix de Boutières – *2,5 km au départ des Estables par la D 631. Laissez la voiture à la Croix de Boutières (alt. 1508 m).* Le rocher qui domine le col de la croix de Boutières, à droite, offre une belle **vue**★★ sur le suc de Sara, la montagne de Roche-Borée et les Boutières.

Prenez le GR 7 (1h15 à pied AR) qui s'élève, à gauche, vers le sommet.

★★★ **Panorama** – Si le temps le permet, le lever du soleil derrière les Alpes est un spectacle inoubliable, mais qui impose de partir des Estables de très bonne heure. Du sommet, un **paysage** immenwse se révèle : au nord, le Meygal et les monts du Forez; à l'ouest, le bassin du Puy, le Velay et les monts d'Auvergne; au sud, le lac d'Issarlès et un horizon de sucs; à l'est, les gorges de la Saliouse et de l'Eysse creusent, vers le haut Eyrieux, le pays des Boutières aux trouées profondes entrecoupées de crêtes, de serres et de pics : des plans multiples, enchevêtrés, se dessinent jusqu'à la vallée du Rhône. Au-delà apparaissent les Alpes dont on distingue, par temps clair, les principaux sommets.

Accès par la croix de Peccata – *3 km au départ des Estables. Laissez la voiture à la Croix de Peccata (alt. 1570 m), puis prenez à droite le sentier (1h à pied AR).* Il s'élève sous bois, puis serpente au milieu des bruyères et des genévriers. *Obliquez à gauche vers le sommet nord (1749 m), surmonté d'une croix.* 6

Par le replat intérieur séparant les deux sommets, on gagne le sommet sud (1753 m). *Rejoignez la D 274 au nord.*

Au pays du Mézenc et de la lauze

Circuit de 145 km tracé en bleu sur les cartes p. 327 (CD2-3) et p. 355, au départ du Monastier-sur-Gazeille.

Le massif du Mézenc

Le massif volcanique du Mézenc *(prononcez Mézin)* forme une barrière naturelle déterminant la ligne de partage des eaux entre l'Atlantique et la Méditerranée. Prolongé au nord par le Meygal, au sud-est par le Coiron, il constitue le centre d'une traînée volcanique coupant l'axe des Cévennes.

Le Mézenc est flanqué à l'ouest par les monts granitiques de la Margeride, à l'est par les plateaux cristallins du Haut-Vivarais. Il culmine à 1753 m au mont Mézenc qui a donné son nom à l'ensemble du massif.

Un paysage volcanique

Au flanc des vallées, l'érosion a dégagé d'amples **coulées basaltiques**, particulièrement remarquables dans le cours supérieur de l'Ardèche et de ses affluents : la Volane, la Bourges, la Fontaulière et le Lignon. Ces coulées, en forme d'orgues prismatiques, ont créé des sites célèbres : cascade du Ray-Pic, chaussée de Thueyts, éperons de Pourcheyrolles, Jaujac, Antraigues.

Les **sucs** phonolitiques apparus à la fin de l'ère tertiaire forment, de part et d'autre du mont Mézenc, un cortège majestueux : au nord, le mont Signon (1454 m) ; à l'est, la montagne de Roche-Borée et le suc de Touron (1380 m) ; au sud-est, le suc de Sara (1520 m), le Gerbier-de-Jonc (1551 m), les sucs de Montivernoux (1441 m) et de l'Areilladou (1448 m) ; au sud, les sucs du Pal et de Bauzon ; au sud-ouest, le suc de Montfol (1601 m) ; à l'ouest, le Rocher Tourte (1535 m) et le mont d'Alambre (1691 m).

Du côté du Velay, le Mézenc offre l'aspect d'un immense plateau dénudé. En été, il évoque une véritable steppe balayée par le vent, parsemée de fermes basses aux toits de chaume ou de lauzes. Le versant vivarois présente un paysage plus tourmenté, s'enfonçant brutalement en direction du Rhône. Les torrents ont mis à nu le soubassement granitique.

La flore des sommets

Le haut Mézenc possède une flore qui fera la joie des botanistes. Le séneçon leucophylle n'apparaît, dans tout le Massif Central, qu'au sommet du Mézenc : c'est la fameuse « herbe du Mézenc », aux feuilles argentées et aux capitules d'un beau jaune vif. Grande violette des montagnes, anémone des Alpes, gentianes de toute sorte, trolles, arnicas, épilobes, saxifrages sont les plus répandus. Mais c'est à la floraison des narcisses, au mois de juin, que la montagne offre sa plus belle parure. Un marché traditionnel de plantes médicinales, le Festival des violettes, se tient à **Ste-Eulalie**, chaque année.

Quand l'hiver vient...

Un vaste domaine skiable, dit **domaine nordique du Mézenc**, se prête l'hiver à la pratique du ski de fond. Plus de 100 km de pistes sont réparties sur les communes de Chaudeyrolles, Freycenet-la-Cuche, Les Estables et St-Front ainsi que sur le mont d'Alambre au-dessus des Estables.

Le géopark

Des villages du massif du Mézenc ont intégré le Parc naturel des Monts d'Ardèche, classé depuis 2014 à l'Unesco au titre du label mondial Géopark, qui signale des sites d'une richesse géologique particulière ; certains sont accessibles au public : les Narces-de-Chaudeyrolles, le mont Signon, le grand suc de Breysse, les Dents du Mézenc et le mont Mézenc *(www.geopark-monts-ardeche.fr)*.

Parc naturel régional des Monts d'Ardèche, massif du Mézenc, sommet du mont Gerbier-de-Jonc.
H. Lenain/hemis.fr

Le Monastier-sur-Gazeille

Ce gros bourg de la Haute-Loire, très actif, doit son nom à un monastère bénédictin, le plus ancien du Velay : son origine remonte à la fin du 7e s. Le monastère connaît durant plusieurs siècles un rayonnement extraordinaire. À la fin du 12e s., le domaine abbatial compte 235 dépendances ou prieurés, notamment Chamalières-sur-Loire *(voir p. 346)* en Velay, Veyrines et Thines en Vivarais. Le déclin est très rapide à partir du 16e s., quand des abbés commendataires succèdent aux abbés réguliers.

Église abbatiale St-Chaffre – *Pl. du Vallat - ✆ 04 71 08 37 76 - accès libre - possibilité de visite guidée mi-juin à fin juil. : lun. et jeu. 3 €, abbatiale + trésor 5 €.* Le sanctuaire roman construit au 11e s. a été profondément remanié au 15e s. et les bâtiments conventuels ont été réhabilités et réaménagés. Sa **façade**★., vivement colorée, date du 11e s. L'assemblage en « pain d'épice » de ses pierres volcaniques sombres ou dorées illustre une technique décorative répandue dans l'Auvergne et le Velay romans. C'est à l'étage, au-dessus du porche, que le jeu des couleurs est le plus marqué. La corniche du grand fronton triangulaire est décorée d'une frise d'animaux, de figures grotesques et de feuillages. À l'**intérieur,** net contraste entre la nef en pierre volcanique grise et le chœur de style flamboyant, en arkose claire. La deuxième chapelle rayonnante à droite, la plus tardive, est de style Renaissance, avec son plafond à caissons agrémenté d'écussons et de médaillons. Dans le bas-côté nord, bel **orgue**★ de 1518, restauré : délicatesse du décor peint et des claires-voies ornant le buffet. Dans la partie haute figurent, dans un écu, les armes de l'abbé Gaspard de Tournon ; de nombreuses restaurations datent de son abbatiat, entre 1504 et 1520.

Musée des Croyances populaires – *Le Château - ✆ 04 71 03 94 08 - ♿ - mai-sept. : 14h30-18h - fermé lun. - 5 € (-12 ans 4 €).* Il est aménagé dans les belles salles voûtées du **château abbatial** (sous-sol et rez-de-chaussée). Le bâtiment actuel, cantonné de quatre grosses tours rondes et d'une tour qui renferme un escalier

L'équipée de Stevenson

Réputés pour leur « amour de la dive bouteille, leur liberté de langage et leurs dissensions politiques sans égales. Une vraie Pologne montagnarde » : ainsi **Robert Louis Stevenson** décrivit-il les Monastérois après son passage par le village. Durant l'automne 1878, le romancier britannique, auteur de *L'Île au trésor*, cherche à satisfaire son humeur vagabonde et à retrouver la trace du vieil esprit camisard. Il traverse à pied les Cévennes, du Monastier à Alès, couchant à la belle étoile ou dans des auberges de fortune, accompagné d'une ânesse baptisée **Modestine**. Son carnet de voyage, *Voyage avec un âne dans les Cévennes*, est une mine d'observations drôles et pertinentes sur la diversité des paysages et des personnages rencontrés au hasard de sa promenade.

à vis, fut élevé en 1525, sur les fondations d'un château du 14e s., par Charles de Sennecterre (ou St-Nectaire), dont la famille fournit des dignitaires ecclésiastiques au Velay pendant un siècle et demi (blason aux 5 fuseaux surmontés d'une crosse). Suite aux enquêtes ethnographiques menées en Haute-Loire durant des années, Patrice Rey entraîne le visiteur au cœur des contes et légendes du département grâce à 200 figurines et 70 saynètes. Le plasticien évoque avec humour les superstitions locales, les boules de feu dans le ciel, l'enclouage de la poupée, le bossu malavisé du Breuil, le loup-garou de La Chaise-Dieu, autant de mythes plus universels qu'on ne le croit...

★ **École-musée du Monastier** – *4 av. Laurent-Eynac - ✆ 04 43 07 22 23 - ecolemusee.free.fr - ♿ - en sais. : 10h-20h ; reste de l'année : 10h-19h - 6 € (-18 ans 4 €). ☺ En plus d'une salle de pique-nique et une boutique, le musée propose une visite guidée et animée (2h).* Prenez le temps de visiter cet endroit atypique et délicieux qui séduira même les plus rétifs à l'enseignement... Janet et René Darne, une fois à la retraite, ont acheté l'ancienne école et l'ont entièrement remeublée comme dans les années 1930. Bureaux à abattants, encriers, poêle à bois, tableau noir, cartes de France aux murs, livres par centaines, blouses par dizaines, sabots, tout y est. Les visiteurs se transforment en écoliers, apprennent à se servir d'un boulier, font une dictée à l'encre violette, et écoutent le maître et la maîtresse, intarissables. Les bonnets d'âne sont prévus pour les mauvais élèves. Au tableau noir de l'entrée, les heureux propriétaires ont rassemblé quelques « perles » qui témoignent de l'imagination fertile des écoliers d'antan !

★ **Les Trésors du Monastier** – *Entrée par l'office de tourisme - ✆ 04 71 08 37 76 - mai-sept. : 9h-12h30, 14h-17h30 ; oct. : mêmes horaires sf w.-end - 3 € (-18 ans 2 €) - pass 3 musées 10 €.* Cet espace muséal présente l'histoire millénaire du Monastier grâce à des tablettes tactiles, des écrans numériques, qui font revivre l'histoire des moines bénédictins, béates, dentellières, et bâtisseurs de la Transcévenole. L'**épopée de Stevenson** est aussi évoquée. Nombreux objets anciens et documents d'époque. Est exposé le trésor de l'abbaye : la pièce maîtresse, le **buste-reliquaire★** de **saint Théofrède**, dit aussi **saint Chaffre**, en chêne recouvert de plaques d'argent serties de pierres précieuses, des étoffes de soie byzantines du 10e s. ayant enveloppé les reliques des saints fondateurs et des tableaux du 15e s., dont une **pietà** exceptionnelle représentant le Christ à l'intérieur de son tombeau. Expositions temporaires en saison.

Le Monastier est également un départ important de randonnée.

À 2 km au sud de Monastier-sur-G. par la D 500, puis la D 535 vers Aubenas se trouve le viaduc de la Recoumène.

★ Viaduc de la Recoumène

Ce bel ouvrage d'art, franchissant la Gazeille à 65 m de hauteur, fut construit entre 1921 et 1925. Comportant huit arches en basalte, il était destiné à former un jalon sur la Transcévenole, ligne de chemin de fer qui devait relier Le Puy à Nieigles-Prades (Ardèche), et qui ne fut jamais mise en service. C'est à l'heure actuelle le seul site du Velay homologué pour le **saut à l'élastique** : frissons garantis ! *(www.capliberty.com).*

Continuez par la D 38 vers Issarlès.

Château de Vachères

Ne se visite pas. Un donjon massif flanqué de tours à poivrières donne à ce château (13e s., remanié et surélevé au 18e s.), avec ses blocs de basalte noir noyés dans un mortier blanc, une fière allure médiévale.

★ Lac d'Issarlès

Tel un saphir incrusté dans un profond cratère, le joli lac d'Issarlès, en Ardèche, mêle tout l'éclat de ses eaux d'un bleu intense à sa parure volcanique ponctuée de sucs. De forme arrondie, il fait partie de l'ensemble hydroélectrique de Montpezat, ce qui provoque des variations de niveau de son plan d'eau ; il est maintenu en pleine eau pendant la période estivale ce qui attire les amateurs de baignade.

Tour du lac – À une altitude de 1000 m, le lac occupe un cratère volcanique de 90 ha, profond de 138 m. On peut en faire le tour (environ 5 km) ; se renseigner avant car les rives sont parfois inondées en fonction de l'activité hydroélectrique.
★ **Point de vue** – *15mn à pied AR. Empruntez, à l'extrémité sud du village, le chemin montant à gauche de la plage. Suivez-le à travers les pins, jusqu'aux vestiges d'une habitation troglodytique creusée dans un affleurement rocheux.* Un peu plus loin, un second rocher forme un excellent belvédère au-dessus du lac et de son cadre forestier. De cette plate-forme, un sentier dégringole vers la rive sablonneuse, que l'on pourra suivre au retour.
Quittez le lac d'Issarlès par la D 16 vers Le Béage où l'on prend la direction de Ste-Eulalie.

Ste-Eulalie

Commune du Gerbier-de-Jonc et donc des sources de la Loire, le village est également réputé pour ses toits de genêts qui disparaissent peu à peu du paysage. Juste à côté de l'église, on peut encore admirer une de ces anciennes maisons bien entretenues. Vers le Gerbier-de-Jonc, on peut voir également une très belle « paillisse » avec son toit de genêts, la **ferme Philip**. *(℘ 04 75 38 80 00 - de mi-juil. à fin août : 15h-18h ; reste de l'année : sur demande - fermé w.-end - 5 € (enf. 3 €)).*
Continuez sur la D 122 vers Lachamp-Raphaël jusqu'au carrefour avec la D 378.

★ Ferme de Bourlatier

D 122 - Bourlatier - ℘ 04 75 38 84 90 - www.bourlatier.fr - juil.-août : 10h30-18h ; vac. de Pâques : tlj sf lun.-mar. 14h30-17h30 ; mai-juin : tlj sf lun.-mar. 14h-17h30, w.-end 10h30-18h ; sept. : merc. 14h30-17h30, w.-end 14h-18h ; reste de l'année : se rens. - 5 € (-15 ans 2,50 €).
Magnifique témoin de l'architecture à toits de lauzes, cette grande ferme seigneuriale, située à 1380 m d'altitude, a été totalement restaurée selon les règles de l'art. Sa partie la plus exceptionnelle est sa superbe charpente en forme de carène renversée qui supporte sur 900 m² les quelque 150 t de la toiture.
Prenez au carrefour la D 378 en direction des Estables et du Gerbier-de-Jonc.

★★ Gerbier-de-Jonc

Veillez à éviter les périodes de forte affluence touristique, le site étant très fréquenté.
Le mot « Gerbier » est la latinisation de la racine indo-européenne « gar » signifiant rocher. Quant à « Jonc », c'est un dérivé du latin *jugum*, montagne. Littéralement, Gerbier-de-Jonc signifie donc le mont rocheux, et non une gerbe de joncs... Son étonnante silhouette qui se détache à 1551 m d'altitude, sur la ligne de crête séparant les bassins de la Loire et du Rhône. Le Gerbier, qui appartient au massif du Mézenc, est constitué de roches phonolitiques. Ces roches, d'origine volcanique, sonores sous le choc, se délitent par plaques. Elles forment des éboulis instables et semblent habiller le mont d'une carapace écailleuse. Au pied du versant sud-ouest naissent plusieurs filets d'eau : les sources de la Loire.
Accès – C'est en venant de St-Martial, au nord-est, ou de Ste-Eulalie, au sud, en remontant le vallon pastoral de la Loire naissante, que la découverte du Gerbier-de-Jonc est la plus frappante.
Ascension – La montée est rude mais assez courte *(45mn AR)*.
Du sommet, le **panorama★★** est impressionnant. Du côté nord-est, le regard plonge au-dessus de la trouée de l'Eysse, affluent de l'Eyrieux ; du fond des ravins monte le sourd grondement du torrent. Vers le sud-est, se découvre un horizon de crêtes et de sucs, entre Eyrieux et Ardèche. Le mont d'Alambre, le Mézenc et le

suc de Sara bornent l'horizon au nord, le suc de Montfol à l'ouest. Reconnaissable à sa forme tabulaire, le suc de la Barre forme un premier plan tout proche au sud.
Poursuivez sur la D 378 vers Les Estables.
Très agréable parcours de crête, surtout à l'approche du rocher des Pradoux.

Les Estables

À 1367 m d'altitude, sur les contreforts du Mézenc, ce village montagnard est le plus élevé du Massif Central. Ski alpin sur les flancs du mont d'Alambre (1691 m) ; également nombreuses pistes de ski de fond aux Estables.
Traversez le village dans le sens sud-nord pour prendre à droite vers le mont Mézenc par la Croix de Peccata.

★★★ Le mont Mézenc *(voir p. 351)*

Chaudeyrolles

Au pied du massif du Mézenc, ce bourg typique conserve des maisons en pierres volcaniques coiffées de toits de lauzes. Installée dans l'une d'entre elles, la **Maison du Fin Gras du Mézenc** présente la fabrication de cette viande AOC, issue d'un élevage particulier de bœufs et de génisses, et propose des dégustations dans sa petite boutique de produits du terroir. *Le Bourg - ✆ 04 71 56 17 67 - www.aoc-fin-gras-du-mezenc.com - mai-sept. : tlj sf lun. 14h30-17h30 (juil.-août 18h30) ; reste de l'année : se rens. - gratuit.*
Continuez sur la D 274, puis tournez à gauche dans la D 500 vers Le Monastier.
L'immense plateau à pâturages prend l'aspect d'une steppe à la fin de l'été. À gauche, au flanc du Mézenc, trois témoins basaltiques évoquent des tours en ruine, d'où leur nom de « Chastelas » ; les habitants de la région les appellent **« Dents du Mézenc »** ou « Dents du Diable ». Un peu plus loin sur la gauche se dressent le rocher d'Aiglet et, en arrière, le mont d'Alambre.
Quelques kilomètres après, prenez à droite la D 36 et la D 500 vers Moudeyres.

★ Moudeyres

Ce village de carte postale, où le temps semble s'être arrêté, conserve de nombreuses chaumières typiques du plateau du Mézenc. La **ferme des frères Perrel** (18e s.) notamment, avec ses murs de basalte, son toit de chaume coiffant les bâtiments d'exploitation (le toit de la grange mesure 700 m² !) et ses lauzes couvrant l'habitation proprement dite, a conservé l'intégralité de son ameublement et de son outillage à la date où les frères Perrel en firent don à la mairie (1974). La visite guidée, fort instructive, permet de pénétrer dans les coulisses d'une vie familiale rurale déjà presque oubliée. *Chemin de Genestou - ✆ 06 27 59 14 52 - www.moudeyres.fr/perrel - visite guidée (1h) juil.-août : 10h, 11h, 12h, 14h, 15h, 16h,*

Béates du Velay

Les « béates » (de *beatus*, heureux) étaient des « demoiselles de l'instruction », ayant religieusement consacré leur vie à l'instruction spirituelle, scolaire et manuelle (technique de la dentelle) des enfants, mais aussi aux soins et au conseil des adultes. Elles devaient être appelées par le curé du village et les paroissiens prenaient à leur compte la construction de leur maison et leur modeste nourriture. Précieux lien social, elles furent interdites d'enseignement en 1881 (lois Jules Ferry). Ne leur restaient que la dentelle et le catéchisme, qu'elles enseignèrent longtemps... Les dernières béates ont exercé en Haute-Loire jusqu'en 1960.

Adieu jolis chaumes ?

Ironie de l'histoire qui veut que la paille de seigle qui couvrait autrefois les toits des pauvres soit aujourd'hui le privilège de ses amoureux les plus riches ! Les chaumières étaient en effet courantes dans la région alors qu'il faut à présent visiter **Bigorre** ou **Moudeyres** pour les retrouver en nombre (une association défend leur survie sur le plateau du Mézenc). En effet, si la matière reste meilleur marché, c'est le prix de la main-d'œuvre qui marque la différence, d'autant qu'un toit de chaume doit être régulièrement revu, et refait entièrement tous les vingt à trente ans (contre cent environ pour l'ardoise). De plus, le chaume implique un surcoût d'assurance. La visite de l'écomusée de Bigorre, avec la disposition régulière des nœuds sous chaque « cloissoux » de paille, convainc pourtant de ses qualités esthétiques, de son pouvoir d'isolation, sans parler de l'odeur entêtante qui règne sous la charpente.

17h; mai-juin : w.-end ttes les h. 10h-12h, 14h-18h, merc. 14h-18h; sept. : merc. et w.-end ttes les h. 10h-13h, 14h-18h - 6 € (5-16 ans 4 €).
Au centre du village, un clocheton signale la petite **maison de la Béate** *(voir encadré page précédente).*
Prenez la D 36 vers Laussonne, puis à droite les Planchas par la D 49 et encore à droite la D 39 qui mène à Maziaux et à Bigorre.

★ Bigorre et Les Maziaux

La spécificité de ces hameaux est due à la passion d'un homme : Isidore Boyer était agriculteur et aimait les toits de chaume de son village. Il apprit donc à les entretenir et à les refaire. L'ensemble a ainsi gardé ses **chaumières** et son architecture traditionnelle. Par sa cabane de bergers, ses outils ruraux, le commentaire de la maquette du village et surtout son film (malheureusement détérioré) sur la réfection des chaumières, le charmant **écomusée** *(Bigorre - ✆ 06 99 68 88 00 - visite guidée sur demande (50mn) juil.-août : 15h-19h; de mi- à fin juin et de déb. à mi-sept. : dim. 15h-18h - 5 € (-10 ans 3,50 €)* ressuscite la vie rurale locale.
Revenez sur la D 39 que vous prenez sur la gauche.

St-Front

Ce vieux village adossé à une butte offre une **vue★** excellente sur le versant nord-est du Mézenc et le mont d'Alambre. Remarquez, au centre du bourg, l'église de montagne avec son clocher-peigne typique (11e s.).
Prenez la D 39 vers Les Fayolles et regagnez la D 500 que l'on prend à droite vers Le Monastier-sur-Gazeille.

Freycenet-la-Tour

La tour a disparu, mais ce village vaut le coup d'œil pour son église romane avec son toit en lauzes du pays, et les rives romantiques de l'étang des Barthes – où il fait bon pique-niquer –, niché au cœur d'une grande forêt domaniale. L'espace numérique d'accueil *(pl. du Couderc, merc.-sam. 14h-18h en sais.)* retrace la mémoire du village de manière interactive (notamment appli smartphone).

Carnet pratique

S'informer

Office du tourisme des Estables – *Pl. du Mézenc - ☎ 04 71 08 31 08 - www.mezencloiremeygal.com.*

Office du tourisme du Lac-d'Issarlès – *Pl. de l'Église - Le Lac-d'Issarlès - ☎ 04 66 46 86 35 - www.montagnedardeche.com.*

Office du tourisme de Ste-Eulalie – *Le Village - ☎ 04 75 38 89 78 - www.ardeche-sources-loire.com.*

Agenda

Festival du Monastier – *☎ 04 71 03 94 17 – www.festivaldumonastier.fr - 1re quinz. d'août.* Ce festival très couru fait vibrer les cuivres ! *Brass room*, apéros concerts.

Nos adresses

Restauration

Premier prix

Auberge Les Acacias – *1 rd-pt des Acacias - Le Monastier-sur-Gazeille - ☎ 04 71 08 38 11 - www.aubergelesacacias.fr - P ♿ - fermé de mi-nov. à janv., mar. et jeu. soir - menus 22/32 € - 4 ch. 63/69 € - ☕ 8 €.* Ce petit hôtel-restaurant bénéficie d'un charme unique. Les chambres sont coquettement aménagées et la salle de restaurant offre un agréable décor campagnard avec ses boiseries et son mobilier rustique. Cuisine simple et bonne.

Auberge des Fermiers du Mézenc – *Au bourg - Les Estables - ☎ 04 71 08 34 30 - ♿ - fermé de début déc. à mi-déc. - 18,50/32 €.* Pour découvrir les produits du terroir, petit détour conseillé dans cette auberge dont l'authentique cuisine locale fait le bonheur des randonneurs : magret de canard, galette de pommes de terre, fromage blanc en faisselle. À côté du restaurant, vente *(14h-19h)* de spécialités de la montagne ardéchoise : fromages, miels, confitures, tartes aux châtaignes.

Budget moyen

Le Pré Bossu – *Le Pré Bossu - Moudeyres - ☎ 04 71 05 10 70 - www.leprebossu.com - fermé lun. et dim. soir - menus 20 € (déj.)/34 €.* Cette chaumière aux volets rouges, de pierre vêtue, et agrémentée d'un jardin, propose de déguster une cuisine traditionnelle à base de produits de la région, dans une salle à manger aux poutres apparentes. Quelques chambres spacieuses à l'étage.

Le Moulinou – *Lucia-Toebes - Moudeyres - ☎ 04 71 08 30 52 - ☎ 06 19 32 45 70 - lemoulinou.free.fr - table d'hôte 24 € - 5 ch. 80 €.* Lucia, la belle Hollandaise, a posé ses bagages il y a une vingtaine d'années dans cette immense ferme du 18e s., plantée à 1230 m au pied du massif du Mézenc. Il a fallu deux ans de travaux pour en faire cette maison accueillante. Un lieu dépaysant à souhait, qui vaut qu'on s'y attarde, ne serait-ce que pour goûter la bière artisanale de William, fabriquée sur place *(alambrew.com)*...

Ferme de la Besse – *Usclades-et-Rieutord - Rieutord - ☎ 04 75 38 80 64 - www.fermedelabesse.com - 💳̸ P - fermé 15 déc.-15 mars - menu 37 €.* Dans les murs d'une authentique ferme du 15e s. au beau toit de lauzes. Intérieur rustique superbement préservé, avec pierres, poutres et cheminée. Cuisine du terroir.

Activités

Lugik Parc – *Les Balcons du Mézenc - ☎ 04 71 08 60 67 - www.*

6

lugikparc.com - vac. scol. : tlj - hors vac. scol. w.-end. Situé tout en haut des Estables, au pied des pistes de ski alpin, ce nouveau parc ludique séduit les petits comme les grands. Unique en France, il comprend un seul circuit, avec deux montées et deux descentes, et peut atteindre 40 km/h. Horaires sur le site. À essayer sans modération!

Shopping

Les Ruchers du Mézenc – *Le Bourg - 04 71 08 34 70 - 06 86 14 34 86 - mielbiolesestables.fr - merc.-dim. 9h30-12h, 14h30-19h (tlj juil.-août, vac. de Noël et vac. de fév.).* Grâce à leurs 400 ruches, ce couple d'apiculteurs produit et vend des miels goûtus issus de l'agriculture bio, du pain d'épices pur miel (un délice!), des bonbons au miel et même du vinaigre de miel. Également des produits de beauté. Impossible de quitter cette jolie boutique en repartant les mains vides...

Hébergement

Premier prix

Camping La Plaine de la Loire – *Moulin du Lac - lac d'Issarlès - 06 24 49 22 79 - www.campinglaplainedelaloire.fr - ouv. de mi-mai à fin sept. - réserv. conseillée - 30 empl. 12 €.* Situé au bord de la Loire, à près de 1000 m d'altitude, ce camping satisfera les amateurs de vacances de grand air. On appréciera le lieu pour sa simplicité et sa bonne tenue.

Hôtel Le Provence – *Av. des Écoles - Le Monastier-sur-Gazeille - 04 71 03 82 37 - P - (rest.) - 9 ch. 65/70 € - 9 € - plats 14/25 €.* À deux pas du centre-ville, cet hôtel-restaurant a le mérite de faire les choses de façon simple. Les chambres ont été rénovées et sont pourvues d'un sanitaire propre et bien entretenu. Côté restaurant, les menus comptent quelques spécialités régionales d'un bon rapport qualité-prix.

L'Auberge de Pays de l'Herminette – *Bigorre - St-Front - Les Maziaux - 5 km au nord-ouest de St-Front par D 39 et chemin à droite - 04 71 59 57 58 - auberge-lherminette.com - P - fermé des vac. de Noël au 20 mars - réserv. obligatoire - 6 ch. 90 €.* Une petite hermine a trouvé refuge dans cette maison coiffée d'un toit de lauzes. Après une nuit réparatrice, visitez l'écomusée voisin évoquant histoire et architecture locales.

Budget moyen

Hôtel du Nord – *Au bourg - Ste-Eulalie - 16 km à l'est du lac d'Issarlès par D 16 et D 122 - 04 75 38 80 09 - www.hoteldunord-ardeche.com - P - fermé 12 nov.-déb. avr. - 15 ch. 73/81 € - 12,50 €.* Cette auberge de campagne située dans un village proche du Gerbier-de-Jonc constitue une étape pratique : chambres confortables, régulièrement rénovées, et sobre salle à manger où l'on sert une cuisine familiale inspirée du terroir (uniquement en demi-pension).

Arlempdes ★ et plateaux volcaniques ★

Cet étrange piton volcanique domine les gorges de la Loire d'un à-pic de 80 m. Mais aussi exceptionnelle soit-elle, cette position n'a pas suffi à protéger la solide forteresse, même si ses ruines couronnent toujours avec fierté la remarquable « citadelle ».

Se repérer

Nos adresses p. 363

138 habitants – Haute-Loire (43)

CARTE C3 (P. 327).

Arlempdes est situé à 28 km au sud du Puy-en-Velay.

Se promener

Le village

Campé au pied du château, Arlempdes (prononcez « Arlande ») conserve une porte d'enceinte fortifiée du 12e s. et une charmante **église**. Sur la placette qui la précède se dresse une belle croix à personnages du 15e s.

Écomusée de la Ruralité

✆ 04 71 57 17 00 - tlj de mai à oct. - entrée libre, sur RV. À la découverte de la vie rurale d'autrefois : belle collection privée d'outils et instruments de la vie quotidienne, rassemblée par une passionnée.

Château

15mn à pied AR. Empruntez, à gauche de l'église, le sentier passant sous une arche et menant à la porte d'entrée. Le Bourg - ✆ 04 71 57 17 14 - possibilité de visite guidée (45mn) juil.-août : tlj sf sam. 14h-18h ; reste de l'année sur demande - tarif, se rens. Construit par les seigneurs de Montlaur au 13e s., il fit l'objet de plusieurs mises à sac malgré sa position « imprenable ». Le sommet de l'éperon est couronné par une petite chapelle romane en pierre volcanique rouge. Son chevet offre un **point de vue** impressionnant sur les gorges. Le mur d'enceinte nord garde son couronnement de merlons et de créneaux, face aux splendides coulées basaltiques de la rive opposée. Du pied de la tour de droite, le regard plonge sur la vallée de la Loire à l'aplomb d'une saisissante aiguille basaltique.

6

À proximité

Goudet C3 CARTE P. 327

8 km au nord par la D 54 puis la D 49.

Ce charmant village, rendez-vous des pêcheurs et des baigneurs, est couvert de maisons aux toits de tuiles vernissées qui se détachent sur les orgues de basalte. Il fait face, de l'autre côté de la Loire aux eaux plutôt agitées, au **château de Beaufort**.

★ Les plateaux volcaniques

CARTE P. 327 C3

Circuit de 56 km tracé en vert anis sur la carte p. 327.
Quittez Arlempdes par la D 54 à l'est et prenez à droite la D 500.

St-Paul-de-Tartas

Village dominé par son église romane aux pierres volcaniques violacées.
Au carrefour de la D 500 et de la N 102, prenez à droite, puis à gauche vers Pradelles.

Pradelles

Pl. des Halles - Pradelles - ✆ 04 71 00 82 65 - www.gorges-allier.com.
Le bourg, situé sur un promontoire, au carrefour des routes du Velay et du Vivarais, conserve un vieux quartier qui témoigne de l'importance de cette ancienne place forte. En 1588, la cité, assiégée par le capitaine Chambaud, chef des huguenots, fut délivrée grâce à l'intervention héroïque d'une simple paysanne, **Jeanne la Verdette**. Un bas-relief moderne commémore cet événement, à droite de la porte de la Verdette.
La place de la Halle, son ancien château fort, ses maisons à arceaux, ses logis Renaissance, les gros corbeaux de pierre ou de bois soutenant les toitures – certaines offrent, par contraste, un fronton à génoise – forment un ensemble intéressant. Un réseau de ruelles adjacentes descend vers la porte fortifiée de la Verdette qui donne accès à l'église, et vers celle de St-Clément au sud.
À gauche de la place de la Halle, dans le pittoresque « carrierou de l'Oustaou » pavé, on remarque plusieurs maisons aux fenêtres Renaissance.
De la Croix d'Ardennes (butte volcanique de 1133 m), au-delà du cimetière, belle vue sur la haute vallée de l'Allier.
La N 88 au sud, puis la D 108, à gauche, mènent à Lespéron.

Lespéron

L'**église** romane, mêlant le granit et la pierre volcanique, est un exemple intéressant de sanctuaire montagnard, avec son clocher-peigne, les chapiteaux sculptés de la nef et surtout sa belle abside à cinq pans.
Par la D 108 et la D 300, gagnez la N 102 pour rejoindre l'auberge de Peyrebeille.

Auberge de Peyrebeille

Cette maison reconstruite sur plan ancien, située sur la commune de Lanarce, est célèbre dans les annales criminelles. C'est ici que les époux Martin, aidés de leur domestique, ont, pendant un quart de siècle, systématiquement massacré, pour les piller, les voyageurs qui s'arrêtaient chez eux. Le futur préfet du Second Empire, Haussmann, faillit être leur victime. Les assassins furent finalement arrêtés, condamnés à mort et exécutés en 1833 dans la cour même de l'auberge. La thèse de leur culpabilité a fait l'objet de controverses. La sinistre auberge a inspiré Claude Autant-Lara qui en a fait un film en 1951, *L'Auberge rouge*, repris en 2007 par Gérard Krawczyk.
Prenez à gauche la D 16.

Coucouron

Pl. du 14-Juillet - Coucouron - ✆ 04 66 69 09 37 - www.coucouron.fr.
Le bourg, voué à l'industrie laitière et fromagère, a donné son nom à un fromage, ou plus exactement une « fourme ». Il possède une église dont on remarquera le portail roman. À l'intérieur, grand Christ en bois (16e s.).
La D 298 s'enfonce dans le vallon boisé de la Méjanne et rejoint la D 500 (direction Le Monastier). Tournez peu après dans la D 54 qui ramène à Arlempdes.

Arlempdes et son château au sommet d'un rocher de basalte.
Leonid Andronov/Getty Images Plus

Nos adresses

Hébergement/restauration

Budget moyen

Au Pas de l'âne – *Le Bourg - Goudet - ✆ 04 71 03 90 42 - www.aupasdelanegoudet.com - P - 3 ch. 80/100 € et gîte pour 4 pers. - table d'hôte 18,50 €.* Difficile de trouver plus accueillants que les propriétaires du Pas de l'âne, qui ont à cœur de satisfaire leurs hôtes. Thérèse vous donnera toutes les informations sur la région, tandis que son époux conseillera aux pêcheurs les meilleurs spots. On se délasse dans le vaste jardin, au bord de la piscine ou dans l'espace Jacuzzi. Location de vélos possible.

À proximité

Premier prix

Auberge du Couvige – *Le Bouchet-St-Nicolas - ✆ 04 71 57 32 32 - fermé vac. de fév. - menus 13,50 € (déj.)/22 € - 5 ch. 58 € - location à la semaine, 1/2 P possible.* Dans cette belle auberge rustique installée près du lac du Bouchet et idéalement située à deux pas du GR 70 (chemin de Stevenson) et du GR 40 (tour des volcans), on vous accueillera avec le sourire pour vous servir de copieux repas ! Pensez à réserver. La maison possède aussi 5 chambres d'hôte.

Le Chambon-sur-Lignon ★

Situé dans la haute vallée du Lignon, sur le plateau Vivarais-Lignon, Le Chambon est une charmante station estivale dotée de nombreux équipements sportifs et entourée de verdure. Sa situation (960 m d'altitude) et son climat tonique en font une halte très agréable. Unique en Europe, Le Lieu de Mémoire rappelle que Le Chambon fut toujours une terre d'accueil, et particulièrement durant les temps tragiques de la Seconde Guerre mondiale.

Se repérer

2 470 Chambonnais – Haute-Loire (43)

CARTE D2 (P. 327).

Aux limites de la Haute-Loire et de l'Ardèche, Le Chambon-sur-Lignon est situé à 43 km à l'est du Puy-en-Velay.

À ne pas manquer

Au Chambon, Lieu de Mémoire; le parcours de la Mémoire dans la ville; le panorama depuis le pic du Lizieux; la vallée du Lignon; un repas dans l'un des nombreux restaurants du Haut-Lignon.

Organiser son temps

Comptez une journée.

Carnet pratique p. 367

Nos adresses p. 367

La cité huguenote – L'isolement naturel du Chambon a permis à sa population, de religion protestante, de survivre aux persécutions et de se maintenir en forte majorité. En 1598, l'édit de Nantes n'accorda la liberté de culte qu'au Chambon et à St-Voy, mais sa révocation, en 1685, entraîna dans ces deux localités en particulier une résistance cachée tenace et un attachement profond à la religion réformée. Après la Révolution, le concordat de 1801 reconnut l'Église consistoriale de St-Voy. Sur cette terre qu'on dit la plus protestante de France, l'hospitalité, la tolérance et la discrétion sont naturelles, une sorte de loi coutumière traduisant une humanité dont personne ne cherche à tirer gloire.

Le pays des Justes – De tout temps, Le Chambon a été une terre d'accueil : dès 1933, ce furent les premiers réfugiés antinazis allemands et autrichiens, suivis des républicains espagnols. À partir de 1942, les habitants du Chambon et des communes avoisinantes entreprirent de cacher et d'aider les persécutés : 3 500 juifs et non juifs furent accueillis, dont une majorité d'enfants, répartis dans les nombreuses pensions que compte Le Chambon. Face à un tel acte de bravoure, les Chambonnais furent déclarés « Justes parmi les nations », comme en témoigne la plaque commémorative face au portail du temple du Chambon. Deux films retracent cette période terrible : *La Colline aux mille enfants* (1994), de Jean-Louis Lorenzi, et *Les Armes de l'esprit* (1989), de Pierre Sauvage, né lui-même au Chambon en 1944. L'office du tourisme du Haut-Lignon met à disposition le livret *Parcours de la mémoire* qui entraîne le visiteur sur ces lieux.

★ Lieu de Mémoire

23 rte du Mazet - ✆ 04 71 56 56 65 - www.memoireduchambon.com - mai-sept. : tlj sf lun. 10h-12h30, 14h-18h ; mars-avr. et oct.-nov. : tlj sf dim.-mar. 14h-18h - 5 € (-10 ans gratuit).

Il aura fallu un comité scientifique irréprochable, la numérisation de milliers de documents, et plusieurs projets successifs pour que, en 2013, ce Lieu de Mémoire voie le jour. Dédié à l'histoire des Justes qui sauvèrent de nombreux juifs durant la Seconde Guerre mondiale, il évoque la tradition d'accueil exemplaire du Chambon et des villages alentour, marqués par le protestantisme. Les protestants étant par nature très discrets, le Lieu de Mémoire ne porte pas le nom d'une personnalité en particulier. Il est installé symboliquement dans une partie de l'école du Chambon et à mi-chemin du temple qui lui fait face. Il s'étage sur deux niveaux : un parcours historique, évoquant les diverses formes de résistances (civile, spirituelle et armée, depuis la réforme protestante jusqu'en 1945) ; une salle mémorielle au rez-de-chaussée, avec des témoignages de sauveteurs, réfugiés et résistants. À l'extérieur, le **jardin de la Mémoire** a été conçu par Louis Benech.

Temple

Il avait été rasé pendant les guerres de Religion. Dans les années 1820, il fut reconstruit par les habitants du Chambon avec des matériaux du pays. Au fronton, il porte l'inscription « Aimez-vous les uns les autres », rappelant la tradition d'accueil du village. C'est qu'en juin 1940, les pasteurs André Trocmé et Édouard Theis appelèrent à la résistance avec « les armes de l'esprit ».

À proximité

CARTE P. 327

St-Voy D2

6 km à l'est. Quittez Le Chambon-sur-Lignon au sud par la D 151, puis la D 7. À Mazet- St-Voy, prenez la 2e route à droite qui mène au hameau de St-Voy.

La petite **église** romane (11e s.) est dédiée à saint Évode, évêque du Puy vers 374. L'histoire de celle-ci est intimement liée à l'introduction de la Réforme au 16e s. Dès 1560, en effet, la population, à la suite de son curé Bonnefoy, adopta le courant novateur, mais l'église n'abrita le culte réformé qu'une quinzaine d'années. L'édifice, bâti en granit et couvert de lauzes, a le charme des églises rustiques. Le chœur aux lignes pures est percé de fenêtres dont les soubassements s'élèvent de gauche à droite suivant l'ascension du soleil.

★★ Pic du Lizieux D2

6 km à l'est. de St-Voy. Revenez au Mazet-St-Voy et suivez « Foyer de ski de fond du Lizieux ». À 1,3 km, prenez sur la gauche une route non revêtue, signalée « Pic du Lizieux ». À 600 m du chalet part, à gauche de la route, le sentier d'accès au pic (garez-vous sur le terre-plein).

Alt. 1388 m. Table d'orientation *(30mn AR à pied)*. Le plus oriental des sucs phonolitiques du Velay domine un vaste plateau basaltique. Le **panorama** révèle au nord la vallée du Lignon, à l'est, les monts du Vivarais, au sud, la chaîne des Boutières avec son point culminant, le mont Mézenc, à l'ouest, le massif du Meygal. *Par la petite route, poursuivez jusqu'à Montbuzat ; de là, prenez à droite la route forestière vers le nord.* Elle contourne une grande partie de la forêt du Lizieux et offre, à l'ouest, de belles vues sur les pâturages.

Revenez au Chambon-sur-Lignon par Le Mazet-St-Voy et la D 151.

6

Vallée du Lignon

CARTE P. 327 D2

Circuit de 54 km tracé en bordeaux sur la carte p. 327.
Quittez Le Chambon-sur-Lignon au nord par la D 103.

Le Chambon tire l'origine de son nom aux terres fertiles (« champs bons ») qui s'étalent autour d'un des méandres du Lignon. Prenant sa source au pied du versant nord du mont Mézenc, cette rivière se jette dans la Loire en amont de Monistrol. Le Lignon offre un cours pittoresque, alternant les passages en gorges boisées et les vallonnements. Aux abords de Tence, en suivant la D 103, se révèlent des vues de la vallée.

Tence

32 Grande-Rue - Tence - ☏ 04 71 59 71 56 - www.ot-hautlignon.com.
À 840 m d'altitude, le bourg de Tence, traversé par le Lignon et la Sérigoule, renommés pour leurs truites, constitue un bon centre d'excursions. Dans les ruelles en contrebas de l'église, remarquez les quelques maisons encore coiffées de lauzes, et la forme des anciennes cheminées, solidement ancrées sur les constructions pour résister au vent. *Chemin de fer touristique, voir « Nos adresses », p. 368.*
Église – Dominée par la haute flèche de son clocher, l'édifice possède une nef du 17e s. Le chœur, gothique (15e s.), restauré, est la partie la plus intéressante ; remarquez les retombées sculptées des croisées d'ogives représentant les symboles des évangélistes. Les stalles du 17e s. proviennent de l'ancienne chartreuse de Bonnefoy.
Musée de la Chapelle des pénitents – *Espl. des Pénitents - ☏ 04 71 59 71 56 - www.ot-hautlignon.com - juil.-août : merc.-jeu. 14h-15h ; reste de l'année : horaires, se rens. à l'office de tourisme - 3 € (-14 ans gratuit).* L'édifice de 1813 abrite un musée dédié aux pénitents blancs : instruments de la Passion, ornements sacerdotaux (17e et 18e s.), cannes de procession... Admirez la chaire sculptée d'inspiration végétale (1882) et les boiseries en noyer représentant le Christ entouré des apôtres.
Musée de la Pharmarcie – *Pl. du Chatiague - www.ot-hautlignon.com - horaires, se rens. - gratuit.* Construite entre 1822 et 1874, cette pharmacie accolée au bâtiment de l'hospice a conservé ses boiseries anciennes. À voir : pots en faïence et instruments ayant servi à la préparation des remèdes.
Quittez Tence vers le nord par la D 500.

Montfaucon-en-Velay

La **chapelle Notre-Dame** *(☏ 04 71 59 95 73)* située sur la gauche de l'hospice, sur la route d'Yssingeaux, abrite un ensemble de 12 tableaux exécutés en 1592 par le peintre flamand Grimmer (vers 1575-1619) et représentant des paraboles évangéliques dans le décor des travaux des mois. La première peinture *(à droite en entrant, à côté du dispositif d'éclairage)* a pour thème l'arrivée de Marie et Joseph à Bethléem, en décembre, dans l'indifférence des habitants d'un petit village flamand du 16e s. ; le dernier tableau (novembre), aux tonalités tristes, est centré sur l'appel des apôtres qui pêchent ; les détails d'arrière-plan évoquent l'art de la miniature. Au fond du sanctuaire, Vierge couronnée et habillée, du 16e s.
Sentier pieds-nus au jardin Mirandou – *30 av. de la Gare - ☏ 06 32 73 35 01 - www.sentierpiedsnus.fr - de Pâques à la Toussaint : 10h-18h - 6 €.* Dans un parc de 1 ha jouxtant la Via Fluvia (voie verte de 100 km entre la Loire et le Rhône), laissez vos pieds expérimenter toutes sortes de sol : en bois, pierre, paille, galet, pouzzolane... Le tout sur un parcours de 1 km. Un pur moment de bien-être !
Poursuivez par la D 105 et prenez à droite la D 233.

Montregard

Ce village est un belvédère face au Meygal et au Mézenc. De la butte la plus à l'ouest, surmontée d'une statue de saint Jean-François Régis, on découvre un

panorama★ sur le massif du Mézenc, le pic du Lizieux, les sucs dominant la dépression d'Yssingeaux et les monts du Velay.
Prenez la D 105 vers l'est jusqu'à St-Bonnet-le-Froid.

St-Bonnet-le-Froid

ⓘ *www.saintbonnetlefroid.com.*
Six restaurants, 3 hôtels et 2 maisons d'hôte pour un village de 250 habitants, voilà qui n'est pas banal ! C'est que, situé à l'extrême est de la Haute-Loire à 1200 m d'altitude, St-Bonnet a toujours été un point de passage pour les diligences entre la vallée du Rhône et le Massif Central. À St-Bonnet, les Marcon occupent le haut du pavé : à chaque enseigne dans le village, leur nom s'affiche. On ne présente plus Régis Marcon, le plus célèbre d'entre eux, chef multi-étoilé, qui sait magnifier comme personne les produits d'un terroir riche à souhait. Il faut également compter avec son fils, qui a installé sur les hauteurs de St-Bonnet un Spa accueillant, ouvert sur la nature. Avec une telle concentration de restaurateurs, St-Bonnet a bien mérité son appellation de « village gourmand ». Le visiteur n'a que l'embarras du choix ! *(voir « Nos adresses » ci-dessous).*
Retour à Chambon-sur-Lignon par la D 9 puis la D 226A.

ⓘ Carnet pratique

S'informer

Office de tourisme – *2 rte de Tence - Le Chambon-sur-Lignon - ✆ 04 71 59 71 56 - www.ot-hautlignon.com.*

Agenda

Fête des champignons – *St-Bonnet le Froid - 1er w.-end de nov. - ✆ 04 71 65 64 41 – www.saintbonnetlefroid.com.* Elle existe depuis le 19e s. avec son marché aux cèpes secs. Rendez-vous incontournable autour du champignon et de la gastronomie.

Nos adresses

Restauration

À St-Bonnet-le-Froid

Budget moyen

Bistrot la Coulemelle – *Hôtel Clos des Cimes - Découverte & Spa, le village - ✆ 04 71 65 63 62 - www.regismarcon.fr - fermé de janv. à mi-fév., merc. de nov. à mi-juil. et mar. - menus 28/38 €.* Voici la délicieuse annexe bistrotière du restaurant de Régis Marcon. Terrine de volaille aux pépites de foie gras, filet de daurade au basilic... tout est généreux et diablement bon.

Le Fort du Pré – *Rte du Puy - ✆ 04 71 59 91 83 - www.le-fort-du-pre.fr - fermé de déc. à mi-mars, lun. et dim. soir - plats 21/26 €, menus 24/74 €.* St-Bonnet-le-Froid peut bien se targuer du titre de « village gourmand » si l'on en juge par l'existence de ce Fort du Pré ! On y propose une savoureuse cuisine d'aujourd'hui, mettant admirablement en valeur le travail des producteurs de la région. Le tout dans un environnement verdoyant... Une valeur sûre.

6

Shopping

La Maison de l'ail – *1 r. du Velay (dans la rue principale) - St-Bonnet-le-Froid - ✆ 04 71 59 93 76 - 8h30-12h30, 14h30-19h, fermé lun.-merc. et ouv. tlj en juin-nov.* Ne quittez pas St-Bonnet sans avoir fait des provisions dans cette boutique qui vend certes de l'ail frais de la région, mais aussi des confitures, liqueurs, conserves de champignons, charcuterie, et des produits frais en abondance.

Activités

Velay Express - Chemin de fer historique – *R. de la Croix - ✆ 04 71 59 68 06 - velay-express.fr - rens. aux offices du tourisme de Tence (✆ 04 71 59 71 56), Montfaucon (✆ 04 71 59 95 73), Le Chambon-sur-Lignon (✆ 04 71 59 71 56) ou St-Agrève (✆ 04 75 64 80 97) -14/20 € (-12 ans, 10/16 €) AR, selon les sections parcourues, voir détails sur le site.* La ligne comprend 4 gares (Raucoules, Tence, LeChambon-sur-Lignon et St-Agrève) et 3 sections. Une très belle façon de découvrir la vallée et les gorges du Lignon. On aperçoit au loin les monts du Forez, le mont Mézenc et le Gerbier-de-Jonc.

Golf – *La Pierre de Lune - Le Chambon-sur-Lignon - ✆ 04 71 59 28 10 - www.golf-chambon.com - juil.-août : 8h-19h30 ; de déb. mars. à mi-nov. : 8h-19h.* Parcours 18 trous, practice, dans un terrain boisé et vallonné.

Sources du Haut Plateau – *9 chemin des Boenes - St-Bonnet-le-Froid - ✆ 04 71 65 65 66 - www.spa-hautplateau.com - ♿ - 10h-18h, fermé janv. - accès à la source 37 € la sem., 41 € le w.-end.* Cet espace nature-santé bénéficie d'une vue imprenable sur les montagnes. Bassins, sauna, hammam, parcours. Cabinet médical, naturopathie, massages.

Hébergement

Budget moyen

Hôtel-restaurant Bel Horizon – *Chemin de Molle - ✆ 04 71 59 74 39 - www.belhorizon.fr - 19 ch. et 5 chalets 98/145 € - ☕ 15 € - menus 19/39 €.* Vous aurez le choix entre de petits chalets disséminés dans la prairie ou des chambres lumineuses, à la décoration contemporaine. En sus, centre de remise en forme (Jacuzzi, sauna, salle de sport). Cuisine du marché.

Hôtel-restaurant Clair Matin – *Baradons - ✆ 04 71 59 73 03 - www.hotelclairmatin.com - 25 ch. 95/150 € - ☕ 14 € - plats 18/29 €, menus 30/48 €.* Ce vaste chalet isolé qui se dresse sous de grands arbres abrite des chambres calmes et confortables. Excellent petit-déjeuner. Cuisine raffinée, aux accents du terroir.

À proximité

Premier prix

Hôtel Le Bois Vialotte – *Rte de la Suchère - 3 km au sud par la D 151 - ✆ 04 71 59 74 03 - www.hotelboisvialotte.com - P ♿ - 1er juin-1er oct. - 7 ch. 77/90 € - ☕ 10 € - ✕ (résidents seult) menus 17/25 €.* Les amateurs de calme apprécieront cet établissement familial à la lisière d'un bois. Les chambres, tournées vers la campagne, sont très bien tenues. Cuisine traditionnelle.

Yssingeaux

Au cœur d'une région dont les paysages originaux sont hérissés de sucs volcaniques et de monts boisés, Yssingeaux, dominé par le massif du Meygal, est le point de départ de nombreuses excursions et de randonnées. La petite cité animée est aussi une halte gourmande célèbre.

Se repérer

7 289 Yssingelais – Haute-Loire (43)

CARTE D2 (P. 327).

Yssingeaux est située à 28 km au nord-est du Puy-en-Velay.

À ne pas manquer

La vue depuis la colline St-Roch à Yssingeaux ; le panorama du sommet suc des Ollières et suc d'Achon ; le sentier du Grand Testavoyre ; la passerelle himalayenne.

Organiser son temps

Comptez environ 2h pour la ville et ses environs.

Nos adresses p. 372

Se promener

22 pl. du Marché - Yssingeaux - 04 71 59 10 76 - www.ot-des-sucs.fr.

L'**hôtel de ville** est installé dans le château du 15e s., ancienne résidence d'été des évêques du Puy. Remarquez sur la façade les intéressants mâchicoulis trilobés. Les créneaux ont été rajoutés au 19e s. À l'arrière de l'édifice, voir le petit jardin d'Ebersberg. À voir aussi, la **chapelle Notre-Dame des Pénitents** *(rue des Fossés)*, surmontée d'une étrange tour de 12 m de haut qui pourrait être du 17e s., et l'**église St-Pierre** *(place Charles-de-Gaulle)*, vaste édifice néoclassique qui renferme des tableaux de maîtres du 19e s.

De la **colline St-Roch**, à 900 m d'altitude, on jouit d'un beau **panorama** sur les sucs alentour *(2 tables d'orientation)*.

Lapte CARTE P. 327 D2

11 km à l'est par la D 105 puis la D 65.

On l'appelle le **Balcon du Velay** car le clocher de l'église, avec ses 51 m *(accessible en été)*, est le plus haut belvédère de Haute-Loire. Il offre un panorama à 360°. Dans l'église, a été installé un pendule de Foucault afin de renforcer la verticalité déjà impressionnante de l'édifice. À la Chapelette, la **chapelle** votive **Notre-Dame de Bon-Secours**, édifiée en 1854, est classée monument historique.

Barrage de Lavalette CARTE P. 327 D2

11 km à l'est d'Yssingeaux par la D 105, la D 103 et la D 47.

Établi sur le Lignon, il offre un vaste plan d'eau dans un décor boisé. Le **lac** bénéficie du label Respirando, qui qualifie, en Haute-Loire, des lieux structurés, où l'on pratique des activités de pleine nature : baignade surveillée, pêche, activités nautiques (paddle, canoé, pédalo, planche à voile), tour du lac en VTT.

Passerelle himalayenne des gorges du Lignon

9,5 km au nord-est d'Yssingeaux - accès par Grazac (par la D 105 et la D 43) ou par St-Maurice de Lignon par la RN 88. Parking gratuit. Prévoir de bonnes chaussures et de l'eau - déconseillé aux personnes souffrant de vertige, non accessible aux poussettes et aux fauteuils roulants.

6

Amateurs de randonnée et de sensations fortes, cette passerelle est faite pour vous ! Il faut compter entre 30 et 45mn de marche, selon la rive d'où l'on part, pour se retrouver perché à 78 m au-dessus des gorges du Lignon, d'où la **vue★** est impressionnante ! Le long des 268 m, ça tangue un peu... Du côté de Saint-Maurice-de-Lignon, un **belvédère** situé à 7 m de haut permet de s'avancer en surplomb du site.

★ Massif du Meygal et pays des Sucs

CARTE P. 327 CD2

Circuit de 90 km tracé en vert foncé sur la carte p. 327.
Quittez Yssingeaux au sud-est par la D 7, puis à 3 km prenez à droite la D 42.
La route longe sur la droite les sucs des Ollières (alt. 1186 m) et de Bellecombe (alt. 1182 m) et à gauche le suc d'Achon (alt. 1151 m). Le massif du Meygal culmine au Grand Testavoyre (alt. 1436 m), cône de roches phonolitiques aux pentes parsemées d'éboulis rocheux. Ce massif prolonge, au nord, le Mézenc *(voir p. 351)* dont le sépare la haute vallée du Lignon vellave.

Forêt du Meygal D2

Ce manteau forestier de près de 1200 ha a été constitué entre 1865 et 1880. Il s'accroche en partie aux flancs du Grand Testavoyre. Deux routes forestières traversent du nord au sud cette futaie de résineux où alternent pins sylvestres, sapins, épicéas.
Après la bifurcation d'Araules, prenez à droite la D 18 en direction de Queyrières, puis à gauche la première route forestière, balisée en rouge et bleu, s'engageant dans le sous-bois. À la bifurcation suivante, empruntez la route de gauche qui longe le flanc est du Grand Testavoyre. Laissez la voiture sur l'aire de détente aménagée dans une clairière à 300 m de la maisonnette forestière.
★★ Grand Testavoyre – Le sentier *(30mn à pied AR)* s'élève sous bois, puis serpente parmi bruyères et myrtilles. Du sommet, le **panorama** révèle un beau paysage volcanique. Au nord, la région d'Yssingeaux et sa ceinture de sucs. À l'est, le pic du Lizieux (1388 m) domine l'horizon. Au sud, on voit St-Front, face au Mézenc. Du sud-ouest au nord-ouest, les monts du Velay.
En redescendant du Grand Testavoyre, poursuivez la route jusqu'à la sortie de la forêt. La route ouest passe devant la **maison des Copains**, lieu rendu célèbre par le roman de Jules Romains.
La route forestière de gauche aboutit à la D 15, qui mène à St-Julien-Chapteuil.

St-Julien-Chapteuil C2

8 pl. St-Robert - 04 71 08 77 70 - www.mezencloiresauvage.com.
Au centre d'un bassin verdoyant arrosé par la Sumène et hérissé de pitons volcaniques, ce pittoresque village de moyenne montagne occupe un **site★** original. À l'est, un rocher basaltique porte les vestiges du château féodal.
Église – Bien situé sur une plate-forme rocheuse, cet édifice roman a été largement remanié ; la façade et le clocher sont modernes. Remarquez dans l'abside quelques chapiteaux anciens. De la terrasse proche du chevet, jolie vue sur les pitons voisins, en particulier le **suc de Monac**, belle falaise de trachyte et le suc de Chapteuil, reconnaissable à ses orgues basaltiques.
Observatoire du Betz – *www.orion43.fr.* Animé par l'association Orion, cet observatoire installé au Betz se compose de deux coupoles dont l'une avec un télescope de 400 mm, et d'un endroit, appelé île de Pâques, pour l'observation à l'œil nu. En Haute-Loire, quand les conditions météo sont favorables, on peut compter jusqu'à 3000 étoiles dans le ciel...

Saint-Julien-Chapteuil.
L. Olivier/Photononstop

Prenez la direction de Moudeyres sur 2 km jusqu'à Bourgeneuf.

Bourgeneuf D2

Dans ce petit hameau, on peut encore voir une ancienne **maison de béate** *(voir encadré p. 357)* bien conservée. *Ne se visite pas.*
Revenez à St-Julien et prenez la D 26 au nord-ouest.

St-Pierre-Eynac C2

Jolie **église** rurale à clocher-peigne, portail roman et porche Renaissance.
Au cours de la montée vers Aupinhac, **vue★** à gauche, sur le bassin et Le Puy : on distingue la cathédrale, le rocher Corneille et St-Michel-d'Aiguilhe.
Poursuivez sur la D 26 vers St-Étienne-Lardeyrol en franchissant la N 88.
La D 71 remonte vers le nord, en traversant un paysage jalonné de sucs. À la sortie de Malrevers, à gauche, le **suc de Chauven** (alt. 848 m).
Poursuivez jusqu'à **Rosières** pour voir une curiosité : le **ravin de Corbœuf** *(au parking de la gendarmerie, suivez le chemin de la voie ferrée – sentier de la Galoche – jusqu'à un viaduc puis emprunter le chemin fléché sur la gauche ; vous pouvez également prendre la petite route qui mène à Chastel pour admirer le ravin d'en haut)*. Ce canyon creusé de petits ravins et hérissé de fines crêtes, est appelé aussi Colorado français, en Haute-Loire. Cette étonnante formation géologique résulte des effets de l'érosion sur des dépôts sédimentaires argileux au fond du lac qui occupait le bassin de l'Emblavez... 6
Après Rosières, prenez à droite la D 7.
On longe successivement sur la gauche le **suc de Jalore** (alt. 1076 m) et on distingue, en arrière-plan, le **suc d'Émeral** (alt. 1081 m). *Engagez-vous dans la première route à droite après un cimetière vers Mortesagne*
La route est dominée par le **suc d'Eyme** (alt. 1137 m) que l'on aperçoit à gauche ; à **Mortesagne**, remarquez la maison forte du 16e s. La petite route revêtue à droite conduit au pied du **suc de Glavenas** (alt. 1048 m). Dans la descente vers le village, belle **vue★** sur l'**église** perchée de **Glavenas** se détachant sur un étrange paysage.

Chapelle de Glavenas C2

Seul édifice à subsister de l'ancien château fort qui dominait la vallée, cette chapelle médiévale, couverte d'un beau toit de lauzes, se dresse sur un éperon rocheux. Magnifique panorama depuis la table d'orientation en pierre volcanique.

Par la D 431 et la N 88 rejoignez Yssingeaux.

Nos adresses

Restauration

Premier prix

La Ferme de Lavée – *Lavée - ✆ 04 71 59 00 00 - www.fermedelavee.com - P ♿ - fermé w.-end et soir - menus 23,50/29,50 €.* Proche du centre-ville, dans une zone artisanale en développement, cette ferme réaménagée abrite désormais un restaurant. C'est dans l'ancienne grange que les repas sont servis. Cuisine du terroir et formule économique en font une adresse très courue à l'heure du déjeuner.

À proximité

Budget moyen

Auberge de Marliou – *Queyrières - à 9 km au sud d'Yssingeaux par la D 152 - ✆ 04 71 57 63 00 - www.aubergedemarliou.com - P ♿ - fermé lun.-merc. - réserv. conseillée - menus 28/38,50 €.* À l'orée du massif du Meygal, une ferme typique coiffée de lauzes a installé sa salle de restaurant dans la grange et l'ancienne écurie qui a conservé ses stalles. Cuisine du terroir élaborée avec les produits choisis à proximité : feuilleté aux champignons, veau des monts du Velay, civet de cerf ou bœuf au bleu du pays.

Pour se faire plaisir

Vidal – *Pl. du Marché - St-Julien-Chapteuil - ✆ 04 71 08 70 50 - www.restaurant-vidal.com - fermé mi-janv.-mi-fév., lun., mar. soir et dim. soir - plats 30/45 € - menus 48/90 €.* Après un beau parcours (Guérard, Roth, Ducasse à Londres, Boulud à New York), le fils Vidal a rejoint son père aux fourneaux de la maison familiale. Le résultat est enthousiasmant : dressages soignés, recettes pleines de fraîcheur et de peps. L'accueil, assuré en famille lui aussi, se révèle charmant.

Hébergement

Budget moyen

Hôtel Le Bourbon – *5 pl. de la Victoire - ✆ 04 71 59 06 54 - www.le-bourbon.com - ♿ (rest.) - 11 ch. 85/89 € - ☕ 12 € - ✕ menus 15 € (déj.)/65 €.* Hostellerie traditionnelle aux intérieurs très chatoyants dont chaque chambre, baptisée d'un nom de fleur, offre un confort douillet. Une salle à manger calme et reposante. La carte alléchante fait la part belle aux producteurs auvergnats et célèbre le gibier en saison.

À proximité

Budget moyen

La Ferme du Bien-Être – *Bourgeneuf - St-Julien-Chapteuil - ✆ 04 71 04 90 75 - www.fermebienetre.com - 7 ch. 102/110 € ☕ 12 €- ✕ plats 15,50/19,50 €, menus 13,50/30,50 €.* Elle porte bien son nom, cette ferme, avec ses chambres douillettes et sa terrasse, qui offre un panorama époustouflant sur les sucs du massif du Meygal ! Un havre de paix à 1000 m d'altitude. Excellente table, plats, cuisinés dans l'immense four à pain et très riche cave à vin.

Monistrol-sur-Loire

Avec ses ruelles médiévales bordées de maisons à génoise aux toits faiblement inclinés, Monistrol conserve un beau centre ancien, au caractère méridional. Agréable lieu de villégiature, c'est un bon point de départ pour partir en promenade le long des gorges de la Loire ou au pays des sucs qui gravitent autour d'Yssingeaux.

Se repérer

8 718 Monistroliens – Haute-Loire (43)

CARTE D1 (P. 327).

À 46 km au nord-est du Puy-en-Velay.

À ne pas manquer

Le musée de la Faux à Pont-Salomon; les paysages de la vallée de l'Ance; le parc de la biodiversité à Bas-en-Basset; le spectacle des faucons au château de Rochebaron.

Organiser son temps

Prévoir une journée

Nos adresses p. 376

Se promener

14 fg Carnot - 04 71 66 03 14 - www.tourisme-marchesduvelayrochebaron.fr.

Le climat et la situation remarquable de Monistrol ont séduit les évêques du Puy-en-Velay qui en ont fait un de leurs séjours favoris. L'endroit s'est tant transformé qu'il est devenu la seconde ville du diocèse sous le nom de Monistrol-l'Évêque. La cité s'appellera ensuite Monistrol-en-Velay, puis Monistrol-sur-Loire.

Château des Évêques

4 allée du Château - 04 71 61 63 66 - www.tourisme-marchesduvelayrochebaron.fr - déb. à fin avr. : vend.-sam. 14h-18h, mai-déc. : vend-sam. 15h-18h - gratuit - escape game (payant) sur réserv.

Partant de la place Néron, une **promenade plantée de tilleuls** monte vers les grosses tours rondes de l'ancien château des Évêques (14e-18e s.), qui abrite des expositions. Remarquez, à l'intérieur, les statues du Christ au jardin des Oliviers (16e s.) et la rampe en fer forgé (18e s.). *Contournez le château par l'allée à droite.* De l'extrémité de la terrasse ouest, vous bénéficierez d'une jolie vue sur la vallée de la Loire, Bas-en-Basset et le plateau de St-Bonnet-le-Château.

Église et noyau ancien

La nef centrale de l'**église** avec ses deux colonnes (unique exemple en Velay) et la coupole du chœur ont seuls résisté aux destructions révolutionnaires. La tour-clocher du 17e s. a retrouvé son dôme d'origine.

Empruntez, en partant de l'église, la rue du Commerce, puis la première rue à droite. Égarez-vous dans un **lacis de ruelles** et retrouvez-vous ici en plein Moyen Âge ou là dans le Monistrol classique du 17e s. (façades des couvents des Ursulines et des Capucins).

St-Didier-en-Velay D1 CARTE P. 327

11 km environ à l'est par la D 12.

Au cœur de la vallée de la Semène, ce bourg vellave a conservé sa vieille ville dont l'**église**, de style roman, joliment située sur la place du Senis (« seigneur du château »). Deux passages couverts, les « tounes », construits probablement au

18e s., ménagent une percée singulière dans les rues de St-Didier. Aux alentours de la **halle** aux grains (19e s.), qui abrite aussi un musée d'Art et Traditions populaires, observez la largeur inhabituelle des fenêtres : elle favorisait l'éclairage des métiers des passementiers (rubans), jadis installés à domicile.

Pont-Salomon D1 CARTE P. 327

9 km au nord par la N 88.

Niché au cœur de la vallée de la Semène, ce village-usine, conçu selon les principes fouriéristes par **Pierre-Frédéric Dorian** (1814-1873), a vu le jour au 19e s. sous l'impulsion de l'industrie des lames de faux et faucilles. Le **musée de la Faux★** est installé dans l'une des sept usines dont deux subsistent encore. Ici, le temps semble s'être arrêté. Les murs de l'atelier sont noirs de charbon et la forge équipée de martinets hydrauliques continue à fonctionner. Témoignage émouvant de la vie ouvrière. *R. des Martinets - ℘ 04 77 35 87 07 - www.museedelafaulx.fr - visite sur réserv. au musée ou auprès de l'office du tourisme au ℘ 04 77 35 42 65 - 4 € (-12 ans gratuit).*

Aurec-sur-Loire D1 CARTE P. 327

11 km au nord par la D 47.

À la lisière du département de la Loire, cet ancien bourg médiéval dominant le fleuve conserve deux châteaux et un beau patrimoine architectural, dont la **maison du Bailli**. La découverte de la vieille ville se fait à pied. Le **château du Moine sacristain** abrite un musée éclectique : salle de classe de 1920, musée de la Vigne et du Vin, ustensiles ruraux et artisanaux, etc. *Pl. des Marronniers - ℘ 04 77 35 26 55 - de mi-juin à fin sept. : tlj sf mar. 14h-18h ; reste de l'année, se rens. - gratuit.*

Ste-Sigolène D1 CARTE P. 327

9 km au sud-est par la D 44.

Quatre cents ans de tissage, cinquante ans de plasturgie, la reconversion industrielle de Ste-Sigolène démontre la pugnacité de ses habitants qui, pour rien au monde, n'auraient quitté ces paysages boisés. Aménagé dans un ancien atelier de fabrication d'écharpes, le **musée La Fabrique**, animé par une équipe d'anciens passementiers, témoigne de cette histoire. Sur le métier à tresse de 1920 ou sur la machine à aiguille vivante de 1983, ils perpétuent le savoir-faire. *R. des Riouzes - ℘ 04 71 75 01 55 - ♿ - visite guidée (1h30) juil.-août : merc. et 1er dim. du mois 15h-16h30 ; reste de l'année : 1er dim. du mois 15h-16h30 - 4 € (-15 ans gratuit).*

C'est en 1670 qu'**Anne-Marie Martel** (1644-1673) crée l'institution des béates. Ces jeunes filles laïques, formées par les religieuses du Puy-en-Velay, et possédant quelques rudiments de lecture et d'écriture jouent à la fois les rôles d'institutrices, de catéchistes et d'infirmières au service des villageois. Ste-Sigolène a eu la particularité de compter neuf **maisons de béates** (reconnaissables à leur clocheton sur le toit) dont celle du hameau de **Reveyrolles**. Au rez-de-chaussée, l'ancienne salle de classe abrite une statue en bois de sainte Sigolène (17e s.), ainsi qu'une Vierge noire (19e s.). À l'étage, deux pièces de vie ont été reconstituées avec un mobilier du 19e s. *Hameau de Reveyrolles - ℘ 04 71 66 66 71 - visite sur demande - entrée à discrétion.*

Vallée de l'Ance CARTE P. 327 CD1

Circuit de 46 km tracé en orange sur la carte p. 327.
Quittez Monistrol par la D 12, et gagnez Bas-en-Basset.

Bas-en-Basset D1

Parc de la biodiversité – *Se garer devant le camping municipal de La Garenne.*
En haute saison, sorties nature : cueillette de plantes sauvages, constitution d'un herbier, observation des insectes et des oiseaux sous la houlette d'un guide de la LPO, initiation à la pêche - rens.auprès de l'office de tourisme ✆ 04 71 66 95 44.
En famille, à pied ou à vélo, munissez-vous du guide des espèces remarquables pour observer les animaux en toute autonomie *(2 € en vente à l'OT).*
Le site des étangs de Bas-en-Basset forme un parc de 200 ha environ. D'origine naturelle ou anciennes gravières, les avis sont partagés. C'est un des plus beaux lieux naturels de Haute-Loire. Arpentez les étangs, jumelles autour du cou et carnets de notes en mains, et découvrez les oiseaux qui nichent dans ces espaces humides. Croquis, herbier, photographies à faire, voici une promenade idéale avec les enfants.
À environ 300 m au-dessus de la place des Marronniers, à Bas-en-Basset, prenez le chemin s'amorçant à gauche d'un mur d'enceinte *(45mn à pied AR).*

Château de Rochebaron D1

✆ 04 71 61 80 44 - www.rochebaron.org - juil.-août : 11h-19h ; vac. scol. (zone A) : 13h-19h ; reste de l'année : se rens. - 6 € (-16 ans 3 €) - 10 € billet combiné avec les spectacles de rapaces et la volerie - spectacle de rapaces juil.-août : 14h45 et 16h45 ; mai-juin : merc. et w.-end 14h45 et 16h45 ; avr. et sept.-oct. : merc. et w.-end 15h15.
Des spectacles de vols et de nourrissages de rapaces ont lieu de mai à septembre aux heures d'ouverture de Rochebaron. Le fauconnier de la volerie propose des balades accompagnées d'un rapace autour du château *(✆ 04 71 61 80 44).*
On atteint les ruines du château féodal perché sur un éperon dominant la Loire, érigé entre le 11e et le 13e s., et précédé d'une triple enceinte. Seule reste intacte une tour ronde avec ses salles voûtées, reliées par un escalier à vis. De l'extrémité du promontoire, **vue★** sur Bas-en-Basset et la vallée de la Loire. Deux salles pédagogiques permettent de comprendre l'évolution architecturale des châteaux forts.
Revenez au croisement de la D 12 avec la D 42 que l'on prend à droite. Tournez ensuite à droite dans la D 44 vers Tiranges.
La route suit d'abord la riante vallée de l'Ance, puis, à partir du village du Vert, s'élève en **corniche★**. Entre Chales et les Arnauds, elle ménage de belles échappées sur le bassin de la Loire, la vallée de l'Andrable et les monts du Velay.
À Tiranges, empruntez à gauche la D 24.
Au cours de la descente sur l'Ance, la tour de Chalencon apparaît sur un piton.
Poursuivez par la D 24 jusqu'au carrefour avec la D 9. Prenez 2 fois à droite (D 9 puis D 29). Traversez St-André-de-Chalencon et prenez la route qui longe le cimetière.
À 2 km, garez-vous et continuez à pied (15mn AR).

Chalencon C1

La **vue★**, à l'arrivée sur Chalencon, est vraiment superbe : en haut du vieux village silencieux, une belle tour ronde crénelée se dresse au centre d'une enceinte carrée. À l'extrémité droite de l'éperon, la façade de l'ancienne chapelle seigneuriale s'inscrit harmonieusement dans le site. Du pied de la tour, vue sur les gorges de l'Ance que franchit le pont du Diable, qui date du 12e s.
Les ruines du **château** de Chalencon occupent une position forte sur un piton rocheux, à la limite du Velay et du Forez. Chalencon était le fief d'origine d'une des plus anciennes familles du Velay, les Polignac.
Reprenez la D 24, traversez Solignac pour prendre à gauche la D 46.

6

Beauzac D1

Sa petite **église** (12e-17e s.) présente un portail latéral flamboyant et un élégant clocher-peigne à trois étages. Sous l'abside se trouve une crypte, fait exceptionnel dans le Velay. Romane, celle-ci présente une grande sobriété de lignes ; notez l'absence de chapelles rayonnantes. Quelques maisons du **bourg**, imbriquées dans les anciens remparts percés de deux portes, montrent, à la naissance du toit, de curieuses galeries de bois reposant sur de gros corbeaux, pièces en saillie destinées à supporter des corniches.

Retournez à Monistrol par la D 42 et la D 12.

Nos adresses

Hébergement/restauration

À proximité

Premier prix

Le Barret – *Bransac - Beauzac - 3 km au sud de Beauzac par D 42 - 07 86 01 08 40 - 5 ch. 75 € - dîner 30 €, sur réserv.* Le chef Toque d'Auvergne Sandy Caire a réorienté son ancienne activité de restauration en proposant chambres et table d'hôte dans ce paisible hameau près de la Loire, et en assurant des cours de cuisine pour les amateurs. Aux beaux jours, on se régale en terrasse d'une cuisine aux accords subtils, réalisée avec les légumes et les fruits du jardin. Pour la viande et le poisson, Sandy Caire connaît de bonnes adresses à proximité… Une halte-dégustation à savourer sans modération.

Budget moyen

L'Air du Temps – *Confolent - Beauzac - 4 km à l'est de Beauzac par D 461 - 04 71 61 49 05 - www.airdutemps-restaurant.fr - (rest.) - fermé janv., vac. de Pâques et vac. de la Toussaint, dim. soir et lun. - 8 ch. 60/65 € - 9 € - menus 14 € (déj.)/68 €.* Cette maison des années 1920 abrite un restaurant plutôt gourmand. Sa carte, généreuse, aime les saveurs régionales et décline les menus à prix sages. Agréable salle-véranda.

Hôtel-restaurant Les Feuillantines – *La Vialatte - St-Pal-de-Mons - 04 71 75 63 25 - www.lesfeuillantines.com - 22 ch. 75/84 € - 10 € - plats 21/36 €, menus 23/59 €.* Idéalement situées sur une hauteur d'où la vue porte à 360°, Les Feuillantines proposent des chambres confortables et une cuisine de qualité, mettant en valeur les produits locaux avec, toujours, une touche d'imagination.

Activités

Aire Respirando – *Rte de Nurol - Aurec-sur-Loire - 04 77 75 00 75 - de mi-juin à mi-sept. : w.-end (tlj juil.-août).* Au bord de la Loire, cette aire de loisirs des gorges de la Loire offre des activités variées, idéales pour les familles : pédalo, paddle, canoë… Piscine extérieure ; petite restauration sur place.

Brioude ★★

Construite sur une terrasse dominant la plaine, Brioude est une cité animée et coquette du val d'Allier, aux couleurs méridionales et au riche patrimoine. Visitez d'abord la basilique St-Julien, chef-d'œuvre architectural, harmonieux mélange d'art roman et gothique aux pierres polychromes, magnifié par les vitraux contemporains du père Kim En Joong. Puis prenez le temps de flâner dans les ruelles pour admirer les façades restaurées des maisons canoniales. Dans les environs de Brioude, les églises et châteaux veillent depuis des siècles sur les rives de l'Allier.

Se repérer

6773 Brivadois – Haute-Loire (43)

CARTE A1 (P. 326).

Brioude se trouve à une vingtaine de km à l'est de Massiac. Brioude, Lavaudieu, Auzon, Lavoûte-Chilhac, Langeac appartiennent au pays du haut Allier.

À ne pas manquer

Les fresques du 12e s. et les vitraux contemporains de la basilique St-Julien.

En famille

Aquarium-Maison du saumon et de la rivière ; les moulins et éoliennes du plateau d'Ally. Une chasse au trésor dans Brioude *(gratuit, rens. à l'office de tourisme)* ; en été, pique-niques concerts au bord de la rivière Allier et sorties nature en journée.

Carnet pratique p. 389

Nos adresses p. 389

Se promener

★★★ Basilique St-Julien

Pl. St-Julien - ✆ 04 71 74 97 49 (office de tourisme) - www.tourisme-brioudesudauvergne.fr - été : 9h-19h ; reste de l'année : 9h-17h30. Visites guidées en été.

« Une immense châsse de pierre dressée au-dessus d'une tombe illustre... » Ainsi Bernard Craplet, auteur de *L'Auvergne romane* (1958), définit-il la basilique. Avec 78 m de longueur, St-Julien est la plus grande église romane d'Auvergne. Elle se rattache à l'école romane auvergnate par son chevet étagé et ses pierres de couleurs variées, qui lui confèrent tout son charme, mais en diffère par l'agencement des **portails**, surmontés de voussures lisses, sculptées ou en dents de scie, au lieu du traditionnel cordon à billettes, et l'ornementation toute bourguignonne du chevet.

La tradition rapporte qu'un tribun de légion romaine nommé Julien, originaire du Viennois et converti à la foi chrétienne, se réfugia à Brioude et y subit le martyre en l'an 304. Le tombeau vénéré de **saint Julien** valut à la ville une énorme affluence de pèlerins, particulièrement à l'époque de Grégoire de Tours.

Extérieur – L'église actuelle, dont la construction a débuté par le narthex à la fin du 11e s., fut achevée en 1180 (chœur et chevet). Sa nef fut surélevée et voûtée d'ogives en 1259. La façade ouest et le clocher carré qui la surmonte ont été refaits au 19e s. *Faites le tour de la basilique, particulièrement imposante de la rue du Chapitre et de la place Grégoire-de-Tours, pour admirer le chevet et les porches latéraux.*

★★ **Chevet** – Sa belle ordonnance concentrique en fait la partie la plus remarquable du monument. La haute nef absidiale, ornée d'un large bandeau de mosaïques marqueté blanc et noir, est ceinte, en partie basse, du volume du déambulatoire duquel se détachent cinq chapelles rayonnantes épaulées de contreforts. Remarquez, sous les toits de tuiles étagés, la profusion de **modillons sculptés**, figurant monstres, personnages, feuillages, copeaux. Le chevet de la basilique a connu une campagne de restauration en 2014-2015.

★ **Porches latéraux** – Voûtés d'arêtes, ils présentent un aspect original dû à leur utilisation comme chapelles au 16e s. et à la tribune qui les surmonte. Le **porche nord** conserve les restes d'un tympan en stuc du 12e s., représentant l'Ascension. Le **porche sud**, orné de beaux chapiteaux à feuillages, abrite un portail dont les vantaux ont encore leurs **heurtoirs de bronze** figurant l'un une tête de lion, l'autre une tête de singe.

Intérieur *(voir photo p. 381)* – L'ampleur du vaisseau et sa chaude coloration, due aux grès rouges des murs et des piliers, sont frappantes. Le narthex, avec ses trois tribunes ouvertes sur la nef, et les quatre premières travées de la nef elle-même en sont les éléments les plus anciens (fin du 11e s.). Leur sobriété contraste avec l'exubérance architecturale du reste de la nef et du chœur, dont les parties hautes ont été transformées, sur le mode ogival, aux 13e et 14e s.

Le remarquable **pavage★** polychrome de galets (16e s., et préroman dans la 5e travée au centre), très original, qui habille le sol de la nef, fut mis au jour suite à des travaux de restauration (1964-1981). C'est le cas aussi de la **petite crypte** (sans doute à l'emplacement du tombeau de saint Julien) sous le chœur. Des **chapiteaux★★** à feuilles d'acanthe, historiés ou illustrant des thèmes communs aux églises d'Auvergne (bestiaire classique ou fabuleux, personnages, masques, scènes infernales), abondent, haut placés sur les colonnes cantonnant chaque pilier.

Dans le cadre d'importants travaux de restauration de la basilique, 37 baies ont été dotées de **vitraux contemporains★★**, réalisés par l'artiste Kim En Joong, moine dominicain d'origine coréenne, en collaboration avec les ateliers Loire de Chartres. De couleurs vives (orange, bleu, violet, jaune), ces vitraux se marient harmonieusement avec les pierres naturelles, provoquant des jeux de lumière sur les murs et les piliers et conférant à la basilique une atmosphère douce, propice au recueillement.

Mobilier et décoration peinte – Le mobilier liturgique est intéressant, mais la pièce maîtresse n'en demeure pas moins les fresques et détails picturaux des 12e et 13e s., surprenants par leur diversité, leur « modernisme » et la verve des figures. En prenant à droite à l'entrée sud, on découvre successivement :

1) *Bas-côté droit* – Statue du 14e s. : **Christ lépreux★** (crucifix), œuvre en bois marouflé polychrome.

2) *Bas-côté droit* – Statue du 14e s. : Vierge parturiente en bois polychrome.

3) *Bas-côté droit* – Vierge à l'oiseau en lave (14e s.).

Brioude la douce

Appelée dès le 4e s. *Benigna Brivas*, la ville porte en elle toute la clémence de son climat. Brioude est un bourg (vicus d'origine gallo-romaine) né à proximité d'un passage sur l'Allier (le mot *briva*, qui signifie pont, est gaulois). La ville s'est ensuite développée sur une terrasse alluviale de l'Allier, sans doute pour se protéger des crues.

4) *5e travée, pilier sud* – Chapiteau figurant le Christ en majesté entouré des quatre évangélistes.
5) *Premiers piliers du transept* – Consoles sculptées : têtes royales, vis-à-vis.
6) *Chœur* – Retable sculpté (17e s.) du maître-autel.
7) *Chœur, pilier nord* – Chapiteau des saintes femmes.
8) *Bas-côté gauche* – Statue du 14e s., en bois doré, de la Vierge à l'oiseau.
9) *Chapelle de la Croix* – Retable attribué à Vaneau, sculpteur du 17e s.
10) *3e travée, pilier nord* – Deux chapiteaux : groupes de soldats autour d'un blessé ou prisonnier ; anges et démons emportant des âmes.
11) *Pilier sud du narthex* – Chapiteau du Châtiment de l'usurier ; peinture d'un profil de femme à l'œil dilaté.
12) *Chapelle St-Michel, dans la tribune sud du narthex* – Les fresques du 12e s. opposent la vision céleste (Christ en Majesté) à une vision de l'Enfer, évocation de la lutte du Bien et du Mal ; beau chapiteau des ânes musiciens.
CIAP du haut Allier – *Espace Notre-Dame - pl. Grégoire-de-Tours - ouvert toute l'année aux horaires de l'office de tourisme - en été : 7 j/7 9h30-12h30, 14h- 18h - hors sais. : lun.-vend. 9h30-12h30, 14h-17h - gratuit.* Installé dans l'ancienne église Notre-Dame – où se trouve également l'office de tourisme –, le CIAP (Centre d'interprétation de l'architecture et du patrimoine) du pays d'art et d'histoire du haut Allier présente une exposition permanente, ludique et pédagogique sur les peintures murales du haut Allier.

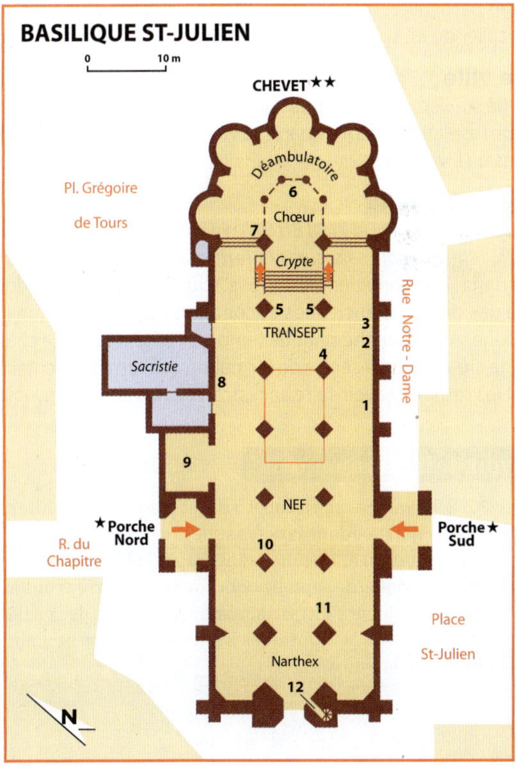

Le Doyenné

Pl. Lafayette - ✆ 04 71 74 51 34 - ledoyenne-brioude.fr - juin-août : mar.-dim. 10h-18h30, lun. 14h-18h30 ; sept.-mi-oct. : mar.-dim. 10h-18h, lun. 14h-18h - 8 € (-18 ans 4 €).

Autrefois hôtel particulier du doyen du chapitre de Brioude, cet édifice est réputé pour son exceptionnel **plafond armorié★** de la fin du 13e s., qui porte un décor héraldique rarissime, mêlant scènes de chasse et bestiaire fantastique. Devenu un espace d'Art moderne et contemporain, il propose chaque année des expositions de peintres prestigieux (Chagall, Miro, Nicolas de Staël et, en 2022, Picasso). Venez déambuler dans ce lieu où le passé et le présent se côtoient dans une remarquable harmonie.

★ Maisons anciennes

Le réseau de rues étroites autour de la basilique est bordé de nombreuses façades remarquables : tourelles, portes sculptées, maisons à pans de bois, balcons ouvragés. Ces vieilles demeures canoniales et aristocratiques, réhabilitées, datent pour les plus anciennes du 12e s.

Au nord de la basilique : à l'angle de la rue Talairat, hôtel du 17e s. avec tourelles et porte sculptée ; rue du 4-Septembre : au n° 29, hôtel de la Dentelle *(voir ci-dessous)* ; au n° 25, boutique à arcades du 16e s. ; au n° 22, une maison du 15e s. *(expositions temporaires)*, dans laquelle aurait sévi **Mandrin,** célèbre contrebandier dauphinois qui laissa de son passage à Brioude en 1754 un parfum de fraude et d'aventure.

Au sud de la basilique : place St-Julien, maison à pans de bois du 15e s. ; place du Mazel, hôtels particuliers du 17e s. et du 18e s. ; au n° 21 rue de la Tour-d'Auvergne, hôtel particulier du 18e s. ; place Eugène-Gilbert, maison romane à tourelle.

Hôtel de ville

Il a été édifié sur l'emplacement de l'ancien château des chanoines-comtes de St-Julien. De l'esplanade des Remparts, la **vue** est belle sur la Limagne de Brioude et les monts du Livradois.

Hôtel de la Dentelle

29 r. du 4-Septembre - ✆ 04 71 74 80 02 - www.hoteldeladentelle.com - ♿ - avr.-oct. : 9h-12h, 14h-18h (hors sais. sur RV), fermé le w.-end - 8 € (-16 ans 6 €).

Aménagé dans l'ancienne demeure (15e s.) du chanoine comtesde Brioude, il rassemble des dentelles anciennes et contemporaines, ainsi que du matériel dentellier. Une exposition thématique temporaire est présentée chaque année. Un atelier de création et un centre de formation qualifié de la dentelle occupent également les lieux. Un savoir-faire ancestral constamment réinventé.

Un savoir-faire immémorial

En janvier 2022, Brioude a reçu le label Ville et Métiers d'Art. Elle est notamment très impliquée dans la défense de la dentelle, à travers l'**Hôtel de la Dentelle**. Des **ateliers d'art** réputés sont également implantés sur place : Couleurs Dentelle (couleurs-dentelle.com), où vous pourrez vous initier en dentelle à fuseaux ; Couleurs Vitrail (couleurs-vitrail.fr) ; deux Ailes (www.deuxailes.fr). À voir aussi, les **boutiques** Escandilha (www.escandilha.fr) et Reg'Art Ateliers (2, place du Mazel).

Basilique Saint-Julien de Brioude.
Borisb17/Getty Images Plus

Aquarium-Maison du saumon et de la rivière

Pl. de la Résistance - ☏ 04 71 74 91 43 - www.aquarium-maison-du-saumon.com - ♿ - avr.-sept. : 10h-12h, 14h-18h, w.-end 14h-18h ; vac. de fév., oct. et vac. de la Toussaint : 14h-18h - 7,50 € (3-12 ans 4,50 €) - 13 € billet combiné avec l'hôtel de la Dentelle repas commenté des poissons en juil.-août.

Le saumon atlantique, *Salmo salar*, qui, au terme de sa remontée (800 km) dans les eaux douces, atteint les frayères du haut Allier, appartient à l'histoire de Brioude. Avant de s'informer sur l'importance de la pêche au saumon dans la vie du Brivadois d'antan, le visiteur découvre une trentaine d'espèces de la faune aquatique locale, parmi lesquelles les tacons (jeunes saumons), les ombles, les brochets, barbeaux et brèmes.

Sources et gorges de l'Allier

Application mobile (gratuite) - www.gr470-gorgesallier.com.

Le GR 470 qui conduit aux sources en longeant les gorges de l'Allier part de Brioude. Plus de 200 km à découvrir.

À proximité

CARTE P. 326

★ Château de Paulhac A1

À 5 km au nord-ouest de Brioude par la D 20.

Pl. Plot - ne se visite pas.

Cette magnifique forteresse figurait déjà dans les écrits au 10e s. Sur son promontoire, vous pourrez prendre le temps d'admirer la **vue★** spectaculaire sur tout le Brivadois. Flanqué de ses trois tours et de son donjon élevé en 1160, le château fut remanié aux 15e et 19e s. En 2013, le château a été incendié ; il est aujourd'hui restauré.

★ Château de Lespinasse A1

À 11 km au sud-ouest de Brioude par la D 588. Après 10 km, tournez à gauche en direction de Lubilhac, puis prenez tout de suite à gauche.

☏ 04 71 76 82 12 - sur réserv., mi-juil.-fin août tlj sf sam. 15h-18h - 2 visites guidées à 15h et à 17h - 8 € (enf. 5 €, -6 ans gratuit).

Érigé sur le site d'une ancienne villa gallo-romaine, ce château médiéval toujours habité fait partie des plus anciens édifices du Brivadois. Sa tour carrée, massive, fut élevée au 12e s. Au 15e s., le mariage avantageux de Louis, fils du seigneur de Lespinasse, avec Jeanne, dauphine d'Auvergne, permit la construction des tours circulaires d'enceinte et de divers aménagements. L'endroit vous réserve bien des surprises, notamment le blason d'Auvergne, sculpté sur une belle cheminée du premier étage, ou encore la cache pour 15 personnes, dissimulée sous le plancher de l'une des chambres...

Devant le château, vous bénéficierez d'une superbe **vue** sur les monts du Livradois.

★ Plateau d'Ally A2

À 22 km au sud-ouest de Brioude. Sortez par la D 588, direction Aurillac. Après environ 1 km, prenez à gauche la D 12, puis encore à gauche la D 122, et poursuivez jusqu'à Ally.

☏ 04 71 76 77 22/06 51 54 43 69 - www.ally43.fr (pour les moulins et le parc éolien).

Aux confins de la Haute-Loire et du Cantal, la petite commune d'**Ally** se trouve en bordure d'un plateau à 1000 m d'altitude. Sa position géographique, propice aux échanges, en fit jusqu'au siècle dernier un petit village actif où le travail agricole allait de pair avec l'artisanat et l'extraction de minerai. En 1950, Ally subit de plein fouet l'exode rural. Face à ce phénomène, l'association Action Ally 2000 s'est tournée vers le tourisme en engageant un vaste programme de réhabilitation de son patrimoine. Sa mine d'antimoine et d'argent, ses moulins à vent et son parc éolien accueillent aujourd'hui de nombreux visiteurs.

Mine d'argent gallo-romaine de la Rodde – *Parking au bourg de Montrome (4 km au sud-est d'Ally par la D 21 vers Lavoûte-Chilhac), puis 600 m à pied - Montrome - visite guidée (1h/1h30) - avr.-oct. : merc.-dim. 10h-18h - 7 € (-12 ans 4 €) - visite déconseillée aux personnes à mobilité réduite ou souffrant de claustrophobie. Bottes, casque et imperméable fournis; prévoir pantalon, baskets et pull léger. Atelier recherche de minéraux sur réserv. dim. 10h-12h.* Vous partirez sur les pas des mineurs du 19e s., guidé par un géologue. Celui-ci vous conduira dans un véritable dédale de galeries, et vous contera l'histoire de la mine et le travail de ces hommes qui exploitaient déjà, il y a plus de 2 000 ans, le filon d'antimoine et de plomb argentifère.

Moulin à vent de Pargeat – *Rte de Fridières - avr.-oct. visite guidée 45mn/1h dès 6 ans.* Au 19e s., Ally comptait 10 moulins à vent pour 7 moulins à eau. Il s'agissait pour la plupart de moulins à farine, utilisés à des fins familiales et privées. Construit en 1817, le moulin de Pargeat, du nom de son dernier propriétaire, a fonctionné jusqu'en 1935. Restauré en 1971, puis en 2003, il abrite désormais un écomusée qui fait revivre, grâce à son mécanisme d'origine (en bois), le travail du meunier.

Parc éolien d'Ally-Mercœur – *Le Bourg -avr.-oct. : merc.-dim. 10h-18h se rens., visite guidée (dès 6 ans, 45mn/1h) sur le thème des éoliennes et du développement durable local, dép. du Moulin panoramique 4 € (-12 ans 3 €) - 3,50 € billet combiné avec les autres sites du plateau d'Ally.* Point de départ de la visite, le moulin panoramique offre une vue sur le plus grand parc éolien de France. Dans la tradition des moulins à vent, le site a vu en 2005 l'installation de quelque 26 machines qui, du haut de leurs 120 m, produisent chacune 1 500 kW. Au total, cette impressionnante ferme éolienne génère, en fonction des vents, de l'énergie pour plus de 50 000 personnes.

Circuit des moulins – *Randonnée en boucle de 12,5 km; suivez le PR 340 balisé en jaune; les moulins sont également accessibles en voiture.* Cet agréable chemin conduit de moulin en moulin. Il permet notamment de découvrir le **moulin de la Maison-Blanche**, dit « moulin à paroles », en parfait état de fonctionnement, qui vous contera les histoires du plateau d'Ally, et le **moulin du Calvaire** *(entrée libre)*, dit « moulin panoramique », doté d'une table d'orientation, de matériel d'observation, de maquettes et vidéos qui vous renseignent sur la région. Des ateliers-ludiques ont été mis en place pour les enfants : recherche de minéraux et fabrication de cerfs-volants.

6

★★ Églises du haut Allier et vallée de la Sénouire

CARTE P. 326 AB1-2

Circuit de 110 km, tracé en bleu pâle sur les cartes p. 326 et p. 385. Quittez Brioude par le sud-est en empruntant la N 102 en direction du Puy-en-Velay.

Vieille-Brioude A1

Ce charmant bourg très fleuri se serre sur un éperon rocheux de part et d'autre de l'avenue du Pont, ancienne voie romaine. Place de la Croix-des-Prés, le décor est planté, avec un impressionnant **pressoir à grand point** (6,10 m de long) datant de 1873. Jusqu'au siècle dernier, Vieille-Brioude fut la commune viticole la plus

importante de la région. Véritable réseau de caves creusées sur plusieurs niveaux, son sous-sol et ses maisons de vignerons témoignent encore de cette activité.
Musée-jardin de la Vigne – *Pl. de l'Église - ☏ 04 71 50 90 38 - des vac. de Pâques aux vac. de la Toussaint : 9h-19h - gratuit.* À l'extrémité du bourg, l'église romane St-Vincent est entourée d'un jardin de curé (fleurs, herbes aromatiques et plantes médicinales). Sur le parcours, allant de la vigne à la cave, des panneaux explicatifs rappellent l'activité viticole de la ville. Le travail du vigneron est illustré par des instruments agraires, tandis que la cabane présente les outils. Dans la salle d'exposition : cartes postales anciennes et histoire de la vigne sur la commune de Vieille-Brioude au siècle dernier.
Dans Vieille-Brioude, prenez la pittoresque et paisible D 16 qui suit la haute vallée de l'Allier en direction de Lavoûte-Chilhac.

★ St-Ilpize A2

Agrippée à flanc d'un rocher basaltique dans un site majestueux, cette cité médiévale domine la vallée du haut Allier de 470 m. Il ne reste du château du 12e s. que sa tour carrée et sa **chapelle romane**, coiffée d'un clocher à arcades à deux baies. Derrière le rocher, au sud-est, l'église paroissiale gothique abrite des peintures murales des 15e et 16e s. À la tombée de la nuit, le site s'illumine et prend des allures féeriques !
Traversez le pont suspendu, qui date de la fin du 19e s., vers Villeneuve-d'Allier et suivez la D 585 en direction de Blassac, puis prenez à droite la D 144.

Église de Blassac A2

Cet édifice roman du 12e s., construit sur une coulée basaltique, présente dans le chœur un bel ensemble de **peintures murales** du 14e s. On reconnaît, en particulier, le Christ en gloire, saint Michel terrassant le dragon et des scènes de la vie de la Vierge.
Regagnez la D 585.

★ Lavoûte-Chilhac B2

ⓘ *Pl. des Anciens-Moulins - ☏ 04 71 77 46 57 - www.gorges-allier.com.*
Baigné par l'Allier, qui opère ici une épingle à cheveux, le spectaculaire village de Lavoûte-Chilhac est doté d'un pont du 15e s. Celui-ci permet de passer du cœur du village, construit sur une presqu'île, à l'autre rive.
L'**église** gothique, autour de laquelle se sont groupés les bâtiments d'une abbaye bénédictine du 18e s., abrite un grand Christ en bois polychrome du 12e s. Son trésor renferme la minuscule statue de **Notre-Dame-Trouvée**, vénérée dans la région. Remarquez la belle porte en bois sculpté de l'ancienne église du 11e s.
Lavoûte-Chilhac est un point de départ pour des excursions à pied ou en canoë.
Maison des oiseaux du haut Allier – *Le Prieuré - ☏ 06 76 37 44 69 - panpahautallier.asso-web.com - juil.-août : 14h30-18h30 ; avr.-oct. : w.-end et vac. scol. 14h30-18h - participation libre.* On y découvre les principales espèces représentées dans les gorges de l'Allier (diorama géant). Des sorties « nature » sont organisées en saison.
Reprenez la D 585. La route épouse un méandre de l'Allier d'où se dégage une jolie vue.

Église de St-Cirgues A2

Située à droite de la route, cette église possède un curieux clocher octogonal en pierre du 15e s. À l'intérieur, les deux travées et les ébrasements des fenêtres du chœur sont couverts de **peintures murales** (15e s.). De surprenants supports

représentant des sirènes portent la retombée des nervures de la voûte gothique. *Poursuivez sur la D 585 puis prenez à droite la D 45.*

Église d'Aubazat B2

Elle possède un chœur roman du 12e s. Remarquez une **Mise au Tombeau** du 15e s., avec huit personnages en bois polychrome, et une pietà.
Revenez sur la D 585 et parcourez 500 m. Au carrefour, prenez à droite la D 41, puis encore à droite la D 16.

Église d'Arlet B2

Nichée au fond du vallon de la Cronce, cette petite église romane renferme un beau **Christ** du 12e s. de facture byzantine. Remarquez aussi une statue de saint Pierre du 11e s. et un **triptyque** de bois peint du 15e s. rappelant ceux de l'école rhénane.
Retournez jusqu'à la D 41, que vous emprunterez pour passer l'Allier. Avant de traverser, remarquez, sur la rive opposée, des falaises basaltiques.

Chilhac B2

Le charmant village médiéval est construit sur un promontoire formé d'orgues basaltiques. Un porche d'entrée du 13e s. et deux tours rappellent la présence de l'ancienne enceinte. Les ruelles, bordées de maisons vigneronnes, vous mèneront jusqu'à l'église romane du 12e s. De son parvis, admirez le très beau panorama sur l'Allier et la vue sur le pont suspendu du 19e s.

6

Musée de la Paléontologie – *Pl. de l'Église - ✆ 04 71 77 47 26 - www.museechilhac.com - juil.-août : tlj sf mar. 14h-18h ; vac. de Pâques au 1er nov. : merc., dim. et j. fériés 15h-18h - 5 € (-18 ans 3 €).* En juil.-août, le mercredi, des animations pour les enfants sont organisées *(sur demande)*. Des fouilles sur la falaise d'orgues basaltiques ont permis de mettre au jour deux gisements de fossiles animaux. Des mammifères ont été ainsi retrouvés dans une coulée de lave datant de 1,9 million d'années, mais aussi des outils façonnés par l'homme. Si cette datation se confirmait, ces découvertes feraient de Chilhac l'un des plus anciens sites habités par les **hominidés** d'Europe. Certains scientifiques restent sceptiques, car aucun reste humain n'a été retrouvé.
Revenez à la D 585 que vous prendrez sur la gauche.

Église de Peyrusse B2

À l'intérieur, on peut admirer une belle **Vierge en majesté** et, autour du chœur, des **peintures murales** représentant la Dormition de la Vierge et un Christ entouré du tétramorphe.
Poursuivez sur la D 585 en passant par Reilhac.

Langeac B2

Bd Charles-de-Gaulle - ✆ 04 71 77 05 41 -www.gorges-allier.com.
Située à la sortie des gorges de l'Allier, Langeac est devenue un centre touristique important et le point de départ d'un beau **parcours ferroviaire** jusqu'à Langogne *(voir p. 590)*. Ouverte sur le Languedoc et le Sud méditerranéen, cette « bonne ville » fut le siège de la gabelle. Les **greniers à sel**, situés en face de l'ancien hôpital, ont été reconstruits au 18e s.
Collégiale St-Gal – De style gothique languedocien (14e et 15e s.), elle abrite des stalles du 16e s. Dans une chapelle à gauche du chœur, remarquez les **fonts baptismaux** du 12e s. ; dans une autre, une **Mise au Tombeau** du 15e s. et, au mur, deux **tableaux**, également du 15e s., représentant une Annonciation et une Vierge à l'Enfant. Notez aussi la grille en fer forgé du 14e s.
Maison de la Béate – *Jahon - ✆ 06 19 87 52 49 - juil.-août : merc. 14h-18h, hors saison, se rens.* Sous la houlette d'un habitant du village, vous découvrirez la vie d'une béate *(voir p. 357)* dans une maison qui a plus de 160 ans.
Le Jacquemart – *Pl. de la Liberté - ✆ 06 08 32 92 12 - juil.-août : 15h-18h - fermé w.-end et lun. -4 € (-12 ans 3 €).* Ce musée est consacré à l'art des perles et à la **dentelle noire** à la main, une tradition langeadoise.
Quittez Langeac par le sud et continuez sur la D 585.

Chanteuges B2

Édifié sur un promontoire basaltique, le village sépare les cours de l'Allier et de la Desges. Outre sa superbe et imposante église du 12e s., le site de Chanteuges a été retenu pour la création de la plus grande salmoniculture d'Europe.
Église de l'ancienne abbaye – Ancienne résidence d'été des abbés de La Chaise-Dieu, cette imposante église romane, faite de brèche volcanique aux teintes chaudes, est éclairée par le grand **vitrail** de la façade, œuvre de la fin du 15e s. À l'intérieur, les piliers portent de beaux **chapiteaux** sculptés *(en particulier à droite)*, dont certains sont attribués à l'atelier de Mozac. Remarquez aussi les stalles Renaissance.
À gauche de l'église, des arcades d'un petit **cloître** s'ouvrent sur la vallée de l'Allier ; au loin, on aperçoit St-Arcons. La **chapelle de l'Abbé** (fin du 15e s.) présente de fines sculptures à l'encadrement de sa porte.
De l'esplanade de l'église, jolie **vue** plongeante sur la vallée de la Desges.

Conservatoire national du saumon sauvage - *Larma - ✆ 04 71 74 05 45/06 63 49 59 55 - www.saumon-sauvage.org - visite guidée (1h30) juil.-août : lun.-mar. jeu. et dim. 15h et 17h - 6 € (-16 ans 3 €).* Il œuvre pour la sauvegarde et le repeuplement du saumon atlantique dans le bassin de l'Allier, mais aussi sur les axes de la Vienne, la Creuse, la Gartempe et Loire-Arroux. La visite vous dévoilera la vie étonnante de ce poisson-roi et le fabuleux voyage qu'il entreprend pour se reproduire dans sa rivière natale.

Prenez à droite la D 30, qui passe sous la voie ferrée.

Pébrac B2

Ce paisible village de la vallée de la Desges, dont les maisons aux toits rouges s'accrochent à flanc de coteau, conserve les vestiges d'une **abbaye** fondée au 11e s. L'église conserve de beaux chapiteaux romans sculptés ; l'un d'eux représente deux grosses têtes vomissant des serpents. Le **trésor** de Pébrac expose d'intéressants objets d'art sacré, parmi lesquels un coffret en cuivre ciselé dont les faces sont décorées de scènes de la vie quotidienne au 13e s. (troubadour, tournoi).

Revenez au carrefour pour traverser la D 585, et suivez la D 30 qui franchit l'Allier.

St-Arcons-d'Allier B2

St-Arcons est particulièrement plaisant à la belle saison, lorsque les roses trémières encadrent les ruelles pavées. Au pied de ce charmant et minuscule village coule l'Allier. Située en haut du bourg, l'**église** présente une nef romane très pure aux colonnes basaltiques.

Reprenez la D 585 jusqu'à Langeac, puis la D 590 et la D 114 qui se poursuit par la D 513 que vous suivez jusqu'à Chavaniac-Lafayette.

Chavaniac-Lafayette B2

Aux limites du haut Allier et du Parc naturel régional Livradois-Forez, Chavaniac, auquel on accola à la Révolution le nom du célèbre général, s'accroche aux monts du Velay. Outre le château-musée, le village abrite le **Conservatoire botanique national du Massif Central** qui inventorie et contribue à préserver la flore et les végétations sauvages de la région. Il cultive plus de 400 plantes rares *(jardin ouvert tlj en accès libre - ✆ 04 71 77 55 65 - cbnmc.fr).*

★ Château-musée La Fayette

✆ 04 71 77 50 32 - www.chateau-lafayette.com - juil.-août : 10h-18h ; avr.-juin et de déb. sept. à mi-nov. : tlj sf mar. 10h-12h, 14h-18h - 8 € (-16 ans 4 €) - 4 € parc seul.
La demeure où naquit, le 6 septembre 1757, Marie Joseph Gilbert Motier, **marquis de La Fayette**, occupe l'une des dernières pentes du Livradois au-dessus du val d'Allier. Ce château est une vaste construction flanquée de deux grosses tours rondes et dotée, à l'arrière, d'un donjon crénelé. Acquis en 1916 par l'association *The La Fayette Memorial Inc.*, il est entièrement consacré à La Fayette. Depuis 2009, le conseil général de la Haute-Loire est propriétaire du château.

Un peu d'histoire - À 19 ans, La Fayette, conscient de ce qui se prépare en Amérique, décide de s'engager. Un mois plus tard, on apprend à Paris la déclaration de l'indépendance. La Fayette s'enflamme pour la cause des *Insurgents* : il finance lui-même, avec son immense fortune, les dépenses de son expédition. Il débarque à Georgetown en 1777, se lie d'amitié avec Washington et combat à ses côtés. Il consacrera son existence à lutter pour les libertés, l'abolition de l'esclavage et le respect des droits de l'homme.

Visite audioguidée - La vie et l'œuvre du marquis de La Fayette vous sont contées au gré d'un parcours spectacle - tableaux narratifs, sonores, animés - à

Un préventorium révolutionnaire

En 1918, sous l'impulsion de John Moffat, le Mémorial La Fayette, installe à côté du château, un orphelinat de guerre pour mettre les enfants à l'abri, et un préventorium. Celui-ci, l'un des plus vastes de France, aura accueilli à sa fermeture, en 1966, plus de 25 000 enfants français, russes, italiens, polonais... D'une modernité incroyable pour l'époque, l'ensemble comprend : solarium, lazaret, école, collège, bâtiment médical, buanderie, bergerie, ferme-modèle, mais aussi piscine, tennis et terrain de sport. Le personnel médical est en grande partie américain, l'instituteur puis les professeurs, français. Un centre de formation permet à chaque enfant d'apprendre un métier. Les plus méritants sont pris en charge et envoyés à Paris ou même aux États-Unis suivre des études supérieures. John Moffat est enterré avec son épouse dans le parc du château.

travers douze salles : évocation de son enfance, lettres et effets personnels, de la chambre où il naquit... Après un rappel des idées des Lumières dans la galerie des Philosophes, est dévoilée la franc-maçonnerie, à laquelle La Fayette resta fidèle. La visite se termine par la projection, dans un petit théâtre reconstitué, d'un film *(17mn)* retraçant son séjour aux Amériques.

Le **parc** est conçu comme un lien entre l'Ancien et le Nouveau Monde. Théâtre de verdure, jardins aquatiques, massifs d'azalées, roseraie et jardin secret, arboretum sont une invitation à la promenade sur 3 ha. Reconnaissable à son imposante frondaison, le **chêne de La Fayette** a trois cents ans : il a été planté par le grand-père de La Fayette.

La D 51 quitte Chavaniac à l'ouest. Au premier croisement, tournez à droite dans la D 21, puis à gauche dans la D 4.

Mazerat-Aurouze B2

Ce village possède une ravissante **église** romane, remaniée aux 15e et 16e s. : sa façade à clocher-mur et, à l'intérieur, peintures murales des 14e et 15 s. La chapelle de la Brequeuille abrite une Vierge du 15e s.

Revenez vers Brioude par la vallée de la Sénouire, en suivant la D 4 jusqu'à Paulhaguet, puis la D 56.

Château de Domeyrat B1

06 02 43 69 75- www.chateaudomeyrat.fr - visite guidée (1h30) déb. juil.-fin août : 14h30 et 16h30 ; mars-juin et sept.-oct. : se rens. - fermé sam. - 8 € (6-17 ans 6 €, -5 ans gratuit).

Surplombant la Sénouire et son pont roman à cinq arches, ce château du 13e s. est un bel exemple d'architecture militaire médiéval. Démantelé en 1795, il a encore fière allure. Depuis 2016, il est géré par une association, **Domeyrat réinventé**, qui propose des visites animées pour se replonger au temps des seigneurs de l'époque.

Poursuivez sur la D 20, puis la D 203.

★★ Lavaudieu *(voir p. 402)* B2

Revenez à Brioude par la D 20.

Carnet pratique

S'informer

Office de tourisme – *Pl. Grégoire-de-Tours - Brioude - ✆ 04 71 74 97 49 - www.tourisme-brioudesudauvergne.fr.*

Visite – *Pays d'art et d'histoire du haut Allier - 42 av. Victor-Hugo - Langeac - ✆ 04 71 77 28 30 - www.haut-allier.com.* Organise des visites guidées thématiques avec des guides conférenciers agréés.

Agenda

Escales brivadoises – *escalesbrivadoises.fr - juin-juil.* Festival de musique classique dans la basilique de Brioude.

Biennale d'aquarelle – *www.biennale-aquarelle.com.* Les années impaires, en juin, la ville devient un immense lieu d'exposition.

Nos adresses

Restauration

Budget moyen

Lard dans l'Assiette – *27 r. du 4-Septembre - ✆ 04 71 74 82 76 - lun.-mar. et jeu. 10h-16h, vend.-sam. 10h-23h30 - menu déj. sem. 19 €, menu soir 27 €.* Une cuisine du jour avec un plat qui change au gré des saisons, du marché et de l'inspiration. Beau choix d'entrées et de desserts. Un vrai régal, et un accueil chaleureux.

Hôtel de la Poste et Champanne – *1 bd du Dr-Devins - ✆ 04 71 50 14 62 - www.hotel-de-la-poste-brioude.com - P ♿ - fermé fév. - fermé lun. midi et dim. soir - menus 18/52 € - 16 ch. 84/94 € - ☕ 12 €.* Une adresse familiale bien connue de la région. Produits de saison, cuisine de terroir fort copieuse et accueil exquis.

Shopping

Marché de Brioude – Sam. matin en centre-ville, animations en été.

Patati-Patasucre – *10 r. du Commerce - ✆ 04 71 50 27 54 - mar.-sam. 8h-19h, dim. 8h-12h30.* Dominique, pâtissier de son état, et son épouse Angélique sont désormais aux commandes de la maison, qu'ils connaissent bien pour y avoir officié durant des années. Ils proposent à midi une petite restauration.

Cave St-Julien – *17 r. du Commerce - ✆ 04 71 74 90 18 - 7h30-18h - fermé dim.-lun.* Sous un plafond voûté, des vins de toute la France s'alignent sur les rayonnages garnis de spiritueux, de champagnes et d'une cinquantaine de thés. La maison torréfie aussi du café (du Guatemala, du Mexique...) et, dans la première salle, le foie gras Godard et les confiseries du Velay côtoient l'épicerie fine.

Activités

Base de canoë-kayak – *Pont de Lamothe - ✆ 04 71 50 43 82 - ouv. tte l'année - à partir de 8 ans - 18/42 €.* Location de canoës-kayaks pour naviguer sur le plan d'eau de la Bageasse ou pour découvrir les gorges de l'Allier, entre Brioude et Prades. Également, stages d'initiation (plan d'eau ou rivière), parcours sportifs ou touristiques accompagnés. Moniteurs diplômés et brevetés d'État.

Train touristique des gorges de l'Allier – *✆ 04 71 77 70 17 - www.train-gorges-allier.com - fermé sept.-avr. - dép. de Langogne ou Langeac - grande traversée des* *gorges de l'Allier (29 €, -12 ans 17 € - AR).* Évasion garantie dans ce train qui offre le magnifique spectacle d'une nature restée sauvage, de Langeac à Langogne : il lui faut traverser 51 tunnels et 16 viaducs et affronter des pentes et des tournants difficiles.

Hébergement

Premier prix

Chambres d'hôte Ermitage St-Vincent – *Pl. de l'Église - Vieille-Brioude - ✆ 06 80 67 17 45 - www.ermitage-saintvincent.fr* - 🚭 🅿 ♿ - *5 ch. 75 €* ☕. Chambres spacieuses et confortables, jardin fleuri bercé par le murmure de la rivière, accueil d'une rare gentillesse : que d'atouts pour cet ancien monastère restauré ! Le propriétaire se met en quatre pour organiser votre séjour.

À proximité

Maison Forte de Flageac – *Cohade - à 6 km au nord de Brioude - ✆ 06 46 49 41 70 - www.chambre-hote-flageac.com - 3 ch. 70 €* ☕. Cette bâtisse impressionnante du 15e s., qui ménage une vue panoramique sur la plaine de l'Allier, abrite trois sympathiques chambres d'hôte. Accueil convivial et décontracté, abri moto.

Hôtel Rives d'Allier – *Mazeyrat-d'Allier - à 25 km de Brioude par la D 56 - ✆ 04 71 77 02 11 - www.hotel-restaurant-rivesdallier.fr* - 🅿 🏊 *chauffée (mai-sept.) - ouv. mars-nov. - 22 ch. 55/68 € -* ☕ *8 €*. Ce pied-à-terre confortable aménagé dans un village de caractère des gorges de l'Allier conviendra aux randonneurs et adeptes d'activités sportives. Salle à manger au cadre actuel rénové ; cuisine traditionnelle régionale.

Budget moyen

À proximité

Hôtel Artemis – *Flageac -Cohade - rocade N - 102 à 2 km au nord-ouest - ✆ 04 71 50 45 04 - www.artemis-hotel.com* - 🅿 *garage fermé - 13 €/j.* - ♿ - *fermé 20 déc.-5 janv. - 40 ch. 91/110 € -* ☕ *9,50 € -* ✕ *plats 17/23 €*. Au bord de la nationale contournant Brioude, cet hôtel propose chambres, jardin, piscine et salle de séminaires. Agencements contemporains et pratiques ; bonne insonorisation. Cuisine traditionnelle dans une salle à manger actuelle.

Pour se faire plaisir

Domaine St-Roch – *Le Château - Salzuit - à 10 km de Brioude par la N 102 - ✆ 04 71 74 04 23 - www.hotel-auvergne-saintroch.com* - 🅿 - *fermé déc.-fév. - 22 ch. 105/120 € -* ☕ *12 €*. Avec sa vaste terrasse surplombant les alentours, cette ancienne demeure seigneuriale du 18e s. a été patiemment rénovée par les Promeyrat, sympathique famille d'agriculteurs. Confortables chambres parquetées, dont certaines avec cheminées et moulures. Chapelle du 12e s. attenante accessible directement par le balcon. Un superbe Spa occupe l'ancienne étable.

Hôtel La Sapinière – *Av. Paul-Chambriard - ✆ 04 71 50 87 30 - www.hotel-sapiniere-brioude.com* - 🅿 ♿ - *ouv. avr.-oct. - 11 ch. 128 € -* ☕ *13 € -* ✕ *menus 29/44 €*. Comme un air de campagne en plein cœur de la cité. Cette construction récente s'intègre à un parc boisé. Les chambres spacieuses, toutes dotées d'une terrasse ou d'un balcon, bénéficient du soleil du matin. Piscine et Jacuzzi.

Auzon ★

Allongé en figure de proue sur un promontoire rocheux tombant à pic dans la vallée du ruisseau qui porte son nom, ce petit village fortifié séduit par son entrelacs de maisons, cours, jardins, terrasses. Il reste de beaux vestiges des remparts du château, qui faisaient le tour du rocher, venant renforcer les défenses naturelles. Mais le joyau est sans conteste la belle collégiale qui abrite un grand Christ roman, aux mains ouvertes sur le monde.

Collégiale Saint-Laurent d´Auzon.
G. Thouvenin/age fotostock

Se repérer

896 Auzonais – Haute-Loire (43)

CARTE A1 (P. 326).

Le site d'Auzon est situé à 12 km de Brioude.

À ne pas manquer

La collégiale St-Laurent ; la galerie du musée de la Mine.

En famille

Écomusée du pays d'Auzon. Auvergne Parc Aventures.

Nos adresses p. 394

Se promener

Pl. Barreyre - Auzon - 04 71 76 18 11 - www.gorges-allier.com.

Il n'y a qu'une seule façon de gagner le village d'Auzon : la marche à pied *(laisser le véhicule sur le parking en contrebas)* ! La montée est rude et pavée : il est conseillé de se munir de chaussures adéquates. On peut y accéder par 2 **sentiers de découverte**. À flanc de coteau, une balade botanique a été également été aménagée.

Collégiale St-Laurent

Pl. de la Collégiale - 04 71 76 11 42 - www.auzon.net - - juil.-août : 10h-12h, 15h-18h ; juin : mar.-vend. 15h-18h, w.-end 10h-12h, 15h-18h ; avr.-juin et sept. : w.-end 10h-12h, 14h-17h - fermé lun. - gratuit.

Après avoir parcouru les ruelles du vieux bourg, on atteint une place dégagée sur laquelle se dresse l'église fortifiée, fichée sur un rocher, à l'emplacement d'une église du 5e s. dont on a conservé la pierre d'autel et une cuve baptismale. Sous le porche ou « La Ganivelle » subsiste de remarquables **chapiteaux romans**, dont l'un d'eux représente l'enfance du Christ (Annonciation, Nativité, Annonce aux bergers). La porte a conservé ses pentures en fer du 12e s. ainsi que des lambeaux de cuir.

Intérieur – Voyez, dans la nef à droite, une statue de saint Pierre (fin du 15e s.), et, dans l'avant-chœur à gauche, un **Christ-reliquaire** en bois du 12e s. Face à l'entrée, une chapelle à deux étages abrite une gracieuse statue en pierre blanche de **Notre-Dame du Portail★★** (15e s.). Nombreuses statues anciennes ; curieuse tribune du 15e s.

Autour de l'église, remarquez une belle **maison du 13e s.** *(9 pl. de la Collégiale).*

Écomusée du pays d'Auzon

06 10 39 11 32 - www.ecomusee-pays-d-auzon.fr - visite guidée sur demande préalable (1h30) juil.-août : 15h-18h - fermé sam. - 3 € (-12 ans 2 €).

Il y a près d'un siècle, les hommes de ce pays s'adonnaient aux travaux de la vigne et de la mine, les femmes aux ouvrages de passementerie. Organisé autour de ces trois thèmes, le musée, « restituant ainsi une mémoire de sueur et de sang », expose des objets (vieux métiers, art populaire, minéralogie) donnés ou prêtés par des habitants d'Auzon ou de la région.

Musée de la Vespa

Chemin du Béal - 09 73 20 28 64 - www.facebook.com/VespaMuseeAuzon - - juil.-août : merc. et sam. 14h-17h, reste de la sem. et reste de l'année : sur demande.

Après plus de vingt ans de collecte à travers le monde, un particulier passionné, ancien président du club de Vespas des Pays-Bas, ouvre les portes de son garage et présente une belle collection d'une trentaine de modèles restaurés, dont les plus anciens datent de 1949.

Raymond Peynet (1908-1999)

Originaire de Brassac-les-Mines par sa mère, Raymond Peynet naît à Paris de parents « bougnats ». Après avoir fait ses études aux Arts appliqués, il travaillera dans une agence de publicité, mais c'est en dessinant pour la presse parisienne qu'il développera pleinement ses talents. Quatre musées lui rendent aujourd'hui hommage : Brassac et Antibes en France, Karuizawa et Mimasaka au Japon.

Brassac-les-Mines A1 CARTE P. 326

6 km au nord-ouest d'Auzon par la D 16.
Une ancienne voie romaine parcourt la partie du val d'Allier dans laquelle se situe Brassac. Lieu de passage, d'échanges, la ville est sur l'axe du chemin qui mène à St-Jacques-de-Compostelle. Comme son nom l'indique, elle est connue pour son industrie houillère qui remonte au 15e s. Son développement est dû à l'Allier, mais surtout à l'ouverture du canal de Briare, en 1664, elle permit aux bateliers d'atteindre la Seine et aux sapinières de la région de Brassac (bateaux à fond plat construits en planches de sapins) d'alimenter le fructueux marché de Paris. La vente du vin, du bois (celui des sapinières) et du charbon allait donner naissance au fameux commerce des Auvergnats dans la capitale.
Musée Peynet – *Accès au musée par l'office de tourisme - 04 73 55 18 31 - www. brassaclesmines.fr - juil.-août : sam. 10h-12h, 14h-18h, dim. 10h-12h30 ; reste de l'année : sur demande préalable - 6 € (-15 ans 3 €) - 8 € billet combiné avec le musée de la Mine.* Ce musée est dédié au célèbre illustrateur **Raymond Peynet** (1908-1999). Ses « amoureux », personnages créés en 1942, ont inspiré quelques années plus tard Georges Brassens qui écrira *Les Amoureux des bancs publics*. Vaisselle décorée par Peynet, tableaux, affiches, bijoux, poupées, cartes à jouer et lithographies. La visite se termine par un diaporama sur la vie de l'artiste.
2,5 km au nord-ouest de Brassac par la D 76 puis, à droite, la D 710.
Musée de la Mine – *Rte de la Combelle - 04 73 54 30 88 - www.brassaclesmines. fr - de mi-avr. à mi-sept. : 14h-18h ; reste de l'année : sur demande préalable - 6 € (-15 ans 3 €) - 8 € billet combiné avec le musée Peynet.* L'activité minière de Brassac-les-Mines atteint son apogée en 1935, avec une production annuelle de 350 000 tonnes de charbon. Après presque cinq siècles d'exploitation et plusieurs plans de redressement, le site ferme en 1978. Un musée occupe aujourd'hui l'ancienne machinerie de l'exploitation du puits Bayard : une maquette montre la disposition du « carreau », l'activité du mineur est illustrée par des outils et une vidéo explique les différents moyens d'extraction du charbon dans le monde. Une **galerie★**, s'étendant sur 160 m, est aménagée à moins de 5 m sous terre.
L'actualité sur la mise en valeur du patrimoine industriel est accessible sur le site www.cilac.com.

6

Nos adresses

Restauration/ hébergement

Premier prix

Le Café des Simples – *13 r. des Anciens-Francs - www.symples.fr - mar. 15h-18h30, merc.-sam. 9h-18h30.* Au pied du village, une jolie maison entourée d'un beau jardin attire l'œil. Vous voici au café des Simples, ouvert en 2021, charmante halte avant d'attaquer la montée qui mènera à Auzon ou, au contraire, une fois la visite effectuée... Il propose des infusions glacées à base de plantes bio très rafraîchissantes, mais ausi une petite restauration *(réserv. recommandée)* à base de produits de saison.

À proximité

Budget moyen

La Petite École – *Rilhac - Vergongheon - 04 71 76 97 43 - www.restaurant-lapetiteecole.com - fermé dim. soir, lun. et mar. midi - menus 34/49 €.* Une excellente adresse, où l'on vous servira une cuisine inventive et savoureuse dans l'ancienne école du village. Le nom du menu ? Le porte-plume, bien entendu !

Le Vallon d'Armandine – *Bouzerat - Saint-Hilaire - 06 30 61 23 99 - www.auvergneslow.com - ouv. tte l'année - 1 ch. 80 € (une ch. suppl. possible pour 2 enf., 10 €/pers.) panier petit-déj. 6 €./pers.* Vous êtes à la recherche d'un hébergement éco-responsable où vous mettre littéralement au vert et faire le vide ? Direction le Vallon d'Armandine. Vous y serez reçu avec le sourire par Janette qui propose au choix un concept original : un atelier du goût lié aux fromages d'Auvergne en provenance de producteurs locaux *(30 €/pers.)*. Outre les fromages « classiques », vous goûterez à l'artisou ou au lavort. L'occasion de découvrir également des vins d'Auvergne... Et si le cœur vous en dit, Janette peut vous apprendre à manier une baguette de sourcier ou vous entraîner dans une balade zen en forêt... Une adresse à ne pas manquer.

Activités

Auvergne Parc Aventures à Champagnac le Vieux – *À 5 km au sud-est d'Auzon - 07 63 62 05 22 -https://auvergne-parcaventures - juil.-août tlj 10h-19h - mi-avr. à juin et sept. à la fin des vac. de nov. : w.-end et j. fériés 14h-19h.* Un parc idéal pour les familles. Accessible à tous, sportifs ou non, il offre 7 parcours progressifs (de 1,50 m du sol à 13 m). Pour les tous petits, espace cabanes filets sans baudrier (dès 3 ans). Les amateurs de sensations fortes apprécieront les tyroliennes géantes permettant de survoler le plan d'eau à plus de 20 m du sol. Le plan d'eau se prête aussi à diverses activités nautiques : pêche, baignade surveillée *(juil.-août de 14h à 19h)*, aire de pique-nique, etc.

Massiac

Encadré par les promontoires rocheux de St-Victor et de Ste-Madeleine, ce vieux bourg du Cantal garde l'entrée des gorges de l'Alagnon. Aux heures chaudes, vous pouvez aller taquiner le goujon ou le barbeau dans l'Alagnon ou les multiples ruisseaux des alentours. En grimpant sur les versants sud des coteaux, vous apercevrez quelques arpents de vigne accrochés aux « palhàs », ces terrasses de pierres sèches qui font aujourd'hui l'objet d'un programme de sauvegarde et dont le vin est à présent reconnu.

Se repérer

1745 Massiacois - Cantal (15)

CARTE A1 (P. 326).

Massiac se trouve à 22 km au sud-ouest de Brioude.

À ne pas manquer

Le musée Élise-Rieuf et sa remarquable sélection d'œuvres; la découverte de la vallée de l'Alagnon, du haut de la chapelle Ste-Madeleine : paysage de terrasses (les palhàs de Molompize).

Organiser son temps

Comptez une journée pour découvrir Massiac, puis suivre l'itinéraire des gorges de l'Alagnon.

En famille

La Coquille de Massiac, ferme à escargots.

Nos adresses p. 398

Se promener

6 r. du Dr-Mallet - Massiac - 04 71 23 07 76 - www.paysdemassiac.com.

De son glorieux passé, la ville a conservé quelques éléments dignes d'intérêt : l'**ancien château** de G. d'Espinchal *(l'actuelle mairie)*, une belle **maison en bois** du 17e s., une **tour ronde** en pierre provenant des anciens remparts.

Église St-André

Cet édifice abrite notamment une toile de Guy François, *L'Adoration des bergers* (17e s.), et une série de statues en bois polychrome : Vierge ouvrante (statue s'ouvrant par le milieu pour dévoiler les restes d'une représentation de l'Annonciation) de la fin du 15e s., Vierge en majesté du 16e s., sainte Madeleine du 17e s. À noter, la restauration de *La Vierge au Chapelet*, excellente copie d'un Murillo par Cornélie-Louise Revest, réalisé au 19e s.

Musée d'Art Élise-Rieuf

5 r. Albert-Chalvet - 04 71 23 03 95 - www.musee-elise-rieuf.org - ♿ - visite guidée sur demande (1h) juil.-sept. : tlj sf lun. 14h30-18h30; mai-juin : dim. et j. fériés 14h30-18h; reste de l'année : sur demande préalable - entrée libre.

Il présente l'œuvre d'**Élise Rieuf**, peintre (1897-1990) originaire de Massiac, au remarquable talent : portraits de familiers, d'une très grande justesse, paysages d'Auvergne, ou vues et portraits de Chine, où elle vécut longtemps, façades de villes hanséatiques et italiennes, paysages de Provence ou de Scandinavie. Le musée rend également hommage à d'autres artistes pionnières appartenant à cette première école de femmes peintres : **Charlotte Musson** (portraits d'écrivains et d'artistes – magnifiques pastels de Marguerite Yourcenar, Blaise Cendrars, Marcel Aymé –, paysages et nus) et **Marguerite Jeanne Carpentier** (pastels, huiles, sculptures).

Molompize A1 CARTE P. 326

6,5 km au sud-ouest par la N 122.

Paysage de terrasses – *Dép. au-dessus de la mairie. Au-dessus du village de Molompize, découvrez les Palhàs, cultures en terrasses typiques du Pays de Massiac. Sentier de découverte des vignes, des plantes aromatiques... Document disponible à l'office de tourisme, la mairie ou à télécharger sur www.molompize.fr.* Au-dessus du village de Molompize, à flancs de coteaux, découvrez une forme de culture typique du pays de Massiac : les cultures en terrasses, dites **« palhàs »**. Construites en pierres sèches dans les temps anciens, elles ont fait l'objet d'une restauration au début des années 2000 et sont classées Espace naturel sensible (ENS) depuis 2002. Un sentier d'interprétation, qui débute au-dessus de la mairie, présente le fonctionnement de ces terrasses et leurs cultures : vignes, plantes aromatiques... Divers produits de terroir, commercialisés en pays de Massiac, en sont issus.

Chapelle Notre-Dame-de-Vauclair A1-2 – *3 km en suivant le petit chemin en amont de Molompize.* Située sur la rive droite de l'Alagnon, cette très jolie chapelle romane du 12e s., au clocher à peigne, est l'un des huit sites qui ont fait l'objet d'une campagne de restauration dans le cadre de la mise en valeur des « grands sanctuaires romans » auvergnats. Elle abrite la copie d'une très belle **Vierge en majesté** du 12e s. L'original, qui fait l'objet d'un pèlerinage en septembre, se trouve dans l'église Ste-Foy, située dans le village de Molompize.

★ Gorges de l'Alagnon CARTE P. 326 A1

Circuit de 70 km tracé en violet sur les cartes p. 326 et p. ci-contre.

Ces gorges du cours inférieur de l'Alagnon s'étendent entre Le Babory-de-Blesle et Lempdes-sur-Allagnon (attention : en Haute-Loire, le nom de ce cours d'eau s'écrit avec deux *l*). *Pour le cours supérieur, voir Le Lioran, p. 287.*

Quittez Massiac par le nord en direction de Clermont. Au rond-point, prenez la petite route qui longe la sortie de l'échangeur.

★ Site de la chapelle Ste-Madeleine

Le site est également accessible à pied, depuis la vallée, par un chemin partant de Vialle-Chalet ou par une boucle au départ de Massiac.

À la pointe sud-est du plateau de Chalet, cette petite chapelle du 11e s. est érigée au sommet d'un rocher basaltique. En pierres de basalte et tufs volcaniques (pierres rouges), elle est précédée d'un porche à auvent appelé « caqueteuse » avec des bancs de chaque côté. À l'intérieur, la voûte abrite un Christ en majesté. À ses pieds, une sphère représentant le monde. Dans les pétales figurent les 4 évangélistes : saint Marc avec le lion, saint Luc avec le taureau, saint Jean avec l'aigle et saint Mathieu avec l'ange ou l'homme. De cette altitude (708 m), la **vue** porte sur Massiac et la vallée de l'Alagnon.

Sur la rive droite, on aperçoit un autre éperon basaltique, le **plateau de St-Victor** (alt. 735 m), qui a fait l'objet d'une campagne de fouilles archéologiques de 1972 à 1982. Occupé dès la fin du néolithique, ce plateau permettait de surveiller la vallée de l'Alagnon et le gué sur la rivière. Une église est mentionnée à l'époque carolingienne, puis un village, déserté dès la fin du 16e s.

Redescendez au rond-point et empruntez la D 909 vers le nord. Au Babory-de-Blesle, franchissez l'Alagnon en prenant, sur la gauche, la D 8.

★ Blesle

(voir p. 399)

Revenez sur la rive droite de l'Alagnon en prenant la D 8 en sens inverse.

À 3 km du village, la vallée s'élargit. On aperçoit, perché au-dessus de la rive droite de la rivière, le **château de Léotoing**. La vallée s'étrangle ensuite et devient sauvage.

À Lempdes, empruntez au nord la D 909 en direction de St-Germain-Lembron. Après 3 km, prenez à gauche la D 35, puis la D 141 à droite.

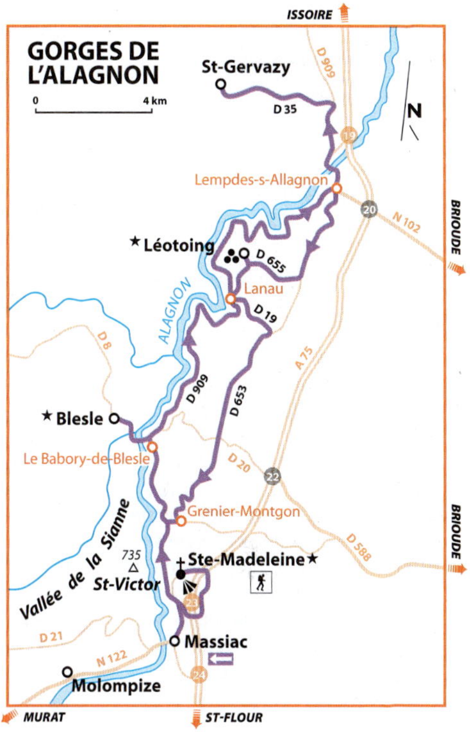

St-Gervazy

Le **château** sert de cadre, durant l'été, à des visites animées par les membres de l'association « La Vie de château », qui s'occupe de sa restauration.

L'église romane renferme, dans sa chapelle de droite, la copie d'une belle **Vierge en majesté** du 12e s., volée puis retrouvée miraculeusement en 2001. Dans la nef, remarquez de beaux chapiteaux romans à feuillages.

Revenez à Lempdes où vous ferez une halte pour voir le grand pont à une seule arche du 18e s. Prenez vers le sud la D 653 sur 4 km, puis à droite la D 655.

★ Léotoing

Village du pays du haut Hallier ; programme des visites au ☏ 04 71 77 28 30.

Aux abords du village se trouve la **chapelle des Lépreux**, qui abrite une maquette du site et des panneaux explicatifs sur le terroir, l'architecture et l'histoire de Léotoing. De ses abords, jolie **vue** sur les gorges de l'Alagnon, le Cézallier, la Limagne de Brioude, le Livradois, le plateau de La Chaise-Dieu et les monts du Velay *(table d'orientation)*.

Château – *Ne se visite pas. Visite virtuelle en 3D : www.paysdeblesle.fr.*

Église romane – Remaniée au 15e s., elle renferme les restes d'une peinture murale (Déposition de Croix) et des chapiteaux sculptés.

Une petite route plonge vers le hameau de Lanau. La descente en épingle à cheveux permet de belles échappées sur la vallée de l'Alagnon et le château de Torsiac, puis sur le château de Léotoing.

À la sortie de Lanau, empruntez sur la gauche la D 19 qui rattrape la D 653, que vous suivrez jusqu'à Grenier-Montgon. Retournez ensuite à Massiac par la D 909.

Nos adresses

Restauration

Premier prix

La Calèche – *77 av. du Gén.-de-Gaulle - ✆ 04 71 23 02 63 - fermé lun.-mar. - env. 20 €.* Cuisine traditionnelle et goûteuse, pizzas en fin de semaine. Une valeur sûre.

À proximité

Budget moyen

Auberge de Chalet – *13 r. de la Fontaine de Chalet - Chalet - 2,5 km au nord de Massiac par rte secondaire - ✆ 04 71 23 00 67 - www.aubergedechalet.fr - P ♿ - ouv. merc. soir au dim. midi - fermé 15 nov.-15 fév. - plats 18 €, menus 29/44 €.* Dans ce restaurant situé en flanc de montagne, on ne fait travailler que les producteurs locaux, et ils sont nombreux dans la région ! Truffade auvergnate ou pièce de bœuf vous seront proposées en portions généreuses. Beau plateau de fromages.

Shopping

Foires et marchés – *6 r. du Dr-Mallet - ✆ 04 71 23 07 76 - www.hautesterrestourisme.fr - le mar. 8h-13h.* Marché mar. mat., foire à la cerise et aux fruits rouges le 2e dim. de juin, Foire aux pommes fin oct.

Au Macaron de Massiac – *14 r. du Dr.-Mallet et 2 pl. Antoine-Avinin - ✆ 04 71 23 10 08 - 7h-19h, dim. 7h-13h, fermé lun.* Massiac s'est fait une spécialité de ce merveilleux petit gâteau que vous pourrez déguster chez ce grand maître de fabrication.

Activités

La Coquille de Massiac – *R. René-Paulhan - ✆ 06 62 35 81 29 - ♿ - mars-août : 9h-18h - fermé dim. et en juin ; sept.-nov. : sur demande.* Ferme à escargots certifiée agriculture biologique. Visite et dégustation. Vente de produits gastronomiques concoctés à partir d'escargots de l'élevage.

Hébergement

Premier prix

Hôtel La Colombière – *4 rte de Clermont-Ferrand - ✆ 04 71 23 18 50 - www.hotel-lacolombiere.com - P - fermé fév. - 30 ch. 66/68 € - ☕ 8 €.* Ce bâtiment moderne abrite des chambres bien équipées et meublées dans un esprit contemporain. Le buffet des petits-déjeuners, à base de produits régionaux, est servi par beau temps en terrasse. Établissement très bien tenu et accueil souriant.

À proximité

Premier prix

Chambres d'hôte Chalier Maryse et Bernard – *Nozerolles - St-Mary-le-Plain - ✆ 04 71 23 05 80 - P - fermé 15 nov.-mars - 3 ch. 54 € ☕ - ✕ sur réserv. le soir 18 €.* Les amateurs de nature seront séduits par cette ferme isolée dans la campagne, avec les champs à perte de vue. Chambres rustiques bien tenues, coin bibliothèque et jolie salle à manger où trône une superbe cheminée. Petits plats préparés avec les produits maison.

Budget moyen

Auberge de l'Allagnonette – *St-Poncy - 13 km au sud de Massiac par l'A75 sortie 25 - ✆ 04 71 23 12 85 - www.auberge-allagnonette.com - 8 ch. 63/68 €, pour 3 pers. 72/79 € - ☕ 9 € - ✕ menus 26/36 € - ouv. tte l'année sf sam. midi.* Il fait bon poser ses bagages dans cet établissement entièrement rénové en 2022, au sein d'un charmant village où coule… l'Allagnonette ! C'est l'endroit idéal pour se reposer et randonner. Accueil à la fois charmant et bon enfant, excellent rapport qualité-prix pour la cuisine. Chambres claires et fonctionnelles.

Blesle ★

Maisons à pans de bois, donjon, encorbellements, portes sculptées, riches demeures anciennes… Préservée des vicissitudes de l'histoire grâce à son isolement, Blesle vous permettra de plonger dans plus de dix siècles d'histoire. Un passé qui lui vaut de posséder un ensemble remarquable de maisons de chanoinesses, ainsi qu'une église sans clocher et un clocher sans église… Les jardins et vergers environnants, la Voireuze qui traverse le village, l'un des plus beaux de France, la proximité des gorges de l'Alagnon ajoutent au charme des lieux.

Se repérer

637 Bleslois - Haute-Loire (43)

CARTE A1 (P. 326).

À ne pas manquer

Le musée de la Coiffe ; les anciennes maisons des chanoinesses.

Carnet pratique p. 401

Nos adresses p. 401

Le vieux bourg

Blesle ne possède pas de distributeur automatique ; il faut se rendre à Massiac.

Tour du Massadou

Cette ancienne tour de guet érigée par les seigneurs de Montgontier domine le bourg. On bénéficie, de son sommet, d'une belle **vue** d'ensemble sur le village et la vallée.

★ Église St-Pierre

Il s'agit de l'ancienne abbatiale de Blesle. Si elle fut conservée comme église paroissiale sous la Terreur, on abattit néanmoins le clocher. Son portail sud rappelle celui des églises du Puy-en-Velay. Les **portes** en bois clouté du 12e s. sont sont conservées à l'intérieur. La courte nef du 12e s. est surélevée ; c'est là que se tenaient les chanoinesses. Dans le bras nord du transept, l'arcade supérieure de la fenêtre est ornée d'animaux fabuleux ; au-dessous, un autel de marbre aurait été donné par le pape à la fondatrice de l'abbaye en 870. Dans le chœur très vaste (fin 12e s.), les chapiteaux figurent des animaux fantastiques ou des scènes énigmatiques.
Trésor – *Se rens. au point information de Blesle au ✆ 04 71 74 02 76 ou à la mairie au ✆ 04 71 76 20 75.* Situé au fond de la nef, il expose les anciennes **stalles** du chœur, dont certaines présentent de belles miséricordes, une intéressante collection d'ornements liturgiques des 17e et 18e s., une **Vierge en majesté** du 13e s. en bois polychrome et un **Christ roman**. Derrière l'église se trouvent les anciennes **maisons abbatiales**★ : elles portent sur la façade le nom et la vie des femmes de la noblesse qui les ont occupées sur quatre générations. Tout un pan de l'histoire de Blesle revit ici, dans cet ensemble particulièrement original.

Donjon

C'est tout ce qui subsiste du château des barons de Mercœur. Cette grosse tour carrée est renforcée de deux contreforts par face, ce qui lui valut le nom de **tour aux vingt angles** ; le même procédé a été employé à Saugues pour la tour des Anglais.

Ermengarde, Florence, Marie, Isabelle...

Au 9e s., **Ermengarde**, comtesse d'Auvergne et mère de Guillaume le Pieux, fonda l'abbaye bénédictine de Blesle sur le site d'une ancienne villa gallo-romaine, *villa Blasilia*. Quarante-deux abbesses d'origine noble, surnommées les **dames de Blesle**, allaient lui succéder. Riches et indépendantes, ne relevant que de l'autorité du pape, elles exercèrent un contrôle total sur le village, jusqu'à ce que les seigneurs de Mercœur s'y installent à la fin du 11e s., et ne cessent dès lors d'empiéter sur leurs droits seigneuriaux. Blesle se développa véritablement au 13e s., époque à laquelle le village se dota de fortifications. En 1335, la population augmentant, l'abbesse Marguerite de Lorlanges fit construire une seconde église, réservée à la population locale. Laboureurs, vignerons, tanneurs et tisserands, regroupés par professions, s'installèrent alors en quartiers dans des maisons à pans de bois. Attirés par le développement de Blesle, notaires, chirurgiens, procureurs d'office et avocats firent de même.

Clocher St-Martin

C'est le seul vestige de l'église du 14e s. Vendue comme bien national, elle fut démolie en 1793 à l'exception de son clocher, que la municipalité sauvegarda afin d'y loger l'horloge communale.

On peut voir aussi, rue de la Vachoune, la **fenêtre romane**, qui présente au premier étage une baie géminée ; la tourelle et la porte (16e s.) du Vieil Hôpital ; les maisons du 17e s. de la **rue Édouard-Châtillon**.

Musée de la Coiffe

Le Vieil-Hôpital - ✆ 04 71 76 27 08 - de mi-avr. à mi-oct. : merc.-dim. 10h-12h, 14h-17h - 5 € (-12 ans gratuit).

Installé dans un ancien hôpital (16e s.), il abrite une remarquable collection de plus de 700 pièces, de coiffes et accessoires aux noms amusants (l'auvergnasse, le capelou, la bénaïse, le serre-malice) et de robes d'Auvergne et du Velay, telle la fameuse « robe à babarel » dont la reine Margot lança la mode au 16e s. En coton, lin, velours, tulle ou dentelle, la coiffe était une véritable carte de visite. Le ruban aux couleurs pastel était destiné aux jeunes filles ; le multicolore aux femmes mariées ; le violet aux veuves ou femmes plus âgées.

À proximité

CARTE P. 326

Plateau de Chadecol

Randonnée de 2h30 (balisée en jaune par Chamina : PR 506) au départ de la place du Vallat (vers le monument aux morts). Site également accessible en voiture, en prenant la direction d'Anzat-le-Luguet, puis en faisant 900 m à pied.

Sur le plateau de Chadecol se trouvent de curieuses **cabanes** de pierres sèches, qui pourraient être d'origine néolithique, ainsi qu'un grand mur de 4 à 5 m de haut et de 800 m de long, que les archéologues ont daté de 2 000 ans avant notre ère. Vous pourrez aussi faire d'agréables excursions, plus lointaines, en suivant les **gorges de l'Alagnon** *(voir Massiac, p. 396 et Murat p. 280)*.

Leyvaux A1

De Blesle, prenez la D 81 en direction du Cheylat, puis la D 83 et la D 109 vers Leyvaux. Pour stationner, préférez le bas du village.

Cette petite route serpente dans la vallée de la Voireuze et mène à Leyvaux, charmant petit village médiéval quasiment abandonné. Remarquez sa belle **chapelle romane** (11e-12e s.), coiffée d'un clocher à peigne.

Auriac-l'Église A1

A 9 km au sud-ouest de Blesle par les D 20 et D 9.
L'église St-Nicolas d'Auriac date du 12e s. Les amateurs de nature iront voir, toutes proches, les gorges de la Sianne (D 9). Les amoureux de la statuaire romane feront un crochet jusqu'à **Laurie** *(D 109),* dont l'église abrite une belle Vierge en majesté.

Carnet pratique

S'informer

Office de tourisme – *Pl. de l'Église - Blesle - ✆ 04 71 74 02 76 - www.tourisme-brioudesudauvergne.fr.*

Agenda

Apéros-musique à Blesle – *www.aperos-musique-blesle.com - un w.-end vers la mi-août.* 3 j. de concerts.

Nos adresses

Restauration

Budget moyen

La Bougnate – *Le Vallat - ✆ 04 71 76 29 30 - www.labougnate.fr - P ♿ - fermé déc.-mars, lun.-mar. sf en juil.-août - menus 26/38 € - 12 ch. 105/145 € - ☕ 11 €.* Cette maison de pays du 18e s., nichée au cœur du village, a été entièrement rénovée. Agréable salle à manger avec cheminée, parquet ancien et bibliothèque. Choisissez de préférence l'une des trois chambres aménagées dans la tour ronde, vestige des anciens remparts.

Shopping

Brasserie de l'Alagnon – *La Bonale - ✆ 04 71 74 18 90 - www.brasserie-alagnon.fr - merc.-vend. 10h-12h, 15h-17h.* Charlie fait volontiers visiter sa brasserie qui tire son nom de la rivière. Il vous y propose la Damoiselle, une bière blonde, ambrée, brune et même tricheuse, aux saveurs de tourbe !

Hébergement

À proximité

Budget moyen

Chambres d'hôte de Margaridou – *Aubeyrat - 8 km au nord-est de Blesle par D 909 et C 5 dir. Brugeilles - ✆ 04 71 76 22 29 - ✆06 07 17 23 29 - www.alagnon.com - 🚭 P 🏞 - fermé déc.-fév. - 5 ch. 65/85 € ☕ - ✕ table d'hôtes 22 € (repas complet).* Un pont enjambant les eaux tumultueuses de l'Alagnon conduit à cette chaleureuse ferme-auberge. Toutes les chambres sont pourvues d'une mezzanine et d'une terrasse donnant sur la rivière. À table, divins plats maison.

6

Lavaudieu ★★

Il faut parvenir jusqu'à Lavaudieu afin de saisir les raisons qui ont conduit saint Robert, premier abbé de La Chaise-Dieu, à choisir ce site magnifique, au bord de la Sénouire, pour fonder une abbaye au 11e s. Le temps semble s'être arrêté dans la petite bourgade, avec ses maisons à balcons de bois et le chevet de son église qui se reflètent dans les eaux claires de la rivière en contrebas.

Se repérer

243 Lavadéens – Haute-Loire (43)

CARTE B1 (P. 326).

Lavaudieu, « la vallée de Dieu », se trouve à 10 km au sud-est de Brioude.

Organiser son temps

Profitez, en été, des concerts de musique organisés par l'association des Amis de Lavaudieu. Pique-niquez au bord de la rivière avec l'abbaye en surplomb.

En famille

L'ancienne maison de paysan-boulanger.

Carnet pratique p. ci-contre

Nos adresses p. ci-contre

Se promener

★ Église abbatiale St-André

Son clocher octogonal roman, dont la flèche a été tronquée à la Révolution, conserve depuis cette période un bonnet phrygien à son sommet. À l'intérieur, la nef est ornée de belles **peintures murales★** du 14e s., d'influence italienne ; les scènes sont inspirées du cycle de la passion du Christ. La célèbre Mort noire (femme en robe rouge et manteau blanc qui, les yeux bandés, lance des flèches sur les humains) symbolise les malheurs du temps (la peste noire). Remarquez, accrochée sur le premier pilier gauche, la **tête du Christ** du 12e s. (l'original est au Louvre), dont des morceaux furent vendus à la Révolution. Notez aussi de nombreuses statues représentant le martyr de Saint-André, saint patron de l'édifice. Dans le bas-côté, remarquable groupe sculpté de la fin du 15e s., en pierre polychrome, représentant une Vierge de Pitié. Dans le bras du transept, a été déposée une peinture murale de grande dimension (déb. 16e s.) qui relate le martyre de sainte Ursule.

★★ Cloître

✆ 04 71 76 46 00 - www.abbayedelavaudieu.fr - visite guidée (1h) mai-sept. : 10h-12h30, 13h45-17h30 (14h15-18h juil./août) - fermé mar. - 7,70 € (-12 ans 4,90 €).

Des bâtiments conventuels, subsiste un beau cloître roman (restauré), le seul d'Auvergne à avoir échappé à la destruction. Celui-ci présente des colonnettes simples ou jumelées, torses, cylindriques ou polygonales dont les chapiteaux sont sculptés de feuillages et d'animaux. L'étage supérieur est en auvent sur poteaux de chêne. Dans le réfectoire, une **véritable fresque** d'influence byzantine du 12e s., restaurée, occupe tout le mur du fond. On peut voir une **Vierge en majesté** encadrée de deux anges et des apôtres ; au-dessus, un **Christ tétramorphe**, entouré des symboles des quatre évangélistes comme dans la vision de Jean.

Musée des Arts et Traditions populaires de la Haute-Loire

℘ 04 71 76 08 90 - visite guidée (1h) de mai à fin sept. - fermé le mar. : horaires, se rens. au point info tourisme - 7,70 € (-12 ans 4,90 €) - billet donnant accès au cloître de l'abbaye.

Ce musée est installé dans une **ancienne maison de paysan-boulanger** de la fin du 19e s. où l'on peut voir encore le four, le puits, le pétrin et le comptoir. La salle commune rassemble des objets de la vie domestique. L'étable conserve des outils de vieux métiers (sabotier, charpentier). À côté se trouve la **veillade**, pièce où se déroulait la veillée : l'armoire contient une intéressante collection de coiffes portées soit le jour, soit la nuit.

Croix de mission

Sur la place du village. Figurant parmi les plus hautes du département, elle fut érigée par la dernière abbesse de Lavaudieu en 1779. À noter, ses rayons en flammes et ses rinceaux aux tiges en forme de cœurs.

Frugières-le-Pin B1 CARTE P. 326

3,5 km à l'est en reprenant la D 16 puis la D 20.

Joseph Lhomenède, résistant déporté et mort à Buchenwald en 1944, fut maire de cette commune. Une association lui rend hommage à travers un musée.

Musée de la Résistance et de la Déportation – *La Gare - ℘ 04 71 76 42 15 - www.musee-resistance-auvergne.fr - juin-oct. : 10h-12h et 14h-19h, dim. et j. fériés 14h-19h - 5 € (-12 ans 3 €).* Nombreux documents, affiches, armes et uniformes et de bouleversantes photos témoignent du sacrifice des combattants et de l'importance de la Résistance dans la région. La collection rassemblée est riche et éclaire de façon magistrale cette période tragique de l'histoire.

Carnet pratique

S'informer

Office de tourisme – *Lavaudieu - ℘ 04 71 76 46 00 - www.abbayedelavaudieu.fr.*

Agenda

Concerts en l'abbaye – *Juil.-août.*

Expositions – *Mai-sept. - ℘ 04 71 16 08 90 - www.abbayedelavaudieu.fr.* À la maison Vally au centre du village.

Nos adresses

Restauration

Budget moyen

Restaurant Le Bienvenu – *℘ 04 71 76 68 71/06 61 02 35 78 - tlj sf lun. soir et mar. hors j. fériés - menu 22/28 €.* Belle terrasse face à l'abbaye, accueil chaleureux et cuisine généreuse, dont l'excellente souris d'agneau au jus de thym. Vous pouvez aussi opter pour une planche apéro ou une glace dans l'après-midi.

Court la Vigne – *℘ 04 71 76 45 79 - fermé mar.-merc. - uniquement sur réserv. - menu 27 €, plats 17 €.* Installé dans une ancienne bergerie, ce restaurant est une valeur sûre. On y concocte une cuisine raffinée et de saison dans un cadre élégant. La vigne, court sur les murs extérieurs...

6

Saugues

Situé entre la Margeride et le val d'Allier, creusé de gorges profondes, le pays de Saugues se distingue par ses murets de pierre, ses chemins creux et ses ruisseaux à fleur de terre. Dominé par un donjon, la tour des Anglais, Saugues est une étape très fréquentée sur le chemin de St-Jacques-de-Compostelle. Elle est aussi connue pour ses marchés aux bestiaux, son musée de la Bête du Gévaudan, et pour ses processions de pénitents, qui ont lieu chaque Jeudi saint depuis plusieurs siècles.

Se repérer

1736 Saugains – Haute-Loire (43)

CARTE B2 (P. 326).

À 44 km au sud-ouest du Puy-en-Velay.

À ne pas manquer

Les villages des gorges de l'Allier au Devès, le lac du Bouchet

En famille

Le musée de la Bête du Gévaudan ; la baignade biologique ; le lac du Bouchet ; la lainerie du Gévaudan.

Carnet pratique p. 408

Nos adresses p. 409

Se promener

Musée fantastique de la Bête du Gévaudan

4 r. de la Tour - 04 71 77 64 22 - www.musee-bete-gevaudan.com - visite guidée (35mn) juil.-août : 10h-12h, 14h30-18h30 ; de mi- à fin juin et de déb. à mi-sept. : 14h30-18h30- 5,50 € (-12 ans 3,50 €).

La fameuse bête tua et dévora, entre 1764 et 1767 moutons et bergères sur un vaste territoire allant de Saugues à Ruynes-en-Margeride, St-Flour et Langogne. En 22 tableaux, les personnages en plâtre, grandeur nature et doués de la parole, évoquent des scènes historiques, mais aussi des paysages de cette contrée.

Tour des Anglais

R. de la Tour - 04 71 77 71 30 - www.saugues.fr - juil.-août : 10h-12h, 14h30-18h30 ; 15-30 juin et 1er-15 sept. : 15h30-18h30 - 2, 50 € (- 12 ans 1,50 €).

On ne peut manquer de l'apercevoir, dépassant des maisons du village. Cette tour carrée, couronnée de mâchicoulis et percée de meurtrières, est un bel exemple de l'architecture du 13e s. Elle formait le centre du château des Mercœur. Elle doit son nom aux mercenaires qui avaient été enrôlés dans les troupes anglaises. Devenus des routiers et surnommés « Anglais », ils se rendirent maîtres de la ville en 1362. La tour abrite des tableaux de Lucien Gires, à l'origine de la création du musée fantastique. Du sommet, beau **panorama** sur la Margeride.

Collégiale Saint-Médard

Surmontée d'un clocher octogonal, elle abrite un mobilier remarquable : Vierge auvergnate du 12e s., pietà du 15e s., châsse de saint Bénilde. Trois belles croix de procession en orfèvrerie sont exposées dans la chapelle du trésor.

Sculpture de la bête du Gévaudan à Saugues.
B. Jaubert/imageBROKER/age fotostock

Lainerie du Gévaudan

7 rte du Mont-Mouchet - ✆ 04 71 77 61 32 - lun.-mar. et jeu.-vend. 9h-11h30, 13h30-16h - 4 € (enf. 2 €) - visite commentée sur RV jeu. 14h - 8 € (5-12 ans 4 €) - boutique d'objets en feutre au rez-de-chaussée.

Les Ateliers de la Bruyère, qui jouxtent le musée, sont les derniers en France à pratiquer le lavage de la laine. Installé dans l'ancienne conserverie de champignons de Saugues, le musée rappelle que dans la Haute Margeride et le Gévaudan, on a élevé les moutons pour la laine et le fumier (qui servait à fertiliser les terres pauvres) du Moyen Âge au 19e s. Trois races coexistaient : noire du Velay, blanche du Massif Central, bizet. Des filatures de laine ont été très actives jusque dans les années 1970. L'espace muséographique évoque cette tradition ancestrale.

Diorama Saint Bénilde

Treize tableaux retracent la vie de Pierre Romançon (1805-1862), le frère Bénilde des Écoles chrétiennes, premier instituteur public de Saugues, canonisé en 1967.

La bête du Gévaudan

La première victime avérée de cette mystérieuse créature qui, durant trois longues années, sévit dans certaines parties du Cantal, de la Haute-Loire et de la Lozère, est une jeune fille de 14 ans dont le corps, sauvagement mutilé, est retrouvé le 30 juin 1764. Ce crime odieux est attribué à une bête étrange, d'une férocité exceptionnelle. De nombreuses battues sont alors organisées, mais les agressions continuent. Devant l'ampleur de cette affaire, Louis XV dépêche sur place des dragons ainsi que son Grand Louvetier afin d'éliminer le monstre. Mais après un certain répit, les crimes reprennent. Les témoignages des survivants et les circonstances des drames font l'objet de nombreuses conjectures, et nourrissent une légende naissante. En juin 1767, Jean Chastel, soupçonné un moment d'avoir été l'auteur de ces crimes, tue un animal ressemblant à un loup de grande taille à La Sogne-d'Auvers, mettant fin à ces carnages qui auront fait plus d'une centaine de victimes.

Il naquit à Thuret *(voir p. 109)*. C'est l'école où il enseigna et dont il fut directeur qui abrite le diorama.

Baignade biologique

Av. du Gévaudan, à côté du camping municipal de la Seuge - 06 33 71 96 22 - - juil.-août : 11h-19h, baignade surveillée - 3,50 € - camping et location de chalets.

Une plage en herbe et trois bassins, au pied du village de Saugues, attendent ceux qui sont réticents au chlore. On se croirait vraiment en pleine nature ! À proximité : téléski nautique, bouée tractée, paddle *(mai-sept.)*.

Chemin de St-Jacques

Saugues est traversée par le GR 65, qui descend vers l'extrémité sud du département et passe par le domaine du Sauvage, dont le nom vient du latin « silva », la forêt.

Château d'Esplantas B3 CARTE P. 326

6,5 km au sud par la D 585.Esplantas - 06 43 58 83 14 - https://route-chateaux-auvergne.org/chateau/chateau-desplantas-haute-loire - de mi-juil. à dernière sem. d'août : mar., jeu. et dim. 15h-18h, visite guidée à 15h, 16h, 17h ; d'avr. à mi-juil. et sept.-nov. : sur demande - 7,50 € (-18 ans 5 €, -10 ans gratuit).

Cet ancien site défensif fut élevé au 13e s. (comme l'atteste son donjon cylindrique massif) à la demande de l'évêque de Mende, Odilon de Mercœur, pour protéger Saugues des attaques venant du sud. Remanié au 16e s. et 18e s., le donjon et une partie son corps de logis ont fait l'objet d'une rénovation permettant l'ouverture du site au public. Cabinet de curiosité, expositions temporaires.

Site archéologique médiéval de Montchauvet B3 CARTE P. 326

7 km au sud-ouest par la D 589.

Ce village déserté fut redécouvert sur les pentes du **Montchauvet** en 1965. L'année suivante débutèrent des investigations permettant le dégagement d'habitations (35 à ce jour) qui s'étagent en terrasses sur 2 ha, ainsi que la mise au jour de mobilier archéologique.

Tour de la Clauze B3 CARTE P. 326

10 km au sud-ouest par la D 33, puis la D 335 à gauche vers Grèzes.

À quelque distance de Grèzes, cette tour du 13e s. surgit du rocher qui lui sert de soubassement. Elle permettait de surveiller la Margeride. C'était une véritable forteresse, dont ce donjon servait de corps central, entouré de tours d'enceinte qui se sont effondrées. Elle a joué un rôle prépondérant au moment des guerres de Religion, puis est tombée peu à peu dans l'oubli.

★ Le mont Mouchet *(voir p. 317)*

19 km à l'ouest de Saugues.

★★ Des gorges de l'Allier au Devès

Circuit de 105 km tracé en marron sur les cartes p. 326-327 (BC2-3) *et p. ci-contre.* Ce trajet assez tourmenté évolue entre des gorges encaissées et la longue échine volcanique du **Devès**, qui s'étire entre l'Allier et la haute vallée de la Loire.
Quittez Saugues par le nord en empruntant la D 585.

St-Arcons-d'Allier *(voir p. 387)*

Prenez la D 48 qui longe la rive droite de l'Allier.

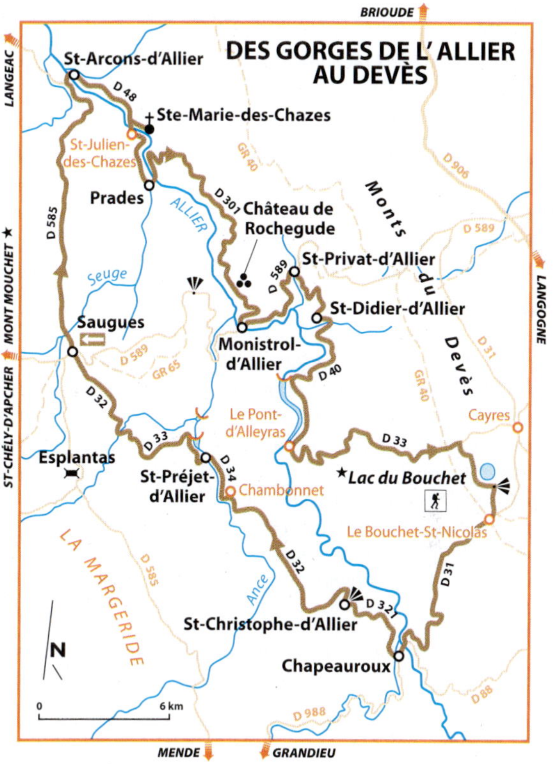

Chapelle Ste-Marie-des-Chazes

Elle est isolée au bout d'un chemin, sur la rive droite de l'Allier, au pied d'un beau rocher de basalte. Un escalier monumental de trente marches conduit à un clocher-porche refait au 19e s. et surmonté d'un lanternon conique.

Franchissez l'Allier, entrez à St-Julien-des-Chazes et poursuivez sur la D 48.

Le village de **Prades** est construit dans un **site★** très encaissé.

Repassez l'Allier par la D 48, puis prenez à droite la D 301.

La route, tracée en moyenne corniche, offre des vues très pittoresques. Elle passe au pied du **château de Rochegude** *(voir p. 408)*.

Monistrol-d'Allier

Profondément encaissé entre des pentes de lave abruptes, ce village occupe un **site★** remarquable de la vallée. Depuis le Moyen Âge, c'est une halte sur le chemin du Puy à St-Jacques. Un pont métallique construit par l'atelier d'Eiffel fut jeté entre les deux rives en 1887-1888. Le **train touristique des Gorges de l'Allier** fait une halte à Monistrol *(train-gorges-allier.com)*.

Au nord, plaquée contre la falaise, la **chapelle Ste-Madeleine** *(ouv. pour la Ste-Madeleine le dim. qui suit le 22 juil.)* date de la fin du 18e ou du début du 19e s. Elle perpétue le culte de la sainte dont les origines remontent ici à l'époque médiévale.

De Monistrol-d'Allier, possibilité de rejoindre Saugues par la pittoresque D 589.

Cette route offre des **vues** saisissantes sur les gorges taillées dans le granit par l'Allier avec, sur leurs versants, d'énormes rochers basaltiques.

Quittez Monistrol par l'est en empruntant la D 589.

St-Privat-d'Allier

Village très pittoresque aux façades ocre, juché sur un éperon rocheux dominant les gorges de l'Allier. Il possède une église du 13e s. dédiée à saint Jacques et remaniée au 15e s. La **chapelle de Rochegude**, qui appartenait au château du même nom, se trouvait sur le chemin de St-Jacques.

Prenez à droite la D 40.

St-Didier-d'Allier

Un autre petit village perché sur un roc abrupt.

Poursuivez sur la D 40 jusqu'au Pont-d'Alleyras; prenez à gauche la D 33.

★ Lac du Bouchet

Un sentier sous bois permet d'en faire le tour en 45mn.

Situé à 1 205 m d'altitude, d'une superficie de 43 ha et d'une profondeur de 28 m, il occupe le fond d'un ancien cratère. Il est entouré d'une forêt de sapins, d'épicéas et de pins. On ne connaît au lac ni rivière tributaire ni déversoir. La limpidité de ses eaux montre pourtant qu'elles se renouvellent sans cesse. Le lac bénéficie du label Respirando, qui qualifie en Haute-Loire des lieux structurés, où l'on pratique des activités de pleine nature : ici, baignade, pédalo.

En quittant le lac par la route menant au Bouchet-St-Nicolas, à la sortie de la forêt, très belle vue sur les massifs du Meygal et du Mézenc.

Après Le Bouchet-St-Nicolas, continuez vers le sud, sur la D 31.

Chapeauroux

Ce hameau est situé au confluent de l'Allier et du Chapeauroux, dans un joli bassin que la voie ferrée traverse sur un viaduc courbe de vingt-huit arches. Il s'ouvre sur les grandes étendues du Devès.

À la sortie de Chapeauroux, prenez à droite la D 321.

St-Christophe-d'Allier

Situé sur un versant abrupt, ce village offre une vue étendue sur les gorges de l'Allier.

Rejoignez la D 32, puis, juste après Chambonnet et avant de franchir l'Ance, prenez à droite la D 34.

St-Préjet-d'Allier

Situé sur le rebord est de la Margeride, ce village possède deux barrages sur l'Ance : la Valette et Pouzas.

Prenez la D 33 qui longe le cimetière et continuez sur la D 32 qui ramène à Saugues.

Carnet pratique

S'informer

Office de tourisme – *9 cours Gervais - ✆ 04 71 77 71 38 - www.gorges-allier.com.*

Agenda

Procession des pénitents – *Jeudi saint, à la tombée de la nuit.* Les pénitents blancs, munis de lanternes, s'avancent avec les pénitents rouges, encagoulés et pieds nus, porteurs de la croix.

Festival en Gévaudan – *2e w.-end d'août - festivalengevaudan.com.*

Nos adresses

Restauration

Budget moyen

Hôtel-restaurant La Terrasse – *11 cours Gervais - 04 71 77 83 10 - www.hotellaterrasse-saugues.com - fermé mi-nov.-mi-mars, dim. soir et lun. - menu du j. déj. sem. 19,90 €, menus 29/39 €.* Au centre du village, cette ancienne maison de notaire est tenue par la même famille depuis 1795. Les intentions du chef sont claires : proposer une cuisine de son temps, célébrant le terroir sans chercher à coller aux modes. Intérieur rustique et confortable.

Une folie

Restaurant du Haut-Allier – *Pont d'Alleyras - Alleyras - 04 71 57 57 63 - www.hotel-lehautallier.com - fermé lun.-mar. - 12 ch. 95/125 € - 16 € - menu du j. déj. sem. 58 €, menus 75/110 €.* Depuis 1998, l'étoile accordée par Michelin brille toujours au firmament de cet établissement réputé des gorges de l'Allier. Saveurs sucré-salé, saumon des eaux vives de Chanteuges ou pièce de bœuf fin gras du Mézenc, vous ne sortirez pas indemne de la dégustation...

Shopping

Marché et foire – vend. matin.

Pâtisserie Vernet – *R. de l'Hôtel-de-Ville - 04 71 77 83 33 - fermé mar. et dim. après-midi - 6h-12h30, 15h-19h30.* Connaissez-vous le carré du Gévaudan ? Il faut aller les goûter chez Michel Vernet !

Activités

Tonic Aventure – *Bases à Langeac, Monistrol-d'Allier - Langeac - 04 71 77 25 64 - www.tonic-aventure.fr - d'avr. à mi-oct. - à partir de 20/45 € pour du canoë, 45/125 € randonnées-canoë.* Canoë-kayak, canyoning, rafting, hydrospeed, stand up paddle.

Tonic Rafting – *Le Bourg - Monistrol-d'Allier - 04 71 57 23 90 - www.raft-canyon.fr. Descente en rafting puis en canoë, retour en train - tarif tout compris à partir de 69 €, possibilité hébergement en gîte le soir à partir de 132 €.*

Hébergement

Premier prix

Chambres d'hôte des Gabales – *Rte du Puy-en-Velay - 04 71 77 86 92 - www.lesgabales.com - P - réserv. conseillée - 5 ch. 73 €.* Une adroite rénovation a restitué l'âme de cette maison bourgeoise des années 1930. Plaisantes chambres personnalisées.

À proximité

Premier prix

La Croisée des Chemins – *Le Bourg - Cayres - 04 71 09 36 69 - www.aubergelacroiseedeschemins.com - 7 ch. 68 € - 8 € - menus 20/35 €.* À 2mn du lac du Bouchet, cette paisible auberge est installée dans un ancien couvent à 1100 m d'altitude. Le chef, Franck Gaubert, a fait le tour du monde puis a posé ses bagages en Haute-Loire.

Budget moyen

Chambres d'hôte Le Clos des Pierres Rouges – *Rougeac - St-Privat-d'Allier - accès par la D 589 - 04 71 00 64 78 - leclosdespierresrouges.fr - P - 3 ch. 97 € - dîner 29 €.* Située à l'orée du joli hameau de Rougeac, parcouru de murets de pierre sèche, cette ancienne ferme du 19e s. est une étape idéale pour les amateurs de randonnée, étant placée non loin des GR 40 et 65.

PAYS DE THIERS ET LIVRADOIS-FOREZ
0 4 km
LA CHAISE-DIEU ★★★ Vaut le voyage
Monts du Forez ★★ Vaut le détour
Thiers ★ Vaut la visite
Ambert Intéressant
ALLIER
PUY-DE-DÔME
LOIRE
HAUTE-LOIRE
ROANNE
ST-ÉTIENNE
LYON
CLERMONT-FERRAND
LE PUY-EN-VELAY
Roc des Cheirs
789
St-Priest-la-Prugne
Puy de Montoncel
1287
Les Bois Noirs
Chabreloche
Iloa
Thiers
Vallée des Rouets
Rocher de Borbes
Forêt d'Ayguebonne
Vollore
Vollore-Montagne
La Barge
Aulteribe
Courpière
Monts du Forez
Sauviat
Olliergues
Col du Béal
1390
Col de Chansert
1236
Cunlhat
Parc naturel régional
Job
Rocher de la Volpie
Col des Supeyres
1366
Jasserie du Coq-Noir
St-Amant-Roche-Savine
Cirque de Valcivières
Ambert
Moulin Richard de Bas
Train de la découverte Livradois-Forez
Livradois - Forez
Musée de l'école 1900
Fournols
Marsac-en-Livradois
St-Germain-l'Herm
Mons
Novacelles
Arlanc
Dore-l'Église
St-Victor-s-Arlanc
Craponne-s-Arzon
LA CHAISE-DIEU
St-Julien-d'Ance
Ville de départ du circuit
Les Margerides
De la Dore au Forez
Les Bois Noirs
Du val de Lagat aux Hautes-Chaumes
Du Livradois à la Dore

7

Pays de Thiers et Livradois-Forez

CARTE MICHELIN DÉPARTEMENTS 326, 327 ET 330 - PUY-DE-DÔME (63), LOIRE (42) ET HAUTE-LOIRE (43)

Parc naturel régional Livradois-Forez ★

Avec ses 288000 ha, ce vaste Parc naturel régional protège la totalité du Livradois et les monts du Forez, mais il s'étend bien au-delà, des Bois Noirs, à la limagne des Varennes, à la Comté et les plateaux granitiques du nord Velay. Ce pays rude, d'une grande beauté, se compose notamment de la vallée de la Dore qui s'écoule entre les monts du Livradois et les Hautes-Chaumes du Forez, domaine du jas et de la fourme d'Ambert.

Se repérer

Puy-de-Dôme (63) et Haute-Loire (43)

CARTE AB1-2-3 (P. 410).

Le Parc naturel régional Livradois-Forez se situe dans la partie orientale de l'Auvergne, à cheval sur le Puy-de-Dôme et de la Haute-Loire.

À ne pas manquer

Le train de la découverte Livradois-Forez, et les paysages saisissants des gorges de la Dore *(voir p. 588)*.

Jasseries au toit de chaume col des Supeyres.
Ch. Guy/hemis.fr

Carnet pratique

Bureaux d'info. touristique – *vacances-livradois-forez.fr.*

Bureaux ouverts tte l'année : Ambert – *4 pl. de l'Hôtel-de-Ville - ✆ 04 73 82 61 90.* **Billom** – *13 r. Carnot - ✆ 04 73 68 39 85.* **Thiers** - *Hôtel du Pirou, pl. du Pirou - ✆ 04 73 80 65 65.*

Bureaux saisonniers Arlanc - *Pl. Charles-de-Gaulle - ✆ 04 73 95 03 55.* **Courpière** – *Pl. de la Cité-Administrative - ✆ 04 73 51 20 27.* **Lezoux** – *37B r. St-Taurin - ✆ 04 73 62 29 24.* **Olliergues** – *Pl. de la Mairie - ✆ 04 73 95 56 49.* **St-Anthème** – *Pl. de l'Aubépin - ✆ 04 73 95 47 06.* **St-Germain-l'Herm** – *Rte de la Chaise-Dieu - St-Germain-l'Herm - ✆ 04 73 72 05 95.*

Portrait du parc

287 800 ha,
163 communes,
103 000 habitants

Un vaste territoire naturel

Créé en 1986, le Parc naturel du Livradois-Forez est l'un des plus vastes de France. La vallée de la Dore constitue l'axe économique du territoire. C'est là que se concentrent une grande partie de la population, ainsi que les activités économiques, artisanales et commerciales. Les autres bassins-versants sont à l'ouest le haut versant droit de l'Allier, et au sud-est, le bassin de la Loire (vallées de l'Auze et de l'Arzon). Les points culminants sont, dans les monts du Forez, Pierre sur Haute (1634 m), dans les monts du Livradois, signal de Mons (1218 m), et dans les Bois Noirs, le puy de Montocel (1287 m).

Agriculture et industries

Couverte de forêts, prairies, bocages, étangs, le Livradois-Forez possède une très grande variété de milieux naturels. Autrefois terre de polyculture-élevage très densément peuplée, la région a vu se développer des activités en complément de l'agriculture, utilisant la force motrice de l'eau : textile, cuir, papier, petite métallurgie, coutellerie, qui constituent l'essentiel de son identité.

Des activités pour tous

Tout au long de l'année la découverte d'une flore et d'une faune très riches est assurée (oiseaux nicheurs et oiseaux migrateurs à observer au printemps ou en automne aux cols du Béal, de la Chamboite et du Baracuchet). Des **sentiers** balisés (2 000 km) et équipés de tables de lecture et de pupitres d'observation permettent d'apprécier des sites et des milieux exceptionnels. Le randonneur, le cycliste (700 km de pistes **VTT**) et le cavalier – les Hautes Chaumes du Forez font partie des lieux incontournables pour l'**équitation** – seront comblés. L'hiver, les **domaines nordiques** des crêtes du Forez proposent 200 km de pistes.

La route des métiers

Des estives du Forez, grands espaces ouverts, aux vallées encaissées du côté de Thiers, le Livradois-Forez a été façonné par l'homme. Le Parc naturel régional Livradois-Forez invite à redécouvrir les métiers d'autrefois, en suivant châteaux, musées, artisans d'art et producteurs fermiers (moulin Richard de Bas, musée de la Coutellerie, musée de la Dentelle, Maison de la fourme d'Ambert, etc.). *www. routedesmetiers.fr.*

Saveurs du Livradois-Forez

95 producteurs et distributeurs se sont associés pour faire découvrir les Saveurs du Livradois-Forez, produits authentiques issus du Parc naturel : viande, charcuterie, fromages, légumes, fruits, confitures, etc. Engagés dans une démarche fondée sur le respect des produits, de l'environnement et des paysages, ainsi que la sauvegarde d'un savoir-faire inégalé, les membres de ce réseau ont à cœur de démontrer les qualités du territoire labellisé « Parc naturel régional ».

Sur les pas de Gaspard

L'association « Sur les pas de Gaspard » propose de nombreuses animations ludiques aux enfants à travers le parc : comment obtient-on le miel, comment fabrique-t-on un couteau, comment reconnaître un champignon comestible, comment fabriquer un hamburger à la fourme d'Ambert... *04 73 95 57 57 www. sur-les-pas-de-gaspard.fr.*

Thiers ★

Avec ses quartiers anciens perchés à flanc de colline, Thiers surplombe la grande Limagne et regarde en direction des monts Dômes. Cette cité insolite doit sa fortune aux eaux de la Durolle. Les industries du papier, de la tannerie et des couteaux y sont pratiquées depuis le 15e s., et si les deux premières ont disparu, la dernière maintient haut la main la renommée de la cité. À Thiers, le couteau est partout ! Il faut se perdre dans les ruelles pour admirer le patrimoine bâti, et descendre à pied jusqu'à la rivière, la meilleure façon d'appréhender tout le suc de cette ville attachante. Au bord de la Durolle, l'art contemporain a investi les anciennes usines, faisant de Thiers un exemple en la matière…

Se repérer

11 847 Thiernois – Puy-de-Dôme (63)

CARTE A1 (P. 410), PLAN (P. 417).

Thiers est à 37 km de Clermont-Ferrand et à 34 km de Vichy.

À ne pas manquer

Les rues aux maisons médiévales, le panorama depuis la terrasse du Rempart, le Jacquemart, le musée de la Coutellerie et la vallée des usines. Le patrimoine culturel et les paysages du circuit « De la Dore au Forez ».

Organiser son temps

Comptez une journée. Vous pouvez ajouter la découverte de la papeterie du moulin Richard de Bas *(voir Ambert, p. 431)* à celle de la coutellerie thiernoise.

En famille

L'atelier montage de couteaux, le Jacquemart, une randonnée dans la vallée des Rouets ou un pique-nique dans une base de loisirs *(voir « Nos adresses »)*.

Carnet pratique p. 425

Nos adresses p. 425

Se promener

PLAN P. 417

Vous serez saisi par le contraste entre la ville haute, avec ses ruelles tortueuses bordées de maisons à tourelles et à colombages et ses « peddes » (passages sous les maisons), et la nouvelle ville, moderne, qui s'étend dans la plaine. Deux flyers, « Promenade des artisans thiernois » et « Les 10 lieux incontournables de la ville de Thiers » *(disponibles au bureau d'information touristique)* vous permettent, dans la vieille ville, de faire le tour des boutiques, ateliers et galeries liés à la coutellerie.

★ Le vieux Thiers

Itinéraire 1 tracé en vert sur le plan p. 417.

Au centre de la ville, une campagne de restauration a remis en valeur de vieux logis à pans de bois des 15e, 16e et 17e s. Ces maisons bordent des rues étroites et tortueuses, piétonnes pour la plupart.

Partez de la place de la Mutualité et descendez par la rue Prosper-Marilhat, qui se prolonge par la rue Terrasse.

La Croix de Fer CPACC.
CPACC La Croix de Fer

★ Terrasse du Rempart AB1

Elle offre un **panorama★** sur la Limagne, les monts Dore et les monts Dôme. De cette terrasse, la vue de certains couchers de soleil est magnifique. Belle table d'orientation en lave émaillée.
Poursuivez sur 50 m et descendez à droite la rue du Bourg.

Rue du Bourg B1

Au n° 10, porte en pierre de Volvic du 15e s. présentant un tympan gothique flamboyant. Au n° 20, maison du 16e s. Sur la gauche, la rue Transvaal est le plus petit « pedde » (passage couvert) de Thiers.

Place du Pirou B1-2

Cette place est dominée par l'**hôtel du Pirou★** (B1), du début du 15e s., aux pignons aigus. Construit en pierre de Ravel, avec des façades à croisillons de bois, ce beau spécimen de l'architecture civile du Moyen Âge abrite le bureau d'information touristique et la donation Calamy *(gratuit, uniquement sur réserv. : ✆ 04 73 80 65 65)*. Cette donation, dépôt de la ville de Thiers, est constituée de mobiliers européens du 15e au 18e s. et d'un ensemble d'objets de l'Antiquité.
Prenez à droite, en sortant du bureau d'information touristique.

Rue Grenette B2

Au n° 8, hôtel Ossandon (16e et 17e s.).
Revenez sur vos pas et descendez la rue de la Coutellerie.

Rue de la Coutellerie B2

Le n° 5 s'agrémente d'une grande coquille, élément décoratif courant à la Renaissance. Aux nos 12 et 14, maisons à colombages : la première est ornée de pans de bois en forme de chaises curules, la seconde est pourvue de corbeaux de bois sculptés de curieux personnages accroupis.
Au n° 21, la **maison de l'Homme des bois** (15e s.) est décorée d'un personnage énigmatique à l'apparence simiesque. Cet homme sauvage, couvert de poils, a

donné lieu à diverses interprétations, mais aucune ne paraît pleinement fondée. Les n°s 23 et 58 abritent le musée de la Coutellerie.

★ Musée de la Coutellerie et ses ateliers B2

23 et 58 r. de la Coutellerie - ✆ 04 73 80 58 86 - www.ville-thiers.fr - juil.-août : 10h-12h30, 13h30-19h ; mars-juin et sept. : tlj sj lun. 10h-12h, 14h-18h ; oct.-déc. hors vac. scol. : merc.-sam. 14h-18h ; vac. scol. de Toussaint et de Noël : mar.-dim. 10h-12h, 14h-18h - fermé janv. - 5,90 € (- 16 ans 2,90 €) - 7,20 € billet combiné avec la vallée des Rouets.

La réputation du couteau de Thiers n'est plus à faire. Le processus de fabrication, transmis de génération en génération, se déroule en plusieurs étapes : la forge, la trempe, l'émouture, le façonnage et le montage de manche, la sculpture, la gravure, le polissage. Réparti sur deux sites, le musée de la Coutellerie comprend des ateliers et un musée.

Au n° 23 – La visite commence par quatre salles retraçant l'histoire des métiers de la coutellerie thiernoise : origines, métiers et techniques de production, conditions de travail, rapports sociaux et festifs, commercialisation et publicité.

Au n° 58 – Dans l'ancienne maison des Échevins se trouve la seconde partie du musée. La visite commence au sous-sol par un montage son et lumière qui évoque l'univers assourdissant des forges. Elle se poursuit au rez-de-chaussée par la découverte des ateliers, avec démonstration d'émouture, de polissage et d'assemblage d'un couteau. Le premier étage présente les couteaux fermants, de l'eustache au couteau à secret, et les couteaux thiernois des 19e et 20e s. Admirez la donation Frédéric Albert Peter, coutelier-orfèvre à Paris. Le second étage est consacré aux couteaux droits, des nécessaires de table du 18e s. aux couteaux classiques en corne du 19e s. et aux premiers en plastique des années 1920. Une salle est consacrée aux créations contemporaines.

Des expositions temporaires liées aux domaines de la métallurgie ou de la coutellerie sont organisées régulièrement.

En quittant le musée, empruntez l'escalier sur votre gauche en direction de la place St-Genès.

Collégiale St-Genès B2

C'est un édifice roman très remanié. Si la façade ouest et le clocher ont été refaits, le croisillon droit possède encore une très intéressante décoration polychrome sur son pignon et de gracieuses fenêtres. L'entrée nord, qui donne place du Palais, est précédée d'un porche du 19e s. dans le mur duquel a été encastré un enfeu du 13e s., élégamment sculpté. À l'intérieur (9h-19h), la coupole qui couvre la croisée du transept est la plus grande de toute l'Auvergne. Remarquez la peinture murale

La coutellerie

Thiers est le plus grand centre français de coutellerie. L'origine de cette spécialisation remonte au Moyen Âge. Selon une légende, les croisés auvergnats auraient rapporté d'Orient, après la première croisade (1096-1099), le secret de la fabrication ; en réalité, la métallurgie thiernoise remonte au 14e s. Le développement de la coutellerie permit à la ville d'exporter ses produits, dès le 16e s., en Espagne, aux Pays-Bas et en Lombardie. Des lames de toutes sortes furent repassées sur les meules actionnées par la Durolle. Aujourd'hui, le travail du coutelier s'est modernisé et on ne voit plus l'émouleur allongé à plat ventre au-dessus de sa meule.

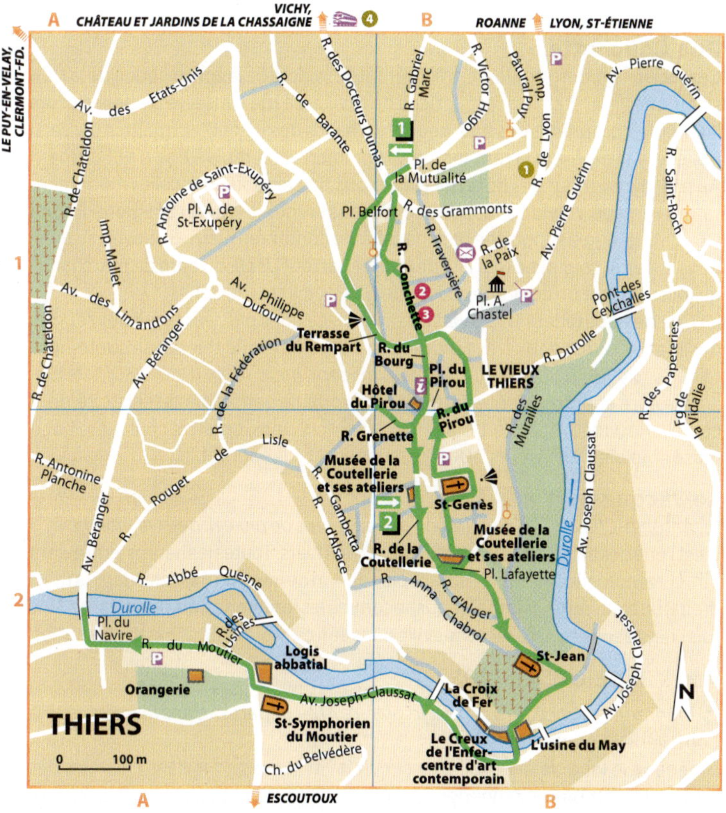

SE RESTAURER		SE LOGER	
Le Chaudron	2	Hôtel L'Aigle d'Or	1
7 Ici	3	- Hostellerie de la Gare	4

représentant le Christ pantocrator (12e s.), les boiseries (18e s.) décorant une des chapelles du collatéral nord, quelques stalles du 17e s. dans le chœur et une pietà du 16e s. À découvrir aussi, l'orgue de belle facture, du 19e s.

Au sud de l'église se trouve l'école (actuelle école de danse du conservatoire Georges-Guillot) où François Truffaut tourna son fameux film, *L'Argent de poche*, durant l'été 1975.

Prenez à droite la rue du Palais jusqu'à la place du Pirou. Prenez à droite.

Rue du Pirou B1-2

Au n° 11, la **maison des Sept Péchés capitaux** est ainsi appelée en raison de la décoration des poutres supportant le premier étage ; au n° 9, observez le logis à encorbellement. Plus loin, passez sous le Coin des Hasards (15e et 17e s.) : outre le gain de place, cet agencement permettait d'être exempté de l'impôt au sol. Au n° 1, aménagée dans l'ancienne porte Charrier, la tour de Maître Raymond est un vestige de la seconde enceinte féodale de Thiers (13e s.).

Continuez à remonter par la rue Alexandre-Dumas et la place Antonin-Chastel. Faites quelques pas à gauche, et prenez la rue Conchette, à droite.

7

Rue Conchette B1

Cet ancien faubourg aggloméré à Thiers au 15e s., lors de la construction de la troisième enceinte, était le quartier riche de la ville. La rue conserve de belles cours intérieures, propriétés des bourgeois marchands des 16e et 17e s. (maîtres cartiers, papetiers...) qui firent la renommée du commerce thiernois à travers l'Europe.
Au no 4, dans la cour de l'**hôtel de Mary**, vous pouvez voir un escalier monumental en pierre de Volvic du 16e s. ; au no 10, dans la cour de l'**hôtel Brugière-Fedict** (16e s.), une loggia supportée par une colonne dorique en pierre de Ravel ; au no 18, dans la petite cour avec tourelle de l'**hôtel Darrot** (17e s.), du nom de marchands qui possédaient un comptoir à Lisbonne, deux jolis médaillons.
La **Cité des Couteliers** *(1 r. Conchette)*, installée dans plusieurs maisons réunies des 15 et 16e s., est dédiée à la promotion de la coutellerie thiernoise contemporaine *(✆ 04 73 80 58 86 - ouv. fin mai à mi-sept. merc.-dim. 10h-12h30, 14h-19h ; entrée libre et gratuite)*. Elle offre un remarquable panorama de l'histoire de la coutellerie (vidéo) et des productions contemporaines. La filière coutelière thiernoise emploie de nos jours 2 000 personnes. Accueil adorable.

Le Jacquemart B1-2

Pl. Antonin-Chastel - ne fonctionne pas en temps de pluie ni de vent violent.
C'est l'une des attractions les plus célèbres de Thiers. Toutes les heures, entre 8h et 21h, cet automate en acier mesurant plus de 4 m de haut, un marteau dans la main droite, un couteau dans la main gauche comme les forgerons, sort de l'horloge. Une fois l'heure sonnée, il se recroqueville dans son cylindre orné d'une roue à aubes.

★★ Vallée des usines

Itinéraire 2 tracé en vert sur le plan p. 417 - départ devant le musée de la Coutellerie - Comptez 1h.
Aménagé le long de la Durolle, ce circuit invite à replonger dans l'histoire des anciennes papeteries, tanneries, ateliers d'émouture, etc. qui ont fait la renommée des savoir-faire de Thiers.
Cet itinéraire se fait à pied pour la descente, avec un retour possible par le train touristique ou le TUT (transports urbains thiernois) pour rejoindre le centre-ville et la pl. Antonin-Chastel. En saison, le soir, la vallée des usines bénéficie d'une mise en lumière.
Descendez par la rue du 4-Septembre vers le Creux de l'Enfer (parcours fléché).

Église St-Jean B2

Cette église du 15e s. (ne se visite pas) occupe un site surplombant la Durolle. Du cimetière voisin, une belle vue se dégage sur la plaine et les monts d'Auvergne.
Un chemin la contourne et aboutit au Creux de l'Enfer.

★ Le Creux de l'Enfer – centre d'art contemporain B2

85 av. Joseph-Claussat - vallée des usines - ✆ 04 73 80 26 56 - www.creuxdelenfer.net - ♿ - 14h-18h - fermé lun.-mar. - gratuit.
C'est dans un environnement étonnant, là où la Durolle cascade dans la vallée des usines, bordée de bâtiments désaffectés, qu'est installé le Creux de l'Enfer. Aussi actif qu'original, il invite régulièrement des artistes à y séjourner pour concevoir des œuvres qui seront ensuite exposées, en symbiose avec les lieux. Un centre incontournable pour les amateurs d'art contemporain.

★ L'usine du May B2

83 av. Joseph-Claussat. Située juste au-dessus du Creux de l'Enfer, l'ancienne usine du May (1890), autrefois manufacture coutelière inscrite aux Monuments historiques, a conservé son architecture de l'époque.

★ La Croix de Fer CPACC (Centre de pratiques artistiques et culturelles contemporaines)

71 av. Joseph-Claussat - ✆ 04 73 94 11 88 - www.lacroixdefer.com - merc.-dim. 14h-18h - entrée libre et gratuite.

Thiers est une des villes où la création contemporaine fourmille d'idées et de nouveaux projets. Christophe Ménager a ouvert en 2022 ce spectaculaire établissement à vocation artistique, culturelle et évènementielle. Ces 3000 m² à l'architecture impressionnante ont abrité autrefois une forge, une coutellerie, une papeterie. C'est donc tout naturellement qu'ils sont redevenus un lieu de vie éclectique que chacun est invité à faire vivre : la Croix de Fer regroupe espaces d'exposition, ateliers d'artistes, une salle de sport, un espace bien-être, un jardin partagé et même un foodtruck ! Une belle initiative, à découvrir sans tarder.

Descendez l'avenue Joseph-Claussat.

Vallée de la Durolle AB2

Ce parcours longe la Durolle, dont les écluses successives actionnaient de nombreuses coutelleries. On comptait 140 écluses sur 3 km de parcours.

Église St-Symphorien du Moutier A2

Dans le quartier du Moutier *(monasterium)*, St-Symphorien, construite entre le 10e et le 12e s., était à l'origine l'église d'une abbaye fondée au 5e s. et placée sous l'autorité de Cluny à partir de 1011. À l'intérieur (9h-18h), remarquez dans la nef, restaurée, les chapiteaux du 12e s., d'un volume imposant. Les vitraux (19e s.) portent le nom des grandes familles coutelières de la ville.

Logis abbatial du Moutier A2

R. du Moutier - ✆ 04 73 80 27 31 - www.thiers-tourisme.fr - visite guidée (1h) juil.-août : 14h30-19h30 - fermé le w.-end - 7 € (enf. + de 11 ans 4 €).

D'époque médiévale, remanié au 18e s., ce logis abbatial fortifié dont le dernier abbé commanditaire fut Jean Baptiste de Saint Didier, aumônier du comte d'Artois, frère de Louis XVI et futur Charles X, a été restauré. Visite guidée des salles basses, des gardes, de la cuisine et des appartements, meublés en style Louis XVI.

Dans la rue du Moutier, une ruelle vers l'îlot Navarron offre un pittoresque point de vue sur l'ancien canal usinier et sur une roue à aubes.

Orangerie A2

13 r. du Moutier - ✆ 04 73 80 88 80 - horaires, se rens. - entrée libre.

Dans le parc du Moutier, la grande serre est paysagée : bassin intérieur, murs végétaux et plantes exotiques s'opposent à la présentation d'un milieu désertique résultant de la pollution humaine.

Continuez la rue du Moutier jusqu'à la place du Navire pour voir le pont du Navire (classé Monument historique).

★ Les Margerides

CARTE P. 410 A1

Circuit de 15 km tracé en vert sur les cartes p. 410 et p. 422.

Quittez Thiers par le nord-est en empruntant la D 2089 en direction de Lyon.

Du belvédère aménagé à l'embranchement de la route de St-Rémy, joli coup d'œil à droite sur les gorges de la Durolle, Thiers et la Limagne. La rive opposée est dominée par les rochers des Margerides.

Dans Château-Gaillard, prenez la première à droite. Parking à l'entrée.

★ Vallée des Rouets

Château-Gaillard - ✆ 04 73 80 50 86 - www.ville-thiers.fr - juil.-août : 12h-18h15 ; juin et sept. : 14h-18h - de juin à sept. visite guidée du rouet Chez Lyonnet - 4,30 € (-16 ans 2,10 €) - 7,20 € billet combiné avec le musée de la Coutellerie et ses ateliers - en accès libre tte l'année - site accidenté, prévoir des chaussures de marche. L'été, navettes depuis le centre-ville place Antonin-Chastel.

C'est un des endroits les plus spectaculaires de la région. Ce site de plein air se trouve à 3 km de Thiers. Les différents sentiers utilisés autrefois par les émouleurs et les polisseurs ont été réaménagés et balisés. Deux parcours *(1 km et 2,5 km)* permettent de voir des vestiges de rouets (abandonnés avec l'avènement de l'électricité), de ponts et de biefs, en côtoyant les gorges de la Durolle et les beaux espaces forestiers des Margerides.

La vallée comptait 27 rouets, le **rouet Lyonnet** (1816) est le dernier à avoir fonctionné jusqu'en 1976. Son propriétaire a travaillé trente ans ici avant de réaménager les lieux pour continuer à exercer pour son plaisir (vous verrez ses machines inventées pour rendre la tâche moins pénible). Le guide ouvre les vannes et la roue tourne, entraînant avec elle la mémoire des lieux : en 1900, ce rouet abritait sept à huit postes d'émouleurs et autant de polisseurs ou polisseuses (souvent les femmes des émouleurs et les enfants) à l'étage. La visite guidée, très instructive, dévoile les étapes de la fabrication des couteaux, un travail ingrat, effectué dans le bruit et la poussière, pour espérer pouvoir manger à sa faim. Mais où l'esprit d'équipe prévalait. Les métiers de la coutellerie faisaient vivre des familles entières.

Traversez Château-Gaillard et Bellevue, puis prenez à droite la D 320.

La route franchit la rivière et s'élève dans un paysage verdoyant. À la sortie de Vernières, belle vue sur la vallée de la Durolle, le bourg de St-Rémy, à flanc de montagne, et, à l'arrière-plan, les Bois Noirs.

Au carrefour, tournez à droite dans la D 102.

Au cours de sa descente sur Thiers, celle-ci décrit un virage à droite, à hauteur du rocher de Borbes qui se dresse à gauche.

Rocher de Borbes

De cet endroit, on découvre une **vue★** très étendue sur la chaîne des Puys, le Sancy, le Livradois, et même le Cantal, par temps très clair. Du belvédère, installé à 2 km, superbe point de vue sur Thiers et la vallée de la Durolle.

Poursuivez sur la D 102 qui ramène à Thiers.

On vous emmène dans la vallée des Rouets

À Thiers, au pays de la coutellerie, un rouet est un moulin. Les ateliers se sont installés dans la vallée des Rouets : de l'aube à la nuit, les émouleurs dégrossissaient les lames de couteau au-dessus des chutes d'eau. Au rouet Chez Lyonnet, ils furent des centaines, voire des milliers à travailler ici, allongés sur des paillasses, tandis que la pièce au-dessus accueillait les polisseuses. En commençant cette randonnée de 2 km, rien ne laisse présager les émotions qui saisissent le visiteur au fur et à mesure de sa descente jusqu'à la Durolle. Plus on chemine à travers les sous-bois, plus l'humidité se fait sentir. Le soleil, pourtant bien présent au-dessus des frondaisons, a presque disparu, et le bruit de l'eau est assourdissant.
La végétation a envahi les murs de brique, mais les meules et les roues sont encore en place. Une promenade-hommage qui ne vous laissera pas indifférent...

★★ De la Dore au Forez AB1-2

Circuit de 134 km tracé en bordeaux sur les cartes p. 410 et p. 422.
Les monts granitiques du Forez forment une longue échine sur environ 45 km, séparant les vallées qui se dirigent vers la Dore de celles qui vont vers la Loire. Le versant ouest, en Auvergne, est le plus abrupt et bénéficie de remarquables points de vue. La Dore passe à côté de Thiers, à Pont-de-Dore. Venue d'Ambert, elle continue sa course vers l'Allier, grossie des eaux de la Durolle.
Quittez Thiers par la D 2089, vers l'ouest, et allez jusqu'à Pont-de-Dore. Suivez la D 906 à gauche, puis la D 44 à droite, en direction d'Aulteribe.

★ Château d'Aulteribe *(voir p. 428)*

En quittant le château, empruntez la D 223, puis la D 906, à droite.

Courpière *(voir p. 428)*

À la sortie de Courpière (D 906, direction Ambert), tournez à droite dans la D 315.

Sauviat

Ce village, bien situé sur un éperon rocheux, domine un méandre encaissé de la Dore. Du belvédère, aménagé derrière l'ancienne mairie, la vue se porte sur le barrage et l'usine hydroélectrique qu'il alimente. Église du 14e s., en granit, à nef unique et massif clocher carré.
Faites demi-tour, descendez par la D 316 et reprenez à droite la D 906.

Olliergues

8 av. de Lattre-de-Tassigny - 04 73 95 56 49 - www.vacances-livradois-forez.com.
Sur la rive droite de la Dore par laquelle il a été façonné, le village étage ses maisons sur une colline portant un château. La Dore a en effet permis autrefois le développement artisanal et industriel du bourg, avec ses moulins, tanneries, fabriques de toiles et de papiers... Les terrasses en gradins forment un amphithéâtre naturel. De vieilles demeures des 15e et 16e s. agrémentent la rue conduisant de la mairie à l'église ; la plus intéressante, située rue du Pavé, présente des étages en encorbellement. Au cours de la visite, levez le nez à la recherche des pierres sculptées insérées ou réemployées dans les façades des maisons : certaines représentent les blasons des familles auvergnates qui possédèrent le fief d'Olliergues, comme les La Tour d'Auvergne, nom du maréchal de Turenne...
Église Notre-Dame – Ancienne chapelle du château, elle a été agrandie aux 15e et 16e s. L'intérieur renferme un tombeau en granit du 14e s. et un retable du 17e s. Le clocher (tour d'horloge en bois) est coiffé d'un lanternon.
Musée des Métiers et des Traditions du pays d'Olliergues – *5 Montée du Château - 04 73 95 50 26 (mairie) - www.vacances-livradois-forez.com - visite guidée (1h15) juil.-août. : tlj sf lun. 10h-18h ; reste de l'année : sur demande préalable - gratuit - animations jeunesse juil.-août.*
L'ancien château baronnial d'Olliergues appartient à la famille du maréchal de Turenne. Installé dans le donjon carré, le musée fait revivre la tradition artisanale régionale. Les quatre activités majeures de la région d'Olliergues sont ainsi représentées : le sabotier, le charron-forgeron, le tisserand et le fromager (fabrication artisanale de la fourme). Ne manquez pas les objets insolites, telle la scie battante du 19e s.
Pont médiéval – Situé à la sortie sud du village, il date du 15e s. et possède deux avant-becs, dont la partie supérieure servait de refuge. Côté aval, belle **vue★** sur Olliergues et la Dore bouillonnante.

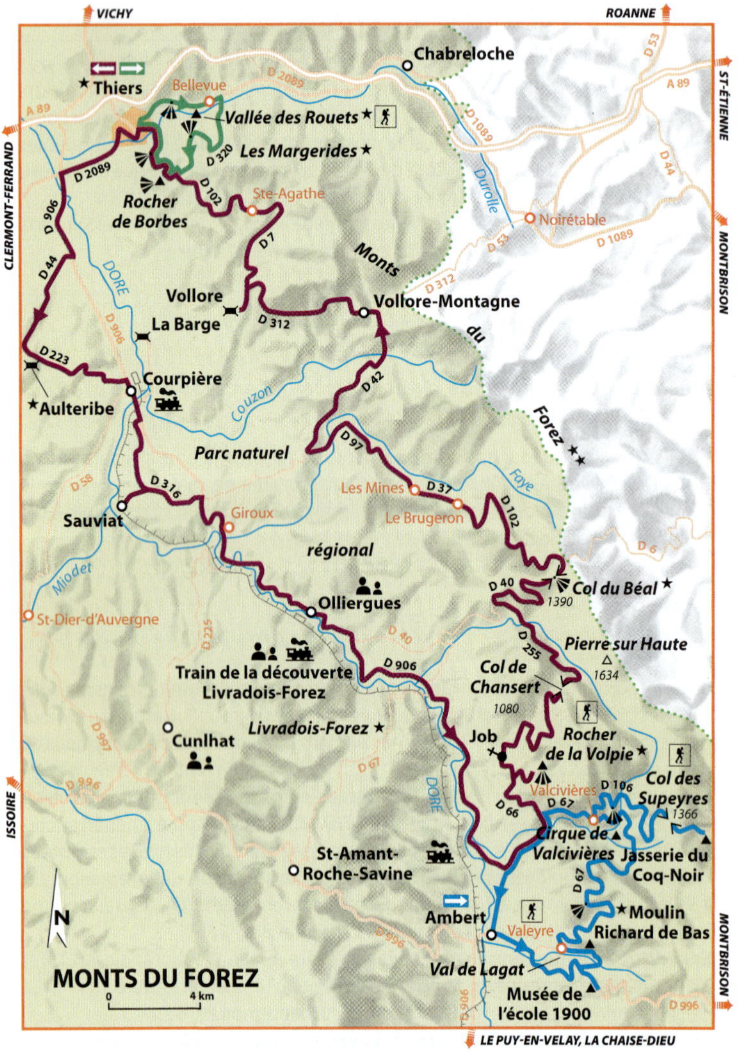

Continuez sur la D 906. Peu après Cleurette, 3 km avant d'arriver à Ambert, tournez à gauche (virage assez raide) sur la D 66, puis à droite sur une petite route en direction du rocher de la Volpie.

Randonnées – *La Maison du tourisme du Livradois-Forez d'Olliergues (8 av. de Lattre-de-Tassigny - ✆ 04 73 95 56 49 - www.vacances-livradois-forez.com) met à disposition des dépliants de circuits pédestres (également disponibles sur rando.parc-livradois-forez.org) et propose des visites accompagnées (en sais., se rens.).*

Reprenez la D 906. Après Vertolaye, prenez à gauche la D 67 en direction de Job (ou la D 66, par La Forie).

★ Rocher de la Volpie

Laissez la voiture à proximité d'un groupe de maisons, et prenez le sentier (fléché) qui s'élève à travers bois.

1h AR. De cette aiguille rocheuse, la **vue★** s'étend sur les monts du Livradois avec au premier plan la plaine d'Ambert. Les personnes qui ne veulent pas faire l'ascension pourront suivre, après le bâtiment de ferme, le chemin de droite qui mène à travers prés au pied du rocher *(20mn AR).* Le site est reposant.

Revenez à la D 66 et tournez à droite.

Église de Job

Il s'agit d'un bel édifice du 15e s. coiffé d'un important clocher carré.

Prenez la D 255 à droite.

Col de Chansert

La montée au col de Chansert (alt. 1236 m), qui offre d'abord des vues étendues, s'achève à travers de superbes sapinières. Une agréable descente dans la vallée aux versants boisés du ruisseau de Vertolaye lui succède. Des **jasseries**, habitats d'estive aux toits recouverts de chaume (équivalent des burons de haute Auvergne) sont disséminées sur les hauts pâturages.

À La Fortiche, prenez à droite la D 66, et poursuivez jusqu'à St-Pierre-la-Bourlhonne.

Observatoire du col du Béal

Col du Béal - ✆04 73 72 09 37 - juil.-août : 11h-18h ; reste de l'année : se rens. - 1 € (-12 ans gratuit).

Créé pour accueillir et sensibiliser le public aux milieux naturels, ce centre de documentation (refuge-gîte et auberge) présente également la vie dans les Hautes-Chaumes.

Faites demi-tour et prenez à gauche la D 40 vers le nord-ouest.

★ Col du Béal

Du col (alt. 1390 m), qui forme seuil entre les deux versants du Forez, on jouit d'un **panorama** étendu sur les monts d'Auvergne et du Lyonnais *(voir* Le Guide Vert Lyon Drôme Ardèche*).* Le 15 août se déroule ici la **Fête de la myrtille**.

Quittez le col du Béal par la D 102.

La route parcourt d'immenses pâturages, qu'on a appelés, par analogie avec ceux des Vosges, les Hautes-Chaumes du Forez, et offre une très belle **vue** sur les monts du Livradois, les monts Dore, les monts Dôme et la Limagne de Clermont. Sur ces croupes dénudées, quelques pitons rocailleux se dressent au milieu de pierres éboulées. **Pierre sur Haute** est le point le plus élevé (alt. 1634 m) des monts du Forez.

Au Brugeron, empruntez la D 37 en direction d'Olliergues, puis, au hameau des Mines, prenez sur la droite la D 97.

La route sillonne la pittoresque vallée de la Faye.

Peu après avoir franchi la Faye, prenez à droite la D 42.

Vollore-Montagne

Cette petite station d'altitude, point de départ de promenades pédestres, offre également de multiples activités de plein air.

Quittez Vollore-Montagne par l'ouest en empruntant la D 312.

La traversée de paysages boisés, la découverte de jolis sites rendent le trajet très agréable.

Château de Vollore *(voir p. 429)*

Quittez Vollore-Ville par le nord en empruntant la D 7 (à gauche du calvaire).

Après Ste-Agathe commence la descente sur Thiers, par la route des Margerides *(D 102)*.

★ Les Bois Noirs AB1

Circuit de 66 km au départ de Thiers tracé en orange sur la carte p. 410.
Les Bois Noirs prolongent au nord les monts du Forez et sont séparés des monts de la Madeleine par la vallée de la Besbre. Surplombant les plaines de la Limagne et du Roannais, ils procurent des vues très étendues, notamment depuis leur point culminant, le puy de Montoncel.

Chabreloche B1

14 km à l'est de Thiers.
L'histoire du nom de ce petit centre de coutellerie, dans la vallée de la Durolle, mérite d'être contée. En route pour Thiers, **Mandrin,** le brigand au grand cœur du 18e s., s'arrêta pour déjeuner dans une auberge et demanda ce qu'il y avait au menu : « De la chabre (chèvre) et de l'oche (oie) », lui répondit l'aubergiste. « Va pour la chabre et l'oche », lui aurait répliqué Mandrin. Ainsi naquit « Chabreloche ».
Quittez le bourg par le nord en prenant la D 86.
Au début du parcours, la route, sinueuse, offre des vues superbes à droite sur les monts du Forez et la vallée supérieure de la Durolle, puis, au-delà du beau village d'Arconsat, pénètre dans les Bois Noirs.

Puy de Montoncel B1

Le puy de Montoncel constitue le point de jonction de trois départements : Puy-de-Dôme, Allier et Loire. Bien qu'au sommet les arbres masquent le panorama qui jadis s'étendait des monts de la Madeleine aux monts Dore et Dôme, l'excursion n'en reste pas moins fort agréable.
Laissez la voiture au col de la Charme, à hauteur d'un foyer de ski de fond.
2h30 AR. Suivez un chemin de terre assez large, à découvert, et, après plusieurs raidillons et l'amorce d'une descente, prenez à droite à une bifurcation et suivez le sentier jusqu'aux Quatre-Chemins. Continuez tout droit à travers sapinières, peuplements de hêtres et clairières pendant environ une demi-heure. Vous retrouvez alors le GR 3, qui, à gauche, permet d'accéder au puy de Montoncel, couronné d'une croix et d'une antenne. Revenez au col de la Charme.
Poursuivez sur la D 51.
Au-delà du col de la Charme, sur l'autre versant, la route descend à travers la forêt, puis offre, après Laurent, une jolie vue sur les vallées de la Besbre et de l'Aix, et sur la montagne de la Madeleine.

St-Priest-la-Prugne B1

Les Bois Noirs alimentent les importantes scieries de ce village, qui conserve une petite église romane. À 4,5 km au nord-ouest de St-Priest est exploitée la source minérale Charrier.
Poursuivez sur la D 495. Après le col du Beau-Louis (alt. 824 m), prenez à gauche la D 422 et poursuivez jusqu'au village de La Guillermie. De l'école, un chemin fléché conduit au roc des Cheirs.

Roc des Cheirs A1

45mn AR. Le chemin longe une coupe de bois. Du calcaire couronnant le roc, vous bénéficierez d'une belle vue sur la chaîne des Puys et la Limagne au sud-ouest, et sur les Bois Noirs au sud-est.
Quittez La Guillermie par le sud en empruntant la D 122 puis la D 201, traversez Palladuc et poursuivez la D 201 jusqu'à Thiers.

Carnet pratique

S'informer

Bureau d'information touristique – *Hôtel du Pirou - pl. du Pirou - ℘ 04 73 80 65 65 - www.vacances-livradois-forez.com.* Visites guidées thématiques organisées.

Arriver/partir

Se garer –Le vieux Thiers se trouve dans la ville haute. Garez-vous sur les parkings de la place Antonin-Chastel, place St-Exupéry, rue Fernand-Forest ou rue de Lyon.

Agenda

Coutellia – *Un w.-end de mai -℘ 04 73 43 43 40 - www.coutellia.fr.* Festival international du couteau d'art et de tradition.

Rallye régional de la coutellerie et du tire-bouchon – *En mai, vers St-Rémy-sur-Durolle - www.asadomeforez.com.*

Thiers ville haute en couleurs – *Mi- juin à déb. oct.* Un collectif d'artistes locaux, mais aussi de toute la France ou d'autres pays, réalisent des toiles exposées comme des bannières dans toute la ville. Les gagnants sont désignés par le public.

La Pamparina – *Un w.-end début juil. - ℘ 04 73 80 88 80 - www.facebook.com/FestivalLaPamparina.* Festival de musiques de rue (gratuit).

Les nuits classiques de Thiers - rencontres Arioso – *25 août-sept - ℘ 06 73 63 32 - www.rencontres-arioso.fr.*

Fête de la myrtille – *Le 15 août -* col du Béal et à Sauvain. Marché producteurs et artisans, animations. À l'origine, cette fête était l'occasion pour les propriétaires de terrains de pouvoir vivre de la collecte de la myrtille, véritable or noir des montagnes du Livradois-Forez...

Nos adresses

Restauration

PLAN P. 417

Premier prix

② **Le Chaudron** – B1 - *10 r. Denis-Papin - ℘ 04 73 80 09 67 - fermé janv., 1re sem. de juin, 1 sem. en oct., lun.-mar. hors sais. - plats 14,50/24 €, menus 16/36 €.* Un décor rustique avec poutres et pierres apparentes pour accompagner une cuisine du terroir généreuse et raffinée. Bon accueil, service soigné.

③ **Le 7 ICI** – B1 - *7, r. Conchette - ℘ 04 73 94 68 93 - mardi-sam. 9h30-19h, fermé dim.-lun.* Pour les amateurs de charcuteries et de fromages, dégustez une délicieuse planche auvergnate ou une tartine fromagère *(12/15 €)*. Excellent rapport qualité-prix. Vente de produits locaux.

À proximité

Premier prix

L'Auberge des 4 Chemins – *Rte de Clermont - Pont-de-Dore - D 2089 - ℘ 04 73 80 25 68 - www.aubergedesquatrechemins.com - P - fermé lun.-mar. (sf vac. scol.) - menus (déj.) 18/55 €.* Postée à un carrefour, cette auberge familiale classée Toque d'Auvergne accueille les gourmets sur une petite terrasse d'été dressée dans la cour et dans deux salles à manger fraîches et fleuries. Vous y dégusterez une cuisine simple et traditionnelle, imprégnée des généreuses saveurs du terroir.

Hébergement/restauration

PLAN P. 417

Premier prix

(4) **Hostellerie de la Gare** – HORS PLAN PAR A1 *-30, av. de la Gare - ✆ 04 73 80 01 41 - www.hotel-thiers.fr - 8 ch. 45/55 € - ☕ 8 €.* Un petit hôtel tout simple à l'accueil convivial, où les habitués se retrouvent au bar autour d'une partie de baby-foot... L'hôtel bénéficie d'une vue imprenable sur la chaîne des Puys !

Budget moyen

(1) **Hôtel L'Aigle d'Or** – B1 *- 8 r. de Lyon - ✆ 04 73 80 00 50 - www.hotel-aigledor-thiers.com - ♿ (rest.) - 19 ch. 70/90 € - ☕ 8 € - menus 21/29 €.* Cet établissement fondé en 1836 abrite un confortable salon feutré et des chambres bien insonorisées. Cadre du 19e s. et meubles rustiques dans la salle de restaurant où l'on propose une cuisine traditionnelle.

À proximité

Budget moyen

Hôtel Eliotel – *Rte de Maringues - Pont-de-Dore - ✆ 04 73 80 10 14 - www.eliotel.fr - P ♿ - fermé 23 déc.-8 janv. - 17 ch. 87/99 € - ☕ - ✂ menus 29/34 €.* Un établissement sympathique tenu par un passionné de coutellerie thiernoise. Chambres de bonne ampleur, demandez les plus récentes. Le chef, originaire d'Armorique, mitonne recettes auvergnates et spécialités bretonnes.

Domaine de Montvianeix – *Montvianeix - St-Victor-Montvianeix - à 16 km au nord de Thiers - ✆ 04 73 94 02 95 - www.montvianeix.com - 5 ch. 102 € ☕- ✂ table d'hôte 38 € - gîte 610 €/sem.* Un accueil chaleureux et un cadre authentique dans cette ancienne colonie de vacances. Chambres meublées avec goût et décorées d'objets rapportés de voyage. À la table d'hôte, cuisine de saison légère et raffinée, petits-déjeuners copieux.

Shopping

☺ Le terme « coutellerie » rassemble des articles aussi variés que la ciselure, la taillanderie et la fabrication des couteaux. Une vingtaine de magasins proposent ces articles. Ils se concentrent dans le centre-ville : rue de la Coutellerie, rue François-Mitterrand et place Antonin-Chastel.

Chocolaterie J.-C. Museur – *CC Les Molles (r. Jean-Moulin) - ✆ 04 73 80 38 00 - www.patisserie-museur.fr - P ♿ - r. Jean-Moulin : 8h-12h30, 14h-19h30, dim. 8h-12h30.* Parmi les spécialités, les couteaux en chocolat, les grêlons du Sancy (chocolat au lait et mousse noisette) et les rochers des Borbes (croustillant amande et noisette) remportent un énorme succès. Les macarons aussi...

Evolution Art Design – *3 r. Alexandre-Biggy - ✆ 04 73 80 14 79/06 41 90 98 16 - mar.-sam. 10h-12h, 15h-18h, dim. 10h-12h.* Tenue par les artistes Viviana Pennisi et Laurent Samoyau, ce lieu coloré est un atelier d'art où se tient une expo-vente permanente (tableaux, meubles et objets). Avec sa vitrine qui attire l'œil, c'est un des endroits les plus sympathiques de Thiers !

À proximité

L'île aux Crayons – *29 r. du Rhin-et-Danube - Olliergues - ✆ 04 73 72 92 49 - https://ileauxcrayons.com - juil.-août : lun.-jeu., visites commentées à 15h et 17h (5 €) ; reste de l'année : sur réserv. - boutique ouv. vend. 14h-19h.* Dans son atelier, Patrick Tourre transforme les branches d'arbres, de résineux, bouleau, tilleul, érable, noisetier, saule... en de magnifiques crayons. Ce poète du bois, adhérent à la route des métiers, commercialise également ses créations sur les marchés et foires bio de la région.

En soirée

Vynilo's Club apero art – *3 r. des Docteurs-Dumas - ✆ 06 41 90 98 16 - été : merc.-lun. 18h-22h; hors sais. : jeu.-dim. 18h-22h.* À Thiers, la vie sociale n'est pas un vain mot. Argentine de naissance et auvergnate de cœur, Viviana Pennisi et son compagnon Laurent Samoyau, tous deux artistes, ont ouvert en 2021 cet endroit chaleureux : centaines de vinyles accrochés aux murs, postes de radio vintage... S'y mêlent musiques du monde, gastronomie et vins sud-américains, dans une joyeuse ambiance !

Activités

Train touristique – Il fait découvrir la ville en 45mn *(juil.-août, dép. pl. Antonin-Chastel, rens. au bureau d'information touristique).*

Atelier « montage de couteau » – Montez vous-même votre couteau ! (payant).

Coutellerie Robert David – *94, av des États-Unis - ✆ 04 73 80 07 77 - www.robert-david.com.*

Atelier Inserfac – *2, r. Alexandre-Dumas - ✆ 09 80 31 30 21 - www.inserfac.com.*

Iloa – *Courty - à 10 km env. au nord-ouest de Thiers - ✆ 04 73 80 92 35 - accès libre, activités avr.-oct. - baignade surveillée juil.-août.* Parc de loisirs au bord de la Dore, dans un site verdoyant. Deux lacs, sentiers de randonnée, camping, animations, pétanque... Baignade surveillée *(merc.-dim. 13h30-19h)* en juillet et août. Label pavillon bleu.

Base de loisirs de St-Rémy-sur-Durolle – *À 10 km env. au nord-est de Thiers - www.vacances-livradois-forez.com - accès libre, nombreuses activités en saison, 2 zones de baignade non surveillées et une piscine.* Agréable base de loisirs de 14 ha. Baignade (label pavillon bleu), voile, canotage, piscine extérieure, minigolf, camping, chalets, etc.

Courpière

Logé à l'entrée d'une gorge formée par la Dore, au cœur du Livradois-Forez, ce bourg attachant se distingue par ses maisons de caractère et sa très belle prieurale romane. Les environs recèlent de superbes châteaux et réservent d'agréables promenades. En saison, le train de la découverte Livradois-Forez, reliant Courpière à La Chaise-Dieu, vous offrira un regard insolite sur la région.

Se repérer

4 050 Courpiérois - Puy-de-Dôme (63)

CARTE A2 (P. 410).

La D 906, qui va de Thiers à Ambert, passe par Courpière, en suivant la vallée de la Dore.

À ne pas manquer

Le circuit à pied dans Courpière ; la visite d'un ou plusieurs châteaux : La Barge, Vollore, mais surtout Aulteribe...

Organiser son temps

Le Parc naturel régional Livradois-Forez propose des circuits de randonnée de tous niveaux *(bureaux d'informations p. 412)*.

En famille

Entre deux visites de châteaux, détente et activités nautiques à la base de loisirs du lac d'Aubusson-d'Auvergne.

Nos adresses p. 430

Se promener

Pl. de la Cité-Administrative - Courpière - 04 73 51 20 27 - www.vacances-livradois-forez.com. Le Bureau d'Information Touristique est installé dans une des plus anciennes maisons de Courpière (14e s.)

Courpière se divise en deux parties : côté remparts et côté ville.Procurez-vous le guide de visite *Courpière, fille de la Dore et des collines* distribué par l'office de tourisme et édité par le parc du Livradois-Forez qui vous permettra de découvrir les deux visages de cette petite cité animée.

★ Église St-Martin

Cette ancienne prieurale de style roman auvergnat est surmontée d'un clocher gothique. Avancez-vous sur le flanc gauche de l'église pour voir le chevet resserré entre de vieilles maisons. Dans le chœur, remarquez de curieux chapiteaux aux feuillages et des lions à deux corps. Vous noterez aussi, au fond du bas-côté droit, un saint-sépulcre du 15e s. *(éclairage au revers intérieur de l'arcade à droite)* ; dans le transept nord, un célèbre tableau daté de 1585 *(Décollation de saint Jacques le Majeur)* ; et dans la deuxième chapelle du bas-côté gauche, une Vierge romane en bois polychrome. Près de l'église, à côté d'une fontaine, belle **maison Renaissance** restaurée.

★ Château d'Aulteribe A2 CARTE P. 410

Sermentizon - 5 km au nord-ouest par la D 223.

04 73 53 14 55 - www.chateau-aulteribe.fr - de déb. juil. à mi-sept. : 10h30-18h, fermé lun.-mar. ; reste de l'année : 10h-16h, fermé lun.-mar. - 6 € (-18 ans gratuit) - visite guidée obligatoire.

Ancien fief des La Fayette, cette austère construction féodale fut acquise en 1775 par Jacques de Pierre. Au 19e s., Henriette Onslow et Joseph de Pierre la transformèrent dans le goût romantique. En 1954, le marquis Henri de Pierre légua le domaine (parc, annexes, écuries, chapelle et château) à la Caisse nationale des monuments historiques et des sites. Transformé en **pôle des métiers du bois et de l'ébénisterie d'art**, il accueille aujourd'hui des ébénistes qui préparent un brevet technique supérieur « restauration et création » et dont on peut admirer le travail remarquable sur certains des meubles qui ornent les salles. Le château est entouré d'un parc paysager et d'une forêt de 80 ha, refuge pour la protection des oiseaux. Les anciens propriétaires du château avaient amassé une exceptionnelle collection de **meubles et œuvres d'art★★**. À ce titre, c'est un des châteaux les plus riches de France avec trois cents ans d'histoire de l'art présentés à travers **11 salles**. Notez tout particulièrement un *Henri IV* par Pourbus, un *Richelieu* par Philippe de Champaigne, une *Mademoiselle de Fontanges (voir p. 260)* à la manière de Mignard; des sièges et meubles Louis XV et Louis XVI; cinq très belles tapisseries des Flandres (18e s.) réalisées d'après des cartons de Teniers; des vases Ming... et une grande partie de la bibliothèque musicale de Georges Onslow. Le tout forme un très bel ensemble décoratif dont il serait difficile de dresser l'inventaire, tant il est riche et varié.

Sentier du Bénitier du Diable – *1h20 AR.* Au départ du château, ce sentier permet de mieux comprendre l'histoire du domaine.

Domaine du château de La Barge A2 CARTE P. 410

2 km au nord par la D 58 en direction d'Escoutoux.

04 73 53 14 51 - - juil.-août sam.-dim. 14h-17h - 5 € (-12 ans gratuit).

Construite près d'un gué de la Dore, cette ancienne maison forte a conservé ses douves d'origine. Transformée au 16e s. en château de plaisance, elle se dota, au 18e s., d'un jardin en terrasses ordonnancé à la française, dont les allées furent redessinées suite à un usage agricole, et que ses propriétaires actuels s'attachent à mettre en valeur. Disséminés de-ci de-là, plus de 80 messages sur les jardins sont accrochés sur les végétaux. La chapelle du château contient une remarquable série de **vitraux** du 16e s. Dans la maison du jardinier, vous découvrirez une exposition retraçant l'histoire des lieux. L'intérieur du château ne se visite pas.

Château de Vollore A1-2 CARTE P. 410

8 km à l'est par la D 7.

R. du Château - 04 73 53 71 06 - www.chateauvollore.com - - juil.-août : 15h-18h - 7 € (-18 ans 5 €) - visite aux lumières juil. : merc. 22h ; août : merc. 21h30 sur réserv. à l'office de tourisme.

Perchée sur un éperon dominant les plaines de la Dore et de la Limagne, cette très ancienne place forte apparut dans l'histoire au 6e s., lorsque les Francs la ravagèrent. Le château se présente sous la forme d'un corps de bâtiment du 17e s. en granit blond, flanqué au sud d'un gros donjon du 12e s. et au nord d'un ensemble composite comprenant une tour du 14e s.

Intérieur – Il révèle des salles somptueusement décorées où abondent peintures, tapisseries, objets décoratifs et riche mobilier.

Le **Salon rouge** contient des souvenirs du général de La Fayette (ancêtre de la famille propriétaire du château) et de sa participation à la guerre d'Indépendance américaine *(voir p. 387)*. Dans le Grand Salon, on remarque une tapisserie de Bruxelles du 16e s. ainsi qu'un ensemble de portraits d'époque Louis XIV et Louis XV, dont une jeune fille en Cérès par Mignard. La terrasse offre une jolie **vue★** sur le Livradois, le Cézallier et la chaîne des Puys.

Randonnées

CARTE P. 410

www.vacances-livradois-forez.com - pour plus de rens. s'adresser à l'office du tourisme de Courpière au ✆ 04 73 51 20 27.

Sentier de Saute Ruisseau

1h30. 7 km à l'est de Courpière. Départ du lac d'Aubusson-d'Auvergne.
Cet itinéraire, jalonné de panneaux d'interprétation en lave émaillée, est une invitation à découvrir la faune (pic épeiche, grèbe huppé) et la flore aquatiques (reine-des-prés, iris jaune) au bord du lac d'Aubusson.

Secret de la forêt d'Ayguebonne AB1

1h. 15 km au nord-est de Courpière (ferme de Naud).
Lui aussi jalonné de panneaux d'interprétation en lave émaillée, ce parcours attire l'attention sur la végétation forestière, le milieu naturel et les techniques sylvicoles.

Nos adresses

Restauration

Budget moyen

À proximité

Les Chênes – *Gros Châtaignier - Rte de Courpière - Augerolles - ✆ 04 73 53 50 34 - www.restaurant-les-chenes.com - P ♿ - ouvert le midi, fermé le soir - menu du j. 15 €, menu gourmand 42/51 €.* Cette adresse a ses habitués et ce n'est pas surprenant : accueil souriant, coquette salle à manger et terrasse en bois, tables espacées et bien dressées, et cuisine traditionnelle soignée élaborée en famille depuis quatre générations. Jean-François Lafournoux est en effet un enfant du pays qui tient à mettre en valeur les plats emblématiques du Livradois-Forez et travaille avec des producteurs locaux. À tester absolument !

Activités

Train de la découverte – *Pl. Jean-Berne - Ambert - au départ de la gare d'Ambert - ✆ 04 73 82 43 88 - agrivap.fr - informations sur site Internet - nombreux départs.* 42 km de voie ferrée suivant les gorges de la Dore, au cœur du Parc Livradois-Forez. Le train relie Ambert à La Chaise-Dieu.

Base de loisirs du lac d'Aubusson d'Auvergne – *Aubusson-d'Auvergne - 8 km de Courpière - ✆ 04 73 53 56 02 - www.vacances-livradois-forez.com - ♿ - 8/11 €/h.* Nombreuses activités nautiques et de loisirs autour d'un plan d'eau de 28 ha label pavillon bleu : canoë-kayak, bateau, pêche, randonnée, etc.

Ambert

Au cœur du Parc naturel régional Livradois-Forez, la cité des bords de la Dore doit sa célébrité à son fromage, la fameuse fourme d'Ambert. La cité fut longtemps un grand centre papetier, comme en témoignent les 300 moulins qui l'entourent. Sauvages et dépaysantes, les Hautes-Chaumes toutes proches constituent un agréable but de promenade.

Ambert, place des Minimes.
Ch. Guy/hemis.fr

Se repérer

6671 Ambertois – Puy-de-Dôme (63)

CARTE B2 (P. 410).

La ville s'est établie sur une rive de la Dore, d'abord sur un éperon situé à 2 km plus au nord, puis sur la terrasse alluviale.

À ne pas manquer

La Maison de la fourme d'Ambert ; le marché du jeudi matin ; le train touristique Agrivap ; le moulin Richard de Bas.

En famille

La Maison de la fourme et des fromages d'Auvergne ; le moulin Richard de Bas ; le musée de l'École 1900, à St-Martin-des-Olmes.

Carnet pratique p. 439

Nos adresses p. 439

Se promener

Partez à la découverte du centre historique, qui a conservé quelques **maisons à pans de bois**, et allez ensuite faire un tour dans le jardin Chabrier.
Départ de l'office de tourisme.

Hôtel de ville

Cette ancienne halle aux grains fut construite en 1816 pour accueillir le commerce des céréales qui se déroulait, depuis la Révolution, dans la nef de l'église. Jules Romains lui a assuré la célébrité littéraire : c'est en effet autour de cette « grosse rotonde » que se retrouvent les héros des *Copains*, venus à Ambert pour y jeter le trouble par de joyeuses mystifications.
Descendez la rue de l'Enfer et, en face, la rue de Goye. Prenez à droite la rue du Chicot, puis à gauche la rue de la Grave.

★ Église St-Jean

Pl. St-Jean. Construite entre 1471 et 1518 en granit, elle appartient au style flamboyant, à l'exception de la partie haute de la tour et d'une chapelle qui sont de la Renaissance ; mais la dureté du granit a tempéré la fantaisie décorative du sculpteur. La tour porte une ceinture de mâchicoulis. En entrant par le portail sud, remarquez les dates de construction inscrites sur le trumeau du porche. À l'intérieur, à la croisée du transept, **autel** en plomb doré de Philippe Kaeppelin.
Du portail sud, prenez sur la gauche la rue de la République, puis à gauche la rue du Château (au niveau de la Taverne, la rue sur la gauche mène à la Maison de la fourme et des fromages) et revenez par la rue de l'Enfer.

Maison de la fourme d'Ambert et des fromages d'Auvergne

29 r. des Chazeaux - ✆ 04 73 82 49 23 - www.maison-fourme-ambert.fr - visite guidée (50mn) mi-juil. à mi-août : lun.-sam. 10h-12h30, 14h-18h, ouv. à 11h le dim. ; avr.-juin, mi-août-oct. et vac. scol. : 10h-12h30, 14h-18h, fermé lun. ; vac. déc. et fév. : mar.-sam. 10h-12h30, 14h-18h - 6,50 € (6-16 ans 4,50 €) - assiette dégustation 4 €, visite libre 4 €. En été, des animations en famille sont proposées (sur réserv.) : fabriquer du fromage, du beurre.
L'une des maisons anciennes du quartier des Chazeaux, dite « de La Fayette d'Ambert » (15e s.), sert de cadre à ce musée dont la visite commentée met autant

D'illustres habitants

Ambert a brillé par la renommée de ses esprits avec, au 17e s., le mathématicien **Michel Rolle**, au 19e s., le compositeur **Emmanuel Chabrier** et le poète et érudit **Maurice Faucon**. Le début du 20e s. voit naître une pépinière d'intellectuels, au point que l'on a pu parler d'une « école d'Ambert » : l'académicien et humaniste **Pierre de Nolhac**, le géographe **Lucien Gachon**, les écrivains **Antoine Sylvère**, **Claude Dravaine** et… **Henri Pourrat**, témoin éclairé de la vie paysanne, dont la maison natale se trouve à côté de l'église.
L'essayiste et critique **Alexandre Vialatte**, dont le buste trône sur l'esplanade de la gare, décrit ainsi cette petite ville du Livradois : « Sourdement ravagée par les moussons du globe, écartelée par la rose des vents, Ambert reste maintenue fermement sur le sol par son église, joyau de l'histoire, sa Caisse d'épargne la plus riche de France et sa mairie ronde comme une fourme. »

La fourme d'Ambert

Selon la légende, les Arvernes du plateau de Gergovie mangeaient déjà de la fourme ! Une datation un peu plus précise est fournie par les sept pierres dîmales du 9e s., situées à l'entrée d'une chapelle à La Chaulme *(à 32 km au sud-est d'Ambert)*, représentant chacun un produit (dont la fourme) que devait fournir le serf pour s'acquitter de la dîme. Ce fromage, dont le terroir se situe dans les monts du Forez, se fabriquait autrefois en période d'estive, dans les fermes appelées **jasseries**.
Si ces fermes-laiteries ont aujourd'hui laissé la place à des **laiteries artisanales**, les méthodes de fabrication se transmettent toujours de génération en génération. Le lait de vache est emprésuré, caillé, découpé en cubes, longuement brassé, puis mis en moules cylindriques appelés « formes » (d'où le nom de *fourme*) avant d'être salé. Une fois égouttées et séchées, les fourmes, qui mesurent 20 cm de haut sur 13 cm de diamètre, sont retournées et piquées régulièrement pour favoriser la « pousse » du bleu typique du fromage *(Penicillium roqueforti)*. L'affinage, d'un minimum de vingt-huit jours, se poursuit en cave, laissant le temps à la croûte, rouge ou grise, de se former grâce à une fleur blanche régulièrement rabattue, et au bleu d'apparaître. La pâte affinée peut alors être dégustée. La fourme d'Ambert a rejoint, en 1972, le cercle des 5 fromages auvergnats bénéficiant d'une **AOP**, nommés les 5 AOP fromages d'Auvergne.

l'accent sur l'origine de la fourme d'Ambert que sur sa fabrication et son histoire. Ce célèbre fromage était fabriqué sur les monts du Forez (de 600 à 1600 m) ; les femmes accompagnaient le troupeau de mai à septembre, tandis que les hommes travaillaient autour de la ferme pour la fenaison et redescendaient les fromages une fois par semaine. Un laboratoire retrace les étapes fondamentales de l'élaboration de la fourme *(voir encadré ci-dessus)*. Les deux salles de l'étage, où une cuisine a été reconstituée, relatent les techniques fromagères (transport, barattage, écrémage, moulage). Visitez la cave : vous y apprendrez tous les secrets de l'affinage. Dégustation en fin de visite.

Mus'Énergie

116 r. de l'Industrie - ✆ 04 73 82 60 42 - mus-energie.fr - juil.-août : dim.-vend. 14h-18h30 - avr.-juin et sept.-nov. : mar.-sam. 14h-18h - 8 € (6-14 ans 5 €).
Installé dans les locaux d'une ancienne scierie, ce musée de la force motrice rassemble une importante **collection de machines à vapeur ★** – l'une des plus riches de France – de la première moitié du 20e s., témoins de l'évolution des travaux agricoles. Le hall de l'énergie présente les différents modes d'énergie utilisés par l'homme pour ses besoins élémentaires : se nourrir, se chauffer... L'atelier des savoir-faire locaux présente notamment des métiers à tresser et des machines relatives à l'industrie.

Une résistance impassible

Le 15 février 1577, le capitaine huguenot Merle s'empare d'Ambert. Les catholiques accourent pour reprendre la place. Merle coiffe de casques les statues enlevées aux églises de la ville et postées sur les remparts. Étonnés de voir les défenseurs d'Ambert rester impassibles sous un feu terrible et les croyant invulnérables, les assaillants finissent par se retirer...

Manufacture d'images

Centre culturel Le Bief - 23 r. des Chazeaux - ☎ 04 73 82 16 59 - www.lebief.org - juil.-août : mar.-sam. 10h-12h, 14h-18h (jeu. 10h-18h) ; hors sais. : mar.-merc. et vend. 15h-18h, jeu. 10h-12h, 15h-18h, sam. 10h-12h. En lien avec la tradition papetière de la région, ce lieu de production artistique est dédié à l'estampe et à la micro-édition. Le visiteur peut participer à des ateliers, découvrir la galerie d'exposition et la boutique.

Passage Kim En Joong

Ancien tribunal - pl. Charles-de-Gaulle - ☎ 04 73 82 07 60 - www.ville-ambert.fr - de mai à sept. : mar. et jeu. 10h-17h, merc. et vend. 10h-12h - gratuit.
Cette exposition permanente des œuvres de l'artiste sud-coréen Kim En Joong (qui a réalisé les vitraux de la basilique de Brioude, *voir p. 377*) s'inscrit dans un projet culturel où la couleur et le mouvement sont mis en valeur. La scénographie épurée correspond parfaitement à la démarche de l'artiste, à la recherche de toujours plus de lumière. Œuvres sur verre, céramiques et dizaines de toiles, sur des textes de l'écrivain François Cheng.

★ Train touristique Agrivap

La gare, pl. Jean-Berne - ☎ 04 73 82 43 88 - www.agrivap.fr - avr. à déb. nov. : horaires, se rens. - trains thématiques avec animations : patrimoine, feu d'artifice, etc. - tarif variable selon les trajets, réserv. par téléphone ou Internet.
En saison, la baladeuse et l'autorail panoramique relient Ambert à La Chaise-Dieu en passant par Arlanc, pour une découverte insolite du Livradois-Forez. Ils se faufilent à travers les gorges entaillées de la Dore, empruntant tunnels et viaducs, et font découvrir, au gré des étapes, les paysages caractéristiques et le patrimoine du Parc naturel régional Livradois-Forez *(voir p. 412)*.

À proximité

CARTE P. 410

★ Moulin Richard de Bas B2

5 km à l'est par la D 996, puis la D 57.
☎ 04 73 82 03 11 - www.richarddebas.fr - visite libre du musée puis guidée (1h) au niveau de la fabrication du papier - fév.-oct. : 9h30-11h30, 14h-17h, fermé dim.-lun. - 8,90 € (-18 ans 5,90 €) - réserv. par Internet conseillée en saison pour bénéficier du billet coupe-file.
Pendant les vacances scolaires (tlj sf w.-end), le moulin propose un atelier d'initiation à la fabrication du papier (5 €).
Dans un cadre sauvage, de vieilles maisons, surmontées d'étendoirs de pin où sèchent les feuilles de papier, rappellent l'importance industrielle du val de Lagat, qui fut pendant plusieurs siècles l'un des principaux centres papetiers français. Construit en 1326, remis en activité en 1943 par l'association La Feuille blanche, le moulin Richard de Bas est le seul qui fonctionne encore. L'intérêt de la visite réside aussi bien dans le matériau et son histoire que dans le cadre de vie des maîtres et compagnons papetiers.
La salle commune – Utilisée comme cuisine et salle à manger, elle conserve le mobilier du dernier occupant, mort en 1937. Remarquez les poêles ou *padelles* dans lesquelles était cuite la *pandale* (pomme de terre râpée), et un grugeoir, meule à sel en forme de renard couché en rond.
Chambre à coucher – Cette pièce comporte trois lits encastrés, dont un entièrement clos. Le carreau de la dentellière exposé sur la table était éclairé par une *doulie*, boule de verre remplie d'eau qui augmentait la lueur de la chandelle.

Salle Tsaï-Loun – Cet espace retrace l'historique du papier depuis son invention par les Chinois en 105 apr. J.-C., et rappelle que les Arabes emportèrent le secret de sa fabrication lors de la bataille de Samarcande en 751. C'est près de six siècles plus tard, en 1326, que trois Auvergnats, qui avaient été faits prisonniers à Damas, introduisirent la précieuse invention dans la région d'Ambert.
Suit alors la description des étapes de la fabrication, du défibrage au séchage en passant par l'élaboration de la pâte à papier.

Du val de Lagat aux Hautes-Chaumes

CARTE P. 410 B2

Circuit de 60 km, tracé en bleu sur les cartes p. 410 et p. 422.
Quittez Ambert par l'est en empruntant la D 996, direction Montbrison.

Musée de l'école 1900

Rte de St-Étienne - St-Martin-des-Olmes - ✆ 04 73 82 66 80 - www.ecole1900.fr - juil.-août : 10h-19h ; avr.-juin et sept.-oct. : les w.-ends, j. fériés et vac. scolaires 14h-18h - dern. visite 1h av. la fermeture - hors saison, sur RV - 6 € (-15 ans 4 €).
La communale de Jules Ferry revit dans cette école des années 1880, fermée en 1989 par manque d'effectifs. Vous verrez la classe avec ses élèves et le maître (et tout le matériel pédagogique), le préau où est présentée une collection de jouets d'époque, le réfectoire, les appartements de l'institutrice. Le musée compte en tout plus de 800 pièces (cartables, encriers, cartes...) montrant l'évolution des fournitures scolaires. Vous pourrez vous appliquer à tracer des pleins et déliés dans la salle d'écriture avant de visiter le jardin, avec potager, poulailler et rucher : l'instituteur vivait en autarcie. Également collection de jouets anciens.
Faites demi-tour et prenez la première route à droite.
Un sentier pédestre (3 km) permet aussi de rejoindre le moulin à papier Richard de Bas. Un peu raide, il descend dans la forêt de Lagat.

★ Moulin Richard de Bas *(voir p. 434)*

Au hameau de Valeyre, prenez sur la droite la D 67.

Chemin des Papetiers

Au départ de Valeyre, boucle de 2h.
Ce sentier de découverte retrace l'histoire de la papeterie, de son essor au 15e s. à son déclin au 19e s., suivant le sentier escarpé et rude qu'empruntaient les muletiers et les chiffonniers.
La D 67 s'élève, révélant de jolies **vues** sur la plaine d'Ambert, le plateau de La Chaise-Dieu et les monts du Livradois. Elle contourne ensuite, par d'innombrables détours, le cirque de Valcivières.

Cirque de Valcivières

Ce très beau cirque abrite sur ses pentes, sillonnées d'eaux vives, de nombreux hameaux disséminés parmi les prés irrigués et les cultures.
Prenez à droite la sinueuse D 106 qui s'élève à travers des prairies et des cultures, puis dans une forêt de hêtres, enfin sur les Hautes-Chaumes.
Avant d'arriver au col des Supeyres, beau **panorama★** sur le cirque de Valcivières, les monts du Livradois et, au loin, les monts Dore et les monts Dôme.

7

Col des Supeyres

Alt. 1366 m. *Table de lecture de paysage, « la Montagne des Allebasses ».*
Situé à l'est du Parc naturel régional Livradois-Forez, le col des Supeyres offre un paysage steppique de Hautes-Chaumes mal drainées, d'une solitude prenante. On

ressentira particulièrement cette impression de sauvage isolement en empruntant une amorce de route en direction de Pierre-sur-Haute, carrossable sur 1 km environ. En hiver, **ski**, *snowkite*, balades à raquettes ou en traîneau à chiens se pratiquent sur les 200 km de pistes tracées sur les **crêtes du Forez**. Au départ de Prabouré ou du Brugeron, des cols des Supeyres, des Pradeaux et du Béal, le domaine nordique (labellisé France Ski de Fond) s'étend sur 35 km, entre 1000 et 1432 m d'altitude. La location de matériel et l'achat des forfaits se font sur place.
Rens. au domaine nordique des Crêtes du Forez (✆ 04 73 95 20 61 - www.cretes duforez.fr) ou à la remontée mécanique (✆ 04 73 95 40 45).
Le Colporteur des jasseries – *Boucle de 3h.* Au départ du col des Supeyres, ce sentier de découverte *(8,5 km)* vous permet de suivre les traces du colporteur qui, jadis, allait de jasserie en jasserie vendre ses breloques à travers les Hautes-Chaumes du Forez.
À la descente du col vers St-Anthème, la D 106 longe le groupe de **jasseries du Grand-Genévrier**, dont l'une est ouverte aux visiteurs.
Musée Jasserie du Coq-Noir – *Le Grand-Genévrier - ✆ 04 73 95 47 06 - www.coq-noir.fr - juil.-août : 12h-19h, fermé lun. ; mai-juin et sept. : w.-end et j. fériés 12h-18h (réserv. conseillée) - visite libre et gratuite - visite audioguidée 4 € (-12 ans 2 €) - sorties natures accompagnées, repas foreziens, produits du terroir dans la boutique.* En visitant cette ancienne ferme d'estive, vous traverserez des siècles de vie en montagne. Patrimoines naturel, culturel et gastronomique des Hautes-Chaumes du Forez sont présentés ici. Animations jeune public, concerts et balades enrichissent les visites en période estivale.
Revenez au col des Supeyres et à Valcivières par la D 106, puis la D 67.
Après Valcivières, la D 67 domine un ravin sur les versants duquel pointent des rochers. Elle débouche ensuite au-dessus de la plaine d'Ambert et se déroule sur les pentes inférieures des monts du Forez.
La D 66, puis la D 906 ramènent à Ambert.

★ Du Livradois à la Dore AB2-3

Circuit de 100 km, tracé en rose sur la carte p. 410.
Quittez Ambert par l'ouest (D 996) en direction de St-Amant-Roche-Savine.
Entre Le Monestier et St-Amant, on longe le **domaine noble des Escures** *(privé)*, petit château avec tours d'angle et échauguettes, qui servit de cadre à Henri Pourrat pour quelques scènes de son roman *Gaspard des montagnes*.
La forêt de Gaspard – *30mn AR. 300 m avant St-Amant-Roche-Savine, tournez à gauche (D 39). Point de départ 700 m à droite.*
Sentier de découverte à faire en famille.

St-Amant-Roche-Savine A2

Chaque été, ce village du cœur des monts du Livradois accueille de nombreux visiteurs, notamment lors du **festival La Belle Rouge** (manifestations théâtrales), le dernier week-end de juillet.
Avant de quitter St-Amant, passez le beau portail de l'**église** (15e et 16e s.) pour découvrir des fragments de fresques et un intéressant **mobilier classé**.
Sortez par le nord et, 1 km après St-Amant, prenez à droite la D 87, puis la D 65.

Cunlhat A2

Cette jolie bourgade marchande, dont le marché du mercredi est une véritable institution, a vu naître en 1925 le cinéaste Maurice Pialat. La petite place au centre du bourg où ses parents ont tenu un commerce porte depuis 2004 le nom du réalisateur du *Garçu*. Anciennement pôle de fabrication de laines rustiques, elle occupe un joli site au cœur d'un amphithéâtre boisé propice aux promenades à pied ou à VTT. Le village a conservé la **prieurale St-Martin**, église des 12ᵉ et 16ᵉ s., fondée au 10ᵉ s. par un seigneur de Montboissier, ainsi que des maisons de caractère. . Vous pourrez également visiter les quelques ateliers d'artistes qui ouvrent leurs portes.

Le sentier de l'An Mil – *Dép. du village-vacances (2h).* Ce sentier procure de beaux moments en forêt. Balades à la découverte de l'ancienne motte castrale. Le long du chemin, on découvre la fontaine et la belle vue sur le bassin de Cunlhat et du Forez (6 km).

Sortez de Cunlhat par le sud en empruntant la D 105, en direction de St-Éloy-la-Glacière, traversez ce village et continuez jusqu'à Fournols.

Fournols A2

Cette petite station climatique estivale très sympahique est serrée autour de l'église gothique d'un ancien prieuré de La Chaise-Dieu, au bord de la Dolore. Elle a gardé quelques maisons anciennes imposantes.

Ne manquez pas de franchir le majestueux porche carré de l'**église**, fortifiée au 13ᵉ s. sur les vestiges du château. À l'intérieur : une **pietà** du 16ᵉ s. dans une niche, un **chapiteau** du 11ᵉ s. classé (déposé), des statues du 18ᵉ s. en bois doré, des stalles finement sculptées.

La D 37 mène à St-Germain-l'Herm. Très belle route au milieu de la forêt.

St-Germain-l'Herm A3

Il faut y aller l'été, au moment de son festival du haut Livradois, qui mêle en toute convivialité littérature, brocante et randonnées. Ce bourg possède une **église fortifiée** (11ᵉ et 16ᵉ s.) typique du Livradois, et des **maisons à encorbellement**.

Suivez la D 999, puis prenez à gauche la D 300. Traversez St-Bonnet-le-Chastel, autrefois dominé par l'une des plus imposantes forteresses de la région. Continuez jusqu'à Novacelles par la D 105.

Novacelles B3

Un arrêt s'impose dans ce petit village blotti au fond d'un vallon boisé où coule la Dolore. Des **fresques** du 14ᵉ s. ont été découvertes dans l'église dans les années 1960. Dans le chœur, un Christ en gloire dans sa mandorle présente le livre de vie, avec les symboles des évangélistes et les douze apôtres.

Suivez la D 105 jusqu'à St-Sauveur-la-Sagne, puis la D 38 le long des gorges de la Dore. Tournez à droite dans la D 907.

★★★ Abbaye de La Chaise-Dieu *(voir p. 441)* B3

Quittez La Chaise-Dieu par le nord (D 906), puis tournez à droite dans la D 202.

Dore-l'Église B3

Au confluent de la Dore et de la Dorette, ce village possède une **église romane** du 12ᵉ s., remaniée au 15ᵉ s. Un large escalier mène à un beau **porche** à six voussures dont la dernière, polylobée, est ornée d'animaux fantastiques. Les portes ont conservé leurs **pentures** du 14ᵉ s. et leurs curieuses ferronneries à têtes humaines et d'animaux. À gauche de l'église, une **stèle gallo-romaine**.

Faites demi-tour pour tourner à droite dans la D 906.

Arlanc B3

Cette petite ville-marché, aux vieilles rues typiques, bénéficie d'une situation favorable entre les massifs du Forez et du Livradois.

Musée de la Dentelle – *53 Route-Nationale - ✆ 04 73 95 00 03 - www.arlanc.fr - ♿ - juil.-août : tlj sf mar. 10h30-12h, 14h-17h ; mai-juin et sept. : w.-end et j. fériés 14h-18h - 5 € (6-16 ans 3 €).* Il occupe les caves voûtées de la mairie. Comme dans toute l'Auvergne, la tradition dentellière à Arlanc remonte à la fin du 16e s. ; la dentelle est alors à la mode au point que son port en est réglementé. Elle a cependant connu son heure de gloire à la Belle Époque, lorsque les établissements Chabrier lancèrent la dentelle Renaissance, exécutée à l'aiguille, technique bien différente de celle de la dentelle au carreau. Ce charmant musée possède de nombreuses pièces : nappes, mouchoirs, violettes, quelques robes, broderies, dentelles religieuses et les instruments de la dentellière. Un film décrit la technique de la dentelle au fuseau et à l'aiguille ; en saison, une dentellière d'Arlanc exerce devant les visiteurs.

Jardin pour la Terre – *Terre-Neyre - ✆ 04 73 95 00 71 - arlanc.fr/19-jardin-pour-la-terre - ♿ - mi-juil.-3e sem. d'août : 10h30-19h30 ; 26 mai-16 juil. et de déb. à mi-sept. : 14h-18h - 6 € (-15 ans 4 €). Accès agréable par le coteau ouest de la ville, à travers des venelles, sentiers ou portes desservant des jardins en escalier.* Ce jardin de 6,5 ha raconte l'acclimatation des arbres et des arbustes, qui sont ici plantés dans la terre de leur continent d'origine (les pelouses figurent les océans). Un belvédère ménage une vue sur ce **écrin végétal**, qui réunit 20 000 variétés de plantes. Vous partirez ensuite à la découverte des routes empruntées par les grands explorateurs.

Reprenez la D 906 vers le nord.

Château de Mons B3 – *À 3 km au nord-ouest d'Arlanc - www.chateau-de-mons-arlanc.com - ✆ 04 73 95 78 55 ou 06 26 31 89 30 - ouv. 10 juil.-fin août 15h-19h, visite 15h, 16h30 et 18h - 8 € (7-17 ans 3 €).* La visite, effectuée par son propriétaire, de cet édifice médiéval reconstruit au 17e s. vous fera découvrir un bel escalier d'honneur à l'italienne, une cheminée Henri IV et surtout une **remarquable collection d'estampes** ★ du 15e au 18e s., dont des vues d'optique, que l'on peut visualiser avec un zograscope. Visite des jardins, redessinés en 2018 d'après le seul tableau connu du château datant de 1690.

Marsac-en-Livradois B3

Musée de la chapelle des pénitents blancs – *Sur la place, au sud de l'église. Le Bourg - visite guidée (45mn) juil.-août : 14h30-18h30 ; reste de l'année : sur demande au ✆ 04 73 95 60 08 (mairie) - 3 € (-13 ans gratuit).*

L'ancienne chapelle des pénitents blancs du 11e s. abrite un musée où sont exposés des souvenirs de cette confrérie : mystères, emblèmes processionnels, objets religieux ; un commentaire sonore, accompagné de musique religieuse, retrace la vie et les rites des anciens pénitents, notamment la procession du Jeudi Saint telle qu'elle se déroulait au 18e s.

Retournez à Ambert par la D 906.

Carnet pratique

S'informer

Office de tourisme – *4 pl. de l'Hôtel-de-Ville - Ambert - ✆ 04 73 82 61 90 - www.vacances-livradois-forez.com.*

Pass' musées ambertois : tarif intéressant pour visiter quatre musées locaux (Maison de la fourme d'Ambert, Mus'Énergie, musée de l'école 1900, moulin Richard de Bas), de mai à oct. - *22 € - ✆ 04 73 82 61 90.*

Agenda

Fête de l'estive et des jasseries – *✆ 04 73 82 49 23 - un dim. de juin.* Au col des Supeyres pour la transhumance : marché de producteurs, repas champêtre et bal musette.

World Festival Ambert – *3 j. en juil. - http://www.ville-ambert.fr.* Programmation éclectique et internationale, alliant les cultures et les musiques du monde.

Festival La Belle Rouge – *Dern. w.-end de juil. St-Amand-Foche-Savine - https://cie-joliemome.org.*

Fourmofolies – *www.ville-ambert.fr - 1er w.-end d'août.* Grande fête autour de l'AOP fourme d'Ambert : ateliers de dégustation et rencontres avec des producteurs, des artisans et des commerçants du terroir, animations et concerts.

Nos adresses

Hébergement/restauration

Budget moyen

Hôtel de la Gare – *15 av. de la Gare - ✆ 04 73 82 00 27 - www.restauranthoteldelagare ambert.com - P gratuit - ♿ (rest. seul.) - fermé dim. soir-lun. - plats 13/15 €, menus 16/28 € - 12 ch. 56/83 € - ☕ 9.50 €.* Après être passé chez Jean-Yves Bath, François Chalut et Régis Marcon, Lionel propose des plats inventifs, d'une fraîcheur absolue (casserolette forestière de ris de veau, velouté de trompettes) et met le terroir à l'honneur. On peut même manger sur la terrasse, qui donne sur un jardin. Chambres fonctionnelles à prix doux.

Hôtel-restaurant Les Copains – *42 bd Henri-IV - ✆ 04 73 82 01 02 - www.hotelrestaurantlescopains.com - ♿ - fermé 1 sem. vac. de Pâques, 10 sept.-10 oct., 1 sem. vac. d'hiver, dim. soir, sam. et soir férié - menus (déj.) 16/56 € - 10 ch. 68/80 € - ☕ 9 €.* Face à la rotonde célébrée par Jules Romains dans *Les Copains*. Au menu, une généreuse cuisine élaborée à partir de produits du terroir; fameuse fourme. Carte dans l'ensemble un peu chère.

Le M – *1 pl. du Livradois - ✆ 04 73 82 28 91 - fermé lun. et dim. soir - menus 28/42 €.* On « M » ce bistrot contemporain branché, pour son accueil charmant, comme pour sa cuisine actuelle et goûteuse, proposée à l'ardoise et rythmée par les saisons. De plus les tarifs restent sages, plus encore le midi en semaine.

La Chaumière – *41 av. Foch - ✆ 04 73 82 14 94 - www.chaumiere-ambert.fr - fermé mi-déc. à déb. mars - 17 ch. 75/108 € - ☕ 10 € - formule déj. sem. 19 €, menus 27/48 €.* De la verdure en plein centre-ville, avec un jardin et une terrasse pour déguster une cuisine de terroir à l'extérieur aux beaux jours, des chambres confortables et un service accueillant : cette Chaumière a tout pour plaire.

À proximité

Premier prix

Hôtel-Restaurant du Ripailleur – *Pl. de l'Église - Dore-l'Église - ✆ 04 73 72 83 20 - www.aubergeduripailleur.com - P ♿ - fermé dim. soir et lun.-mar. (sf juil.-août) - menus 19,50/34 € - 4 ch. 69/79 € - ☕ 7 €.* Au cœur du Parc naturel régional Livradois-Forez, ce restaurant assume pleinement son identité auvergnate : salade de pieds de porc à la fourme d'Ambert, cochonnailles, salers rôtie ou coq au vin à l'ancienne sont au menu. Jolie salle à manger rustique avec pierres et poutres.

Shopping

Marché – *✆ 04 73 82 61 90 - tte l'année : jeu. 8h-13h.* Un des plus importants marchés du Livradois-Forez.

Activités

Vélorail d'Ambert – *La gare, pl. Jean-Berne - ✆ 04 73 82 43 88 - www.agrivap.fr - déb. avr.-déb. nov. : w.-end, fêtes et vac. scol. 14h30 ; juil.-août : tlj. 11h, 13h30, 16h.* Trois parcours au choix : découverte *(1h AR, 28 € 2 à 5 pers.)* ; nature *(1h45 AR, 38 € 2 à 5 pers.) ; tunnels (44 €, 2h AR).* Une balade insolite en famille.

La Forêt de l'Aventure – *Col de la Toute - Cunlhat - ✆ 06 75 03 45 83 - martibusse-aventure.fr - été : 10h-19h, reste de l'année : le w.-end sur réserv., vac.de la Toussaint : mar. 13h-18h, merc. et sam. 11h-18h- tarifs enf. 12/19 €, adulte 27 €.* Accrobranche aménagé dans la forêt de Cunlhat.

Hébergement

Premier prix

Camping municipal Les Trois Chênes – *Rte du Puy - 1,5 km au sud d'Ambert par D 906, rte de La Chaise-Dieu, près de la Dore - ✆ 04 73 82 34 68 - www.camping-ambert.com - P ♿ - mai-sept. - réserv. conseillée - 94 empl. - 18 chalets avec électricité 296/768 € la sem.* Même s'il est un peu proche de la route, ce terrain est un point de chute idéal pour sillonner le Parc naturel régional Livradois-Forez. Blocs sanitaires modernes et ensemble très bien tenu.

À proximité

Hôtel La Clairière – *Face à la petite église - Chambon-sur-Dolore - 8,5 km au nord-est de St-Germain-l'Herm par D 37 puis D 56 - ✆ 04 73 72 12 38 - www.hotel-laclairiere-auvergne.com - ♿ (rest.) fermé 2 janv.-10 fév., déb. oct. - 10 ch. 72 € - ☕ 8,50 € - ✕ - plats 14/17 €, menu 29,50 €.* Maison toute simple dans un petit village de montagne. chambres rénovées, salle à manger campagnarde, terrasse. Cuisine maison.

Budget moyen

Domaine La Réveille – *3 r. du Compart - Dore-l'Église - 20 km au sud d'Ambert par la D 906 - ✆ 04 73 72 32 29 - www.domainelareveille.com - ⛱ - fermé durant les fêtes de fin d'année - 5 ch. 98/118 € ☕ - table d'hôte sur réserv. 30 €, formule allégée 18 €.* Voici un bien bel endroit où séjourner. Cette maison de maître entourée d'un magnifique jardin remonte au 14e s. Chambres spacieuses, toutes différentes. La déco intérieure reflète à la fois le bon goût de ses propriétaires et les nombreux voyages qu'ils ont faits. Si vous insistez, ils vous en raconteront quelques-uns... Pour le dîner, ils se mettent alternativement à la cuisine, copieuse et raffinée. Accueil charmant.

Abbaye de La Chaise-Dieu ★★★

Village perché sur un vaste plateau boisé reliant les monts du Livradois et du Forez, les maisons de La Chaise-Dieu sont regroupées autour de sa célèbre abbaye bénédictine. Si vous ne goûtez pas la plénitude de la musique sacrée, prenez le temps d'admirer l'impressionnante église et les trésors fabuleux qu'elle renferme. Découvrez ce site exceptionnel à travers un parcours de visite étonnant qui vous fera revivre l'histoire de ces lieux majestueux.

Abbaye de La Chaise-Dieu.
Ch. Guy/hemis.fr

Se repérer

634 Casadéens – Haute-Loire (43)

CARTE B3 (P. 410).

La route d'accès la plus importante suit la vallée de la Dore de Thiers à La Chaise-Dieu. Mais la plus belle arrivée se fait par le sud-ouest, en suivant la vallée de la Sénouire.

À ne pas manquer

La Danse macabre, les tapisseries de La Chaise-Dieu installées dans la chapelle du 17e s. Le festival de musique classique dans l'abbaye, fin août (attention, les réservations sont ouvertes plusieurs mois à l'avance).

En famille

Les forêts aux alentours de La Chaise-Dieu se prêtent à toutes sortes de randonnées, à pied, à cheval ou à dos d'âne, et à la recherche de champignons.

Carnet pratique p. 446

Nos adresses p. 447

Découvrir l'abbaye

Le site de l'abbaye se compose de deux parties.

Voir plan p. ci-contre. ✆ *04 71 00 01 16.* En accès libre tte l'année : église abbatiale et chapelle des Pénitents (sf lors des offices et durant le festival de musique de mi-août à déb. sept.) - *www.abbaye-chaise-dieu.com.* Parcours payant : historial des bâtisseurs, aile de l'écho, cloître, cellules des moines et accès aux films - *billet valable tte la journée 9 € (5-18 ans 6 €) - visite guidée 1h30 (+ 6 €) - ouv. de mi-avr. à oct. - horaires se rens. - www.chaisedieu.fr.*

Les origines – En 1043, **Robert de Turlande**, fils d'un seigneur de la Margeride, se retire avec quelques compagnons sur ce plateau désolé. Bientôt rejoint par des disciples de plus en plus nombreux, il fonde un monastère qu'il dote de la règle bénédictine, et pour lequel il obtient, en 1052, la protection pontificale. Le succès va croissant : 300 moines, 49 prieurés (notamment un à Lavaudieu pour les femmes) sont dénombrés à la mort de saint Robert en 1067. La multiplication des prieurés jusqu'en Italie (Frassinoro) et en Espagne (Burgos) – en tout 250 établissements –, l'affluence des donations et le rayonnement spirituel font de La Chaise-Dieu le second ordre du 12e s. après celui de Cluny.

Protection papale – L'élection en Avignon du pape **Clément VI**, ancien novice et moine de l'abbaye, est une nouvelle chance pour celle-ci. Ce pape fait reconstruire l'église actuelle par l'architecte occitan Hugues Morel, maître-tailleur de pierre venu du Puy. Elle a été conçue comme une nécropole, où il désirait être enterré : son souhait a été exaucé. Son neveu Grégoire XI, devenu pape à son tour, mène l'opération à son terme. Le vœu de ce dernier d'être lui aussi enterré dans l'abbaye resta lettre morte. Sa dépouille demeura à Rome.

Les **guerres de religion** vont porter un coup immense à l'abbaye, saccagée par les huguenots, qui profanent le tombeau de Clément VI. Les moines se réfugient dans la tour Clémentine. Mais la véritable décadence vient plus tard, quand la nomination des abbés est abandonnée au roi : c'est le principe de la commende. En 1640, l'abbaye rejoint, comme près de 200 monastères en France, la congrégation de St-Maur. Avec la Révolution s'éteint la vie monastique, qui reprendra deux siècles plus tard. Avec deux dates fondamentales : 1966, naissance du **festival de musique classique** ; 1984, installation de huit frères de la communauté de Saint-Jean dans une aile des bâtiments de l'abbaye.

★★★ Église abbatiale St-Robert

L'accès à l'abbatiale se fait par le grand escalier ou, pour les personnes à mobilité réduite, par le chevet (5 cour La Fayette) en demandant aux frères (✆ 07 63 93 28 60)

Lancée en 1344, la construction de l'église St-Robert, aux proportions impressionnantes (longueur : 76 m, largeur : 24 m, hauteur : 18 m), fut achevée en huit ans à peine, en 1352. Taillé dans le granit, l'édifice produit une impression de grandeur et de sévérité qui semble refléter la personnalité de son instigateur, le pape Clément VI.

Façade ouest – Elle évoque l'aspect d'une construction militaire. Surmontée de deux clochers, elle se dresse sur une **place** en pente, ornée d'une fontaine du 17e s. Les grands escaliers sont le lieu de prédilection des festivaliers pour échanger leurs impressions sur les concerts qu'ils viennent d'écouter.

Chœur monastique – Dans le **bas-côté sud** se trouve un **gisant** du 14e s., découvert récemment. Il pourrait s'agir de celui d'un évêque proche des papes d'Avignon. Revenez sur vos pas pour admirer le **tombeau aux anges musiciens (1)**, à la

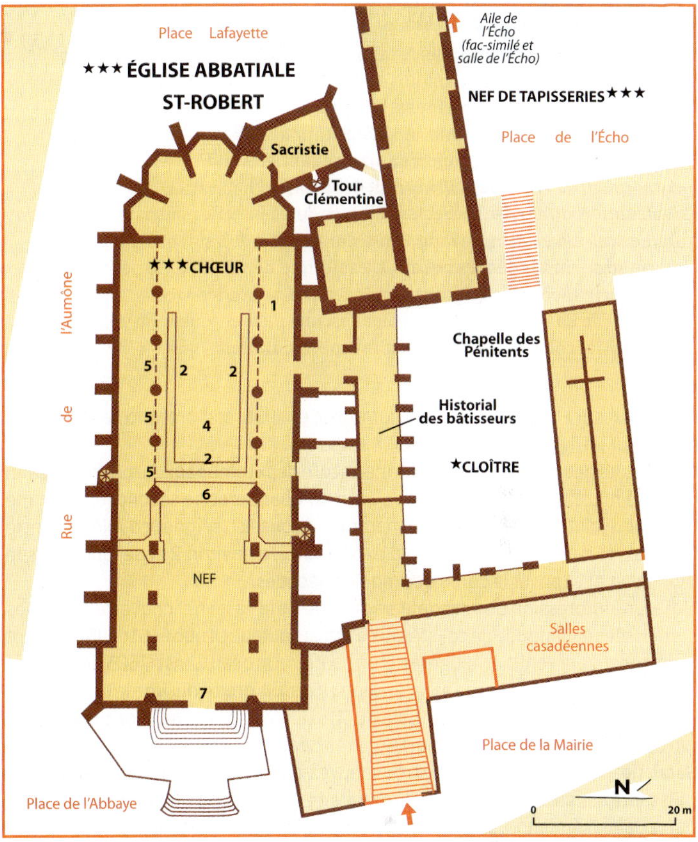

décoration d'angelots sculptés, réalisé au 14e s. Le **sanctuaire** est la partie la plus sacrée de l'église. Derrière le **maître-autel** du 17e s., cinq chapelles rayonnent. À gauche, sur le pilier de l'une d'entre elles, admirez une **Vierge en majesté** en bois polychrome, du 14e s. Le **chœur★★** est entouré de 144 **stalles★★ (2)** en chêne, du 14e s., dont les culs-de-lampe représentent Vices et Vertus, visages et personnages. Il faut s'en approcher pour les apprécier pleinement. Au milieu du chœur se trouve le **tombeau de Clément VI (4)**, qui l'avait fait exécuter de son vivant et sculpter par Pierre Roye, Jean David et Jean de Sanholis. Il était entouré, à l'origine, de 44 statues représentant des membres de la famille du pape. Les protestants le mutilèrent, et on ne voit plus que le gisant sur une dalle de marbre noir.

La Danse macabre★★ (5) – Haute de 2 m et longue de 26 m, cette impressionnante peinture murale, laissée à l'état d'esquisse par l'artiste qui l'a réalisée, se trouve dans le bas-côté nord. Elle fut exécutée au début du 15e s., à la suite d'une épidémie de peste noire. Ses trois panneaux mettent en scène des représentants de l'ensemble de la société médiévale (de gauche à droite, l'aristocratie, la bourgeoisie, les humbles), entraînés vers leur propre mort par des transis. Un message rappelant que la mort est inéluctable et qu'elle touche chacun de la même manière, qu'il soit puissant ou misérable. Ce thème, souvent représenté au 15e s., n'a été nulle part évoqué avec autant de réalisme et de mouvement. L'œuvre

7

Une restauration d'envergure

À un ensemble si exceptionnel, il fallait une restauration exceptionnelle. Initié dès 2007, le projet a conduit en premier lieu à inscrire en 2009, au titre des Monuments historiques, l'ensemble des bâtiments abbatiaux, puis à lancer un vaste programme de réhabilitation. L'**aile de l'Écho** constitue l'une des phases les plus importantes du chantier. Vendu à la Révolution, ce bâtiment de 110 m de long abritait des locaux d'habitation : lors de leur destruction, on a redécouvert les volumes de la chapelle mauriste Notre-Dame du Collège (40 m de long, 8 m de large et 8 m de haut) et d'une partie de ses **admirables décors peints**. C'est ici que, depuis 2019, la **nef des Tapisseries** accueille **quatorze tapisseries flamandes★★★**.
Le projet de La Chaise-Dieu prévoit aussi une mise en valeur du village. Un chantier colossal, pour un résultat spectaculaire.

inspira Arthur Honegger quand il composa, en 1938, son oratorio *La Danse des morts*, sur un livret de Paul Claudel.
Le bas-côté gauche du chœur renferme encore deux **tombeaux**. Le premier gisant, un abbé mitré, serait celui de l'abbé Jean de Chandorat ; le second, une femme aux mains jointes, serait celui de Smaragde, épouse du seigneur d'Allègre. Entre les deux, remarquez une « pierre d'exposition », d'environ 2 m de long, utilisée pour laver et exposer le corps des moines décédés.
Nef – Une impression de grandeur se dégage de la vaste nef couverte de voûtes surbaissées et flanquée de collatéraux d'égale hauteur. Un **jubé (6)** du 15e s. rompt la perspective et semble réduire la nef en hauteur. Un beau Christ (1603) le domine ; au pied de la croix, la Vierge et saint Jean (15e s.). À droite du jubé le tombeau de saint Robert, simple pierre tombale du 11e s. En face, le **buffet d'orgue★ (7)**, en pin de la région, est du 17e s. Il porte un très beau décor sculpté.
Sacristie – *Ne se visite pas.* Elle se trouve au rez-de-chaussée de la **tour Clémentine**, puissante construction de caractère militaire réalisée à partir de 1355. Souhaitée par le pape Clément VI, son édification se termine probablement sous le pontificat de son neveu, le pape Grégoire XI (1370-1378). Cette tour comprenait un four et un puits pour qu'en cas d'attaque, ses occupants soient totalement autonomes.
Après des siècles de difficultés, l'abbaye sort de l'ombre au début du 20e s. Sa restauration complète aura lieu à partir de 1965, grâce au pianiste **Georges Cziffra**, qui propose la création d'un festival de musique sacrée pour financer les travaux. La restauration des grandes orgues est achevée. Depuis 1990, une dizaine d'interventions archéologiques ont permis notamment de mettre au jour un sarcophage trapézoïdal (en 1992, déposé dans le cloître), des sépultures romanes sous l'emprise du grand escalier (1994) et un gisant (en 1999, déposé dans l'abbatiale).

Historial des bâtisseurs

Dans cet espace contemporain, une muséographie retrace l'épopée des bâtisseurs de l'abbaye de la Chaise-Dieu, depuis les origines jusqu'aux travaux actuels.

★ Aile de l'Écho

Elle se succède en plusieurs salles. Dans la **nef des tapisseries** (chapelle mauriste) se déploient les **quatorze tapisseries flamandes★★★** restaurées, en laine, lin et soie, commandées par l'abbé Jacques de St-Nectaire et exécutées au début du 16e s. Les sujets, tirés de l'Ancien et du Nouveau Testament et illustrant le thème du Salut, sont copiés sur la Bible des pauvres, si répandue au Moyen Âge, et accompagnés de légendes en caractères gothiques. La salle 7 projette un fac-similé de la *Danse macabre* (scénographie de 8mn) : on y explique l'apparition de la peste et la création des danses macabres dans l'art, réflexion sur la condition humaine. Enfin, la salle de l'Écho présente un étonnant phénomène acoustique : deux personnes, placées dans des angles opposés et se tournant le dos, peuvent parler à voix basse et s'entendre parfaitement.

★ Cloître

Accessible seulement aux visiteurs s'étant acquittés du droit d'entrée.
I fut édifié entre la fin du 14e s. et le début du 16e s. Les galeries menant aux cellules et aux dortoirs *(côté est)*, et au réfectoire *(côté sud)*, ont disparu sans doute suite à l'incendie de 1574.

Chapelle des Pénitents

Accès par la rue Saint-Robert. L'ancien réfectoire, du 15e s., est devenu chapelle des Pénitents blancs au 19e s. Ils sont représentés sur la tribune de la chapelle. Le **Chemin de Croix★** (1980) est de Robert Falcucci, peintre, illustrateur et affichiste.

Le village

Un petit circuit permet de comprendre comment la ville s'est développée. La balade commence à la **fontaine** (1609), située juste devant la façade de l'abbaye. Au début de la **rue St-Esprit**, la première maison à droite porte une bretèche, d'origine militaire, une construction de pierre au toit de tuiles vernissées. Remarquez les éléments sculptés intégrés aux murs des maisons, qui sont des remplois d'édifices disparus. En bas à gauche de la rue, la maison du drapier s'orne d'une belle corniche sculptée et de hautes fenêtres.
Les **rues Fontgiraud** et **des Fossés** matérialisent le tracé des remparts édifiés au 14e s. La **tour** à l'angle des rues des Fossés et de la Côte en est le dernier vestige. Dans la **rue des Casernes**, une maison a conservé une baie géminée romane du 12e s. Revenir par la **rue Ste-Marie**, où une **lanterne** est le témoin du premier éclairage public à La Chaise-Dieu : la poulie de bois équipée d'une chaînette permettait de descendre la lanterne pour l'allumer et l'éteindre.

À proximité

CARTE P. 410

Le plateau de La Chaise-Dieu est couvert à 70 % par des forêts de résineux, lieux propices à la cueillette de champignons, mais aussi aux légendes et histoires à faire peur. **Henri Pourrat** *(voir p. 555)* s'en est beaucoup inspiré dans son œuvre, notamment dans *Gaspard des montagnes*.
Ces forêts sont aussi des espaces où randonnées pédestres (180 km de sentiers balisés), équestres, à dos d'âne ou à VTT se pratiquent facilement *(rens. auprès de l'office de tourisme)*.

Signal de St-Claude

1 km à l'est. Traversez la D 906. Après le passage sous la voie ferrée, tournez à droite dans le chemin (indiqué) qui, environ 600 m plus loin, atteint le sommet.
Alt. : 1112 m. On découvre un beau **panorama** sur la forêt de Breuil, puis les monts du Forez, du Lyonnais, le Pilat, les Cévennes, les monts du Cantal et les monts Dore.

Sentier du Serpent d'or

1h30 AR. Départ à côté de la salle des fêtes de La Chaise-Dieu.
Depuis la cité casadéenne, vous descendrez à travers la forêt du Breuil, jusqu'à rejoindre la Sénouire ou « Serpent d'or ». Cette belle rivière aux éclats dorés tire

son nom de sa couleur et de ses nombreux méandres *(voir Brioude* et *Lavaudieu).* Vous découvrirez comment les moines exploitaient cette forêt, et quelques anecdotes et légendes sur la région.

St-Victor-sur-Arlanc B3

À 11 km au nord-est de La Chaise-Dieu.

Musée de la Radio « Les années trente » et des jeux électroniques « Les années quatre-vingt » *–Le Bourg - ✆ 04 71 03 34 25 - visite guidée (1h30) 14h30-18h - 4 € (-12 ans 2 €) - billet donnant accès à l'église St-Victor - avec dégustation de confiseries maison.* Ce musée retrace le développement de la TSF de 1925 à aujourd'hui et des jeux électroniques à partir des années 1980. Plus de 1000 postes français et étrangers illustrent les progrès techniques et l'évolution esthétique des postes de radio.

Craponne-sur-Arzon B3

À 19 km à l'est de La Chaise-Dieu.

Qui soupçonnerait que cette petite ville plus que millénaire organise l'un des meilleurs festivals de **musique country** en Europe ? Chaque année, quelque 20 000 amateurs viennent applaudir, en plein air, des formations américaines et européennes, lors d'un véritable marathon musical (plus de vingt heures de concerts). La ville est aussi le domaine de la musique classique. Stages de musique de chambre, colonie chantante, concerts lyriques, récitals de piano sont organisés chaque année en juillet à la chapelle des Pénitents.

St-Julien-d'Ance B3

À 27 km à l'est de La Chaise-Dieu.

Ce petit village abrite une église rebâtie au 16e s., dont il reste, de ses origines romanes, quelques éléments en façade. Un peu en contrebas du village, dans un hameau, se trouve le **moulin d'Ancette**, qu'une association de bénévoles a remis en état *(de mi-juin à mi-sept. : w.-end 14h30-18h30 - entrée libre).*

Carnet pratique

S'informer

Office de tourisme – *Aile ouest de l'abbaye - Av. de la Gare - La Chaise-Dieu - ✆ 04 71 00 01 16 - www.lepuyenvelay-tourisme.fr.*

Agenda

Festival de La Chaise-Dieu – Depuis plus de cinquante ans, 25 000 mélomanes assistent fin août à ce prestigieux festival. *www.chaise-dieu.com.*

Festival de country – *À Craponne-sur-Arzon - dernier w-end de juil. - www.facebook.com/Festivaldecraponnesurarzon.* L'un des meilleurs festivals de musique country en Europe.

Festival de musique classique de Craponne-sur-Arzon – *Juil. - ✆ 09 86 43 31 48.*

Les Journées de l'orgue – *À La Chaise-Dieu - 2e sem. d'août.*

Biennale Casa d'Art – *À La Chaise-Dieu - 3e w.-end d'août.*

Foire aux champignons – *À La Chaise-Dieu - dernier jeu. d'oct.* Cette grande foire aux champignons secs est l'une des plus importantes de France. Dégustation de l'omelette géante aux champignons.

Nos adresses

Hébergement/restauration

Premier prix

Le Lion d'or – *14 r. de la Gare - ☎ 04 71 09 45 90 - 10,50/13 € - 11 ch. 45/60 €.* En face de l'abbaye, cet établissement avec terrasse propose une cuisine traditionnelle en portions généreuses et à des prix défiant toute concurrence.

Au Clos de l'Âtre – *18 r. Marchédial - ☎ 04 71 00 01 73 - www.leclosdelatre.com - 5 ch. 68 € - ✕ table d'hôte 24 € bc.* Au cœur du village, cet établissement propose 5 chambres confortables. Pour être au plus près de l'abbaye.

Budget moyen

L'Écho et l'Abbaye – *9 pl. de l'Écho - ☎ 04 71 00 00 45 - www.echo-et-abbaye.com - ♿ - ouvert de déb. avr. à mi-nov. - fermé merc. sf juil.-août - plats 14/22 €, menus (déj.) 22/42 € - 5 ch. 95/135 € - ☕.* Tables joliment dressées, cuisine traditionnelle, carte des vins étoffée… Certaines chambres ont vue sur le cloître.

À proximité

Premier prix

Le Clos Saint-François – *Beaune-sur-Arzon - ☎ 04 71 01 23 95 - www.leclosstfrancois.com - ouv. de mi-avr. à mi-nov. - 4 ch. 80/90 € ☕ - ✕ table d'hôte 25 € bc - studio 2 pers. 90 € ☕.* Ces chambres d'hôte ont pris place dans un ancien couvent du 17e s. Au petit-déjeuner, tout est fait maison. Les hôtes peuvent profiter du jardin de curé attenant. Accueil cavaliers, randonnées possibles, VTT mis à disposition.

Budget moyen

Chambres d'hôtes La Maison du Lac – *Lac de Malaguet - Monlet - à 10 km au sud de La Chaise-Dieu - ☎ 04 71 00 21 48 - www.lacdemalaguet.fr - P ♿ - fermé de mi-nov. à fin mars - 5 ch. 78/110 € ☕ - ✕ menus 15/30 € sur réserv.* Au bord d'un lac d'altitude (1025 m), cette ancienne fabrique de passementerie abrite des chambres confortables et un beau jardin fleuri. Agréable salon ouvrant sur la rive.

Shopping

Au Moine gourmand – *3 av. de la Gare - ☎ 04 71 00 01 17 - 9h-19h, dim. 9h-16h - tlj en été, fermé lun.-mar. reste de l'année.* Faites provision des délicieuses confitures et gelées préparées chez ce Moine gourmand. Sa gelée de verveineest succulente. Jean-Marc Dumas fabrique aussi de délicieux croquants et autres pâtisseries.

La Boutique artisane – *r. des Casernes - juil.-août : merc.-sam. 10h-19h, dim. 14h-19h ; sept.-juin : jeu. 9h-13h, dim. 14h-18h, fermé fév.-mars.* Il faut monter quelques marches pour découvrir les œuvres d'un collectif d'artisans et d'artistes : costumes et vêtements sur mesure, magnifiques luminaires, bijoux et objets déco en verre.

Librairie-Cave à vin « Dans la forêt » – *8 pl. de la Fontaine - ☎ 04 71 06 17 28 - www.librairiedanslaforet.com - mai-août : mar.-jeu. 10h-13h, 14h-19h ; vend.-sam.10h-19h, dim. 10h-13h ; sept.-avr. : mar.-jeu. 10h-13h, 14h-19h, vend.-sam. 10h-19h.* Cette librairie rurale et moderne est aussi une cave-bar à vin. Vous prendrez le temps de choisir parmi les 5000 livres en rayon tout en buvant un thé, un café, un verre de vin, une bière…

Activités

Le refuge de P'tit Âne – *Lieu-dit Valentin - Berbezit - à 15 km à l'ouest de La Chaise-Dieu - ☎ 04 71 00 09 22 -ptitane43.wixsite.com/ptitane43 - balade à partir de 22 €, randonnées à partir de 57 €.* Location d'ânes de bât, sans accompagnateur.

Forêt de Tronçais, Saint-Bonnet-Tronçais, chênes sessiles remarquables Les Jumeaux âgés début du 16e s.

H. Lenain/hemis.fr

8

Bourbonnais

CARTE MICHELIN DÉPARTEMENT 326 - ALLIER (03)

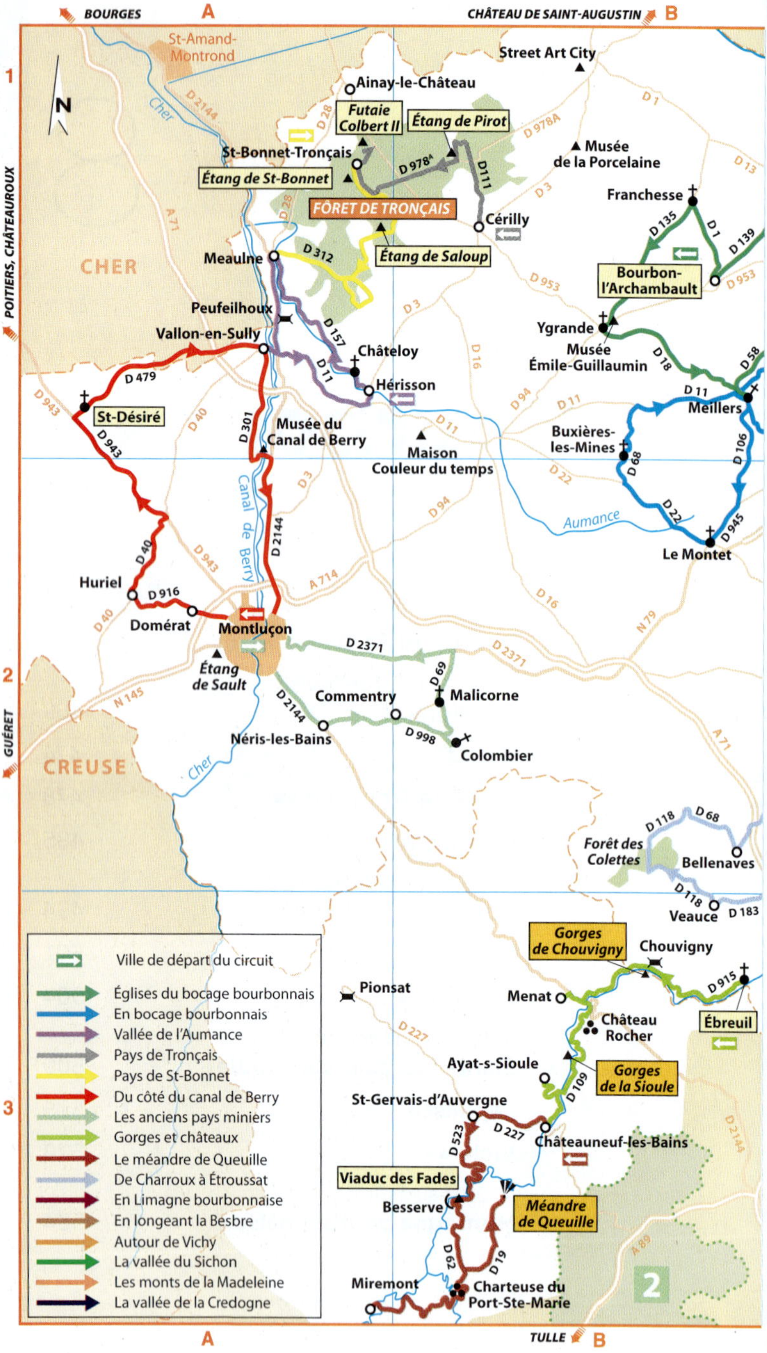
BOURGES
A
CHÂTEAU DE SAINT-AUGUSTIN
B
POITIERS, CHÂTEAUROUX
GUÉRET
TULLE
N
St-Amand-Montrond
Street Art City
Ainay-le-Château
Futaie Colbert II
Étang de Pirot
St-Bonnet-Tronçais
Étang de St-Bonnet
FÔRET DE TRONÇAIS
Musée de la Porcelaine
Franchesse
Cérilly
Étang de Saloup
CHER
Meaulne
Bourbon-l'Archambault
Peufeilhoux
Ygrande
Musée Émile-Guillaumin
Vallon-en-Sully
Châteloy
Hérisson
St-Désiré
Meillers
Musée du Canal de Berry
Buxières-les-Mines
Maison Couleur du temps
Canal de Berry
Aumance
Le Montet
Huriel
Domérat
Montluçon
Étang de Sault
Commentry
Malicorne
Néris-les-Bains
Colombier
CREUSE
Cher
Forêt des Colettes
Bellenaves
Veauce
Gorges de Chouvigny
Chouvigny
Pionsat
Menat
Ébreuil
Château Rocher
Ayat-s-Sioule
Gorges de la Sioule
St-Gervais-d'Auvergne
Châteauneuf-les-Bains
Viaduc des Fades
Besserve
Méandre de Queuille
Miremont
Charteuse du Port-Ste-Marie
2
Ville de départ du circuit
Églises du bocage bourbonnais
En bocage bourbonnais
Vallée de l'Aumance
Pays de Tronçais
Pays de St-Bonnet
Du côté du canal de Berry
Les anciens pays miniers
Gorges et châteaux
Le méandre de Queuille
De Charroux à Étroussat
En Limagne bourbonnaise
En longeant la Besbre
Autour de Vichy
La vallée du Sichon
Les monts de la Madeleine
La vallée de la Credogne

NEVERS, BOURGES
C
D
BOURBONNAIS
0
8 km
FÔRET DE TRONÇAIS
★★★ Vaut le voyage
Moulins
★★ Vaut le détour
Beauvoir
★ Vaut la visite
Huriel
Intéressant
NIÈVRE
ALLIER
PUY-DE-DÔME
Arboretum de Balaine
Le Riau
Avrilly
L' Augère
Agonges
St-Menoux
Autry-Issards
Moulins
Yzeure
Souvigny
Noyant-d'Allier
Châtel-de-Neuvre
Fontariol
Verneuil-en-Bourbonnais
Saulcet
St-Pourçain-sur-Sioule
Hospice de Gayette
Château de Montaigu-le-Blin
Le Méage
Fleuriel
Chareil
Chantelle
Étroussat
Ussel-d'Allier
St-Gilbert
Château de Billy
Seuillet
Charroux
Jenzat
St-Étienne-de-Vicq
Le Breuil
Vichy
Cusset
Paléopolis
Cognat-Lyonne
Gannat
Biozat
Brugheas
St-Yorre
Site des Hurlevents
Busset
Arronnes
Le Mayet-de-Montagne
Ris
Lavoine
Vallée de la Credogne
Montagne bourbonnaise
Forêt de l'Assise
Pierre Charbonnière
Puy du Roc
Châtel-Montagne
Le PAL
Thoury
Beauvoir
Sept-Fons
Puy St-Ambroise
442
644
1031
Jaligny-sur-Besbre
Chavroches
La Palice
Droiturier
LOIRE
ALLIER
Sioule
Besbre
MÂCON
NEUILLY-EN-DONJON
LYON, ROANNE
CLERMONT-FERRAND
1
2
3
7

Moulins ★★

C'est sur les bords de l'Allier que s'épanouit la capitale du Bourbonnais. On prendra plaisir à marcher le long des rives dans le quartier des anciens mariniers, et dans la cité ancienne, riche d'un remarquable patrimoine. Moulins accueille des musées originaux et uniques en France comme le Centre national du costume de scène et le musée de l'Illustration jeunesse, qui proposent chaque année de nouvelles expositions, toujours passionnantes.

Se repérer

19664 Moulinois – Allier (03)

CARTE C1 (P. 451), PLAN (P. 456).

Moulins est située à 56 km de Vichy et à 120 km de Clermont-Ferrand.

À ne pas manquer

Le triptyque du Maître de Moulins, exposé dans la cathédrale Notre-Dame ; l'ancien château avec le donjon, le musée Anne-de-Beaujeu et la maison Mantin ; le Centre national du costume de scène et de la scénographie.

Organiser son temps

Deux jours pour découvrir le patrimoine culturel de la ville. Le lundi, la plupart des musées de Moulins sont fermés *(hors juil. et août)*. Prévoyez une journée pour le parc d'attractions Le PAL (restaurants sur place).

En famille

Le musée de l'Illustration jeunesse (MIJ), la maison Mantin, le Centre national du costume de scène, Le PAL, parc d'attractions et parc animalier.

Carnet pratique p. 462

Nos adresses p. 462

Se promener

PLAN P. 456

Découvrez d'abord le **centre ancien, quartier de la cathédrale**, l'**ancien château des ducs de Bourbon★★**, les maisons à pans de bois et les hôtels particuliers, en suivant l'itinéraire proposé. Puis faites une pause dans l'un des cafés de la place d'Allier, toujours animée – de préférence **Le Grand Café** (B2) où Coco Chanel aurait acquis son surnom. Traversez ensuite l'Allier pour visiter le **Centre national du costume de scène★★**. Il est installé dans de magnifiques bâtiments.

★ Le quartier de la cathédrale

Itinéraire tracé en vert sur le plan p. 456.

★ Cathédrale Notre-Dame B1

De l'ancienne halle du 17ᵉ s. (pl. des Vosges), on jouit d'une vue d'ensemble sur l'édifice.

L'ancienne collégiale de style gothique flamboyant, comprenant le chœur et le déambulatoire à chevet plat, fut édifiée de 1474 à 1507. Au 19ᵉ s., lorsque Moulins devint un évêché, les tours et la nef furent ajoutées pour la nouvelle cathédrale. Elle retient essentiellement l'attention par ses œuvres d'art et ses **vitraux★★**, où l'on reconnaît les célébrités de la cour des Bourbons.

Centre-ville de Moulins.
E. Robert/age fotostock

1) **Vitrail de sainte Catherine ou des Ducs** – Fin 15e s. Le cardinal de Bourbon à droite, Pierre II et Anne de France à gauche vénèrent sainte Catherine. En haut, vie de sainte Catherine d'Alexandrie.
2) **Vitrail du Crucifiement** – Fin 15e s. Le sang du Christ est recueilli par des anges. Au bas du vitrail : **Mise au Tombeau★** (16e s.).
3) **Vitrail de la Vierge au trône** – Fin 15e s.
4) **Vitrail de l'Arbre de Jessé** – 16e s.
5) **Élégant escalier tournant**.
6) **Vitrail de l'Église souffrante et triomphante** – Début 16e s.
7) **Vitrail de l'Église militante** – 16e s. Remise de la couronne d'épines au roi.
8) **Chapelle de la Vierge noire** – Réplique de celle du Puy-en-Velay, la Vierge noire rappelle que Moulins était une étape pour les pèlerins en route pour Le Puy-en-Velay et St-Jacques-de-Compostelle. Un bas-relief en bois polychrome illustre la mort de la Vierge.
9) **Chapelle du chapitre** – Au centre du vitrail : martyre de sainte Barbe.
10) **Peinture classique** – Représentation de deux chartreux.
11) **Annonciation** – Peinture du 18e s. disposée de part et d'autre du portail.
12) **Vitraux retraçant la vie de la Vierge**.
13) **Vitrail de sainte Marie Madeleine** – 16e s.
14) **Vitrail du Christ en Croix** – Fin 15e s.
15) **Vitrail de sainte Élisabeth de Hongrie** – Début 16e s.

La **salle du trésor** abrite surtout un grand chef-d'œuvre de la peinture sur bois de la Renaissance, le triptyque du Maître de Moulins. Elle renferme également un **Christ-reliquaire en ivoire (16)** du 17e s., monté sur un socle en ébène, le **triptyque d'Aubery (17)** et le **triptyque de Bethléem (18)**, attribué à Joos Van Cleve, peintre flamand du 16e s., dont les sujets sont empruntés à la vie de Jésus.

★★★ **Triptyque du Maître de Moulins** – *Pl. de la Déportation - ✆ 06 37 92 39 85 - visite guidée (20mn) des vac. de Pâques aux vac. de la Toussaint : 10h-11h30, 14h-17h30, dim. 14h-17h30 ; reste de l'année : tlj sf dim. 10h-11h30, 14h-17h30 - fermé lun. - 3 € (-25 ans 2 €).*

Rien ne laisse présager, dans cette salle sombre, de l'éclat et de la finesse de la peinture. Probablement achevé en 1498, il paraît se rattacher à l'école flamande par ses attitudes, à l'école florentine par le dessin des visages et des fronts. L'éclat des couleurs, la grâce des personnages en font une œuvre empreinte d'une grande fraîcheur. Il fut réalisé pour le compte de Pierre II, duc de Bourbon, et de son épouse Anne de France (Anne de Beaujeu), qui sont représentés sur les faces intérieures du triptyque. La face extérieure des volets figure, en grisaille, l'Annonciation ; les faces intérieures, la Vierge en gloire. Celle-ci, les yeux baissés sur l'Enfant Jésus, se détache sur un fond de soleil et d'arc-en-ciel qui donne à l'ensemble une grande perspective. Sa conservation presque parfaite s'explique par son histoire. D'abord oublié près de 300 ans dans le fond de la cathédrale, fermé presque en permanence, ce n'est qu'au 19e qu'il est mis en valeur sur les conseils de Prosper Mérimée. Caché au prieuré de Souvigny pendant la Seconde Guerre mondiale, il échappe aux pillages et aux destructions.
Sur l'esplanade, face à la Cathédrale.

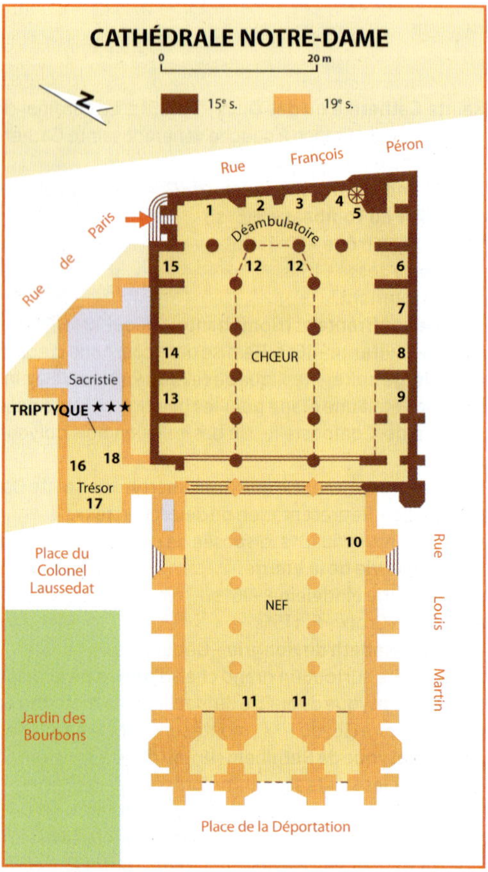

Une royale lignée

La seigneurie de **Bourbon** entre dans l'histoire au début du 10e s., mais les sires, puis ducs de Bourbon, mirent plus de trois siècles à forger un État capable de rivaliser avec ses puissants voisins : le Berry et la Bourgogne. Ils nouèrent des liens avec le royaume de France, en mettant leurs forces à son service. Archambaud IX accompagna Saint Louis en Terre sainte. Une habile politique matrimoniale permit à huit Bourbons de devenir rois de France. Le 15e s. vit l'apogée du duché et le développement à Moulins d'une cour brillante où des artistes vinrent, sollicités par Charles Ier, Jean II, Pierre II et Anne de France : Jean Ockeghem, musicien flamand, le sculpteur Jacques Morel, puis Michel Colombe et ses disciples Jean de Rouen et Jean de Chartres, pour ne citer que les plus connus. Des peintres aussi : Jean Perréal, Jean Richer et, surtout, le Maître de Moulins...

★★ Ancien château des ducs de Bourbon

Vous vous trouvez sur l'emplacement de l'ancien château des ducs de Bourbon, qui occupait jadis toute l'esplanade. Du palais ducal subsistent aujourd'hui le **donjon** et le **pavillon Renaissance**. Entre les deux, la **maison Mantin**, villa de style éclectique, construite en 1896 par Louis Mantin, sur l'ancien corps de logis du 15e s., accueille ses collections. Cet amateur d'art passionné fut à l'origine de l'installation du musée Anne-de-Beaujeu dans le pavillon royal, et de la création de la galerie qui réunit aujourd'hui les deux bâtiments.

Donjon du château des ducs de Bourbon AB1

✆ 04 70 20 48 47 (tél. musée Anne-de-Beaujeu) - visite guidée juil.-août : 10h-12h30, 14h-18h30, dim. 14h-18h30, fermé lun. ; reste de l'année : se rens. - dép. visite : pl. du Colonel-Laussedat - 5 € (-12 ans gratuit).

Le château médiéval des ducs de Bourbon, fut construit aux 14e et 15e s. puis agrandi à la fin du 15es. par **Anne de France**, fille aînée de Louis XI, et son époux, Pierre de Beaujeu, duc de Bourbon.

En **1755** un incendie détruisit le grand corps de logis, ajouté par Anne de France. Le château, délaissé, devint une **prison** à partir de 1775 et ce, jusqu'en 1983. Il fut racheté par le Conseil départemental de l'Allier ; des travaux de restauration et des fouilles archéologiques y ont été réalisés.

Aujourd'hui, il subsiste **la tour** (surnommée **la Mal Coiffée** en référence à sa toiture), la grande courtine, la tour des archives, l'amorce du bâtiment de la grande salle et des caves.

La visite de ces vestiges permet de découvrir plusieurs époques imbriquées dans les murs du donjon : au 2e étage, la chambre du duc du 14e s. et une poutre maîtresse de 1399 ; les caves et les cachots, créés pour accueillir des prisonniers politiques sous Napoléon III, les aménagements carcéraux et les graffitis des prisonniers (notamment de la Seconde Guerre mondiale lorsque la prison était allemande) sont des témoignages émouvants de la vie des détenus. On découvre la cellule des derniers condamnés à mort et le parloir encore utilisé dans les années 1980, intact. Sans aucun doute la visite la plus surprenante à Moulins.

★ Maison Mantin A1

Pl. du Col.-Laussedat - ✆ 04 70 20 48 47 - musees.allier.fr - visite guidée (1h15) juil.-août : 10h-12h30, 14h-18h30, dim. 14h-18h30 ; reste de l'année : tlj sf lun. 10h-12h, 14h-18h, dim. et j. fériés 14h-18h - 8 € (-17 ans gratuit) - réserv. conseillée.

« Je lègue [...] ma maison d'habitation de la place du Château [...]. On devra [...] y montrer aux visiteurs dans cent ans un spécimen d'habitation d'un bourgeois du 19e s. » Curieux testament que celui de Louis Mantin, mort en 1905. Complètement restaurée, sa maison est ouverte aux visiteurs depuis 2010. Faite sur mesure pour accueillir ses nombreuses collections, la maison vous immerge dans le monde de la bourgeoisie au 19e s. car tout y a été conservé « en l'état » : tentures, boiseries, mobilier, peintures, objets d'art, photographies... Vous porterez une attention particulière aux vitraux et à l'harmonie des couleurs des corridors du 1er étage. La **chambre de Louis Mantin**, tapissée de cuir doré, est particulièrement stupéfiante.

Pavillon dit d'Anne de Beaujeu

Le pavillon d'**Anne de Beaujeu** (1461-1522) est le seul vestige de l'agrandissement du palais ducal, commandé par cette princesse vers 1495. C'est le premier bâtiment français édifié dans le style Renaissance. La façade précédée d'une

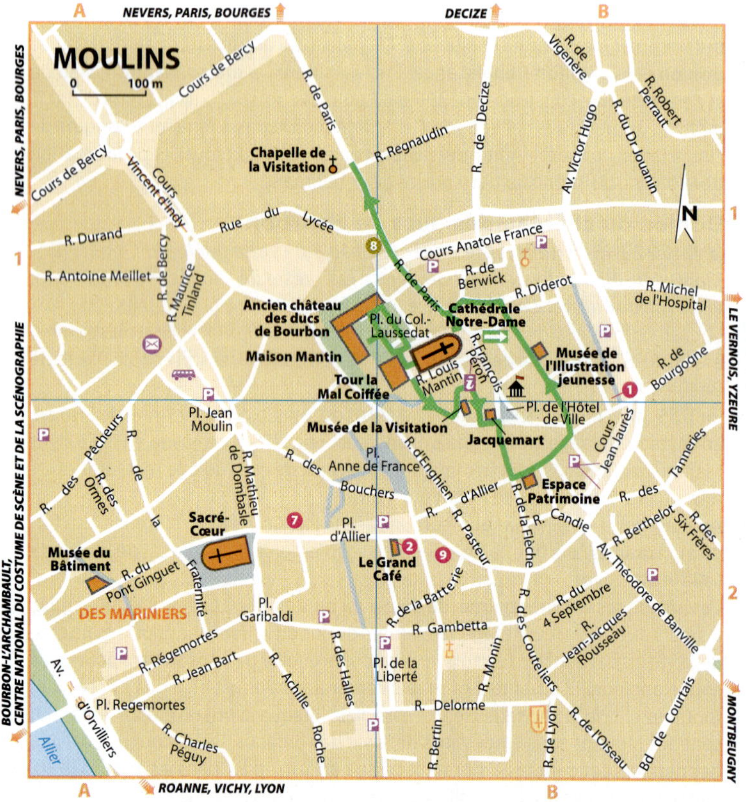

SE RESTAURER		SE LOGER
La Cuisine d'Hervé 1	La Bulle d'Air 7	Hôtel de Paris 8
Le Grand Café 2	Le bistrot de Guillaume 9	

tour-porche est percée de six arcades décorées des initiales de Pierre et Anne de Beaujeu ainsi que des emblèmes des Bourbons : ceinture d'espérance, chardon et cerf volant. Ce pavillon abrite le musée Anne-de-Beaujeu.

Musée Anne-de-Beaujeu

Pl. du Col.-Laussedat - ✆ 04 70 20 48 47 - musees.allier.fr - juil.-août : 9h45-18h30, dim. et j. fériés 14h-18h30 ; reste de l'année : tlj sf lun. 10h-12h, 14h-18h, dim. et j. fériés 14h-18h - 5 € (-16 ans gratuit) - 8 € billet combiné avec la maison Mantin.

Ce musée particulièrement dynamique, organise tout au long de l'année des expositions temporaires, ainsi que de nombreuses activités pour tous les publics : conférences, cours d'histoire de l'art, visites thématiques et activités pour le jeune public. Il poursuit également sa politique de réaménagement pour présenter une collection permanente très diversifiée.

Au rez-de-chaussée, l'**archéologie égyptienne** est complétée par une importante collection de céramiques antiques, étrusques et grecques (collection Campana, dépôt du musée du Louvre). Aux objets gallo-romains succèdent des sculptures bourbonnaises médiévales. La **salle des retables**, peintures, sculptures et objets d'art de la fin du Moyen Âge et de la Renaissance, présente des œuvres en particulier allemandes et autrichiennes. Remarquez *L'adoration des Mages*, du maître de Francfort et surtout le *retable de St-Étienne* du Maître d'Uttenheim (Tyrol du sud, vers 1475).

Au sous-sol, les **arts décoratifs** moulinois du 18e s. sont représentés par des faïences et de luxueux couteaux et coffrets. À l'étage, le **Salon de peinture** recrée la tradition des « Salons » au 19es. avec des œuvres académiques de Gérôme, Laurens, Meissonier, Luminais...

Suite de l'itinéraire : prenez la rue de l'Ancien Palais jusqu'à la place.

La **place de l'Ancien Palais**, autrefois place centrale, est entourée de rues médiévales et de maisons à pans de bois. Au *2* rue Grenier se trouve la **maison Thierry de Clèves** (1460) ; il faut pousser la porte pour découvrir la cour intérieure et ses galeries, ainsi qu'un escalier à vis. Au 5 rue des Orfèvres, vous verrez une autre maison médiévale d'origine.

Musée de la Visitation B2

4 pl. de l'Ancien-Palais - ✆ 04 70 44 39 03 - www.musee-visitation.eu - 10h-12h, 14h-18h - fermé dim. - 7 € (-18 ans 4 €) - billet donnant accès aux expositions temporaires.

Un ensemble de maisons des 15e et 17e s. abrite en ses murs le seul musée européen dédié à un ordre monastique, en dehors des carmels hispaniques.

L'**art religieux** est à l'honneur, avec un riche ensemble, unique en France, retraçant l'histoire de l'ordre de la Visitation dont la fondatrice, sainte Jeanne de Chantal, mourut à Moulins en 1641. Les statuaires et les superbes pièces tissées et brodées par les visitandines depuis le début du 17e s. (vêtements liturgiques, etc.) sont issues d'un fonds textile riche de plus de 1800 objets. Les collections comptent également quelque 300 pièces d'**orfèvrerie** religieuse et civile d'origines française et européenne, et un très bel ensemble d'**objets de dévotion**, réalisés dans les matériaux les plus divers. Vous découvrirez aussi la vie quotidienne des religieuses à travers des reconstitutions (scènes de repassage, de vannerie, de tissage). Le musée organise une exposition temporaire par an, présentée à l'Espace Patrimoine.

Prenez à droite la rue des Orfèvres.

★ Jacquemart B2

Pl. de l'Hôtel-de-Ville - ✆ 04 70 48 01 36 - visite guidée (45mn) avr.-oct. : sam. 17h - 6 € (-12 ans gratuit) - réserv. conseillée - consulter le programme des visites guidées du service patrimoine.

Le **beffroi**, surmonté d'une charpente couverte et d'un campanile abritant les cloches et les automates, était jadis le symbole des libertés communales de la ville. De nos jours, les automates de la famille Jacquemart rythment la vie de la cité. Le père Jacquemart, en uniforme de grenadier, et sa femme Jacquette sonnent les heures, tandis que les quatre enfants égrènent les quarts. Brûlé en 1655, de nouveau incendié en 1946, l'ensemble fut remonté l'année suivante.

Descendez la rue de l'Horloge et tournez rue d'Allier à gauche.

Espace Patrimoine - Hôtel Demoret B2

83 r. d'Allier - ✆ 04 70 48 01 36 - 10h-12h, 14h-18h, dim. 15h-18h, fermé lun. - entrée libre.

Des plans-reliefs montrent le développement urbain depuis le Moyen Âge, des maquettes présentent l'évolution de l'habitat. Intéressante reconstitution de Moulins au début du 16e s. À l'étage, une exposition temporaire est présentée par le musée de la Visitation (*de mai à déc. 4 €*).

Continuez rue d'Allier puis tournez à gauche rue Voltaire.

★ Musée de l'Illustration jeunesse - MIJ B1

26 r. Voltaire - hôtel de Mora - ✆ 04 70 35 72 58 - musees.allier.fr - ♿ - juil.-août : 9h45-12h30, 14h-18h30, dim. et j. fériés 14h-18h30 ; reste de l'année : tlj sf lun. 10h-12h, 14h-18h, dim. et j. fériés 14h-18h - 5 € (-16 ans gratuit).

Achevé vers 1750 par la famille Cadier de Veauce, cet hôtel particulier est redécoré au 19e s. par un marquis espagnol en exil, Pascal Moreno de Mora. Cette construction, parfaitement restaurée, accueille depuis 2005 le seul musée entièrement dédié à l'illustration jeunesse en France. Au rez-de-chaussée, un parcours permanent permet d'aborder l'histoire de l'illustration et ses techniques de manière ludique et interactive. L'étage est dédié à des expositions temporaires, thématiques ou monographiques. Le musée propose également de nombreuses activités destinées aux adultes (stages) ou au jeune public (lectures, visites spécifiques, ateliers pratiques).

Remontez la rue Voltaire jusqu'à la rue Diderot, puis à gauche jusqu'à la rue de Paris.

★ Chapelle de la Visitation et mausolée du duc de Montmorency A1

35 r. de Paris - ✆ 04 70 48 01 36 - www.ville-moulins.fr - consulter le programme des visites guidées du service patrimoine - 6 €.

Œuvre d'artistes parisiens, les frères Anguier, ce mausolée achevé en 1653 leur fut commandé par l'épouse d'Henri II de Montmorency, une fois celle-ci rendue veuve par Richelieu en 1632 et reléguée à Moulins, au couvent de la Visitation (l'actuel lycée). Il fut transporté démonté, par route de Paris à Montargis, puis par voie d'eau. Le duc, vêtu d'une armure finement ciselée, et la duchesse, entourés par la Force, la Libéralité, le Courage militaire et la Foi, reposent sur un lourd sarcophage en marbre. Au fronton, les colliers des ordres de St-Michel et du St-Esprit entourent le blason des Montmorency.

Le circuit s'arrête ici. Pour vous rendre au Centre national du costume de scène, il faut traverser l'Allier. Il vaut mieux prendre un véhicule (autobus D depuis la gare).

Il faut emprunter le **pont Régemortes** pour traverser l'Allier ; il offre une belle vue sur Moulins et sur les flèches de la cathédrale. Pendant la Seconde Guerre mondiale, ce pont délimitait la ligne de démarcation avec la zone libre.

Centre national du costume de scène et de la scénographie, exposition Barockissimo, Les Arts florissants en scène.
Ph. Blanchot/hemis.fr

★★ Centre national du costume de scène et de la scénographie

Quartier Villars. Traversez l'Allier par le pont Régemortes en direction de Souvigny. Accès au parking par la rte de Montilly - ✆ 04 70 20 76 20 - cncs.fr - 10h-18h ; mai : 14h-18h - 7 € (-12 ans gratuit).

Sur la rive gauche de l'Allier, ce centre unique au monde est installé dans le quartier Villars, construit à la fin du 18e s. pour abriter un régiment de cavalerie. Sauvé de la démolition en 1984 grâce au classement aux Monuments historiques de ses magnifiques escaliers en grès rose et jaune, son imposant bâtiment principal s'élève sur trois niveaux.

Au rez-de-chaussée, une exposition permanente, consacrée au danseur d'exception **Rudolf Noureev** (1938-1993), présente des costumes de scène de ses principaux rôles, ainsi que des objets personnels (tableaux, objets d'art, mobilier...) qui reconstituent son univers privé. Un film documentaire retrace sa vie et son parcours artistique.

Créé pour assurer la conservation et la mise en valeur des costumes et toiles de décors provenant de l'**Opéra national de Paris**, du **département des arts du spectacle de la Bibliothèque nationale de France** et de la **Comédie-Française,** le centre, en croissance permanente, abrite près de 10 000 costumes, dont les plus anciens datent de la seconde moitié du 19e s.

Du fait de la fragilité des textiles, les costumes ne peuvent être exposés que temporairement. Le CNCS organise donc des expositions temporaires en permanence. Chacune d'elles traite d'un thème ou d'un artiste en particulier, avec la présentation d'une centaine de costumes fantastiques, des dessins, des affiches et des toiles de décors (pièces de théâtre, opéras, ballets), magnifiquement mis en scène dans des espaces théâtralisés.

À l'automne 2022, s'est ouvert un nouveau bâtiment (2000 m^2) dédié à la scénographie théâtrale. Il propose un espace d'interprétation pour montrer au public l'envers du décor et permet également d'accroître les réserves de costumes.

Déjeuner ou pause gourmande au restaurant, décoré par Christian Lacroix (*06 41 43 28 88 - 11h-18h; fermé lun. - formules 17,40/22,50 €).*

Église du Sacré-Cœur A2

R. Blaise-Pascal - 04 70 20 57 77 - 9h-18h (en dehors des offices) - gratuit.
Cette construction néogothique du 19e s. ouvre sur le quartier des mariniers. Sa façade à trois portails reprend l'esprit des édifices au 13e s., tout comme l'élévation à trois niveaux à l'intérieur. Pendant la journée, les vitraux colorent la pierre de leurs reflets.

Musée du Bâtiment A2

18 r. du Pont-Guinguet - 04 70 34 23 69 - musee-batiment.fr - mai-sept. : vend.-dim. 10h-12h, 14h-18h - gratuit.
Des outils, des matériaux, des techniques, mais aussi des équipements et des décors aujourd'hui disparus sont présentés dans un bel immeuble du 18e s. à colombages qui accueillit les compagnons du Devoir. Expositions temporaires à thème. Une visite instructive et insolite.

Maison de la Rivière

Rte de Clermont-Ferrand - jours et horaires, se rens. auprès de l'office de tourisme.
Installé sur d'anciennes friches, voici un nouveau complexe dédié au patrimoine et à la nature. Sur plus de 1400 m², la Maison de la Rivière Allier est organisée autour de plusieurs espaces : accueil touristique ; centre d'interprétation de l'architecture et du patrimoine ; location de vélos et de canoës ; restaurant avec terrasse. À l'étage, une terrasse ouverte offre un très beau **panorama** sur l'Allier et surplombe une piscine naturelle créée au sein de la rivière, avec vue imprenable sur le pont Régemortes du 18e s.

À proximité

CARTE P. 451

★★ Parc Le PAL D1

À 25mn du centre-ville, à l'est. Prenez la D 12, par Yzeure puis la N 79.
Le Pal - 04 70 42 68 10 - www.lepal.com - - avr.-sept. : 10h-18h ou 19h selon calendrier d'ouv. - fermé certains j., se rens. - 32 € (-10 ans 28 €) - gratuit enf. de moins de 1 m. Forte affluence les w.-end et l'été.
Créé en 1973, ce parc d'attractions et animalier est aujourd'hui le premier site touristique d'Auvergne avec plus de 600 000 visiteurs par an ! Aménagé sur 50 ha, dans un cadre forestier, Le PAL se divise en deux parties : les attractions et les animaux. Le **parc d'attractions** en propose 31 montagnes russes à sensations fortes, attractions aquatiques ou autres pour les enfants (divers manèges, tasses magiques, balade dans les airs, etc.). **L'espace animalier** accueille 1000 animaux des cinq continents (éléphants, girafes, fauves, singes, cervidés, oiseaux aquatiques, perroquets, rapaces, etc.), vivant en semi-liberté dans leur milieu naturel recréé (plaine de l'Afrique...). Des spectacles y sont organisés au long de la journée. Le goûter des animaux plaira aux enfants. Le parc propose un hébergement en pleine nature, dans des **lodges africains**, en bois et en toiles, sur pilotis, ainsi qu'un hôtel, le PAL Savana Réserve, face à une savane africaine reconstituée(hébergements à réserver impérativement).

Yzeure C1

À 2 km à l'est de Moulins. Plus ancien que Moulins, ce bourg fut un chef-lieu de paroisse jusqu'à la guerre de Cent Ans.

Église St-Pierre – Cette église des 12e et 15e s. se signale par sa tour carrée couronnée par une balustrade, œuvre de la fin du 18e s. On remarquera les **chapiteaux** du portail principal et de la nef, de facture bourguignonne, et surtout la crypte du 11e s.

Château d'Avrilly C1

À 8,5 km au nord-ouest de Moulins.

Trévol - ☏ 04 70 42 61 13 - chateauavrilly.com - visite guidée (1h) des extérieurs du château et des dépendances juil.-août : 14h-17h - fermé lun. - 5 € (-13 ans 3 €).

Construit au 15e s., remanié aux 17e et 19e s., ce château est sis dans un parc de 100 ha agrémenté d'un canal, d'où se dégage une magnifique perspective. La façade orientale édifiée en 1436 et notamment son donjon témoignent de l'époque médiévale du château. Un pavillon du 17e s. enjambe les douves.

Château du Riau C1

À environ 15 km au nord de Moulins.

Villeneuve-sur-Allier - ☏ 04 70 43 34 47 - www.chateau-du-riau.com - visite guidée - juil. et sept. : 14h30-18h30 - fermé sam. - 7 € (-18 ans 6 €).

Situé aux confins de l'Allier et de la Nièvre, le domaine du Riau est composé de plusieurs constructions du 15e au 18e s. Le bâtiment le plus remarquable est une ancienne **grange aux dîmes★** élevée en 1584, dont les écuries occupaient le sous-sol et où le grain était entreposé dans les trois salles supérieures. Du dernier étage, couvert d'une belle charpente en forme de carène renversée, on a une très jolie **vue** sur le château, les douves, la porte fortifiée et le pigeonnier.

Dans l'enceinte de la **porte fortifiée**, on visite successivement la chapelle, la salle des gardes, les salons et la salle à manger. Dans la tour carrée, un escalier du 15e s. orné d'une balustrade en bois conduit aux **chambres** (styles Louis XV, Louis XVI et Empire).

★ Arboretum de Balaine C1

À environ 15 km au nord-ouest de Moulins.

Lieu-dit Balaine - Villeneuve-sur-Allier - ☏ 06 70 11 55 32 - www.arboretum-balaine.com - ♿ - de mars à mi-nov. : 9h-19h (17h30 en nov.) - 12 € (8-12 ans 5 €) - fermé de mi-nov. à fin fév. - pique-nique possible dans le parc.

Créé en 1804, ce parc botanique tracé « à l'anglaise » offre sur près de 20 ha de très nombreuses essences. Sapins du Caucase, de Grèce, d'Espagne, sapins douglas, **séquoias géants**, pins de Crimée, chênes pédonculés ou chevelus, cèdres du Liban voisinent avec les espèces locales. Le sous-bois est agrémenté d'imposants massifs de rhododendrons, d'azalées, de bambous, de cornouillers. Entre les allées, vous découvrirez des sculptures réalisées avec le bois des arbres abattus par la tempête de 1999. Dans le bâtiment d'accueil, une exposition consacrée à Aglaë Adanson, à l'origine de l'arboretum, retrace l'histoire du site ; la Fête des plantes lui est dédiée chaque année, le 3e week-end d'avril.

Châtel-de-Neuvre C2

À environ 19 km au sud de Moulins.

Ce village possède une charmante petite église romane au clocher couvert en bâtière, construite sur un promontoire qui domine la vallée de l'Allier. La **vue★** sur la rivière et la campagne bourbonnaise s'étend fort loin.

Carnet pratique

S'informer/pass

Office de tourisme – *11 r. François-Péron - Moulins - ✆ 04 70 44 14 14 - www.moulins-tourisme.com.* Visites thématiques.

Le Citypass Moulins – *16/25/30 €/pers. formule 1-3 j., 41/59/69 € City-pass famille.* Amorti dès la deuxième visite, il permet l'accès à tous les musées de Moulins.

Le Pass'Allen – *✆ 04 70 46 81 50 - www.allier-tourisme.com - gratuit.* Après la première visite payée plein tarif, tarif réduit sur de nombreux autres sites. Disponible dans les offices du tourisme de l'Allier et téléchargeable sur le site Internet.

Arriver/partir

Se garer – Des parkings bordent le centre-ville, cours Anatole-France et cours Jean-Jaurès. Vous en trouverez aussi près de la gare SNCF et près des halles. **Marché** en centre-ville vend. et dim. matin.

Agenda

Festi'BD – *dernier w.-end de mars - ✆ 04 70 48 25 00 - www.festibd.fr.*

Nos adresses

Restauration

PLAN P. 456

Budget moyen

1 La Cuisine d'Hervé – B2 - *36 cours Jean-Jaurès - ✆ 04 70 44 25 66 - www.lacuisinedherve.fr - fermé merc. - menus 18/55 €.* Un cadre chaleureux, moderne et convivial, et une cuisine traditionnelle que le chef, Hervé Courtais, revisite subtilement. Agréable terrasse en été.

2 Le Grand Café – B2 - *49 pl. d'Allier - ✆ 04 70 44 00 05 - menus 17,50/42 €.* Construit en 1899, ce café est inscrit à l'Inventaire des Monuments historiques. Une fresque grandiose à la gloire de Gambrinus, le dieu de la Bière, entoure le buveur tandis que d'immenses miroirs renvoient son image à l'infini. C'est ici que Gabrielle Chanel aurait acquis son surnom de Coco en chantant Qui qu'a vu Coco au Trocadéro du haut du balcon. Un lieu à découvrir. Spécialité : entrecôte de bœuf - salers, aubrac, charolaise ou limousine selon arrivage.

9 Le bistrot de Guillaume – B2 - *13 r. de Pont - ✆ 04 43 51 23 82 - fermé juin, dim. soir- lun. - plats 22/29 €, menus 23 € (déj.)/35 €.* En plein cœur de Moulins, la petite salle claire et intimiste donne déjà le « la », et l'on s'y attable sans se faire prier. Mais le meilleur est encore à venir : dans sa petite cuisine, le chef-patron compose des préparations à la fois fines et bien pensées, qui sont un ravissement pour les papilles.

Pour se faire plaisir

7 La Bulle d'Air – A2 - *22 pl. d'Allier - ✆ 04 70 34 24 61 - fermé 1 sem. en fév., 15-31 juil., dim.-lun. - menus 23 € (déj.)/36 €.* Depuis sa cuisine ouverte, sans jamais être prisonnier de sa bulle créative, le jeune chef Vincent Hoareau propose une cuisine fraîche et savoureuse, à déguster dans un cadre contemporain, ou sur la terrasse en été.

Le Clos de Bourgogne – HORS PLAN - *83 r. de Bourgogne - ✆ 04 70 44 03 00 - www.clos-de-bourgogne.com - ♿ - fermé dim. sf le midi en saison et lun., janv.-fév., 1 sem. vac. de Noël - menus 45/63 € - 11 ch. 110/180 € - ☕ 15 €.* Un hôtel particulier du 18e s., installé dans un écrin de verdure, légèrement excentré du centre-ville. À la carte : des petits plats dans l'air du temps, régulièrement renouvelés en fonction des saisons. Les chambres sont spacieuses et confortables ; on y accède par un magnifique escalier d'époque. Quel charme !

Shopping

Spécialités de la région : on les trouve dans deux boutiques *rue Datas, le long des Halles* : **Aux Fins Palais**, traiteur, vins et **Auvergne Prestige**, vins, fromages, salaisons, produits d'Auvergne (moutarde de Charroux, lentilles du Puy...) et possibilité de déguster des planches sur place. Pour un pâté aux pommes de terre, spécialité bourbonnaise, aller à la **boucherie Moutardier**, *7 rue Régemortes (fermé dim.)*

Les Palets d'Or – *11 r. de Paris - ✆ 04 70 44 02 71 - lespaletsdor.com - 9h30-12h15, 14h-19h15, lun. 14h15-19h15, dim. 9h30-12h30.* Ces chocolats « aplatis », fourrés de crème et de café, ont été créés dans cette boutique en... 1898. La tradition du palet est maintenue et régulièrement renouvelée, avec des créations telles que les Ganaches de grands crus de chocolat, le Toucan ou les Folies de l'écureuil.

Hébergement

PLAN P. 456

Budget moyen

Hôtel Le Parc – HORS PLAN - *31 av. Gén.-Leclerc - ✆ 04 70 44 12 25 - www.hotel-moulins.com - P - 24 ch. 75/98 € - ☕ 11 € - ✕ menus 27 € (déj.)/38 €.* À deux pas d'un parc et de la gare, établissement où toute une famille se met en quatre pour rendre votre séjour agréable. Chambres bien tenues, en partie rajeunies. Salle à manger au décor soigné où l'on sert une cuisine traditionnelle « aux petits oignons ».

Pour se faire plaisir

(8) **Hôtel de Paris** – A1 - *21 r. de Paris - ✆ 04 70 44 00 58 - www.hoteldeparis-moulins.com - P 10 €/nuit - ♿ - 30 ch. 110/185 € et 7 suites 150/210 € - ☕ 18 €.* À 100 m de la cathédrale, cet hôtel-restaurant créé en 1834 fait figure d'institution. Doté d'un Spa et d'une piscine, il se distingue par de très jolies chambres et une salle de réception aménagée dans une chapelle du 19e s.

À proximité

Budget moyen

Chambres d'hôte La Grande Poterie – *9 r. de la Grande-Poterie - Coulandon - à 3 km au sud-ouest de Moulins - ✆ 04 70 44 30 39 - ✆ 06 68 22 20 73 - www.lagrande poterie.com - 💳̸ P - ouv. toute l'année - 4 ch. 95/140 € ☕ - ✕ 31 €.* Ancienne ferme restaurée, au sein d'un parc arboré et fleuri parfaitement entretenu. Les chambres sont calmes et très agréables. La table d'hôte propose de goûteuses spécialités auvergnates certains soirs sur réserv.

Hôtel Le Chalet – *28 rte du Chalet - Coulandon - à 3 km au sud-ouest de Moulins - ✆ 04 70 46 00 66 - www.hotel-lechalet.fr - 28 ch. 99/108 € - ☕ 11 € - ✕ menus 25 € (déj.)/39 €.* Pour une halte reposante, dans un hôtel labellisé « Nature et silence », entouré d'un parc et avec piscine. Le restaurant Montégut avec terrasse au grand air propose des produits régionaux.

Bourbon-l'Archambault ★

Berceau des rois de France, Bourbon-l'Archambault a le charme un peu exotique des villes d'eaux et vous y séjournerez avec plaisir, même si vous ne souffrez pas de rhumatismes, grande spécialité de cette station thermale... Dominée par les vestiges de son château médiéval, l'ancienne capitale des puissants ducs de Bourbon est une petite ville animée qui s'ouvre sur les paysages vallonnés du bocage bourbonnais.

Se repérer

2559 Bourbonnais – Allier (03)

CARTE B1 (P. 450).

Bourbon-l'Archambault se situe à 23 km de Moulins.

À ne pas manquer

L'église St-Georges et ses chapiteaux. Pour les amateurs d'art roman, l'itinéraire des églises du bocage bourbonnais, en particulier celle de St-Menoux.

En famille

La visite guidée du château.

Nos adresses p. 468

Se promener

1 pl. de l'Hôtel-de-Ville - Bourbon-l'Archambault - 04 70 67 09 79 - tourisme-bocage.fr.

Un itinéraire balisé, doté de bornes interprétatives, agrémente votre promenade dans les parcs et la ville.

Parcs et thermes

Le parc thermal, au milieu duquel se trouvent l'ancien **casino** et les thermes, est parcouru par les allées Montespan – la célèbre marquise séjourna régulièrement en cure à Bourbon-l'Archambault – qui permettent d'accéder au **nouveau parc**. Celui-ci offre, au nord-est, une belle **vue★** sur le promontoire où s'élevait jadis l'imposant château des Bourbons.

Construit en 1885, l'**établissement thermal** bénéficie des eaux de Bourbon. Celles-ci, déjà appréciées des Romains, jaillissent à 55 °C et sont indiquées dans le traitement des rhumatismes, des paralysies et pour la rééducation fonctionnelle. À l'intérieur, ne manquez pas les **plafonds en caissons** de châtaignier et les superbes **céramiques des thermes**, réalisées par les ateliers Parvillée en 1885. *Pl. des Thermes - 04 70 67 07 88 - www.chainethermale.fr - ♿ - ouv. de mi-mars à mi-nov. - fermé dim. - pour les visiteurs de passage, des formules d'une demi-journée de détente (4 soins), permettent de se ressourcer agréablement.*

L'ancien casino, construit en 1889 par Charles Le Cœur, accueille aujourd'hui un centre socioculturel ainsi qu'un musée situé au rez-de-chaussée.

Musée Augustin-Bernard *- 2 r. du Parc - 04 70 66 54 15 - www.allier-auvergne-tourisme.com - ♿ - avr.-oct. : mar.-merc. et vend.-sam. 15h-18h - 4 € (-10 ans gratuit).* Les plus belles pièces du musée, dédié à l'histoire de Bourbon-l'Archambault, sont une Vierge romane en bois polychrome, *la Vierge en majesté* de Vernouillet et une collection de pots à pharmacie en faïence de Nevers des

17e et 18e s. Vous y verrez également la reconstitution d'un intérieur bourbonnais du 19e s.
Le Logis du Roy – *Ne se visite pas. Place Charles-Delorme.* Ce beau bâtiment du 17e s., premier établissement thermal de la station, de style Mansart, fut édifié sur ordre de Gaston d'Orléans, frère de Louis XIII. Le bâtiment comportait autrefois trois bains en sous-sol, et un logement réservé à l'intendant des eaux dans la partie supérieure.

Tour Qui Qu'en Grogne

Visite guidée uniquement, voir sur : chateaudebourbon.fr.
Devant le mécontentement des habitants lorsque Louis II de Bourbon décida d'élever une tour de défense, ce dernier aurait fini par déclarer : « Contents ou pas, qui qu'en grogne, on la bâtira. » ; d'où son curieux nom. Il s'agit en fait de la tour d'angle sud-est de l'enceinte du château, surmontée d'un campanile du 18e s.

Château médiéval

Parking aux abords du site.
R. de la Ste-Chapelle - 04 70 67 02 30 - chateaudebourbon.fr - juil.-août : mar.-sam. 10h-19h, dim. 14h-18h - visite guidée : 10h, 14h, 16h - hors saison, se rens. sur le site - visite guidée 8,50 € (7-14 ans 6,50 €), libre 6,50 € (7-14 ans 4,50 €).
Si vous le pouvez, montez à pied en prenant l'escalier « la montée de la prison ».
Du château des ducs de Bourbon, ouvrage militaire défendu par une vingtaine de tours, il ne reste, depuis sa démolition à partir de 1793, que les trois tours nord, chacune dotée de trois **salles voûtées** d'ogives. Les ducs successifs agrandirent le château jusqu'à la fin du 15e s. Deux chapelles furent construites, pour accueillir les saintes reliques offertes par Saint Louis à son fils Robert *(aujourd'hui conservées au presbytère de l'église St-Georges).* L'une des deux chapelles était la réplique de la Sainte-Chapelle de Paris.
Du sommet de la tour de gauche, la **vue★** s'étend sur la ville, l'étang, le moulin banal, et le bocage. Panorama mérité après avoir gravi... 102 marches !
Maison des chanoines – *04 70 67 02 30 - chateaudebourbon.fr - voir conditions de visite sur le site.* Située au pied du château, cette maison du 15e s. fut occupée par des chanoines, chargés de veiller sur les reliques de la sainte chapelle.
Au pied de la Sainte-Chapelle, un spectacle son et lumière est proposé (1h30) du 14 juil. au 15 août. Début du spectacle à 22h en juil., 21h30 en août - 14 € (-16 ans 6 €).

Église St-Georges

On peut l'atteindre par la rue de la Fontaine-Jonas. À 10mn à pied environ des thermes.
Élevée au 12e s. comme simple chapelle prieurale sur le site d'un ancien temple romain, l'église fut remaniée et agrandie aux 15e s. et 19e s. À l'intérieur, remarquez les beaux **chapiteaux** sculptés ou peints, dont celui des « musiciens », aux personnages munis de syrinx, viole et cor (trois instruments utilisés au Moyen Âge). La chapelle de la Ste-Vierge abrite une statue en marbre blanc, la Vierge à l'Enfant (14e s.), provenant de la Sainte-Chapelle du château, tout comme les saintes reliques apportées en 1287 à Bourbon par Robert de Clermont, fils de Saint Louis et aujourd'hui conservées au presbytère.
Le presbytère *(à gauche en sortant de l'église. Visite sur demande auprès de la paroisse - 04 70 67 03 44)* renferme un trésor recelant trois reliquaires du 19e s. L'un renferme une épine de la Sainte-Couronne, un autre un fragment de la Vraie Croix.

À proximité

CARTE P. 450

Street Art City à Lurcy-Lévis B1

À 22 km au nord-ouest du centre-ville. ☏ 06 44 95 59 86 - www.street-art-city.com - ♿ - fin mai-fin oct. 11h-19h (dern. entrée 16h) - fermé certains j., se rens. - prévoyez la journée pour une visite complète ! - extérieurs 15 € (-16 ans gratuit) - hôtel et extérieurs 20 € (-16 ans 10 €). Espace restauration : 4 à 16 €.

En pleine campagne, dans un ancien centre de formation des PTT fermé depuis 1992, Sylvie et Gilles Iniesta ont eu l'idée de créer un espace dédié au Street Art. Ils invitent donc chaque année depuis 2016 des artistes du monde entier, qui ont, jusqu'à présent, peint une centaine de fresques murales extérieures. Le centre, constitué de treize bâtiments sur 10 ha, offre 22 000 m² de superficie. Un paradis pour les amateurs d'art urbain. L'Hôtel 128, quant à lui, laisse découvrir... 128 chambres, chacune peinte par un artiste différent, offrant un univers unique.

Églises du bocage bourbonnais

Circuit de 45 km tracé en vert sur la carte p. 450-451 (BC1).

Vallonné, le paysage est cloisonné de haies appelées « bouchures », et parsemé de massifs forestiers, entre les prairies où paissent de belles charolaises.

Quittez Bourbon-l'Archambault par le nord en empruntant la D 1, direction Nevers.

Église de Franchesse B1

L'église St-Étienne, construite aux 12ᵉ et 13ᵉ s., est surmontée d'un beau clocher effilé, caractéristique de ceux de la région. L'intérieur se distingue par ses chapiteaux décorés d'animaux et ses fonts baptismaux du 15ᵉ s.

Quittez Franchesse par le sud-ouest en empruntant la D 135, direction Ygrande.

Musée Émile-Guillaumin B1

Les Vignes - ☏ 04 70 66 37 90 - musee-emile-guillaumin.planet-allier.com - juil.-sept. : jeu., w.-end et j. fériés 15h-18h - 2,50 € (-12 ans gratuit).

Agriculteur et écrivain, **Émile Guillaumin** (1873-1951) sut traduire les joies et les misères des métayers bourbonnais. Ses livres, *La Vie d'un simple* et *Le Syndicat de Baugignoux*, sont des documents sur le monde rural de l'Allier au 19ᵉ s. Installé dans sa maison familiale, le musée reconstitue la vie de ce syndicaliste militant au travers de témoignages et présente son œuvre littéraire et son activité de journaliste.

Quittez Les Vignes par le sud-ouest en empruntant la D 953.

Église d'Ygrande B1

Édifiée au 12ᵉ s. en grès du pays, elle possède l'un des plus beaux clochers de la région (14ᵉ s.). Celui-ci se compose d'une tour octogonale à deux étages surmontée d'une **flèche** en pierre qui s'élève à 25 m de hauteur (depuis le deuxième étage).

Quittez Ygrande par le sud-est en empruntant la D 192. À St-Aubin-le-Monial, prenez à gauche la D 492, puis à droite la D 18. Continuez jusqu'à Meillers.

Église de Meillers B1

Dédiée à saint Julien, cette église romane du 12ᵉ s. est connue pour son très beau **chapiteau** des animaux musiciens (un lion jouant de la viole et un âne de la harpe) et pour son superbe **tympan** en bâtière, sur lequel figure le Christ bénissant, dans une mandorle soutenue par deux anges. Sa notoriété provient aussi de sa **Vierge** en bois polychrome, située dans la chapelle, à gauche du chœur, sans doute l'une des plus anciennes du Bourbonnais.

Quittez Meillers en suivant la D 18 par l'ouest ; après le croisement avec la D 11, prenez la D 58 à droite.

Église d'Autry-Issards C1

Cet édifice de style roman bourguignon, dont l'entrée principale est surmontée d'un linteau signé, possède de superbes chapiteaux historiés. Dans le chœur à droite, vous noterez une belle Déposition de Croix, œuvre de l'école flamande de la fin du 15e s.

Quittez Autry-Issards par le nord-est en empruntant la D 58 qui mène à St-Menoux.

★ Église de St-Menoux C1

Rampe d'accès ♿ côté ouest ; stationnement près de la maison à colombages.

L'édifice actuel, qui compte parmi les plus belles églises du Bourbonnais, fut construit durant la seconde moitié du 12e s. à l'emplacement d'un ancien sanctuaire élevé à la mémoire d'un évêque breton du 7e s., Menulphe.

Extérieur – Le chevet s'ordonne élégamment sous la haute silhouette du clocher, flanqué de sa tourelle d'escalier. Le narthex, du 11e s., s'ouvre par un large portail en plein cintre. Il est orné de chapiteaux primitifs, et abrite un dépôt lapidaire.

Intérieur – La nef du 13e s., retouchée au 15e s., et les bas-côtés présentent de nombreuses œuvres d'art, dont une Vierge de pitié du 16e s. dans le bas-côté droit et, dans le bas-côté gauche, un autel en chêne sculpté (17e s.). Le **chœur★★**, aux proportions admirables, est fermé par des piliers à chapiteaux surmontés de sobres arcatures séparées des fenêtres hautes par un bandeau de grecques. Dans l'une des chapelles rayonnantes du **déambulatoire**, on retiendra un bas-relief représentant, dans une mandorle, un Christ bénissant entouré par les symboles des quatre évangélistes et l'Agneau pascal. Dans le déambulatoire, l'alternance des piliers et des pilastres cannelés révèle des influences bourguignonnes. Le **sarcophage**, placé derrière le maître-autel, abrite les restes de saint Menoux qui avait, dans les siècles passés, la réputation de guérir les simples d'esprit (*berdins* ou *bredins* en langage bourbonnais). D'ailleurs, une cavité dans le flanc du sarcophage permet de passer la tête afin de se faire « débrediner », d'où le nom de **débredinoire** donné à cette curiosité.

Vous pouvez rentrer directement par la D 953 à Bourbon-l'Archambault ou faire un crochet par Agonges en continuant sur la D 58.

Église Notre-Dame d'Agonges C1

Au carrefour de trois diocèses, cette église en grès ocre fut élevée à la fin du 12e s. De styles mêlés berrichon, bourguignon et auvergnat, elle présente une architecture romane de transition qui tranche avec sa voûte gothique. Une belle **frise** animalière en façade extérieure et des **chapiteaux** figuratifs (feuillages, têtes d'hommes, masques, etc.) à l'intérieur étonnent par leur réalisme et leur originalité.

Château de l'Augère C1

✆ 06 32 02 30 87 - www.chateaudelaugere.fr - ♿ - visite guidée (1h) juin à sept. tlj 14h-17h30 sur RV - 7,50 € (-12 ans 3,50 €).

À Agonges, le « village aux 13 châteaux », le château de l'Augère est situé dans un beau parc de 7 ha. Cette ancienne forteresse, entourée d'eau, a conservé son donjon du 15e s. autrefois grenier à grains (pigeonniers également du 15e s.). Le reste du château, transformé au 19e s., est resté dans la même famille depuis sa construction en 1441. Un intéressant petit musée de la Vénerie a été créé dans une dépendance. *12 € (-12 ans 6 €) - son et lumière deux soirées en août : 21h.*

Traversez Agonges par la D 58. Suivez la D 54 en direction de Franchesse sur 4 km, puis tournez à gauche. La D 139 ramène à Bourbon-l'Archambault.

Nos adresses

Hébergement/restauration

Pour se faire plaisir

Grand Hôtel Montespan Talleyrand – *Pl. des Thermes - ✆ 04 70 67 00 24 - hotel-montespan-talleyrand.com - ♿ (rest.) - 13 ch. 90/150 €, 2 suites 190/220 € - ☕ 13,90 € - ✕ menus 21,90 € (déj.)/45 €.* Ces trois maisons anciennes ont hébergé Mme de Montespan, Mme de Sévigné et Talleyrand. Chambres spacieuses et personnalisées. Solarium, jardin intérieur à la française et piscine avec vue sur le château des ducs. Petit déjeuner délicieux (avec confitures maison). Au restaurant, poutres et pierres d'origine côtoient une décoration actuelle de bon goût. La cuisine y est traditionnelle et excellente. Enfin, l'accueil est chaleureux : c'est une excellente adresse. Accès direct aux thermes et possibilité de réserver des séjours incluant des soins thermaux.

En soirée

Casino de Bourbon-l'Archambault – *ZA du Pont des Chèvres - ✆ 04 70 67 15 39 - www.casino-bourbon-larchambault.fr - P ♿ (rest.) - 9h-1h (3h vend.-sam.).*Ouvert en 1998, le casino de Bourbon-l'Archambault offre : une salle de boule, une salle de grands jeux (roulette anglaise et black-jack) et une salle de machines à sous. Il se complète d'un cinéma et d'un restaurant de 100 couverts. Toute l'année, il propose des activités culturelles, artistiques et festives.

Activités

Thermes de Bourbon-L'Archambault – *Pl. des Thermes - ✆ 04 70 67 07 88 - www.chaine thermale.fr/bourbon-l-archambault.html - P ♿ - ouv. mi mars-nov. 7h-19h30.* Rhumatologie, gynécologie, détente, remise en forme. Pour les visiteurs de passage, des formules d'une demi-journée de détente, à partir de 55 € (4 soins et accès au bain de vapeur) permettent de se ressourcer.

Souvigny ★★

Au milieu des prairies encloses du bocage bourbonnais, l'un des grands prieurés dépendant de l'abbaye de Cluny vit une véritable renaissance. Avec son fameux pilier du Zodiaque, ce superbe ensemble abbatial a fait l'objet d'une opération « Grand Site », accompagnée de travaux d'ampleur nationale. Après la visite de l'abbaye et de ses jardins, où se déroule, fin septembre, un festival de musique baroque autour de l'orgue Clicquot, promenez-vous dans les rues du village.

L'église St-Pierre-et-St-Paul (12e et 15e s.).
Ch. Guy/hemis.fr

Se repérer

1828 Souvignyssois – Allier (03)

CARTE C1 (P. 451).

À 13 km à l'ouest de Moulins, Souvigny est également accessible de Bourbon-l'Archambault.

À ne pas manquer

L'église prieurale St-Pierre-et-St-Paul, qui abrite les tombeaux des Bourbons. Le pilier roman du Zodiaque, œuvre du 12e s., au musée de Souvigny.

Organiser son temps

Comptez une journée pour voir les curiosités de la ville et découvrir le bocage bourbonnais.

En famille

Les fêtes médiévales fin juillet-début août (troubadours, saltimbanques, chevaliers et conteurs).

Carnet pratique p. 473

Nos adresses p. 473

Se promener

★★ Église prieurale St-Pierre-et-St-Paul

✆ 04 70 43 99 75 - accès libre 9h-20h - visites guidées d'avr. à fin oct. ; en juil.-août : 10h, 15h et 16h30 (le dim. uniquement à 15h) ; hors saison, se rens.

L'église St-Pierre-et-St-Paul appartenait à l'ancien prieuré bénédictin de Souvigny, dont la construction débuta en 950. Deux clochers romans, reliés depuis le 15e s. par un pignon ajouré, dominent le prieuré.

Façade ouest – La façade de l'édifice roman, dont ne subsiste que la porte gauche, est depuis le 15e s. précédée d'un avant-corps percé d'un portail et d'une large baie flamboyante. Au centre de la façade, les trois travées romanes appartenaient à l'édifice primitif, consacré en 1064. Le flanc nord permet de suivre les différentes étapes de construction de l'église : les tours, le deuxième bas-côté et le déambulatoire au 12e s., la partie supérieure de la nef et les transepts au 15e s.

Nef et bas-côtés – L'intérieur surprend par ses grandes dimensions : 87 m sur 28 m. Les doubles bas-côtés entourant la nef, de même que le double transept, soulignent l'influence de Cluny. Les premiers bas-côtés, élevés au 11e s., sont très étroits et voûtés en berceau, tandis que les seconds, postérieurs, sont voûtés d'arêtes ou d'ogives. Le badigeon jaune et blanc sur les nefs est le fruit d'une restauration récente (début des années 2000) et controversée. L'**armoire aux reliques★**, en pierre du 15e s., est fermée par quatre volets de bois ornés de peintures consacrées aux vies de saint Mayeul et saint Odilon *(voir ABC d'architecture, p. 566)*. Saint Mayeul, abbé de Cluny, mourut à Souvigny en 994.

En 2001, les gisants du tombeau gothique des saints Mayeul et Odilon, brisés à la Révolution, furent mis au jour. Ils reposaient au fond d'un caveau sous la nef centrale de l'église. Patiemment reconstitués – l'un d'eux était brisé en 2144 morceaux ! –, ils ont été réinstallés au milieu de la grande nef.

★ Chapelle vieille – *À droite du carré du transept. - en fonction des offices, se rens. - 5 € (-12 ans gratuit) - 7 € billet combiné avec le musée de Souvigny.* Une restauration a permis la découverte en 2011, sur la voûte, de fresques d'anges musiciens en polychromie du 15e s. d'une finesse exceptionnelle.

La chapelle est fermée par une belle clôture de pierre de style flamboyant. Elle abrite le **tombeau** de Louis II de Bourbon, dit le Bon, et de sa femme, Anne d'Auvergne. Les deux gisants en marbre sont d'un grand réalisme malgré les mutilations. À noter également un bas-relief du 15e s. représentant la **Mise au Tombeau**.

La nécropole des ducs de Bourbon

En 916, Aymard, lieutenant du duc d'Aquitaine, cède sa terre de Souvigny aux moines de Cluny ; par ce geste, il assure à l'ancienne villa carolingienne un destin hors du commun. La sainteté de **Mayeul** et d'**Odilon**, bientôt réunis dans le même tombeau, attire à Souvigny de nombreux pèlerins, et le plus ancien des prieurés de Cluny, comblé de bienfaits, connaît une extension considérable. Les sires de Bourbon, descendants d'Aymard, forgent autour de Souvigny un État qui allait devenir le duché de Bourbonnais. Aux 14e et 15e s., le monastère subit de nouvelles transformations lorsque les ducs Louis II et Charles Ier décident de faire de ce sanctuaire leur nécropole. Depuis la dernière découverte de gisants en 2001, les campagnes de fouilles se succèdent ; en 2006, elles ont permis la découverte de la sépulture inviolée du « bâtard » de Bourbon, Jean de Rochefort (arrière-petit-fils de Saint Louis).

★★ **Chapelle neuve** – *Dans le sanctuaire, chapelle de gauche.* De dimensions plus vastes que la chapelle vieille, elle est ceinte d'une très légère clôture. Elle renferme le tombeau de Charles Ier et de sa femme, Agnès de Bourgogne, œuvre de Jacques Morel, formé à l'art bourguignon. Les gisants, revêtus de manteaux aux plis amples, reposent sur une dalle de marbre noir.
Chapiteaux – Si tous les chapiteaux de la nef et des bas-côtés méritent d'être admirés, ne manquez surtout pas celui des **moines monnayeurs**, frappant un lingot de métal, pesant des pièces et les mettant dans un sac. Il se trouve dans le bas-côté gauche, au niveau du portail latéral et rappelle l'ancien privilège du prieuré de battre monnaie.
Sacristie – Construite au 18e s., elle possède de belles boiseries à médaillons et des peintures en trompe-l'œil.

Cloître

Accès par le bas-côté droit de l'église ou les bâtiments conventuels du 17e s., à droite de l'église - 5 € (-12 ans gratuit) - 7 € billet combiné avec la visite libre du musée de Souvigny - visite guidée horaires, se rens.
Il ne subsiste qu'un côté de ce cloître du 15e s. voûté d'arêtes à trois branches en raison de la disposition des piliers.

Église St-Marc

Uniquement visible dans le cadre de visites commentées, rens. au point d'information du musée.
Désaffectée, elle fait face au flanc nord du prieuré St-Pierre et relève du style roman bourguignon. L'intérieur est aménagé en auditorium pour des concerts.

Musée de Souvigny

4 pl. Aristide-Briand - ☏ 04 70 43 99 75 - www.ville-souvigny.com - juil.-août : 10h-13h, 14h-19h, dim. et j. fériés 13h-19h ; reste de l'année : tlj sf mar. 9h-12h, 14h-18h, dim. et j. fériés 14h-18h - fermé de fin nov. à déb. avr. - 4 € (-12 ans gratuit) - 7 € billet combiné avec la visite guidée de l'église prieurale.
Il occupe les anciennes granges monastiques restaurées, près du prieuré.
Grange nord – Au rez-de-chaussée se trouvent un point d'information, la boutique du musée et une aire multimédia autour de l'**orgue Clicquot**. Exposition temporaire au premier étage et présentation du pays de Souvigny au second étage (vidéo, collection archéologique, maquettes, pièces de verrerie de Souvigny) ainsi qu'un fac-similé de la **Bible de Souvigny** (conservée à la bibliothèque de Moulins).
Grange sud – *Accès par le rez-de-chaussée de la grange nord.*
On y admire le **pilier roman** (dit colonne) **du Zodiaque**★★ du 12e s., œuvre exceptionnelle. Cette colonne octogonale présente sur ses faces les travaux des mois, les signes du zodiaque, les symboles de peuples étranges de la terre et les animaux fabuleux. Dans les vitrines, une magnifique **frise monumentale★ romane** du 12e s. Ancienne clôture de chœur séparant les moines des fidèles, c'est l'un

Souvigny en musique

Dans la prieurale de Souvigny se trouve un **orgue** exceptionnel à l'acoustique idéale, construit en 1783 par François-Henri Clicquot. Ayant échappé à toute transformation, il constitue un témoin rare de la facture d'orgue classique à son apogée. Le festival **Journées musicales d'automne** accueille chaque année, dans une ambiance chaleureuse, des virtuoses spécialistes de musique baroque et classique.

des plus grands ensembles de mobilier liturgique roman connu en Europe. Sa disposition originelle a été reconstituée autour de la colonne du Zodiaque. Dans la salle suivante, des éléments architecturaux sont présentés ainsi que de la statuaire de l'ancienne église. Vous remarquerez le drapé particulièrement travaillé de la statue de saint Pierre.

Les jardins du prieuré – Autour du prieuré, des jardins de communauté ont été reconstitués. Potager, plantes médicinales et autres essences aromatiques sont agencés selon un plan à la française.

Les Ateliers du Chapeau Rouge forment une communauté d'artistes (peintres, sculpteurs, plasticiens) établis à Souvigny. Vous pourrez aller à leur rencontre dans leurs ateliers, regroupés rue du Chapeau-Rouge. *R. du Chapeau-Rouge - 06 76 55 99 48 - juin-sept. : visite libre les w.-ends et j. fériés 15h-19h - www.2a2b.fr - stages de découverte et d'initiation.*

En bocage bourbonnais

CARTE P. 450-451 BC1-2

Circuit de 65 km tracé en bleu sur la carte p. 450-451.

C'est un pays de bocage au passé minier, qui vous séduira par ses frais paysages et ses églises remarquables.

Quittez Souvigny par le sud-ouest en empruntant la D 94, direction Le Montet.

La route longe la Queune jusqu'à Châtillon. C'est dans cette vallée que débuta, à la fin du 18e s., l'exploitation de mines de charbon en Bourbonnais.

À Châtillon, tournez à droite sur la D 18.

Noyant-d'Allier C1

On découvre à Noyant une étonnante **pagode** (1982), entourée de gigantesques statues de **Bouddha**. Après la fermeture des mines de charbon en 1943, Noyant devint terre d'accueil et reçut en 1955, 200 familles de rapatriés d'Indochine dans les corons désertés. Aujourd'hui, la moitié de la population de ce village est d'origine eurasienne. Il est possible de visiter la **pagode** *(allée de la Pagode - 04 70 47 29 37 - pagodenoyantdallier.fr - avr.-sept. : merc.-dim. 15h-18h50 ; prière de se déchausser avant d'entrer. Accès libre extérieur de mars à oct. 14h-18h50.*

Musée de la mine de Noyant d'Allier – *31 r. de la Mine - 07 68 59 46 95 - mine-noyant.fr - juil.-août tlj sf lun. - visites libres ou guidées (14h et 16h) : mai-juin et sept. dim. 13h30-17h30 ; juil.-août : mar.-dim. 13h30-17h30 - 6 € (- 12 ans gratuit).* Une visite à la découverte du passé minier de Noyant : le puits central, des galeries reconstituées, des outils, des photographies.

Poursuivez sur la D 18 vers le nord.

Église de Meillers B1 *(voir p. 466)*

Quittez Meillers par le sud en empruntant la D 18, puis prenez à droite la D 106.

Les **côtes Matras** offrent une large vue sur la plaine d'Allier.

À Champs-Regneauds, reprenez la D 945 à droite vers Le Montet.

Le Montet B2

De l'**église St-Gervais-et-St-Protais** qui domine la ville et les environs, il ne reste que la nef et les bas-côtés de l'ancien édifice du 12e s. Au 14e s., cette église fut transformée en forteresse, comme en témoigne l'aspect extérieur de son mur nord. À l'intérieur, les beaux chapiteaux romans rappellent, par leur style bourguignon, ceux de St-Menoux *(voir p. 467)*.

Quittez Le Montet par l'ouest en empruntant la D 22 en direction de Cosne-d'Allier. Après 9 km, prenez sur la droite la D 68.

Buxières-les-Mines B1

L'**église St-Maurice**, construite en grès du pays, présente un clocher carré à deux étages. Un cordon de billettes fait le tour de l'édifice, terminé par une abside à cinq pans. La nef aveugle est surmontée d'une voûte en berceau, les piliers s'ornent de chapiteaux décorés de crochets et de feuillages.

Pour rejoindre Souvigny, poursuivez vers le nord par la D 68, puis la D 289. Tournez à droite dans la D 11 : vous longerez les chênaies des forêts de Grosbois. La D 73, dans le prolongement de la D 11, vous permettra de traverser la forêt de Messarges.

Carnet pratique

S'informer

Voir l'office du tourisme de Moulins, p. 462.

Agenda

Fêtes médiévales – *Souvigny - fin juil.-déb. août.* Animations avec troubadours, conteurs...

Festival de musique baroque – *Souvigny - www.souvigny-festival.com - dern. w.-end de sept.* Journées musicales d'automne à la prieurale de Souvigny.

Nos adresses

Restauration

Budget moyen

Auberge des Tilleuls – *Pl. St-Éloy - ☎ 04 70 43 60 70 - fermé merc. et dim. soir - menus 15 € (déj.), 23/41 €.* Le jeune chef breton Sylvain Beauce propose une cuisine traditionnelle faite maison avec des produits de saison : la carte change donc quatre fois par an. Le menu du jour à midi est d'un excellent rapport qualité-prix. Une halte à ne pas manquer.

À proximité

Premier prix

Le Petit d'Asie – *38 r. de la Mine - Noyant-d'Allier - à 300 m de la pagode - ☎ 04 70 47 21 31 - ☎ 06 19 27 84 40 - www.lepetitdasie.fr - mai-août : tlj sf lun. et dim. soir - avr., sept.-oct. : le midi du mar. au dim., vend. et sam. soir - janv.-mars, nov.-déc. : merc. au dim. le midi, vend. soir et sam. soir - menus 16,90/24,90 € - réserv. recommandée.* Caroline Guyenne est l'âme de la boutique, du bar et du restaurant qu'elle dirige avec sa famille. Avec une énergie infatigable, elle emmène les groupes visiter la pagode et tente de rapprocher deux cultures. Au restaurant, spécialités viet, thaï et chinoises. Plats à emporter, vaisselle, décoration, épicerie.

Hébergement

Pour se faire plaisir

Chambres d'hôte Les Vieux Murs – *11 r. Maris-Delaume - ☎ 04 70 42 91 10 - www.lesvieuxmurs.fr - 🚭 🅿 - 4 ch. 150 € ☕.* À 200 m de l'abbaye, cette belle demeure du 19e s. vous accueille dans un parc de près de 2 ha. Petite piscine, chambres élégantes et confortables, accueil charmant.

Hérisson

Lové dans une boucle de l'Aumance, ce joli village médiéval était jadis le rendez-vous de peintres influencés par l'école de Barbizon. Harpignies, notamment, séjourna souvent à Hérisson, et la région lui inspira quelques-unes de ses plus belles toiles.

Hérisson et la rivière l'Aumance.
H. Lenain/hemis.fr

Se repérer

622 Hérissonnais – Allier (03)

CARTE A1 (P. 450).

Hérisson se trouve à 23 km au nord de Montluçon. La route longeant le cours de l'Aumance, la D 157 offre un beau point de vue sur la vallée à partir de Châteloy, le lieu d'habitation primitif de Hérisson.

À ne pas manquer

La visite de la cité médiévale, dans le dédale de ses rues étroites, vous emmènera sur les traces de la cité fortifiée.

En famille

Les maquettes animées à Vallon-en-Sully pour découvrir les traditions et le quotidien de la vie rurale.

Carnet pratique p. 477

Nos adresses p. 477

Se promener

Un plan près de la poste marque le point de départ d'un parcours fléché.
Le bourg conserve **deux portes fortifiées** du 15e s., celle de la Rivière et celle de la Varenne, ainsi que des demeures anciennes, dont l'hôtel de Civray ou la maison « Mousse » (15e-18e s.). Les vingt-deux tours qui étaient réparties le long du mur d'enceinte ont disparu.

Musée du Terroir

Pl. Joseph-Lesage - ✆ 04 70 06 89 40 - réouverture incertaine, se rens.
Il expose une collection d'archéologie locale (composée entre autres de découvertes faites sur l'oppidum de Cordes) et des objets de la vie rurale. Vous y découvrirez aussi la reconstitution d'une chambre bourbonnaise ainsi qu'une collection de tableaux des peintres de l'école de l'Aumance.

Forteresse

Espl. du Château - r. de Cacheloup - ✆ 04 70 06 82 23 - valleecoeurdefrance.fr - accès libre tte l'année - juil. à mi-août : visite guidée incluse dans celle du village.
La masse imposante de ses ruines aux belles couleurs orangées, devenues le domaine des choucas, domine la charmante petite cité médiévale. Construite du 11e au 15e s., l'ancienne place forte fut renforcée sous Louis de Bourbon au 14e s., puis démantelée en 1652.

★ Point de vue

Sur la rive gauche de l'Aumance (accès par la rue du Calvaire).
De la **chapelle du Calvaire**, élevée sur une colline voisine, la vue s'étend sur toute l'agglomération, son clocher-porche, seul témoin de l'ancienne collégiale St-Sauveur (12e-17e s.), le château et la vallée de l'Aumance.
Traversez la rivière par le pont piéton *(quai de l'Aumance)* pour rejoindre le parc Louis Bignon et le sentier de promenade qui surplombe l'Aumance. Vue sur les maisons au bord de l'eau et sur les ruines de la forteresse.

Maison Couleur du Temps B1 CARTE P. 450

7 km au sud-est de Hérisson, à Venas.
Le Petit-Clemagnet - ✆ 06 84 90 85 48 - août : 15h-19h merc.-vend., avr.-juil. et sept. à mi-nov. : 15h-19h dim. et j. fériés - gratuit.
Chaque 1er dim. de chaque saison, la réception se fait en costume d'époque.
Au hameau de Petit-Clémagnet se trouve une bien étrange maison. Soyez curieux, et allez rendre visite à son propriétaire qui vous commentera sa maison-tableau où intérieur et extérieur sont consacrés au temps.

Vallée de l'Aumance CARTE P. 450 A1

Circuit de 35 km tracé en violet sur la carte p. 450.
La vallée est drainée par une paisible rivière qui prend sa source près du Montet, pour se jeter dans le Cher non loin de la forêt de Tronçais.
Quittez Hérisson par le nord-ouest en empruntant la D 157.

Église de Châteloy

Mai-sept. : 10h-18h ; reste de l'année : sur demande auprès de la mairie de Hérisson au ✆ 04 70 06 80 45.
Cet édifice du 12e s. est hardiment campé sur les rochers qui dominent la vallée. Des **fresques** du 13e au 17e s., restaurées, ornent le chœur et la nef. Remarquez ses

Le Grand Meaulnes

L'intrigue du *Grand Meaulnes*, célèbre roman d'**Alain-Fournier**, écrit alors qu'il n'a que 27 ans, se déroule dans l'école du village d'Épineuil-le-Fleuriel (Ste-Agathe, dans le livre) où l'auteur vécut pendant sept ans et qu'il décrit parfaitement. « François Seurel, fils d'instituteurs de Ste-Agathe, voit sa tranquille vie d'adolescent bousculée par l'arrivée dans le domicile familial d'un garçon que l'on surnommera le Grand Meaulnes... ». Cette œuvre fut adaptée au cinéma en octobre 2006 par Jean-Daniel Verhaeghe.

chapiteaux ornés d'oiseaux et de feuillages. Un festival de musique y a lieu en été. Du cimetière, jolie **vue★** sur l'élégant clocher et la vallée de l'Aumance.
Continuez sur la D 157.

Meaulne

Au confluent de l'Aumance et du Cher, ce village donna son nom au héros du roman d'Alain-Fournier, dont les tribulations se déroulent sur l'autre rive (voir *Épineuil-le-Fleuriel dans* Le Guide Vert Berry Limousin).
Quittez Meaulne par le sud en empruntant la D 2144, direction Montluçon.

Vallon-en-Sully

Installé au bord du canal de Berry, Vallon-en-Sully se distingue par plusieurs constructions en grès rose du pays, comme son **église** du 12e s. à la flèche de pierre haute de 40 m. À l'intérieur de celle-ci, vous remarquerez une statue de saint Blaise et un beau tabernacle en bois doré.
Musée des maquettes animées – *R. Jean-Jaurès - ✆ 04 70 06 67 48 - www.vallonensully.net - ♿ - juil.-août : tlj sf mar. 15h-19h ; avr.-juin et sept.-oct. : w.-end et j. fériés 15h-18h - 4 € (-12 ans 2 €).*
Des maquettes animées, réalisées à l'échelle 1/8, font revivre les métiers et les scènes de la vie quotidienne d'antan. Elles ont valu à leur créateur le premier prix « Nature et Tradition » de la Fondation Ford France en 1987. Une salle annexe est consacrée à la reconstitution d'un atelier de forgeron.
Château de Peufeilhoux – *✆ 04 70 05 20 24 - www.chateaudepeufeilhoux.fr - visite guidée uniquement (1h30) : avr.-11 nov. les apr.-midis - jours et horaires, se rens. - 10 € (-14 ans 8 €).*
La visite commence par le musée **Merveilles de la nature** dans lequel le propriétaire actuel du château présente les riches collections réunies par ses ancêtres, grands voyageurs et chasseurs : coraux, coquillages, animaux naturalisés...
Construit à la fin du 15e s. par le seigneur de Pierrebrune, ce **château** est ouvert à la visite depuis une dizaine d'années. Visite guidée de douze pièces, organisée le plus souvent par le propriétaire, passionné d'histoire. Bibliothèque, salon, salle à manger, chapelle et chambres sont meublés et décorés des trophées de chasse familiaux. Des cheminées monumentales ornent les pièces. Beaux vitraux (15e s.) dans la chapelle, et cabinet de curiosités dans la tour médiévale *(hébergement possible en gîte et chambres d'hôte).*
Revenez à Hérisson par la D 11.

Carnet pratique

S'informer

Office de tourisme – *2 av. Marcellin-Simonnet - Hérisson - ✆ 04 70 06 82 23 - valleecoeurdefrance.fr.*

Agenda

Rencontres théâtrales – *Théâtre des Ilets - CDN Montluçon/Région Auvergne - ✆ 04 70 03 86 18.* Créées en 1976, ces rencontres rassemblent chaque année, en mai, autour d'une création, auteurs, comédiens, metteurs en scène pour un moment festif de partage avec la population de Hérisson et des environs.

Festival de musique en Bourbonnais – *www.festival-musique-bourbonnais.com - de mi-juil. à mi-août.* Concerts de musique classique, au sein de la superbe église romane de Châteloy.

Nos adresses

Restauration

À proximité

Budget moyen

Hostellerie Le Lion d'Or – *D 2144 - 3 r. de la République - Estivareilles - ✆ 04 70 06 00 35 - www.hotel-leliondor.net - fermé dim. soir, lun. soir et mar. midi - menus 32/62 € - 9 ch. 85/95 € - ☕ 12 €.* La simple étape que l'on imagine pour une hostellerie de campagne « classique » se transforme au Lion d'Or en un charmant repas champêtre : salle à manger de caractère avec poutres apparentes, impeccable parquet en épis, hautes fenêtres à petits carreaux, et terrasse donnant sur un parc arboré agrémenté d'un étang.

La Table de Reugny – *25 rte de Paris - Reugny - ✆ 04 70 06 70 06 - www.restaurant-reugny.com - P ♿ - fermé lun.-mar. et dim. soir - plats 21/28 €, menus 35/57 €.* La confortable salle à manger se complète l'été d'une terrasse dressée face au jardin fleuri. Sympathique cuisine bistronomique au goût du jour mettant à l'honneur les produits du Bourbonnais.

Auberge des Ris – *Lieu-dit Les Ris - Vallon-en-Sully - ✆ 04 70 06 51 12 - www.aubergedesris.com - fermé 2-21 janv., 1 sem. en juin, lun.-mar. - carte 15/30 €, menus 49/87 €.* Ici, tonneaux et pressoir font partie du décor. Derrière les fourneaux, le chef concocte une bonne cuisine, mêlant tradition et recettes dans l'air du temps, à base de produits choisis.

Hébergement

À proximité

Pour se faire plaisir

Château de Peufeilhoux – *Vallon-en-Sully - ✆ 04 70 05 20 24 - ✆ 06 61 64 16 68 - www.chateaudepeufeilhoux.fr - P - 5 ch. 150/170 € ☕ - 1 suite parentale 305 € - 1 gîte 16 pers. 1100 €/sem.* Une chambre au château, tout un programme ! Meubles anciens, mais tout le confort y est. Le soir, le château est illuminé pour les hôtes.

Forêt de Tronçais ★★★

Au contact du Berry et du Bourbonnais, cette superbe étendue de plus de 10 600 ha, classée Forêt d'exception, est un peu la merveille du Bourbonnais. Vous aimerez vous promener à la recherche des gigantesques chênes tricentenaires classés, des fontaines légendaires ou encore à la rencontre de timides chevreuils ou de papillons rares. Des chemins forestiers aux clartés changeantes vous conduiront au bord d'étangs bleus, lieux de sérénité.

Forêt de Tronçais, Isle-et-Bardais, forêt en automne au Rond Gardien.
H. Lenain/hemis.fr

Se repérer

Allier (03)

CARTE A-B1 (P. 450).

La forêt de Tronçais est située à 30 km au nord de Montluçon : on y accède par la D 2144, via Meaulne. En venant de Moulins, le mieux est de passer par Cérilly et la D 953.

À ne pas manquer

La futaie Colbert II et son peuplement de chênes bicentenaires ; l'étang de Pirot ; la fontaine Viljot et sa légende du village disparu.

Organiser son temps

Prévoyez une journée pour découvrir cette magnifique forêt domaniale. L'été, l'étang de St-Bonnet permet d'agréables pauses baignade et pique-nique.

En famille

Activités nautiques et animations à St-Bonnet-Tronçais.

Nos adresses p. 484

★★★ Pays de Tronçais

CARTE P. 450 A-B1

Pl. du Champ-de-Foire - Cérilly - ☎ 04 70 67 55 89 - valleecoeurdefrance.fr.
Circuit de 20 km tracé en gris sur les cartes p. 450 et p. 482-483.

Cérilly

Cérilly est la porte d'entrée de la forêt de Tronçais et son office de tourisme y dispose de cartes détaillées. La D 953 mène directement au « **rond Gardien** », point central de la forêt *(point info, site pique-nique)*, situé à la croisée des deux départementales qui la traversent de part en part : la D 953 et la D 978. Le rond Gardien constitue un bon point de départ pour la découverte de la forêt, de « rond en rond ».
C'est à Cérilly que l'**ONF** organise chaque année en octobre une vente aux enchères de bois (environ 55 000 m^3) : les principaux acheteurs sont des tonneliers qui apprécient la qualité du chêne pour la maturation du vin et du cognac.
Cérilly est aussi la patrie de l'écrivain Charles-Louis Philippe (1874-1909) et sa maison a été transformée en musée.
Maison natale de Charles-Louis Philippe – *R. Charles-Louis-Philippe - ☎ 04 70 67 52 00 - juin-août : vend.-dim. et j. fériés 15h-18h - 2,50 € (-18 ans 1,50 €).* Vous y découvrirez l'univers de cet auteur de romans basés sur des souvenirs autobiographiques, et la reconstitution de l'atelier de son père, sabotier à Cérilly.
Quittez Cérilly au nord par la D 111 pour découvrir la partie orientale du massif forestier. Après le rond de Brot et la D 978^A, prenez la première route à gauche, la ligne de Cros-Chaud.

★ Étang de Pirot

Le rond des Pêcheurs offre une belle **vue** de ce vaste plan d'eau (78 ha).
Par la ligne des Pêcheurs, gagnez la D 978^A que vous prenez à droite.

Fontaine Viljot

À droite (170 m) de la route. Laissez la voiture sur l'accotement à gauche de la route.
Autour de l'eau très claire de la fontaine Viljot, chênes et résineux composent un charmant décor. Plusieurs **légendes** sont attachées à ce lieu. Les **jeunes filles** qui désiraient se marier lançaient une épingle dans la fontaine. Si l'aiguille se plantait au fond, la jeune fille avait « piqué un cœur ». Il semble aujourd'hui que les pièces de monnaie aient remplacé les épingles...
On raconte encore qu'un couvent et une **église** y avaient été bâtis. Au 10e s., les religieux de Viljot firent ripaille la nuit de Noël au lieu de répondre à l'appel de saint Mayeul. À minuit, la foudre tomba sur le clocher, l'église et le couvent furent engloutis dans une grande tourbière d'où jaillit l'eau de la fontaine. La nuit de Noël, en vous penchant sur l'eau de la claire fontaine, peut-être entendrez-vous sonner les cloches de l'église ?
Au sud du rond Viljot, gagnez à pied le **Chêne carré**, dans la série du Pendu, lieu empli de légendes. Cet arbre tricentenaire culmine à 30 m et atteint une circonférence de 6,35 m à 1,30 m du sol.
Tout près de la route, au nord (canton de Viljot), les **chênes Émile-Guillaumin** et **Charles-Louis-Philippe** honorent deux romanciers originaires de la région.
Du rond Gardien, prenez au nord-est la route forestière de Planchegrosse jusqu'à un parking.

Rond de la Cave

30mn AR.
Aménagé en aire de pique-nique, il occupe le cœur de la forêt.

La plus grande chênaie d'Europe

Après avoir été administrée par les ducs de Bourbon, la forêt de Tronçais fut confisquée en 1527 avec les autres terres du connétable, et remise à la Couronne ; elle appartient depuis à l'État et est labellisée « Forêt d'exception » depuis mai 2018.

Vicissitudes et renaissance

Mal surveillée, laissée à l'abandon aux 16e et 17e s., elle subit une lente dégradation. L'abattage incontrôlé des arbres avait entraîné la ruine des trois quarts de la forêt de Tronçais vers 1670. Pour répondre aux besoins présents et futurs du pays en bois de marine, Colbert en organisa rationnellement l'exploitation et entreprit de faire protéger et réensemencer la forêt royale en chênes. Ces nouvelles séries aménagées ne devaient être exploitées qu'à l'âge de 200 ans.
En 1788, l'ouverture des forges à Tronçais et l'apparition consécutive d'un besoin en charbon de bois, nécessaire à la fabrication de la fonte, entraînèrent une nouvelle destruction de la forêt, qui retourna à l'état de taillis sous futaie sur les deux tiers de la surface. En 1832, des mesures conservatrices furent heureusement prises, et la forêt fut de nouveau aménagée en futaie pleine, exploitable à l'âge de 160 ans. Cet âge fut porté à 180, puis à 225 ans en 1928.

Une forêt évolutive

La forêt de Tronçais est partagée en **séries**, elles-mêmes divisées en **parcelles**. Son peuplement est composé pour 70 % de chênes et 20 % de hêtres et de pins sylvestres, ces derniers s'élevant à l'ouest et au centre du massif.
L'objet premier de l'exploitation de la forêt est la production de bois d'œuvre de haute qualité. Pour atteindre leur plein épanouissement, les chênes les plus prometteurs doivent, durant leur croissance, être entourés par d'autres arbres, et peu à peu dégagés par des coupes d'amélioration successives. L'équilibre de la forêt nécessite des coupes de régénération, qui permettent le remplacement des arbres arrivés à maturité, par parcelles entières. Les grumes de 50 cm de diamètre et plus sont tranchées loin de la forêt, dans des unités industrielles spécialisées. Elles sont même exportées dans les pays de l'Union européenne (essentiellement en Allemagne). Les placages ainsi produits alimentent les industries de l'ébénisterie et sont finalement dirigés vers l'étranger : Suède, États-Unis, Belgique.
Les chênes de faible diamètre ou de qualité moindre sont quant à eux transformés en bois de charpente ou bois de feu. Les chênes de 40 à 50 cm de diamètre fournissent du merrain servant à la fabrication des tonneaux. Certains arbres, les plus recherchés, sont de dimensions exceptionnelles, offrant des fûts qui dépassent parfois 20 m de haut et atteignent 1 m de diamètre à hauteur d'homme.

Un bois très précieux

Le chêne de Tronçais est particulièrement apprécié pour la maturation du **cognac** et des **bordeaux**. Son exceptionnelle qualité a d'ailleurs permis aux tonneliers charentais de fabriquer des fûts destinés au vieillissement des meilleurs cognacs. « Il n'est de bon cognac, dit-on, que vieilli en fût de Tronçais ! »

Après le **rond Gardien** *(table d'orientation)*, la route longe l'ancienne usine de Tronçais établie en bordure de l'étang du même nom.
Prenez la D 250 à droite.

★ Étang de St-Bonnet

Cet étang de 45 ha, consacré à la baignade et à la pêche, est le seul étang partiellement naturel de Tronçais. Les autres furent créés par Nicolas Rambourg au 18e s. *(voir ci-dessous)* pour les besoins des forges. L'étang de St-Bonnet accueille une base de loisirs nautiques *(ouverte en juil. et août, baignade surveillée)*. Randonnée autour du lac *(4,8 km)* possible. ♿ Sentier accessible *(2 km AR)* le long de l'étang.

★ Futaie Colbert II

Devenue « Réserve biologique Colbert », la **Futaie Colbert** est désormais interdite d'accès pour des raisons de sécurité : les arbres âgés de 320 ans en moyenne entrent en phase d'écroulement progressif.
La futaie Bufdévent devenue « **Colbert II** » a pris le relais et est ouverte à la promenade avec ses magnifiques arbres bicentenaires. Des aménagements ludiques et pédagogiques ont été mis en place : signalétique pour de nouvelles randonnées, abris pour pique-nique, terrains de jeu, explication sur la filière bois, les métiers, la fabrication des tonneaux etc.
Itinéraire de promenade au départ du rond du Vieux-Morat. Beau peuplement de chênes tricentenaires, dans un site vallonné et frais, au cœur d'une zone protégée.
Chêne Stebbing – *1,5 km au départ du rond du Vieux-Morat.* Isolé au milieu des gaulis, il donne la mesure des chênes séculaires (37 m de haut, 4,5 m de circonférence).
Rond de Buffévent – *2 km au départ du rond du Vieux-Morat.* Au sud-ouest de ce rond, la route forestière de Buffévent permet d'admirer, au prix de courtes promenades, les magnifiques chênes tricentenaires **Jacques-Chevalier**, les **Jumeaux** et la **Sentinelle**, dans la série de Richebourg. Le chêne **François-Péron** est venu rejoindre le club sélect des chênes classés.

★ Pays de St-Bonnet A1

Circuit de 30 km tracé en jaune sur les cartes p. 450 et p. 482-483.

St-Bonnet-Tronçais

C'est dans ce charmant village en bordure de la forêt que **Nicolas Rambourg**, maître de forges, créa au 18e s. des forges au bois qui devinrent très rapidement le premier établissement métallurgique français. De ces ateliers sortirent les premiers câbles de fixation des pieds de la tour Eiffel. Fermées en 1932, les **forges** furent inscrites à l'Inventaire des Monuments historiques en 1952.
Le **CAP** (Centre d'activités du Patro de Tronçais) installé à St Bonnet-Tronçais, s'attache à la mise en valeur du patrimoine de la région de Tronçais et propose de nombreuses animations *(voir « Nos adresses »)*.
★ **Étang de St-Bonnet** *(voir ci-dessus)*.
Quittez St-Bonnet-Tronçais au sud par la D 250 et prenez à droite après l'usine de Tronçais. Au-delà de la maison forestière, tournez à droite au rond du Chêne-Aragon.

★ Étang de Saloup

Il est coupé en deux parties par la D 145.

Prenez la D 39 à gauche, puis la route forestière des Lurons.
D'un parking, un sentier annoncé par un panneau de sens interdit mène à la **chapelle St-Mayeul** dominant un ravin.
Faites demi-tour.
L'étroite route forestière des Vauves, prise à droite, contourne ce ravin en un parcours sinueux.

Rond de Meneser

Plusieurs agréables circuits *(comptez au minimum 30mn AR).*
Prenez à gauche la D 110 vers Le Brethon, puis encore à gauche la D 312.
La route parcourt la forêt avant de gagner Meaulne et la vallée de l'Aumance *(voir Hérisson p. 474)*

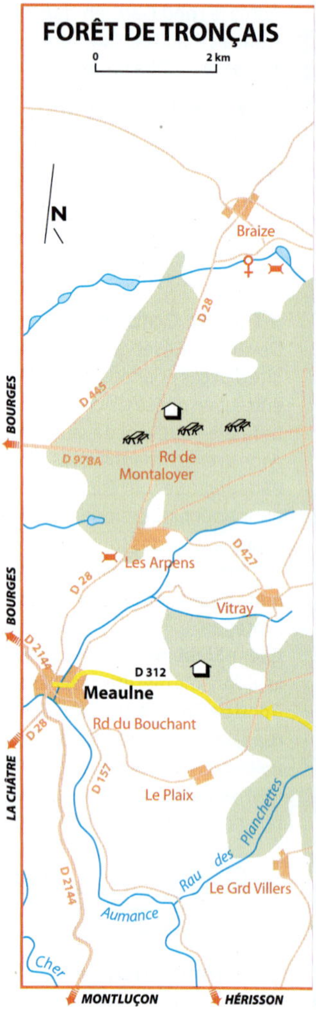

À proximité CARTE P. 450

Ainay-le-Château A1

3 km au nord de la forêt par la D 953.
Jadis partie intégrante du Berry et de la vieille Aquitaine, Ainay était une place forte du Bourbonnais. Au 5e s., son château fort, avec ses remparts, ses douves et ses 24 tours, formait une ville close accessible par quatre portes. Si la forteresse a disparu, des vestiges de l'ancienne enceinte (tours, pans de mur) se remarquent encore tout autour de la ville, dont le centre présente de petites rues et des maisons anciennes restaurées. Dans la rue principale, voyez la porte de l'Horloge (12e s.) – l'une des entrées historiques de la ville, avec la porte Aubré, qui servait de salle de garde et de prison. Ainay-le-Château est la ville des **droguets**, de petits draps fabriqués autrefois à base de laines fines et de chanvre.
Église St-Étienne – Elle fut construite au 16e s. sur les fondations d'une église romane. Le clocher carré, renforcé par deux contreforts, est percé de baies géminées sans chapiteau. Le portail ouest, qui donne sur une placette dominant la Sologne, s'orne d'une belle Vierge à l'Enfant du 17e s. Dans la nef, coiffée d'une voûte en berceau brisé, vous remarquerez des peintures du 16e s. aux couleurs vives. Le baptistère contient une inhabituelle cuve baptismale *(au fond à droite)* en forme de berceau, rappelant l'époque où le baptême se faisait par immersion.

Musée de la Porcelaine B1

À Couleuvre, 22 km à l'est de la forêt. Traversez la forêt, puis Cérilly, et remontez vers le nord-est en empruntant la D 3 sur la gauche.

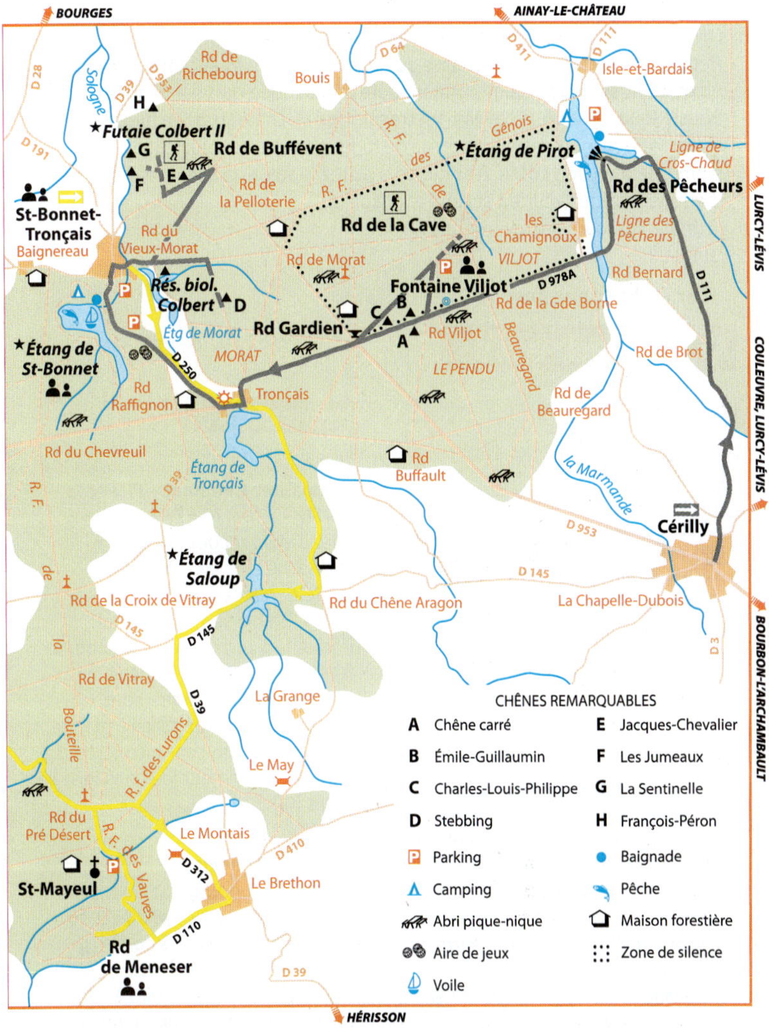

R. Jules-Ferry - ✆ 04 70 66 19 77 - www.couleuvre-troncais.fr - visite guidée de l'étage, visite libre du rez-de-chaussée juil.-août : tlj sf lun. 15h-18h ; mai-juin et sept. : w.-end et j. fériés 15h-18h - 3,60 € (-12 ans gratuit).
Ce musée, installé dans la maison Charles IX (où le roi aurait séjourné en 1565), présente des outils de fabrication et des pièces de porcelaine anciennes décorées, provenant de la Manufacture de porcelaine d'art de Couleuvre, fondée en 1789.

Lurcy-Lévis, Street Art City B1 *(voir p. 466)*

Château de St-Augustin B1, EN DIRECTION

▶ À Château-sur-Allier, 30 km au nord-est de la forêt par la D 978^{A}, puis la D 13. Lieu-dit St-Augustin - ✆ 04 70 66 42 01 - www.chateau-saint-augustin.fr - ♿ - visite guidée (40mn) mi-juil. à mi-août : 12h-18h - 9 € (-12 ans 7 €) - visite libre des extérieurs.

Il est possible de pique-niquer dans le parc.
Cet ancien rendez-vous de chasse du baron Cadier de Veauce fut construit à la fin du 17e s., sur le site d'une communauté monastique qui lui a donné son nom. Sous la Restauration, le pavillon fut transformé en château, à l'architecture typiquement bourbonnaise. Son corps de logis, flanqué de deux ailes basses, est surmonté d'un belvédère. À l'intérieur, visitez le salon, la salle des Trophées et les dépendances (écuries, sellerie et chapelle).

Nos adresses

Restauration

Budget moyen

L'Étoile d'Urçay – *42 rte Nationale - Urçay - ✆ 04 70 06 92 66 - letoiledurcay.eatbu.com - P - fermé lun. et le soir de sept. à juin - menus 14,50/43 €.* Dans la traversée du bourg, ce restaurant à l'agréable décor rustique propose une cuisine traditionnelle. Ressource simple et conviviale à proximité de la forêt de Tronçais.

Activités

Centre d'activités du Patro de Tronçais (CAP) – *Av. Nicolas-Rambourg - St-Bonnet-Tronçais - ✆ 04 70 09 00 23 - www.patro.fr - tte l'année - sorties brame du cerf.,* Stage mycologique, balade à vélos électrique, classes vertes, centre de vacances.

Itinérance Mushing – *✆ 06 70 19 22 53 - www.itinerancemushing.com.* Avec chiens de traineau : Cani kart et Cani rando organisés par Sylvain Cordeau, *musher* diplômé d'État. Accessible à tous.

Base de loisirs de l'étang de St-Bonnet-Tronçais – *Champ-Fossé - St-Bonnet-Tronçais - ✆ 04 70 67 50 96 - déb. juil. à fin août.*

Hébergement

Premier prix

Hôtel Chez Chaumat – *Pl. Péron - Cérilly - ✆ 04 70 67 52 21 - www.chezchaumat.com - ♿ (rest.) - 8 ch. 70 € - ☕ 8 € - ✕ menus 21/36 €, rest fermé dim. soir et lun.* Établissement familial implanté à proximité de la superbe forêt domaniale de Tronçais. Les chambres, simples, sont insonorisées. Deux salles à manger : l'une mi-rustique, mi-bistrot, l'autre lambrissée et meublée dans le style Louis XIII.

Budget moyen

Hôtel Le Tronçais – *12 av. Nicolas-Rambourg - St-Bonnet-Tronçais par D 978 - ✆ 04 70 06 11 95 - www.letroncais.com - P ♿ (rest.) - fermé nov.-mars - 12 ch. 83/99 € - ✕ menus 37/45 €.* Un parc, un étang et la magnifique forêt de Tronçais à proximité. Cette demeure et son annexe possèdent des chambres d'ampleur variée, au grand calme. Côté restaurant, on s'installe dans une grande salle à manger pimpante pour déguster des plats traditionnels.

Montluçon

Aux confins de la Marche, de la Combraille et du Bourbonnais, cette cité historique s'organisait essentiellement autour du château des ducs de Bourbon, mais ses faubourgs industriels s'étendent maintenant loin vers le nord, dans la vallée du Cher. Le patrimoine culturel et industriel de la ville, très bien mis en valeur, est agréablement rythmé par de nombreux parcs et jardins qui offrent des moments de détente et de calme. Et puis, les vallées du Cher et de la Creuse, toutes proches, sont là pour vous ouvrir leurs châteaux et leurs nombreuses églises...

Se repérer

35 653 Montluçonnais – Allier (03)

CARTE A2 (P. 450), PLAN (P. 487).

La ville est située à environ 100 km de Châteauroux, Clermont-Ferrand, Vichy et Bourges.

À ne pas manquer

La vue sur Montluçon et les contreforts du Massif Central, depuis l'esplanade du château des ducs de Bourbon ; le MuPop Music museum ; les œuvres d'art ornant le transept de l'église St-Pierre ; et les vestiges de la nécropole mérovingienne de Néris-les-Bains.

En famille

Le MuPop. Le centre aqualudique du parc des sports de la Loue.

Carnet pratique p. 492

Nos adresses p. 492

Se promener

PLAN P. 487

Itinéraire tracé en vert sur le plan p. 487.
Partez de l'avenue Marx-Dormoy et dirigez-vous vers le château.

Château des ducs de Bourbon B2

Construit durant la guerre de Cent Ans par Louis II de Bourbon et ses successeurs, Jean Ier et Charles Ier, ce château des 15e et 16e s. possède un vaste corps de logis rectangulaire flanqué d'une tourelle et d'une grosse tour rectangulaire au sommet crénelé. Protégé par un rempart et par le mur d'enceinte de la cité, dont il reste des vestiges dans le jardin Wilson, il était destiné à défendre la ville.

Prenez à droite la rue des Serruriers, puis la rue Grande.

Cette vieille artère, à l'origine à l'intérieur des remparts, est bordée de **demeures** des 15e s. et 16e s. (*nos 42, 39 et 27*). Poursuivez jusqu'à la place et la rue Notre-Dame, bordée d'édifices des 15e et 18e s. : *ostel* Millet au no 12, *ostel* Canche au no 15. Faites quelques pas sous le **passage du Doyenné** (13e s.-début 14e s.), qui reliait la maison du Doyen, agrémentée d'une tourelle d'angle, à celle des Chanoines. Il conduit à la place de la Comédie. Le samedi matin, un marché aux fleurs anime et colore cette partie de la vieille ville.

Esplanade du château B2

De cet agréable lieu de promenade, la **vue★** s'étend sur toute la cité, ses zones industrielles et, au loin, sur les premiers contreforts du Massif Central, la tranquille vallée du Cher et le Berry. De ce côté, le château est dominé par la **tour de l'Horloge**, et son premier étage est agrémenté d'une galerie à colombages aux hourdis de briques rouges et noires délitées.

Église Notre-Dame B2

Cet édifice fut construit par Louis II de Bourbon à la fin du 14e s., à l'emplacement d'une église romane dont subsistent le mur nord, une partie du cloître et une absidiole. L'église renferme plusieurs œuvres d'art : en entrant dans l'église à gauche, un **Christ en pierre**, attendant le supplice (fin du 15e s.) ; dans la première chapelle sur la gauche, une **pietà** du 15e s. et un saint Jean Baptiste portant l'Agneau (15e s.). Au bout du collatéral droit, un **retable** en bois sculpté et doré du 17e s. représente l'Assomption ; dans la niche supérieure, remarquez la statue en bois de Notre-Dame de Montluçon du 17e s. À droite de l'entrée latérale se trouve un beau vitrail Renaissance figurant la Vierge, sainte Anne, saint Antoine ermite et saint Antoine de Padoue.

★ MuPop Music museum B2

3 r. Notre-Dame - ✆ 04 70 02 19 60 - www.mupop.fr - ♿ - mai-août : 10h-18h fermé lun. ; reste de l'année : 10h-17h - fermé dim.-lun., janv. - 7,50 € (-18 ans 4 €).

Un bâtiment ultramoderne s'est installé en 2013 dans deux anciens hôtels particuliers du 18e s., rénovés, pour accueillir le MuPop. Ce musée présente une belle **collection d'instruments** traditionnels (3 500 au total), emblématiques de la culture populaire (vielles à roues du 17e au 19e s. cornemuses, accordéons, mais aussi guitares, percussions...), et surtout propose un **parcours musical** passionnant. Équipé d'un casque, le visiteur découvre, sur 200 points d'écoute, l'histoire des musiques populaires en France. Des enregistrements successifs l'emmènent de la bourrée auvergnate aux « rave party ». Archives sonores et audiovisuelles (musiciens amateurs du monde rural, chants et danses régionales), affiches, photos illustrent les liens qui unissent musique et société.

Le rôle des formations musicales populaires dans le monde ouvrier du 19e s. est montré à travers les fanfares, harmonies et chorales (de Montluçon au Pas-de-Calais...). Une muséographie réussie recrée le bal musette, le dancing et le rock et s'achève par un atelier d'artistes punk rock. Une rétrospective de musique populaire richement documentée et souvent émouvante.

Regagnez la place Notre-Dame et prenez à gauche la rue de la Fontaine.

La rue Pierre-Petit conduit au **jardin du Président-Wilson** B2. À gauche, la rue des Cinq-Piliers mène à la pittoresque place St-Pierre.

Église St-Pierre A-B2

Érigée aux 11e et 12e s., remaniée au 15e s. puis au 17e s., cette église est masquée par des maisons d'habitation dont certaines datent du 15e s. À l'**intérieur★**, les piliers cylindriques de la croisée du transept confèrent à l'édifice une simplicité et une noblesse qu'on ne soupçonne pas de l'extérieur. D'étroits **passages**, dits berrichons, mènent de la nef aux bras du transept. Plusieurs œuvres d'art retiennent l'attention, notamment, derrière l'autel, une croix de pierre du 14e s. et, dans le transept à droite du chœur, une **pietà** et une magnifique **sainte Madeleine★★** de la fin du 15e s. Notez aussi une cuve baptismale et un Christ du 15e s. *(à gauche dans la nef)*, une pietà du 16e s. *(dans une chapelle à droite)*, une croix de pierre du 16e s. *(derrière le maître-autel)*.

La rue St-Roch, puis la rue des Serruriers ramènent au pied du château face à la statue de Marx Dormoy, ancien maire de Montluçon.

À proximité

CARTE P. 450

Étang de Sault A2

3 km au sud-ouest, à Prémilhat par la N 145 et la D 240.

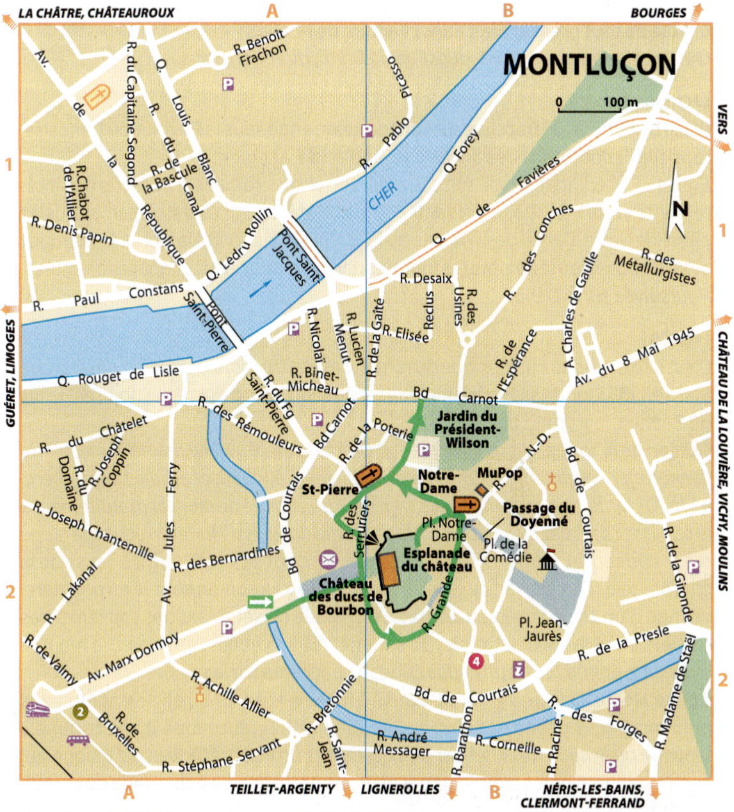

SE RESTAURER	**SE LOGER**
Le Grenier à Sel 4	Hôtel des Bourbons 2

Réalisée au 19e s. pour alimenter le canal de Berry, cette retenue, appelée alors le réservoir des étourneaux, s'étend sur 20 ha. Le déclassement du canal, en 1955, permit à la commune, aidée de quelques habitants tirés au sort, de s'en porter acquéreur. Bien connus des pêcheurs, les abords de l'étang ont été aménagés en base de loisirs nautiques et accueillent de nombreux touristes et habitués, à la recherche d'espace et de nature.

Tour de l'étang – *3 km (1h AR) - balisage jaune.*

Garez-vous sur le parking et suivez le chemin botanique en gardant l'étang à main gauche. Continuez par la route. Au pont, poursuivez tout droit, puis franchissez le ruisseau de la Vernoële sur le pont de bois. Prenez à gauche et longez la berge. Traversez la route et continuez le tour de l'étang, côté rive droite. Passez sur la digue en prenant à gauche. Le chemin vous ramène au parking.

Du côté du canal de Berry

CARTE P. 450 A1-2

Circuit de 65 km tracé en rouge sur la carte p. 450.

Cet itinéraire, qui se déroule à l'ouest et au nord de Montluçon, a l'intérêt de présenter un riche patrimoine et de revenir en longeant le canal de Berry, qui a joué un rôle de tout premier plan dans l'histoire de la ville.
Quittez Montluçon au nord-ouest par la D 916, direction Boussac.

Domérat A2

Place de l'Église, un **Bacchus sur son tonneau**, érigé sous la Révolution française, rappelle l'importance des anciens vignobles de la région.
Église – Cet édifice a gardé son chevet et son chœur romans. Il possède une intéressante **crypte** du 11e s., à trois nefs voûtées d'arêtes ; sur l'autel roman, statue en pierre de Notre-Dame-de-la-Râche du 16e s. (invoquée contre la lèpre). Remarquez aussi de nombreuses **peintures murales** dans le chœur et les chapelles orientées.
Poursuivez sur la D 916.

Huriel A2

C'est ici que se situe un épisode du roman *Les Maîtres sonneurs*, écrit par George Sand en 1853, où **Jean Huriel**, muletier et natif du bourg du même nom, est le fils de Bastien, le « grand bûcheux ».
Donjon de la Toque – *Pl. de la Toque - ✆ 04 70 02 04 10 - www.mairie-huriel.fr - tte l'année mar.-vend. : mar. à 10h et 14h30, jeu.-vend. à 14h30, et de juin à sept., merc. à 14h30 - tarifs, non communiqués, se rens. - possibilité de monter gratuitement à la terrasse (prêt des clés au point info tourisme du Pays d'Huriel en échange d'une pièce d'identité).* Édifié au 12e s., ce donjon fut baptisé « la Toque » à cause de la charpente qui le couvrait au 19e s. Il domine une tour ronde, coiffée en poivrière, vestige d'un ancien château, et abrite un musée rassemblant des souvenirs des métiers et de la vie d'autrefois. Du sommet *(105 marches ; attention, la montée exige une bonne forme physique !)*, beau panorama sur la région.
Église Notre-Dame – *✆ 04 70 28 60 08.* Élevée au 12e s., elle rassemble les influences berrichonne et auvergnate. Un narthex, surmonté d'une tribune à laquelle on accède de la nef par deux escaliers droits, précède la nef unique qui communique avec les croisillons par d'étroits passages. La **balustrade du chœur**, en fer forgé, date de la fin du 12e s. Les **peintures murales** qui représentent saint Martin (14e s.) et l'Annonciation (17e s.) ont été découvertes en 2003. Le **clocher octogonal** est surmonté d'une flèche à pans coupés, couverte de bardeaux de châtaignier.
Quittez Huriel par le nord et suivez la D 40 jusqu'à La Chapelaude, puis la D 943 à gauche sur 11 km. Au lieu-dit Goëlat, tournez à droite.

Une reconversion réussie

L'achèvement du canal de Berry en 1841 mettait en communication les gisements de fer du Berry et les bassins houillers de la région de Commentry. Aussi, durant tout le Second Empire, avec le développement de la sidérurgie, Montluçon connut un essor rapide : la ville devint le centre d'un important nœud ferroviaire, et ses fonctions commerciales et administratives débordèrent sur les campagnes environnantes. Au début du 20e s., l'épuisement des gisements de fer et de houille condamna les hauts fourneaux. Une crise profonde, aux dures implications sociales, toucha la ville et sa région. L'activité industrielle actuelle témoigne d'une assez grande diversité : électromécanique, pneumatique, mécanique, etc.

Montluçon, le château des Ducs-de-Bourbon.
L. Montico/hemis.fr

★ Église de St-Désiré A1

Ce remarquable édifice roman du 11e s. faisait jadis partie d'un prieuré. Le chevet est intéressant, avec ses modillons. L'intérieur frappe par la pureté de son style. La nef et les collatéraux sont voûtés en berceau, de même que le transept dont la croisée est couverte d'une coupole sur pendentifs. Le chœur allongé, surhaussé de deux marches, est flanqué d'absidioles à deux étages s'ouvrant sur le transept. Deux escaliers situés de part et d'autre du chœur, à l'étage inférieur des absidioles, mènent à la **crypte**, la partie la plus ancienne de l'église.
Suivez la D 479 au nord de St-Désiré, puis la D 301.

Vallon-en-Sully A1

Voir p. 476.
Revenez vers Montluçon par la D 301 qui longe le Cher et le canal de Berry. À Magnette, franchissez le canal.

Musée du Canal de Berry A1

Magnette - 03190 Audes - ✆ 04 70 06 63 72 - www.museecanaldeberry.fr - ♿ - juil.-août : 10h-12h, 14h-18h ; avr.-juin et sept.-oct. : 14h-18h - fermé lun.-mar. - 5 € (-18 ans 3 €).

Ce musée, consacré à la construction et l'histoire du canal, offre aux visiteurs des animations muséographiques, notamment une maquette présentant le fonctionnement d'une écluse, et une péniche dont ils pourront visiter l'intérieur. Des animations ponctuelles sont proposées, telles que soirée guinguette ou chants de mariniers.

Cette promenade de 12 km au total, qui commence à St-Victor (au lieu-dit La Dure, au nord de Montluçon) et se termine à Vallon-en-Sully, peut se prendre en cours d'itinéraire à Magnette.
Prenez le chemin de halage en suivant le canal, et longez les anciennes écluses bordées de maisons typiques dont l'une, située à Rouéron, fut habitée par Charles Mitterrand, arrière-grand-père du président de la République.

8

Circuits de jogging et VTT.
Voie verte canal de Berry : un itinéraire cyclable de 20 km relie Montluçon à Vallon-en-Sully.

Les anciens pays miniers AB2

Circuit de 45 km tracé en vert émeraude sur les cartes p. 450 et p. ci-contre. Quittez Montluçon par le sud-est en empruntant la D 2144, en direction de Clermont-Ferrand.

Néris-les-Bains A2

Bd des Arènes - Néris-les-Bains - 04 70 03 11 03 - www.ot-neris-les-bains.fr.
Sur les plateaux qui dominent la vallée du Cher, cette station thermale tranquille, entourée de verdure, est connue depuis l'Antiquité. Des thermes alimentés par des aqueducs, des temples, un amphithéâtre, de nombreuses « villas », des quartiers résidentiels et artisanaux faisaient déjà d'*Aquae Nerii* un centre animé à l'époque romaine. À la Renaissance, les bains, toujours en honneur, se prenaient dans des piscines en plein air.
L'établissement thermal fut construit en 1830 autour de la source César, qui jaillit à 53 °C ; suivirent de grands hôtels, le théâtre et le casino, des parcs et une **gare** à l'architecture Art déco, transformée en salle des fêtes et classée aux Monuments historiques.
De nos jours, trois établissements regroupés sous l'appellation de **centre thermal** soignent les maladies du système nerveux, les affections rhumatismales et gynécologiques.
Église – Dominant le bourg, elle occupe l'emplacement de la basilique civile gallo-romaine qui bordait le forum et ses galeries marchandes. Restaurée au Bas-Empire, elle fut transformée au 6e s. en église chrétienne quand saint Patrocle évangélisa la région.
L'élégant **clocher** octogonal à baies géminées aveugles est surmonté d'une flèche à pans coupés recouverte de bardeaux en châtaignier. À l'intérieur, le chevet (fin 11e s.) et la nef (fin 12e s.) voûtée en berceau brisé sont très sobres.
Nécropole mérovingienne – Les sarcophages, mis au jour en 1966 aux abords de l'église, appartiennent à une vaste nécropole du haut Moyen Âge (6e-9e s.), mais ont été taillés dans des matériaux récupérés sur la ville romaine. À droite du portail du mur nord, on remarque encore un appareil cubique gallo-romain à chaînages de brique, vestige de la basilique du 4e s. Le grand mur qui traverse la nécropole appartenait au château qui s'élevait à proximité de l'église.
Musée gallo-romain – *R. Monthyon - 04 70 03 11 30 - www.ot-neris-les-bains.fr - - de mi-avr. à fin oct. 14h-18h - fermé dim.-mar. - 3,50 € (-12 ans 1,60 €).*
Non loin de l'église, dans une maison noble (15e s.), sont exposées des collections gallo-romaines de sculptures, céramiques, monnaies, bijoux, bronzes, trouvés à Néris.
Piscines antiques – Dans le parc des Chaudes, derrière la piscine moderne, trois piscines antiques (deux rectangulaires et une ronde), vestiges des thermes nord, furent mises au jour en 1925.
Arènes – Le parc des Arènes occupe l'emplacement de l'amphithéâtre dont subsistent quelques ruines.
Quittez Néris par l'est en empruntant la D 998.

Commentry B2

Jusqu'au lendemain de la Première Guerre mondiale, Commentry était au cœur d'une région minière qui s'étendait de Buxières et Noyant-d'Allier à St-Éloy. Une

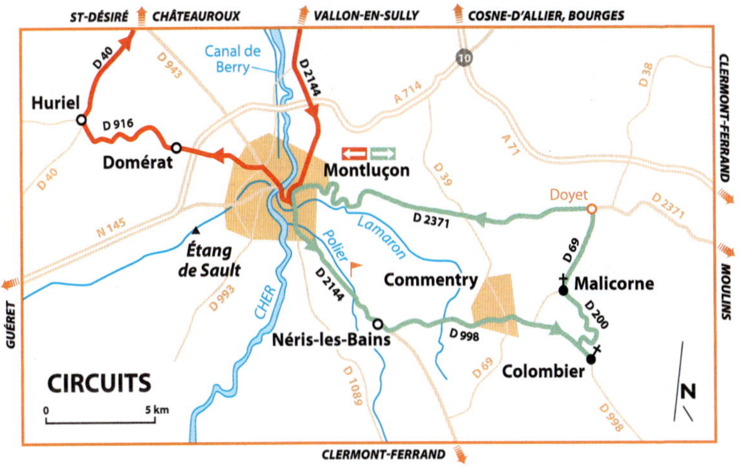

activité aujourd'hui abandonnée et remplacée par des industries sidérurgiques, mécaniques et chimiques.

Commentry est la ville natale de l'académicien **Émile Mâle** (1862-1954), écrivain et historien d'art spécialisé dans l'iconographie du Moyen Âge. Un **Espace du patrimoine**, à l'intérieur d'une médiathèque qui accueille des expositions temporaires, lui est consacré au centre culturel La Pléiade - *Pl. de la Butte - ✆ 04 70 64 40 60 - www.commentry.fr - horaires d'ouv., se rens.*

Quittez Commentry par le sud-est et poursuivez sur la D 998.

Église de Colombier B2

L'édifice surmonté d'un élégant clocher du 12e s. et le prieuré, défendu par un châtelet d'entrée, forment un ensemble harmonieux. Le patron de l'église, **saint Patrocle**, apôtre du Bourbonnais au 6e s., mourut dans ce monastère.

La renommée des pèlerinages sur son tombeau explique la longueur de la nef et l'existence de bas-côtés. Les pèlerins avaient souvent coutume d'y coucher en attendant l'office du lendemain. Près de l'église se trouve une fontaine du nom du saint protecteur. On raconte que saint Patrocle, manquant d'eau lorsqu'il construisit l'église, lança son marteau avec une telle vigueur que celui-ci fit jaillir une source en retombant à 300 m du chantier !

Quittez Colombier par le nord en empruntant la D 200.

Malicorne B2

Église - Datant du 13e s., c'est un des plus anciens édifices de la région entièrement voûté d'ogives. Le chevet est agrémenté de **modillons sculptés**. À l'intérieur, remarquez une **pietà** de bois peint du 16e ou 17e s.

Revenez à Montluçon par la D 2371.

Carnet pratique

S'informer

Office de tourisme – *67 ter bd de Courtais - Montluçon - ✆ 04 70 05 11 44 - www.valleecoeurdefrance.fr.* L'office de tourisme organise des visites guidées.

Arriver/partir

Se garer –Dans le centre-ville, parkings pl. Jean-Jaurès, près de la mairie ; pl. Édouard-Piquand, à proximité de la poste ; ou à l'ouest, dans l'av. Marx-Dormoy.

Agenda

Carnaval du Bœuf Villé – *Chaque année en mars.* Carnaval unique en France. Cette tradition rurale, issue de la culture berrichonne, veut que le Carmantreau, personnage représentant l'hiver, soit jugé et brûlé pour laisser la place aux beaux jours. Les bœufs gras (symboles des réjouissances retrouvées) sont promenés dans les rues de la ville au son de la vielle avant de laisser place à une grande parade.

Nos adresses

Restauration

PLAN P. 487

Budget moyen

(4) **Le Grenier à Sel** – B2 - *Pl. des Toiles - ✆ 04 70 05 53 79 - www.legrenierasel.com - P sur réserv. - ♿ (rest.) - fermé sam. midi, dim. soir et lun. hors juil.-août - menus 25,50/39,50 € - 8 ch. 95/155 € - ☕ 16,50 €.* Demeure de charme du 15e s. au cœur de la cité médiévale. Décoration raffinée dans l'élégante salle à manger. Profitez de la terrasse, un petit coin de paradis. Cuisine créative.

Le Bistrot Saint Jean – HORS PLAN - *Hôtel Château Saint-Jean - av. Henri-de-la-Tourfondue - ✆ 04 70 03 26 57 - www.chateau-saint-jean.com - fermé janv.-fév. - menus 34/49 €.* Cette table bistrotière, seconde adresse du Château Saint-Jean, ouvre sur une terrasse extérieure ainsi que sur le parc. Le chef Olivier Valade (qui gère aussi la table gastronomique) propose une cuisine goûteuse, pleine d'entrain, à l'image de ce mi-cuit de rouget grondin mousse de chou-fleur. Excellent rapport qualité-prix.

Safran d'Or – HORS PLAN - *12 r. Pl.-des-Toiles - ✆ 04 70 05 09 18 - fermé sept., dim. soir, mar. et lun. - plats 17/32 € - menus 19 € (déj.)/49,50 €.* Derrière une riante devanture imitant le marbre, petit restaurant comprenant deux salles dont une voûtée (en sous-sol). Cuisine gastronomique, à base de produits frais.

À proximité

Budget moyen

Côté Toqués – *21 r. Hoche - Néris-les-Bains - ✆ 04 70 03 06 97 - fermé dim.-lun. - menu du j. sem. 19 €, menus 33/72 €.* Après avoir roulé leur bosse dans le vin, les propriétaires ont ouvert cette épicerie-restaurant : les meilleurs produits locaux sont mis en valeur avec quelques touches inventives, avec en prime de judicieux conseils sur le choix des vins.

Shopping

La Ferme St-Pierre – *Pl. de la Poterie - ✆ 04 70 28 89 00 - fermé dim.-lun. - 9h30-12h30, 15h-19h.* Trois exploitants agricoles se sont réunis pour créer cette boutique qui vend exclusivement des produits de la ferme. Résultat, un très beau choix de volailles et produits dérivés : foie gras, magret, confit, lait et fromages de chèvre. Également des productions des fermes voisines (confitures, miel, charcuteries...).

En soirée

109 Montluçon – *109 r. Ernest-Montusès - ✆ 04 70 05 88 18 - www.109montlucon.com - nombreux concerts en soirées, rens. section billetterie du site.* Cette scène dédiée aux musiques actuelles se veut un lieu d'expression et de découverte des nouveaux talents. Musiques du monde, jazz contemporain et chanson française sont à l'honneur une fois par semaine dans ce café-concert vivant et original.

Activités

Centre aqualudique – *Parc des sports de la Loue - St-Victor - ✆ 04 70 08 26 60 - ca-laloue.fr - horaires d'été : tlj 10h30-20h (19h30 le w.-end.) - 5,20 €.* Lagune de jeux de 500 m² avec toboggan, sauna, hammam, Jacuzzi, bassin ludique... Bassin olympique, bassin extérieur avec pentaglisse.

Base des eaux vives du moulin de Chauvière – *Lavault-Ste-Anne - à 3 km du centre de Montluçon - ✆ 04 70 05 58 78 - merc. et sam. 14h-17h, ouvert tlj vac. scol. printemps-été.* Location de matériel VTT, équitation, courses d'orientation, randonnées pédestres.

Thermes de Néris les Bains – *6 pl. des Thermes - Néris-les-Bains - ✆ 04 70 03 10 39 - www.thermes-neris.com - ♿ - ouvert lun.-vend. : 8h-12h, 14h-19h.* Indications : affections psychosomatiques, neurologie, rhumatologie.

Les Nériades – *Pl. des Thermes - Néris-les-Bains - ✆ 04 70 03 11 11 - www.neriades.com - P - 10h-13h, 14h30-20h (19h mar., jeu. et dim.) - 22/158 €.* Ce Spa thermal ultramoderne de 1000 m² propose des prestations de balnéothérapie en eau thermale, de bien-être et d'esthétique.

Hébergement

PLAN P. 487

Budget moyen

(2) **Hôtel des Bourbons** – A2 - *47 av. Marx-Dormoy - ✆ 04 70 05 28 93 - www.hotel-des-bourbons.com - P ♿ - 42 ch. 76/97 € - ☕ 10 € - ✕ menus 26 (déj.)/48 €.* Face à la gare, bel immeuble de la fin du 19e s. abritant des chambres rénovées : mobilier fonctionnel aux lignes sagement rétro, salles de bains colorées. Carte traditionnelle servie dans un cadre moderne.

À proximité

Budget moyen

Hôtel Mona Lisa – *40 r. Boisrot-Desserviers - Néris-les-Bains - ✆ 04 70 08 79 80 - www.noemys.fr - ♿ - fermé vac. de Noël - 57 ch. 69/130 € - ☕ - ✕ menus 15/22 € - hors saison fermé les midis et dim.* La façade Belle Époque de cet établissement posté face au casino cache des chambres d'esprit actuel bien équipées et climatisées. Au restaurant, sobre mise en place et mobilier design en accord avec la cuisine du chef, au goût du jour.

Gorges de la Sioule ★★

Née en lisière des monts Dôme, la Sioule, en accélérant son débit, s'enfonce dans le plateau granitique des Combrailles, dessinant ainsi de belles gorges entre Châteauneuf-les-Bains et les abords d'Ébreuil. Un important réseau de sentiers pédestres et équestres permet de découvrir les attraits de cette région, riche d'un patrimoine discret et méconnu, qui se prête aussi à la pratique de la pêche et du canoë-kayak tout le long des gorges de la Sioule et de Chouvigny.

Se repérer

Allier (03) Puy-de-Dôme (63)

CARTE B3 (P. 450).

L'accès le plus classique se fait au nord-ouest de Riom, par la D 2144 (direction Montluçon), qui rejoint les gorges au Pont-de-Menat. Pour les remonter en enfilade, vous pouvez partir d'Ébreuil.

À ne pas manquer

Les gorges de Chouvigny et le méandre de Queuille; les fresques et la châsse de saint Léger, dans l'église d'Ébreuil.

Organiser son temps

Réservez une journée à l'exploration de ces gorges.

En famille

La visite du château de Chouvigny et le musée de Paléontologie à Menat; les rives du plan d'eau des Fades; le vélorail du viaduc des Fades.

Carnet pratique p. 499

Nos adresses p. 500

Gorges et châteaux

CARTE P. 450 B3

Circuit de 46 km tracé en vert sur les cartes p. 450 et p. 496.

★ Église d'Ébreuil

Pl. de la Liberté - ✆ 04 70 90 71 33 (mairie) - avr.-oct. : 9h-18h30; nov.-mars 10h-16h - fermé mar. - accès aux fresques de la tribune sur RV - en saison, visite guidée, se renseigner auprès de la maison du tourisme d'Ébreuil : ✆ 04 70 90 77 55.

Aux 10e s. et 13e s., l'**église St-Léger** appartenait à une abbaye bénédictine dont les bâtiments ont été remplacés au 18e s. par l'hôpital-hospice devenu lieu d'exposition *(galerie des Charitains Art'Belette, à droite de la façade, ville-ebreuil.org)* et par un palais abbatial transformé en maison de retraite *(derrière le chevet)*. La nef, couverte d'une charpente de bois, et le transept sont de style roman; le chœur, à chapelles rayonnantes, relève du gothique primitif. Le clocher-porche, d'une pureté de ligne remarquable, fut plaqué contre la façade du 11e s. vers 1125. Le portail est surmonté d'un tympan décoré de trois hauts-reliefs romans : le Christ bénissant entre deux apôtres; pentures et marteaux du 12e s.

L'intérieur abrite de belles **fresques**★ des 12e s. et 15e s. : celles du 12e s., décorant le bas-côté gauche, représentent, entre autres, saint Austremoine, premier évêque de Clermont, le martyre de sainte Valérie et de saint Pancrace, les trois archanges Michel, Gabriel et Raphaël; celle du 15e s. (3e pilier droit), représente saint Georges

Kayaks sur la Sioule.
scottyh/Getty Images Plus

terrassant le dragon. Derrière le maître-autel, sur une colonne de pierre, repose la superbe **châsse de saint Léger★** (16ᵉ s.), en bois recouvert de cuivre argenté. Dans une chapelle de l'abside, Vierge assise du 16ᵉ s.

Quittez Ébreuil à l'ouest par la D 915.

À 4 km d'Ébreuil, la route en corniche domine la Sioule. Le versant droit, plus abrupt et sévère, laisse apparaître le granit et se couvre de landes de bruyère. Après Péraclos, la route descend jusqu'au bord de la rivière.

Château de Chouvigny

✆ 04 70 59 81 77 - www.chouvigny.net - visite guidée (45mn) juil.-août : 14h-18h, dép. ttes les h. - 5 € (-15 ans 2 €) - fermé lun.

Bâti sur un éperon rocheux, ce château fort bourbonnais occupe un beau **site★** dans la vallée, dressant son imposante masse crénelée au-dessus des gorges de la Sioule qui coule à ses pieds. Le château a été très restauré, sur des bases médiévales. La **Grande Salle** servit à une époque de tribunal ; au-dessus de la cheminée sont représentées les armes des différents propriétaires du château. Après avoir traversé la galerie de la Chasse, on accède à la **terrasse**, d'où se découvre une belle **vue** sur les gorges, barrées à droite par le roc Armand ; viennent ensuite la tour de guet, dotée de deux archères à angle mort (permettant au tireur de se protéger) et à queue de carpe (permettant de voir jusqu'au pied du château), puis la tour du Trésor.

★★ Gorges de Chouvigny

À l'entrée des gorges, la route coupe, par une tranchée, un cap rocheux dont la partie gauche, détachée, se nomme le **roc Armand**. On peut en atteindre le sommet par un escalier taillé dans le roc. De là, belle vue, en amont, sur les gorges dont les versants boisés sont hérissés de pointes de granit, en aval, sur le château de Chouvigny.

Poursuivez par la D 915 et prenez à droite la D 2144.

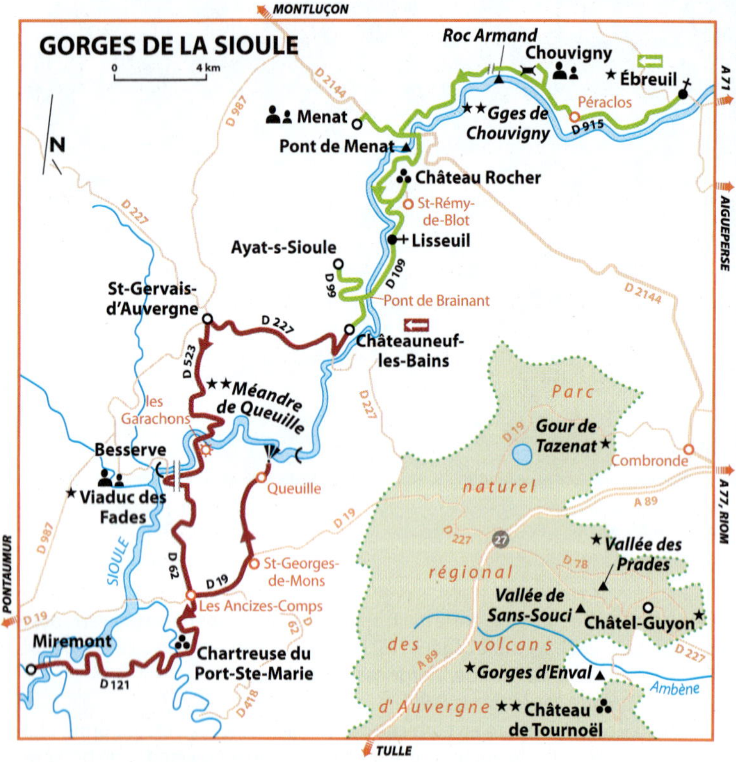

Menat

Ce petit village fut jadis le siège d'un **monastère clunisien** fondé au 6e s., et qui devint rapidement un des hauts lieux culturels de l'Auvergne. De ce monastère subsistent l'abbatiale du 12e s., les vestiges du **cloître** du 15e s., ainsi que des bâtiments abritant la mairie et le musée de Paléontologie.

Musée de Paléontologie « Le Gîte à fossiles » – *Le Bourg - ☎ 04 73 85 50 29 - juin-sept. : 10h30-12h, 14h-18h30, w.-end 14h-18h30 - fermé mar. - 4 € (-26 ans 2 €).*

Il est essentiellement consacré au gisement de Menat, bassin géologique de petite taille (1000 m sur 600 m) remontant au paléocène. Il y a environ 50 millions d'années, un lac s'étendait au fond de ce bassin. Des fouilles ont mis au jour des fossiles, attestant la présence d'importants éléments de flore et de faune. Une exposition permanente, « La Marche vers l'homme », retrace l'évolution des êtres vivants.

Pont de Menat – Point de départ idéal pour la pratique du canoë-kayak. Ce vieux pont en dos d'âne resta pendant très longtemps le seul point de passage sur la Sioule entre Ébreuil et Châteauneuf-les-Bains.

La route s'élève ensuite, dominant de plus en plus le lit de la rivière. Elle atteint son point culminant un peu avant sa jonction avec la D 99.

Au centre de St-Rémy-de-Blot, prenez à gauche et suivez le fléchage du château sur environ 1 km.

Château-Rocher

☏ 04 73 85 52 53 - chateau-rocher.fr - accès libre.
À l'aplomb des ruines de Château-Rocher (13e s.), une très jolie vue sur la Sioule qui s'étend vers les rivages du Bourbonnais. La vallée de la Sioule était au Moyen Âge une importante voie de franchissement entre le Bourbonnais et l'Auvergne. Par sa position stratégique, Château-Rocher permettait d'assurer la surveillance de toute la région et en particulier le passage du pont de Menat.
Revenez sur St-Rémy-de-Blot, puis descendez sur la droite pour retrouver la D 109.

Lisseuil

La route atteint ici le fond de la vallée. L'église abrite, dans le chœur restauré, une belle **Vierge** romane en châtaignier (13e s.) qui se distingue par la douceur du modelé des visages de la mère et du fils. Vénérée dans la région, notamment lors du pèlerinage annuel *(le dim. qui suit le 8 sept.)*, cette jolie Vierge en majesté est beaucoup moins sévère que les Vierges du 12e s. du même type.
Continuez sur la D 109 et prenez à droite la D 99 vers Ayat-sur-Sioule.

Ayat-sur-Sioule

Jolie route en lacet au milieu de la forêt, la D 99 mène à ce bourg, patrie du général Desaix, auquel un monument est consacré. Il s'est créé un lieu à la mémoire de Desaix, au **manoir de Veygoux**, sur la commune de Charbonnières-les-Varennes *(voir p. 97)*.
Revenez à la rivière que vous ne traversez pas, et prenez à droite en direction de Châteauneuf-les-Bains.

Châteauneuf-les-Bains

Cette tranquille station thermale, située à 390 m d'altitude, est formée de plusieurs hameaux, et le village proprement dit, sur la rive gauche de la rivière. Des vingt-deux sources captées, trois, les plus froides, donnent une eau de table. Deux alimentent les bains dont la graduation naturelle va de 28 à 36 °C. On y soigne rhumatismes, névralgies...
Pic Alibert – Près du hameau des Grands-Bains. Un escalier permet de gravir ce pic qui est surmonté d'une statue de la Vierge de l'Espérance ; vue sur la vallée.
Presqu'île de St-Cyr – Éperon granitique boisé qu'entoure une boucle de la Sioule ; un petit chemin permet d'atteindre les ruines de l'ancienne église de Châteauneuf d'où l'on a une belle vue sur la rivière.
De là, vous pouvez poursuivre sur l'itinéraire du méandre de Queuille.

Le méandre de Queuille AB3

▶ Circuit de 60 km tracé en rouge foncé sur les cartes p. 450 et p. ci-contre.
Quittez Châteauneuf-les-Bains et prenez à droite la D 227.

St-Gervais-d'Auvergne

Ce village, bâti sur une colline, possède une église gothique qui a conservé de nombreuses parties romanes, dont un portail au transept et, sur le flanc droit, une échauguette avec une curieuse gargouille. Beaux tilleuls sur la terrasse de l'église.
Vous y trouverez également la **Maison des Combrailles** *(Pl. Raymond-Gauvin - ☏ 04 73 85 82 08 - www.combrailles.com - ♿ - 9h-12h30, 14h-17h30, vend. 9h-12h30, 14h-17h - fermé w.-end)*. Notez qu'au manoir de Veygoux *(voir p. 97)*, un espace d'exposition est consacré à la région des Combrailles.

On vous emmène aux gorges de la Sioule

Ébreuil, siège autrefois d'une puissante abbaye de bénédictins qui dépendait de Rome, a conservé de son passé une église nantie d'un beau clocher-porche du 12e s. On s'attarde dans ce bourg qui marque l'entrée des gorges de la Sioule, vision étonnante pour qui les découvre pour la première fois. C'est comme si la rivière avait entaillé de force le paysage afin de se frayer un passage ! Pour bénéficier de l'un des points de vue les plus spectaculaires, il faut gagner Queuille et, à côté de la petite église, emprunter le sentier qui, 200 m plus bas, mène au belvédère : le point de vue y est tellement sublime qu'on le surnomme le paradis de Queuille. La Sioule dessine un méandre parfait, arrondi en fer à cheval. L'harmonie des couleurs, entre le bleu de l'eau et le vert des arbres qui tapissent les pentes, ajoute à l'émotion. Il sera toujours temps ensuite de tenter une descente en canoë, une fois passé le flot touristique...

Au début, il y avait la Combraille historique, qui mordait sur le Bourbonnais. Puis ce furent les Combrailles, un vaste territoire parcouru par la Sioule de bout en bout, donnant naissance à une identité forte, **Sioule et Combrailles**.
Prenez la D 523 au sud de St-Gervais, pour rejoindre la rivière. Une jolie alternative consiste à prendre la D 987 qui serpente au milieu des bois, puis, à St-Priest-des-Champs, la D 62 sur la gauche : votre parcours épousera alors les méandres de la Sioule, qui contourne des filons de porphyre.

★ Viaduc des Fades

Construit par l'ingénieur Virard au début du 20e s., cet ouvrage, d'une longueur totale de plus de 440 m, est l'un des plus hauts viaducs ferroviaires d'Europe. Son tablier métallique est porté par deux piles de granit espacées de 144 m et hautes de 92 m. Il domine la Sioule de 133 m.
Le **barrage de Besserve** s'élève en amont du viaduc. C'est un barrage-poids d'une largeur de crête de 8 m, qui résiste aux eaux par sa masse.
Traversez le viaduc et suivez la D 62 jusqu'aux Ancizes-Comps. Prenez à gauche la D 19 que vous quitterez à St-Georges-de-Mons pour obliquer à gauche vers Queuille.

★★ Méandre de Queuille

Laissez votre voiture à l'église de Queuille.
Passez derrière le chevet et continuez à travers un sous-bois pour atteindre l'extrémité du promontoire, aménagé en **belvédère** au-dessus du méandre de Queuille. Taillé dans la roche fracturée du plateau granitique, le méandre est dessiné par la Sioule, élargie à ce niveau par un barrage. On se trouve sur la rive concave de la boucle, haute et hérissée de rocs ; en face, du côté convexe, la rivière enserre étroitement la « presqu'île » de Murat, longue échine boisée.
En aval du méandre, remarquez le **barrage de Queuille**, de type barrage-poids, d'une largeur de crête de 5 m. Sa base contient une usine hydroélectrique.
Revenez aux Ancizes-Comps et tournez à gauche dans la D 61.
La route offre une magnifique descente sur la vallée de la Sioule.

Chartreuse du Port-Ste-Marie

04 73 26 68 44 - chartreuse-psm.fr/Chartreuse - été : horaires, se rens. ; reste de l'année : sur demande préalable.
Un site sauvage, au fond de la vallée, abrite les vestiges, accrochés à un rocher, de cette chartreuse, fondée en 1219 par Guillaume de Montfort. Les bâtiments

comportaient une partie basse, réservée aux frères convers, utilisée par la suite comme moulin, et une partie haute, destinée aux pères. Détruite sous la Révolution, la chartreuse est restaurée par une association de sauvegarde et le service régional d'archéologie. Des campagnes de relevés ont été entreprises sur le site de la chartreuse depuis 1994. Des fouilles ont permis de mettre en évidence au moins deux niveaux d'occupation du site cartusien, ainsi que la présence d'un atelier de taille d'objets en os et en ivoire.
La D 61 remonte sur le plateau et domine le **plan d'eau des Fades.**
Trois baignades surveillées et une base nautique.
À St-Jacques-d'Ambur, prenez à droite la D 121 qui descend dans la vallée du Sioulet.

Miremont

L'église romane au puissant clocher carré (19e s.) se dresse sur un piton dominant une boucle du Sioulet. À proximité de l'église se trouve le sarcophage d'Honor de Durfort, épouse de Sicard de Miremont, seigneur de Miremont au 8e s.
Musée Retour sur le passé – *04 73 79 92 52 (mairie) ; mai-oct. : 9h-20h - gratuit.* Installé dans une maison traditionnelle, ce musée évoque la vie dans les Combrailles au début du 20e s. Une visite-promenade au sein du bourg sous forme d'un parcours fléché permet de découvrir des personnages et des métiers d'autrefois qui faisaient partie du quotidien rural.

À proximité

CARTE P. 450

Château de Pionsat A3

À 16 km au nord-ouest de St-Gervais-d'Auvergne par la D 227.
Ne se visite pas.
Le château d'origine fut construit au 14e s., puis vendu à Jacques de Chazeron qui le décora à son goût. Ses descendants avaient un projet beaucoup plus ambitieux qu'ils mèneront de 1550 à 1610 et qu'ils n'achèveront pas.
Le château accueille des expositions artistiques temporaires et sert de décor aux Fêtes musicales qui s'y déroulent fin juillet, depuis 1980 *(voir Agenda ci-dessous).*

Carnet pratique

S'informer

Office du tourisme Cœur de Combrailles – *R. du Gén.-Desaix - St-Gervais-d'Auvergne - 04 73 85 80 94 - www.tourisme-combrailles.fr.*
Maison de pays de Menat – *Rte des Gorges-de-Chouvigny - Menat - 04 73 85 80 94 - www.tourisme-combrailles.fr.*
Office du tourisme d'Ébreuil – *2 r. de la Porte-Charrat - Ébreuil - 04 70 90 77 55 - valdesioule.com.*

Agenda

Les Fêtes musicales du château de Pionsat – *Dernière sem. de juil. - 04 73 52 60 25- www.musicalesdepionsat.com.* Festival de musique baroque, classique et contemporaine.

Nos adresses

Activités

Sioule Loisirs – *Pont-de-Menat - St-Remy-de-Blot - ☎ 04 73 85 52 87 - www.sioule-loisirs.com - ♿ - avr.-sept. : tlj à partir de 9h30 sur réserv. pour activités.* Location de canoës et de kayaks pour descendre les gorges de la Sioule. Formules à la journée ou à la demi-journée. Snack-bar-pizzeria sur place. 14 Juil.-15 août concerts gratuits le w.-end.

Aqua Canoë – *Ébreuil - ☎ 07 60 84 78 90 - www.canoe-sioule.com - tlj juil.-août; reste de l'année : se rens. - à partir de 22 €.* Descente de la Sioule en canoë depuis Menat, Saint-Gal (Chouvigny) jusqu'à Ébreuil. Propose aussi la pratique du rafting.

Accro Sioule Kids – *Ébreuil à côté de la base de canoë - ☎ 04 70 90 78 12 - accro-sioule.fr - en été : tlj 10h-19h - 12/22 €.* Parc accrobranche avec 5 parcours aventure pour les enfants (à partir de 1 m.).

Valvital - thermes de Châteauneuf-les-Bains – *Châteauneuf-les-Bains - ☎ 04 73 86 67 49 - www.thermes-chateauneuf.com - de fin avr. à mi-oct. : tlj sf dim., sur réserv. - à partir de 7 €.* Centre de remise en forme.

Vélorail du viaduc des Fades – *☎ 06 60 54 33 29 (réserv. obligatoire) - www.velorailduviaducdesfades.com - juil.-août : tlj dép. 9h, 11h15, 14h, 16h15, 18h30; hors sais. : se rens. 40 € pour 5 pers. maxi.* Départ de la gare des Ancizes Comps. Un circuit de 15 km AR, 3 tunnels pour 2h de balade.

Hébergement

Premier prix

Le moulin des Valignards – *Lieu-dit Les Valignards - Vicq - à env. 1 km au sud-est d'Ébreuil - ☎ 06 33 95 08 93 - lemoulindesvalignards.com - 4 ch. (dont 2 jusqu'à 4 pers.) 55/95 € ☕ - 1 gîte 4 pers.* Chambres d'hôtes douillettes et confortables dans un ancien moulin à farine du milieu du 19e s. restauré avec goût. Le terrain boisé un peu sauvage est traversé par la Sioule dans laquelle on peut se rafraîchir. Repos et ressourcement assurés. Accueil très attentionné par les propriétaires, engagés dans la préservation de l'environnement, et délicieux petit-déjeuner maison préparé à base de produits locaux.

Budget moyen

Chambres d'hôtes Les Maisons du Castel Chez Nanette – *17 r. du Castel - St-Gervais-d'Auvergne - ☎ 04 73 85 70 42 - www.castel-hotel-1904.com - P - ouv. avr.-oct. -5 ch. 85/105 € - ☕ 12 €.* Une vaste maison de famille du 17e s. où l'on profite d'une atmosphère unique et d'un confort douillet.

Pour se faire plaisir

Chambres d'hôte Les Eydieux – *St-Angel - depuis Manzat, suivre Le Cibias (D 418) - ☎ 04 73 86 91 95 - www.leseydieux.com - P - 2 suites 180 € ☕.* Aux confins d'une petite route de campagne, Marie-Claire et Cyr proposent deux vastes logis *(4-5 personnes)*, qui occupent le poulailler et le pigeonnier d'une ancienne ferme réaménagée avec sobriété et délicatesse. Hammam et baignoire balnéo. Petit-déjeuner délicieux.

Gannat

Bâtie au seuil de la région des portes occitanes, cette petite ville ancienne se trouve entre Auvergne et Bourbonnais. Elle cache un patrimoine intéressant dont le joyau, un évangéliaire médiéval orné de cabochons, de plaques d'ivoire et de bronze niellé d'or, figure parmi les chefs-d'œuvre de l'art religieux. Enfin, un passionnant parc paléontologique s'y est installé pour faire découvrir à ses visiteurs l'histoire de la vie sur Terre.

Se repérer

5 832 Gannatois – Allier (03)

CARTE C3 (P. 451).

La ville se trouve à 20 km de Vichy et 42 km de Clermont-Ferrand.

À ne pas manquer

Paléopolis et le musée municipal, où vous pourrez admirer l'évangéliaire de Gannat.

Organiser son temps

La visite libre de Gannat, en suivant un circuit disponible à l'office de tourisme, vous prendra environ 1h.

En famille

Paléopolis, véritable laboratoire à ciel ouvert de l'évolution.

Carnet pratique p. 503

Nos adresses p. 503

Se promener

Église Ste-Croix

Cette église a conservé, d'un premier édifice roman, quelques vestiges, notamment une partie du transept et du déambulatoire, les deux absidioles et de remarquables chapiteaux ; remarquez, à l'extérieur, celui qui représente la Nativité. Reconstruite à l'époque gothique, l'église a été souvent remaniée jusqu'au 17e s., époque à laquelle on refit le chevet et le clocher.

Château

Place forte du 12e s. démantelée en 1566, utilisé comme prison de 1833 à 1967, le château dresse ses hautes murailles du 14e s., flanquées de quatre tours d'angle, au centre de la ville. Les anciens appartements des gardiens et les cellules des détenus servent de cadre au musée municipal.

Musée municipal Yves-Machelon – *11 esplanade P.-Roch-Jurien de la Gravière - ☎ 04 70 90 23 78 - ville-gannat.fr - juil.-août : tlj sf lun. 14h-18h ; avr.-juin et sept.-oct. : vend.-dim. 14h-18h - 5 € (-12 ans gratuit).*

Environ 20 salles retracent l'histoire du pays de Gannat. Parmi les objets exposés, notez le squelette sur pied d'un **rhinocéros fossile** vieux de 23 millions d'années, découvert dans les carrières de Gannat, des grilles en fer forgé du 12e s., des parchemins du 14e au 18e s. provenant des archives de la ville. Et ne manquez pas le superbe **évangéliaire**★ appartenant à une célèbre série d'évangéliaires carolingiens, ou plutôt lotharingiens. Sa reliure renferme un manuscrit de la fin du 9e s., classé au titre des Monuments historiques en 1897.

Un petit **musée de la Résistance** fait revivre, au moyen de photos, coupures de presse et médailles, cette page d'histoire dans la région de Gannat. Enfin la **sellerie**

Une merveille d'orfèvrerie

L'**évangéliaire de Gannat** est un grand in-quarto rédigé sur vélin, peu enluminé. C'est la reliure qui retient le plus l'attention. Le plat supérieur est orné de quatre parements émaillés circulaires, d'époque romane, de deux plaques de cuivre au décor incisé, flanquées de six gemmes rectangulaires prismatiques ou ovales, autour d'un camée antique central. Le plat inférieur comporte une plaque d'ivoire rectangulaire, contemporaine du manuscrit, figurant la Crucifixion, la résurrection des morts et les saintes femmes au tombeau, dans un cadre en lames d'argent doré.

du château de Veauce *(voir p. 506)* occupe une salle et présente un vaste choix de harnais, brides, selles, étriers, bottes, cravaches ; remarquez, au fond de la cour, des **voitures hippomobiles**.

Paléopolis, la colline aux dinosaures C3 CARTE P. 451

Site de Chazoux - rte de Bègues, à quelques km du centre de Gannat - ✆ 04 70 90 16 00 - www.paleopolis-parc.com - ♿ - juil.-août et vac. scol. : 10h-18h ; avr.-oct. : merc. 13h30-18h, sam.-dim. 10h-18h - 14 € (-15 ans 12 €) - ateliers à partir de 5 ans, sur réserv. - escape game (à partir de 13 ans) 80 € jusqu'à 6 pers., réserv. en ligne : La face cachée de Lucy, *la plus célèbre des australopithèques découverte en Éthiopie dans les années 1970 par Yves Coppens et d'autres scientifiques.*

Deux bâtiments installés sur le beau site de Chazoux vous entraînent dans la découverte du patrimoine paléontologique de l'Allier. Une exposition permanente retrace « La fascinante histoire de la vie » en 4 milliards d'années d'évolution. Vous pourrez tout apprendre sur l'apparition et le développement de la vie jusqu'à la biodiversité actuelle. La visite chronologique, bien organisée, est illustrée par des fossiles, des ossements retrouvés lors de fouilles effectuées dans l'Allier et des reconstitutions d'espèces animales (libellule géante, vélociraptor, poisson cuirassé de 5 m de long...). Une autre exposition, « Trésor des mines de France », présente une intéressante collection de minéraux, pour la plupart issus du Massif Central. Paléopolis est un muséo-parc en pleine nature où l'on découvre, partage et s'amuse en famille, notamment avec les aménagements extérieurs et les paléo-ateliers (initiation aux fouilles, moulage, peinture pariétale...).

Si le sujet vous a passionné, n'hésitez pas à vous rendre à Châtelperron *(p. 518)*, où vous découvrirez la suite chronologique de cette épopée : Préhistorama y retrace l'histoire de l'homme de Néandertal.

Jenzat C3 CARTE P. 451

▶ *8 km au nord en empruntant la D 2009 sur 4 km en direction de Moulins, puis prenez sur la gauche la D 42.*

Installé sur la rive droite de la Sioule, ce village bourbonnais bénéficie d'un site agréable. Du 19e s. à la première moitié du 20e s., Jenzat fut considéré comme la capitale européenne des **vielles à roue** que l'on fabriquait ici depuis 1795. Le musée des Musiques populaires de Montluçon *(voir p. 485)* en possède de très beaux exemplaires.

Château – *Ne se visite pas.* Édifice du 18e s.

★ **Église** – L'intérêt de cet édifice roman construit du 11e au 15e s. réside dans ses **peintures murales**, les plus remarquables des églises du Bourbonnais, par la finesse du dessin, l'élégance des mouvements, la beauté de la composition d'ensemble *(voir La route des églises peintes du Bourbonnais - eglisespeintesenbourbonnais.planet-allier.com).* Ces peintures à la détrempe, exécutées aux 14e et

15e s. et désignées sous le nom de fresques des « Maîtres de Jenzat », retracent des scènes de la **vie du Christ** (l'entrée à Jérusalem, le Lavement des pieds, la Cène) et de la **Passion** (Judas rend aux grands prêtres les pièces d'argent, Judas pendu, Ecce Homo, crucifixion, descente de croix, déploration, mise au tombeau, résurrection). Un autre cycle est constitué par le martyre de **sainte Catherine d'Alexandrie**. Enfin des peintures murales découvertes en 1982 montrent des rescapés de la **peste noire** qui sévit à Jenzat en 1348.

Maison du luthier – *8 r. des Luthiers - ✆ 06 80 80 35 27 - www.maison-luthier-jenzat.fr - ♿ - juil.-août : tlj sf jeu.-vend. 14h30-18h30 ; juin et sept. : w.-end 14h30-18h30 - 4 € (- 16 ans gratuit).*

Au cœur de l'ancien quartier des luthiers, ce musée expose plus de mille objets utilisés ou fabriqués par les luthiers de Jenzat. On découvre successivement une salle dédiée au négoce et au rhabillage des instruments de musique, un atelier des vielles et une salle d'exposition (vielles des 18e, 19e et 20e s., films vidéo sur le jeu de vielle et la facture).

Église de Biozat C3 CARTE P. 451

▶ *7 km au sud-est de Gannat par la D 119.*

Bel édifice roman de la Limagne, l'église St-Symphorien est caractéristique de l'**art roman auvergnat**, avec sa nef couverte en berceau, ses bas-côtés voûtés en demi-berceaux, sa coupole sur trompes et quelques chapiteaux intéressants. Remarquez aussi les fresques du 15e s., assez naïves, représentant la Vierge de douleur. *De là, on peut gagner Effiat, à 4 km au sud, et rejoindre l'itinéraire de découverte de la Limagne (voir Aigueperse p. 104).*

Carnet pratique

S'informer

Office de tourisme – *11 pl. Hennequin - Gannat - ✆ 04 70 90 17 78 - valdesioule.com.*

Agenda

Les Cultures du monde – *fin juil. - ✆ 04 70 90 12 67 - www.lesculturesdumonde.org.* Divers groupes folkloriques (danseurs, musiciens, chanteurs) animent ce festival. Depuis 1965, l'ensemble traditionnel « La Bourrée Gannatoise » y est l'ambassadeur de la région Auvergne.

Nos adresses

Hébergement

Premier prix

Chambres d'hôte Le Domaine de Rouzat – *2 domaine de Rouzat - rte de St-Priest - 3 km de Gannat par D 998 ou sortie 12 par A 71 - ✆ 04 70 90 20 04 - ✆ 06 74 58 23 54 - www.chambre-hote-gannat.com - 🚭 P ♿ - 4 ch. 61/69 € ☕ - ✕ table d'hôte (sf merc. et dim.) 25 € (-12 ans 13 €).* Les chambres de cette exploitation agricole, aménagées dans l'ancienne bergerie, bénéficient d'une décoration originale. Table d'hôte familiale, aux produits de la ferme, accompagnée de vins de la région.

8

Charroux ★

Retranché derrière ses portes fortifiées, Charroux sait garder son mystère intact. Il offre à 413 m d'altitude un fabuleux panorama, au sud, sur la chaîne des Puys et, au nord, sur la plaine de la Limagne. Dans la ville ancienne, on se livrait jadis au négoce des poulailles, du beurre, du chanvre, des sabots, de la laine ou du gibier. Aujourd'hui, sa moutarde à l'ancienne, utilisée par les plus grands chefs, lui forge une renommée internationale. Pour profiter du charme des maisons médiévales et des rues pavées, une fois les visiteurs partis, il faut y dîner, et mieux encore y passer la nuit.

Se repérer

362 Charlois – Allier (03)

CARTE C2 (P. 451).

Charroux se situe à 15 km au nord de Gannat.

À ne pas manquer

La visite commentée de Charroux ; le château de Chareil, l'abbaye bénédictine de Chantelle, perchée sur son promontoire escarpé ; une randonnée dans la forêt des Colettes.

En famille

La collection de voitures du musée de l'Automobile à Bellenaves.

Nos adresses p. 508

Se promener

20 Grande-Rue - Charroux - ☎ 04 70 56 87 71 - www.charroux03.fr et valdesioule.com.

Église St-Jean-Baptiste

Cet édifice fortifié du 12e s. faisait partie des remparts : sur le côté droit, l'avancée avec la tour crénelée formait bastion. Le clocher couronne la croisée du transept, mais la flèche de forme pyramidale à huit pans a été tronquée, comme à Vicq. À l'intérieur, la nef est voûtée en berceau, et les bas-côtés en ogive. Les chapiteaux sont ornés d'entrelacs ou de feuillages. Au départ des voûtes du carré du transept, vous remarquerez peut-être des chapiteaux ayant figure humaine. Selon une légende locale, il s'agirait de généreux tanneurs dont les dons ont permis de restaurer l'église.

Sortez par le bas-côté gauche.

Sur la place, **maison médiévale** à colombages et à encorbellement. Le **beffroi**, tour carrée qui servait de tour de guet, s'élève sur la gauche.

Rue de la Poulaillerie

Un vieux **puits** de pierre blanche, surmonté de belles ferronneries, agrémente cette rue pittoresque, pavée de grosses pierres.

Musée de Charroux et de son canton

5 r. de la Poulaillerie - ☎ 04 70 56 87 71 - www.musee-charroux.net - juil.-août : 11h-13h, 14h-19h ; avr.-juin et sept. : vend.-lun. et j. fériés 11h-13h, 14h-18h ; reste de l'année : w.-end et j. fériés 14h30-18h - fermé du 15 déc. à mars - 4 € (-16 ans gratuit).

Il occupe une maison à la façade ornée de sculptures (têtes d'animaux, figures,

Charroux.
Ch. Goupi/age fotostock

pointes de diamant), et présente l'histoire du canton. Outre des objets de l'époque romaine et des sculptures gothiques et Renaissance, le musée abrite une exposition sur les cheminées de Charroux. Dans une petite salle, reconstitution de l'**atelier** d'un célèbre luthier et facteur de vielles du 19e s., Jean-Baptiste Cailhe-Decante. Au premier étage, consacré aux 18e et 19e s., vous verrez les trois mouvements de l'horloge de la ville, aux rouages particulièrement complexes.
La **maison du prince de Condé**, ancien rendez-vous de chasse, fait suite au musée. Au premier étage, notez une belle fenêtre à meneaux.

Porte d'Orient

Il s'agit d'un des bastions de la muraille d'enceinte. On peut encore voir le système de défense.

De Charroux à Étroussat

CARTE P. 450-451 BC2-3

Circuit de 50 km tracé en bleu pâle sur la carte p. 450-451.
Quittez Charroux par le sud-ouest. Suivez la D 35 sur 2 km. Prenez ensuite à droite la D 68, qui franchit l'autoroute, puis à gauche la D 183.

Un passé riche et mouvementé

Oppidum, puis citadelle, Charroux devint très tôt une cité prospère, notamment grâce à la **charte d'affranchissement** (1145) dont les habitants bénéficièrent. Au 15e s., les périodes mouvementées s'enchaînèrent. En 1422, la peste fit de terribles ravages, au point que les redevances furent suspendues. Plus tard, ayant résisté à Charles VII lors de la **guerre de la Praguerie** (1440), la ville fut pillée et l'armée royale s'y livra à tous les excès. Il faudra attendre la fin du 17e s. pour que Charroux retrouve sa sérénité. C'est de cette époque que date la maison du prince de Condé. Le beffroi, la halle ou la porte de l'Horloge sont autant de témoins du riche passé de ce très beau lieu. Florissant au 16e s., le travail de la peau a marqué les lieux, et vous découvrirez de nombreux vestiges de cette activité disparue en vous promenant dans le village, sur les traces des anciens tanneurs.

Veauce B3

En entrant dans le village, jolie vue sur le chevet (12e s.) de l'**église**, aux pierres dorées. À l'intérieur, remarquez la belle ordonnance du chœur et du déambulatoire, dépourvu de chapelle rayonnante.

Château – *Ne se visite pas.* Situé dans un grand parc ombragé, il se dresse sur un promontoire rocheux dominant le cours de la Veauce. Érigé du 9e au 15e s., il fut en partie remanié à la Renaissance et au 19e s.

Quittez Veauce par le nord-ouest en empruntant la D 118, puis la D 987 que vous suivez jusqu'au carrefour avec la D 284 à la croix des Bois ; tournez alors à droite.

Forêt des Colettes B2

Elle s'étend sur 2 000 ha et présente la plus belle **hêtraie naturelle d'Europe**, de magnifiques futaies de chênes, et des plantations de résineux en altitude. La forêt est dominée par le signal de la Bosse (alt. 771 m), situé non loin du carrefour du même nom. Près de la route s'ouvrent des **carrières de kaolin**, matériau employé dans la fabrication des faïences et des porcelaines.

Après Coutansouze, prenez à gauche la D 118, puis à droite la D 68.

Bellenaves B2

Ce village possède une belle **église** romane, dont la façade s'apparente à celles de Charente. La décoration figure un Christ dans une mandorle avec deux anges, la Cène et le Lavement des pieds.

Château de Bellenaves – *✆ 04 70 58 34 20 - visite libre des jardins juil.-août : 12h-18h - fermé lun. - visite du château sur demande préalable.*

Musée de l'Automobile – *Lieu-dit St-Bonnet-de-Tizon - ✆ 04 70 58 39 73 - museebellenaves.jimdo.com - ♿ - avr.-sept. : merc.-dim. et j. fériés 14h-18h, oct. : dim. 14h-17h30 - 6 € (-18 ans 4 €, 12 ans gratuit).* Une quarantaine de voitures anciennes (de 1915 à 1970) de toutes marques sont présentées dans un bâtiment industriel de 800 m², garni de décors et de panneaux explicatifs. Véhicules de rêve ou utilitaires, avec pour certains des options étonnantes ! Exposition renouvelée régulièrement.

Quittez Bellenaves par le nord-est en empruntant la D 987.

Chantelle C2

Cette petite ville abrite, sur un promontoire escarpé entouré par la Bouble, une abbaye de bénédictines élevée sur les vestiges d'un château et d'un monastère.

Par la Grand-Rue (D 987), gagnez la rue Anne-de-Beaujeu menant à l'entrée de l'abbaye St-Vincent.

Église conventuelle – De cet édifice de style roman auvergnat, seule se visite la nef dont les piliers conservent quelques beaux chapiteaux.

Une histoire de famille

Les sires de Bourbon ont reconstruit au 11e s. l'ancien château fort de Chantelle. Ils en font au 14e s. une redoutable forteresse, dont une partie est transformée à la fin du 15e s. en une agréable demeure par Anne de France et son mari Pierre de Beaujeu, **duc de Bourbon**, qui se plaisent à y séjourner.

Après sa mort, survenue à Chantelle en 1522, son gendre, le très puissant **Charles de Montpensier**, connu sous le nom de connétable de Bourbon, se voit disputer par la Couronne l'immense héritage légué par sa femme. Il s'enfuit de Chantelle et met son épée au service de Charles Quint, en lutte avec la France. La destruction de Chantelle est ordonnée par François Ier.

En sortant du couvent, gagnez le bord de la terrasse toute proche. De là, jolie vue sur les **gorges de la Bouble**, dominées par les maisons de Chantelle. Par les anciens fossés du **château**, vous pourrez atteindre les bords de la rivière que suit un agréable chemin ombragé *(promenade Anne de Beaujeu, 2 km AR).*
Quittez Chantelle par l'est en prenant la D 987. Après 4 km, prenez à gauche la D 36.

Fleuriel C2

Sur la route de St-Jacques de Compostelle, le petit village de Fleuriel trône en haut d'une colline qui offre une vue magnifique sur la campagne bourbonnaise. Son **église** romane des 11e et 12e s., classée aux Monuments historiques, fait partie des églises peintes du Bourbonnais. Appréciez les chapiteaux, très ouvragés, et en particulier celui qui représente saint Jacques à la fois en apôtre et en pèlerin.

Historial du paysan soldat

1 rte du Vallon - ✆ 04 70 90 22 45 - historialpaysansoldat.fr - juil.-août : 10h-12h, 14h-18h, w.-end 14h-18h ; avr.-juin et sept. : vend.-dim. 14h-18h ; 1er oct.-11 nov. : merc.-dim. 14h-18h - fermé mar. - 6 € (-10 ans gratuit).
L'**Historial du paysan soldat** établi à Fleuriel, inauguré en 2015, aborde la Grande Guerre à travers la participation du monde rural. Installé dans un ancien corps de ferme bourbonnais, le musée propose, en plus de son parcours permanent, des expositions temporaires commémoratives et thématiques sur le conflit. *Quittez Fleuriel, revenez sur la D 987 par la D 36. Tournez à gauche. Après 1 km, prenez à droite la D 115.*

★ Château de Chareil C2

3 rte de Bayet - ✆ 04 70 56 94 28 - chareil-cintrat.monuments-nationaux.fr - visite guidée (45mn) de mi-juin à mi-sept. : 10h30, 14h30 et 16h - fermé lun. - 4 € (-18 ans gratuit).
Ce château fort médiéval, remanié au 16e s., est devenu propriété de l'État en 1958. L'extérieur a été remis en valeur : portail remonté, terrasse aménagée, puits du 19e s. restauré. L'ensemble est d'une grande sobriété, hormis les fenêtres du corps de logis qui présentent les trois ordres antiques que l'on retrouve sur l'encadrement des portes à chaque étage.
L'intérieur est en revanche très raffiné. Claude Morin, lorsqu'il devint propriétaire du château au milieu du 16e s., restructura le bâtiment et commandita les éléments décoratifs : les deux grandes **cheminées** Renaissance et surtout les étonnantes **peintures murales★★** qui retiennent l'attention. Les décors au plafond des escaliers sont remarquables par leur qualité d'exécution et leur dimension symbolique. Ils se composent de grotesques et de scènes mythologiques très en vogue à cette époque où circulaient des copies de gravures d'Eneo Vica (inspirées de la Domus aurea). Le 1er étage est somptueusement décoré. Dans la tour nord-ouest, deux peintures murales retracent la **légende d'Adonis**, d'après *Les Métamorphoses* d'Ovide. La tour sud-ouest, entièrement peinte, renferme un **plafond astrologique**, avec sept médaillons en camaïeu brun, figurant les sept planètes.
Le conservatoire des anciens cépages - *✆ 04 70 45 32 73 (office de tourisme) -* À l'extérieur du château, la visite se poursuit librement à l'aide d'une signalétique dans le conservatoire des anciens cépages, cultivés autrefois dans la région et qui ont été replantés sur le domaine.
Revenez sur la D 987 en direction de Chantelle, puis empruntez sur la gauche la D 115 jusqu'à Ussel-d'Allier.

Ussel-d'Allier C2

Sortez d'Ussel par la D 223 qui longe l'église. Un chemin non revêtu s'embranche à gauche de la route, près d'une statue de la Vierge, et conduit à une table d'orientation surélevée. De là, le regard embrasse un immense **panorama★** sur la riche campagne bourbonnaise. Au sud-est, les monts de la Madeleine et du Forez se profilent à l'horizon, au sud les monts d'Auvergne.
Revenez sur la D 223.

Église d'Étroussat C2

Cet édifice s'est enrichi d'un ensemble de quatorze **vitraux★** modernes, œuvre du maître verrier Frédéric Duran. Dans une chapelle, remarquez une inhabituelle **Vierge à l'Enfant** en bois doré du 17e s. : on voit l'Enfant Jésus armé d'une lance terrassant un dragon.
Quittez Étroussat par le sud en empruntant la D 223, puis à droite la D 35, et revenez à Charroux.

Nos adresses

Restauration

Budget moyen

Ferme St Sébastien – *Chemin de Bourion - ☎ 04 70 56 88 83 - www.fermesaintsebastien.fr - P ♿ - fermé dim. soir, lun.-mar. sf juil.-août - formules déj. 21/28 €, menus 34/49 €.* Cette ferme bourbonnaise réhabilitée abrite une coquette salle à manger. Cuisine au goût du jour fleurant bon le terroir.

Shopping

Huiles et Moutardes de Charroux – *R. de la Poulaillerie - ☎ 04 70 56 87 61 - moutarde-charroux.com - P - tlj 14h30-18h, fermé lun. sf juil.-août.* Depuis près de trois décennies, la famille Maenner produit avec un matériel centenaire de l'huile de noix et de noisettes. Également la fameuse moutarde de « Charroux » à l'ancienne en broyant les graines à la meule de pierre, du chutney de moutarde.

SNFB Chantelle – *14 r. Anne-de-Beaujeu - Chantelle - ☎ 04 70 56 62 69 - boutique.benedictines-chantelle.com- P ♿ - lun. apr.-midi, mar.-vend. 9h45- 11h30, 14h-16h45 (18h en juil.-août), sam.-dim. et j. fériés 14h30- 16h30.* Les sœurs du monastère de Chantelle proposent tout un assortiment de savons, d'eaux de toilette, de produits cosmétiques de leur fabrication.

Activités

Accro Sioule – *Parc d'accrobranches au lieu-dit de La Bosse, forêt des Colettes près d'Échassières - Échassières - La Croix Lambin - D 129 - ☎ 04 70 90 78 12 - accro-sioule.fr - en été : tlj 10h-19h - 12/22 €.* Différents parcours aventure pour tous les niveaux.

Hébergement

Budget moyen

Chambres d'hôte La Maison du Prince de Condé – *8 Grande-Rue - ☎ 04 70 56 81 36 - www.maison-conde.com - 5 ch. 90/135 € ☕ - ✕ 30 €.* Au cœur du village médiéval, chambres d'hôte aménagées dans une maison de caractère. Toutes les chambres ont été refaites et sont confortables.

Saint-Pourçain-sur-Sioule ★

À la rencontre des domaines d'oïl et d'oc, cette jolie bourgade des bords de la Sioule doit son nom à un moine, qui défendit l'Auvergne des ravages du roi Thierry, fils de Clovis. Ses maisons médiévales et les vestiges de fortifications témoignent aujourd'hui du glorieux passé de la cité qui accueillit jadis l'un des huit ateliers monétaires du royaume au 14e s. St-Pourçain est apprécié à la fois par les amoureux du patrimoine, les pêcheurs de truite, les randonneurs et les amateurs de bons vins de St-Pourçain, labellisés AOC depuis 2009.

Château de Billy, ancien château fort du 12e s.
H. Lenain/hemis.fr

Se repérer

5160 St-Pourcinois – Allier (03)

CARTE C2 (P. 451).

St-Pourçain se situe à 30 km au sud de Moulins, au cœur du Bourbonnais.

À ne pas manquer

L'ancienne abbatiale Ste-Croix ; le musée de la Vigne et du Terroir ; le château de Billy.

Organiser son temps

Une journée pour la ville et environs.

En famille

Le château de Billy.

Carnet pratique p. 514

Nos adresses p. 514

Se promener

Visite avec tablette tactile, dép. de l'office de tourisme ou du musée de la Vigne. De la place du Maréchal-Foch, agrémentée d'une fontaine et dominée par le **beffroi** de l'ancien monastère, franchissez le passage voûté qui conduit à la cour des Bénédictins. De là, on a une belle vue sur le clocher et l'imposante toiture de la nef de l'église Ste-Croix.

★ Église Ste-Croix

Pl. Carnot. Cette ancienne abbatiale, très vaste, édifiée du 10e au 15e s., a une particularité : le chœur, élevé tardivement, n'est pas dans l'axe de la nef, dont les arcs brisés sont surmontés d'un faux triforium. Les stalles du 15e s. sont agrémentées de miséricordes sculptées de motifs fantaisistes et humoristiques. Le bras nord du transept abrite un Ecce Homo du 16e s. Taillée dans un seul bloc de pierre, cette sculpture polychrome représente, avec réalisme et naïveté, le Christ soumis aux outrages de la cour de Pilate. Dans l'abside, les deux chapelles nord en forme d'hémicycle et percées de fenêtres en plein cintre sont romanes. Aménagée dans les cinq travées qui subsistent du cloître, la sacristie présente des chapiteaux sculptés et une pietà en pierre du 15e s.
Pour avoir une bonne vue du chevet de l'église, sortez par le portail principal et prenez à droite vers la place Clemenceau.

★ Musée de la Vigne et du Terroir

Cour des Bénédictins - ✆ 04 70 45 32 73 - valdesioule.com - juil.-août : mar.-vend. 14h30-18h, w.-end 10h-12h30, 14h30-18h ; juin et déb. à mi-sept. : w.-end 14h-18h - 3 € (-12 ans gratuit).
Il présente avec soin l'histoire de l'activité agricole et viticole de la région. Un escalier à vis situé dans la tour de l'Horloge (15e s.) conduit à de belles salles avec poutres et pierres. Les collections rassemblent une grande quantité d'objets : outils de tonnelier, poids et mesures, vitrine consacrée au phylloxéra, instruments vinicoles, etc. Les deux pièces maîtresses du musée sont un **alambic hippomobile** à quatre vases datant de 1889 et un immense **pressoir** du 17e s. dont la roue verticale, actionnée par trois ou quatre hommes, permettait de presser jusqu'à 300 kg de raisin. Une évocation de l'architecture rurale de la région et de l'histoire du vignoble et de la ville de St-Pourçain complète agréablement la visite, avec une présentation des fêtes et des rituels liés à la vigne et au vin.

Château de Fontariol C2 CARTE P. 451

À 17 km de St Pourçain, sur la D1, au Theil - ✆ 06 43 74 10 65 - chateau-de-fontariol.org - visite guidée de mi-juil. à mi-août et une sem. en sept. : 14h, 15h30, et 17h - 6 € (- 15 ans gratuit).

Le vignoble saint-pourcinois

La tradition fait apparaître la vigne sur les coteaux ensoleillés de la Bouble et de la Sioule un peu avant le début de l'ère chrétienne. Les sols pierreux de cette région convenaient particulièrement à cette culture, qui se développa rapidement grâce à la présence romaine, puis à la demande des monastères et seigneurs locaux. À la fin du 18e s., la superficie cultivée était de 8 000 ha. Au 19e s., cultures céréalières et fourragères gagnèrent du terrain, mais en 1892 le **phylloxéra** ruina le vignoble. Réimplanté, il occupe à présent 600 ha. Vous pourrez donc apprécier les vins de la région, particulièrement le blanc sec et fruité issu des cépages tressallier (variété locale), chardonnay et sauvignon. Le vignoble st-pourcinois est classé AOC depuis 2009.

Un château bourbonnais du 15e s. à vocation rurale, remanié aux 18e et 19e s. Il est présenté par les actuels propriétaires du château qui axent la visite sur le quotidien et les conditions de vie de la petite noblesse.

En Limagne bourbonnaise

CARTE P. 451 CD2

Circuit de 75 km tracé en bordeaux sur les cartes p. 451 et p. 513.
À la grande Limagne ou Limagne de Clermont succède, vers le nord, la Limagne bourbonnaise, caractérisée par une plus grande diversité de terroirs, avec des buttes calcaires qu'escalade le vignoble de St-Pourçain.
Quittez St-Pourçain par l'ouest en empruntant la D 46 en direction de Montmarault. Peu avant le hameau de Venteuil, prenez à droite la D 1.

Église de Saulcet

Dédiée à saint Julien, cette église romane est coiffée d'un très haut clocher octogonal, en pierre du 14e s. Remarquez son porche de bois du 15e s., appelé « caquetoire ». À l'intérieur, vous découvrirez de délicates **fresques** murales des 12e s., 13e s. et 14e s. représentant un Christ entouré des symboles des quatre évangélistes, une Annonciation et un défilé de personnages en prière. Les chapiteaux aux personnages dans la verdure, qui se trouvent dans la travée ouest, datent du 12e s.
Quittez Saulcet par le nord-ouest en empruntant la D 415.

Verneuil-en-Bourbonnais

Avec ses maisons à colombages et les ruines de son vieux château, cette cité, l'une des plus anciennes du Bourbonnais, a conservé un aspect médiéval très plaisant. En été, des épouvantails, que fabriquent les Verneuillois, prennent place dans la vieille ville et viennent agréablement rythmer la visite.
Chapelle Notre-Dame-sur-l'eau – Non loin de l'ancienne collégiale St-Pierre, cet édifice du 10e s., doté d'un clocher massif, domine le cours du Douzenan. Restauré, cet ancien sanctuaire, abandonné en 1789, possède des peintures murales du 15e s. Chaque été, il accueille une exposition d'art.
Musée du Lavage et du Repassage *- 9 r. des Remparts - ☎ 04 70 45 65 95 - ♿ - mai-sept. : tlj sf lun. 14h-18h - 3 € (-12 ans gratuit).* Il possède une impressionnante collection de fers de toutes origines, depuis la casserole chinoise jusqu'au premier fer électrique, distribué sous la marque Calor en 1917.
Quittez Verneuil par le nord-est et rejoignez la D 18 ; au croisement, prenez à droite. Après 2,5 km, traversez la D 2009, et empruntez en face la D 532. Suivez à droite la D 232, qui franchit la Sioule, puis prenez à gauche la D 46 et traversez l'Allier. À Chazeuil, prenez à droite la N 7 jusqu'à Varennes-sur-Allier ; à la sortie de la ville, empruntez sur la gauche la D 21 en direction de Jaligny.

Hospice de Gayette à Montoldre

Imposant ensemble où vous pourrez voir un donjon du 15e s. intégré à des bâtiments de style classique.
Quittez l'hospice par le sud et rejoignez la D 521, puis tournez à droite sur la D 268. Prenez sur la gauche la D 23 puis, à droite, la D 268. À Rongères, empruntez vers l'est la D 172.

Château du Méage

Rte de Montaigu-le-Blin - Le Méage - Rongères - ☎ 04 70 45 23 12 - ♿ - 10h-19h - visite libre des jardins. Une signalétique donne des informations historiques du site.
Cet élégant manoir des 15e et 18e s., flanqué de tours rondes et d'une tour carrée agrémentée d'une échauguette, se mire dans l'eau des douves.

Poursuivez sur la D 172.

Château de Montaigu-le-Blin

✆ 06 07 04 51 10 - visite guidée juin.-sept. : merc. au dim. à 15h - 3,50 € (-15 ans 1,50 €, -12 ans gratuit).

Cette bâtisse, élevée au 13e s., est l'une des forteresses construites par Philippe Auguste afin d'étendre son autorité sur le sud du royaume. La visite de la basse-cour présente l'histoire du château et les méthodes de construction. L'été, on peut également visiter les chantiers internationaux de restauration.

Prenez la D 172 vers le sud et gagnez St-Gérand-le-Puy ; traversez la N 7. Longez l'église, puis empruntez à droite la D 906 et la D 52.

Seuillet

On peut admirer dans ce village une belle église romane.

Poursuivez sur la D 52 puis, à droite, sur la N 209.

Billy

C'est un village entre collines à l'est, vallée de l'Allier et plaine à l'ouest, qui, outre le charme de ses **rouettons** – passages étroits – constitue un point de départ pour des randonnées pédestres *(plans des deux circuits balisés et chasse au trésor pour les familles à l'office de tourisme)*. Son étang fera le bonheur des pêcheurs, et sa rivière celui des amateurs de canoë. La **Via Allier** permet de rejoindre St-Yorre en passant par Vichy au bord de l'Allier sur un itinéraire réservé aux vélos et piétons.

★ Château de Billy

R. du Château - ✆ 04 70 43 51 51 (office de tourisme d'avr. à sept.) - vichy-destinations.fr - juil.-août : tlj 9h30-12h, 13h30-18h30 - mi-avr. à fin juin et sept. : merc.-dim. 9h30-12h, 13h30-18h + j. fériés - horaires des visites guidées, se rens. - 7,50 € (8-18 ans 5 €).

Probablement située à l'emplacement d'un ancien oppidum gaulois, cette forteresse militaire du 12e s., réputée imprenable avec ses trois enceintes, était administrée par un capitaine châtelain pour le compte des seigneurs de Bourbon. Après avoir été attaquée par les protestants en 1576 (la brèche en témoigne) elle devint une simple prison royale. Un important travail de restauration a permis de consolider les ruines et de remonter les étages du donjon.

Dans la cour, vous verrez d'un côté les vestiges de deux cheminées (cuisine et salle de réception), et de l'autre les hourds où s'encastraient les écuries. La **chapelle** a subi de rudimentaires aménagements pour servir d'habitation après la Révolution. En face, le corps de garde possède des vestiges de l'escalier du 15e s. Dans le **donjon**, visitez l'habitation du capitaine avec les latrines à l'extérieur et, en dessous, la salle des gardes qui abrite une maquette du château. Vous verrez également le **silo à grain** de 7 m de profondeur, où ont été trouvées des poteries des 12e-16e s. *(exposées à l'office de tourisme)*, ainsi qu'une tour d'accolement et, sur le même modèle, mais avec un plafond abaissé et les ouvertures bouchées, le **cachot**.

Le tour des remparts offre une **vue★** sur les alentours et le bourg : la capitainerie (15e s.) dans la seconde enceinte autrefois reliée au château, le tribunal avec son beffroi, la maison du collecteur d'impôts avec sa tour *(devenue gîte de France)*, l'église, située dans la deuxième partie du village, le relais de poste (17e s.) avec son clocheton, la porte Chabotin appartenant à la première enceinte précédée de l'ancien corps de garde *(actuelle mairie)*.

Mairie – L'intérieur *(visite sur demande)* abrite deux belles cheminées dont l'une, au premier étage, porte un écusson aux armes des Bourbons.

Église – Elle est édifiée à l'emplacement d'un ancien prieuré : ce n'est donc pas elle qui a pris ses distances, mais le village qui a préféré se développer par la suite autour du château, bénéficiant de sa protection. De la première église, seule reste la **crypte romane**, et de la reconstruction au 16e s., une chapelle.

Quittez Billy par l'ouest en empruntant la D 130.

Cette route pittoresque traverse la belle chênaie de la **forêt de Marcenat**.

2 km avant Loriges, prenez une petite route sur la gauche.

Abbaye St-Gilbert

À St-Didier-la-Forêt. Cette ancienne abbaye de l'ordre des Prémontrés, élevée au 12e s., porte le nom de son fondateur, le saint patron du Bourbonnais. **Saint Gilbert** accomplit des miracles, ce qui donna lieu à des pèlerinages. Après la guerre de Cent Ans, l'abbaye déclina ; vendue après la Révolution, elle fut transformée en haras et en partie réhabilitée dans les années 1960. De nouveaux travaux de restauration ont remis en valeur cet ouvrage élégant. La **salle capitulaire**, aux belles croisées d'ogives (où a été découvert un sarcophage), et le **chauffoir** avec sa cheminée monumentale, forment un ensemble architectural intéressant.

Prenez la D 6 sur 500 m, puis empruntez à droite la D 277 qui ramène à St-Pourçain par Ambon.

Carnet pratique

S'informer

Office du tourisme de St-Pourçain-sur-Sioule – *29 r. Marcellin-Berthelot - ✆ 04 70 45 32 73 - valdesioule.com.* **2e bureau** – *Cour des Bénédictins.* **Office du tourisme de Billy** – *5 r. du Château - ✆ 04 70 43 51 51 - d'avr. à sept. - vichy-destinations.fr.*

Agenda

Festival viticole et gourmand – *✆ 04 70 47 67 27 - www.festigo.fr - 3e sem. d'août.* Visites des vignes en calèche, découverte des caves, buffet campagnard, kermesse, cavalcade, chasse au trésor...

Nos adresses

Restauration

Premier prix

Le Club – *39 bd Ledru-Rollin - ✆ 04 70 45 90 48 - ♿ - 7h30-0h - fermé lun. - formule plat/boisson 15 €* Accueil très souriant, dans une ambiance de cantine. Vous pourrez choisir entre la terrasse et la salle aux larges baies vitrées. Le Club se trouve au bord de la départementale, mais la cuisine vous fera très vite oublier ce désagrément sonore. Les plats traditionnels sont relevés par l'inventivité du chef qui propose aussi ses créations du moment.

Budget moyen

Auberge des Aubrelles – *32 r. des Béthères - ✆ 04 70 45 41 65 - P ♿ - fermé lun.-mar. et d'oct. à mars - réserv. conseillée - menus 15 € (déj.)/49 €.* Avec sa terrasse au bord de la Sioule, sa carte de poissons et son patron-chanteur qui anime les soirées, ce restaurant a des airs de guinguette ! En hiver, jolie salle avec cheminée.

À proximité

Budget moyen

Auberge du Pont – *1 rte de Marcenat - Billy - ✆ 04 70 43 50 09 - www.auberge-du-pont-billy.fr - fermé dim.-lun. - menu déj. 22 €, menus 35/70 €.* Les fidèles de cette auberge se pressent à ses portes, en quête d'une cuisine du marché goûteuse, réalisée par un chef plein d'entrain. Si le temps le permet, installez-vous sur la terrasse ombragée, qui surplombe l'Allier.

Shopping

Union des Vignerons – *3 r. de la Ronde - ✆ 04 70 45 42 82 - cave-saintpourcain.fr - 8h30-12h30, 13h30-18h, fermé dim.* Cette coopérative réunit près de 60 vignerons. Son produit phare est la Ficelle, vin aux arômes de fruits rouges. Visite des caves avec dégustation possible.

Famille Laurent – *« Montifaud », Saulcet - ✆ 04 70 45 90 41 - domainelaurent.com.* Une famille de vignerons indépendants, installée depuis des générations au cœur du vignoble, à Saulcet. Ses vins ont à la fois du corps et de la finesse et vous ne le trouverez pas en grande surface. « Filiation » est sa cuvée d'exception.

Hébergement

Premier prix

Hôtel Le Chêne Vert – *35 bd Ledru-Rollin - ✆ 04 70 47 77 00 - www.hotelchenevert.fr - P - 29 ch. 78/94 € - ☕ 10 € - ✕ menus 27/42 €.* Chambres modernes et rénovées. Pimpante et lumineuse salle à manger et agréable terrasse. Cuisine classique et vins du pays.

Lapalisse

Sur l'ex-route du soleil, la RN 7, Lapalisse est dominé par la haute silhouette de son château. C'est un bon point de départ pour découvrir la vallée de la Besbre, remarquable par le nombre et la variété des châteaux qui la bordent. Les pêcheurs trouveront sur le cours de cette paisible rivière, ainsi que le long de ses affluents, maints endroits où appâter tanches, carpes, brochets, gardons et ablettes.

Le château de La Palice.
H. Lenain/hemis.fr

Se repérer

3123 Lapalissois – Allier (03)

CARTE D2 (P. 451).

Entre Vichy et Digoin, Lapalisse est un carrefour routier important, à l'intersection de la N 7.

À ne pas manquer

Le château de La Palice; le château de Beauvoir, le tympan de l'église de Neuilly-en-Donjon.

Organiser son temps

Une demi-journée pour visiter la ville, puis partez à la découverte de la région : une trentaine de promenades s'offrent à vous.

En famille

Le château de La Palice; les figurines historiques à Droiturier; le Préhistorama de Châtelperron; les attractions du parc Le PAL *(voir p. 460)*.

Carnet pratique p. 519

Nos adresses p. 519

Se promener

★ Château de La Palice

☏ 04 70 99 37 58 (répondeur) - visite guidée (1h) avr.-nov. : 9h-12h, 14h-18h - visite libre du parc - fermé mar. - 8 € (-18 ans 5 €).

Il reste peu de chose du château féodal. L'édifice actuel entrepris en 1527 est l'œuvre de Florentins que Jacques II de Chabannes, seigneur de La Palice, avait ramenés d'Italie ; il relève de la première Renaissance. La façade est agrémentée de **damiers de briques** polychromes et de **chaînages de grès** qui soulignent les arêtes des tours et les encadrements des fenêtres selon la mode de l'époque. De la terrasse haute du château où se situe le porche d'entrée, vous bénéficierez de points de vue sur la Besbre et l'entourage immédiat du château. L'intérieur a malheureusement subi des vols à plusieurs reprises.

Le **vestibule** conduit à la salle à manger, meublée en style Renaissance italienne. Le **salon de réception**, aux murs jadis tendus de cuir de Cordoue, abrite les portraits de la famille de Chabannes. Le **Salon doré★★** est orné d'un magnifique plafond à caissons dorés et des deux tapisseries des Preux représentant Godefroy de Bouillon et Hector. Le **salon des Médailles** renferme les nombreuses décorations reçues par les membres de la famille. Il renferme l'**ancre en or de Nelson** qui fut remise à sa mort à son adjoint le général Parker, dont la petite-fille épousa Alfred de Chabannes. La **chapelle**, reconstruite au milieu du 15e s., fut pillée en 1793 et a subi de très importants dommages suite à la construction d'une route à proximité. Sa crypte renferme les tombeaux des Chabannes.

À proximité

CARTE P. 451

Neuilly-en-Donjon D2, EN DIRECTION

27 km au nord-est, par la D 994 jusqu'au donjon, puis à droite sur la D 989.

L'intérêt de ce village de l'Allier réside dans le **portail roman★** de sa petite église, remarquable par la finesse de son exécution et la minutie de ses détails. Sur le tympan, consacré au thème de l'Épiphanie, vous remarquerez la Vierge Marie et l'Enfant, les Rois Mages apportant leurs offrandes, tandis que des anges sonnent de l'olifant. Sous le tympan, le **linteau** semble relier les deux **chapiteaux** : celui de gauche symbolise l'homme pécheur, celui de droite le prophète Daniel dans la fosse aux lions. Le linteau comporte deux thèmes : Adam et Ève entre l'arbre du Bien et du Mal et le Repas chez Simon (à ne pas confondre avec la Cène où Marie Madeleine, aux pieds de Jésus, n'est pas représentée).

L'histoire de la lapalissade

Celui dont la postérité a retenu le nom est **Jacques II de Chabannes, seigneur de La Palice**, né à Montaigu-le-Blin. Maréchal de France, M. de La Palice s'illustra à la conquête du Milanais et fut tué à la bataille de Pavie en 1525. Sa mort frappa l'imagination de ses soldats, qui en firent une chanson : *« M. de La Palice est mort/Mort devant Pavie. Hélas ! S'il n'était pas mort/Il ferait encore envie. »* Un scribe, transcrivant ces paroles, aurait pris la lettre *f* de « ferait » pour un *s* et changé le dernier vers en : « Il serait encore en vie », faisant d'un vaillant soldat un ridicule fantoche.

Le Breuil D2

9 km au sud, par la D 7.
Ce village, situé sur la Besbre et le Barbenan, fut témoin des agissements du célèbre brigand Mandrin, comme en témoigne une fontaine du 18e s. qui porte son nom. Outre la **maison Regnaud**, ancienne maison des dîmes datant du Moyen Âge, on remarque au Breuil sa belle **chapelle romane** du 12e s. qui renferme, dans le chœur, un tombeau du 14e s.
Musée de la Meunerie – *04 70 55 01 68 - museemoulinmontciant.jimdo.com - visite guidée (1h) juil.-août : vend., w.-end et j. fériés 14h30, 15h30 et 17h ; reste de l'année : sur demande préalable - 4 € (- 6 ans gratuit).* Ce moulin, qui appartient à la même famille depuis le 19e s., retrace, sur trois niveaux, le quotidien du meunier. Entre machinerie, outils et pièce de vie, la visite se déroule au gré des anecdotes et des souvenirs à partager.

Droiturier D2

8 km à l'est par la D 990A, puis la D 570.
Église St-Nicolas – Ancien prieuré bénédictin, d'où sa taille importante, cette belle église romane abrite deux beaux **chapiteaux** situés de part et d'autre de l'entrée. Le premier représente un arbre de vie, et le second un singe cordé, thème que l'on retrouve fréquemment en Auvergne. Dans la chapelle au sud, remarquez les **peintures murales** en trompe-l'œil.
Musée-exposition Figurines historiques d'art – *Le Champs-de-la-Garde - 04 70 99 03 99 - www.le-souffle-de-lhistoire.com - 15h-19h, vend. sur demande préalable - 5 € (-10 ans gratuit).* Cet atelier-espace d'exposition abrite une belle collection de figurines historiques d'art depuis les Celtes jusqu'à 1918. Une exposition, « L'art et l'histoire de nos ancêtres sur les champs de bataille », est complétée par une nouvelle salle consacrée aux croisades et à la chevalerie.

★ En longeant la Besbre

CARTE P. 451 D1-2

Circuit de 67 km tracé en marron sur la carte p. 451.
Quittez Lapalisse par le nord-ouest en empruntant la D 480 qui longe la rive gauche de la Besbre.

Chavroches

La montée au **château** laisse apercevoir le corps de logis du 15e s. La porte et les remparts datent des 12e et 13e s. Inscrit dans un joli site, il est visible depuis la route. Arrêtez-vous à l'**église** du 12e s., remaniée à plusieurs reprises, qui présente un clocher-mur à quatre baies.
Descendez la route en sens unique, prenez à droite et suivez la D 163, puis la D 205.

Jaligny-sur-Besbre

Ce joli bourg des bords de la Besbre est le pays d'adoption de l'écrivain **René Fallet** (auteur de *Paris au mois d'août* et de *La soupe aux choux*). Jaligny se distingue par sa foire (concours de bovins) au printemps, et son marché aux dindes à la mi-décembre, mais c'est aussi une **base nautique** et un point de départ de deux circuits de randonnée à faire à pied ou à VTT *(2 circuits de 5 et 12 km ; se rens. à la mairie - 04 70 34 70 34).*
Le **château** *(ne se visite pas)* est visible d'assez loin. Précédé d'une vaste prairie, ce bel édifice présente deux tours massives percées d'ouvertures Renaissance, encadrant un corps de logis de la même époque, surmonté d'un comble aigu. Autrefois attenante au château, l'**église** romane, dont le chœur date en partie du 11e s., a été remaniée. Elle comporte de beaux chapiteaux du 12e s.

Exposition René Fallet – *10 r. du Château - ✆ 04 70 35 68 79 - poleculturel.interco-abl.fr - mar. et vend. 16h-18h, merc. 10h-12h, 15h-18h, jeu. 10h-12h, sam. 10h-12h, 14h-16h - fermé une sem. entre Noël et 1er janv. - gratuit.* La commune honore la mémoire de l'écrivain à travers une exposition, *Les Pieds dans l'eau*, dans l'ancienne mairie et l'attribution, chaque année, d'un prix littéraire.

La Maison Aquarium – *Chemin du Stade - ✆ 04 70 34 80 81 - www.aquarium.interco-abl.info - juil.-août : 10h-13h, 14h-18h, dim. 14h-18h ; mi-avr.-juin et sept.-oct. 10h-13h, 14h-18h - fermé sam., et de déb. nov. à mi-avr. - 5 € (-18 ans 4 €).* Pour découvrir la vie aquatique de la Besbre, observer la faune et la flore (aquarium, bassin tactile, manipulations interactives).

Quittez Jaligny par le nord-est en empruntant la D 21 vers Châtelperron.

Châtelperron

Ce petit village du bout du monde est dominé par les tours rondes de son imposant **château** *(ne se visite pas)*. Dans l'**église**, ancienne chapelle castrale, sont donnés parfois des concerts durant l'été *(fermée hors concerts)*.

C'est le gisement de la **grotte des Fées**, composé d'un ensemble de trois cavités fouillées à trois reprises à partir du 19e s., qui a donné son nom à une grande civilisation préhistorique, le **châtelperronien**, qui s'est développée il y a environ 33 000 ans.

Préhistorama – *La Gare - ✆ 04 70 34 84 51 - prehistoramachatelperron.sitew.fr ♿ - avr.-sept. : 10h-12h, 14h-18h, dim. et j. fériés 14h-18h ; reste de l'année : tlj sf lun.-mar. 14h-17h - fermé mi-déc. à fin janv. - 4 € (-15 ans 2 €).* Situé dans l'ancienne gare, Préhistorama retrace le quotidien de l'homme de Neandertal au travers de vitrines scénographiées ainsi que de séquences vidéo expliquant les différentes tailles d'outils en silex. Ouvrages et CD-ROM sont en consultation dans l'espace de documentation. Si vous avez l'occasion d'aller jusqu'à Gannat *(voir p. 501)*, vous pourrez compléter vos connaissances en visitant Paléopolis.

Continuez sur la D 21 vers St-Léon.

Puy St-Ambroise

La **vue★** s'étend sur la vallée de la **Besbre** et, au nord et à l'ouest, sur une partie de la Sologne bourbonnaise au vert bocage *(table d'orientation)*.

Regagnez St-Léon et, par la D 53, la vallée de la Besbre via *Vaumas. Prenez la D 480 vers Dompierre-sur-Besbre.*

★ Château de Beauvoir

✆ 04 70 42 00 44 - www.beauvoir-bourbonnais.fr - visite guidée des intérieurs, sur demande préalable, de 9h à 19h (10h-17h en hiver) - fermé les sam. de déb. mai à mi-oct. - visite libre des jardins - gratuit.

Cette ancienne place forte du 13e s. porte les traces des restaurations effectuées au 15e s. par la famille La Fin. Son plan en équerre le différencie des autres châteaux de la région et l'ancienne tour de guet est typiquement bourbonnaise. Suivez les flèches pour un parcours *(15mn)* très agréable : à gauche, le chemin longe les anciennes douves et débouche sur les jardins à la française.

Poursuivez sur la D 480, puis prenez à gauche la D 296.

Château de Thoury

Accès libre au parc uniquement.

Cette place forte des 11e, 12e et 15e s., entourée d'un parc et revêtue de grès rose, dessine sa silhouette harmonieuse dans la campagne bourbonnaise *(voir ABC d'architecture p. 569)*. De hautes courtines relient les deux corps de logis et la porte d'entrée. Celle-ci, accessible par un pont jeté sur les douves, est munie de mâchicoulis et de deux tourelles au toit en poivrière.

★★ Parc Le PAL

Voir p. 460.

✆ 04 70 42 68 10 - www.lepal.com - ♿ - avr.-sept. : 10h-18h ou 19h selon calendrier d'ouverture - fermé certains j., se rens. - 32 € (-10 ans 28 €) - gratuit enf. de moins de 1 m.

En sortant du parc, prenez à gauche la route remontant jusqu'à la D 480. Traversez Dompierre pour rejoindre la D 55.

Abbaye de Sept-Fons

Dompierre-sur-Besbre.

Cette abbaye, dont l'église a été reconstruite en 1955, est installée dans des bâtiments du 18e s. *(ne se visite pas)*. À noter que les moines fabriquent d'excellents produits diététiques ou bio, avec toute une gamme de confitures, que l'on peut acheter à l'extérieur de l'abbaye.

Prenez la D 15 jusqu'à Beaulon. Revenez à Lapalisse par la D 15, la D 55, puis la D 480.

Carnet pratique

S'informer

Office de tourisme – *9 pl. Charles-Bécaud - Lapalisse - ✆ 04 70 99 08 39 - www.lapalissetourisme.com.*

Agenda

Fête du cou de l'oie – *Arfeuilles - 15 km au sud-est de Lapalisse par la D 7 jusqu'au Breuil - ✆ 04 70 55 51 48 (comité des fêtes) ou 04 70 59 38 40 (office de tourisme) - 15 août.* Fête folklorique traditionnelle autour du jeu équestre du cou de l'oie, datant du Moyen Âge. Attractions, bals, potée géante et feu d'artifice.

Embouteillage – *www.embouteillage-n7-lapalisse.com - 3 j. en oct., ts les 2 ans ; prochaine édition 2022.* Le plus gros embouteillage reconstitué sur la mythique Nationale 7, collection de véhicules anciens.

Nos adresses

Hébergement/restauration

Premier prix

Hôtel restaurant Galland – *20 pl. de la République - ✆ 04 70 99 07 21 - www.hotelgalland.fr - P - fermé 3 sem. en janv. - 7 ch. 66/86 € - ☕ 10 € - ✕.* Régalez-vous de plats au goût du jour dans cette élégante salle à manger contemporaine égayée de tons pastel. Chambres confortables et bien tenues.

Vichy ★★

Les bords de l'Allier, avec ses grands parcs qui dispensent paix et fraîcheur, font l'originalité première de Vichy. Sur l'agréable promenade fluviale de 3 km, aménagée de planches, pontons, sable et aires de jeux alternent avec terrains de sport, bars et restaurants. Cette illustre station thermale, qui se tourne également aujourd'hui vers la forme et le bien-être, séduit par son architecture éclectique, la qualité de ses commerces et par le très large éventail des distractions culturelles et sportives qu'elle propose : opéra, festivals, concerts, expositions, conférences, courses hippiques.

Vichy, passage abrité dans le parc des Sources.
P. Jacques/hemis.fr

Se repérer

24166 Vichyssois – Allier (03)

CARTE C3 (P. 451), PLAN (P. 523).

Vichy se situe à 60 km de Clermont-Ferrand.

À ne pas manquer

Les hôtels, chalets, villas de l'architecture thermale de Vichy ; le musée de l'Opéra ; les parcs vichyssois, et la promenade sur les bords de l'Allier *(voir itinéraires à vélo p. 26).*

En famille

Les espaces verts du cœur de la ville. Le Comptoir européen de la confiserie. La visite des souterrains de Cusset.

Carnet pratique p. 531

Nos adresses p. 531

Se promener

PLAN P. 523

★★ Le quartier thermal

L'architecture thermale de la seconde moitié du 19e s. et du début du 20e s., période d'apogée de Vichy proclamée « reine des villes d'eaux », méritera toute votre attention.

★ Parc des Sources A1-2

Aménagé sur décret de **Napoléon Ier**, le parc des Sources permit de relier entre elles plusieurs sources et fut à l'origine du quartier thermal. Ce beau parc, planté de marronniers et de platanes, est depuis lors au cœur de la vie thermale et des distractions. Le matin, c'est l'atmosphère si particulière des villes d'eaux, avec le va-et-vient des curistes et les groupes qu'ils forment autour des sources dans l'attente du « verre d'eau ». L'après-midi et les soirs de gala, c'est l'animation entretenue par les promeneurs, les consommateurs du Grand Café et les adeptes des réceptions mondaines.

Hall des Sources A1

Regroupant les eaux des six sources thermales exploitées à Vichy, cette construction de verre et de métal (qui a été modernisée) symbolise, par sa fluidité et sa transparence, l'élément qui se déverse en elle.

Centre thermal des Dômes A1

De style néomauresque, avec son dôme central et ses dômes d'angle habillés de carreaux émaillés or, le nouvel établissement thermal de première classe, conçu comme le Grand Casino par Charles Le Cœur, fut inauguré en 1903. C'est alors l'un des plus vastes et des plus modernes de France. Dans le hall, peintures murales du peintre symboliste Alphonse Osbert : *Le Bain* et *La Source*.

★ Le Palais des congrès-opéra A2

L'ancien casino, voulu par Napoléon III et dû à l'architecte Badger, ouvrit ses portes en 1865. Associant sous un même toit salons, salle de spectacles (820 places) et salle de bal, il fut le premier du genre en France dans une station thermale. De 1900 à 1903, il fut réaménagé et agrandi sous la direction de l'architecte Charles Le Cœur, avec l'adjonction de déambulatoires, de salons, d'un grand hall et d'une salle de théâtre devenue **l'opéra** (1400 places). À l'intérieur, la qualité du décor de style Art nouveau doit beaucoup au peintre Léon Rudnicki, au ferronnier Émile Robert et au maître verrier Francis Chigot. La façade principale donne sur le parc par un bel escalier. En 199*5, une restauration à l'identique de l'opéra, assortie de la transformation du casino en **palais des congrès**, a rendu à l'édifice sa splendeur passée. Les rénovations ont repris depuis 2011 (escalier, galerie) et continuent de l'embellir *(voir musée de l'Opéra, p. 525)*.

Galeries couvertes A2

Ce délicat travail de ferronnerie d'inspiration Art nouveau, réalisé par Émile Robert, est venu ceinturer le parc des Sources en 1900. La balustrade du **kiosque à musique**, du même ferronnier, forme une guirlande de portées musicales où l'on peut lire les premières mesures de six chansons enfantines traditionnelles. En saison, on y donne des concerts *(tous les dim. après-midi, et des après-midi dansants ont lieu le sam.)*.

Hôtels, chalets et villas A1-2

Malgré la démolition du prestigieux Queen's, Vichy a conservé l'essentiel des **palaces** qui ont contribué à sa réputation. à gauche de l'office de tourisme *(21-23 r.*

du Parc), l'hôtel du Parc compte parmi les bâtiments néobaroques les plus réussis. Descendez la rue du Parc et tournez dans la rue Prunelle *(première à droite)* où, au n° 8, le Castel pastiche un cottage anglais. Jetez un œil dans la rue Alquié *(à droite),* qui ressemble à une rue anglaise!
L'alignement de **chalets★** qui borde le boulevard des États-Unis *(nos 101 à 109 bis)* fut construit à partir de 1863 pour accueillir Napoléon III et sa suite, qui prenaient régulièrement les eaux à Vichy.
L'allure mi-suisse, mi-coloniale donnée à ces ludiques architectures par leurs balcons ou lambrequins festonnés et leurs façades de brique est représentative de la mode de l'époque.
Tournez dans la rue de Belgique *(seconde à gauche)* pour voir la villa d'inspiration vénitienne, décorée des lions de St-Marc, au n° 7, et pour admirer le **Castel Flamand★** aux nos 2-2 bis. Revenez sur vos pas pour prendre à gauche la rue Alquié, qui rejoint le boulevard de Russie. Au n° 15, le palais des Parcs (ex-Ruhl) est un autre de ces hôtels de style néobaroque.
C'est après la chute de l'Empire que les architectes déployèrent des trésors d'imagination et bâtirent des **villas** véritablement excentriques. On en contemple de remarquables : nos 17, 19 et 21 de style néoclassique, n° 25 Castel gothique, n° 29 de style Art déco.
Dirigez-vous vers la rue du Casino, remarquez au passage dans la rue du Parc *(à gauche)* les façades de style néo-Louis XIII de l'hôtel des Ambassadeurs.

Le Vieux Vichy AB2

Itinéraire tracé en vert sur le plan p. ci-contre.
De la source de l'Hôpital, prenez l'avenue A.-Briand jusqu'au square Albert-Ier.
Remarquez le bâtiment de style Art déco, Vichy Residencia, ancien hôtel de l'Ermitage et du Pont-Neuf, construit en 1929. Plus loin, la **maison** où aurait séjourné **Mme de Sévigné** *(pavillon Sévigné),* qui fit plusieurs saisons à Vichy, est une construction Louis XIII fortement transformée.
Empruntez la rue de la Tour *(à droite),* puis la rue de la Porte-Verrier *(à droite)* afin de passer devant le **Castel Franc**. Cette ancienne maison de bailliage (16e s.), dont il ne reste qu'une tourelle d'escalier, suite à un remaniement au 19e s., accueillit la mairie de 1801 à 1822.
Prenez ensuite la rue du Gal-Gallieni, puis sur votre droite la rue de la Laure, et enfin sur la gauche le boulevard Kennedy.

Source des Célestins B2

Son eau coule aussi désormais dans le hall des Sources, mais l'élégant pavillon de style Louis XV qui l'abrite justifie la courte promenade à effectuer pour la visiter,

La journée d'une baigneuse au grand siècle

Écoutons Mme de Sévigné, venue soigner des rhumatismes : « J'ai donc pris des eaux ce matin, ma très chère. Ah ! qu'elles sont mauvaises ! On va à 6h à la fontaine ; tout le monde s'y trouve ; on boit et l'on fait une fort vilaine mine, car imaginez-vous qu'elle est bouillante et d'un goût de salpêtre fort désagréable. On tourne, on va, on vient, on se promène. Enfin, on dîne. Après dîner, on va chez quelqu'un. À 5h, on va se promener dans des pays délicieux. À 7h, on soupe légèrement. On se couche à 10h. J'ai commencé aujourd'hui la douche. C'est une bonne répétition du purgatoire [...] Et l'on se met ensuite dans un lit chaud, et voilà ce qui guérit. »

SE RESTAURER

- L'Alambic 1
- Les Caudalies 2
- La Table de Marlène 3
- Brasserie du Casino et des artistes 4
- Maison Decoret 5
- L'Hippocampe 12
- La Table d'Antoine 14

SE LOGER

- Aletti Palace Hôtel 1
- L'Arverna Hôtel 3
- Hôtel Les Nations 7
- Vichy Célestins Spa Hôtel 9
- Hôtel De Grignan 11

d'autant qu'elle a conservé sa buvette 1900. Le parc des Célestins contient de remarquables conifères ; il reste quelques vestiges du couvent fondé au 15e s. dont la source et ce parc portent le nom.

Revenez sur vos pas. Rejoignez la rue du Maréchal-Lyautey par la rue Gallieni.

Espace musée Valery-Larbaud - médiathèque B2

110 r. du Mar.-Lyautey - ✆ 04 70 58 42 50 - mediatheques.vichy-communaute.fr - ♿ - tlj sf lun. 14h-19h (18h mar. et jeu.), sam. 10h-12h, 14h-18h, fermé j. fériés, mi-août - gratuit.

Un patrimoine thermal exceptionnel

Restaurées et protégées depuis des années, les réalisations les plus remarquables forment un patrimoine insolite et d'une densité exceptionnelle. L'atmosphère mondaine de la station, son combat quotidien contre l'ennui et sa propension au défoulement doré prédisposèrent les architectes du Vichy thermal à cette recherche du jamais vu, de l'inattendu, qui les exposa aux influences divergentes de Byzance, de l'art roman auvergnat, du Quattrocento florentin, sans oublier les cottages anglais et les chalets alpestres, et assura le triomphe d'un « éclectisme baroquisant » faisant coexister dans une charmante anarchie tous les styles et toutes les époques. Ce qui justifie la participation de Vichy à la candidature transnationale des *Great spas of Europe* à l'inscription au patrimoine mondial de l'Unesco.

Les sources

Les vertus curatives des eaux de Vichy étaient déjà reconnues des Romains, qui fondèrent ici une petite cité thermale, *Vicus Calidus*. Après une longue éclipse, le thermalisme revint à la mode au 17e s. Au 18e s., deux filles de Louis XV, Adélaïde et Victoire, laissèrent leur nom à une source : la **source Mesdames**. En 1799, Vichy accueillit **Letizia Bonaparte**, mère de **Napoléon**, qui créa le parc des Sources en 1812. En 1821, la **duchesse d'Angoulême** posa la première pierre de l'établissement thermal. La station atteignit son apogée dans les années 1930.
Les sources minérales et thermales de Vichy sont particulièrement chargées de bicarbonate de soude et d'acide carbonique. Les principales, citées ci-après, appartiennent à l'État et sont exploitées par une Compagnie fermière fondée en 1853. Les eaux des Célestins sont expédiées en bouteilles dans le monde entier. On soigne à Vichy les affections du foie, de la vésicule et de l'estomac, le diabète, les migraines, les troubles de la nutrition et de la digestion, mais aussi les affections relevant de la rhumatologie.

Sources chaudes

Elles sont à la base du traitement (cures de boisson, douches, bains et confection de boue).
Grande Grille – *Température : 40 °C.* Une grille la protégeait jadis des bêtes assoiffées, d'où son nom. D'une profondeur d'environ 1 200 m, elle sort à gros bouillons.
Chomel – *Température : 41 °C.* Elle porte le nom du médecin intendant des Eaux qui la fit aménager en 1750.
Hôpital – *Température : 33 °C.* Elle sourd dans un pavillon en forme de rotonde, situé derrière le casino.

Sources froides

Leurs eaux sont, elles aussi, utilisées en cures de boisson. La source du **Parc**, qui jaillit dans le parc des Sources, est à 24 °C ; celle de **Lucas** (du nom du médecin inspecteur qui, au début du 19e s., acheta la source pour le compte de l'État) est à la même température ; et celle des **Célestins** est à 21,5 °C.

Établissements thermaux

Le **centre thermal des Dômes** peut assurer 2 500 opérations thermales et parathermales par matinée. Les **thermes Callou** (1990) sont dotés, comme le **Vichy Célestins Thermal Spa**, des innovations techniques les plus récentes.

La médiathèque municipale permet d'approcher l'univers fascinant de cet écrivain, né à Vichy en 1881. Quelque 14 000 livres, 180 manuscrits, 8 800 lettres et de nombreux documents sont présentés dans leur mobilier d'origine.
Place de la Victoire, prenez à gauche la rue Porte-St-Julien. Jetez un coup d'œil à droite dans la rue Besse (maison natale d'Albert Londres au n° 2).

Église St-Blaise A2

La hauteur de l'édifice surprend au détour de la rue, lorsque surgit le clocher. L'ancienne église, très remaniée, a l'intérêt de conserver une Vierge noire, Notre-Dame-des-Malades, dont seule la tête est ancienne. L'église Notre-Dame-des-Malades (architectes A. Chanet et J. Liogier, 1931), de plan basilical, qui inclut l'église St-Blaise, cache derrière de sobres façades de béton un décor Art déco, richement coloré : vitraux, **mosaïques★** et peintures signées des frères Mauméjean. La nouvelle église présente une intéressante série de **mosaïques★**, saisissantes par leurs couleurs, et de vitraux modernes.
En sortant de l'église, prenez la rue Hubert-Colombier bordée de villas de différents styles. Tournez à gauche dans la rue du Maréchal-Foch.

Musée de l'Opéra de Vichy A2

16 r. du Mar.-Foch - ✆ 04 70 58 48 20 - operavichy-musee.com - ♿ - de mi-mai à fin nov. : 14h-18h - fermé lun. - 5 € (-12 ans gratuit).

Ce musée dispose du très riche **fonds d'archives** de l'opéra de Vichy, qui fut soigneusement constitué jusque dans les années 1960 avant d'être délaissé, disséminé, voire détruit. Peu à peu reconstitué, il se compose de costumes et d'accessoires, d'affiches, de documentation scénographique (projets de décors, etc.), de tous les programmes de l'opéra de Vichy de 1901 à nos jours..., d'archives sonores et de quelque 10 000 photographies d'artistes, de célébrités de passage, et de scènes de la vie thermale. Le musée présente, à travers ses expositions thématiques, la richesse culturelle de cette scène de première importance qui accueillit les plus grands noms, et organise régulièrement des expositions temporaires liées au monde de l'opéra.
Rejoignez la rue Jean-Jaurès sur votre droite, jusqu'à la place St-Louis.

Le gouvernement à Vichy

Des premiers jours de juillet 1940 au 20 août 1944, Vichy fut le siège de l'État français. Bien reliée à Paris par le **Thermal Express** et des moyens de télécommunications modernes, disposant d'une importante capacité d'hébergement et située à peu de distance de la ligne de démarcation qu'on franchissait à Moulins, la ville fut choisie, plutôt que Clermont-Ferrand, Marseille ou Toulouse, comme base de repli par les pouvoirs publics signataires, au nom de la France, de l'armistice avec l'Allemagne et l'Italie. C'est au **Grand Casino-théâtre** (actuel opéra) que les Assemblées réunies votèrent, le 10 juillet 1940, l'attribution des pleins pouvoirs au **maréchal Pétain**. Ce dernier présidait habituellement le conseil des ministres au **pavillon Sévigné**, tandis que l'**hôtel du Parc** accueillait la majorité des membres du gouvernement et de la haute administration, le **Thermal** (aujourd'hui Aletti Palace) le ministère de la Guerre, et que les diplomates étrangers étaient regroupés aux **Ambassadeurs**. Le 20 août 1944, les derniers dignitaires du régime déchu demeurés sur place furent emmenés par les Allemands en repli. Six jours plus tard, salués par une marée de drapeaux tricolores, les FFI faisaient leur entrée dans la ville.

La pastille de Vichy

À la fin du 19e s., **l'impératrice Eugénie** découvre ces petits bonbons acidulés et en répand l'usage parmi ses dames d'honneur. Le résultat ne se fait pas attendre : en 1885, un décret impérial reconnaît l'originalité des pastilles de Vichy. Si la fabrication de cette confiserie typiquement française a évolué, bénéficiant de techniques ultramodernes, la saveur est demeurée intacte.

Église St-Louis B2

Cet édifice néo-roman fut construit en 1865 par l'architecte des chalets impériaux Jean Lefaure sur ordre de Napoléon III, après que le curé de l'église St-Blaise lui eut réclamé « un temple digne de Dieu ». Les neuf vitraux du chœur représentent les saints patrons de la famille impériale, parmi lesquels saint Napoléon sous les traits de Napoléon Ier et sainte Eugénie sous les traits de l'impératrice. Ils ont été réalisés par Antoine Lusson qui a également rénové ceux de la Sainte-Chapelle. Au-dessus du chœur se déroule une peinture murale d'Alphonse Osbert, de 1915, « à la gloire de Saint Louis ». L'orgue en tribune, créé par l'un des meilleurs facteurs européens, Bernard Aubertin, inauguré en 1991, a fait l'objet d'enregistrements par des organistes prestigieux, séduits par la qualité de ses 47 jeux. Les sculptures sont inspirées par l'histoire locale : saumons de l'Allier, aigles napoléoniennes et motifs végétaux.

★ Parcs et berges d'Allier A1-2

Créés à la demande de l'empereur Napoléon III lors de ses visites à Vichy, ces beaux jardins ont été gagnés sur la rivière. De part et d'autre du **pont de Bellerive** (A2), ils sont ornés d'arbres aux essences variées, de pièces d'eau où nagent cygnes et canards, de rocailles, de roseraies, de massifs fleuris. Une vingtaine d'hectares de verdure se succèdent sur les bords de l'Allier, du **parc Napoléon III**, jusqu'au parc des Bourins en passant par le **parc Kennedy**.

Les bords de l'Allier – La promenade sur les berges de la rive droite de l'Allier s'étend sur 3 km, le long des parcs. Des **planches**, une plage avec des jeux en été, des bars et des restaurants ont transformé les berges de la rivière et en ont fait un lieu de vie, pour le sport ou la flânerie. La promenade a été aménagée sur deux niveaux, à la fois pour les piétons et les cyclistes, qui cohabitent. La grande boucle, sur les deux rives, du pont de Bellerive au pont de l'Europe, fait 6,1 km. Un bac gratuit, *La Mouette II*, permet de traverser l'Allier pour accéder à l'hippodrome. Sur l'autre rive se trouvent en effet des installations sportives – piscine, tennis, golf et parc omnisports.

★ Musée des Arts d'Afrique et d'Asie A1

16 av. Thermale - ✆ 04 70 97 76 40 - www.musee-aaa.com - ♿ - mai-oct. : 14h-18h - fermé lun. - 5 € (-18 ans gratuit).

Un établissement d'hydrothérapie (1881), converti par la suite en laboratoire de contrôle des eaux de Vichy, abrite aujourd'hui les collections de l'Association de la Maison du missionnaire, riche d'un fonds de quelque 5 000 objets collectés par des missionnaires ou issus de dons de particuliers. Ces collections se consacrent aux civilisations d'Asie et d'Afrique, mais aussi d'Océanie et d'Amérique. Vous découvrirez, au rez-de-chaussée, une salle retraçant l'histoire du musée, et une autre consacrée aux instruments de musique du monde *(borne multimédia sonorisée)*. Sur ce niveau sont présentés les arts d'Asie : mobilier,

Zone de loisirs au bord de l'Allier à Vichy.
lucentius/Getty Images Plus

monnaies chinoises de 720 av. J.-C. à nos jours, **cloisonnés**, porcelaines, bouddhas, etc. À l'étage, divers symboles de pouvoir (coiffes, armes), objets rituels (statuettes, amulettes, masques) et objets de la vie courante (mobilier, poterie) illustrent les arts d'Afrique.

Musée surréaliste François-Boucheix A2

7 r. Sornin - ✆ 04 70 31 49 92 - www.boucheix-musee.com - ♿ - ouv. l'été : merc.-dim. 14h-30-18h30 - 5 € - film de 30mn av. la visite.
Ce musée présente les grandes périodes de la carrière, véritablement débutée en 1960, d'un artiste surréaliste auvergnat : François Boucheix. Sa rencontre avec Dalí, et les nombreux artistes qu'il côtoie, le raffermiront dans ses orientations artistiques, et plus précisément dans son attachement au mouvement des surréalistes. Peintures, sculptures, bronzes... plus de 350 pièces témoignent de son travail.

Observatoire des poissons migrateurs HORS PLAN, A1 EN DIRECTION

Bd Franchet-d'Espey - ✆ 04 71 74 05 45 - www.saumon-sauvage.org - visite guidée juil.-août : mar. à 15h, jeu. à 15h, sam. à 10h - 7 € (6-18 ans 4 €).
Installée sur le site du pont-barrage de Vichy, cette **passe migratoire** fut mise en place en 1996 pour permettre aux eaux de l'Allier, en amont de la Loire, de retrouver une population aquatique en déclin. Implanté en amont de la passe, un observatoire accessible au public *(complété d'un bloc d'observation scientifique)* permet de comptabiliser et d'étudier les poissons migrateurs (saumons atlantiques, grandes aloses, lamproies marines, etc.) lors de leur passage.

Autour de Vichy

CARTE P. 451 CD2-3

Circuit de 75 km tracé en orange sur les cartes p. 451 et ci-dessous.
Quittez Vichy par le sud-est en empruntant la D 906. Avant l'entrée d'Abrest, prenez à gauche la D 126 en direction de Cusset, puis à droite la D 270 jusqu'au Vernet. À l'entrée du village, sur la droite, une petite route mène au site des Hurlevents.

Site des Hurlevents

La **vue** s'étend sur le bassin de Vichy, la vallée de l'Allier, la Limagne, les monts Dôme et les Bois Noirs *(table d'orientation)*.

Revenez sur la D 906 et continuez vers le sud jusqu'à St-Yorre.

St-Yorre

Cette petite ville au célèbre slogan médiatique est située au centre d'un bassin hydrominéral donnant naissance à plus de cent sources, dont la plus connue est celle de Larbaud (pharmacien qui, au 19e s., s'en fit le promoteur). La verrerie et l'embouteillage des eaux minérales constituent les principales industries locales.

Quittez St-Yorre par l'est en empruntant la D 121.

Peu avant Busset, à gauche, s'offre une échappée sur le château de Busset ; à droite, jolies **vues** sur la vallée de l'Allier et le bois de Randan.

Château de Busset

Le Bourg - ✆ 04 70 59 13 97 - busset.com - en travaux, réouv. prévue mai 2023 - visites guidées juil.-août : merc.-dim. 15h et 16h30 (+ visite nocturne vend. 21h30) ; mars-juin et sept.-nov. : w.-end et j. fériés 15h et 16h30 - 6 € (9 € visite nocturne), 3 € parc seul.

Édifié sur un promontoire granitique, le château de Busset domine la vallée de l'Allier. Son histoire est liée à celle des Bourbon-Busset qui, depuis 14 générations, marquent de leur empreinte le château. Cette souche de la maison de Bourbon

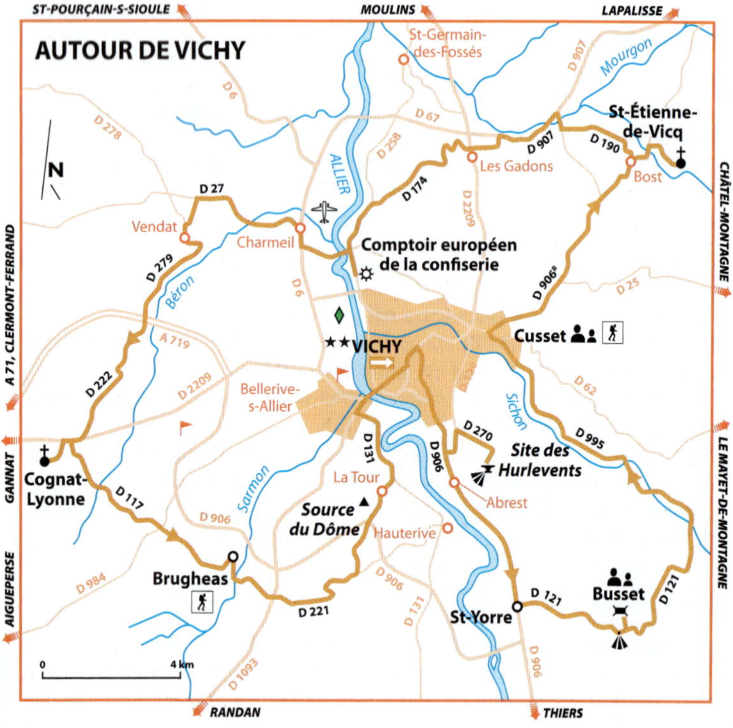

prit naissance en 1498 lors du mariage de Pierre de Bourbon, descendant direct de Louis IX, et de Marguerite d'Alègre, dame de Busset.
Précédée d'un pont-levis, la poterne d'entrée ouvre sur le château à l'architecture fortement remaniée depuis son édification, à la fin du 13e s. Busset affirme sa vocation défensive en encadrant ses deux puissants corps de logis de **quatre tours**. Couronnée d'un hourd en bois et coiffée d'un toit octogonal, la **tour d'Orion** mérite une attention particulière. Parcourez de belles galeries dont l'une possède de fabuleuses **fresques★** du 16e s. illustrant les *Dictz Moraulx* du poète bourbonnais Henri Baude (v. 1430-1496) ; d'autres peintures murales, du 15e s., sont à découvrir dans l'oratoire *(tour de la prison)*. Les vastes pièces ont été remeublées après la Révolution ; seule la **chambre Henri IV** conserve deux meubles ayant toujours appartenu au château : un lit à baldaquin dans lequel dormit le roi lors d'une visite à son cousin César de Bourbon, et un lourd bahut de chêne sculpté offert par César Borgia à sa fille Louise lors de son mariage avec Philippe de Bourbon en 1530.
La terrasse offre une magnifique **vue** sur les jardins du château *(à la française à l'ouest, à l'italienne au sud)* et, au-delà, sur la Limagne et la chaîne des Puys.
À la sortie de Busset, prenez à gauche la D 121 qui longe le cimetière, puis encore à gauche la D 995.
La D 995 passe d'une rive à l'autre du Sichon, laissant apprécier la basse vallée.

Cusset

Pl. Victor-Hugo - Cusset - ☏ 04 70 30 95 24 - www.ville-cusset.com.
C'est ici que s'opéra la **paix de Cusset** en 1440, réconciliation entre Charles VII et son fils, le futur Louis XI, à la suite de la révolte de la Praguerie. Le dauphin, qui était venu se mettre sous la protection du duc de Bourbon, fut contraint de s'humilier devant son père et de « lui demander pardon à genoux, criant trois fois merci ». Devenu roi, Louis XI fortifia Cusset afin de pouvoir, de cette place, contrebalancer la puissance du duc. Il y fut aidé par Jean de Doyat, son secrétaire, gouverneur d'Auvergne, né à Cusset. À la mort du roi, le duc de Bourbon, ulcéré, se vengea de Doyat en lui faisant donner publiquement le fouet, couper les oreilles et percer la langue au fer chaud pour calomnie.
Aux portes de Vichy, Cusset a troqué ses remparts contre une ceinture pacifique de larges cours plantés d'arbres récemment réaménagés. *☏ 04 70 30 95 24 (service patrimoine et tourisme).*
Place Victor-Hugo – Elle groupe de pittoresques maisons à pignons, notamment la taverne Louis XI, qui aurait reçu, en 1440, Charles VII, le dauphin et le duc de Bourbon, et l'hôtel de la Borderie où fut signée la paix de Cusset.
Maison Barathon – La porte et l'une des fenêtres de cette demeure sont ornées de belles sculptures de la fin du 16e s.
Musée de la Tour prisonnière – *R. des Fossés-de-la-Tour-Prisonnière - ☏ 04 70 96 29 17 - www.ville-cusset.fr - juil.-août : 14h-19h ; mai-juin et sept. : w.-end et j. fériés 10h-12h, 14h-18h - 7 € (-18 ans 5 €) - visite guidée des souterrains (1h), dép. depuis le musée toutes les heures selon horaires d'ouv.*
Au 15e s., la ville était protégée par une enceinte de pierre (ceinturée par un vaste fossé alimenté par le Sichon), flanquée de quatre portes et de cinq tours d'artillerie, dont ne subsiste que la Tour prisonnière. Vous y verrez des collections ayant trait à l'histoire de la ville, réunissant sculptures, outils de vieux métiers, armes, dessins, peintures, coiffes et costumes, plaques de rues aujourd'hui disparues. D'anciens cachots dotés de lourdes portes en bois munies de verrous rappellent que la tour servit de prison jusqu'en 1960.

Du musée part l'étonnante visite guidée des **souterrains** de Cusset. Redécouvert en 1985, ce réseau de galeries enterrées au ras du fossé, comblé au 17e s., vous entraîne au cœur des anciennes fortifications de la ville et révèle des vestiges du 15e s. admirablement bien conservés, dont les portes Doyat et St-Antoine.
Quittez Cusset par le nord-est en empruntant la D 906B.

St-Étienne-de-Vicq

Cette bourgade possède une petite église romane, intéressante par son architecture. À l'entrée du chœur, remarquez deux beaux chapiteaux historiés.
Revenez sur la D 906B, et repartez vers Cusset. À Bost, prenez sur la droite la D 190. Poursuivez sur la D 907, puis la D 174. Traversez Creuzier-le-Vieux. Prenez à gauche pour traverser la ZI Vichy-Rhue. Continuez tout droit et passez un feu, puis un rond-point, sur la gauche.

Comptoir européen de la confiserie - anciennement Pastillerie Vichy

Voir « Nos adresses ».
Revenez sur vos pas en direction de la ZI Vichy-Rhue. Au feu, prenez à gauche sur la D 27. À Vendat, empruntez la D 279 qui longe la voie ferrée.

Cognat-Lyonne

300 m au-delà du village, prenez à gauche un chemin conduisant vers l'église.
Cet intéressant édifice du 12e s. est bâti sur un tertre ; de là se découvre une belle **vue** sur la Limagne et les monts Dôme. *Revenez à Cognat et prenez sur la droite la D 117.* La route traverse la forêt de Montpensier *(voir Aigueperse, p. 104)*.

Brugheas

Au bord du Sarmon entre les forêts de Boucharde *(à l'est)* et de Montpensier *(à l'ouest)*, ce village constitue un excellent point de départ pour aller à la découverte de ces bois.
Quittez Brugheas par le sud-est en empruntant la D 221 en direction d'Hauterive. Avant d'atteindre le lieu-dit La Tour, prenez sur la gauche un petit chemin cahoteux bordé de petits étangs et de prairies.

Source du Dôme

Chemin des Étangs - Abrest.
Abritée sous un kiosque, cette source bouillonnante, la plus chaude du bassin de Vichy (66 °C), produit des algues qui sont utilisées pour la préparation des boues minérales. En face s'élève la **source du Lys** (60,5 °C).
Le chemin se poursuit sur 700 m en traversant un petit bois, puis en longeant un paysage bucolique. En retrouvant la route goudronnée, prenez sur la gauche la D 131 qui ramène à Vichy par le pont de Bellerive.

Carnet pratique

S'informer

Office de tourisme – *19 r. du Parc - ☎ 04 70 98 71 94 - www.vichy-destinations.fr.* Visites guidées thématiques très intéressantes. Parcours de 2h dans la ville avec l'appli « 1939-1945 » sur la Seconde Guerre mondiale.

Agenda

Vichy Nouvelle Vague – *Juil.-août - ☎ 04 70 98 71 94 (office de tourisme).* Plage et animations, beach-volley, basket, badminton, trampolines, tyrolienne...

Vichy fête Napoléon III – *3e w.-end de juin.* Dîner dansant et défilé de 300 personnes en costumes et calèches.

Iron Man 3 distances – *En août - centre omnisports.*

Animations musicales en été

Podium du vendredi – *26 juin- 28 août - esplanade des Quatre-Chemins.*

Les Happy Hours du kiosque – *Juin : vend. 19h; sept. : sam. 11h - Kiosque à musique de la Source de l'Hôpital.*

Les Dimanches du kiosque – *Juil. août : dim. 16h30.*

On danse à Vichy – *Les dim. de juil. à oct. 15h-18h sur la terrasse du Palais des congrès.*

Les Jeudis de Vichy – *Juil.-août - Parc des sources - 17h.*

Fête de l'hippodrome – *15 août - ☎ 04 70 30 15 58.* La journée des enfants.

Nos adresses

Restauration

PLAN P. 523

Budget moyen

② **Les Caudalies** – B2 - *7/9 r. Besse - ☎ 04 70 32 13 22 - www.les-caudalies-vichy.fr - ♿ - fermé dim. soir., merc. soir et lun. - formules déj. 27/31 € - menus 37,50/55 €.* Dans la rue natale d'Albert Londres, on cuisine traditionnelle au goût du jour dans une salle à manger redécorée. Goûtez la spécialité : le paris-brest à la nougatine.

④ **Brasserie du Casino et des Artistes** – A2 - *4 r. du Casino - ☎ 04 70 98 23 06 - brasseriedesartistesvichy.fr - fermé mar.-merc. - menus 33/45 €.* L'authentique cadre 1920 est agrémenté de photos d'acteurs, chanteurs et artistes lyriques ayant fait les beaux soirs de l'opéra tout proche. Cuisine traditionnelle et produits de qualité, desserts faits maison. Terrasse-trottoir.

⑫ **L'Hippocampe** – A2 - *3 bd de Russie - ☎ 04 70 97 68 37 - www.hippocampe-vichy.fr - ♿ - fermé mar. midi, dim. soir et lun. - menu 23 € (déj.), 32/45 €.* Cadre simple et cuisines visibles depuis la salle. Les produits de la mer ont l'honneur de la carte.

Pour se faire plaisir

③ **La Table de Marlène** – A2 - *bd de Lattre-de-Tassigny - La Rotonde - ☎ 04 70 97 85 42 - www.restaurantlarotonde-vichy.com - fermé lun.-mar. - menus 40/70 €.* Une soucoupe posée sur un lac, voilà qui n'est pas banal ! À fleur d'eau, dans un décor de verre et d'acier, les bons produits sont préparés avec justesse et les saveurs sont au rendez-vous. L'été, on profite de la terrasse.

⑭ **La Table d'Antoine** – A2 - *8 r. Burnol - ☎ 04 70 98 99 71 - www.latabledantoine.com - ♿ - fermé jeu. soir de nov. à avr., dim. soir et lun. sf j. fériés - menus*

35/79,90 €. Voyageur invétéré, le chef sait manier les épices et livre une cuisine parfumée. On sent la générosité du passionné... Carte dans l'air du temps à déguster dans un décor Baltard (verre et fonte).

Une folie

5 **Maison Decoret** – A2 - *15 r. du Parc - ✆ 04 70 97 65 06 - www.maisondecoret.com - fermé fin fév. à mi-mars, mi-août à mi-sept., lun.-merc. - menu 49 € déj. sem., menus 99/149 €.* Une bâtisse du 19e s., une grande véranda cubique : tel est le décor voulu par Jacques Decoret. Recherche esthétique et finesse sont au rendez-vous dans l'assiette, autour de très beaux produits : le chef maîtrise son sujet. Une étoile au Guide Michelin en 2022.

Petite pause

Le Samoa – *13 bis sq. de la Source-de-l'Hôpital - ✆ 04 70 59 94 46 - ♿ - 9h-23h; fermé mar. hors saison.* À l'abri sous les arcades bordant le square, cette institution vichyssoise bat des records de fréquentation lors des animations du kiosque à musique.

Shopping

Vichy est une des villes les plus riches en belles boutiques de la région et bon nombre de ses magasins sont ouverts le dimanche.

Marché couvert – *Pl. Pierre-Victor-Léger - mar.-dim. 7h-13h.* Une quarantaine d'exposants et une grande diversité de produits locaux. Le samedi, des producteurs de la région s'installent sur la mezzanine.

Vichy Prunelle – *34/38 r. Montaret - ✆ 04 70 98 20 02 - www.vichy-prunelle.com - 9h30-12h, 14h-19h, dim. et j. fériés 15h-19h.* Cette grande confiserie à l'ancienne propose les fameuses pastilles et sucres d'orge de Vichy et des spécialités comme les Perles de la Marquise (noisette grillée enrobée de sucre vanillé ou chocolatée). Découvrez la création maison : la pâte de fruit au vin rouge de St-Pourçain et les chocolats Valery Larbaud et Albert Londres.

Comptoir européen de la confiserie – *94 allée des Ailes - ✆ 04 70 30 94 70 - 9h-12h, 13h30-17h (15h le vend.) - fermé w.-end et j. fériés.* Pour tout savoir des secrets de fabrication de la légendaire pastille de Vichy.

Aux Marocains – *33 r. Georges-Clemenceau - ✆ 04 70 98 30 33 - www.auxmarocains.com - 9h45-12h30, 14h30-19h, dim. 10h30-12h30, 15h-19h, fermé lun.* Cette confiserie au décor luxueux garde le secret de la fabrication du marocain, caramel mou dans un caramel dur, recette mise au point dans les années 1920. Vous trouverez aussi des fruits confits, des sucres d'orge, des chocolats...

Fromagerie Meunier – *9 r. du Portugal - ✆ 04 70 97 62 43 - 9h-12h30, 15h-19h - fermé dim.-lun. et j. fériés.* Depuis 1830, cette maison intemporelle propose tous les fromages de la région.

En soirée

L'Ascot Bar – *3 pl. Joseph-Aletti - ✆ 04 70 30 20 20 - www.hotel-aletti.fr - 17h-2h, fermé lun.-mar.* Le bar de l'Aletti Palace, cossu et feutré, invite à se détendre dans une ambiance musicale de qualité ou au bord de la piscine l'été.

Le Grand Café – *7 r. du Casino - ✆ 04 70 97 07 40 - casino-vichy.partouche.com - machines à sous 10h-3h; salle de jeux à partir de 20h.* Sa situation au cœur du parc thermal, sa terrasse couverte, ses prestations (bar, restaurant et casino), en font l'établissement le plus prisé.

Opéra de Vichy – *1 r. du Casino - ✆ 04 70 30 50 30 - www.opera-vichy.com - nombreux spectacles les soirs et apr.-midi pdt la saison, se rens.* L'un des temples de la vie culturelle vichyssoise, ce bel opéra de style Art nouveau a opté pour une programmation exigeante qui alterne opéra, théâtre, danse et même variétés.

Activités

Plage des Célestins – *Rive droite, à la sortie sud de Vichy.* Plage aménagée en été sur l'Allier. Baignade, animations, jeux d'eau, beach volley, pétanque, guingette.

Remise en forme (balnéothérapie, gymnastique et musculation, diététique, activités de détente, soins esthétiques) :

Vichy Célestins Thermal Spa – *111 bd des États-Unis - ✆ 04 70 30 82 35- www.vichy-spa-hotel.fr.*

Thermes des Dômes – *132 bd des États-Unis - ✆ 0 800 30 00 63 - thermes-de-vichy.fr - 8h-19h, fermé dim. apr.-midi.*

Hébergement

PLAN P. 523

Premier prix

7 **Hôtel Les Nations** – A2 - *13 bd de Russie - ✆ 04 70 98 21 63 - www.lesnations.com - P pour les motos - 69 ch. 68/115 € - ☕ 12 € - ✕.* Situation centrale pour ce bel immeuble 1900. Cuisine traditionnelle servie dans deux salles à manger chaleureuses au décor actuel.

Budget moyen

3 **L'Arverna Hôtel** – B1 - *12 r. Desbrest - ✆ 04 70 31 31 19 - arverna-hotels-vichy.com - P 8 € - ♿ - fermé vac. de fév. et 28 déc.-1er janv. - 23 ch. 62/130 € - ☕ 10 €.* Un hôtel familial aux petites chambres rénovées. Petit-déjeuner dans la cour en été.

Pour se faire plaisir

11 **Hôtel De Grignan** – A2 - *7 pl. Sévigné - ✆ 04 70 32 08 11 - www.hoteldegrignan.fr - P 6 € (réserv. indispensable) - ♿ - 50 ch. 95/120 €, 12 suites 150/255 € - ☕ 13,50 €.* Dans une rue calme à deux pas du centre, cet hôtel, installé dans un beau bâtiment 1930, veille sur ses clients avec attention. L'espace bien-être – hammam, sauna et Jacuzzi – ajoute encore au charme des lieux.

Une folie

1 **Aletti Palace Hôtel** – A2 - *3 pl. Joseph-Aletti - ✆ 04 70 30 20 20 - www.hotel-aletti.fr - ♿ - 129 ch. 130/225 € - ☕ 15 € - ✕ menus 18 € (déj.)/38 €.* Face à l'opéra, élégant hôtel du début du 20e s. alliant modernité et charme d'antan. Mobilier d'inspiration Art déco dans les chambres, peu à peu rajeunies. Fitness.

9 **Vichy Célestins Spa Hôtel** – A1 - *111 bd des États-Unis - ✆ 04 70 30 82 00 - www.vichy-spa-hotel.fr - P ♿ - 129 ch. et suites 149 € (suites 259/319 €)- ☕ 25 € - ✕ menu 45 €.* Cet hôtel moderne jouxte les fameux chalets qui accueillirent Napoléon III. Chambres actuelles, centre de remise en forme complet, sauna, hammam et piscine panoramique.

À proximité

Pour se faire plaisir

Lodges-belvédère – *Site des Hurlevents - r. Louis-Neillot (au pied de l'antenne) - Le Vernet - 3 km au sud de Vichy - ✆ 06 12 13 20 46 - https://gite-sur-les-hauteurs-de-vichy.business.site - 2 ch. - 120/150 €, 2 nuits mini.* Dominant Vichy du haut de leurs balcons à 400 m d'altitude, les chambres de ces lodges à la personnalité affirmée n'attendent que votre passage ! Déco soignée, où se mêlent avec bonheur l'ancien et le moderne, accueil adorable. Visitez les Jardins des Hurlevents attenants, où poussent des plantes vivaces remarquables (800 variétés), entretenues avec soin par Virginie.

Montagne bourbonnaise ★

Constituée des Bois Noirs et des monts de la Madeleine, la Montagne bourbonnaise, aux pâtures en pente douce, aux bois de hêtres, de chênes ou d'épicéas, s'ouvre sur Vichy et la plaine d'Allier. À 1000 m d'altitude, elle tourne le dos à la basse Auvergne, à laquelle elle fut rattachée jusqu'en 1589, et regarde vers le pays des Bourbons. Randonnées et pêche aux beaux jours, ski de fond en hiver sont les principaux programmes de cet espace naturel très attachant qui possède aussi de jolis villages et des musées liés aux activités séculaires de la région.

Se repérer

Allier (03)

CARTE D3 (P. 451).

La véritable « capitale » de la Montagne bourbonnaise est Le Mayet-de-Montagne.

À ne pas manquer

Le musée de la Vannerie et de l'Osier au Mayet-de-Montagne, les tablettes manuscrites de Glozel, l'église de Châtel-Montagne, le plateau de la Verrerie.

Organiser son temps

Prévoyez deux jours pour rayonner.

En famille

L'horloge à billes et le musée du Bois et de la Forêt et scierie à eau à Lavoine, les promenades vers les cascades ; la « Route magique »

Nos adresses p. 539

La vallée du Sichon

CARTE P. 451 D3

Circuit de 50 km tracé en vert sur les cartes p. 451 et ci-dessus.

Le Mayet-de-Montagne

30 place de l'Eglise - ✆ 04 70 59 38 40.

Musée de la Vannerie et de l'Osier - *9h30-12h, 13h30-18h - fermé dim., oct. à mi-avr. - 4 €.* Installé dans les locaux de l'office de tourisme, ce musée, également appelé l'**Osarium**, évoque une activité primordiale de la vie quotidienne bourbonnaise d'autrefois. Familiale, rurale, la vannerie constituait un petit revenu financier pour les habitants. Vidéos, tableaux mis en scène comme au théâtre, centaines d'objets de vannerie disposés par thèmes, le musée expose quelques pépites : la malle de l'amiral Nelson, une boîte à camembert ayant appartenu à un soldat de l'armée napoléonienne ou l'une des rares guérites de plage de Deauville...
À deux pas, se trouve le **Salicetum** (oseraie), où les osiers composent un jardin *(accès gratuit)*.

Maison de l'artisanat – *8 pl. de l'Église - ✆ 04 70 59 75 24 - de mi-juin à mi-sept. : 10h30-12h30, 14h30-18h30 ; reste de l'année : 14h30-18h30, lun. 10h30-12h30 - fermé merc. - gratuit.* Cette maison accueille des fabricants qui exposent des objets d'artisanat rural et des produits fermiers.

Quittez Le Mayet-de-Montagne par l'ouest en empruntant la rue de Vichy puis la D 62 sur 500 m, puis prenez à gauche la D 176 jusqu'à Arronnes.

Châteldon.
lucentius/Getty Images Plus

Arronnes

Ancien site clunisien, le bourg s'est construit autour du prieuré dont seule subsiste l'**église St-Léger** du 11e s. Dix points de lecture sont répartis dans le village, permettant la découverte du patrimoine local selon un cheminement chronologique.
Maison de la paysannerie – *Le Bourg - ✆ 04 70 41 80 81 - de juil. à mi-sept. : tlj 14h-19h - gratuit.* Deux salles d'exposition sont consacrées au quotidien paysan et aux métiers de boulanger et de forgeron. Vente de produits fermiers et régionaux.
Empruntez la D 995 vers le sud-est, en direction de Ferrières-sur-Sichon.

Glozel

Ferrières-sur-Sichon. Dans le monde de l'archéologie, Glozel fut l'objet d'une polémique, ouverte en 1926, au sujet de l'authenticité du **Champ des Morts**, fouillé en 1924 par un jeune agriculteur, Émile Fradin. Il découvrit des objets votifs et de mystérieuses tablettes manuscrites qui échauffèrent les esprits scientifiques.
Musée – *Glozel - ✆ 04 70 41 12 96 (répondeur) - www.museedeglozel.com - ♿ - juin-sept. dim. 14h-18h - 4 € (-10 ans gratuit).* Qui dit vrai ? Les fouilles comptent quelque 2 500 ossements, céramiques et galets, gravés de signes étranges. Leur non-ancienneté avait été proclamée dès 1927 par une commission internationale. Depuis 1972, de nouvelles expertises feraient remonter les ossements humains au paléolithique supérieur (17000 à 15000 av. J.-C.). Les **tablettes**, qui déchaînèrent les passions autour des origines de l'écriture, couvriraient, quant à elles, une période s'étendant de 5000 à 1000 av. J.-C. (datation par thermoluminescence).
Poursuivez sur la D 995 jusqu'à Cheval-Rigond, et prenez sur la gauche la petite route grimpant jusqu'au château.

Château de Montgilbert

Ferrières-sur-Sichon. Du parking, gagnez les vestiges du château. Attention, prudence : la visite, libre, engage la responsabilité des visiteurs.
Cette imposante forteresse du 13e s., flanquée de quatre tours rondes et d'une tour carrée, est renforcée d'une enceinte extérieure. Elle est restaurée par des bénévoles *(montgilbert.unblog.fr)*.

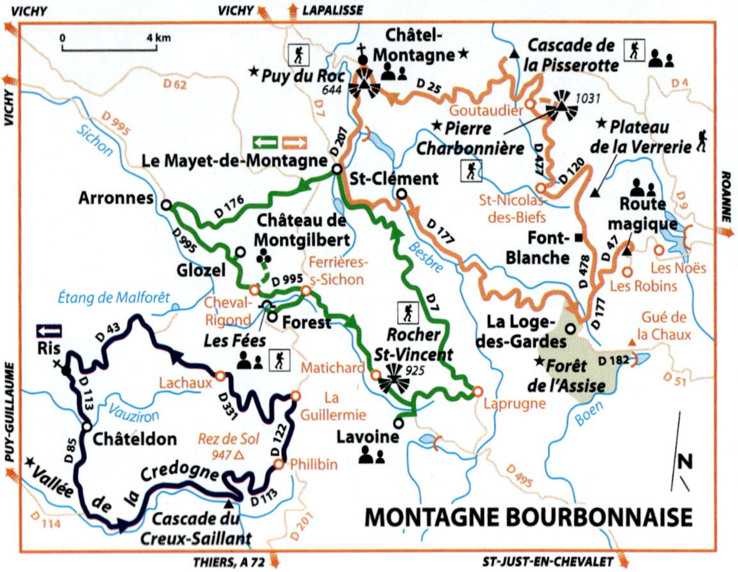

La Maison de la vallée du Sichon *(voir « Nos adresses » p. 539)* abrite une petite exposition qui retrace l'histoire du château.

Revenez sur la D 995 et repartez vers Ferrières-sur-Sichon où vous tournerez à droite (D 122).

Grotte des Fées

www.ferrieres-sur-sichon.fr - horaires, se rens. - demander clé et lampes de poche auprès de la Maison de la Vallée-du-Sichon- ✆ 04 70 41 14 89.

Du hameau de **Forest**, un chemin, puis un sentier à droite descendent dans le vallon du Sichon où s'ouvre cette grotte ornée de concrétions et de cascatelles.

Revenez à Ferrières-sur-Sichon (où se trouve l'arboretum Paul-Barge), prenez au sud-est la D 995. Un peu plus loin, sur la droite, notez la cascade du Sichon.

Rocher St-Vincent

30mn AR. Le chemin d'accès signalé s'amorce à gauche, 1 km après le hameau de Matichard. Laissez la voiture 600 m plus loin (parc de stationnement).

Un sentier conduit au sommet (alt. 925 m), où est installée une **table d'orientation** (panorama très étendu). Le filon d'andésite témoigne de manifestations éruptives antérieures aux sommets granitiques de la région. Il porte encore les vestiges du château fort de Pyramont (11e s.).

Poursuivez sur la D 995, et tournez à droite dans la D 422 vers Lavoine.

Lavoine

Vous ne pourrez pas rater la plus grosse **horloge à billes** et à eau du monde (30 m²), installée sur la place du village !

Musée du Bois, de la Forêt et de la Scierie à eau – *Le Bourg - ✆ 04 70 59 37 45 - www.commune-lavoine.fr - ♿ - juin-sept. : 14h30-18h - fermé lun.-mar. - 3 € (enf. 1,50 €).* Aux portes des Bois Noirs, cet espace passionnant, doté d'une muséographie ludique et pédagogique, présente le massif boisé et son environnement naturel. Faune, flore, vie du bûcheron et devenir de la filière bois y sont abordés.

La visite se termine, au-dessus, par une démonstration du fonctionnement d'une ancienne scierie. La force de l'eau actionne un mécanisme d'une grande précision *Revenez sur la D 995 et prenez en face la route allant jusqu'à Laprugne. De ce village, la D 7 ramène au Mayet-de-Montagne.*

★ Les monts de la Madeleine D3

Circuit de 70 km tracé en orange sur les cartes p. 451 et p. 536. Quittez Le Mayet-de-Montagne au sud-est par la D 7 sur 2,5 km, puis prenez à gauche la D 120.
Comme les Bois Noirs dont la chaîne leur est parallèle, les monts de la Madeleine prolongent ceux du Forez par-delà l'ample seuil de Noirétable.

St-Clément

Le village possède un beau plan d'eau, le Mayet-Saint-Clément, avec une base de loisirs aménagée pour les activités nautiques.
Quittez St-Clément par le sud-est en empruntant la D 177.
La route remonte la vallée de la Besbre, très boisée. Belles échappées à gauche sur le vallon du Sapey, à droite sur la dépression de la Besbre fermée par les Bois Noirs.

★ Forêt de l'Assise

La route, tracée en corniche, s'enfonce dans les hautes futaies de résineux et de hêtres pour atteindre **La Loge-des-Gardes** (petite station de sports d'hiver et de glisse, l'été) ou la maison forestière de l'Assise, au cœur du massif forestier. Des remontées mécaniques y permettent, en hiver, la pratique du ski alpin. *Suivez la D 182 et remontez par la D 177. Au carrefour de la Grand-Borne, prenez à droite la D 47, en direction des Noës. Peu avant les Forges, tournez à droite vers les Robins.*

La « Route magique »

À environ 50 m de la bifurcation, à hauteur d'un panneau de signalisation, arrêtez la voiture dans la « descente » et voyez ce qui arrive... Au point mort, moteur coupé ou non, la voiture repart en marche arrière... Une boule de pétanque posée à même le sol « monte » la pente. Ce phénomène, illusion d'optique (?), ne trouve guère d'explications, mais attire des curieux.
Revenez au croisement avec la D 177, et prenez à droite la D 478.
La route passe à proximité de la modeste station de sports d'hiver de **Font-Blanche** et offre ensuite de belles vues sur les monts de la Madeleine, à droite.

★ Plateau de la Verrerie

1h. La magnifique route vous mènera au bout du monde, loin de toute civilisation, à la frontière entre l'Allier et la Loire... Joyau de la Montagne bourbonnaise, le **sentier de la tourbière** est à parcourir absolument. Circulant sur des pontons, vous découvrirez la faune et la flore, comme la rare drosera, plante carnivore...
Poursuivez sur la D 478 puis, au col de la Rivière, empruntez à gauche la D 120. À l'entrée de St-Nicolas-des-Biefs, prenez à droite la D 477.

★ Pierre Charbonnière

À Goutaudier, prenez un chemin en montée sur la droite; suivez-le sur 500 m, puis laissez votre voiture.
1h30 AR. Le sentier monte à travers bois jusqu'à cet ensemble rocheux d'où l'on bénéficie d'une très belle **vue★** sur le bassin de Roanne à l'est, les monts de la Madeleine au sud-est, les vallées de la Besbre et du Barbenan au nord-ouest.
Poursuivez sur la D 477 jusqu'à Trapière, puis prenez à gauche la D 25.

Cascade de la Pisserotte

1h30 AR. Le Barbenan tombe, en deux rebonds, dans un très beau site.
Continuez sur la D 25.

★ Puy du Roc

Au-delà du carrefour routier de la Croix-du-Sud, aussitôt après une maison à tourelle, tournez à gauche et, 200 m plus loin, prenez à gauche un sentier qui monte vers une statue de la Vierge.
45mn AR. Un chemin de Croix aboutit au sommet (alt. 644 m), qui offre un beau **panorama★** au nord sur le Bourbonnais, à l'ouest sur les monts Dômes et les monts Dore, au sud et à l'est sur les Bois Noirs et les monts de la Madeleine.
Poursuivez sur la D 25.

Châtel-Montagne

Pl. Alphonse-Corre - 04 70 59 37 89 - www.chatel-montagne.fr.
L'arrivée dans le village ménage une vue superbe sur l'église au loin.
★ **Église Notre-Dame** – *Pl. Alphonse-Corre - en hiver ou par mauvais temps, entrée par la petite porte donnant sur le chœur.* Vestige d'un prieuré bénédictin dépendant de Cluny, cette église du 12e s. est un bel exemple du **roman en Bourbonnais**. C'est un édifice de granit, rude et bien proportionné, dont le chevet se rattache au style roman auvergnat. L'intérieur est très homogène. La **nef**, couverte d'une voûte en berceau soutenue par de robustes doubleaux, est faiblement éclairée par des fenêtres, ouvrant, entre des arcades aveugles, au-dessus du faux triforium. Dans le bas-côté gauche, **pietà** en bois polychrome du 17e s. Le chœur est entouré d'un déambulatoire sur lequel s'ouvrent quatre chapelles rayonnantes ; dans le chœur, belle **Vierge à l'Enfant**.
Sur la place, la **Maison du patrimoine** *(04 70 59 37 89/38 40)* présente un espace consacré à l'art roman et des expositions ; elle regroupe artisanat local et produits du terroir.
Quittez Châtel-Montagne par le sud-ouest en empruntant la D 207 qui ramène au Mayet-de-Montagne.

★ La vallée de la Credogne D3

Circuit de 45 km tracé en bleu foncé sur les cartes p. 451 et p. 536.

Ris

Église Ste-Croix – Cet ancien prieuré clunisien fut remanié au cours des siècles. Remarquez la curieuse **nef voûtée** dont l'étroitesse (3,45 m), la robustesse et la hauteur du berceau font l'originalité de l'église actuelle. À voir, **peintures murales** du 15e s. (restaurées) : dans le narthex à droite, le *Martyre de sainte Agathe* ; à gauche une Visitation, et au mur de droite saint Michel terrassant le dragon.
Quittez Ris par le sud en empruntant la D 113.

Châteldon

Cette petite ville, où sourdent des eaux minérales radioactives et sulfureuses très prisées par les grands restaurants, est agréablement située au creux de coteaux. La peste de 1348 ruina la ville : couteliers et tanneurs émigrèrent alors à Thiers et à Maringues. Elle a conservé plusieurs **maisons de vignerons** à balcons de bois et de belles **maisons à colombages** : le Vieux Logis et la maison voisine de la Prévôté sur la place. À côté s'élève la **tour de l'Horloge**, porte de ville du 14e s.
Bien campé sur un éperon dominant le village, le **château** *(ne se visite pas)* date des 13e et 15e s. et fut la propriété de famille de **Pierre Laval,** né à Châteldon.

Église – Des 12ᵉ et 15ᵉ s., elle abrite un mobilier intéressant, notamment, au fond de la nef, une Crucifixion attribuée à l'école italienne du 15ᵉ s. (panneau central vestige d'un triptyque).

Quittez Châteldon par le sud en empruntant la D 63 sur 1 km, puis la D 85. À Monpeyroux, prenez à gauche la D 114.

★ Vallée de la Credogne

À hauteur d'un rocher isolé au bord de la route, la Credogne forme la **cascade du Creux-Saillant**. Petit affluent de la Dore, la **Credogne** parcourt une jolie vallée, dont la D 114 permet de suivre la plus grande partie, avec des formations de gorges, où elle se resserre.

Empruntez sur la gauche la D 43, puis à droite la D 113. À Philibin, prenez à gauche la D 122. À La Guillermie, la route de Lachaux puis la D 43 vous ramènent à Ris.

Nos adresses

Restauration

Budget moyen

Le 16 Arts – *1 r. Julien Charpentier - Châtel-Montagne - ✆ 04 70 59 30 69 - mar.-dim. et j. fériés 8h-18h - fermé lun. - formule du j. 18 €, menus 26/45 €.* Produits locaux, la plupart bios (lentilles, agneau, myrtilles, etc.), sont à l'affiche des plats alléchants de ce sympathique restaurant situé en face de la belle église du village.

Shopping

Fromagerie artisanale de Ris – *9 r. La Boire, Ris-Gare - Puy-Guillaume - ✆ 04 73 94 13 14 - www.fromagerie-lartisanalederis.fr - 8h-19h - fermé dim. et j. fériés.* Une quinzaine de fromages sont produits et affinés sur place. Également une sélection de produits régionaux (miel, vins...).

Maison de la vallée du Sichon – *1 pl. de la Poste - Ferrières-sur-Sichon - ✆ 04 70 41 14 89 - P ♿ - juil.-août : 15h-19h, 14h-18h, dim. 15h-18h, fermé lun.* Objets artisanaux et produits du terroir.

Activités

Parc de loisirs de la Loge des Gardes – *Laprugne - ✆ 04 70 56 44 44 (répondeur infos) - www.logedesgardes.com - 23/29 €/j.* Randonnée, luge d'été, tyroliennes, trottinette et kart de descente, mountainboard. Hiver : ski nordique et alpin, luge, raquettes.

Foyer de ski de fond du Montoncel – *Plan de la Chaume - Lavoine - ✆ 04 70 59 37 87 - www.montoncel-lavoine.com - hébergement possible à partir de 10 pers. : 19 €/pers - repas sur réserv.* Été : VTT, randonnée accompagnée, course d'orientation, tir à l'arc en forêt. Hiver : ski de fond, raquettes, luge.

Hébergement

Premier prix

Chambres d'hôte Les Breuils – *8 rte de St-Yorre - Mariol - ✆ 04 70 41 00 03 - www.chambresdhoteslesbreuils-vichy.com - P - 5 ch. 69 € ☕ - ✕ table d'hôte 24 € (- 12 ans 12 €).* Cette maison de maître, construite en 1720 pour sa partie ancienne, abrite un beau salon aux murs ornés de fresques. Chambres vastes à la déco soignée. Table d'hôte variant au gré des saisons.

Clermont-Ferrand, plaine de la Limagne, la cathédrale émerge de la mer de nuage.
F. Cormon/hemis.fr

COMPRENDRE L'AUVERGNE

Bienvenue en Auvergne

Région dynamique autour de Clermont-Ferrand, située au carrefour d'axes autoroutiers majeurs, l'Auvergne s'étend sur les départements du Puy-de-Dôme, du Cantal, de la Haute-Loire et de l'Allier. Si les technologies de pointe jouent un rôle croissant dans l'agriculture, les petits métiers, bien ancrés, ont pérennisé un savoir-faire artisanal et un sens profond du terroir, en partie grâce au tourisme. Authenticité, grands espaces, originalité des paysages et richesse du patrimoine composent un territoire cher au cœur de ses visiteurs comme de ses habitants.

La reconnaissance

Le **Parc naturel régional des Volcans d'Auvergne** a été créé en 1977 dans un premier mouvement pour protéger ce milieu original et fragile. Deux dates ont ensuite marqué l'essor du tourisme, qui a contribué au développement économique et à la valorisation du patrimoine : l'ouverture en 2002 de **Vulcania**, parc ludique et scientifique sur le thème du volcanisme et, en 2018, le classement au Patrimoine mondial de l'**Unesco** de l'alignement volcanique de la **chaîne des Puys - faille de Limagne** pour ses caractéristiques géologiques uniques *(voir p. 134)*.

Tourisme vert

Paradis des **activités de pleine nature**, l'Auvergne est sillonnée par des chemins de petite et de grande randonnée (PR et GR), des circuits balisés pour VTT, des voies d'escalade et, en hiver, des pistes de ski. Les amateurs de sensations fortes survolent en parapente les volcans endormis, tandis que les pêcheurs vont taquiner la truite et l'omble chevalier sur le **lac Pavin**. Randonneurs et contemplatifs s'attardent devant des panoramas somptueux, au sommet du **puy du Sancy**, point culminant des monts Dore, de la **Banne d'Ordanche** ou du **puy de Montchal**, l'un des plus jeunes volcans de France. Incontournable, l'ascension du **Puy de Dôme**, à pied ou en train à crémaillère, couronné de nuages depuis le sommet, est inoubliable.

Patrimoine et art roman

Châteaux, dont le plus célèbre vous transporte chez le seigneur de Murol, maisons fortes et villages médiévaux (Besse, St-Saturnin...), pigeonniers, burons trapus aux toits de lauzes ponctuent les paysages, témoins d'un passé austère, laborieux, parfois mouvementé. Des sanctuaires romans, dont les chapiteaux montrent des trésors d'humour et de fantaisie, jalonnent les chemins de pèlerinage. Les « cinq majeures », N.-D.-du-Port à Clermont-Ferrand, St-Austremoine à Issoire, N.-D. d'Orcival et les églises de St-Nectaire et de St-Saturnin, sont les plus belles basiliques romanes de basse Auvergne.

8 CHOSES À SAVOIR

52 habitants au km2

L'Auvergne s'étend sur 26 000 km² soit 5 % du territoire national. En 2022, sa population est estimée à 1,36 million d'habitants-. Sa densité est inférieure de plus de la moitié à celle de la France.

CLERMONT-FERRAND CAPITALE

Clermont-Ferrand se trouve au centre d'un vaste couloir d'urbanisation qui va de Vichy à Issoire. En lice pour être capitale européenne de la Culture 2028, cette ville étudiante au patrimoine remarquable compte également quatre tables étoilées.

ÉLEVAGE ET ESTIVE

L'élevage, essentiellement bovin, est une véritable spécialité en Auvergne. Sur les pacages des monts Dômes et des monts Dore, on rencontre la salers, la charolaise, l'aubrac et la limousine.

9 VILLES D'EAUX

La diversité de ses eaux, froides ou chauffées dans les entrailles de la terre, minérales ou thermales, font la réputation de l'Auvergne depuis l'Antiquité. Bourbon-l'Archambault, Néris-les-Bains et Vichy dans l'Allier, Chaudes-Aigues dans le Cantal (la source la plus chaude d'Europe avec 82 °C !), La Bourboule, Châteauneuf-les-Bains, Châtel-Guyon, Le Mont-Dore et Royat dans le Puy-de-Dôme reçoivent chaque année des milliers de curistes.

4 SITES INSCRITS À L'UNESCO

La chaîne des Puys - faille de Limagne;
la basilique Notre-Dame-du-Port de Clermont-Ferrand;
la cathédrale Notre-Dame et l'Hôtel-Dieu du Puy-en-Velay;
Vichy, grande ville d'eaux d'Europe.

80 VOLCANS ET PLUS

L'Auvergne fut une terre de feu au Tertiaire et au Quaternaire, et jusqu'à il y a 7 000 ans. Si la chaîne des Puys est constituée de 80 volcans, il en existe 300, plus anciens, en Haute-Loire !

TERRE DE FESTIVALS

Festivals de cinéma (court-métrage à Clermont-Ferrand, jeune public à La Bourboule), de théâtre de rue (Aurillac), de jazz, de folk (Le Puy-en-Velay), de rock (Europavox, Clermont-Ferrand), d'art roman (Issoire), des arts numériques, de musique classique (La Chaise-Dieu), fêtes médiévales, mariales et champêtres... : une multitude de rendez-vous culturels marquants animent la région.

RUGBY

La célèbre équipe de rugby, ASM Clermont Auvergne, remonte à 1911 et est régulièrement présente dans le trio de tête du Top 14 : championne de France en 2010 et 2017 et finaliste de la Coupe d'Europe en 2013, 2015 et 2017.

Nature et paysages

Forte de ses 26000 km², l'Auvergne est une étonnante région qui se découvre au gré de « pays » aux identités fortement marquées. Les reliefs, la faune, la flore, les lacs, les sources minérales et thermales sont autant d'éléments qui ont forgé l'Auvergne, et qui perpétuent son image de terre de contraste.

Les reliefs

Plaines fertiles

Elles sont séparées des plateaux les encadrant par des escarpements qui suivent des **lignes de faille**. Géologiquement, il s'agit de fossés résultant des cassures provoquées par le soulèvement alpin à l'ère tertiaire. Fertilisées par les cours d'eau qui les irriguent (Allier, Dore, Cher...), ces plaines ont des sols très riches. Au sens strict, on ne parle de **Limagne** que lorsque la plaine est traversée par l'Allier ; dans les autres cas, on parlera plutôt de **bassin** (bassin d'Ambert ou d'Aurillac).

Histoire des Limagnes

La Limagne tire son nom du latin *lac magnus*, « le lac grand », qui s'est asséché progressivement pour laisser place à des marais. L'érosion et les interventions humaines ont fini par faire disparaître cette zone de marécages au profit d'un sol très fertile, caractérisé par une terre grasse de couleur noire.
Mais dans le langage courant, le terme « Limagne » décrit plus généralement l'enfilade des plaines allant de Langeac, au sud, au Bourbonnais, au nord, qui compose une mosaïque de vastes champs cultivés où alternent la betterave à sucre, le blé, le colza, le tournesol et le maïs. Au sud, le paysage est morcelé en plaines d'étendues modestes (Limagne d'Issoire, Limagne de Brioude) ; au nord, il s'ouvre avec la Limagne de Clermont, ou « Grande Limagne », qui s'étale sur 90 km de long.

Plateaux

À l'ère primaire, le centre de la France a été surélevé, et une haute chaîne de montagnes s'est édifiée avant d'être aplanie par l'érosion. Au moment du soulèvement alpin, au tertiaire, le vieux socle du Massif Central a été porté en altitude. Des plateaux, fracturés en de nombreux endroits, se sont ainsi formés.
Au nord-ouest, le paysage du **bocage bourbonnais** est sage et mesuré.
Du Cher à la Sioule s'étend le **plateau des Combrailles**, où s'éparpillent tantôt des bocages, tantôt des forêts de bouleaux et de sapins ponctuées de nombreux étangs.
La **Montagne bourbonnaise**, vers l'est, offre un relief plus accidenté.
Plus au sud, le **plateau de l'Artense** est entaillé de gorges parfois très profondes. Les dépôts (moraines) abandonnés par les glaciers sont à l'origine du relief mouvementé.
Découpé en collines, le plateau de la **Châtaigneraie cantalienne** a des allures méridionales. La relative

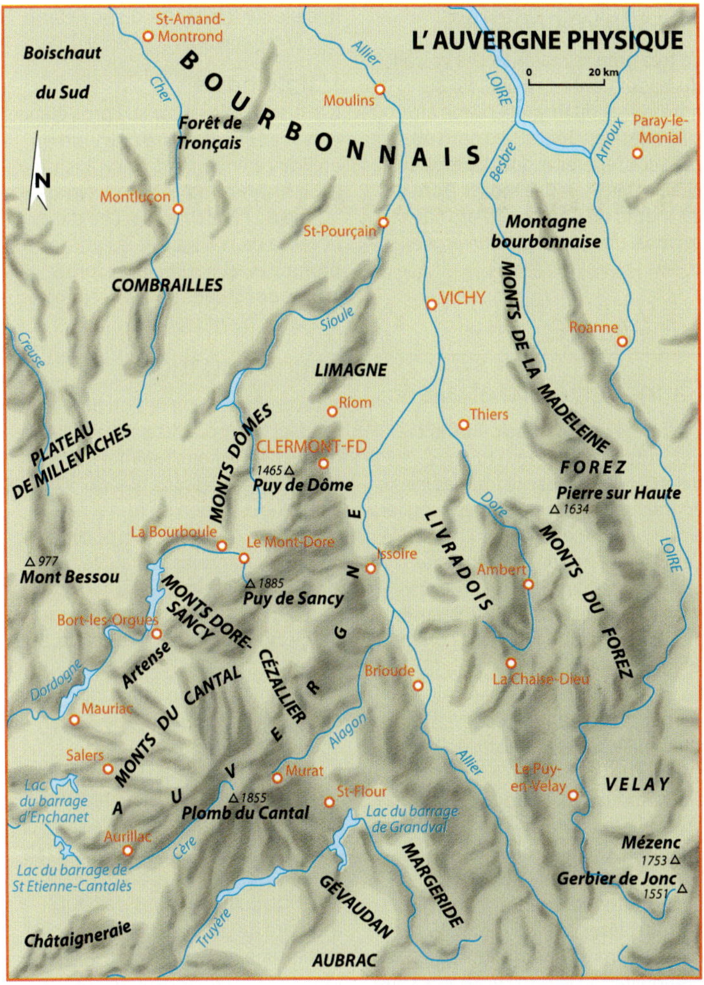

douceur du climat explique la présence d'arbres fruitiers variés. Le châtaignier domine dans les massifs forestiers. Entièrement boisée, la **Margeride** constitue, à 1500 m d'altitude, un trait d'union entre le Cantal et la Haute-Loire.

Le **plateau de La Chaise-Dieu** contraste avec ceux, plus accidentés, du **Livradois-Forez,** au relief de moyenne montagne. Les failles marquent nettement les paysages sévères du Forez, dépourvus de végétation et balayés par les vents. Les sommets du Forez culminent à 1634 m; servant de pâturages, ils sont baptisés **Hautes-Chaumes**.

Le **Cézallier** et l'**Aubrac** auvergnate, arides, sont deux plateaux d'origine géologique différente, formés par des coulées de lave qui ont recouvert les terrains cristallins. Le Cézallier dépasse 1200 m, et l'Aubrac s'élève de 1400 à 1500 m. L'existence de ces **planèzes** est inséparable des volcans (*p. 32)* qui les encadrent et les surplombent.

Massifs volcaniques

La très grande majorité des volcans du Massif Central se déploie du nord-ouest du Puy-de-Dôme au sud-ouest du Cantal. Du nord au sud se succèdent les **monts Dômes** ou chaîne des Puys, les **monts Dore** et les **monts du Cantal.** *Parc naturel régional des Volcans d'Auvergne p. 30.*

La faune

Faune terrestre et ailée

Les forêts des **plateaux** abritent de petits mammifères (fouines, belettes, hermines, lièvres, lapins, écureuils, campagnols), des sangliers ainsi que des cerfs et des chevreuils. Les oiseaux ne sont pas en reste, notamment dans le val d'Allier : rouges-gorges, rossignols, sternes, et même quelques rapaces comme le milan royal.

La **forêt de Tronçais**, dans l'Allier, est peuplée de cerfs, biches et chevreuils. En septembre, on peut entendre les « brames » des cerfs.

Les **hauteurs volcaniques** constituent les refuges préférés des merles de roche et des pics noirs, ainsi que des hiboux grands-ducs qui s'abritent dans les rochers. Dans les **tourbières**, cohabitent mouches, libellules, papillons, araignées, grenouilles ou lézards vivipares sous l'œil du circaète Jean-le-Blanc, du hibou des marais ou de la bécassine.

Le mouflon corse

Introduit dans les monts du Cantal et du Sancy dans les années 1950, ce mouton sauvage habite les terrains secs et caillouteux et les forêts claires de montagne. Les mâles portent des cornes en spirale qui, à la différence de celles des cervidés, ne tombent pas. Ils sont solitaires, alors que les femelles vivent en hardes. On peut les surprendre à la jumelle sur les pentes du puy Mary ou sur les versants du Sancy.

L'aigle botté

Cet oiseau migrateur au corps élancé et au bec crochu, assez rare, arrive en France entre mars et avril, après avoir hiverné en Afrique du Nord ou au sud de l'Espagne. Il niche dans la vallée de la Sioule et les gorges profondes, et apprécie les forêts claires ponctuées de clairières et inondées de ruisseaux.

Faune aquatique

L'Auvergne est une région de prédilection pour les amateurs de pêche à la ligne : salmonidés, carnassiers, poissons blancs... **Omble chevalier,** saumon de fontaine, truite fario ou arc-en-ciel occupent les eaux profondes et froides des lacs Pavin, Servières ou Bouchet. Le brochet préfère des eaux riches en herbiers aquatiques nécessaires à sa reproduction.

Au 19e s., le **saumon atlantique** était abondant dans les eaux de l'Allier, au point que certains contrats d'ouvriers notifiaient qu'on ne devait pas leur en servir plus de deux fois par semaine ! Aujourd'hui, le saumon, dont la pêche est suspendue, se fait rare. Sa population est passée de 30 000 adultes à moins de 1000, à la suite de la construction, en 1941, du barrage de Poutès-Monistrol. L'extinction a pu être évitée grâce à la mise en place d'un plan de sauvegarde et d'équipements (conservatoire national du saumon sauvage de Chanteuges, ouvert à la visite, passes à saumons à Vichy).

La loutre

Après une quasi-disparition, cet animal, protégé depuis 1972, recolonise une grande partie de l'Auvergne. Sa présence témoigne de la bonne qualité de l'eau et de l'environnement. Carnivore, elle se nourrit de poissons, de grenouilles

Cascade dans le massif du Sancy.
Focus_on_Nature/Getty Images Plus

ou d'écrevisses. Si sa rencontre est peu probable, on pourra deviner sa présence en apercevant, sous de grosses racines ou sous des éboulis rocheux, son gîte, appelé aussi « catiche », qu'elle habite pendant deux mois, pour élever ses petits.

La flore

Prairies et pâtures

L'Auvergne compte l'un des éventails de fleurs les plus larges d'Europe avec **4500 espèces**, dont aspérules, anémones soufrées, arnicas, campanules, valérianes, compagnons rouges, gentianes, etc. Sont présentes plusieurs sortes de gentianes, dont la **grande gentiane** ou **gentiane jaune** qui vit sur les hauts plateaux, entre 800 et 1500 m, jusqu'à un âge avancé de 50 ans. Il lui faut attendre dix à vingt ans avant de prendre sa taille adulte et voir apparaître ses premières fleurs jaunes à la floraison bisannuelle. Ses solides racines, qui peuvent atteindre la largeur d'un bras, s'étirent à plus de deux mètres. Extirpées grâce à la « fourche du diable » par les « gentiannaires », elles sont triées, nettoyées et broyées, puis mises à macérer. On connaît la gentiane pour ses vertus médicinales (digestion, rhumatismes, etc.), ainsi que par l'alcool de couleur dorée et à la saveur douce-amère, qui porte son nom.

Les petites fleurs en forme d'ombrelle de la grande **astrance** lui donnent un aspect rayonnant, d'où l'origine de son nom, *aster* (« étoile » en latin comme en grec). Sa racine, cueillie la nuit de la St-Jean, était placée dans les étables pour protéger le bétail des maladies et des accidents.

L'**herbe du Mézenc**, en Haute-Loire, se niche dans les rochers et les éboulis. Ses fleurs sont jaune foncé et ses feuilles argentées.

Forêts et sous-bois

Le hêtre et le chêne sont caractéristiques de l'Auvergne. Succédant aux **chênaies** quand l'altitude augmente, les **hêtraies** prolifèrent dans les Bois Noirs, le Livradois, le Forez, ainsi que dans les monts Dore où elles cèdent la place à de petites prairies en altitude. Les **chênes** sont présents dans les vallées profondes de la Châtaigneraie cantalienne, où ils cohabitent avec des **châtaigniers**. Ils sont en nombre dans le Bourbonnais et en forêt de Tronçais. L'importance du chêne est révélée par la toponymie : Chassaigne, Chassagne, Chassaing, Chastang signifient « forêt de chênes ».

Des **sapinières** sont également présentes dans les Bois Noirs, des **épicéas**, des forêts de **pins sylvestres** et de **pins de boulange** dans le Velay (la pinatelle du Zouave en est un bon exemple). Appelés ainsi parce que leur bois alimentait les fours des boulangeries, ces pins doivent leur tronc tortueux à une technique d'élagage.

Tourbières

Elles occupent des cuvettes naturelles formées à la période glaciaire, surtout en altitude. La matière organique qui se développe dans ces marais gorgés d'eau stagnante ne se décompose pas ou peu. Elle s'entasse jusqu'à former un minéral fossile appelé **tourbe**. L'Auvergne compte quelque 377 tourbières. Le Parc naturel régional des Volcans d'Auvergne en accueille à lui seul 133, le Puy-de-Dôme 64 et le Cantal 53. Un arrêté préfectoral protège 6 d'entre elles, mais seule la **tourbière des Sagnes de La Godivelle** est classée « Réserve naturelle ». La plante qui s'y complaît le plus est la **sphaigne**. Grâce à sa croissance rapide, elle forme des colonies qui occupent un tel espace qu'elles en chassent les autres espèces.

Histoire

L'Auvergne a connu une histoire humaine aussi bouleversée que son passé géologique. À toutes les époques, l'Auvergne a vu naître nombre de personnages politiques, scientifiques, industriels ou sportifs. L'Auvergne ne produit plus seulement des présidents, « des ministres, des fromages et des volcans », comme l'écrivait Alexandre Vialatte. Aujourd'hui, la région tire parti des richesses léguées par le passé.

Quelques faits historiques

À l'aube de l'histoire

Av. J.-C.

L'Auvergne fut un temps identique aux régions tropicales que l'on connaît aujourd'hui, semblable à l'Afrique équatoriale, peuplée de crocodiles, de rhinocéros et d'éléphants, comme le prouvent des ossements mis au jour.
Ce temps très éloigné correspond à l'ère tertiaire. Puis vint l'âge des grandes convulsions volcaniques.

- **7500-2800** – Époque dite de la **pierre polie**. Les volcans de la chaîne des Puys s'éteignent. Des agriculteurs-éleveurs colonisent le Massif Central; ils ont laissé une cinquantaine de dolmens (St-Nectaire, Cournols) et une vingtaine de menhirs.
- **1800-700** – **Âge du bronze**. Le Bourbonnais joue un rôle majeur (site de Gannat).
- **700-1er s. av. J.-C.** – **Âge du fer**. À partir de 300 av. J.-C., les Arvernes fondent des installations dans des sites de plaine (Aulnat) et des oppidums sur les hauteurs (Gergovie, Corent). La propriété s'organise, se morcelle et se transmet; c'est l'époque dorée où les céramiques sigillées de Lezoux sont en pleine expansion : on en retrouve jusque sous les cendres de Pompéi.

Les Arvernes et la conquête romaine

- **121** – Alors que les **Arvernes** dominaient une grande partie de la Gaule, leur chef **Bituit** tombe devant les Romains; ils doivent désormais partager le pouvoir avec les **Éduens** et les **Séquanes**.
- **52** – **Vercingétorix**, le chef des Arvernes, prend la tête d'une armée qui résiste aux Romains. Il inflige à César une cuisante défaite à **Gergovie**, mais assiégé, quelque temps après, à **Alésia**, au pays des Mandubiens, il se livre pour sauver les siens.

Apr. J.-C.

- **1er-3e s.** – *Augustonemetum* (Clermont-Ferrand) est la capitale arverne depuis le 1er s. La *Pax romana* règne sur la Gaule.
- **471** – À la fin de l'empire d'Occident, le poète **Sidoine Apollinaire**, préfet de Rome, devient évêque de Clermont. Il organise la résistance contre les Wisigoths jusqu'en 475. Malgré son opiniâtreté, l'Auvergne leur est cédée en échange de la Provence.

• **507** – À la suite de la victoire de Clovis sur Alaric II, lors de la bataille dite « de Poitiers », l'Auvergne passe sous la **domination franque**.

L'Auvergne féodale

• **761 et 767** – Pépin le Bref soumet les grands d'Auvergne.

• **951** – Le premier pèlerinage en direction de **St-Jacques-de-Compostelle** part du Puy-en-Velay.

• **999** – **Gerbert**, ancien moine de l'abbaye St-Géraud à Aurillac, devient le premier pape français sous le nom de **Sylvestre II**.

• **1043** – Fondation de l'abbaye de **La Chaise-Dieu** par Robert de Turlande.

• **1095** – **Urbain II** prêche à Clermont la première croisade. L'élan de foi populaire qu'il soulève canalise les énergies belliqueuses de la féodalité.

• **12e s.** – Partagés entre la vassalité au roi de France ou au duc d'Aquitaine, les grands seigneurs auvergnats ne parviennent pas à s'unir pour former un État. Le **comte d'Auvergne** gouverne la basse Auvergne à l'exception de Clermont, resté fief de l'évêque. Au nord de la ville, les seigneurs de Bourbon affirment leur puissance jusqu'aux confins du Berry. Au sud, le domaine des Mercœur déborde sur le Gévaudan et le Vivarais.

• **1210** – Philippe Auguste profite d'un conflit entre le comte Guy et l'évêque de Clermont pour étendre le domaine royal et réduire les possessions comtales à quelques terres autour de leur nouvelle capitale, **Vic-le-Comte**.

• **1241-1271** – L'Auvergne fait partie de l'apanage d'Alphonse de Poitiers, installé à Riom dans son palais ducal.

• **1262** – Isabelle d'Aragon épouse en grande pompe Philippe III le Hardi (fils de Louis IX, devenu Saint Louis après sa canonisation en 1297) en la cathédrale de Clermont.

• **1319** – Après cinq ans de crise, les seigneurs d'Auvergne négocient leur fidélité à Philippe V le Long : c'est la **charte aux Auvergnats**.

La montée des Bourbons

• **1327** – La baronnie de Bourbon est érigée en duché (Bourbonnais) par **Charles IV le Bel**.

• **1355** – L'Auvergne subit la **guerre de Cent Ans**. Les bourgeois obtiennent une charte de franchise, garante des libertés de la cité, leur permettant d'entourer de murailles leur « bonne ville ». On dénombre 19 **villes franches** : 13 en basse Auvergne (Clermont et Montferrand, encore distinctes, Riom, Billom, Issoire, St-Germain-Lembron, Brioude, Auzon, Ébreuil, Aigueperse, St-Pourçain, Cusset et Langeac), 6 en haute Auvergne (St-Flour, Aurillac, Mauriac, Salers, Chaudes-Aigues et Maurs). Ces « bonnes villes » envoient des députés aux **États d'Auvergne** à Issoire.

• **1360** – L'Auvergne échoit au duc **Jean de Berry**, fils de Jean II le Bon,

Langues d'oc et d'oïl

C'est au 14e s. que cette distinction, issue de celle des territoires du « parler gallo-roman », se matérialisa plus nettement et que l'on identifia la langue d'oc (occitan, formé de plusieurs dialectes, et que chantaient les troubadours), parlée dans le sud de la France, et la langue d'oïl (qui aboutit aux dialectes formant l'ancien français), utilisée dans le Nord.
Située entre les deux « domaines », l'Auvergne, et plus précisément le Bourbonnais, est traversée par cette frontière linguistique ; c'est ainsi que l'on parlait l'occitan à Vichy ou Montluçon, et la langue d'oïl à Moulins.
Aujourd'hui, après avoir été supplantés par la langue d'oïl, les dialectes occitans sont reconnus comme faisant partie d'une culture à part entière.

La reine Margot, Marguerite de Valois, vers 1572.
DR

qui la transmettra à son gendre, le duc de Bourbon.

• **1429** – De Moulins, Jeanne d'Arc demande, par lettre, aux Riomois armes et munitions pour assiéger La Charité-sur-Loire.

• **1527** – Les sires de Bourbon se trouvent à la tête d'un grand État féodal, mais François Ier leur confisque l'Auvergne et le Bourbonnais, après la trahison du connétable de Bourbon.

• **1572** – Après la St-Barthélemy, l'Auvergne plonge dans le chaos. La ville d'**Issoire**, principal foyer du **protestantisme**, est ainsi en partie détruite en 1577.

1587 – Marguerite de Valois (fille d'Henri II et de Catherine de Médicis), épouse d'Henri IV, dite **reine Margot**, est assignée à résidence par son frère Henri III au château d'**Usson** pendant dix-huit ans. Elle y rédige ses *Mémoires*.

Le retour de l'ordre

• **1633** – Des intendants investis de pouvoirs étendus remplacent les anciens gouverneurs. La noblesse locale est mise au pas. Richelieu ordonne de démanteler les châteaux forts qui faisaient ombrage au pouvoir : c'est l'édit de démolition. Louis XIII célèbre le mariage forcé de Clermont et de Montferrand, qui ne se résigneront jamais vraiment à cette union.

• **1642** – La première machine à calculer, la « Pascaline » est inventée par **Blaise Pascal**, célèbre mathématicien et penseur, natif de Clermont-Ferrand.

• **1665-1666** – Du 28 septembre au 30 janvier se tient à Clermont un tribunal d'exception : **les Grands Jours d'Auvergne**. Louis XIV règle ses comptes avec les derniers féodaux, « les bandits à particule ». Dans la foulée, les magistrats prononcent des édits sur les corvées, les poids et mesures, pour remédier aux principaux abus.

• **1693-1709** – La **famine** se répand en Auvergne, anéantissant les quelques améliorations économiques entrevues sous Colbert.

• **18e s.** – Durant ce siècle, paisible, l'économie ne progresse guère. Les campagnes, hormis quelques zones « riches » comme la Limagne, doivent recourir à l'émigration. Clermont ne compte que 23 000 habitants ; les transports sont archaïques, et l'amélioration du réseau routier national laisse à l'écart le Massif Central.

- **1757** – Gilbert du Motier naît au château de Chavaniac, dans la région de Brioude. Celui qui deviendra le **général de La Fayette**, « le héros des deux mondes », laissa des traces durables de son passage en Auvergne.
- **1765** – La **bête du Gévaudan** sème la terreur aux confins de l'Auvergne et du Gévaudan.
- **1790** – L'Auvergne est découpée en quatre départements : **Puy-de-Dôme**, **Cantal**, **Haute-Loire** (Velay compris) et **Allier** (essentiellement Bourbonnais).

L'Auvergne révolutionnaire et impériale

- **1793** – La Révolution reçoit à ses débuts un assez bon accueil, à Riom notamment avec **Gilbert Romme** et **Soubrany**, mais les difficultés économiques et les levées d'hommes provoquent des révoltes paysannes. Pour enrayer ce mécontentement, le gouvernement de la Convention donne pleins pouvoirs à **Georges Couthon**, membre de Comité du salut public.

Parmi les mesures autoritaires prises pour conforter les lois gouvernementales, figure la démolition de nombreux clochers des églises auvergnates.

- **1800** – Au péril de sa vie, le jeune **général Desaix** permet à Bonaparte de gagner la bataille de Marengo, où il trouvera la mort. Né sur les bords de la Sioule, à Ayat, Desaix est élevé au manoir de Veygoux.
- **1837** – Le **duc de Morny**, demi-frère du futur Napoléon III, s'implante dans le Puy-de-Dôme où il achète la sucrerie de Bourdon. Député, président du conseil général, il s'intéresse au développement économique de l'Auvergne jusqu'à sa mort en 1865.

L'essor de l'Auvergne

- **1832** – **Barbier** et **Daubrée** fondent une usine à Clermont et y introduisent le travail du caoutchouc.
- **1848** – Élection à la députation de l'Auvergnat **Eugène Rouher** qui parvient, sous le Second Empire, aux plus hauts sommets de l'État et participe à l'essor de sa région.

1853 – Le premier bureau accueillant le **télégraphe électrique** est installé à Clermont.

- **1855** – Le **chemin de fer** atteint Clermont, mettant l'Auvergne à 9h36 de la capitale.
- **1882** – Le 14 Juillet, le premier numéro de *L'Auvergnat de Paris*, fondé par Louis Bonnet, est publié.
- **1884** – Achèvement de la construction du **viaduc de Garabit** par la société Gustave Eiffel & Co.
- **1889** – Ravage du **phylloxéra** dans les vignobles de Limagne.
- **1891** – Les frères **André** et **Édouard Michelin**, petits-fils de Barbier, inventent le pneu démontable pour vélo.
- **1900** – Fondation de l'Automobile-Club d'Auvergne à Royat.
- **1911** – Parti de Paris, **Eugène Renaux** pose son aéroplane au sommet du Puy de Dôme.
- **1916** – **Aulnat** vit une première mondiale aéronautique, avec la construction de la première piste d'atterrissage « en dur ».
- **1919** – Alexandre Varenne crée le quotidien *La Montagne*.
- **1931** – L'Aurillacois **Paul Doumer** devient président de la République. Il meurt assassiné à Paris l'année suivante.
- **1936** – Le Cantalien **Antonin Magne** devient champion du monde de cyclisme.
- **1940** – Après l'armistice, le **maréchal Pétain** s'installe à Vichy

Les Auvergnats de Paris

Beaucoup d'Auvergnats ou de descendants de ceux qu'on appelait les Auvergnats de Paris sont dispersés dans la capitale. L'émigration, amorcée dès la fin du 18e s., s'est intensifiée à partir de 1850 avec l'arrivée du chemin de fer. « Montés à Paris » pour y tenter leur chance, les Auvergnats exerçaient jusqu'en 1880 les emplois de **bougnats** (charbonniers), porteurs d'eau, frotteurs de parquet, ferrailleurs. Grâce à leur travail acharné, ils ont gravi l'échelle sociale, et ont ouvert des cafés, des brasseries, dont certaines sont encore aujourd'hui très réputées : **Les Deux Magots**, le **Dôme**, le **Plomb du Cantal**... Même s'il n'en reste plus qu'un millier dans les métiers de l'hôtellerie ou de la restauration, soit deux fois moins qu'en 1990, les Auvergnats toujours à l'œuvre vous feront déguster tripoux, aligot, pot-au-feu, potée... Organisés en véritable réseau, très solidaires, ils formaient une communauté soudée qui, chaque vendredi à partir de 1882, recevait des nouvelles du « pays » grâce à un célèbre journal, *L'Auvergnat de Paris*, qui paraît encore aujourd'hui.

avec son gouvernement. Il nomme Pierre Laval vice-président du Conseil.

- **1944 – Combats du mont Mouchet** : quelque 300 maquisards périssent en tentant de retarder la jonction des troupes allemandes du Sud avec celles de Normandie.
- **1952** – Mise en eau du **barrage** de Bort-les-Orgues.
- **1955** – Le **centre émetteur** de télévision est construit au sommet du Puy de Dôme.
- **1958** – Création de la **Société des Eaux de Volvic**. En 1965, la source Clairvic est classée « eau minérale naturelle ».
- **1969** – **Georges Pompidou**, né à Montboudif, député du Cantal, est élu à la présidence de la République. Il succède au général de Gaulle, dont il fut le Premier ministre.
- **1972** – Création de la région Auvergne.
- **1974** – **Valéry Giscard d'Estaing**, maire de Chamalières, devient président de la République. Il succède à Georges Pompidou, dont il était le ministre de l'Économie et des Finances.
- **1979** – Premier **Festival du court-métrage** à Clermont-Ferrand.
- **1989** – Achèvement de la **liaison Paris-Clermont** par autoroute.
- **2002** – Ouverture de **Vulcania**.
- **2006** – Le 26 mai, Édouard Michelin décède accidentellement.
- **2007** – Achèvement du dernier tronçon de l'**A 89** reliant Clermont à la ville de Bordeaux.
- **2009** – **L'Aventure Michelin** ouvre ses portes, cette exposition grand public retraçant l'histoire du groupe est née d'une idée d'Édouard Michelin.
- **2010** – L'**ASM Clermont Auvergne** championne de France de rugby.
- **2012** – Mise en service du **Panoramique des Dômes**, train à crémaillère pour accéder au sommet du Puy de Dôme.
- **2016** – Fusion des régions Auvergne et Rhône-Alpes.
- **2017** - L'ASM Clermont Auvergne à nouveau championne de France de rugby.
- **2018** – Inscription au Patrimoine mondial de l'Unesco de la chaîne des Puys - faille de Limagne. L'Aubrac devient le 53e parc naturel régional de France.
- **2022** – Clermont-Ferrand dépose sa candidature pour être capitale européenne de la Culture 2028. Verdict en 2023.

Personnalités auvergnates

Blaise Pascal

Né à **Clermont-Ferrand** en 1623, ce brillant mathématicien, physicien, philosophe et écrivain signe dès l'âge de 16 ans un *Traité des sections coniques*. À 18 ans, il invente la « Pascaline », machine à compter qui additionne, multiplie, soustrait et divise de façon automatique. Trop coûteuse à fabriquer, sa géniale invention ne sera jamais commercialisée. Avec l'aide de son beau-frère Florin Périer, Pascal vérifie les théories de la pression atmosphérique sur les flancs du Puy de Dôme en 1648. Il meurt en 1662 avant d'avoir achevé une *Apologie de la religion chrétienne*, publiée sous le titre de *Pensées*.

Marquis de la Fayette

Né au **château de Chavaniac** (Haute-Loire) en 1757, **Gilbert du Motier, marquis de La Fayette,** entame sa carrière militaire à Paris à l'âge de 11 ans et devient sous-lieutenant d'un régiment de dragons cinq ans plus tard. Ayant eu vent de l'insurrection des colons américains, il part pour Georgetown malgré les ordres de Louis XVI. Il a à peine 20 ans lorsqu'il combat avec le grade de major général. Surnommé « le gamin », il dirige les troupes de Washington et oblige Yorktown à capituler. De retour en France, tentant de protéger la famille royale, il est arrêté et emprisonné. Son intervention en 1830 lors de la révolution de Juillet permet à Louis-Philippe de monter sur le trône. Celui qui est dénommé « le héros des deux mondes » meurt en 1834.

André et Édouard Michelin

Voir page thématique p. 43.

Coco Chanel

Gabrielle Chasnel naît à Saumur en 1883. Orpheline de mère à 12 ans, abandonnée par son père, elle apprend la couture à Moulins. Elle exerce le métier de « demoiselle de magasin » et se produit comme chanteuse de music-hall sous le nom de « Coco », qui lui restera. Étienne Balsan l'arrache à cette vie pour l'emmener à Paris où la coupe de ses chapeaux séduit les mondaines. Plus tard, Arthur Capel l'aide à ouvrir ses deux premières boutiques. Créatrice, modiste, styliste de grand talent, Coco entame alors une carrière internationale. « Mademoiselle », pour les intimes, meurt à Paris en 1971, laissant à la postérité son célèbre parfum *N° 5*, lancé en 1921, et ses fameux tailleurs Chanel.

Valery Larbaud

Dès l'adolescence, **Valery Larbaud** (1881-1957), natif de Vichy (fils du propriétaire de la source St-Yorre), parcourt l'Europe où il se passionne pour les diverses formes littéraires. Enrichi par ses voyages, il s'attache à faire découvrir aux lecteurs français des auteurs étrangers, tels Butler qu'il traduisit et James Joyce (dont il suivit la traduction d'*Ulysse*). *Ce vice impuni, la lecture* rend hommage aux écrivains anglo-saxons. Il a également publié des romans *(Fermina Márquez)*, de la poésie *(Les Poésies d'A.O. Barnabooth)* et des recueils de nouvelles *(Enfantines)*.

Albert Londres

Né en 1884 à **Vichy**, Albert Londres commence au début du 20e s. une carrière de journaliste parlementaire. Pendant la Première Guerre mondiale, il se lance dans le grand reportage en suivant le conflit en Serbie, en Grèce, en Turquie puis en France ; puis, il couvre la Russie bolchevique, la Chine et l'Inde. Ses écrits, de plus en plus engagés, portent notamment sur l'esclavage, l'oppression *(Au Bagne)*, l'exploit sportif poussé à l'extrême *(Les Forçats de la route)*, les exclus *(Chez les fous)*. En 1932, Albert Londres meurt dans l'incendie du navire qui le ramenait de Chine vers la France. En sa mémoire, le Prix Albert-Londres récompense depuis 1933 les meilleurs journalistes francophones.

Henri Pourrat

Originaire d'Ambert, où il naît en 1887 et meurt en 1959, **Henri Pourrat** a consacré l'essentiel de son œuvre à la terre auvergnate, notamment dans le cycle de *Gaspard*, son chef-d'œuvre en 4 volumes, publiés de 1922 à 1931 et réunis en 1960 sous le titre *Les Vaillances, Farces et aventures de Gaspard des montagnes*. Resté fidèle à ce terroir, il écrit *Ceux d'Auvergne*. Dans le *Trésor des contes* (13 vol.), il rassemble les fables et légendes auvergnates nées de la tradition orale. Prix Goncourt en 1941 pour *Vent de mars*, il a influencé Vialatte à ses débuts.

Alexandre Vialatte

Né en 1901, en Haute-Vienne, Alexandre Vialatte, de souche auvergnate, passe son enfance à **Ambert**. Il devient rédacteur pour *La Revue rhénane* ainsi que pour la *Nouvelle Revue française*. Il découvre alors Kafka qu'il décide de traduire ainsi que des textes de Nietzsche, Goethe, Brecht ou Thomas Mann. Après la Seconde Guerre mondiale, qui lui inspire *Le Fidèle Berger*, roman d'un soldat qui sombre dans la folie, il redevient chroniqueur et journaliste. Il écrit près de 900 chroniques dans le quotidien *La Montagne* de Clermont-Ferrand.

Georges Pompidou

Ce célèbre Cantalien voit le jour à Montboudif (Cantal) en 1911. Agrégé de lettres, diplômé de l'École libre des sciences politiques, il enseigne à Marseille, puis à Paris au lycée Henri-IV. En 1944, il entre au cabinet du général de Gaulle comme chargé de mission. Après le départ du général, il retourne aux affaires et devient directeur général de la banque Rothschild. En 1962, il succède à Michel Debré au poste de Premier ministre. Candidat à la présidence de la République, il est élu en 1969 et meurt dans l'exercice de ses fonctions en 1974.

Traditions et art de vivre

L'Auvergne affirme son originalité par des traditions bien ancrées sur le territoire. Fêtes profanes et pèlerinages, métiers ancestraux remis au goût du jour par des passionnés sont inséparables de cet art de vivre.

Profane ou sacré ?

Encore aujourd'hui, certaines coutumes sont perpétuées ou remises en vigueur : les **feux de la St-Jean** qui illuminent les hauteurs à l'époque du solstice d'été, les fêtes champêtres (des fenaisons, du fromage, des moissons, des vendanges, etc.) qui connaissent une vogue renouvelée.

On danse de nouveau la **bourrée** qui était devenue à partir du 18e s., emblématique de l'Auvergne.

L'Auvergne accorde une grande place au **culte de la Vierge**. On lui a dédié d'innombrables sanctuaires. Les Vierges romanes d'Auvergne comptent parmi les plus anciennes de France. Le culte marial est demeuré très vivant.

Les manifestations les plus fréquentées sont les processions de **N.-D.-du-Port** (Clermont-Ferrand) et d'**Orcival**, les pèlerinages de **Mauriac** et de **Thiézac** dans le Cantal, de **Marsat** ou de **Monton** dans le Puy-de-Dôme. Le culte peut être associé au rythme pastoral : dans les monts Dore, **Notre-Dame de Vassivière**, Vierge transhumante, est transportée de Besse à son sanctuaire d'altitude au début de l'été (c'est la montade) ; on la redescend au changement de saison (c'est la dévalade). Le même phénomène se produit à la **Font-Sainte**, dans le Cantal : la Vierge des bergers réintègre durant l'hiver l'église de Cheylade. Dans la région de Maringues, en Limagne, on vénère **Notre-Dame-des-Moissons** sur la butte de Montgacon. Les saints guérisseurs ont beaucoup pâti des progrès de la médecine, mais le **culte de saint Bénilde**, canonisé en 1967, connaît encore un certain succès à Thuret (Puy-de-Dôme).

Métiers traditionnels

Les Auvergnats exercèrent une foule de métiers auxquels on les identifia longtemps, tant leur spécialisation confinait au monopole. **La Route des métiers**, mise en place par le **Parc régional Livradois-Forez**, propose de façon très éclectique des adresses de sites culturels, châteaux ou musées, ou d'**artisans d'art** fidèles aux modes traditionnels ou qui les ont remis en vigueur.

www.routedesmetiers.fr.

Couteliers de Thiers

La coutellerie thiernoise est née de la rencontre d'une rivière, la Durolle, dont les eaux acides se prêtent bien à cette pratique, et d'une abondante main-d'œuvre locale.

Les meules utilisent toujours la force motrice de l'eau. Ce travail pénible, en position allongée sur le ventre, dans le froid et l'humidité, la chaleur d'un chien couché sur les jambes pour tout réconfort, occupait des centaines d'ouvriers; le montage des pièces finies était assuré par les paysans alentour. Quelques **artisans couteliers** de la région thiernoise ont pris la relève, avec une orientation design et une mécanique de fermeture plus innovante, très contemporaine. Ils rencontrent un grand succès et ont tendance à faire de plus en plus d'émules...

Papetiers du Livradois

La papeterie n'était pas spécifiquement livradoise (les moulins papetiers de la Tiretaine étaient très actifs dès le 14e s.), mais dans le val de Lagat, à côté d'Ambert, elle a perduré jusqu'à nos jours. Le **moulin Richard de Bas**, musée historique du Papier, dévoile à ses visiteurs les procédés de fabrication et quelques secrets ancestraux, voués à présent à une production de prestige.

Dentellières du Velay

Grâce à leurs doigts de fée, les dernières initiées réalisent la fabrication de dentelle au fuseau, en faisant s'entrecroiser des fils sur un « carreau », comme autrefois, donnant à voir de belles compositions. Dans le Velay, au Puy-en-Velay, à Retournac et à Brioude, la **dentelle** est remise à l'honneur sous forme d'un centre d'enseignement et d'ateliers, reprenant les us et coutumes de cet ancien métier, réservé aux femmes, qui l'exerçaient à domicile.

Potiers de Limagne

L'argile de Limagne se prête depuis l'Antiquité à la fabrication de terres cuites, cruches, saloirs, faisselles. Les fouilles archéologiques ont mis au jour de nombreux objets de la facture de Lezoux (*p. 111*), dont on a retrouvé des pièces jusque sous les décombres de Pompéi. Cette tradition perdure grâce au travail de quelques potiers installés dans cette région, mais aussi du côté de Murat.

Tailleurs de pierre de Volvic et émailleurs sur lave

Exploitée depuis l'Antiquité, la **lave de Volvic** est omniprésente dans les constructions auvergnates. Les tailleurs de pierre actuels se consacrent essentiellement à l'art funéraire, mais certains pratiquent encore la sculpture et sont sollicités pour participer à des campagnes de restauration. Ils réalisent également des pièces contemporaines que l'on peut retrouver au gré des balades dans la région. L'industrie de la **lave émaillée**, elle aussi d'origine volcanique, est née à Mozac, aux portes de Riom. Jusqu'en 1982, une entreprise de cette ville a fabriqué des tables d'orientation pour le monde entier. Plusieurs artistes auvergnats travaillent aujourd'hui la lave émaillée : ils créent des chefs d'œuvre en recouvrant la lave de couleurs vives et lustrées.

Bouffadous et parapluies

Le bois étant l'un des atouts majeurs de l'Auvergne, les artisans du cru façonnent de nombreux objets dans ce matériau, comme le **bouffadou**, solide bâton évidé, sans pareil pour ranimer la flamme vacillante des cheminées et barbecues, en un mot l'ancêtre du soufflet... Dans le Puy-de-Dôme, dans le Cantal, les ateliers consacrés à l'art du bois ouvrent volontiers leurs portes au public.

Quant au **parapluie d'Aurillac**, qui a largement fait ses preuves de robustesse, il n'est pas né de la dernière pluie! Aurillac a toujours été considérée comme le cœur de cette industrie artisanale, qui s'est largement développée au milieu du 19e s. Il existait déjà une industrie de dinanderie qui fabriquait les pièces métalliques du parapluie. Et trouver du jonc ou du bois pour le manche n'était pas difficile... En 1998, le parapluie L'Aurillac est devenu un label et les deux entreprises qui le conçoivent sont labellisées « Entreprises du patrimoine vivant ».

Saveurs locales

L'Auvergne est la région de production de fromages d'Appellation d'origine protégée la plus importante du pays. Le relief volcanique, la flore et la faune exceptionnelles, le savoir-faire ancestral des producteurs et des agriculteurs concourent à perpétuer une qualité authentique de tous ses produits de terroir, des viandes savoureuses aux salaisons goûteuses en passant par les lentilles et la verveine.

Potée et autres plats de viande ou de poisson

La potée est le plat traditionnel par excellence. Chou, navet, porc du pays, lard, saindoux et autres viandes cuits ensemble lentement (quatre à cinq heures) sur un feu de bois, et dégageant un parfum inoubliable. Les amateurs de condiments pourront ajouter, sur le bord de leur assiette, une pointe de **moutarde à l'ancienne de Charroux** pour accompagner le tout.

Le gourmet pourra goûter le **coq au vin**, parfumé par un bon cru du terroir, les **tripoux** d'Aurillac, de St-Flour et de Chaudes-Aigues (pieds de mouton farcis, pliés dans des portions d'estomac de mouton), les **jambons** de Maurs, les **saucisses sèches** du Velay et du Cantal, ainsi que le **pounti** du Cantal, plutôt une spécialité de St-Flour.

L'Auvergne est aussi connue pour ses viandes d'exception, de la **salers** à **l'aubrac**, très persillées, en passant par le **fin gras du Mézenc**, qui se distingue par le foin d'altitude très riche et les herbes parfumées que broutent les vaches.

Si vous préférez le poisson, optez plutôt pour une friture de goujons, une truite d'eaux vives, de la Montagne bourbonnaise ou du Cézallier, une anguille de la Dore ou un pavé de saumon, sans oublier l'**omble chevalier**, qui allie finesse et caractère.

Truffade ou aligot ?

La **truffade** est un onctueux mélange de tomme de cantal fraîche et de pommes de terre coupées en fines rondelles et revenues à la poêle. Son

Cinq fromages AOP

L'Auvergne produit près de 40 000 tonnes de fromages AOP par an, soit 20 % du tonnage AOP français. C'est la région qui possède le plus d'AOP (Appellation d'origine protégée) : le **st-nectaire** (pâte pressée demi-ferme) est la première production, suivi par le **cantal** (pâte pressée), la **fourme d'Ambert** et le **bleu d'Auvergne** (pâtes persillées non pressées), et enfin le **salers** (pâte pressée). On pourra aussi apprécier la saveur d'un chambérat du Bourbonnais, d'une fourme de St-Anthème ou de Rochefort-Montagne, d'un lavort, voire d'un gaperon à l'ail de Limagne (réalisé autrefois à partir du babeurre, « gape » en patois, et bien épicé). En Margeride et dans les monts du Cantal, autour d'Aurillac et de Salers, on goûtera les fromages de chèvre.

Fromages Saint-Nectaire.
Sablin/Getty Images Plus

cousin, l'**aligot,** que l'on déguste en Aubrac, se cuisine avec les mêmes ingrédients. Seule la cuisson des pommes de terre, en purée, en change la consistance. Il faut des bras musclés pour brasser tomme et purée jusqu'à ce que l'aligot « commence à filer ».

Le **pâté aux pommes de terre** – pâte légère rissolée au four garnie de crème fraîche et de pommes de terre – est un plat apprécié dans le Bourbonnais.

En accompagnement…

Les forêts auvergnates regorgent de champignons aux bonnes saisons. Les **morilles** se préparent à la crème ou accompagnent l'omelette ou les volailles. Les **cèpes du Livradois** ou du **Velay** parfument agréablement les viandes et constituent de délicieux veloutés.

Les **bourriols**, galettes de sarrasin qui remplaçaient jadis le pain, très populaires dans le Cantal, s'apprécient avec une garniture salée (saucisses, cantal…) ou sucrée (confitures).

Réputées pour leur valeur nutritive, les **lentilles vertes du Puy** (la première légumineuse européenne à avoir obtenu une AOP, exportée dans plus de 70 pays) et les **lentilles blondes de St-Flour** constituent de délicieux accompagnements, que les chefs associent aujourd'hui volontiers à du poisson…

Le meilleur pour la fin

Les familles de basse Auvergne et de la plaine d'Ambert font volontiers des **milliards** (clafoutis) aux cerises non dénoyautées (pour le goût) et des **pompes**, savoureux gâteaux hermétiquement clos et fourrés aux pommes, qui cuisent ainsi à l'étouffée. Dans le Cantal, la **fouasse** rappelle la brioche ; celle de St-Urcize est délicieuse. On dégustera encore les **cornets** de Murat, tuiles fourrées de chantilly, la **tarte** à la tomme de Vic-sur-Cère, les **croquants** de Bort ou de Mauriac (biscuits pur beurre) ou les **carrés** de Salers.

Les **pâtes de fruits**, **fruits confits** et **confitures** de la Limagne et de Clermont sont des friandises recherchées dont l'origine remonte au 15ᵉ s. Créés en 1852, les **pastilles** et les **sucres d'orge** de Vichy enchanteront les enfants sages !

Tables étoilées de la région en 2022

La tradition gastronomique de l'Auvergne produit de grands chefs.

Alleyras (43) : Le Haut-Allier, Philippe Brun, 1 étoile.
Le Broc (63) : Origines, Adrien Descouls, 1 étoile.
Chamalières (63) : Le Radio, Wilfrid Chapelain, 1 étoile.
Chaudes-Aigues (15) : Serge Vieira, 2 étoiles.
Clermont-Ferrand (63) : Jean-Claude Leclerc, 1 étoile ; l'Apicius, 1 étoile ; L'Ostal, 1 étoile, Le Pré-Xavier Beaudiment, 2 étoiles.
Issoire (63) : L'Atelier Yssoirien, Dorian Van Bronkhorst, 1 étoile.
Marcolès (63), Auberge de la Tour, Renaud Darmanin, 1 étoile.
Montluçon (03), La Chapelle, château Saint-Jean, Olivier Valade, 1 étoile.
Pont-du-Château (63), Auberge du Pont, Rodolphe Regnauld, 1 étoile.
St-Bonnet-le-Froid (43), Régis et Jacques Marcon, 3 étoiles.
Vichy (03), Maison Decoret, 1 étoile.

Le secret des pastilles Vichy ? La présence de sels minéraux extraits des eaux thermales de la ville...

Vins d'Auvergne

L'Auvergne est une terre viticole depuis l'époque gallo-romaine. Plantée sur les coteaux auvergnats, là où la population était rassemblée, la vigne constitua, pendant près de deux millénaires, la principale richesse de ces régions. Elle était souvent au Moyen Âge entre les mains de communautés de moines, comme les bénédictins de St-Alyre, à Clermont-Ferrand. Les vignerons se rassemblaient en **confréries** et ceux du val d'Allier fondaient tous leurs espoirs en saint Verny, un curieux personnage venu d'outre-Rhin, et qui a très tôt supplanté en Auvergne le rituel saint Vincent. La crise de la fin du 19e s.,due à l'arrivée du phylloxéra, devait changer définitivement la configuration du vignoble auvergnat. Aujourd'hui, les vignobles, classés AOC, de **St-Pourçain** et des **côtes d'Auvergne** revivent. Les crus les plus réputés des côtes d'Auvergne (**châteaugay**, **chanturgue** et **madargue**) sont issus du vignoble de Riom ; le **corent** ou le **blanc de Boudes** sont également en faveur. Du côté de l'Allier, on goûtera le célèbre **st-pourçain**, qui existe en rosé, en rouge et en blanc. Dans le Cantal, le **vin des Palhàs** est cultivé sur des terrasses au-dessus de Molompize.

Les spiritueux

Vous avez le choix entre l'**apéritif de gentiane**, produit dans le Cantal, au goût si particulier, et pour finir un petit verre de **verveine du Velay**, aux vertus digestives.

Les eaux

Parmi les plus connues, la source du Mont-Dore, ou de Volvic, l'eau aux fines bulles de Châteldon, de Châteauneuf, de Ste-Marguerite ou celles de Vichy et de St-Yorre...

Serge Vieira

Natif de Clermont-Ferrand, Serge Vieira se destinait à une carrière de dessinateur industriel, avant de se réorienter vers la cuisine. Bonne pioche : après avoir observé et appris dans des maisons de renom (Dominique Robert, Régis Marcon), il remporte le Bocuse d'Or en 2005. Dans son vaisseau contemporain – pierre, fer et verre – niché dans une forteresse médiévale, avec une vue à 360° sur les alentours, il joue dans la cour des grands. Ses assiettes, élaborées au quart de poil, sont savamment composées, et sa technique ne prend jamais le pas sur le goût.

Arts et culture

Si la préhistoire lui a laissé quelques mégalithes, l'Auvergne rayonne surtout par la qualité et la richesse de son patrimoine bâti. Cathédrales mais surtout églises romanes, châteaux, maisons fortes, mais aussi burons ou pigeonniers embellissent les paysages. La géographie si particulière de l'Auvergne a donné naissance à des villes et villages aux architectures et aux couleurs variées, témoins de l'histoire et des traditions.

Au fil des siècles

L'Auvergne romane

Dès le 10e s., l'Auvergne se couvre d'un « blanc manteau d'églises », selon la jolie formule du moine Raoul Glaber, liées aux pèlerinages. Les monastères, comme l'abbaye St-Géraud d'Aurillac, celles de **Souvigny**, de Sauxillanges ou de **La Chaise-Dieu** deviennent de véritables foyers culturels. Les plus belles basiliques romanes de basse Auvergne, dites « majeures », sont **N.-D.-du-Port** (Clermont-Ferrand), **St-Austremoine** à Issoire, N.-D. d'**Orcival** et les églises de **St-Nectaire** et de **St-Saturnin**, construites en arkose dorée ou en lave sombre. La **basilique St-Julien** à Brioude se rattache à l'école romane auvergnate par son chevet étagé et ses pierres de plusieurs couleurs. C'est le plus vaste édifice roman d'Auvergne. La **cathédrale de Clermont** fut le premier édifice à posséder un déambulatoire et des chapelles rayonnantes.

Caractéristiques structurelles

Quelques églises ont conservé leurs **pentures**, merveilles de ferronnerie. Les églises romanes auvergnates se distinguent par l'équilibre des volumes architecturaux et la sobriété des lignes. Dans les grandes églises, le **chœur** comprend une travée droite en avant de l'hémicycle, composé de huit hautes colonnes qui délimitent le sanctuaire.

Dans les églises majeures (sauf à St-Saturnin), un **déambulatoire**, dont les voûtes d'arêtes suivent le tracé tournant, donne sur des chapelles rayonnantes qui permettaient de célébrer en même temps plusieurs offices. Au-dessous du chœur des grands sanctuaires s'étend souvent une crypte qui en reproduit le plan.

L'art du sculpteur roman

Les **chapiteaux**, notamment ceux du sanctuaire, ou les **modillons** du chevet sont des petits chefs-d'œuvre d'humour et de fantaisie.

Les artistes, groupés dans des ateliers à **Mozac**, **Clermont** (N.-D.-du-Port), **Brioude**, Thiers et **Chanteuges**, ont emprunté leurs sujets à l'Antiquité : aigles, sirènes, centaures, minotaures, atlantes, serpents, génies ; à l'Orient : griffons affrontés, oiseaux buvant dans une coupe ; à l'histoire récente de la province : scènes de fondation de l'église, st-sépulcre ou chevaliers en armure évoquant la première croisade, prêchée à Clermont ; aux traditions médiévales : saints locaux, singes enchaînés, ânes musiciens, anges et démons, vertus (Générosité, Justice) et vices (Luxure, Avarice).

Les Vierges en majesté – La Vierge revêtue d'or d'Étienne II, abbé de Conques et évêque de Clermont au milieu du 10e s., est le modèle des Vierges auvergnates. Répandues surtout dans le diocèse de Clermont, où le culte de Notre-Dame a toujours été en honneur, incarnant le trône de la sagesse, elles frappent par leur attitude hiératique et la dignité avec laquelle elles présentent un Enfant Jésus au regard d'adulte. Humbles statues en bois polychrome ou merveilles d'orfèvrerie, elles illuminent les sanctuaires de Chastreix, La Sauvetat, Meillers, Ronzières, Orcival, Marsat, entre autres.

Statues-reliquaires – Créations originales auvergnates liées à l'art des émailleurs limousins, ce sont d'admirables travaux d'orfèvrerie enrichis de pierres précieuses. Les plus célèbres sont le buste de saint Baudime à St-Nectaire et celui de saint Césaire (évêque d'Arles) à Maurs, sans oublier le trône sur lequel repose la célèbre statue de Notre-Dame d'Orcival. Les reliquaires et les châsses de Mozac, d'Ébreuil, de Moissat-Bas se rattachent à cet art précieux.

Splendeurs du gothique

Avec la diffusion de la langue d'oïl, qui s'introduit après la conquête de la province par Philippe Auguste et s'implante sous Alphonse de Poitiers, le style gothique rayonnant pénètre en Auvergne au 14e s.

Les influences du Nord

La plus belle manifestation du gothique en Auvergne est la **cathédrale de Clermont**, des 13e s. et 14e s., qui dut attendre le 19e s. pour voir sa façade et ses flèches élevées par Viollet-le-Duc à 90 m de hauteur. Dominant la butte du vieux Clermont, ses immenses fenêtres sont rehaussées par l'éclat de somptueux vitraux ; le jeu d'arcs-boutants et la pureté de lignes de

Quelques trésors d'Auvergne

Cloîtres : Lavaudieu *(p. 402)*, Le Puy-en-Velay *(p. 335)*, La Chaise-Dieu *(p. 445)*.

Vierges en majesté : basiliques N.-D.-du-Port à Clermont-Ferrand *(p. 46)*, N.-D.-des-Fers à Orcival *(p. 146)*, églises de Colamine-sous-Vodable *(p. 167)*, Chauriat *(p. 116)*, Moussages *(p. 260)* et Marsat *(p. 88)*.

Chapiteaux historiés : basiliques St-Julien à Brioude *(p. 378)*, N.-D.- du-Port à Clermont-Ferrand *(p. 46)*, abbatiale St-Austremoine à Issoire *(p. 161)*, église de St-Nectaire *(p. 171)* et de Mozac *(p. 96)*.

Évangéliaire de Gannat au musée municipal *(p. 501)*.

Zodiaque de l'abbatiale St-Austremoine à Issoire *(p. 163)* et pilier roman (dit « colonne du Zodiaque ») de l'église prieurale St-Pierre-et-St-Paul au musée de Souvigny *(p. 471)*.

Fresques et décoration peinte : abbatiale de Lavaudieu *(p. 402)*, église St-Léger à Ébreuil *(p. 494)*, basilique St-Julien à Brioude *(p. 378)*, cathédrale N.-D. du Puy-en-Velay *(p. 331)*.

Caissons de bois peints de la voûte de l'église de Cheylade *(p. 276)*.

Tapisseries de l'abbatiale de La Chaise-Dieu *(p. 444)* et le *Bestiaire fantastique* du château de la Trémolière à Anglards-de-Salers *(p. 259)*.

Fresques d'inspiration Renaissance italienne du *studiolo* (cabinet de curiosités) du château de La Vigne *(p. 270)*.

Triptyque du Maître de Moulins dans la cathédrale N.-D. à Moulins *(p. 453)*.

Bourbon-l'Archambault, le village et sa Forteresse médiévale.
Ph. Blanchot/hemis.fr

son architecture sont remarquables. La lave de Volvic, matériau ingrat rebelle au ciseau du sculpteur mais apprécié pour sa dureté, sa résistance et son caractère inaltérable, lui donne un aspect austère que le soleil n'illumine guère. C'est la seule grande cathédrale au monde bâtie avec ce matériau. La toiture des chapelles et des nefs latérales est faite de dalles formant terrasse au-dessous des arcs-boutants, sans l'intermédiaire de combles, une disposition très originale, inconnue dans le Nord. À cette école se rattachent au 14e s. le chœur de l'église d'Ennezat et l'église d'Ambert. À la fin du siècle, la **ste-chapelle de Riom** est l'œuvre des Dammartin, architectes de Jean de Berry qui avaient travaillé au Louvre de Charles V et à Bourges ; elle a conservé trois des vitraux d'origine, ce qui n'est pas le cas de la ste-chapelle d'Aigueperse, élevée par les ducs de Bourbon-Montpensier. Au 16e s., une troisième **ste-chapelle**, dédiée elle aussi à Saint Louis, est érigée à **Vic-le-Comte**. Cette chapelle palatine a conservé des éléments importants de ses vitraux primitifs, dont le programme iconographique original met en parallèle des scènes de l'Ancien et du Nouveau Testament. En Bourbonnais, l'art gothique est représenté par le chœur de la **cathédrale de Moulins**, chapelle ducale des seigneurs de Bourbon, au train de vie fastueux. Ce bel édifice du 15e s. recèle des vitraux de qualité, une Mise au Tombeau et surtout le triptyque réalisé par le mystérieux Maître de Moulins, à la demande de Pierre II et de son épouse, Anne de Beaujeu.

Le gothique languedocien

Caractérisé par une large nef unique, il est le plus répandu. Dès le 14e s., on le rencontre à l'abbatiale de La Chaise-Dieu, chef-d'œuvre de l'art monastique, initié par le pape Clément VI. Au 15e s., la cathédrale de St-Flour, l'église du Marthuret à Riom, la nef de celle de Montferrand, puis St-Loup à Billom, Ste-Martine à Pont-du-Château, N.-D.-des-Oliviers à Murat, St-Gal à Langeac et St-Médard à Saugues témoignent de sa large diffusion.

Architecture civile et militaire

Forteresses et châteaux

À l'apogée de la féodalité, la région se couvre de **châteaux** adaptant leur forme et leur disposition aux particularités des assises rocheuses qui les portent. Depuis le 13e s., ils ont été successivement attaqués par les troupes de Philippe Auguste, détruits pendant la guerre de Cent Ans, puis démolis par les villageois qui trouvaient là les matériaux pour édifier leurs propres maisons. Beaucoup ont disparu, mutilés durant les guerres de Religion, démantelés par Richelieu, Louis XIV, puis la Révolution. On imagine la puissance, au Moyen Âge, de sites comme Anjony, Léotoing, Mauzun, Murol, Châteaugay, Tournoël, entre les monts Dômes et la Limagne, les vingt tours de Bourbon-l'Archambault, les remparts de Billy ou les courtines de Hérisson... Murol n'est pas en reste, pas plus que la monumentale forteresse de Polignac. Dans certains villages du val d'Allier désertés par leur seigneur, les villageois inventent le **fort villageois**, constitué de maisons serrées les unes contre les autres, comme à La Sauvetat.

Les villes fortifiées

La fin du 12e s. marque en Auvergne l'octroi des premières **chartes de libertés communales** (1188, Nonette ; 1196, Montferrand). Après celle de Clermont, puis celle d'Ambert (1239), le mouvement se développe lorsqu'en 1241 Alphonse de Poitiers, frère de Saint Louis, reçoit la terre d'Auvergne en apanage et trouve dans la vente de ces privilèges un moyen d'abaisser le pouvoir seigneurial. Les villes, rebâties à la façon des bastides du Sud-Ouest et ceintes de bonnes murailles, deviennent des centres de fabrication artisanale, des résidences de fonctionnaires royaux (Riom) ou des marchés animés comme Montferrand. Charroux, dans l'Allier, est un important carrefour d'échanges au Moyen Âge, comme en témoigne encore le nom de ses rues : de la Poulaillerie, de la Corderie, des Tanneurs, des Fours à chaux... Ainsi se développent les **bonnes villes.**

Thermalisme et architecture de charme

Si les vertus des eaux thermales étaient déjà connues des Romains, le thermalisme prend son essor au Second Empire, porté par une architecture qui exalte le goût de la fête. Il s'agit de séduire une clientèle distinguée, venue aux bains autant pour se soigner que pour se divertir. Sports, excursions, spectacles sont proposés à ces visiteurs riches et oisifs qui entendent profiter au mieux de leur séjour.

L'**établissement thermal** s'impose comme un monument phare. Au 19e s., des architectes spécialisés exercent leur discipline au Mont-Dore, à Royat et à La Bourboule, comme les Ledru, père et fils, qui versent dans le néoclassicisme. C'est vrai à Néris-les-Bains, et plus encore dans l'établissement thermal du Mont-Dore où Louis-Charles Ledru imagine un appareillage sophistiqué d'arcades aux claveaux alternés blancs et gris, retombant sur des colonnes de porphyre vert.

Si on retrouve dans l'établissement de bains de Bourbon-l'Archambault l'utilisation de la brique polychrome chère à l'architecture bourbonnaise, celui de Vichy, réalisé par Lecœur et Woog à la fin du 19e s., est largement inspiré par les dômes néobyzantins de style oriental.

Placé sous le signe des eaux, le **décor** des établissements thermaux, des casinos et des buvettes doit beaucoup au **renouveau des arts décoratifs**, qu'il s'agisse de peintures murales, de céramiques ou de faïence.

Maisons paysannes

Souvent composée d'un bâtiment unique d'habitation et d'une longue étable, la **maison paysanne** s'accroche à la pente naturelle des vallons, orientant au nord les pièces devant garder des températures fraîches. Les murs épais et l'étroitesse des ouvertures permettent de se protéger des rigueurs du climat. Si le chaume, autrefois généralisé, a déserté les toitures, la **lauze** et **l'ardoise** demeurent très présentes, notamment en haute Auvergne.

Maisons de Limagne

La **maison en hauteur** du vigneron ou du petit polyculteur est courante dans les villages serrés s'élèvant sur les buttes. Le rez-de-chaussée est réservé à l'exploitation (écurie, cuvage et cave voûtée en sous-sol) et l'étage à l'habitation ; on y accède par l'escalier extérieur qui débouche sur un perron abrité d'un auvent. Quelques exemples dans le Lembron ou le val d'Allier, à Plauzat, Montpeyroux, La Sauvetat ou à Boudes. Dans la région de Châteldon, l'« **estre** » (auvent) court sur toute la longueur de la façade. Au contact de la Combraille, un **grenier-séchoir** (le galetas) est suspendu sous l'auvent ; on y fait sécher l'ail et les châtaignes. On en trouve aux alentours de Châtel-Guyon. Enfin, la pierre de taille, la **pierre de Volvic** particulièrement, servait dans la maison bourgeoise pour les encadrements de porte et de fenêtre, les escaliers, cheminées, lavoirs et fontaines.

Maisons de montagne

Leur caractère massif est dû à leur structure en blocs de basalte et leurs **lourdes toitures** enveloppantes. Abritée des intempéries par une vaste grange à foin, cette maison donne au sud ; posée sur une terrasse, elle est à demi enterrée, sa toiture descendant à l'arrière jusqu'au sol.

Autrefois, le Cantalien vivait dans une pièce unique où trônait la grande cheminée – le **cantou** – et où s'alignaient contre le mur les **lits clos**, fermés par des rideaux. Dans le haut Livradois, l'habitation, surélevée, s'isole des bâtiments d'exploitation. Les toitures sont en tuiles rondes, et les ouvertures à encadrement de bois remplacent parfois la pierre.
Le **buron** est un habitat temporaire d'altitude, trapu et couvert de lauzes. Il abrite le vacher pendant l'estive. Ici se préparaient le fromage et le beurre que le vacher, le boutillier (aide-vacher) et le pâtre (jeune garçon chargé des veaux) faisaient descendre de temps à autre. En Livradois -Forez, la famille montait passer l'été sur les sommets où l'attendait la « ferme d'en haut », solide bâtisse recouverte de chaume, appelée **jasserie**.

Toitures

En montagne, le chaume est souvent remplacé par l'ardoise ou la tôle ondulée. Les plus belles couvertures sont en lauzes, dalles de phonolite ou de basalte. Très lourdes, elles nécessitent une forte inclinaison du toit et une puissante charpente. En plaine, la vieille tuile ronde rustique, recule devant la tuile mécanique, plus stable et plus résistante.

Pigeonniers

Construit au 19e s. (17e s. pour les plus anciens), indépendant ou accolé à la ferme, il est très répandu en Limagne, où l'on récoltait la « colombine » (fiente du pigeon), qui servait à fertiliser les vignes ou les cultures de chanvre. Carrés ou circulaires, à étage, ils peuvent être sur pilotis à colombages et coiffé d'un toit pyramidal avec lanterneau (Maringues, Thuret, St-Beauzire, Villeneuve-les-Cerfs), ou sur porche à l'entrée d'un domaine (Chauriat, Cellule, Aigueperse, St-Gervazy...).

ABC d'architecture

Les dessins présentés dans les planches qui suivent offrent un aperçu visuel de l'histoire de l'architecture dans la région et de ses particularités. Les définitions des termes d'art permettent de se familiariser avec un vocabulaire spécifique et de profiter au mieux des visites des monuments religieux, militaires ou civils.

Architecture religieuse

CLERMONT-FERRAND
Plan de la basilique Notre-Dame-du-Port (11e et 12e s.)

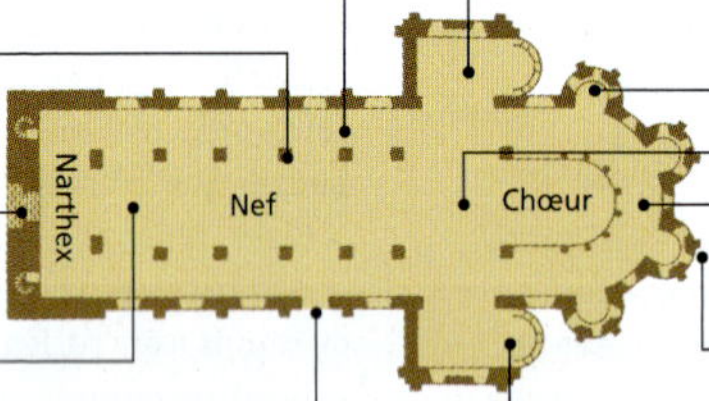

Coupe en élévation d'une église romane auvergnate

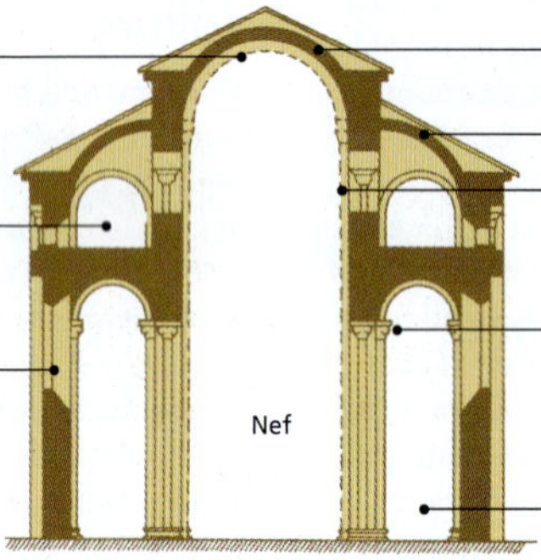

SOUVIGNY – Prieuré St-Pierre
Armoire à reliques en pierre (1444)

ORCIVAL – Basilique Notre-Dame (12e s.)

De style roman, la plupart des églises auvergnates appartiennent à une école qui s'est développée aux 11e s. et 12e s. et qui compte parmi les plus originales de l'art occidental.

R. Corbel/MICHELIN

CLERMONT-FERRAND – Basilique Notre-Dame-du-Port (11e et 12e s.)

ISSOIRE – Abbatiale St-Austremoine (12e s.)

R. Corbel/MICHELIN

Architecture militaire

TOURNEMIRE – Château d'Anjony (15e s.)

ST-POURÇAIN-SUR-BESBRE
Porte fortifiée du château de Thoury (15e s.)

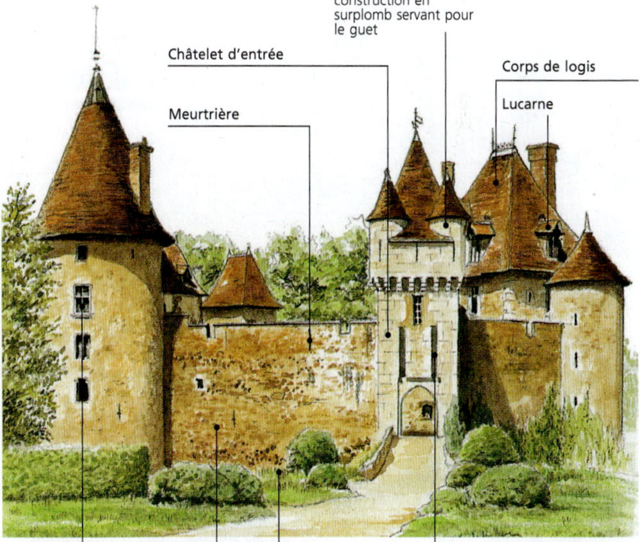

Architecture thermale

LE MONT-DORE – Galerie de la Source César (1890 et 1935-38)

Expression d'un goût prononcé pour l'éclectisme architectural, typique des villes thermales. Forte inspiration des modèles antiques, particulièrement des thermes de Dioclétien et de Caracalla, dans l'agencement des volumes ainsi que dans le décor. Comme à Royat et Châtelguyon, l'influence de l'art roman auvergnat et une mise en scène tendant à la sacralisation viennent interférer avec les réminiscences antiques.

Ouvrages de génie civil

GARABIT – Viaduc franchissant la Truyère (1882-1884)

BORT-LES-ORGUES– Barrage retenant la Dordogne (1951)

R. Corbel/MICHELIN

Randonneur au puy du Sancy.
Beboy_ltd/Getty Images Plus

ORGANISER SON VOYAGE

Aller en Auvergne

Par la route

Grands axes

Clermont-Ferrand est un carrefour majeur au cœur de la France.

L'A 71 relie Clermont à Paris en 4h environ. L'A 75, « La Méridienne », relie Clermont à Montpellier-Béziers (gratuitement, sauf à hauteur du viaduc de Millau) en 3h30. L'A 89 relie Clermont à Lyon en 2h, et, dans l'autre sens, à Bordeaux, en 3h45. Les axes autoroutiers pénètrent dans Clermont, et il est assez facile de sortir à proximité du centre-ville.

Cartes Michelin

Carte de France 721 au 1/1000000.

Cartes Régions 518 (Centre) et **522** (Auvergne, Limousin), au 1/200000.

Cartes Départements 326 (Puy-de-Dôme, Allier), **330** (Cantal, Lozère) et **331** (Ardèche, Haute-Loire), au 1/150000.

Carte Zoom France 130 (Massif Central) au 1/200000.

En ligne : calcul d'itinéraires, temps de parcours, coût des trajets, plans de villes et sélection d'hôtels et de restaurants sur : **www.viamichelin.fr**.

Covoiturage

Économique et écologique - www.tictactrip.eu; www.blablacar.fr; www.leblogdecovoiturageauvergne.net.

En train

Le réseau grandes lignes

De Paris (gare de Paris-Bercy), 8 trains grandes lignes quotidiens, assurés en majorité en Intercités, desservent Clermont-Ferrand (3h10 de trajet minimum) via Nevers, Moulins, Vichy et Riom.

D'autres villes sont directement reliées à Clermont : Lyon, Aurillac, Montluçon, Le Puy-en-Velay.

Renseignements et réservations – ✆ 3635 (prix d'un appel local), www.sncf-connect.com.

Trains express régionaux

Clermont-Ferrand est reliée plusieurs fois par jour à Issoire et Vichy en 30mn, à Brioude en 1h, à Moulins en 1h10, à Montluçon en 1h30, Le Puy-en-Velay en 2h10 et Aurillac en 2h20.

Renseignements et réservations – www.sncf-connect.com/ter.

Autocars régionaux

Les lignes du **Trans'Allier** sillonnent la région en complément des trains : www.transbus.org.

Routes en hiver

www.dir.massif-central.developpement-durable.gouv.fr.

Allier - ✆ 04 70 34 40 03 - www.allier.fr.
Cantal - ✆ 04 71 48 44 44 - www.cantal.fr.
Haute-Loire - www.hauteloire.fr et www.inforoute43.fr.
Puy-de-Dôme - ✆ 04 73 42 02 63 - www.inforoute-massif-central.fr.
A 75 - www.a75lameridienne.com - infos district Sud : ✆ 04 99 91 50 30 - district Nord : ✆ 04 73 29 79 79 - Autoroute info : 107.7 FM.

En avion

Aéroports de la région

Aéroport international de Clermont-Ferrand Auvergne – 63510 Aulnat - ✆ 04 73 62 71 00 - www.clermont-aeroport.com. Plusieurs liaisons quotidiennes avec Paris (CDG), vols de différentes villes d'Europe et liaisons avec la Corse en saison (Air France, Hop, Air Corsica, Ryanair).

Aéroport d'Aurillac-Tronquières – 15000 Aurillac - ✆ 04 71 64 50 00 - www.caba.fr/aeroport. À 5mn du centre d'Aurillac - ligne quotidienne Aurillac-Paris (Orly Sud) sauf sam.

Aéroport du Puy-en-Velay-Loudes – La Reilhade - 43320 Chaspuzac - ✆ 04 71 08 61 87 - www.aerolepuy.fr. Liaison avec Paris-Orly (Twin Jet).

Compagnies aériennes

Air France – ✆ 09 69 39 36 54 (prix d'un appel local) - www.airfrance.fr.

Air Corsica – www.aircorsica.com.

Twin Jet – ✆ 0 892 707 737 (0,60 € TTC/min) - www.twinjet.fr.

Distances en km	Ambert	Aurillac	Brioude	Clermont-Ferrand	Le Mont-Dore	Montluçon	Moulins	Le Puy-en-Velay	St-Flour	Vichy
Ambert	-	177	91	89	136	178	175	71	121	84
Aurillac	177	-	105	156	124	255	252	171	73	217
Bordeaux	479	313	447	383	347	375	456	504	476	420
Brioude	91	105	-	70	111	169	166	59	48	131
Clermont-Ferrand	89	156	70	-	47	108	105	129	102	70
Lille	711	788	703	641	683	556	517	760	732	575
Lyon	147	304	192	179	226	219	210	134	248	158
Marseille	373	432	348	478	457	567	521	298	411	473
Le Mont-Dore	136	124	111	47	-	152	149	167	140	111
Montluçon	178	255	169	108	152	-	76	226	198	90
Moulins	175	252	166	105	149	76	-	222	195	58
Paris	495	572	487	425	467	340	300	543	516	359
Le Puy-en-Velay	71	171	59	129	167	226	222	-	116	187
St-Flour	121	73	48	102	140	198	195	116	-	160
Strasbourg	613	753	685	606	648	578	523	627	714	529
Vichy	84	217	131	70	111	90	58	187	160	-

Avant de partir

Météo

www.meteofrance.com.

L'été – La fraîcheur des massifs boisés contraste avec la chaleur des plaines. Clermont-Ferrand, Le Puy-en-Velay et Vichy peuvent être étouffants.

L'automne – Les forêts de la chaîne des Puys et des monts du Livradois paraissent s'enflammer.

L'hiver – La neige en montagne modifie les reliefs, les lacs prennent des allures nordiques. Les accès routiers sont parfois difficiles : la prudence s'impose.

Le printemps réserve les tons les plus intenses, avec des cascades et des ruisseaux enrichis par la fonte des neiges.

Adresses utiles

Institutions

Auvergne Destination– www.auvergne-destination.com. Composée des 4 départements auvergnats, elle assure la promotion et le développement des activités touristiques de l'Auvergne : informations, édition des topoguides de randonnée à VTT et à pied, brochures, *newsletter*, réservation d'hébergements, séjours thématiques, promotions, etc.

Comités départementaux de tourisme

Allier – ✆ 04 70 46 81 50 - www.allier-auvergne-tourisme.com.

Cantal – www.auvergne-destination.com.

Haute-Loire – ✆ 04 71 07 41 65 - www.auvergnevacances.com.

Puy-de-Dôme –www.auvergne-destination.com.

Renseignements sur Internet

– **Généralités** sur l'Auvergne : www.parcdesvolcans.fr.

– **Musées** et **art roman** : centre-artroman.issoire.fr/Terres-Romanes-d-Auvergne.

– Produits du **terroir** : www.fromages-aop-auvergne.com; www.lalentillevertedupuy.com.

Offices de tourisme

Vous trouverez les adresses des offices de tourisme dans les rubriques « S'informer » dans les carnets pratiques de la partie « Découvrir l'Auvergne ».

Sur Internet : **www.tourisme.fr**.

Tourisme des personnes en situation de handicap

Dans ce guide, le picto ♿ signale les sites et établissements qui peuvent accueillir des personnes à **mobilité réduite**.

Tourisme et Handicaps – www.tourisme-handicaps.org. Liste des sites labellisés, entre autres infos.

Vous trouverez aussi des renseignements (sites, hébergements, activités adaptées, transports accessibles) pour préparer votre séjour sur les sites des comités départementaux de tourisme (mot-clé « Handicap » dans le moteur de recherche).

Pour trouver des informations sur le **handiski**, qui peut se pratiquer à Lioran et à Super-Besse, voir aussi l'école de ski français : www.esf.net.

Topoguide – *Douce heure dans le Puy-de-Dôme* (éditions Chamina, 2000); des **randonnées** faciles sur des revêtements carrossables, d'une durée d'une heure et de faible dénivelé.

Transports

SNCF Accès Plus – ✆ 0 890 640 650 (0,12 €/mn, 7h-22h) - www.accessibilite.sncf.com. Liste des gares adaptées et informations sur le service « Accès Plus » (sur réserv. 48h avant le départ).

Avion – ✆ 09 69 36 72 77 - www.airfrance.fr. Service d'assistance « Saphir » proposé par Air France.

Hébergement

Notre sélection d'hébergements est listée dans « Nos adresses à... » en fin de description des principaux sites de la partie « Découvrir... ». Les prix indiqués correspondent au tarif d'une chambre double en saison.

Notre sélection

Les établissements sont classés par catégories de prix : Premier prix, Budget moyen, Pour se faire plaisir et Une folie *(voir tableau ci-dessous)*. Les tarifs que nous indiquons correspondent au prix d'une chambre double standard en basse/haute saison.

À consulter aussi : **Le Guide Michelin France**.

Autres adresses

Fédération nationale Clévacances France – www.clevacances.com. Locations saisonnières (gîtes et chambres d'hôtes) labellisées.

Nattitude – www.auvergne-destination.com ou www.esprit-nattitude.fr. Les hébergements référencés par la marque Nattitude ont été distingués parce que tournés vers la nature, le bien-être, l'authenticité, le confort et le respect des lieux. L'esprit Nattitude c'est un site de charme qui préserve son environnement

Hébergement rural

Fédération des stations vertes de vacances et villages de neige – ✆ 03 80 54 10 50 - www.stationverte.com. Situées à la campagne et à la montagne, les stations vertes sont des destinations de vacances familiales, reconnues pour leur qualité de vie et celles de leurs structures d'accueil et d'hébergement. L'Auvergne en compte une soixantaine.

Bienvenue à la ferme – Le guide *Bienvenue à la ferme*, édité par l'Assemblée permanente des chambres d'agriculture (✆ 01 53 57 11 50), est en vente en librairie ou sur **www.bienvenue-a-la-ferme.com**. Fermes-auberges, campings à la ferme, fermes de séjour et nombreux loisirs.

Fédération nationale des gîtes de France et du tourisme vert – ✆ 01 49 70 75 75 - www.gites-de-france.com. Hébergements en milieu rural. Les gîtes Panda sont situés dans des environnements naturels de qualité (rens. sur le site).

Accueil paysan – www.accueil-paysan.com/fr. Cette association regroupe des hébergements (gîtes, chambres d'hôtes, campings) auprès d'acteurs ruraux.

Nos catégories de prix

	Hébergement	Restauration
Premier prix	jusqu'à 80 €	jusqu'à 20 €
Budget moyen	de 80 € à 120 €	de 20 € à 40 €
Pour se faire plaisir	de 120 € à 160 €	de 40 € à 60 €
Une folie	plus de 160 €	plus de 60 €

Hébergement pour randonneurs

Le label national Rando Accueil liste ses hébergements nature sur www.rando-accueil.com.

À consulter également, le site www.gites-refuges.com et le guide *Gîtes d'étape et refuges, France et frontières*, de A. et S. Mouraret, imprimable à partir du site.

Auberges de jeunesse

Ligue française des auberges de jeunesse – ✆ 01 44 16 78 78 - www.auberges-de-jeunesse.com. Carte LFAJ : 2 € pour les individuels.

Fédération unie des auberges de jeunesse (FUAJ) – ✆ 01 44 89 87 27 - www.hifrance.org. Carte FUAJ : 2 € pour les individuels, 20 € pour les familles.

Auberges de jeunesse affiliées à Clermont-Ferrand, Gannat, au Mont-Dore, au Puy-en-Velay et à St-Martin-des-Olmes.

Restauration

Nos critères de choix

Pour répondre à toutes les envies, nous avons sélectionné des **restaurants** régionaux, mais aussi classiques, exotiques, gastronomiques et des adresses où manger sur le pouce.

À consulter aussi : **Le Guide Michelin France**.

Fermes-auberges sur **www.bienvenue-a-la-ferme.com.**

Sites remarquables du goût

Quelques sites de la région (lieux de production, foires et marchés ou manifestations), dont la richesse gastronomique s'appuie sur des produits de qualité liés à un environnement culturel intéressant et à une réelle volonté d'accueil touristique, ont été dotés du label « Site remarquable du goût ».

En Auvergne : **Billom** pour son ail parfumé rose, **St-Nectaire** pour son onctueux fromage au lait de vache à la saveur fleurie, **Mourjou** pour la châtaigne, **Salers** pour son fromage au lait de vache à pâte dure (frère de terre du cantal, produit uniquement en été), Le **Puy-en-Velay** pour sa lentille verte et le **pays d'Ambert**, berceau de la fourme du même nom, fromage de vache traditionnel.

Pour en savoir plus : sitesremarquablesdugout.com.

Gastronomie et terroir

Les Toques d'Auvergne *(www.toques-auvergne.fr)* rassemblent de bonnes adresses régionales.

Le Parc des Volcans a mis en place la **marque du Parc** : choix de produits du terroir auvergnats disponibles dans les Maisons du Parc : www.parcdesvolcans.fr.

Le ministère du Tourisme attribue le label **Restaurateurs de France** à ceux qui assurent la promotion des produits du terroir. Liste sur : www.maitresrestaurateurs.fr.

Sur place de A à Z

Environnement

L'Auvergne est un territoire aussi magnifique que fragile. Il convient de respecter certaines règles afin de protéger ce patrimoine naturel. Des organismes peuvent vous informer sur la préservation de l'environnement (érosion, pollution...) et vous aider à organiser vos sorties nature :

Parc naturel régional des Volcans d'Auvergne – Maison du Parc - Montlosier - 63970 Aydat - ✆ 04 73 65 64 26 - www.parcdesvolcans.fr.

Parc naturel régional Livradois-Forez – Maison du Parc - 63880 St-Gervais-sous-Meymont - ✆ 04 73 95 57 57 - www.parc-livradois-forez.org.

Union nationale des centres permanents d'initiatives pour l'environnement – ✆ 01 44 61 75 35 - www.cpie.fr. Les centres organisent séjours et w.-ends de découverte de l'environnement et du patrimoine.

Office national des forêts (ONF) – ✆ 04 70 06 12 26 - www.onf.fr.

Ligue pour la protection des oiseaux en Auvergne– ✆ 04 73 36 39 79 - www.lpo-auvergne.org.

Jardins

Le **Comité des parcs et jardins de France** (✆ 01 53 85 40 47 - www.parcsetjardins.fr) recense les jardins et parcs du pays ouverts au public, et les classe par régions. En Auvergne, 9 ont reçu le label **Jardin remarquable** attribué chaque année par le ministère de la Culture : l'arboretum de Balaine de Villeneuve-sur-Allier *(p. 461)*, le verger de Déduit à Anglards-de-Salers *(p. 260)*, le parc du château Lafayette à Chavaniac-Lafayette *(p. 387)*, les jardins du château de La Batisse à Chanonat *(p. 82)*, les jardins du château d'Hauterive à Issoire *(p. 163)*, les jardins du château de Cordès à Orcival *(p. 147)*, le parc du domaine royal de Randan *(p. 107)* et les jardins du château d'Opme *(p. 65)* à Romagnat.

Équitation

Comité national de tourisme équestre – ✆ 02 54 94 46 00 - www.ffe.com. Édite une brochure annuelle, Cheval nature, l'officiel du tourisme équestre.

Comité régional d'équitation d'Auvergne (CREA) – ✆ 04 74 35 29 86 - www.equitation-auvergnerhonealpes.com.

Les **comités départementaux de tourisme équestre** peuvent également fournir la liste des centres équestres et des relais d'étape du département, avec leurs activités, offres de gîtes et propositions de randonnées, ainsi que les différents circuits balisés.

Allier – ✆ 04 70 66 13 06 - cdte03.ffe.com.

Cantal – ✆ 06 65 41 95 37 - cde-cantal.ffe.com.

Haute-Loire – tourismequestre-auvergnerhonealpes.fr/hauteloire.

Puy-de-Dôme – ✆ 04 73 65 03 82 - equitation-63.ffe.com.

Escalade

Les grimpeurs trouveront en Auvergne de nombreuses voies équipées sur des roches volcaniques, dans un cadre préservé. Le **massif du Sancy** (*www.sancy.com*) réserve de belles sensations, avec la redoutable Dent de la Rancune et la Crête de Coq (vallée de Chaudefour), le Capucin et le Verrou (vallée du Mont-Dore). Les **monts du Cantal** offrent également de nombreux sites.

Liste des **sites d'initiation** auprès de **la fédération française de la montagne et de l'escalade** www.ffme.fr.

Club alpin français Clermont-Auvergne – 21 r. Jean-Richepin - 63000 Clermont-Ferrand - ✆ 04 73 90 81 62 - www.clubalpin-clermontauvergne.fr.

Centre d'escalade de Chabreloche – escalade.chabreloche.over-blog.com -.

Comité spéléologique régional Auvergne-Rhône-Alpes – www.csr-rhonealpes.fr.

Sur cascades de glace

En hiver, pendant la période la plus froide (janv.-fév.), une initiation est proposée par certaines stations.

Club alpin français du haut Cantal – Jean-Pierre Juillard - 1 av. Fernand Brun - 15400 Riom-ès-Montagnes - ✆ 04 71 78 14 63.

Le Mont-Dore – ✆ 04 73 65 02 73 (Société des remontées mécaniques - téléphérique) - www.sancy.com - contactez le peloton de gendarmerie de montagne - 26 r. des Chasseurs-Alpins - 63240 Le Mont-Dore - ✆ 04 73 65 04 06.

Golf

L'Auvergne est dotée de plusieurs parcours de 9 et 18 trous.

Ligue de golf d'Auvergne -Rhône-Alpes : 28 r. Édouard-Rochet, 69008 Lyon - ✆ 04 78 24 76 61 - www.liguegolfaura.com.

Golf de Vichy – Allée Baugnies - 03700 Bellerive-sur-Allier - ✆ 04 70 32 39 11 - www.golf- vichy.fr.

Golf des Volcans à Orcines – ✆ 04 73 62 15 51. L'Open des Volcans s'y déroule à la mi-septembre - www.golfdesvolcans.fr.

Golf de Haute-Auvergne – Labladade - 15130 Sansac-de-Marmiesse - ✆ 04 71 47 73 75 - www.golfdehauteauvergne.fr.

Golf municipal de Mauriac Val St-Jean – 15200 Mauriac - ✆ 04 71 68 23 59 - www.golfvalsaintjean.org.

Golf de Vézac Aurillac – r. Marcel-Dauzier - 15130 Vézac - ✆ 04 71 62 44 11 - www.golfvezac.com.

Marchés

Une excellente façon de découvrir les spécialités proposées et

Principaux marchés	
Lundi	Besse-et-St-Anastaise, Billom, Le Mayet-de-Montagne.
Mardi	Chamalières et Royat, Clermont-Ferrand (St-Joseph), St-Flour (ville basse), Moulins (quartiers), Allanche, Montluçon (Fontbouillant), Massiac, Vichy.
Mercredi	Montluçon (Ville-Gozet), Aurillac, Égliseneuve-d'Entraigues, Salers, Le Puy-en-Velay (mairie), Vichy (Épinat), St-Pourçain-sur-Sioule (gare), Pierrefort, Thiers, Issoire.
Jeudi	Ambert, Chamalières, Romagnat,, Maurs, Souvigny, Thiers, Vichy Yssingeaux.
Vendredi	Aubière, Clermont-Ferrand (St-Joseph), Moulins (centre), Hérisson, Le Mont-Dore, Vichy.
Samedi	Chamalières, Montluçon (centre), Aurillac, Le Puy-en-Velay (centre et Le Breuil), St-Pourçain-sur-Sioule (centre), Mauriac, St-Flour (ville haute), Brioude, Issoire, Riom, Thiers, Vichy.
Dimanche	Aubière, Montluçon (Ville-Gozet), Vichy.

présentées par les producteurs eux-mêmes. Ils sont répertoriés sur les sites des offices de tourisme *(voir tableau p. ci-contre).*

Montgolfière

France Montgolfières – ✆ 03 80 97 38 61 - www.franceballoons.com - 1 vol par j., tlj (suivant météo) - certificat et « toast des aérostiers » à l'atterrissage.

Ballons de la Grande Vallée – Pl. de l'Office-de-Tourisme - 63710 St-Nectaire - ✆ 04 73 88 40 00 - www.air-contact.com - vol en montgolfière au cœur du massif du Sancy.

Quatre Vents – La petite plage - 63790 Chambon-sur-Lac - www.vol-montgolfiere-auvergne.fr - survol du Parc des Volcans d'Auvergne.

Montgolfière en Velay – ✆ 06 06 83 43 43 - www.montgolfiere-en-velay.com.

Parapente, ULM et vol libre

Parapente

Fédération française de parapente -federation.ffvl.fr. Avant de faire un stage, on peut découvrir ce sport en sautant en parapente biplace avec un moniteur, à partir de 100 € - ✆ 06 61 24 11 45 - www.parapente-puy-de-dome.fr.

Centre Espace Volcan – Rte du Col-de-la-Moreno - Laschamps - 63122 St Genès-Champanelle - ✆ 04 73 62 26 00 - www.espacevolcan.fr.

Mont-Dore Parapente – Sites de vols dans le massif du Sancy fournis par le club de parapente du Mont-Dore et disponibles au bureau de tourisme - ✆ 04 73 65 20 21.

ULM

Aéroclub des Combrailles – ULM multi-axes - 63640 St-Priest-des-Champs - ✆ 04 73 85 86 07 - baptêmes de l'air.

ULM Auvergne – ✆ 06 16 91 37 41 - www.ulm-auvergne.com.

Vol libre

La chaîne des Puys offre un éventail exceptionnel de sites d'envol, avec des dénivelés de 300 à 850 m. L'initiation exige un encadrement qualifié.

Ligue Auvergne Rhône-Alpes de vol libre – www.lauravl.fr - liste des sites d'envol et des écoles de vol libre et de cerf-volant.

Pêche

Quel que soit l'endroit choisi, il convient d'observer la réglementation nationale et locale (les eaux de première catégorie sont autorisées de mars à septembre, celles de deuxième catégorie toute l'année ; les périodes particulières de pêche pour chaque espèce sont fixées par arrêté préfectoral), de s'affilier pour l'année en cours dans le département de son choix à une association de pêche et de pisciculture agréée, d'acquitter les taxes afférentes au mode de pêche pratiqué ou éventuellement d'acheter une carte journalière.

Rivières, retenues de barrage, ruisseaux

Ces cours et plans d'eau sont classés en deux catégories :

Eaux à salmonidés (truite, ombre commun, saumon) – Classées en première catégorie, elles occupent le cours supérieur de l'Allier et de ses affluents (Alagnon, Dore, Lignon, Sichon), de l'Aveyron, de la Besbre, la Cère, la Dordogne, la Loire, la Rhue et la Truyère.

Eaux à cyprinidés (ablette, barbeau, brème, carpe, gardon, tanche) – Classées en deuxième catégorie, elles occupent les cours moyen et inférieur des rivières mentionnées ci-dessus. On note la présence de barbeaux dans les eaux de la Sioule, rivière à truites par excellence, au niveau de Châteauneuf-les-Bains. La pêche aux écrevisses est sévèrement réglementée.

À signaler la présence de **carnassiers** dans le département de l'Allier. Le brochet est en nette régression, mais le sandre s'est bien adapté aux eaux très froides et aux régimes souvent torrentiels de l'Allier, ainsi que la perche.

Lacs

La pêche y est statique pour taquiner le gardon, la perche, la tanche, mais peut devenir sportive quand on s'attaque au brochet, à la carpe, voire à la truite. Si la région des monts Dore offre une gamme étendue de lacs poissonneux, tout pêcheur doit un jour venir au lac Pavin *(voir p. 182)* se mesurer au *Salvelinus alpinus*, communément appelé omble chevalier.

Fédération nationale de pêche – ✆ 01 48 24 96 00 - www.federationpeche.fr. Coordonnées des fédérations départementales de pêche et de protection du milieu aquatique.

Fédération de pêche de l'Allier – ✆ 04 70 47 51 55 - www.federation-peche-allier.fr.

Fédération de pêche du Cantal – ✆ 04 71 48 19 25 - www.cantal-peche.com.

Fédération de pêche de Haute-Loire – ✆ 04 71 09 09 44 - www.pechehauteloire.fr.

Fédération de pêche du Puy-de-Dôme – ✆ 04 73 92 56 29 - www.peche63.com. La fédération édite annuellement Le Pêcheur du Puy-de-Dôme; en plus de conseils pratiques, cette revue propose la réglementation et une carte des rivières et plans d'eau (disponible en format PDF sur le site).

Randonnée pédestre

Pays vert de volcans *(voir carte p. 31)* et de montagnes, l'Auvergne se découvre magnifiquement à pied.

Les sentiers de **petite randonnée** ou **PR** sont destinés aux marcheurs d'un jour. Au départ des circuits, des balisages de couleur indiquent leur durée : **bleu** jusqu'à 2h; **jaune** de 2h15 à 3h45; **vert** de 4h à 6h.

Les sentiers de **grande randonnée** ou **GR** (marquage blanc et rouge) correspondent à des parcours de plusieurs jours. Un autre balisage jaune et rouge concerne les sentiers de **grande randonnée de pays** ou GRP. Ces itinéraires sont répertoriés dans les *Topoguides* de la Fédération française de la randonnée pédestre et de l'association Chamina.

Adresses utiles

Fédération française de la randonnée pédestre – ✆ 01 44 89 93 90/93 - www.ffrandonnee.fr.

Comité départemental de randonnée pédestre de l'Allier – 06 81 33 73 29 - www.ffrandonnee-allier.fr.

Comité départemental de la randonnée du Cantal – Maison

GR d'Auvergne

Plusieurs sentiers de **grande randonnée** permettent de découvrir la diversité des paysages auvergnats :

GR 3 – Du mont Gerbier-de-Joncs au Bourbonnais.
GR 4 – Hauts plateaux d'Auvergne, de St-Flour à Aubusson (274 km).
GR 30 – Tour des lacs d'Auvergne, de La Bourboule à St-Nectaire (183 km).
GR 40 – Tour du Velay, Vorey, Montbonnet, Goubet.
GR 65 – Via Podiensis Le Puy-en-Velay-Conques.
GR 330 – Tour du Livradois-Forez.
GR 400 – Tour des volcans cantaliens, Murat, le Lioran, Thiézac (133 km).
GR 441 – Tour de la chaîne des Puys, Volvic, Pontgibaud, Pessade (108 km).

des Sports - 130 avenue du Gén.-Leclerc - 15000 Aurillac - 06 70 91 54 36 - cdrp15.blogspot.com.

Comité départemental de randonnée pédestre de la Haute-Loire – La Croisée des Chemins - 21 r. du Collège - 43000 Le Puy-en-Velay - 04 71 04 15 95 - www.rando-hauteloire.fr.

Comité départemental de randonnée pédestre du Puy-de-Dôme – 15 bis rue du Pré-la-Reine - 63000 Clermont-Ferrand - 04 73 91 94 01 - puy-de-dome.ffrandonnee.fr.

Chamina – 2 r. du Colombier - 63400 Chamalières - 04 73 92 81 44 - www.chamina.com.

Chamina Voyages – 04 66 69 00 44 - www.chamina-voyages.com. Propositions de randonnées accompagnées ou en liberté.

La sécurité en montagne

Apparemment sans risques, les « montagnes à vaches » d'Auvergne demandent une vigilance été comme hiver. Avalanches, dévissages, chutes de pierres, mauvais temps, brouillard, traîtrises du sol et de la neige, eau glaciale des lacs d'altitude ou des torrents, désorientation, appréciation défectueuse des distances et foudre peuvent surprendre. Consultez les bulletins météorologiques avant de partir et évitez les départs en fin de journée. Le temps peut changer très vite en montagne, équipez-vous en conséquence ! Prévenez quelqu'un de votre itinéraire, emmenez boissons et barres énergétiques en quantité. Rechargez avant de partir la batterie de votre téléphone portable. Renseignez-vous sur les risques d'orage et d'avalanche : répondeur téléphonique de **Météo France** 32 50 (2,99 € + prix d'un appel) ou 0 899 71 02, suivi du numéro du département. www.meteorage.com/fr.

Avec un âne

Pour randonner librement, sans les contraintes du poids du sac à dos, l'**âne** est le compagnon idéal. Pouvant porter des bagages de 40 kg, il emboîte le pas à la famille et motive les enfants à la marche. L'ânier loue ses animaux à la journée ou à la semaine (possibilité de randonnées accompagnées) et propose de nombreuses prestations pour faciliter la découverte du pays. Depuis l'équipée de Stevenson, il est courant de découvrir l'Auvergne avec un âne.

Fédération nationale ânes et randonnées (Fnar) – 06 95 26 29 96 - www.ane-et-rando.com. La Fnar fournit la liste des prestataires proposant des randonnées à pied en compagnie d'ânes bâtés.

Routes historiques

Pour découvrir le patrimoine architectural local, la **Fédération nationale des routes historiques** (www.routes-historiques.com) a élaboré une vingtaine d'itinéraires à thème. Tracés et dépliants sont disponibles auprès des offices de tourisme 01 86 95 53 00 - www.demeure-historique.org.

Route historique des châteaux d'Auvergne

04 73 29 29 84 - route-chateaux-auvergne.org. Une brochure répertorie les châteaux d'Auvergne ouverts à la visite.

Route des forts villageois d'Auvergne

Au 14e et 15e s. pendant la guerre de Cent Ans, les habitants de nombreux villages prirent en charge leur propre défense et dressèrent des fortifications. L'association des Forts villageois d'Auvergne lutte pour leur sauvegarde et propose une liste de 15 forts et des informations sur le sujet. 04 73 39 52 67 - www.lesfortsvillageois.fr.

Routes touristiques

Route des métiers en Livradois-Forez

Maison du Parc - 63880 St-Gervais-sous-Meymont - ✆ 04 73 95 76 19 - www.vacances-livradois-forez.com. Le Parc naturel Livradois-Forez diffuse une carte regroupant une sélection d'artisans d'art, de musées, de châteaux et de producteurs de produits fermiers.www.routedesmetiers.fr.

Route des villes d'eaux

Carte touristique, guide des activités, brochure annuelle, séjours et week-ends, disponibles auprès de la Route des villes d'eaux - 8 av. Anatole-France - 63130 Royat - ✆ 04 73 34 72 80 - www.villesdeaux.com.

Route des fromages

Les syndicats des cinq AOP d'Auvergne proposent une carte indiquant une cinquantaine de lieux de production fromagère (des fermes et des laiteries) et d'affinage, engagés dans une charte de qualité contrôlée chaque année, le long de cette route à cheval sur deux départements, le Cantal et le Puy-de-Dôme. Carte disponible dans les offices de tourisme ou sur le site Internet www.fromages-aop-auvergne.com.

Route des églises peintes du Bourbonnais

Ce circuit vous mènera à la découverte de 22 sites médiévaux remarquables pour leurs peintures murales, chargées d'art et d'histoire. L'Association de sauvegarde des monuments peints édite une brochure disponible dans les offices de tourisme - ✆ 04 70 56 63 17 - eglisespeintesenbourbonnais.planet-allier.com.

Chemins de St-Jacques

Voir p. 333.

Viaducs

La conquête du chemin de fer s'accompagne en Auvergne de la construction de grands ouvrages d'art, enjambant d'une portée prodigieuse la **Truyère**, la **Sioule** et la **Loire**. Ils s'insèrent toujours dans des paysages naturels grandioses et peuvent servir de but à vos promenades. Six viaducs sont protégés au titre des Monuments historiques : **Garabit** et **Barajols** (Cantal), la **Recoumène** (Haute-Loire), les **Fades** (Puy-de-Dôme), **Neuvial** et **Rouzat** (Allier). Le service régional de l'inventaire (✆ 04 73 31 85 92 - www.auvergne-inventaire.fr) leur a dédié un *Itinéraire du patrimoine*.

Le train Neussargues-Marvejols permet de découvrir les monts de la Margeride depuis le viaduc de Garabit; renseignez-vous aussi en gare de Brioude ou de Langogne sur le trajet de Langeac (Haute-Loire) à Langogne (Lozère).

Ski et autres sports d'hiver

Ski alpin et ski de fond

Le Puy-de-Dôme et le Cantal sont bien équipés, avec trois importantes stations de **ski alpin**, dans lesquelles est valable le **Ski Pass Massif Central** : **Mont-Dore**, **Super-Besse** et **Lioran**.

Vous trouverez également des stations secondaires, comme Chastreix-Sancy. Un réseau de pistes de **ski de fond** ou nordique occupe douze domaines, dont le **col de Prat-de-Bouc-Le Ché** (Cantal) et le **domaine nordique des Crêtes du Forez** (Puy-de-Dôme).

Le Cézallier cantalien propose un vaste réseau de pistes de randonnées et ski de fond dont l'accès est gratuit, mais non sécurisé; au départ d'**Allanche**, **Montgreleix** et **Marcenat**.

Rafting.
ozgurdonmaz/Getty Images Plus

STATIONS	Dép.	Altitude		Remontées mécaniques		Canons à neige	Pistes de ski	
		Station	Sommet	Télé-cabines	Télé-sièges Téléskis		Alpin pistes	Nordique km
Loge-des-Gardes	03	1100	1155	-	3	-	4	21
Col de Prat-de-Bouc	15	1170	1670	-	1	-	2	60
Puy Mary	15	1200	1450	-	-	-	-	71
Le Falgoux	15	1000	1400	-	-	-	-	34
Plomb du Cantal-Carladès	15	1040	1500	-	-	-	-	48
St-Projet-de Salers (col de Légal)	15	1231	1334	-	-	-	-	35
St-Urcize	15	1220	1380	-	3	-	6	35
Le Lioran	15	1170	1670	1	17	oui	44	31
La Bourboule (Charlannes)	63	850	1050	1	-	-	-	22
Chastreix-Sancy	63	1400	1725	-	7	oui	16	46
Le Mont-Dore (Sancy)	63	1300	1885	1	13	oui	32	41 (85)
Domaine nordique du Guéry	63	1268	1450	-	-	-	-	58
Parrot	63	1300	1500	-	-	-	-	44
Picherande	63	1150	1350	-	-	-	-	54
Prabouré	63	1200	1400	-	3	-	7	150
Super-Besse (Sancy)	63	1350	1850	1	20	oui	27	43 (85)
La Tour-d'Auvergne (la Stèle)	63	1245	1450	-	-	-	-	100
Domaine nordique des Crêtes du Forez	63	1250	1420	-	4	-	6	130

Adresses utiles

Ski de fond - Espace Nordique – www.nordic-massif-central.fr.

Club nordique des Crêtes du Forez – ✆ 04 73 82 00 04 - www.cretesduforez.fr.

Domaine nordique Le Lioran-Haute Planèze – www.lelioran.com.

École du ski français de Super-Besse – 1 ronde de Vassivière - 63610 Super-Besse - ✆ 04 73 79 61 75 - www.esfsuperbesse.com.

Super-Besse – Le site Internet www.sancy.com permet, grâce à des webcams, de visualiser en direct le domaine skiable, la météo, les visites et activités des stations du massif du Sancy.

Luge et ski d'été

Le Mont-Dore – Parc des Léchades 63240 Le Mont-Dore - ✆ 04 73 65 06 29 - piste de luge artificielle en juil.-août : 10h-12h30, 14h-19h ; mai-juin et sept. : w.-end 14h-18h.

Super-Besse – Société Pavin Sancy, rd-pt des Pistes - 63610 Super-Besse - ✆ 04 73 79 60 03 - luge d'été.

Le Lioran : luge d'été Deval'luge - ✆ 04 71 49 50 09 - www.lelioran.com/deval-luge.html.

Les Estables – luge d'été Lugik Parc - Les Balcons du Mézenc - ✆ 04 71 08 60 67 - www.lugikparc.com.

Raquettes ou chiens de traîneau

Pour plus de sécurité, il est recommandé aux néophytes de faire appel à un guide qui, par sa connaissance du terrain, leur fera aussi découvrir quelques secrets de la nature (traces d'animaux). Le **massif du Sancy** (vallée de Chaudefour) comme les **monts du Cantal** (vallée de Mandailles) sont des sites remarquables pour pratiquer ce type de randonnée (jumelles conseillées). Renseignez-vous auprès des offices de tourisme.

Association Les P'tits Loups de la Banne – Rte de la Banne-d'Ordanche - chalet des Loups - 63150 Murat-le-Quaire - ✆ 04 73 81 09 39 - lesptitsloupsdelabanne.e-monsite.com. Rencontre découverte et visite des chiens nordiques, balade et conduite d'attelage.

Sports aquatiques

Aviron

Club de l'aviron de Vichy – 1-3 av. de la Croix-St-Martin - 03200 Vichy - ✆ 04 70 32 36 52 - www.clubavironvichy.asso.fr. Compétition et loisirs, initiation à la journée en été, Internationaux de France masters en sept., stages à la semaine pour tous. Séances découverte pour séminaires, groupe en bateaux à 8 rameurs.

Canoë, kayak

Le **canoë** (d'origine canadienne) se manie avec une pagaie simple.

Le **kayak** (d'origine inuite) se déplace avec une pagaie double.

Fédération française de canoë-kayak – ✆ 01 45 11 08 50 - www.ffck.org. Elle édite, avec le concours de l'IGN, des plans des cours d'eau praticables en Auvergne.

Asv'olt – Base canoë-nature - le Port - 15120 Vieillevie - ✆ 04 71 49 95 81 - www.asvolt.com.

Tonic Aventure – Base île d'Amour - 43300 Langeac - ✆ 04 71 77 25 64 - www.tonic-aventure.fr.

Rafting et canyoning

Le **rafting** est le plus accessible des sports d'eaux vives (brevet de natation indispensable, âge minimal de 10 ans). Il est surtout pratiqué en **Haute-Loire** dans les gorges du haut Allier. La descente s'effectue en bateaux pneumatiques à 6 ou 8 places (raft), à 4 ou 5 places (mini-raft), ou en canoës gonflables à 2 places (hot-dog), maniés à la pagaie.

Le **canyoning** allie technique et jeux (sauts de vasques, nage, descentes en rappel et toboggans), dans un cadre nature et sauvage à l'état pur (Canyoning Cantal Auvergne ✆ 07 64 06 34 93 - www.canyoning-auvergne.fr).

Tonic Rafting – Le Bourg - 43580 Monistrol-d'Allier - ✆ 04 71 57 23 90 - www.raft-canyon.fr. Parcours en gorges de rapides, idéal pour les pratiques des sports d'eaux vives (rafting, hot-dog, canoë-kayak).

Thermalisme

L'Auvergne compte neuf stations thermales qui accueillent chaque année plus de 100 000 visiteurs.

Avec la **Route des villes d'eaux** *(www.villesdeaux.com - voir* *p. 584)*, les communes concernées s'engagent dans des programmes à long terme pour réhabiliter le patrimoine naturel et culturel.

Conseil national des exploitants thermaux – ✆ 01 53 91 05 77 - www.medecinethermale.fr.

Chaîne thermale du soleil – ✆ 01 42 65 24 24 - www.chainethermale.fr.

Auvergne thermale – 8 av. Anatole-France - 63130 Royat - ✆ 04 73 34 72 80 - www.auvergne-thermale.com. Assure la promotion des stations d'Auvergne.

Thermhôtel – 8 av. Anatole-France - 63130 Royat - ✆ 04 73 34 72 83 - www.thermhotel.com. Chaîne hôtelière proposant des séjours de remise en forme.

Bourbon-l'Archambault (03)

✆ 04 70 67 07 88 - www.chainethermale.fr. Rhumatologie, rééducation fonctionnelle, gynécologie.

La Bourboule (63)

✆ 04 73 81 21 00 - www.grandsthermes-bourboule.com. Asthme, allergies respiratoires, ORL, dermatologie (allergie).

Châteauneuf-les-Bains (63)

✆ 04 73 86 67 49 - www.thermes-chateauneuf.com. Rhumatologie.

Châtel-Guyon (63)

✆ 04 73 86 00 08 - www.aiga-resort.com. Maladies de l'appareil digestif et urinaire, maladies métaboliques. Remise en forme.

Chaudes-Aigues (15)

✆ 04 71 23 51 06 - www.caleden.com. Rhumatologie. Espace forme : séjours « Forme et randonnées ».

Le Mont-Dore (63)

✆ 01 89 16 98 32 - www.chainethermale.fr. Asthme, allergies et voies respiratoires, ORL, rhumatologie.

Néris-les-Bains (03)

✆ 04 43 56 00 49 - www.thermes-neris.com. Affections psychosomatiques, neurologie, rhumatologie.

Royat-Chamalières (63)

✆ 04 73 29 51 51 - www.thermesderoyat.fr. Maladies cardio-artérielles, rhumatologie.

Vichy (03)

www.destinationvichy.com - Vichy Thermal Spa Les Célestins - ✆ 04 70 30 82 35 - www.vichy-spa-hotel.fr ; Le centre thermal des Dômes - ✆ 04 70 97 39 59 - www.vichy-thermes-domes-hotel.fr ; Les Thermes Callou - ✆ 04 70 97 39 59 - www.vichy-thermes-callou-hotel.fr. Rhumatologie, maladies de l'appareil digestif. Courts séjours santé, remise en forme.

Trains touristiques

Train de la découverte Livradois-Forez

Cette ligne, qui relie Courpière à Sembadel, suit les gorges de la Dore, 85 km de voies au cœur du Parc Livradois-Forez. Informations : Agrivap « train touristique » - la gare - 63000 Ambert - ✆ 04 73 82 43 88 - agrivap.fr.

Train touristique des gorges de l'Allier

Évasion garantie dans ce train qui offre le magnifique spectacle d'une nature restée sauvage, de Langeac à Langogne : en 2h, il lui faut traverser 51 tunnels, franchir 16 viaducs et affronter des pentes et des tournants difficiles. Retour sur train régulier SNCF - se renseigner à la boutique du train touristique de Langeac - ✆ 04 71 77 70 17 - www.train-gorges-allier.com.

salihkilic/Getty Images Plus

Train touristique Riom-ès-Montagnes-Lugarde

Embarquement à la découverte des terres d'estive, royaume de la vache salers. Itinéraire de Bort-les-Orgues à Lugarde-Marchastel en passant par Riom-ès-Montagnes et le viaduc de Barjol - ✆ 04 71 78 07 37 - gentiane-express.com.

Vélo et VTT

Les plaines de la Limagne et la campagne vallonnée du Bourbonnais permettent des parcours de difficulté moyenne. Sur les routes montagneuses d'Auvergne, où certains cols dépassent 1400 m, le grimpeur sera mis à plus rude épreuve!

Cyclotourisme

Fédération française de cyclotourisme – ✆ 01 56 20 88 88 - ffvelo.fr.

Comité régional Auvergne-Rhône-Alpes de cyclotourisme – www.cyclorhonalpin.org.

Comités départementaux de cyclotourisme

Allier – cdc03.weebly.com.

Cantal – 130 av. du Gén.-Leclerc - 15000 Aurillac - cantal.ffvelo.fr. Organise au départ d'Allanche, Aurillac, Chaudes-Aigues, Massiac, Madic, Maurs, Siran et Mauriac des randonnées cyclotouristes à travers la région, variant de 40 à 152 km.

Haute-Loire – www.besport.com.

Puy-de-Dôme – https://cdcyclisme63.wixsite.com.

Les clubs cyclotouristes organisent des sorties avec des guides. Demandez leurs adresses aux comités départementaux de cyclotourisme.

VTT

L'Auvergne, au relief varié, est parcourue de circuits VTT balisés, avec d'importantes infrastructures locales, dans le Puy-de-Dôme (La Bourboule), le Cantal (Le Lioran, Chalinargues, massif du Plomb du Cantal, pays de St-Flour et vallée de la Jordanne) et la Haute-Loire (haut Allier). Le **label VTT**, délivré par la Fédération française de cyclisme, garantit que vous trouverez au minimum 100 km de sentiers balisés, une classification des circuits en 4 niveaux de difficulté, un point d'accueil, un point de lavage, un outillage pour les petites réparations et des documents d'information.

Fédération française de cyclisme – www.ffc.fr. Consultez les fiches des sites VTT d'Auvergne (rubrique « Pratiquer », « Où pratiquer », puis « Trouver un parcours VTT »)

Chamina – 35 r. du Pré-la-Reine - 63100 Clermont-Ferrand - ✆ 04 73 92 81 44 - www.chamina.com. Cette association édite des topoguides de randonnée à VTT et à pied, qui présentent des itinéraires sur un ou plusieurs jours.

VTT de descente

La descente la plus spectaculaire est celle du **Sancy** (déconseillée aux néophytes). Du Mont-Dore, prendre le téléphérique qui amène au sommet puis, parmi la rocaille, emprunter les tracés aménagés l'hiver pour le ski (niveau de difficulté suivant expérience). Descente également au Lioran, dans les monts du Cantal.

Port du casque indispensable.

Agenda

Retrouvez ces manifestations dans les « Carnets pratiques » de la partie « Découvrir l'Auvergne ».

Janvier

Besse-et-St-Anastaise – La St-Cochon ou « L'Art du lard » - ☏ 04 73 79 52 84 - www.sancy.com.

Clermont-Ferrand – Festival international du court-métrage - ☏ 04 73 91 65 73 - www.clermont-filmfest.com.

Février ou mars

Massif du Sancy – Sancy Snow Jazz - ☏ 04 73 65 20 21 - www.sancy-snowjazz.com.

Mars

Clermont-Ferrand – Vidéoformes : festival international des arts vidéo et multimédias (mi-mars) - ☏ 04 73 17 02 17 - www.videoformes.com.

Moulins – Festi'BD (le dernier w.-end) - ☏ 04 70 48 25 00 - www.festibd.fr.

Volvic – Trail de Vulcain - ☏ 06 32 30 61 39 - www.trail-de-vulcain.fr.

Avril

Cournon-d'Auvergne – Puy-de-Mômes, festival de spectacles pour jeune public : théâtre, marionnettes, danse, musique (1re quinz.) - ☏ 04 73 77 36 10 - www.cournon-auvergne.com.

Montluçon – Carnaval du Bœuf Villé (mars) - ☏ 04 70 02 19 47.

Mai

Allanche – Fête de l'Estive (fin mai) - ☏ 04 71 20 48 43 - hautesterrestourisme.fr.

Puy-de-Dôme – Les Arts en balade (3 j. au printemps) - ☏ 04 73 93 85 57 - www.lesartsenbalade.fr.

Riom – La Tazenat : raid de VTT et randonnée pédestre à travers les Combrailles auvergnates - ☏ 06 85 73 75 74 - combrondevtt.pagesperso-orange.fr.

Thiers – Coutellia, salon international du couteau d'art et de tradition - ☏ 04 73 43 43 40 - www.coutellia.fr.

Vichy – Une saison en été : théâtre, musique classique ou lyrique, variétés (saison de l'opéra de Vichy jusqu'à oct.) - ☏ 04 70 30 50 30 - vichymonamour.fr.

Volvic – Volcanic Experience (w.-end de l'Ascension). Événement sportif, culturel et festif sur le territoire exceptionnel de chaîne des Puys - www.volvic-vvx.com.

Juin

La Bourboule – Plein la bobine : festival de cinéma jeune public (fin mai-début juin) - ☏ 04 73 65 51 46 - www.pleinlabobine.com.

Vichy – Vichy fête Napoléon III : 300 figurants et danseurs défilent en costumes, musique d'époque - vichymonamour.fr.

Clermont-Ferrand – Médiévales de Montferrand (1er w.-end) - ☏ 04 73 23 19 29 - www.medievalesmontferrand.fr ; Festival Europavox : programmation musicale mettant en avant des groupes européens (4 j. fin du mois-déb. juil.) - www.europavoxfestivals.com.

Riom – Fête de la St-Amable : procession des « brayauds » en costume du 17e s. (11 juin ou dim. suivant) - ☏ 04 73 38 99 94 - www.ville-riom.fr.

St-Flour – Hautes Terres - Festival des cultures de montagne - ☏ 04 71 60 68 43 - www.festivalhautesterres.fr.

St-Nectaire – Grande fête du fromage st-nectaire (1er w.-end) - ✆ 04 73 88 50 86.

Juillet

Besse-et-St-Anastaise – Foire aux fromages et aux vins - ✆ 04 73 79 52 84 - www.sancy.com.

Gannat – Festival les Cultures du monde - ✆ 04 70 91 12 67 - www.lesculturesdumonde.org.

Issoire – Festival international de folklore - ✆ 04 73 89 92 85 - festival-issoire.fr.

Le Puy-en-Velay – Interfolk : festival folklorique international (3e sem.) - ✆ 04 71 02 02 84 - interfolk.fr. Les nuits de St-Jacques (mi-juil.) : 3 soirées de concerts des grands artistes de la scène française - www.nuitsdesaintjacques.com.

Royat – Volcadiva : festival international des artistes lyriques en récital au prieuré St-Léger - ✆ 04 73 98 65 00 - www.volcadiva.com.

Juillet-août

La Bourboule – Festival des sports nature Sancy Outdoor - ✆ 04 73 81 31 03.

Clermont-Ferrand – Contre-Plongées de l'été – ✆ *04 73 42 63 63* - www.clermont-ferrand.fr/contreplongees.

Hérisson – Musique en Bourbonnais : concerts de musique classique de mi-juil. à déb. août dans la superbe église romane de Châteloy - ✆ 04 70 06 82 23 - www.festival-musique-bourbonnais.com.

Issoire – Terres romanes d'Auvergne- festival d'art roman de fin juil. à déb. août - ✆ 04 73 89 56 04 - centre-artroman.issoire.fr.

Lavaudieu – Concerts de musique en l'abbaye - abbayedelavaudieu.fr.

Massif du Sancy – Horizon Arts-Nature (de juin à sept.) : 10 artistes conçoivent 10 œuvres plastiques éphémères sur le massif - www.horizons-sancy.com.

Massif du Sancy – Meeting musical des monts Dore : concerts de musique classique dans plusieurs villes du Sancy - www.rencontres-musicales-des-monts-dore.fr.

Pionsat – Fêtes musicales du château de Pionsat - festival de musique classique - ✆ 04 73 52 60 25 - www.musicalesdepionsat.com.

Souvigny – Fêtes médiévales (fuin juil.-déb. août), festival des troubadours et saltimbanques - ✆ 04 70 43 62 10 - souvigny.com.

Vichy – Les Jeudis de Vichy : animations musicales, parcours sensoriels et jeux pour petits et grands - ✆ 04 70 98 71 94 - vichymonamour.fr.

Août

Allanche – Foire à la brocante (1er w.-end) - ✆ 04 71 20 48 43 - hautesterrestourisme.fr.

Aurillac – Festival international de théâtre de rue (3e sem.) - ✆ 04 71 43 43 70 - www.aurillac.net.

Billom – Foire à l'ail et aux vins, 2e w.-end - www.billom.fr.

Lapalisse – Fête du cou de l'oie à Arfeuilles, à 15 km au sud-est de Lapalisse - 15 août - ✆ 04 70 55 51 48 (comité des fêtes) ou 04 70 59 38 40 (office de tourisme).

Laroquebrou – Festival de boogie-woogie (mi-août) - ✆ 04 71 46 07 97 - www.boogie-laroquebrou.com.

Le Mont-Dore – Course de côtes : automobile (déb. mois) - ✆ 04 73 65 09 62 - www.coursedecote-montdore.com.

Pontaumur – Festival Bach en Combrailles (2e sem.) - ✆ 04 73 79 91 10 - www.bachencombrailles.com.

Le Puy-en-Velay – Fêtes mariales : procession de Notre-Dame-du-Puy (15 août).

St-Flour – Festival de jazz – *Déb. août - www.pays-saint-flour.fr.* Concerts en terrasse et sur les places. Déambulations dans la ville.

St-Nectaire – Fête du pain (1er dim. d'août) - hameau de Saillant - ✆ 04 73 88 50 86.

St-Pourçain-sur-Sioule – Festival viticole et gourmand (3e sem.) - ✆ 07 62 95 86 77 - www.festigo.fr.

Vichy – Fête de l'hippodrome : la journée des enfants (15 août) - ✆ 04 70 30 15 58 - www.coursesvichy.fr.

Août-septembre

La Chaise-Dieu – Festival de musique dans l'abbatiale et l'auditorium Cziffra. ✆ 04 71 00 01 16 - www.chaise-dieu.com.

Septembre

Cournon-d'Auvergne – Foire internationale de Clermont-Cournon (2e sem.) - ✆ 04 73 69 36 00 - www.foire-de-clermont.com.

Le Puy-en-Velay – Fêtes Renaissance du Roi de l'Oiseau : théâtre de rue, reconstitutions historiques - ✆ 04 71 09 38 41 - www.roideloiseau.com.

Souvigny – Les Journées musicales d'automne : musique baroque et classique sur l'orgue Clicquot - ✆ 04 70 44 14 14 (office de tourisme de Moulins) - www.souvigny-festival.com.

Octobre

Clermont-Ferrand – Jazz en tête, festival international de jazz - ✆ 07 63 72 69 73 - www.jazzentete.com.

Puy-de-Dôme – Les Automnales : théâtre et musique dans tout le département - ✆ 04 73 42 24 90 - www.puydedome.fr.

Novembre

Aurillac – Las Rapatonadas : les fêtes du conte dans le Cantal, en français et en occitan de fin nov. à déb. déc. - ✆ 04 71 48 93 87.

Clermont-Ferrand – Traces de vie, festival du film documentaire (nov.-déc.) - ✆ 04 73 20 04 64 - tracesdevies.org.

Montsalvy – Ronde de la châtaigneraie : rondedelachataigneraie.fr - course pédestre, circuits cyclotouristes (fin nov.) - ✆ 06 70 44 63 96.

Le Puy-en-Velay – Rassemblement international de montgolfières (w.-end du 11) - ✆ 04 71 09 38 41 - www.montgolfiere-en-velay.fr.

Vichy – Une saison en hiver : théâtre, musique classique ou lyrique, variétés (saison de l'opéra de Vichy jusqu'à mai) - ✆ 04 70 30 50 30 - opera-vichy.com.

Livres, films

Bibliographie

BD - jeunesse

Le Bouclier arverne (une aventure d'Astérix), R. Goscinny et A. Uderzo, Hachette, 1968.

Contes et légendes d'Auvergne, J.-P. Siméon, Nathan, 1996.

Contes traditionnels d'Auvergne, B. Solet, Milan Éditions, 1998.

Sans Atout dans la gueule du loup, Boileau-Narcejac, Folio Junior, 1re éd. 1984.

Littérature

La Soupe aux choux, R. Fallet, Folio, 1980.

Le Braconnier de Dieu, R. Fallet, Folio, 1973.

L'École en héritage, G. Georges, Presses de la Cité, 2005.

Un si joli village, D. Humbert, Presses de la Cité, 1992.

Pays perdu, P. Jourde, Gallimard, 2005.

Un tour de la France, P. Jourde, Gallimard, 2011.

La première pierre, P. Jourde, Gallimard, 2013.

Les derniers Indiens, M.-H. Lafon, Buchet-Chastel, 2008.

L'Annonce, M.-H. Lafon, Buchet-Chastel, 2009.

Le Pays d'en haut, M.-H. Lafon, Arthaud, 2019.

Histoire du fils, M.-H. Lafon, Buchet-Chastel, 2020.

Les Brûlures de l'été, J.-P. Leclerc, L'Archipel, 2000.

Un amour naguère, J.-P. Leclerc, Presses de la Cité, 2005.

De mes montagnes..., J. Mallouet, Payot, 1997.

Le Château des Bois-Noirs, R. Margerit, Phébus, 1954.

Mont-Oriol, G. de Maupassant, Folio Classique, 1996.

Gaspard des montagnes, H. Pourrat, Livre de Poche, 1991.

Les Copains, J. Romains, Folio, 1972.

Maigret à Vichy, G. Simenon, Le Livre de Poche, 1968.

Voyage avec un âne dans les Cévennes, R.-L. Stevenson, Flammarion, 1993.

Photographie

Couleur Auvergne, G. Dupuy et J. Damase, Éditions Chamina, 2009.

Allier, terres d'émotions, Jérôme Mondière, Noël Graveline, Vue de Face, 2005.

Presse

Quotidiens

La Montagne Centre-France est le principal quotidien de la région. Les nombreuses éditions concernent Montluçon, Moulins et Vichy pour l'Allier; Riom, Clermont, Issoire et Thiers-Ambert pour le Puy-de-Dôme. Il existe également une édition pour le Cantal et la Haute-Loire. Et pour des infos plus « mordantes », procurez-vous un numéro de *La Galipote*, qui est un peu *Le Canard enchaîné* du coin.

Filmographie

Depuis 1943, année où Jean Delannoy filmait *L'Éternel Retour* avec Jean Marais, l'Auvergne est devenu un « grand plateau de tournage ». Voici un aperçu du travail réalisé par divers cinéastes dans la région :

L'Argent de poche (1975), de F. Truffaut, avec J.-F. Stévenin et V. Thévenet : à Thiers (Puy-de-Dôme).

Bon voyage (2003) de J.-P. Rappeneau, avec I. Adjani et G. Dérangère : à Vichy (Allier).

Cézanne et moi (2016), de Danièle Thompson, avec Guillaume Canet et Guillaume Gallienne (forêt de Tronçais, Moulins et château d'Avrilly).

La Colline aux mille enfants (1994), de Jean-Louis Lorenzi. Téléfilm évoquant l'héroïsme des habitants du Chambon-sur-Lignon durant l'Occupation.

Être et Avoir (2002), de Nicolas Philibert, documentaire : à St-Étienne-sur-Usson (Puy-de-Dôme).

La Grande Vadrouille (1966), de G. Oury, avec Bourvil et L. de Funès : au barrage de Grandval (Cantal).

Les folies fermières (2022), de Jean-Pierre Améris, avec Alban Ivanov, Sabrina Ouazani (Cantal).

Kaamelott : Premier Volet (2019), d'Alexandre Astier : château de Murol (Puy-de-Dôme).

Ma nuit chez Maud (1969), d'É. Rohmer, avec J.-L. Trintignant, F. Fabian et M.-C. Barrault : à Clermont-Ferrand (Puy-de-Dôme).

La Nouvelle Guerre des boutons (2011), de C. Barratier, avec G. Canet et K. Merad : à Blesle, Lavaudieu et Lavoûte-Chilhac (Haute-Loire) et Chalinargues (Cantal).

Le Pacte des loups (2001), de Christophe Gans, avec Samuel Le Bihan, Vincent Cassel et Monica Bellucci, inspiré de la Bête du Gévaudan.

La Princesse de Montpensier (2009), de B. Tavernier, avec M. Thierry et L. Wilson : au château de Messilhac (Cantal).

Quand j'étais chanteur (2006), de X. Giannoli, avec G. Depardieu : à Clermont-Ferrand, à Vulcania et au puy Pariou.

Uranus (1990), de C. Berri, avec P. Noiret et G. Depardieu : Maringues (Puy-de-Dôme).

La Vie moderne - Les paysans (2008), documentaire de Raymond Depardon (Haute-Loire).

Notes

Notes

Clermont-Ferrand : villes, curiosités et régions touristiques.
Vialatte, Alexandre : noms historiques ou termes faisant l'objet d'une explication.
Les sites isolés (châteaux, abbayes, grottes...) sont répertoriés à leur propre nom.
Nous indiquons par son numéro, entre parenthèses, le département auquel appartient chaque ville ou site. Pour rappel :

03 : Allier
15 : Cantal
19 : Corrèze
42 : Loire
43 : Haute-Loire
63 : Puy-de-Dôme

A

B

C

D

I

J

L

M

N

S

T

U

V

X-Y-Z

Carte générale

Cartes des circuits

Cartes des microrégions

Plans de ville

Plans de monuments

Cartes thématiques

Cartes des itinéraires

LÉGENDE DES CARTES ET PLANS

Curiosités et repères

- Itinéraire décrit, départ de la visite
- Église
- Mosquée
- Synagogue
- Temple
- Temple : bouddhique - hindou
- Bâtiment
- Monastère - Phare
- Fontaine
- Point de vue
- Château - Ruine ou site archéologique
- Barrage - Grotte
- Monument mégalithique
- Tour génoise - Moulin
- Temple - Vestiges gréco-romains
- Autre lieu d'intérêt, sommet
- Distillerie
- Palais, villa, habitation
- Cimetière : chrétien - musulman - israélite
- Oliveraie - Orangeraie
- Mangrove
- Auberge de jeunesse
- Gravure rupestre
- Pierre runique
- Église en bois
- Église en bois debout
- Parc ou réserve national
- Bastide

Sports et loisirs

- Piscine : de plein air - couverte
- Plage - Stade
- Port de plaisance - Voile
- Plongée - Surf
- Refuge - Promenade à pied
- Randonnée équestre
- Golf - Base de loisirs
- Parc d'attractions
- Parc animalier, zoo
- Parc floral, arboretum
- Parc ornithologique réserve d'oiseaux
- Planche à voile, kitesurf
- Pêche en mer ou sportive
- Canyoning, rafting
- Aire de camping - Auberge
- Arènes
- Base de loisirs, base nautique ou canoë-kayak
- Canoë-kayak
- Promenade en bateau

Informations pratiques

- Information touristique
- Parking - Parking - relais
- Gare : ferroviaire - routière
- Voie ferrée
- Ligne de tramway
- Départ de fiacre
- Métro - RER - Tramway
- Station de métro (Calgary, ...) (Montréal)
- Téléphérique, télécabine
- Funiculaire, voie à crémaillère
- Chemin de fer touristique
- Transport de voitures et passagers
- Transport de passagers
- File d'attente
- Observatoire
- Station-service - Magasin
- Poste - Téléphone
- Internet
- H Hôtel de ville
- B Banque, bureau de change
- J × POL Palais de justice - Police
- GNR Gendarmerie
- T M Théâtre - Musée
- U Université
- Musée de plein air
- Hôpital
- Marché couvert
- Aéroport
- Parador, Pousada (Établissement hôtelier géré par l'État)
- A Chambre d'agriculture
- D Conseil provincial
- G Gouvernement du district, Délégation du Gouvernement Police cantonale
- L Gouvernement provincial (Landhaus)
- P Chef-lieu de province
- Station thermale
- Source thermale

Axes routiers, voirie

- Autoroute ou assimilée
- Échangeur : complet - partiel
- Route
- Rue piétonne
- Escalier - Sentier, piste

Topographie, limites

- Volcan actif - Récif corallien
- Marais - Désert
- Frontière - Parc naturel

Comprendre les symboles utilisés dans le guide

LES ÉTOILES

★★★ **Vaut le voyage** ★★ **Vaut le détour** ★ **Vaut la visite**

HÔTELS ET RESTAURANTS

9 ch.	Nombre de chambres		Wi-Fi
7,5 €	Prix du petit-déjeuner en sus		Piscine
50 €	Prix de la chambre double, petit-déjeuner compris	CC	Paiement par cartes de crédit
bc	Menu boisson comprise		Carte de crédit non acceptée
	Air conditionné dans les chambres	P	Parking réservé à la clientèle
	Restaurant dans l'hôtel	Tram	Station de tramway la plus proche
	Établissement servant de l'alcool (à l'étranger)	M	Station de métro la plus proche

SYMBOLES DANS LE TEXTE

	À faire en famille		Organisme de tourisme
	Pour approfondir		Astuce, conseil
	Promenade à pied		Adresse coup de cœur
	Randonnée à vélo	A2 B	Repère sur le plan
	Facilité d'accès pour les personnes à mobilité réduite		Tourisme écoresponsable

Note au lecteur

Michelin a apporté le plus grand soin à la rédaction de ce guide et à sa vérification. Toutefois, les informations pratiques (formalités administratives, prix, adresses, numéros de téléphone, adresses Internet, etc.) doivent être considérées comme des indications du fait de l'évolution constante de ces données.
Il n'est pas totalement exclu que certaines d'entre elles ne soient plus, à la date de parution du guide, tout à fait exactes ou exhaustives. N'hésitez pas à nous signaler toute omission ou inexactitude que vous pourriez constater, ainsi qu'à nous faire part de vos avis et suggestions sur les adresses contenues dans ce guide.
Avant d'entamer toute démarche, formalités administratives ou douanières notamment, vous êtes invité à vous renseigner auprès des organismes officiels. Ces informations ne sauraient, de ce fait, engager notre responsabilité.

Collection sous la direction de Philippe Orain

Responsable d'édition et rédacteur en chef du guide : Eric Boucher

Secrétaire d'édition : Emmanuelle Souty

Rédaction : Renée Grimaud, Gaelle Redon, Marie-Anne Damase, Louise Druet, Serge Guillot, Manuel Sanchez, Marion Vacherot

Ont contribué à ce guide : : Denis Rasse, Theodor Cepraga, Costina-Ionela Tarcea (**Cartographie**), Véronique Aissani, Carole Diascorn (**Couverture**), Marion Capera, Marie Simonet (**Iconographie**), Andra-Florentina Ostafi (**Données objectives**), Bogdan Gheorghiu, Cristian Catona, Hervé Dubois, Pascal Grougon (**Prépresse**), Dominique Auclair (**Pilotage**), Alexandra Papa (**Données objectives**).

Remerciements : Cécile Basseville, Responsable presse, Allier Bourbonnais; Emilie Bourdut, visites guidées et séjours, Clermont Auvergne Tourisme; Laure Chapuis, chargé de mission presse, Maison du tourisme de la Haute-Loire; Marie Fauchon, chargée de mission écotourisme, Parc des volcans d'Auvergne; Sylvie Favat, Responsable presse et communication, Cantal destination; Véronique Feuerstein, attachée de presse tourisme Conseil départemental du Puy de Dôme; Magali Garreau, Chargée de communication & de l'évènementiel SEM Cap Tourisme 43; Jean-Paul Grimaud, Directeur de l'Office de tourisme du Puy-en-Velay; Sylvain Pasdeloup, chargé de promotion et de relations presse, Terra Volcana les Pays de Volvic

Conception graphique
Christelle Le Déan, Sandro Borel, Justeciel (maquette intérieure)
Véronique Aissani, Marie-Pierre Renier (couverture)

Contacts
Vous souhaitez nous contacter?
Rendez-vous dans la rubrique contact de notre site internet :
editions.michelin.com

Parution 2023

MICHELIN Éditions
Société par actions simplifiée au capital de 487 500 EUR
57 rue Gaston Tessier – 75019 Paris (France)
R.C.S. Paris 882 639 354

Dépôt légal : 10-2022 – ISSN 0293-9436
Compograveur : MICHELIN Éditions, Paris
Imprimeur : Lego Print, Lavis
Imprimé en Italie : 10-2022

Usine certifiée 14001
Sur du papier issu de forêts bien gérées